Inhalt

Geleitwort

von Günther Bittner . . . . S. 1

Einleitung . . . . S. 5

1. Struwwelpeter & Co - Prototypen "schwieriger Kinder"? . . . . S. 5
2. Das Wandelbare und das Unwandelbare . . . . S. 8
3. Die Geschichtslosigkeit der Verhaltensgestörtenpädagogik und der spezifische Mangel in der Geschichtsschreibung der Allgemeinen Pädagogik . . . . S. 10
4. Welche Art von Geschichte der Pädagogik? . . . . S. 13
5. Zur Forschungslage . . . . S. 15
6. Zur Gliederung der Arbeit . . . . S. 18

1. Teil: "Schwierige Kinder" als "sittlich verwilderte Kinder"

I. Johann Heinrich Pestalozzi . . . . S. 27

1. Pestalozzis Ausgangspunkt: der gefährdete Mensch . . . . S. 28
2. Die Beschreibung "schwieriger Kinder" bei Pestalozzi: Beispiele vom Neuhof, von Stans und von Ifferten . . . . S. 29
3. Erklärungsansätze für die Entstehung von Verwahrlosung . . . . S. 37
4. Pädagogisches Handeln angesichts sittlicher Fehlentwicklung . . . . . S. 47
5. Exkurs: Johann Heinrich Pestalozzi und sein Sohn Jakob - eine problematische Vater-Sohn-Beziehung . . . . S. 58

II. Johann Friedrich Herbart . . . . S. 62

1. Der "doppelte Herbart" . . . . S. 64
2. Die Rolle der Erfahrung . . . . S. 66
3. Die Beschreibung "erziehungschwieriger Kinder" bei Herbart . . . . . S. 67
4. Die Ursachen der Kinderfehler . . . . S. 69
5. Anthropologische Grundlagen . . . . S. 75
6. Pädagogische Maßnahmen . . . . S. 82
7. Spezielle Fehlerlehre . . . . S. 87
8. Institutionelle Aspekte . . . . S. 89
9. Exkurs: Schlimmer Knabe - Guter Knabe. Herbart als Hauslehrer von Ludwig und Karl Steiger in Bern . . . . S. 91

III. Johann Hinrich Wichern . . . . S. 95

1. Leben und Werk . . . . S. 95
2. Wicherns Vorläufer . . . . S. 98
3. Die Zielgruppe der Rettungshäuser: "verwahrloste" und "mißratene" Kinder . . . . S. 100
4. Wicherns Deutung der Verwahrlosung . . . . S. 101
5. Wicherns Deutung der "erfolglosen Erziehungsbemühungen" . . S. 102
6. Wege der "Rettung" . . . . S. 104
7. Wirkungen . . . . S. 112

2. Teil: "Schwierige Kinder" als "kranke Kinder"

IV. Ludwig Strümpell . . . . S. 117

1. Die "Pädagogische Pathologie" als Programmschrift für eine neue Forschungsrichtung . . . . S. 117
2. Strümpell - ein vergessener Klassiker der Pädagogik? . . . . S. 120
3. Gegenstand, Aufgaben und Ziele der "pädagogischen Pathologie" . . . S. 122
4. Das Verhältnis von medizinischer und pädagogischer Pathologie . . . . S. 124
5. Die Psychologie der "Kinderfehler" . . . . S. 126
6. Von der "pädagogischen Pathologie" zur "pädagogischen Psychiatrie" . S. 128
7. Formen "psychopathischer Zustände" . . . . S. 131
8. Theorien der Ätiologie und Probleme der Diagnostik . . . . S. 133
9. Der "praktische Teil der pädagogischen Pathologie" . . . . S. 135

V. Johannes Trüper . . . . S. 141

1. Leben und Werk . . . . S. 142
2. Theoretische Einflüsse . . . . S. 144
3. Die Ursachen von Erziehungsschwierigkeiten: "psychopathische Minderwertigkeiten im Kindesalter" . . . . S. 145
4. Die Entstehung der "psychopathischen Minderwertigkeiten" . . . . . . S. 147
5. Die Verhütung der "psychopathischen Minderwertigkeiten" . . . . . . S. 148
6. Die Behandlung von Kindern mit "psychopathischen Minderwertigkeiten . . . . S. 149
7. Die Stellung der "Sophienhöhe" in der schulpolitischen Landschaft ihrer Zeit . . . . S. 156
8. Trüpers Engagement auf außerschulischen Gebieten . . . . S. 157

VI. Die weitere Entwicklung des Psychopathie-Konzepts in der Heilpädagogik . . . . S. 161

1. Das Drei-Stufen-Konzept . . . . S. 161
2. Von der "psychopathischen Minderwertigkeit" zur "psychopathischen Konstitution" . . . . S. 163
3. Von der "psychopathischen Konstitution" zur "psychopathischen Persönlichkeit" . . . . S. 164
4. Versuche der Typenbildung . . . . S. 165
5. Abstufung nach Schweregraden: "Schwererziehbare", "Schwersterziehbare", "Unerziehbare" . . . . S. 169
6. Die Krise der Psychopathielehre . . . . S. 171
7. Psychopathie und Verwahrlosung . . . . S. 174

VII. August Aichhorn . . . . S. 177

1. Leben und Werk. . . . . S. 177
2. Der Weg zur Psychoanalyse . . . . S. 180
3. Eine neue Betrachtungsweise des Problems der Verwahrlosung . . . . S. 181
4. Verwahrlosung - eine Krankheit? . . . . S. 182
5. Einzelne psychoanalytische Theoriestücke in ihrer Bedeutung für die Verwahrlostenpädagogik. . . . . S. 185
6. Aichhorns Stellung zur Frage der Psychopathie . . . . S. 193
7. Aichhorn als "Familiendynamiker" . . . . S. 195
8. Aichhorn als "Erlebnispädagoge" . . . . S. 196
9. Problematische Aspekte . . . . S. 198

VIII. Alfred Adler . . . . S. 201

1. Leben und Werk . . . . S. 202
2. Das individualpsychologische Bild vom "schwierigen Kind" . . . . . . S. 205
3. Die Genese seelischer Störungen in früher Kindheit . . . . S. 208
4. Prinzipien individualpsychologischer Pädagogik und Heilpädagogik. . . S. 211
5. Die Behandlung erziehungsschwieriger Kinder - Adlers Praxis der Erziehungsberatung . . . . S. 212
6. Adlers Wirkungen . . . . S. 214

IX. Institutionelle Maßnahmen . . . . S. 219

1. Gesetzgebung . . . . S. 219
2. "Psychopathenfürsorge" . . . . S. 221

3. "Jugendsichtung" . . . . S. 226
4. Schulische Maßnahmen . . . . S. 227
5. Erziehungsberatung . . . . S. 235

X. Die Rezeption der Psychoanalyse in der heilpädagogischen Bewegung der Weimarer Republik . . . . S. 239

1. Die heilpädagogische Bewegung der Weimarer Republik . . . . S. 240
2. Die Reaktion der traditionellen Heilpädagogik auf die psychoanalytische Herausforderung . . . . S. 244
3. Die Rezeption von August Aichhorns Buch "Verwahrloste Jugend" in der "Zeitschrift für Kinderforschung" . . . . S. 246
4. Das wachsende Interesse der heilpädagogischen Praktiker . . . . S. 247
5. Die Stellung der psychoanalytischen Pädagogen zum Psychopathie-Konzept . . . . S. 249

XI. Die Stellung der geisteswissenschaftlichen Pädagogen zum Problem der Erziehungsschwierigkeiten . . . . S. 251

1. Eduard Spranger . . . . S. 252
2. Herrmann Nohl . . . . S. 255
3. Theodor Litt, Erich Weniger, Wilhelm Flitner . . . . S. 259

XII. Erziehungsschwierige Kinder und Jugendliche unter nationalsozialistischer Pädagogik . . . . S. 263

XIII. Die Fortentwicklung der Heilpädagogik durch die "Schweizer Schule" . . . . S. 269

1. Heinrich Hanselmann: Erziehungsschwierige Kinder als "entwicklungsgehemmte Kinder" . . . . S. 269
2. Paul Moor: Erziehungsschwierige Kinder als "haltschwache Kinder" . . S. 272

3. Teil: "Schwierige Kinder" als "verhaltensgestörte Kinder"

XIV. Tendenzen nach 1945 . . . . S. 285

1. Die Neuregelung des Sprachgebrauchs. . . . . S. 285
2. Das "verhaltensgestörte Kind" - ein sonderschulbedürftiges Kind? . . . S. 289
3. Das "verhaltensgestörte Kind" - ein seelisch belastetes Kind? . . . . . S. 292
4. Das "verhaltensgestörte Kind" - ein Kind mit frühkindlicher Hirnschädigung? . . . . S. 296
5. Das "verhaltensgesörte Kind" - ein fehlangepaßtes Kind? . . . . S. 302
6. Das "verhaltensgestörte Kind" - ein Opfer von Zuschreibungen? . . . . S. 309

XV. Aktuelle Trends in der Verhaltensgestörtenpädagogik . S. 317

1. Verhaltensstörungen als "mißlungene Versuche zu einem beglückenden Leben" . . . . S. 317
2. Verhaltensstörung als "problematische Problemlösung" . . . . S. 318
3. Verhaltensstörung - ein "moderner Mythos"? . . . . S. 319
4. Verhaltensstörungen - ein neuer Markt für den Psycho-Boom? . . . . . S. 321

Schlußbetrachtung:
Die Sonderstellung des "schwierigen Kindes" innerhalb der Geschichte der Heilpädagogik . . . . S. 325

Literatur . . . . S. 331

Günther Bittner

Geleitwort

Um mein lebhaftes Interesse an der Thematik und den Ergebnissen der vorliegenden Arbeit zu erklären, muß ich etwas weiter ausholen. In den sechziger Jahren entwickelte sich die Sonderpädagogik, die bis dahin eher eine Randexistenz unter den pädagogischen Teildisziplinen gefristet hatte, zu einem weitverzweigten Gebilde mit akademischem Anspruch. Der Sprung von der alten Seminarlehre zum hochschulmäßig vertretenen Fach brachte allerlei Übergangsschwierigkeiten mit sich; neue Adressatengruppen wurden ihm zugeschlagen und mit eigenen Sonderschulen bzw. mit für die jeweilige Spezialität eigens ausgebildeten Sonderschullehrern bedacht. So wurden unter anderem die "Erziehungsschwierigen" oder "Verhaltensgestörten" für die Sonderpädagogik entdeckt; Sonderschulen für Verhaltensgestörte mit eigens ausgebildeten Lehrern wurden für notwendig erachtet.

Ich wurde 1968 auf eine Dozentur für das neue Fach "Verhaltensgestörtenpädagogik" an der Pädagogischen Hochschule Reutlingen berufen; es war dies die dritte oder vierte Stelle dieser Art in der Bundesrepublik. Damals stellte sich dringlich die Frage nach einer Konzeptualisierung und Strukturierung des neuen Faches. Im Gutachten für den Deutschen Bildungsrat habe ich (gemeinsam mit meinen später hinzugekommenen Reutlinger Kollegen Ertle und Schmid) einen ersten Versuch in diese Richtung vorgelegt. Wir bestimmten *Verhaltensgestörtenpädagogik* als einen Problemkomplex *im Schnittbereich von Allgemeiner Pädagogik, Sozialpädagogik und Sonderpädagogik.*

Im Zuge der akademischen Institutionalisierung von Sonderpädagogik und speziell von Verhaltensgestörtenpädagogik ging dieses Bewußtsein des Zusammenhangs von Verhaltensgestörtenpädagogik mit Allgemeiner Pädagogik in der Folgezeit immer mehr verloren. Man sah nicht mehr, daß das Interesse für "verwahrloste" Kinder, für mißlungene Erziehung ein eminent *pädagogisches*, und daß die Institutionalisierung dieses Problems in Gestalt eines eigenen akademischen Faches eine durchaus zweischneidige Angelegenheit sei.

Das war mein Anliegen, das ich Rolf Göppel für seine jetzt vorliegende Arbeit auf den Weg gab: durch einen großangelegten historischen Rückblick - weit über die kurze Geschichte der akademisch institutionalisierten Verhaltensgestörtenpädagogik hinaus - bewußt zu machen, daß das Interesse für fehlgelaufene Entwicklungen bei Kindern und Jugendlichen "schon immer" ein genuin pädagogisches gewesen sei, daß Verhaltensgestörtenpädagogik also eher einen konstituierenden Gesichtspunkt "Allgemeiner" Pädagogik als einen Anlaß zu sonderpädagogischer "Verbesonderung" darstelle. Ich habe es ihm gegenüber pointiert ausgedrückt: seine Arbeit solle der Abschaffung der Verhaltensgestörtenpädagogik (im Sinne einer "verbesonderten" institutionalisierten Disziplin) dienen.

Noch eine andere Idee habe ich ihm mit auf den Weg gegeben. Ich meinte aufweisen zu können, daß das pädagogische Interesse für "Verhaltensstörungen" drei aufeinanderfolgenden Deutungsmustern gefolgt sei: bis zum vorigen Jahrhundert wurden "Verhaltensstörungen" vor allem als sittliche Mängel, als moralische Abweichungen bemerkt und interpretiert; seit der Jahrhundertwende figuriert "Verhaltensstörung" unter der psychiatrischen Chiffre "Krankheit"; seit den sechziger Jahren schließlich hat sich der von der behavioristischen Psychologie inspirierte Ausdruck "Verhaltensstörung" allgemein durchgesetzt - mit bestimmten konzeptuellen Implikationen, die den heutigen "Verhaltensgestörtenpädagogen" kaum mehr bewußt (weil selbstverständlich) sind.

Diese drei Deutungsmuster gaben Anlaß zu mancherlei kontroversen Diskussionen zwischen dem Verfasser und mir. Sie haben ihren Niederschlag in den Überschriften der drei Hauptteile der Arbeit gefunden:

"Schwierige Kinder" als "sittlich verwilderte Kinder"
als "kranke Kinder"
als "verhaltensgestörte Kinder"

So weit hat Göppel meine Vorgaben übernommen; zugleich hat er sie in seinen Ausführungen immer wieder konterkariert: gewiß, bei Pestalozzi, bei Herbart und Wichern erscheint Verhaltensstörung unter dem Vorzeichen des sittlichen Mangels, und doch: welch Unterschied zwischen den drei Auffassungen, vor allem zwischen der von Pestalozzi und der von Herbart! Beim zweiten Deutungsmuster "Verhaltensstörung als Krankheit" wird die Gewaltsamkeit in der Konstruktion einer solchen Einheit noch deutlicher spürbar: Strümpell und Trüper einerseits, Aichhorn und Adler auf der anderen Seite berufen sich auf "medizinische" auf psychiatrische Auffassungen. Doch wiederum: welcher Unterschied zwischen der Psychopathielehre und der dynamischen Psychologie Freuds! Mehr als den "medizinischen" Ausgangspunkt im weitesten Sinne haben die beiden Orientierungen sicher nicht miteinander gemeinsam.

Wie gesagt, Göppel hat sich zeit- und streckenweise gegen das Korsett gewehrt, das ich ihm mit den "drei Deutungsmustern" angelegt habe. Wenn ich jetzt das Endprodukt unserer Auseinandersetzung betrachte, gewinne ich den Eindruck, daß es ein fruchtbarer Streit war: indem Göppel meine Vorgaben konterkarierte, entging er der Gefahr, die geschichtliche Entwicklung zu schematisieren, er ließ Pestalozzi, Herbart und Wichern, Strümpell und Trüper, Aichhorn, Adler und all den andern ihre Eigenart und ebnete nicht zugunsten eines vorgefaßten Gliederungsschemas ein. Andererseits erweisen sich gerade bei so vorsichtigem Gebrauch die "drei Deutungsmuster" eben doch als geeignet, gewisse großräumige Trends in der Entwicklung des Denkens über "schwierige Kinder" zu markieren.

Die drei Hauptteile sind von ungleichem Umfang, aber von durchaus vergleichbarem Gewicht: Die epische Breite, mit der die Klassiker im ersten Teil dargestellt und interpretiert werden, war in den folgenden Teilen nicht durchzuhalten und auch nicht erforderlich. Dafür bringt der zweite Teil neben der Ideengeschichte auch realgeschichtliche Perspektiven; im Kapitel IX wird aufgezeigt, wie sich das "Psychopathen"-Paradigma in allerlei institutionellen Maßnahmen der Erziehungshilfe niedergeschlagen hat, überhaupt bringt der zweite Teil wohl am meisten wirklich Neues, historisch Versunkenes und Vergessenes zum Vorschein. In der Tat ist Strümpell so etwas wie ein "vergessener Klassiker der Pädagogik", und auch die im Kapitel X abgehandelte "Rezeption der Psychoanalyse in der heilpädagogischen Bewegung der Weimarer Republik" bringt neue, bis dato unbekannte historische Fakten und Zusammenhänge ans Licht. Entsprechendes kann von Kapitel XII wohl nicht behauptet werden: es gehört zwar zum guten Ton moderner Pädagogik-

Geschichtsschreibung, die nationalsozialistische Ära nicht auszusparen; aber dabei zeigt sich im Hinblick auf das hier behandelte Thema doch nur, daß in dieser Zeit im Hinblick auf "Verhaltensgestörtenpädagogik" wenig Erwähnenswertes - auch nicht im negativen Sinn Erwähnenswertes - sich ereignet hat.

Der dritte Hauptteil löst sich ganz von der Orientierung an "markanten Persönlichkeiten": Tendenzen, Trends bis in die aktuelle Gegenwart hinein werden, abgehoben von Personen, referiert. Derart radikal hätte die Entpersonalisierung der jüngsten Zeit nicht sein müssen; in Bettelheim, Redl und Zulliger hatte diese Epoche durchaus ihre verhaltensgestörtenpädagogischen "Klassiker". Vielleicht sind sie der von mir favorisierten Dreischrittkonstruktion zum Opfer gefallen: Denn Psychoanalyse wurde ja dem zweiten Paradigma "Verhaltensstörung als Krankheit" zugeschlagen; und vielleicht war deshalb für Psychoanalytiker im dritten, gegenwartsbezogenen Teil der Arbeit kein systematischer Ort mehr. Man sieht doch wieder die Nachteile des von mir so eifrig proklamierten Schemas der "drei Deutungsmuster"!

Natürlich ließe sich zu den Einzelheiten der Arbeit unendlich viel anmerken, ist sie doch (auch) als eine Aneinanderreihung historischer Miniaturen zu einzelnen klassischen Positionen zu lesen, von denen jede einzelne gut oder weniger gut gelungen sein kann. Am eindrucksvollsten waren mir persönlich die Skizzen über Pestalozzi, den "zu Tode kommentierten", und über Strümpell, den "vergessenen" pädagogischen Klassiker. Bei Pestalozzi ist es dem Verfasser gelungen, abseits von den gängigen und bekannten Pestalozzi-Texten, dessen weithin unbekannte konkrete, fallbezogene Reflexion über einzelne Kinder ans Licht zu rücken und zu kommentieren; das Kapitel über Strümpell erschließt in der Tat einen "vergessenen" Duktus pädagogischer Reflexion: nicht daß diese Art pädagogischen Räsonnement eine Wiedererweckung verdiente, was der Verfasser auch gar nicht anstrebt - doch, daß diese Art pädagogisch über "Verhaltensstörungen" zu Beginn dieses Jahrhunderts einen nicht zu unterschätzenden, untergründig wohl bis heute nachwirkenden Einfluß ausgeübt hat - das nachgewiesen zu haben, scheint mir ein besonderes Verdienst dieser Arbeit zu sein

Der Verfasser ordnet seine Untersuchung als eine "ideengeschichtliche" ein, nicht als eine real- oder sozialgeschichtliche, was bei diesem Thema ebenfalls nahe läge: die Untersuchung des Alltags in Rettungshäusern und Fürsorgeheimen, die Strafpraktiken usw. - nein, es geht ihm darum, "wie eine bestimmte Problemlage" von verschiedenen Epochen und ihren maßgeblichen Vertretern wahrgenommen, beschrieben und erklärt wurde".

Hat Göppel mit seiner Arbeit das von mir erhoffte Ziel erreicht, die "Verhaltensgestörtenpädagogik" abzuschaffen, sie als eine Problemstellung der Allgemeinen Pädagogik zu erweisen? Teils ja, teils nein: er hat zeigen können, daß in der Geschichte der Pädagogik immer wieder reflektiert worden ist über "Kinderfehler" und mißlingende Erziehungsprozesse, vor allem bei Pestalozzi, dem pädagogischen Klassiker schlechthin, und jedenfalls längst bevor es Verhaltensgestörtenpädagogik im akademisch institutionalisierten Sinne gab. Andererseits muß er auch Möckels Kriktik an der Allgemeinen Pädagogik zustimmen, daß sie die scheiternden Erziehungsvorgänge aus ihrer Reflexion mehr oder weniger systematisch ausgeblendet hat. Dadurch hat sie sich selbst für das Problem inkompetent gemacht.

In gewissem Sinne kann man daher sagen, daß die vorliegende Arbeit die ideengeschichtlichen Zusammenhänge in einem großen Überblick zusammengefaßt hat, die in der Folge zur Entwicklung einer "Verhaltensgestörtenpädagogik" geführt *und diese notwendig gemacht haben*. Die Arbeit hätte dann nicht die Verhaltensgestörtenpädagogik "abgeschafft", wie ich mir das ursprünglich wünschte, sondern sie im Gegenteil ideengeschichtlich begründet. So gewinnen wir in der wissenschaftlichen Arbeit manchmal Erkenntnisse, die gerade das auf den Kopf stellen, was wir ursprünglich gedacht haben - und das ist gut so.

Einleitung

1. Struwwelpeter & Co - Prototypen "schwieriger Kinder"?

Wohl kaum ein anderes Kinderbuch ist seit Generationen so populär wie "Der Struwwelpeter" von Heinrich Hoffmann. 1844, als der Frankfurter Arzt das selbstgereimte und selbstgezeichnete Büchlein seinem Sohn Carl unter den Weihnachtsbaum legte, begann der beispiellose Siegeszug dieser Bildergeschichten durch die deutschen Kinderstuben. Schon um die Jahrhundertwende war die 200. Auflage erreicht, und inzwischen sind wir längst bei der 500. angelangt. Allein in deutscher Sprache sind insgesamt über 25 Millionen Exemplare gedruckt worden, und noch heute behauptet der "Struwwelpeter" seinen festen Platz unter den meistverkauften Kinderbüchern. Er ist in alle gängigen Sprachen übersetzt worden und hat zahlreiche Autoren zu Nachahmungen, Parodien und Travestien angeregt. Viele Kinder kennen "ihren" Struwwelpeter auswendig, und manche Verszeilen des Reimerich Kinderlieb (so Hoffmanns Pseudonym, unter dem die erste Auflage erschienen ist) sind zu geflügelten Worten geworden.

Bis auf die skurrile "Geschichte vom wilden Jäger", die etwas aus dem Rahmen fällt, handelt es sich bei allen anderen Geschichten um Darstellungen der verhängnisvollen Konsequenzen kindlicher "Unarten". Nacheinander werden neun verschiedene Typen "unartiger" Kinder vorgeführt:

Da ist zunächst die Titelfigur des "Struwwelpeter", die sich gegen alle hygienischen Maßnahmen sträubt, als Verkörperung von Trotz, Widerspenstigkeit und äußerer Verwahrlosung. Ihr kommt die geballte Verachtung der Umgebung zu: "Pfui ruft da ein jeder: Garst'ger Struwwelpeter!". Dann der "böse Friederich", der die Tiere quält, mutwillig Möbel zertrümmert und Mädchen mit der Peitsche traktiert. Als dieser "bitterböse", gefühllose und aggressive Kerl es wieder einmal ganz besonders schlimm treibt, ereilt ihn die gerechte Strafe: Der heimtückisch angegriffene und übel geschundene Hund beißt ihn in das Bein "...recht tief bis in das Blut hinein". Zur weiteren Strafe muß Friederich dann noch "bittere Arzenei" schlucken und auf Wurst und Kuchen verzichten. "Paulinchen", die Ungehorsame, mißachtet die elterlichen Verbote, spielt mit den Zündhölzern und verbrennt mit Haut und Haar. In der "Geschichte von den schwarzen Buben" werden drei Kinder, die sich über einen Mohrenjungen lustig machen, sich herablassend und unsozial verhalten, von einem überdimensionalen Nikolaus in Tinte getaucht, so daß sie am Ende "viel schwärzer als das Mohrenkind" sind. Die "Geschichte vom Daumenlutscher" stellt sicher den makabren Höhepunkt der dargestellten Strafrituale dar. Weil er, alleingelassen, seine orale Gier, seine Neigung zum Daumenlutschen, nicht unterdrücken kann, werden dem armen Konrad vom Schneider mit einer Riesenschere beide Daumen abgeschnitten. Die Verstümmelungsszene ist "wie ein Tanz, ein grauenvolles Ballett" dargestellt (Flitner 1982, S. 7), und viele Erwachsene erinnern sich noch mit Schaudern an die Gefühle, die dieses Bild als Kind in ihnen wachgerufen hat. Der "Suppen-Kaspar", das Kind mit Eßstörungen, das die immergleiche Suppe konsequent verweigert, muß diese Widerspenstigkeit mit dem rapiden körperlichen Verfall und schließlich mit dem Tod bezahlen. Der "Zappel-Philipp", das hyperaktive Kind, das nicht "still ... bei Tische sitzen will", sondern "gaukelt und schaukelt, ... trappelt und zappelt", inszeniert durch sein Verhalten eine häusliche Katastrophe und zieht den gesammelten Zorn seiner Eltern auf sich. Der "Hanns Guck-in-die-Luft" riskiert für seine Unachtsamkeit und seine Tagträumerei fast den Ertrinkungstod. Der "fliegende Robert" schließlich, der nicht wie artige Kinder bei Sturm und Regen zu Hause in der Stube bleibt, wird zur Strafe vom Wind ins Ungewisse fortgetragen.

Ein merkwürdig drohender, einschüchternder und moralisierender Erziehungsgeist drückt sich in diesen Moritaten aus, die mit dem beschönigenden Untertitel "lustige Geschichten und drollige Bilder" versehen sind. Herzlich wenig Verständnis für die Bedürfnisse, Ängste und Nöte des Kindes ist hier zu spüren, dafür aber ein ganz selbstverständlich genommener Anspruch auf Gehorsam und "Artigkeit". Flitner hat zurecht gemeint, wenn das, was dort gezeigt wird, Erziehung sein soll, dann "müßte man stracks zum Anti-Pädagogen werden" (ebd., S. 9).

Wie ist die anhaltende Popularität dieser Geschichten zu erklären, in denen die Kinder so massiv mit Erwachsenenmoral konfrontiert werden und in denen sie am Schluß immer die Unterlegenen, Gedemütigten, Verunglückten oder die grausam Bestraften sind? Verschiedene Pädagogen haben sich mit dieser Frage beschäftigt und bei der Antwort meist auf einen Projektionsvorgang verwiesen, der es den Kindern ermögliche, eigene Schattenseiten, das, was ihre Beziehung zu den Eltern trüben könnte, nach außen zu verlagern, um sich in den karikierenden Übertreibungen dann davon zu distanzieren (vgl. Schulze 1968, S. 296; Flitner 1982, S. 9; Scheuerl 1985, S. 114). Sicher kommt auch ein Moment der Angstlust hinzu. Vielleicht spielen die Struwwelpeter-Geschichten für das kindliche Erleben eine ähnliche Rolle wie die Lustmörder-Stories in der Regenbogenpresse für die Psyche des Erwachsenen: Das Schlimme, das Verbotene, das andere tun, oder das Grausame, das andere erleiden, stößt ab und fasziniert zugleich.

Das zentrale Thema der Geschichten ist der Kontrast zwischen dem geforderten "artigen", "folgsamen", "wohlerzogenen" Verhalten und dem tatsächlichen Handeln der Protagonisten, das diesen Forderungen zuwiderläuft und statt dessen archaischen Impulsen wie Gier, Aggression, Bewegungsdrang etc. folgt. Sicherlich werden die Kinder hier mit sehr engen, biedermeier-bürgerlichen Verhaltenserwartungen konfrontiert. Dies drückt sich schon im Vorspruch nur allzu deutlich aus:

"Wenn die Kinder artig sind
kommt zu ihnen das Christkind;
wenn sie ihre Suppe essen
und das Brot auch nicht vergessen,
wenn sie, ohne Lärm zu machen,
still sind bei den Siebensachen,
beim Spaziergehn auf den Gassen
von Mama sich führen lassen,
bringt es ihnen Guts genug
und ein schönes Bilderbuch."

Schulze hat wohl recht, wenn er meint, das "artige Kind", das hier gefordert werde, sei eine Fiktion. Ohne Lärm zu machen, stillzusitzen bei den Siebensachen - das widerspricht einfach der Natur des Kindes. Dennoch gibt es natürlich ein Gefälle zwischen mehr oder weniger "artigen" bzw. mehr oder weniger "schwierigen" Kindern. Und selbst unter toleranten, kinderfreundlichen Rahmenbedingungen gibt es Kinder, die den Eltern besondere Probleme bereiten. "Zappel-Philipp", "Suppen-Kaspar" oder "Hanns Guck-in-die-Luft", das sind auch heute umgangssprachlich noch gebräuchliche Charakterisierungen für Problemkinder. Sicher werden diese Phänomene dabei nicht mehr als bloße "Unarten" oder als Ausdruck von Böswilligkeit und Ungehorsam verstanden, sondern eher als psychisch oder somatogen bedingte "Verhaltensstörungen".

Die Figuren im "Struwwelpeter" decken zwar nicht den Gesamtbereich der erzieherischen Problemfälle ab, aber sie stellen doch sehr markante Verkörperungen für typische Konfliktkonstellationen dar, die Eltern und Kinder zu allen Zeiten beschäftigt haben. Die Art und Weise, wie sich Ärzte und Pädagogen auf die Hoffmann'schen Figuren bezogen haben, drückt dabei schon etwas von den grundlegenden Wandlungen aus, die das Verständnis des "schwierigen Kindes" im Lauf des 19. und 20. Jahrhunderts durchgemacht hat. Hoffmann selbst, obwohl Psychiater und später sogar Begründer der ersten kinderpsychiatrischen Abteilung in Deutschland (1864 in Frankfurt), hat seine Gestalten und die "Unarten", die sie sich zuschulden kommen lassen, noch ganz und gar moralisch aufgefaßt: Der Friederich ist bitterbös, Paulinchen ist ungehorsam, der Zappel-Philipp will nicht stillsitzen, der Suppen-Kaspar ist trotzig - und alle bekommen sie deshalb ihre gerechte Strafe.

1930 bezeichnet Fürstenheim, der Leiter der Frankfurter "Jugendsichtungsstelle", der sich ganz und gar der "Erforschung des Psychopathentums" verschrieben hatte, Hoffmanns Kinderbuch als "...die instruktivste Schilderung kleiner Psychopathen" (Fürstenheim 1930, S. 11f). Das gemeinsame Merkmal aller "Psychopathen" sieht er dabei, ganz dem psychiatrischen Zeitgeist entsprechend, in einer angeborenen Disharmonie der Persönlichkeitsstruktur, einem "Mißverhältnis im Maßverhältnis der Seelenlagen" (ebd., S. 17).

1986 schließlich stellt Spiess seiner Einführung in die Verhaltensgestörtenpädagogik einige Verse aus dem "Struwwelpeter" voran und fragt: "Der böse Friederich, der Zappelphilipp und wie sie alle heißen: sind das die literarisch-zeitlosen Sinnbilder verhaltensauffälliger Kinder und Jugendlicher? (Spiess 1986, S. 11). Er hat wohl recht, wenn er dann fortfährt, daß die Namen und die besonderen Ausprägungen des Verhaltens solcher Kinder sowie die Erwartungshaltungen und Erziehungspraktiken sich geändert haben mögen. Aber: "Was wohl geblieben ist, das ist die Not dieser Kinder und die Sorge, der Ärger, die Ratlosigkeit der Erwachsenen" (ebd.).

Den Wandlungen nachzuforschen, die die Namen, die Erwartungshaltungen und Erziehungspraktiken, vor allem aber auch die wissenschaftlichen Deutungsmuster und Erklärungsversuche sowie die speziellen pädagogischen und heilpädagogischen Einrichtungen, die zur Abhilfe für diese erzieherische Not geschaffen wurden, im Lauf der letzten zweihundert Jahre erfahren haben, ist das Ziel dieser Arbeit.

2. Das Wandelbare und das Unwandelbare

Das Magazin "Der Spiegel" erschien am 11.4.1988 mit der Titelstory "Tollhaus Schule". Darin wird die These vertreten, in der Schule habe, bedingt durch die zunehmende Verbreitung von Verhaltensstörungen, von Gewalt und Gefühlsarmut bei den Schülern, eine "epochale Wende" stattgefunden. Schon auf dem Titelbild wird in einer Karikatur von M. Marcks dargestellt, wie man sich den heutigen Schulalltag vorzustellen hat: Die Schüler sind mit allen möglichen Dingen beschäftigt, nur nicht mit konzentrierter Lernarbeit: sie boxen, werfen mit Gegenständen, essen, rauchen, lesen Zeitschriften, hören Musik oder aber, sie machen die Lehrerin an.

Im Artikel selbst wird dann das Katastrophen-Szenario mit zahlreichen Beobachtungen und Impressionen von der "pädagogischen Front", an die sich der Redakteur gewagt hat, weiter ausgeschmückt: Schüler, die "gestört und seelisch tot" seien, machten mit "Radau, Aggressivität und Clownerie ... den Unterricht zur Farce". Gestört werde "ohne System, Sinn und Verstand" (ebd., S. 28). Zahlreiche Lehrer, die ihr Leid beklagen, und verschiedene Erziehungswissenschaftler, die dem Phänomen mehr oder weniger hilflos gegenüberstehen, kommen zu Wort. Diverse Deutungen werden mit dem ironischen Vermerk, daß mehr oder weniger "alles, was Kulturkritikern zum Zustand der Industriegesellschaft eingefallen" sei, "auch zur Erklärung des Erziehungsnotstandes herangezogen" würde, zitiert (ebd., S. 31).

Auch ein kurzes historisches Streiflicht fehlt nicht. Es wird eingeleitet mit der Bemerkung: "Manche Pädagogen flüchten sich angesichts solcher Zustände in schulhistorische Exkurse und in die ewig gültige Erkenntnis, daß 'alles schon mal dagewesen' sei" (ebd., S. 35).

Natürlich kann dieser Vorwurf der "Flucht in die Historie" auch auf die hier vorliegende Arbeit angewendet werden. Sie bietet keine praktische Hilfe zur Bewältigung der aktuellen schwierigen Situation und sie bietet keine Analyse der spezifischen Bedingungen, unter denen Kinder heute aufwachsen und unter denen Kinder heute Verhaltensstörungen entwickeln. Jede Zeit und jede Gesellschaft bringt ihre eigenen Widersprüche und Belastungen hervor, die das gedeihliche Aufwachsen von Kindern und Jugendlichen gefährden. Jede neue Generation entwickelt ihre eigenen Probleme, Widerstände und Störungen in Auseinandersetzung mit den kulturellen Gegebenheiten und Forderungen, die sie vorfindet.

Von daher stellt sich tatsächlich die Frage, ob Pestalozzis Stanser Kriegswaisen, in ihrem Zustand der "äußersten Zurücksetzung der Menschennatur", die "mißratenen Jugendlichen", die Wichern in sein "Rettungshaus" aufgenommen hat, die "psychopathisch minderwertigen Kinder" von Trüpers Heim "Sophienhöhe" oder selbst Aichhorns "verwahrloste Jugendliche" von Oberhollabrunn überhaupt noch etwas gemein haben mit den "verhaltensgestörten", fernseh- und videogeschädigten Schülern, über die der "Spiegel"-Artikel berichtet. Andererseits hat Reble mit Recht festgestellt, daß die "These von der geschichtlichen Wandelbarkeit" sich selbst ad absurdum führen würde, "wenn sie die Existenz allgemeinster, durchlaufender Strukturen radikal leugnen wollte" (Reble 1981[12], S. 13).

Was durchgängig ist, ist in jedem Fall die Grundrelation, daß Kinder und Jugendliche gegen allgemeine Vorstellungen und Erwartungen vom "angemessenen", "durchschnittlichen", "normalen" Verhalten verstoßen, daß eine Diskrepanz besteht zwischen der im pädagogischen Sinn wünschenswerten und der tatsächlichen Entwicklung, daß Eltern, Lehrer und Erzieher dies als Problem wahrnehmen und nach Gründen für solche Abweichungen sowie nach erzieherischen Einwirkungsmöglichkeiten suchen.

Unabhängig davon, ob das Wesen der Erziehung eher vom gesellschaftlichen Pol her als Einführung der nachwachsenden Generation in die überlieferte Ordnung und in die kulturellen Werte und Normen verstanden wird, oder vom individuellen Pol, als Hilfe zur Entfaltung der je besonderen Kräfte und Möglichkeiten des einzelnen Menschen, immer ist damit auch ein normatives Moment verbunden: Nicht in alle Laster, Gemeinheiten, Ungerechtigkeiten und Bosheiten, die in einer Gesellschaft praktiziert werden, soll die Erziehung einführen, und nicht alle Schattenseiten und Abgründe der Einzelseele sollen in gleichem Maß durch Erziehung zur Entfaltung kommen. Auch wenn die Erziehungsziele nicht explizit formuliert werden, auch wenn bewußt auf Leitbilder verzichtet wird - es spielen doch immer notwendig und unvermeidbar Vorstellungen von der pädagogisch wünschenswerten Entwicklung und vom "richtigen", "angemessenen" Verhalten in pädagogischen Situationen hinein.

Während die Mehrzahl der Kinder und Jugendlichen diesen Erwartungen mehr oder minder selbstverständlich entspricht - oder sich doch zumindest innerhalb eines Toleranzspielraumes bewegt, der für die verantwortlichen Bezugspersonen als alterstypisch und "noch akzeptabel" gilt -, gibt es immer wieder auch Fälle, in denen Kinder und Jugendliche diesen Erwartungen nicht nachkommen, in denen sie auf Zeit oder auf Dauer aus diesem Rahmen herausfallen. Dieser Sachverhalt wird hier als ein pädagogischer Urkonflikt verstanden, der, auch wenn sich sowohl die Erwartungshorizonte der maßgeblichen pädagogischen Instanzen als auch die Erscheinungsformen der Abweichungen selbst historisch gewandelt haben, doch so alt ist wie die Erziehung. Diejenigen Kinder und Jugendlichen, bei denen dieser Konflikt die pädagogischen Bezüge nachhaltig prägt, sind hier mit dem Begriff "schwierig" gemeint.

Es gibt in der pädagogisch-psychologischen Ratgeber-Literatur eine eigene Sparte, die sich mit den verschiedenen Variationen dieser Problemlage beschäftigt. "Das schwierige Kind", so lauten übereinstimmend die Titel der Bücher von Eliasberg (1931), Zarncke (1950) und Züblin (1972). "Schwierige Kinder", so heißt eines der bekanntesten Werke des Schweizer Pädagogen und Psychoanalytikers Hans Zulliger (1951), das inzwischen in siebter Auflage erscheint. Doch ist der Begriff "schwierig" nur einer - vielleicht der weiteste und unspezifischste - aus einem reichhaltigen Begriffsfeld, das zur Bezeichnung dieser pädagogischen Problemgruppe bereit steht. Andere Autoren sprechen schon im Titel von "ungeratenen Kindern" (Nikolay 1913), von "problematischen Kindsnaturen" (Siegert 1889), von "leicht abnormalen" (Weygandt 1905) oder aber von "schwererziehbaren" Kindern (Major 1913, Hanselmann 1928, Adler 1930, Ebermaier 1956, Röhrs 1969). Nimmt man schließlich die Literatur, die unter den epochentypischen Leitbegriffen "Verwahrlosung", "Psychopathie" und "Verhaltensstörung" erschienen ist, hinzu, so wird aus der Vielzahl der Veröffentlichungen deutlich, wie sehr der Aspekt des Scheiterns der Erziehung die Erwachsenengeneration doch immer wieder beschäftigt hat.

Ziel dieser Arbeit ist es jedoch nicht, einfach nachzuweisen, daß "alles schon mal dagewesen sei", daß es Klagen von Pädagogen über ungezogene und schwererziehbare "Zöglinge" schon immer gab. Das Ziel besteht vielmehr darin, anhand exemplarischer Vertreter der einzelnen pädagogischen Epochen die Wandlungen nachzuzeichnen, die das "Bild des schwierigen Kindes" im Laufe der Erziehungsgeschichte der letzten zweihundert Jahre erfahren hat. Dabei ist natürlich klar, daß es sich bei der Rede von "*dem* Bild *des* schwierigen Kindes" um eine Simplifizierung handelt. Jede Epoche versuchte zwischen verschiedenen Formen von Problemverhalten zu differenzieren, und kannte mithin eine Vielzahl von "Bildern schwieriger Kinder". Die populärsten, und im wörtlichen Sinn bildhaften, Verkörperungen solcher typischer pädagogischer Problemfälle stellen sicherlich die oben beschriebenen Figuren aus Heinrich Hoffmanns "Struwwelpeter" dar.

3. Die Geschichtslosigkeit der Verhaltensgestörtenpädagogik und der spezifische Mangel in der Geschichtsschreibung der Allgemeinen Pädagogik

Pädagogische Konfliktlagen tauchen in allen möglichen Variationen und Intensitäten auf. Sie sind in ihren schwächeren Formen Bestandteil eines jeden Erziehungsprozesses. Die Entscheidung, ab wann das Verhalten eines Kindes als so problematisch angesehen wird, daß es als "verhaltensgestört" eingestuft und eine therapeutische Behandlung oder ein Wechsel an die Sonderschule als notwendig empfunden wird, ist weitgehend von der jeweiligen Besorgtheit der Eltern, der Toleranzgrenze des Lehrers oder vom theoretischen Bezugsrahmen des diagnostizierenden Psychologen abhängig. Wie wenig eine objektive Diagnostik in diesem Bereich möglich und wie stark sie vom jeweiligen theoretischen Konstrukt "Verhaltensstörung" abhängig ist, zeigt sich auch daran, daß in verschiedenen epidemiologischen Untersuchungen über die Häufigkeit und die Verteilung von Verhaltensstörungen die Angaben um Zehnerpotenzen voneinander abweichen (vgl. z.B. Havers 1981[2]).

Solange Kinder und Jugendliche die Verhaltenserwartungen von Eltern und Lehrern einigermaßen erfüllen, verläuft Erziehung als gemeinsame Lebenspraxis relativ autark, d.h. unabhängig von spezialisierter professioneller Erziehungshilfe. Erst, wenn diese Erwartungen nicht erfüllt werden, salopp ausgedrückt, wenn Kinder und Jugendliche anders tun und wollen, als sie sollen bzw. als Lehrer es tolerieren können, wird Erziehung zum Problem. Wohl in den meisten Fällen, in denen Eltern sich hilfesuchend an die akademisch-professionelle Pädagogik wenden, sei es, daß sie pädagogische Bücher kaufen, Vorträge besuchen oder zur Erziehungsberatung gehen, dürfte es sich um solche Konfliktlagen handeln; d.h. um Situationen, wo Entwicklungsverläufe gefährdet erscheinen, wo Verständigung zwischen den Generationen zunehmend unmöglich wird, wo Beziehungen und Erziehungsfelder zusammenzubrechen drohen. Die Reflexion über solche kritischen, gestörten Erziehungssituationen stellt eine bedeutsame Aufgabe für die Pädagogik dar.

Auch wenn die Verhaltensgestörtenpädagogik meist als relativ junge Disziplin dargestellt wird (vgl. z.B. Myschker 1981, S. 410; Mau 1982, S. 178; Hußlein 1984, S. 325), sind doch die von ihr als Spezialgebiet reklamierten Probleme sowie das Nachdenken über diese Probleme so alt wie die Pädagogik selbst. Wenn man jedoch die pädagogische Diskussion der letzten Jahre betrachtet, so hat man den Eindruck, daß in dem Maß, wie sich die sonderpädagogische Spezialdisziplin "Verhaltensgestörtenpädagogik" etablierte, das Interesse der Allgemeinen Pädagogik an diesen Problemen nachließ. Man könnte die Ausgliederung dieses Problembereichs aus der Allgemeinen Pädagogik als eine, im Zuge der Fortentwicklung und Differenzierung einer Wissenschaft sinnvolle und notwendige Erscheinung ansehen. Ich denke jedoch, daß der Pädagogik mit dem Ausblenden des Nachdenkens über Erziehungsschwierigkeiten, über Konflikte und Krisen in Erziehungsprozessen, ein unersetzliches Kernstück verloren geht.

Die Vernachlässigung dieser Probleme mag auch ein Grund für die Unbrauchbarkeit der Produkte der modernen Erziehungswissenschaft für die praktisch-pädagogische Aufgabe der Erziehungs- und Lebensberatung sein, welche u.a. von Bittner und Möckel beklagt wurde: "Dadurch, daß die an den Universitäten etablierte Erziehungswissenschaft die Zusammenbrüche pädagogischer Felder und die mißglückten Formen der Kompensation in Familie und Schule nicht energisch zum Gegenstand ihrer Forschung gemacht hat, ist ihr die Kompetenz für die Erziehungsberatung und die Kompetenz auf vielen anderen pädagogischen Gebieten ganz oder fast ganz entglitten" (Möckel 1984, S. 9; vgl. a. Bittner 1982). Möckel betont, daß jegliche pädagogische Richtung und jedes pädagogische Arbeitsgebiet ohne den sonderpädagogischen Aspekt unvollständig ist, und fordert deshalb mit Recht, daß sich die Pädagogik auch den "Versagensmomenten in der Erziehung" zuwenden müsse. Ein Auseinanderreißen dieser beiden Seiten der Medaille, eine Arbeitsteilung im dem Sinn, daß die Allgemeine Pädagogik sich mit den "normalen", die Sonderpädagogik bzw. die "Verhaltensgestörtenpädagogik" sich mit den "gestörten" Erziehungssituationen und Entwicklungsverläufen zu beschäftigen habe, ist problematisch und führt auf beiden Seiten zu Verkürzungen.

Allgemeine Pädagogik und Sonderpädagogik stehen heute jedoch weithin "fremd und unverbunden nebeneinander" (Möckel 1979, S. 119). Von Seiten der Sonderpädagogik gab es zwar immer wieder Versuche, Zusammenhang und Gemeinsamkeiten herzustellen. Man denke nur an den vielzitierten Satz von Paul Moor: "Heilpädagogik ist Pädagogik und nichts anderes" (Moor 1951, S. 7). Die Allgemeine Pädagogik hat sich jedoch kaum für die Probleme der Heilpädagogik interessiert, hat kaum je einmal danach gefragt, was die spezifischen Erfahrungen mit blinden, tauben, geistig oder körperlich behinderten Kindern für das grundsätzliche Verständnis von Entwicklung und Erziehung beitragen könnten. Das Verhältnis der Allgemeinen Pädagogik zur Verhaltensgestörtenpädagogik stellt hierbei eine gewisse Ausnahme dar. Nicht, daß sich die Vertreter der Allgemeinen Pädagogik gerade für die Ergebnisse dieser sonderpädagogischen Fachrichtung besonders interessieren würden, aber inhaltlich gibt es hier, eben dadurch, daß die Grenzen zwischen Normalität und Störung so fließend sind, so breite Überschneidungsbereiche wie wohl bei keiner anderen Fachrichtung. Die Probleme der sog. "verhaltensgestörten Kinder" sind eher quantitativ als qualitativ von denen durchschnittlicher Kinder verschieden: sie sind schneller frustriert, wütend, aggressiv, unkonzentriert, unbeherrscht etc. oder aber sie sind in stärkerem Maße gehemmt und ängstlicher als "normale Kinder". Frustration, Wut, Aggression, Angst und Gehemmtheit sind aber bedeutsame Phänomene jeder kindlichen Lebens- und Erfahrungswelt und sollten somit auch Gegenstand der Refexion jeder Pädagogik sein.

Die Probleme, die den Gegenstandsbereich der Verhaltensgestörtenpädagogik ausmachen, und auch die pädagogische Refexion über diese Probleme sind älter als die sonderpädagogische Fachrichtung, die sie heute als ihr Spezialgebiet reklamiert. Die Verhaltensgestörtenpädagogik ist sich jedoch ihrer eigenen historischen Wurzeln kaum bewußt. Untersucht man die Literaturnachweise der einschlägigen Darstellungen der Verhaltensgestörtenpädagogik, so stellt man fest, daß die Literatur, auf die Bezug genommen wird, kaum über das Jahr 1960 zurückgreift. Den weitaus größten Teil stellen gewöhnlich Veröffentlichungen aus dem Bereich der empirischen Psychologie, der Kinderpsychiatrie, der Soziologie und der Sonderpädagogik dar. Die Namen der pädagogischen "Klassiker", und seien es nur die Namen der bedeutenden Pädagogen aus der ersten Hälfte dieses Jahrhunderts, wird man meist vergeblich darunter suchen. Einzig auf Aichhorn und Moor wird noch gelegentlich hingewiesen.

Dieser Sachverhalt ist für pädagogische Veröffentlichungen durchaus untypisch, denn die Pädagogik ist ja nicht, wie etwa die Biochemie oder die Informatik, eine Wissenschaft, in der ein rasanter Entwicklungsfortschritt die Einsichten früherer Denker ungültig oder überholt macht. Zu ihrem Gegenstand gehören ganz wesentlich die grundsätzlichen und immer wiederkehrenden Fragen der Erziehung und Bildung. Für diese Fragen müssen zwar jeweils zeit- und kulturentsprechende Lösungen gefunden werden. Diese zu finden, ist jedoch kaum möglich ohne die Berücksichtigung der pädagogischen Traditionslinien. Nur in diesem historischen Kontext lassen sich auch die Besonderheiten und die Relativität der jeweils gegenwärtigen - und oft für selbstverständlich gehaltenen - Lösungen erkennen. Deshalb werden die Gedanken von Rousseau, Pestalozzi, Schleiermacher, Herbart, Dilthey, Litt, Nohl, Spranger und vielen anderen auch heute noch mit Recht bei der Diskussion pädagogischer Grundfragen aufgegriffen. Auch der sinnvolle pädagogische Umgang mit "schwierigen Kindern", also mit Kindern, die den Erwartungen und Absichten des Erziehers erhöhten Widerstand entgegensetzen, darf wohl zu diesen pädagogischen Grundfragen gerechnet werden, deren Beantwortung mehr erfordert als die Kenntnis des aktuellen verhaltensmodifikatorischen Know-hows.

In diesem Punkt entspricht dem Mangel in der Verhaltensgestörtenpädagogik ein Defizit in der Allgemeinen Pädagogik: Betrachtet man verschiedene Darstellungen zur Geschichte der Pädagogik (z.B. Blättner 1951, Reble 1981[12], Blankertz 1982, Scheuerl 1985), so stellt man fest, daß darin zwar sehr viel über die großen Theoretiker der Erziehung, über Bildungsideale und über Bildungsinstitutionen, über kulturell wirksame Kräfte und Tendenzen in den verschiedenen Zeiträumen, über politische und ökonomische Faktoren und über philosophische Schulen, die Einfluß auf das Erziehungssystem hatten, zu finden ist, aber kaum etwas über die je verschiedenen Sichtweisen des "schwierigen", des "widerspenstigen" Kindes, welches mit seinem Verhalten all die hohen pädagogischen Ideale und Ideen seiner Zeit in Frage stellt. Nur ganz am Rande und vereinzelt findet man Bemerkungen wie z.B. die bei Reble: "Aus der Jugendbewegung kommende Kräfte wirken darauf hin, daß auch der Fürsorgezögling oder der sonstige Schwererziehbare nicht mehr als ein zu Bestrafender und als ein Objekt angesehen wird, sondern primär als ein Mensch, der Liebe und Gemeinschaft braucht" (Reble 1981[12], S. 278). Gerade aber die in der Geschichte der Pädagogik wirksamen Kräfte und Tendenzen dieser Art, die sich auf die Sichtweise und die Einstellung gegenüber dem "schwererziehbaren Kind" beziehen, sollen der Gegenstand dieser Arbeit sein.

Die Verhaltensgestörtenpädagogik entstand als eigenständige Disziplin gerade zu der Zeit, als in der Pädagogik die sog. "realistische Wendung" (Roth 1962) eingeläutet wurde. Die für die geisteswissenschaftliche Pädagogik - die nunmehr als "am Ausgang ihrer Epoche" sich befindlich dargestellt wurde (Dahmer/Klafki 1968) - so wichtige Auseinandersetzung mit der pädagogischen Tradition wurde nun zunehmend unpopulär, denn die Pädagogik war bemüht, sich als moderne Sozialwissenschaft neu zu fundieren. Die Verhaltensgestörtenpädagogik hat vielleicht auch deshalb eine Aufarbeitung originär pädagogischer Traditionslinien zum Problem des Verständnisses und des Umgangs mit Erziehungsschwierigkeiten nie unternommen, sondern sehr bereitwillig und häufig sehr eklektisch verschiedene sozialwissenschaftliche Forschungsergebnisse und Theorieansätze adaptiert. All dies Wissen ist sicher wichtig und notwendig, doch es ist für sich allein nicht ausreichend. So gibt Oelkers 1979 in seinen Überlegungen zum Thema "Tradition und Fortschritt in der Pädagogik" zu bedenken:

"Die Adaption sozialwissenschaftlichen Wissens, wie sie nach 1960 üblich geworden ist, bedeutet allein oder als solche noch keinen Fortschritt, der sich erst in der bereichsspezifischen Konfrontation des Alten mit dem Neuen ausmachen läßt. Schließlich könnte es sein, daß in dieser Rezeption der Kern des pädagogischen Gegenstandes nicht getroffen, sondern systematisch verfehlt wird.... Aus dem Fortschritt wissenschaftlichen Wissens, wie er in Teilen der modernen Erziehungswissenschaft feststellbar ist, folgt keineswegs der Fortschritt der Pädagogik als vermittelnde Disziplin zwischen 'Theorie' und 'Praxis' der Erziehung. Diese Vermittlungsfähigkeit ist durch bloße Rezeption wissenschaftlichen Wissens nicht gewährleistet, und es mag sein, daß sie einzig in Konfrontation mit pädagogischen Traditionen restituierbar ist" (Oelkers 1979, S. 848f).

4. Welche Art von Geschichte der Pädagogik?

Innerhalb der Allgemeinen Pädagogik nimmt die Geschichte der Pädagogik seit langem einen bedeutenden Platz ein. Unter der jahrzehntelangen Dominanz der geisteswissenschaftlichen Pädagogik wurde "Geschichte der Pädagogik" dabei fast ausschließlich verstanden als Ideengeschichte, d.h. als Auslegung der Werke pädagogischer Klassiker und als hermeneutische Deutung des erzieherischen Geistes historischer Epochen. Mit der "realistischen Wendung" in der pädagogischen Forschung, die ab Beginn der sechziger Jahre stattfand, konzentrierte sich das Interesse zunehmend auf die Rezeption sozialwissenschaftlicher Theorieansätze und auf den Aufbau einer eigenständigen empirischen pädagogischen Forschung. Gleichzeitig setzte eine "Epoche von anderthalb Jahrzehnten relativer historischer Selbstvergessenheit" ein (Scheuerl 1982, S. 21).

Die "Renaissance der historischen Pädagogik" (Herrmann 1977, S. 7), die seit Mitte der siebziger Jahre zu beobachten ist, knüpfte jedoch nicht einfach an die alten geisteswissenschaftlichen Traditionen an, sondern sie war von Anfang an mit einer intensiven methodologischen Diskussion über die angemessene Art pädagogischer Geschichtsschreibung verbunden. Dabei rückte immer stärker die Forderung nach einer detaillierten Aufarbeitung der Sozialgeschichte der Erziehung in den Mittelpunkt des Interesses. So verkündete Hamburger 1977: "Das Postulat nach Sozialgeschichte der Erziehung kann als neues Paradigma der erziehungswissenschaftlichen Geschichtsschreibung angesehen werden" (Hamburger 1977, S. 9). Renner brachte in seinem Diskussionsbericht über das XVIII. "Salzburger Symposion", das sich mit den Methodenfragen pädagogischer Geschichtsschreibung befaßt hatte, den aktuellen Trend schon im Titel auf den Nenner: "Von der Geschichte der Pädagogik zur historischen Sozialisationsforschung?" (Renner 1982). Die früher so selbstverständliche Ideengeschichte der Pädagogik scheint dagegen eher in Mißkredit geraten zu sein.

Unter dem speziellen Aspekt des Umgangs mit Erziehungsschwierigkeiten wäre eine solche Sozialgeschichte, etwa der Strafpraktiken in verschiedenen familären Mileus oder des Alltags in Rettungshäusern und Fürsorgeheimen - eventuell sogar unter Auswertung autobiographischer Dokumente - sicher interessant und lohnenswert. Sie ist jedoch nicht der Gegenstand dieser Arbeit. Vielmehr geht es tatsächlich um eine ideengeschichtliche Untersuchung, darum, wie eine bestimmte Problemlage von verschiedenen Epochen und ihren maßgeblichen Vertretern wahrgenommen, beschrieben und erklärt wurde. Diese Problemlage ist sehr schlicht und sehr universell, und sie läßt sich in möglichst neutralen Worten etwa so fassen: Kinder oder Jugendliche, die nicht oder zumindest nicht notwendig geistig, körperlich oder sinnesmäßig behindert ist, zeigen in ihrem Handeln und Erleben Auffälligkeiten der Art, daß sie mehr oder weniger häufig oder dauerhaft gegen allgemein akzeptierte Normen des sozialen Zusammenlebens verstoßen. Wie spiegelt sich dieses Problem in den theoretischen pädagogischen Bemühungen der verschiedenen Epochen wider? Wie wird dieses Phänomen interpretiert, auf welche Ursachen wird es zurückgeführt und in welche anthropologische Vorstellung ist diese Interpretation und diese Erklärung eingebunden? Welche pädagogischen Maßnahmen werden angesichts dieses Problems als angemessen betrachtet?

Es geht also um das "Bild des schwierigen Kindes" in seinem historischen Wandel. Natürlich drückt sich dies auch in den Institutionen und in den gesetzgeberischen Initiativen der jeweiligen Epoche aus. Deshalb können diese nicht unberücksichtigt bleiben. Durch diesen Aufweis der historischen Veränderungen in der Wahrnehmung und Einschätzung eines pädagogischen Problems wird zugleich das heutige, aktuelle und leicht für selbstverständlich genommene Problemverständnis in seiner Geschichtlichkeit deutlich. Dies ist das wesentliche Argument, das einen historisch-systematischen und damit einen ideengeschichtlichen Zugang zur Geschichte der Pädagogik (bzw. zu einem ganz bestimmten, aber meiner Meinung nach sehr bedeutsamen Sektor derselben) auch heute noch rechtfertigt: daß nämlich allein dieser es ermöglicht, die systematische Problemlage der Gegenwart in ihrem historischen Gewordensein zu erschließen (vgl. Nicolin 1970, Bollnow 1979).

Das Interesse der Arbeit ist dabei auch weniger ein historisch-archivarisches als vielmehr ein systematisches und kritisches. D.h. es kommt nicht darauf an, alle Entwürfe und Ansätze möglichst lückenlos zu dokumentieren, die zu diesem Problem entwickelt wurden, als vielmehr darauf, grundlegende Sichtweisen und die sich daraus ableitenden pädagogischen Konsequenzen in ihrer historischen Dimension darzustellen. Geschichte der Pädagogik in diesem Verständnis stellt somit auch eine "kritische Instanz" dar, da "die Vergegenwärtigung des früher Bedachten, Befragten, Erörterten, Gesehenen und Gelösten zur vergleichenden Konfrontierung und somit zur kritischen Prüfung des sonst allzuleicht für endgültig und sicher Genommenen" der Gegenwart führt (Böhm 1982, S. 402).

5. Zur Forschungslage

Wer als Thema einer Dissertation ein so weites Gebiet behandelt wie "Das Bild des 'schwierigen Kindes' in der Pädagogik des 19. und 20. Jahrhunderts", der kann damit natürlich nicht den Anspruch erheben, vollkommenes Neuland zu betreten. Wenngleich auch die Feststellung, daß der Verhaltensgestörtenpädagogik eine historisch-systematische Fundierung weitgehend fehlt, aufrechterhalten werden muß, so existieren doch eine Reihe von Studien aus dem Bereich der Pädagogik und ihrer Nachbarwissenschaften, die sich mit dem hier zu untersuchenden Thema in vielfältiger Weise berühren. So ist die allgemeinpädagogische Geschichtsschreibung, wie sie durch die umfassenden "Geschichten der Pädagogik" repräsentiert wird, natürlich auch dann, wenn das in Frage stehende Problem des Umgangs mit Erziehungsschwierigkeiten dort kaum Erwähnung findet, von Relevanz für eine solche spezielle Untersuchung, weil sie gewissermaßen die gesamtkulturelle und ideengeschichtliche Hintergrundfolie dafür liefert. Besonders aufschlußreich sind hier Arbeiten, die den Schwerpunkt mehr auf die Wandlung der pädagogischen Menschenbilder legen als auf die Darstellung der Bildungsideale und der Lehranstalten (vgl. z.B. Scheuerl 1982). Auch einzelne problemgeschichtliche Arbeiten stehen im Zusammenhang mit dem hier zu behandelnden Thema. So gibt es z.B. von Scheibe eine fundierte historische Untersuchung über das Strafproblem in der abendländischen Pädagogik (Scheibe 1967). Strafe ist ja in der Tat eine der klassischen Maßnahmen angesichts von konflikthaften Erziehungssituationen, und die jeweilige Einschätzung der Strafe als "pädagogischem Mittel" setzt immer schon ein bestimmtes Verständnis des "schwierigen", "widerspenstigen", "unfolgsamen" Kindes voraus.

Auch aus dem Bereich der Sozialpädagogik gibt es eine Reihe von historischen Untersuchungen, die sich mit dem Thema dieser Arbeit berühren, da sie die Ursprünge und die Wandlungen derjenigen institutionellen Einrichtungen und ihrer gesetzlichen Grundlagen untersuchen, die zur Abhilfe für soziale Notlagen und zur Kontrolle über gesellschaftliche Konfliktpotentiale geschaffen wurden (Mollenhauer 1959, Wolf 1977, Herrmann 1981). Insbesondere die Geschichte der Jugendfürsorge als dem Auffangbecken für verwaiste, aber mehr noch für "mißratene", "verwahrloste" und "gestrauchelte" Jugendliche fand mehrere und z.T. recht kritische Darstellungen (Scherpner 1968, Ahlheim u.a. 1971, Sauer 1979).

Obwohl es in der Sonderpädagogik zweifellos eine "generelle Vernachlässigung historischer Forschung" gibt (Ellger-Rüttgart 1985, S. 106), die nach der Einschätzung von Ellger-Rüttgart, einer engagierten Vorkämpferin für den Ausbau einer methodengeleiteten Historik, auch in diesem Bereich der Pädagogik, ihren Hauptgrund in der Verdrängung der Zeit des Nationalsozialismus hat (ebd., S. 120), gibt es doch auch auf diesem Gebiet einige Untersuchungen, die zu berücksichtigen sind. So ist sowohl Beschel bei seinem Versuch, den "Eigencharakter der Hilfsschule" deutlich zu machen (Beschel 1966), als auch Bleidick bei seinem Versuch, eine umfassende systematische Grundlegung der "Behindertenpädagogik" zu entwerfen (Bleidick 1972), den historischen Wurzeln des "heilpädagogischen Gedankens" nachgegangen, und beide haben dabei auch ausführlich auf die Kinderfehlerlehren des 19. Jahrhunderts Bezug genommen. In den Sammelwerken, die von Lesemann, Klink und Solarová herausgegeben wurden, sind weitere Beiträge und Materialien zur Geschichte der Sonderpädagogik zusammengetragen (Lesemann 1966, Klink 1966, Solarová 1983). Eine umfassende "Geschichte der Heilpädagogik" wurde jüngst von Möckel veröffentlicht (Möckel 1988). Auf sie soll zum Schluß dieser Arbeit noch einmal ausführlich eingegangen werden.

Die Geschichtsschreibung der Sonderpädagogik erfolgte bis zu Möckels Buch fast ausschließlich fachrichtungsspezifisch. Während die älteren Fachrichtungen, wie die Blinden- und die Gehörlosenpädagogik, hier über eine relativ breite Aufarbeitung der geschichtlichen Wurzeln verfügen, gibt es aus dem Bereich der Verhaltensgestörtenpädagogik nur wenige Arbeiten, die sich explizit mit der Frage nach den eigenen Ursprüngen oder mit Details der eigenen Geschichte befassen. Die beiden Beiträge von Mücke und Tuchborn in dem Sammelband von Lesemann sind mehr stichpunktartige Abrisse der Entwicklung der "Sonderschuleinrichtungen für gemeinschaftsschwierige Kinder" und der "Heimschulen für Verwahrlosungsbedrohte" (Mücke 1966, Tuchborn 1966). Ausführlicher und theoretisch anspruchsvoller ist zweifellos die Studie von Tuggener über die Entwicklung der Deutungsmuster für das Phänomen Verwahrlosung (Tuggener 1983). Ebenfalls aus der Perspektive der heutigen "Verhaltensgestörtenpädagogik" geschrieben, ist die Arbeit von Flissikowski u.a., welche unter dem Titel "Vom Prügelstock zur Erziehungsklasse für 'schwierige' Kinder" versucht, die Sozialgeschichte des abweichenden Verhaltens in der Schule nachzuzeichnen (Flissikowski u.a. 1980).

Obwohl sie den allgemeinen Titel "Ursprünge der Heilpädagogik in Deutschland" trägt, ist die Monographie, die H. und I. Trüper über das Lebenswerk ihres Vaters Johannes Trüper verfaßt haben (Trüper/Trüper 1978), der Sache nach ebenfalls in erster Linie dem Bereich "Verhaltensgestörtenpädagogik" zuzurechnen. Am Beispiel eines um die Jahrhundertwende sehr angesehenen aber dann weitgehend in Vergessenheit geratenen Heilpädagogen werden hier die Ursprünge einer therapeutisch orientierten Heilerziehung für seelisch gestörte Kinder und Jugendliche dargestellt.

In jüngster Zeit hat Myschker versucht, die "Verdrängungslücke" der eigenen Disziplin ein Stück weit aufzuarbeiten. In zwei kurzen Aufsätzen hat er das Schicksal erziehungsschwieriger und seelisch gestörter Kinder unter der Herrschaft des Nationalsozialismus beleuchtet (Myschker 1987, 1988). Ausführlichere Untersuchungen über die Disziplinierungsmaßnahmen in den Jugendorganisationen des Dritten Reiches und über die Rolle der Jugendfürsorge in dieser Zeit wären sicher wünschenswert.

Da das Gebiet der Verhaltensgestörtenpädagogik einen unscharfen Überschneidungsbereich verschiedener Disziplinen darstellt, sind auch diejenigen historischen Ansätze aus den Nachbarwissenschaften der Pädagogik, die sich mit der Erklärung und Behandlung seelischer Störungen bei Kindern und Jugendlichen befassen, zu berücksichtigen. So gibt es einige Übersichtsreferate zur Geschichte der Kinder- und Jugendpsychiatrie (Stutte

1957, Tramer 1960, Harms 1960, Kindt 1971, Nissen 1974). Nissen unterscheidet dabei eine "prähistorische" Zeit und eine Phase der eigentlichen "wissenschaftlichen Kinderpsychiatrie", deren Beginn er auf "Mitte bis Ende des 19. Jahrhunderts" datiert. Als wichtiger Markstein wird hier meist der Beitrag von Emminghaus über "Die psychischen Störungen des Kindesalters" in Gerhards "Handbuch der Kinderkrankheiten" von 1887 genannt. Für die Darstellung der "prähistorischen Phase" bezieht sich Nissen in erster Linie auf die Klassiker der Pädagogik und Heilpädagogik, auf Pestalozzi, Falk, Fröbel, Wichern, Guggenbühl, Georgens und Deinhardt u.a..

Von psychologischer Seite wurde 1983 von Werner eine umfangreiche Arbeit mit dem Titel: "Zur Geschichte der Kinderpsychotherapie im 19. Jahrhundert" veröffentlicht. Der Titel ist jedoch eher verwirrend, denn von einer Kinderpsychotherapie kann im 19. Jahrhundert kaum die Rede sein. Zumal dann nicht, wenn ein so enger Begriff von Therapie zugrunde gelegt wird wie bei Werner, die Kinderpsychotherapie definiert als "die wissenschaftlich fundierte, verbale und nonverbale Kommunikation nutzende, Behandlung von Kindern, die sozial bedingte und sozial relevante Störungen ihres psychischen Lebens zeigen" und sie gegenüber der Heilpädagogik durch ein "Inventar von operationalisierbaren Handlungsanweisungen" ausgezeichnet sieht (Werner 1983, S. 1). Als solche, durch ihre Methodenspezifität ausgewiesene Behandlungsform mit dem Ziel, das "als 'abweichend' eingestufte Verhalten und/oder Erleben von Kindern einer je angemessenen Norm zuzuführen", gibt es Kinderpsychotherapie tatsächlich erst seit dem Anfang dieses Jahrhunderts, konkret seit den ersten Anwendungen der Freud'schen Analyse auf Kinder durch H. Hug-Hellmuth, M. Klein und A. Freud.

Was Werner macht, ist folgendes: Sie mustert die Werke der Pädagogen des 19. Jahrhunderts auf ihre Aussagen zum Problem von Erzieungsschwierigkeiten und von psychischen Auffälligkeiten bei Kindern. Sie forscht also "nach Wurzeln der Kinderpsychotherapie im historischen Gebäude der Pädagogik" (ebd. S. 1O). Der große Fleiß, den Werner in ihre Arbeit investiert hat, steht allerdings in einem merkwürdigen Mißverhältnis zu dem letztendlichen systematischen Ertrag. Durch den "präsentistischen" Ansatz der Verfasserin, d.h. ihr Verfahren, sechsunddreißig Pädagogen des 19. Jahrhunderts einfach nacheinander durchzugehen und deren Aussagen zum Problem "Erziehungsschwierigkeiten" wiederzugeben und zu kommentieren, werden Entwicklungslinien, grundsätzliche Veränderungen, Fortschritte und Rückschritte kaum deutlich. Es bleibt bei einem letztlich unbefriedigenden Auflisten nach dem Schema: Villaume hat es so gesehen, Hergenröther hat dieses dazu gesagt und Siegert meinte jenes....

Wenn Werner dann an anderer Stelle meint, daß die Vorstellungen vom Umgang mit sozial gestörten Kindern, die die Klassiker von Pestalozzi bis Fröbel entwickelt haben, ihren Kulminationspunkt in den Werken von Georgens und Deinhardt, Strümpell und Trüper gefunden hätten (Werner 1983, S. 323f), dann wird deutlich, wie wenig sich die Autorin der grundlegenden Unterschiede bewußt ist, die zwischen diesen Positionen bestehen. Überhaupt ist das ganze Unterfangen, die Klassiker der Pädagogik von Comenius über Rousseau und Pestalozzi bis hin zu Herbart und Fröbel als "Vorläufer der Kinderpsychotherapie" aufzufassen, recht fragwürdig. Scheuerl hat in einem anderen Zusammenhang eine solche "irreführende Rückprojektion eines modernen Ausdrucks auf Autoren und

Epochen, die ihn und seine Assoziation noch gar nicht haben kennen können", mit Nachdruck zurückgewiesen (Scheuerl 1982, S. 21).

Ein "Abklappern" möglichst aller pädagogischen Positionen kann also nicht mehr Sinn und Zweck dieser Arbeit sein. Dies wurde von Werner bereits in aller Ausführlichkeit geleistet. Vielmehr geht es darum, anhand weniger ausgewählter, aber für die Geschichte der Pädagogik zentraler, "Klassiker", das Typische der Sichtweise einer pädagogischen Epoche herauszuarbeiten.

6. Zur Gliederung der Arbeit

Jede geschichtliche Darstellung ist standortgebunden und perspektivisch, d.h. sie ist von bestimmten erkenntnisleitenden Interessen geprägt, welche zuallererst festlegen, welche Aspekte aus der Fülle des Vergangenen überhaupt als relevant angesehen werden. So ist es z.B. sicher möglich, gerade im Zusammenhang mit der Frage nach den pädagogischen Empfehlungen zum Umgang mit Erziehungsschwierigkeiten eine "Schwarze Pädagogik" (Rutschky 1977), d.h. eine Sammlung von Anweisungen zur Unterdrückung und zur erzieherischen Mißhandlung von Kindern, zu erstellen. Mir geht es jedoch nicht um eine Dokumentation pädagogischer Irrtümer und Verfehlungen, sondern um eine möglichst faire Prüfung, inwieweit das, was bedeutende Pädagogen früherer Zeiten zu diesem pädagogischen Grundproblem gedacht haben, auch heute noch aufschlußreich sein kann.

Es wäre ein naiver Standpunkt, zu meinen, man könne gänzlich unvoreingenommen und unbefangen an das historische Material herantreten, um einfach zu "zeigen, wie's gewesen ist". Andererseits wäre es ein unangemessenes Spiel, die Geschichte nur zu Demonstrationszwecken für das, was man eh schon weiß, heranzuziehen und quasi überall die "selbstversteckten Ostereier" wiederzufinden. Erst der Rahmen aus Fragen, Hypothesen und Orientierungsgesichtspunkten, unter dem die unendliche Komplexität all dessen, was in der Geschichte der Pädagogik der letzten zweihundert Jahre gedacht und geschrieben worden ist, betrachtet wird, schafft den eigentlichen Gegenstand einer solchen Untersuchung. Dieser Rahmen muß sich zwar dann an den Fakten und Schriften bewähren, er ist aber zunächst bestimmt vom Vorverständnis und vom Interesse des Untersuchenden. Das Verhältnis ist durchaus vergleichbar mit dem von Piaget beschriebenen Wechselspiel von Akkomodation und Assimilation.

Um grundsätzliche Wandlungen in der Entwicklung einer wissenschaftlichen Disziplin oder auch nur in der Auffassung eines bestimmten Problems darzustellen, eignet sich das von Kuhn entwickelte Paradigma-Konzept als wissenschaftstheoretischer Bezugsrahmen. Obwohl dieses Konzept von Kuhn selbst zur Beschreibung der Entwicklung im Bereich der Naturwissenschaften entworfen wurde, fand es auch in den Geisteswissenschaften breite Beachtung. Die Hauptthese dieses wissenschaftshistorischen Konzeptes ist die, daß der wissenschaftliche Fortschritt nicht im Sinne einer linearen Bewegung verläuft, also nicht als eine allmähliche, kumulative Anhäufung von Wissen verstanden werden kann, sondern daß diese Entwicklung durch Brüche, durch sog. "wissenschaftliche Revolutionen", gekennzeichnet ist. Durch diese wird der ganze Bestand von Grundüberzeugungen, den die Gemeinschaft von Wissenschaftlern bei ihren konkreten Forschungen stillschweigend voraussetzt, also das gesamte Selbst- und Problemverständnis der jeweiligen Wissenschaft, verändert. Es etabliert sich durch sie eine grundsätzlich neue Sicht der Dinge, die dann den verbindlichen Rahmen für zukünftige Forschungen abgibt. Diese Behauptung, daß aller Wissenschaft bestimmte Vorstellungen, Annahmen und Überzeugungen zugrunde liegen, die selbst nicht mehr Gegenstand wissenschaftlicher Überprüfungen sind, sondern gewissermaßen das Weltbild einer bestimmten Epoche ausmachen, ist eine weitere zentrale These in Kuhns Konzept, und eben diese jeweiligen Bestände von gemeinsam geteilten Grundüberzeugungen nennt er "Paradigmata" (Kuhn 1976[2]).

Sicher wirft die Übertragung von Kuhns Paradigma-Ansatz auf die Geistes- und Naturwissenschaften einige Probleme auf. Wissenschaftliche Revolutionen werden hier z.B. wohl kaum, wie bei Kuhn beschrieben, durch sog. "Anomalien" ausgelöst, also durch empirische Forschungsergebnisse, die sich in die bisher gültigen theoretischen Auffassungen nicht integrieren lassen bzw. ihnen widersprechen, sondern eher durch Wandlungen in den gesellschaftlichen Rahmenbedingungen. Jedoch ist die prinzipielle Historizität geistes- und sozialwissenschaftlicher Problemdefinitionen und Erkenntnisleistungen sehr viel unmittelbarer einsichtig als die der naturwissenschaftlichen. Ja, Kuhn selbst hat im Postskript zu seinem Buch "Die Struktur wissenschaftlicher Revolutionen" sogar darauf hingewiesen, daß die Originalität seines Ansatzes gerade darin liegt, daß er diese für die "Geschichtsschreibung der Literatur, Musik, bildenden Kunst, Politik und vieler anderer menschlichen Tätigkeiten" mehr oder weniger selbstverständliche Art der Beschreibung ihres Gegenstandes auf die exakten Naturwissenschaften angewandt hat (Kuhn 1976[2], S. 22O). Häufig wurde jedoch der Paradigma-Begriff bei der Übertragung auf die Humanwissenschaften verwässert. Dies etwa, wenn bestimmte, miteinander in Konkurrenz stehende Theorieansätze in den Stand von Paradigmata erhoben wurden und damit eine wahre Paradigma-Inflation entstand oder wenn (vermeintlich) neue Theorieentwürfe gleich mit dem grandiosen Anspruch auftraten, einen Paradigma-Wechsel einzuleiten. Ein solcher kann nämlich immer nur retrospektiv, aus dem Überblick über eine längere Phase der Wissenschaftsgeschichte, festgestellt werden.

In der hier vorliegenden Arbeit soll der Paradigma-Begriff in einer ursprünglicheren Bedeutung zugrunde gelegt werden. Es sollen darunter die für eine Epoche typischen, allgemein geteilten Grundüberzeugungen und Deutungsmuster verstanden werden, die das jeweilige Verständnis des Gegenstandes bzw. Problems überhaupt erst konstituieren.

Zwei wissenschaftshistorische Untersuchungen, die sich mit dem Wandel im Verständnis des Problems der Verwahrlosung beschäftigen, haben sich in ihrer Darstellung am Paradigma-Konzept Kuhns orientiert: Herrigers als "Einführung in die Theorie sozialer Auffälligkeit" konzipiertes Buch "Verwahrlosung" (Herriger 1979) und Tuggeners Beitrag zur "Verwahrlostenpädagogik" in dem von Solarová herausgegebenen Band "Geschichte der Sonderpädagogik" (Tuggener 1983). Herriger unterscheidet drei Paradigmata im Verständnis des Phänomens "Verwahrlosung": das medizinische Erklärungsmodell, das sozialisationstheoretische Modell (worunter er in erster Linie die psychoanalytischen Ansätze faßt) und das Erklärungsmodell der Etikettierungstheorie. Bei Herriger stehen dabei trotz seines explizit wissenschaftshistorischen Anspruches weniger die konkreten geschichtlichen Daten und Entwicklungslinien im Mittelpunkt, sondern die innere Struktur und Logik der verschiedenen Paradigmata. So bezieht er sich ganz überwiegend auf aktuelle Fachliteratur und greift kaum auf die Veröffentlichungen und den Diskussionsstand aus der Zeit vor dem Zweiten Weltkrieg zurück.

Anders dagegen Tuggener, der grundsätzlich zwischen einem theologischen und einem anthropologischen Paradigma unterscheidet und sehr viel weiter historisch ausholt. Die von Herriger dargestellten Erklärungsmodelle gelten ihm allesamt nur als Spielarten des anthropologischen Paradigmas. Zur Interpretation des theologischen Paradigmas bringt er eine sehr interessante exemplarische Studie über Ludwig Völter, einem Vertreter des schwäbischen Pietismus und Promotor der Rettungshaus-Bewegung. Entscheidend für dieses theologische Paradigma ist nun nach Tuggener, daß der Mensch ganz in seiner Abhängigkeit von der Erbsünde und dem "Bösen der Welt" sowie von seiner Bestimmung her, durch den christlichen Glauben Heil und Rettung zu erlangen, gesehen wird.

Bei den Spielarten des anthropologischen Paradigmas, welche für Tuggener dadurch charakterisiert sind, daß sie versuchen, das Phänomen der Verwahrlosung allein diesseitig, d.h. ohne Bezugnahme auf transzendente Gefährdungen und Heilungsmöglichkeiten, zu verstehen, unterscheidet er "deterministische" und "strukturell-dynamische". Erstere schlüsselt er weiter auf in biodeterministische und soziodeterministische Vorstellungen bzw. solche, bei denen beide Formen der Determination in einem kumulativen Verhältnis gedacht werden. Unter dem Paradigma der "strukturellen Dynamik" faßt er schließlich solche Theorieansätze, die neben den äußeren, (sozialen) und inneren, (genetischen) determinierenden Faktoren auch so etwas wie ein Subjekt, das sich Stellung nehmend zur Welt verhält, berücksichtigen. Als Beispiel dieser Kategorie werden dann die Psychoanalyse und Paul Moors Theorie von der Verwahrlosung als mangelndem "inneren Halt" beschrieben.

Da der vorliegenden Arbeit ebenfalls die Vorstellung der Ordnung der geschichtlichen Epochen nach vorherrschenden Paradigmen im Verständnis des "schwierigen Kindes" zugrunde liegt, welche sich jedoch weder mit den Einteilungen von Herriger noch mit denen von Tuggener deckt, muß die hier vorgenommene Aufgliederung begründet werden. Daß eine solche epochale Gliederung als erkenntnisleitende und -ordnende Hilfsinstanz notwendig ist, um in der unendlichen Komplexität des historisch Gewesenen überhaupt Entwicklungen und Strukturen sichtbar zu machen, erscheint gerade angesichts der Arbeit von Werner, die in dieser Hinsicht so unbefriedigend bleibt, außer Zweifel. Natürlich muß dabei im Auge behalten werden, daß es sich um die jeweils vorherrschenden, typischen Sichtweisen einer Epoche handelt und daß sich in jeder Epoche auch einzelne Formulierungen finden lassen, die davon abweichen, die entweder als Nachwirkungen früherer Vorstellungen oder als Vorausgriffe auf künftige angesehen werden können.

Das hier zugrunde gelegte Ordnungsschema geht davon aus, daß die vorherrschende Sichtweise des 19. Jahrhunderts darin besteht, die in Frage stehenden Phänomene als sittliche Verfehlungen aufzufassen, daß ihnen also ganz selbstverständlich ein Wert hinsichtlich der Dimensionen "sittlich", "gut", "tugendsam" versus "unsittlich", "böse" und "lasterhaft" zugeschrieben wird. Die negativen Verhaltensweisen und Charaktermerkmale erscheinen unter dieser Perspektive als eine Verfehlung der allgemeinen menschlichen Bestimmung zur Sittlichkeit, ja der menschlichen Bestimmung überhaupt. Als klassischer Vertreter dieses Paradigmas kann vielleicht J.H. Pestalozzi gelten, der nicht müde wurde, die Verwahrlosung als die "Verwilderung" der Menschennatur und als den "sittlichen

Tod" zu beklagen und zu bekämpfen. Aber auch bei Herbart, der anderen Zentralfigur der Pädagogik des 19. Jahrhunderts, ist die "Charakterstärke der Sittlichkeit" zentrales Ziel seiner Erziehungslehre, und all das, was heute unter dem Stichwort "Verhaltensstörung" zusammengefaßt wird, wird bei ihm als ein Defizit hinsichtlich dieser Zielbestimmung verstanden. Bei den beiden herausragenden Pädagogen dieser Epoche war das Erziehungsverständnis eingebettet in eine umfassende philosophisch-anthropologische Besinnung auf das Wesen des Menschen und auf das Wesen der Sittlichkeit.

Zwar tauchen in den pädagogischen Schriften des 19. Jahrhunderts auch Formulierungen auf, die im Zusammenhang mit Erziehungsschwierigkeiten von "Krankheit", "Heilung", ja, von "Therapie" sprechen, doch läßt sich zeigen, daß es sich dabei um eine metaphorische Verwendung dieser Begriffe handelt, daß kein wirkliches medizinisches Krankheitsverständnis zugrunde liegt. Es wird damit lediglich versucht, die pädagogische Einwirkung zur "Behandlung" von Auffälligkeiten in Analogie zur medizinischen Behandlung von Krankheit zu konstruieren.

Auch wenn bei den Vertretern der Rettungshaus-Bewegung zweifellos die Kategorien "Sünde" und "Rettung" und damit die religiöse Begründung stärker in den Mittelpunkt rückt, so wird doch auch hier das Handeln zunächst in sittlichen Dimensionen, also bezüglich der Dimensionen "gut" und "böse", bewertet. Insofern wird diese Position hier nicht als ein ganz eigenes Paradigma eingestuft, sondern als eine religiöse Variante des sittlichen Paradigmas interpretiert.

Ein grundlegender Wandel der bisher gültigen Auffassungen bahnte sich gegen Ende des 19. Jahrhunderts an: 189O erschien die erste Auflage von Strümpells "Pädagogischer Pathologie". Im selben Jahr gründete Trüper seine "Anstalt für schwer erziehbare Kinder", das heilpädagogische Erziehungsheim "Sophienhöhe" bei Jena, welches internationalen Modellcharakter erlangte. 1891 veröffentlichte Koch seine Lehre von den "Psychopathischen Minderwertigkeiten", welche 1892 durch die zweite Auflage von Strümpells "Pädagogischer Pathologie" und 1893 durch Trüpers Buch "Die psychopathischen Minderwertigkeiten im Kindesalter" ihren Eingang in die Pädagogik fand. 1896 wurde schließlich gemeinsam von Koch, Ufer, Zimmer und Trüper die Zeitschrift "Die Kinderfehler" gegründet.

Im Zusammenhang mit der aufblühenden heilpädagogischen Bewegung setzte sich sehr bald ein neues Verständnis der eingangs erwähnten Problemlage durch. Das Handeln und Erleben der Kinder wurde nun zunehmend in den Kategorien "gesund" versus "pathologisch" wahrgenommen, und den massiveren Formen von Problemverhalten wurde mehr und mehr ein echter Krankheitswert zugeordnet. Der Begriff "Psychopathie" erlangte eine so zentrale Stellung, wie sie heute der Begriff "Verhaltensstörung" hat. Der Terminus wurde aus der Psychiatrie übernommen und mit ihm die Vorstellung, daß all diese psychischen Abweichungen durch hirnorganische Defekte verursacht seien. Eine bedeutende Rolle für diesen Wandel der Auffassung spielte dabei Kochs umfangreiches Werk "Die psychopathischen Minderwertigkeiten", in welchem er den ganzen Bereich von Auffälligkeiten, die zwischen vollkommener Gesundheit einerseits und manifester Geisteskrankheit andererseits liegen, auf hirnorganische Störungen zurückführt. Zentral für das neue Paradigma ist der Krankheitswert, der dem Phänomen nun zugeschrieben wird.

Dabei ist es sekundär, welche Ursachen für die Genese dieser hirnorganischen Störung in Betracht gezogen wurden. Sicher waren es in erster Linie erbliche Belastungen, "degenerative Erscheinungen", die zu jener stark darwinistisch beeinflußten Epoche postuliert wurden. Doch schon Koch selbst hat neben den angeborenen auch die "erworbenen psychopathischen Minderwertigkeiten" abgehandelt. Gemeinsam war diesen Auffassungen die Vorstellung, daß es sich bei den "Psychopathen" um Menschen handelt, die sich aufgrund der Konstitution ihres Gehirns von anderen, "normalen", Menschen unterscheiden. Dieses Postulat hirnorganischer Abweichung war das Dogma der Psychiatrie jener Zeit. Ansonsten war sie ganz auf die Deskription und Klassifikation von Störungsphänomenen ausgerichtet. Der dynamische Aspekt, also das Verständnis für die Prozesse und Mechanismen der Entstehung solcher Störungen, fehlte fast völlig. Die pädagogische Psychologie des 19. Jahrhunderts, die u.a. auch Strümpells Lehre von den "Kinderfehlern" zugrunde lag, war im wesentlichen die Herbart'sche Vorstellungspsychologie und, d.h. sie war kognitive Psychologie, die sich in allererster Linie mit den Fragen beschäftigte, wie Informationen aufgenommen, verknüpft, gespeichert und reproduziert werden. Von den emotionalen und motivationalen Vorgängen im Kind hatte sie dagegen nur sehr unzureichende Vorstellungen entwickelt. Gerade der Einblick in diese Prozesse spielt aber eine zentrale Rolle für das Verständnis erziehungsschwieriger Kinder.

Die sich zu Beginn des 2O. Jahrhunderts entwickelnde Psychoanalyse dagegen hatte ihre Domäne und Eigentümlichkeit nun gerade darin, daß sie die Entstehung psychischer Störungen durch die Aufdeckung unbewußter emotionaler und motivationaler Prozesse zu erklären versuchte. Durch den Entwurf und die zunehmende Verfeinerung eines komplexen Funktionsmodells der Psyche, des sog. "psychischen Apparates", und durch die Beschreibung der in ihm wirkenden Prinzipien wurde ein neues Verständnis von psychischer Krankheit ermöglicht, welches ganz ohne Bezugnahme auf hirnorganische Defekte plausible Erklärungen lieferte. "Psychische Krankheit" hieß nun Störung im Funktionsgefüge des "psychischen Apparates" und war von der materiellen, organischen Ebene weitgehend losgekoppelt. Die grundsätzliche Einschätzung aber, daß es sich bei den Formen sozial auffälligen, erziehungsschwierigen Verhaltens und abweichenden psychischen Erlebens um Krankhaftes, um "Pathologisches" handle, wurde von der Psychoanalyse durchaus beibehalten, ja sie wurde sogar auf weit weniger auffällige, harmlosere Erscheinungen ausgedehnt (man denke etwa an S. Freuds Titel "Zur Psychopathologie des Alltagslebens"). Aichhorn, der als einer der ersten versuchte, die neuen psychoanalytischen Einsichten auf die praktische Erziehung anzuwenden, und der mit Recht auch heute noch als ein Klassiker der Verwahrlostenpädagogik gilt, hat dies ganz klar formuliert: "Wir Fürsorgeerzieher fassen den Verwahrlosten als krank auf und sprechen von seiner Behandlung" (Aichhorn 1926/27, S. 27).

Deshalb soll das unter dem Einfluß der Psychoanalyse sich etablierende Verständnis des "schwierigen Kindes" bei all den Gegensätzen, die zum traditionell psychiatrischen Verständnis bestehen, und trotz der heftigen Anfeindungen, die zwischen beiden Lagern stattfanden, hier als eine zweite Variante des "pathologischen Paradigmas" interpretiert werden. (Und nicht etwa als "sozialisationstheoretisches", wie bei Herriger oder als "strukturell-dynamisches", wie bei Tuggener, wenngleich keineswegs verkannt wird, daß auch damit wichtige Aspekte der durch die Psychoanalyse ermöglichten neuen Sicht der Dinge bezeichnet sind.)

Bezüglich der jüngeren Vergangenheit erscheint es sehr schwer, die verwirrende Vielfalt von Ansätzen und Konzepten unter ein bestimmtes Paradigma zu fassen. Unter dem Vorbehalt, daß es mir angesichts der Pluralität der Deutungsmuster auch möglich erschiene, einfach von einer Theorievielfalt und vom Verlust gemeinsam geteilter Grundüberzeugungen auszugehen, möchte ich dennoch versuchsweise ein drittes, "verhaltensorientiertes Paradigma" unterscheiden, das bei aller Vielfalt und Gegensätzlichkeit der aktuellen Theorieansätze doch für den vorherrschenden Trend der Gegenwart am ehesten kennzeichnend scheint. Dieses Paradigma verzichtet bewußt auf eine Einordnung und Bewertung des entsprechenden Verhaltens hinsichtlich der Dimensionen "Sittlichkeit" oder "Krankheit", mißt es nicht mehr an den Idealnormen von "gut" oder "gesund", sondern nur noch an der Durchschnittlichkeit als Realnorm. In dieser Perspektive ist das Verhalten dann allenfalls "auffällig", "abweichend", "deviant", "unerwünscht", "störend"....

Die Tatsache, daß der vage Begriff "Verhaltensstörung" sich im heutigen fachwissenschaftlichen Sprachgebrauch weitgehend durchgesetzt hat und auch umgangssprachlich zunehmende Popularität genießt, ist ein deutlicher Ausdruck für diesen Wandel im Verständnis. Lempp hat mit Recht darauf hingewiesen, daß dieser Ausdruck "keine kinderpsychiatrische" und "schon gar keine medizinische Diagnose" darstellt, sondern "ein Sammeltopf für alle Arten von Unangepaßtheit, Auffälligkeit, von Normabweichung bei Kindern und Jugendlichen" ist (Lempp 1984, S. 1O28).

Soziologische, interaktionistische und behavioristische Ansätze, als die wichtigsten Einflußgrößen der gegenwärtigen Verhaltensgestörtenpädagogik, haben in dieser bewußten Neutralität bezüglich sittlicher oder pathologischer Bewertung ihre deutliche Gemeinsamkeit. Der "Labeling approach", als die endgültige Relativitätstheorie der sozialen Beurteilung, geht sogar noch weiter, indem er gar nicht mehr danach fragt, wie es kommt, daß eine Person in ihrem Verhalten abweicht, sondern danach, wie sich im sozialen Kontext das Urteil konstituiert, daß das Verhalten einer Person abweichend sei, und welche Konsequenzen dieses Urteil im weiteren Interaktionsprozeß hat.

Mit dieser Einteilung der Entwicklung des pädagogischen Problemverständnisses von Erziehungsschwierigkeiten in ein sittliches, ein pathologisches und in ein verhaltensorientiertes Paradigma lege ich dieser Betrachtung nicht nur ein anderes Ordnungsschema, sondern auch einen anderen Paradigmabegriff zugrunde als Herriger und Tuggener. Diesen ging es mehr um verschiedene Theorien der Verursachung von Verwahrlosung. Mir dagegen geht es primär um die grundsätzlichen Unterschiede der Wahrnehmung und Einschätzung "schwieriger Kinder". Daß Milieufaktoren eine Rolle spielen, dies konnte keinem Pädagogen, der sich ernsthaft mit dem Problem beschäftigte, verborgen bleiben. Schon Pestalozzi hat den Skandal, daß durch die unwürdigen äußeren Lebensbedingungen die Menschlichkeit des Menschen im "Schlamm der Roheit" versinkt, immer wieder leidenschaftlich angeklagt. Daß aber auch konstitutionelle, temperamentsbedingte Unterschiede eine Rolle spielen, darauf hat schon Herbart in seinen "Briefen über die Anwendung der Psychologie auf die Pädagogik", in denen er der Verschiedenheit der Kindernaturen nachforschte, hingewiesen. Auch die Tatsache, daß das Subjekt sich mit den Bedingungen, in denen es sich vorfindet, aktiv auseinandersetzt, ja sie eventuell gar verändert, wurde von Pestalozzi schon mit aller Klarheit ausgesprochen. Insofern bewegt sich die pädagogische Reflexion also immer schon zwischen den Polen "Soziodeterminismus", "Biodeterminismus" und "strukturelle Dynamik", welche Tuggener als aufeinanderfolgende, epochentypische Paradigmata unterschieden hat - zweifellos bei immer wieder wechselnder Gewichtung dieser Faktoren.

Ich denke, daß das hier skizzierte Ordnungsschema am ehesten geeignet ist, die typischen Besonderheiten der verschiedenen Epochen hervorzuheben, wenngleich natürlich offensichtlich ist, daß sittliche Bewertungen im pädagogischen Alltag auch heute noch eine gewichtige Rolle spielen, und nicht verkannt wird, daß die Jugendpsychiatrie mit ihrem Konzept der "minimalen cerebralen Dysfunktion" sowie die Tiefenpsychologie mit ihrem Verständnis psychischer Störungen auch heute noch einen bedeutsamen Einfluß auf die Verhaltensgestörtenpädagogik ausüben. Zudem meine ich, daß der so verstandene Paradigma-Begriff eher dem entspricht, was Kuhn, der diese wissenschaftshistorische Kategorie geprägt hat, damit ausdrücken wollte: Ihm geht es nämlich nicht nur um konkurrierende Theorien zur Erklärung eines Phänomens, sondern um dahinterliegende grundsätzliche Formen der Problemwahrnehmung und Problemdeutung, die eine Epoche kennzeichnen.

Die Darstellung wird sich dabei auf die Entwicklung im deutschsprachigen Raum beschränken und die bedeutsamen Beiträge von sozialpädagogischen Pionieren aus anderen Ländern, wie etwa Don Giovanni Bosco, Maria Montessori, Anton Makarenko, Father Flanagan, Janusz Korczak u.a. weitgehend unberücksichtigt lassen.

Zum Schluß dieser Einleitung sei noch darauf hingewiesen, daß der im Titel der Arbeit verwendete und auch sonst häufig auftauchende Begriff "schwierige Kinder" sich hier nicht eng auf eine bestimmte Altersgruppe bezieht, sondern, daß er durchaus auch das Jugendalter mitumfaßt. Diese weite Verwendung des Begriffs ist einerseits aus ökonomischen Gründen zweckmäßig, um umständliche "Querstrich-Formulierungen" (Kinder/Jugendliche) zu vermeiden. Sie ist andererseits aus sachlichen Gründen unproblematisch, da die jeweils gültigen zeittypischen Erklärungsmuster für abweichendes Verhalten sich stets auf beide Altersgruppen bezogen.

1. Teil

"Schwierige Kinder" als "sittlich verwilderte" Kinder

"Freund! Der Mensch ist gut und will das Gute; er will nur dabei auch wohl sein, wenn er es tut; und wenn er böse ist, so hat man ihm sicher den Weg verrammelt, auf dem er gut sein wollte. Oh, es ist ein schreckliches Ding um dieses Wegverrammeln!"

J. H. Pestalozzi 1801

I. Johann Heinrich Pestalozzi

Wohl kaum ein anderer "Klassiker der Pädagogik" war so sehr Pädagoge im eigentlichsten Sinn des Wortes wie Johann Heinrich Pestalozzi. Zwar hatten auch andere große Pädagogen, wie Rousseau, Herbart und Schleiermacher, ihre Lehrer- bzw. Hauslehrererfahrungen, aber sie verstanden sich doch in erster Linie als Gelehrte, als Kulturwissenschaftler, und hatten meist entsprechende akademische Positionen inne. In ihrem ganzheitlichen Engagement - oder, um eine vielzitierte Wendung Pestalozzis zu gebrauchen, in ihrem Einsatz von Kopf, Herz und Hand für die Sache der Erziehung läßt sich allenfalls Fröbel mit ihm vergleichen.

So nimmt Pestalozzi denn in gewissem Sinn die Sonderrolle eines "Stammvaters" in der Geschichte der Pädagogik ein. Blankertz' Bemerkung, Pestalozzi sei eigentlich nicht als ein, sondern als *der* Klassiker der Pädagogik zu bezeichnen, da erst in seiner Position die pädagogische Fragestellung sich selbst erreicht hätte (vgl. Blankertz 1982, S. 105), und Tenorths Feststellung, Pestalozzi sei nicht ein Erziehungstheoretiker und Pädagoge neben anderen, "...sondern das Symbol der Pädagogik schlechthin" (Tenorth 1988, S. 89), stehen in der Reihe einer langen Tradition von Pestalozzi-Verehrung bzw. auch Pestalozzi-Vergötterung: Vom "menschgewordenen pädagogischen Genius" (Reble 1952, S. 241) ist da die Rede, und sogar eine recht eindeutige Christus-Analogie klingt an, wenn Spranger "Ehrfurcht" fordert vor jenem Mann, der gelitten habe, "um der Menschheit neue Kraft zu geben" (Spranger 1959², S. 11).

Entsprechend dieser Monumentalität der Bedeutung Pestalozzis für die Pädagogik ist die Sekundärliteratur zu seinem Werk und seiner Person unübersehbar groß. Wahrscheinlich ist über keinen anderen Pädagogen mehr geschrieben worden als über ihn. Dabei war es zunächst seine Elementarmethode, die international rezipiert wurde und die seinen Ruhm begründete. Sie konnte sich weitgehend als die pädagogische Methode schlechthin durchsetzen, ehe sie dann in der 2. Hälfte des 19. Jahrhunderts allmählich vom Herbartianismus verdrängt wurde.

Von der Reformpädagogik wurden seine autobiographischen und sozialpädagogischen Schriften wiederentdeckt, und sie dienten zur Unterstützung und Begründung des der Zeitbewegung eigenen hohen pädagogischen Ethos. In der Zeit nach dem 2. Weltkrieg war es das allgemeine Interesse an einem tragfähigen Menschenbild, das die Aufmerksamkeit auf seine anthropologischen Hauptschriften lenkte (vgl. Litt 1952, Reble 1952). Anfang der siebziger Jahre erfuhren schließlich noch die politischen und gesellschaftstheoretischen Schriften Pestalozzis eine besondere Beachtung. Im Zusammenhang der allgemeinen Politisierung der Pädagogik wurde nun auch der "politische Pestalozzi" entdeckt und auf seinen "Klassenstandpunkt", auf seine pro- bzw. kontrarevolutionären Einstellungen hin befragt (vgl. Rang 1967, Gudjons 1970, Froese u.a. 1972).

1. Pestalozzis Ausgangspunkt: der gefährdete Mensch

Schönebaum, der Verfasser der ausführlichsten Pestalozzi-Biographie (vgl. Schönebaum 1927 -1942), hat die "Suche nach dem Wesen des Menschen" als das Kernproblem von Pestalozzis Leben benannt. Er zitiert Pestalozzi mit dem markanten Satz aus einem Brief von 1872, in dem er schreibt: "Mein einziges Buch, das ich seit Jahren studiere, ist der Mensch; auf ihn und auf Erfahrungen über ihn und von ihm gründe ich alle meine Philosophie" (zit. nach Schönebaum 1962, S. 10). Mit Recht weist er auch darauf hin, daß für Pestalozzi "nicht der Mensch in seiner glückhaften Erscheinung mit allen geistigen und leiblichen Eigenschaften" Ausgangspunkt für das "Nachdenken über das Humanum" gewesen sei, "sondern ausgesucht der Mensch, der äußerlich betrachtet auf der Minusseite des Lebens steht" (ebd., S. 5). Arme, Verbrecher und Geistesschwache hätten ihm als "Heuristika für das Wesen des Menschen" gedient (ebd., S. 10).

Von daher scheint es berechtigt, davon auszugehen, daß Pestalozzi auch bei seinem Nachdenken über das Wesen des Erziehungsprozesses, welches ohne Zweifel ein weiteres Kernproblem seines Lebenswerkes darstellt, nicht nur auf geglückte, geradlinige und unproblematische Erziehungsverläufe zurückgreift, sondern die Formen der Gefährdung und Verfehlung dieses Prozesses mitbedenkt.

Unter den vielen Zöglingen, mit denen Pestalozzi während seiner langen aktiven Erzieherlaufbahn zu tun hatte, waren auch manche, die ihm großes Kopfzerbrechen bereiteten, weil sie sich als besonders resistent gegenüber seinen Erziehungsbemühungen erwiesen und in ihrer Persönlichkeitsentwicklung Wege einschlugen, die ihm im Hinblick auf deren Zukunft bedenklich erscheinen mußten oder die er im Hinblick auf die Harmonie der Hausgemeinschaft nicht billigen konnte. Da Pestalozzi als pädagogischer Schriftsteller immer wieder und ausdrücklich darauf hingewiesen hat, daß die Erfahrung und nicht die philosophische Spekulation die Grundlage seines Denkens sei, und da er zugleich immer die Erziehung in ihrer Totalität, die "Menschenbildung", im Auge hatte, konnte er diesen Punkt der Erziehungsschwierigkeit, des pädagogischen Konflikts, nicht aus seiner Reflexion ausklammern.

Das Interesse dieser Arbeit am Lebenswerk Pestalozzis ist zugleich ein enges und ein weites: Zum einen soll danach gefragt werden, wie diese Problematik überhaupt in seinen Schriften auftaucht, in welchen Kategorien und mit welchen Begriffen Zöglinge, die in diesem Sinne "auffällig" sind, von ihm beschrieben werden. Dann soll nach den theoretischen Erklärungen gefragt werden, die Pestalozzi für diese Phänomene anbietet, und schließlich nach den Möglichkeiten pädagogisch-handelnden Umgangs. Alle drei Fragen stehen untereinander in einem Zusammenhang und lassen sich nur beantworten, wenn sie in dem weiten Kontext von Pestalozzis anthropologischer und pädagogischer Gesamtkonzeption untersucht werden. Denn nichts wäre verfehlter, als bei Pestalozzi nach einer Spezialanthropologie oder -pädagogik des Armen, des Gestörten oder des Behinderten zu suchen. Das Nachdenken über das Wesen des Menschen und über seine Erziehung war für Pestalozzi immer unteilbar, auch wenn er als Realist die unterschiedlichen "Individuallagen" sehr wohl berücksichtigte.

2. Die Beschreibung "schwieriger Kinder" bei Pestalozzi - Beispiele vom Neuhof, von Stans und von Ifferten

Das anschaulichste und konkreteste Bild davon, wie Pestalozzi seine Zöglinge wahrnahm, bekommt man, wenn man die zahlreichen Schilderungen individueller Kinder betrachtet, die in Briefen Pestalozzis an Eltern und Gönner seiner pädagogischen Einrichtungen enthalten sind.

Nachdem seine Bemühungen, sich als Landwirt zu etablieren, durch Mißernten und durch das Mißtrauen seiner Gläubiger gescheitert waren, wandelte Pestalozzi seinen Neuhof 1774 um in eine "Anstalt, armen Kindern auf einem Landhause Auferziehung und Arbeit zu geben". Da auch dieses Unternehmen trotz der Baumwollindustrie, die Pestalozzi mit den Kindern betrieb, sich nicht selbständig halten konnte, rief Pestalozzi im Jahre 1775 "Menschenfreunde und Gönner" zur Unterstützung seiner Armenanstalt auf. Dieser Wechsel vom Landwirt zum Armenerzieher war für Pestalozzi sicher nicht nur ein Branchenwechsel, um sich finanziell über Wasser zu halten, sondern mehr noch eine Hinwendung zu seiner "Herzensangelegenheit" (SW Bd.1, S. 137).

Er hatte die Armut der ländlichen Bevölkerung und das Elend der dort aufwachsenden Kinder miterlebt und fühlte in sich eine Verpflichtung zur "Errettung der im niedersten Stand der untersten Menschheit vergessenen Kinder" (ebd., S. 139). Gleichzeitig fühlte er wohl auch eine besondere Berufung und Befähigung, diesen Kindern Erziehung zu einem "nützlichen und tätigen Leben" (ebd.) zu verschaffen, denn sein Konzept einer Verbindung der Erziehung zur "Industrie", d.h. zur Arbeitsamkeit, mit einer allgemeinen sittlichen Emporbildung, versprach nicht nur eine Überbrückung, sondern eine dauerhafte Lösung des Problems der Armut für die Betroffenen. Pestalozzi war darin durchaus optimistisch, denn es war ihm "Erfahrungssache", daß sich die Kinder "vom tiefen unentwickelten Elend ... sehr bald zur Empfindung der Menschheit, zum Zutrauen und zur Freundschaft emporheben - Erfahrung, daß Menschlichkeit gegen des niedersten Menschen Seel erhebend ist" (ebd., S. 138).

Im Jahr 1777 verfaßte Pestalozzi unter dem Titel "Bruchstücke aus der Geschichte der niedrigsten Menschheit" eine Art Rechenschafts- und Lagebericht an die Förderer seines Erziehungsversuches. Darin beschreibt er u.a. die Kinder seines Hauses. Diese kurzen Charakterschilderungen sind noch wesentlich undifferenzierter als die Schülerdarstellungen aus den späten Erziehungsanstalten Burgdorf und Ifferten, aber sie zeigen dafür in einer besonderen Direktheit und Ungeschminktheit Pestalozzis Einschätzungen. Neben der Entwicklung der Kinder spiegelt sich in diesen Darstellungen auch Pestalozzis persönliche Anteilnahme an diesen Entwicklungsprozessen: seine Erwartungen und Hoffnungen, seine Freude, seine Enttäuschung und seine Ratlosigkeit bezüglich einzelner Kinder. So schreibt er etwa von einem Kind, dessen postitive Entwicklung ihn besonders ermutigt:

"Mit inniger Freude sehe ich die Dumheit ..., von der man sich keine Vorstellungen machen kann, nach und nach entwickeln - und seine gänzliche Unempfindlichkeit - fangt an zu weichen; Empfindungen von sittlicher Freude und Dankbarkeit und Pflicht kommen in sein Herz, und die Folgen der tieffesten, ödesten, verworrensten Wildheit und des hartesten Elends fangen an, sich zu schwächen - Ich habe in ihm ganz das Bild eines in der Wildniß erzogenen Kindes gesehen - Es wird unaussprechliche Freude für mich seyn, wenn dieser emporstrebende Keim der Menschheit - dieser unvertilgbare Adel unserer Seele - noch ganz durchbrechen und ihm Beruhigung für sein Leben ganz versichern wird" (ebd., S. 177).

Typisch für diese und andere Schilderungen ist der Begriff der "Wildniß" oder der "Verwilderung" als Kennzeichnung des Zustandes, in dem Pestalozzi die Kinder vorfand. Bei Pestalozzi hat dieser Begriff nun aber nichts mehr zu tun mit jener Verklärung des "edlen Wilden", die in dem von Rousseau stark inspirierten Zeitalter so populär war. Rousseau hatte aus Kenntnis der gehobenen gesellschaftlichen Stände, in denen er sich selbst bewegte, und aus Verachtung für deren "Entartung" das Gegenbild des "natürlichen Wilden" konstruiert. Pestalozzi kannte aus eigener Erfahrung die Verwilderung als Folge der Armut und sah, daß nicht ein Zuviel, sondern ein Mangel an sozialer Anpassung und sittlicher Bildung das Problem dieser Menschen war. Wildheit ist bei ihm "öde" und "verworren" und verhindert geradezu, daß der Mensch zur Wahrnehmung seiner ursprünglichen menschlichen Empfindungen kommt. In seinen späteren theoretischen Hauptschriften hat Pestalozzi diesen Begriff der "Verwilderung" aufgenommen und zu einem festen Bestandteil seiner Anthropologie entwickelt.

In der oben zitierten Beschreibung klingt auch ein Punkt an, der zentral ist für das Menschenbild von Pestalozzi und der wohl einen Schlüssel darstellt für das Verständnis seines lebenslangen leidenschaftlichen Einsatzes für die Sache der Armenerziehung, ja für sein erzieherisches Engagement überhaupt: Der feste Glaube an den "Keim der Menschheit", diesen "unvertilgbaren Adel unserer Seele", der in jedem Menschen liegt. Dieser kann zwar verschüttet sein vom "Kot der Welt", er kann verkrustet sein von der "Verhärtung des Lasters", aber ihm kann zum Durchbruch verholfen werden - und genau dies ist die Hauptaufgabe der Erziehung. Pestalozzi unterscheidet dabei durchaus verschiedene Grade der "Verkrustung" des menschlichen Keimes. Sie kann relativ oberflächlich sein und nur die äußeren Schichten, die schlechten Gewohnheiten und die mangelnde Ordnung betreffen, oder aber sie kann tiefer verwurzelt sein und bis an den Kern der Persönlichkeit reichen. So schreibt er von dem einen Kind, es sei:

"... ohne Entschlossenheit und Absicht - zu allem Bösen gewohnt - ... von einem Meister zum andern, von einer Bosheit, von einem Müssiggang zum andern - sah und hörte und empfand er nichts Gutes - und doch ist der innere Fond seines Herzens nicht böse, ist im Laster nicht verhartet - diese da liegende Empfindsamkeit muß nur geleitet - seine unruhige Thätigkeit zur Ordnung geführt werden" (ebd., S. 178).

Dagegen klagt er über einen anderen Knaben, bei dem seine pädagogischen Bemühungen bisher fruchtlos blieben, da

"... dessen Herz sich keiner Zärtlichkeit, keiner Empfindung öffnet - Verdacht, Geiz, niedere Verschlagenheit sticht in jedem Blick hervor - Er ist von sehr gemeinen Fähigkeiten, aber voll mißtrauender Schlauheit - langsam in seiner Arbeit - aber sehr ordentlich und genau. Freunde der Menschen einen Rath für die Führung dieses Jünglings" (ebd.).

Es hat fast etwas Rührendes, wie der "menschgewordene pädagogische Genius" hier freimütig seine Ratlosigkeit eingesteht. Und doch verweist dieses Eingeständnis zugleich auf ein allgemeines Merkmal der Erziehung "schwieriger Kinder": Erziehung stößt hier bei allem Engagement immer auch an Grenzen der Machbarkeit.

Von Pestalozzis nächstem Erziehungsprojekt, der Waisenanstalt in Stans, liegen keine individuellen Entwicklungs- und Charakterschilderungen der dortigen Kinder vor, dafür aber eine ausführliche Reflexion über das pädagogische Gesamtkonzept und über die dort gemachten Erfahrungen: der berühmte "Stanser Brief". Pestalozzis Ausgangslage war eine andere. Nach dem endgültigen Zusammenbruch des Neuhof-Projekts, nach den Jahren der Krise und der Verdammung zur praktischen Untätigkeit im pädagogischen Bereich, die er zwar zu umfangreichen schriftstellerischen Arbeiten genutzt hatte, die ihn letztlich aber doch unbefriedigt ließen und in tiefe Depression stürzten (vgl. Bittner 1981), erhielt er Ende 1789 die Chance, in Sache seiner "Herzensangelegenheit", seines "Traumes", wieder praktisch tätig zu werden. Von der Regierung wurde er beauftragt, in Stans, in dem von den Revolutionsunruhen schwer heimgesuchten Bezirk Unterwalden, eine Armenanstalt zu gründen.

Die äußeren Bedingungen dieses Erziehungsversuches waren denkbar ungünstig: Pestalozzi wurde nur von einer Haushälterin unterstützt und war mit ca. 70 Kindern in einem sehr unzureichend ausgestatteten ehemaligen Klostergebäude untergebracht, "einem Ort, dem wahrlich alles mangelte" (SW Bd.13, S. 4). Aber durch Pestalozzis Einsatz fand in dem knappen halben Jahr, welches dem Stanser Versuch vergönnt war, wichtige Pionierarbeit auf dem Gebiet der Sozialpädagogik statt. Die Kinder, die Pestalozzi aufnahm, waren in einem noch schlimmeren Zustand als die vom Neuhof:

"Die meisten dieser Kinder waren, da sie eintraten, in dem Zustand, den die äusserste Zurücksetzung der Menschennatur allgemein zu seiner nothwendigen Folge haben muß. Viele traten mit eingewurzelter Krätze ein, daß sie kaum gehen konnten, viele mit aufgebrochenen Köpfen, viele mit Hudeln, die mit Ungeziefer beladen waren, viele hager, wie ausgezehrte Gerippe, gelb, grinzend, mit Augen voll Angst und Stirnen voll Runzeln des Mißtrauens und der Sorge, einige voll kühner Frechheit, des Bettelns, des Heuchelns und aller Falschheit gewöhnt; andere vom Elend erdrückt, dultsam aber mißtrauisch, lieblos und furchtsam" (ebd., S. 5).

Seinen pädagogischen Optimismus für die Erziehung dieser Kinder begründet Pestalozzi mit seinen früheren Erfahrungen (womit er wohl die von Neuhof meint). Dort sei er belehrt worden, daß die gottgeschenkte ursprüngliche Menschennatur auch "mitten im Schlamm der Roheit, der Verwilderung und der Zerrüttung die herrlichsten Anlagen und Fähigkeiten" entfalte (ebd., S. 6). Ja, Pestalozzi sieht sogar in dem "gesunden Sinn und Mutterwitz" der verwahrlosten Kinder diese Kräfte schon wirken, die es nur noch vom "Schlamm und Unrat" zu reinigen gelte, um sie zum Leuchten zu bringen. Wieder taucht hier also die zentrale Metapher von dem verschütteten, kostbaren Keim auf. Die "Verwilderung" ist in diesem Verständnis kein ursprünglicher Zustand, sondern Folge des inneren Absinkens durch den "Schlamm" und die "Roheit" der Umgebung. Entsprechend dieser Problembeschreibung sah Pestalozzi seine Aufgabe: "Aus diesem Schlamm wollte ich sie herausheben" (ebd.).

Pestalozzi bringt an verschiedenen Stellen auch die moralischen Kategorien "gut" und "böse" ins Spiel. Allerdings verwendet er sie nie direkt als Attribute zur Beschreibung der Kinder, sondern sie stellen vielmehr überpersönliche Pole, Lebensmächte dar, zwischen denen der Mensch seinen Weg finden muß: das "Böse" steckt in der Unordnung, der Gleichgültigkeit und der Lieblosigkeit und wirkt ansteckend. Dagegen ist es die Aufgabe des Erziehers, das Kind "zum Guten" hinzuführen, es "für das Gute" aufzuschließen (ebd. S. 8).

Stans war der eigentliche Einstieg in Pestalozzis Karriere als Anstaltsgründer. Burgdorf, Münchenbuchsee und Ifferten folgten. Das Institut von Ifferten erlangte schließlich internationale Berühmtheit und entwickelte sich zu einer Pilgerstätte für pädagogisch Interessierte aus ganz Europa. Die Schülerschaft dieses Instituts war jedoch nicht mehr vergleichbar mit den Kindern von Stans oder vom Neuhof. Hier handelte es sich nicht mehr um Vertreter der "niedrigsten Menschheit", die es zu "retten" galt, auch nicht um arme, verwaiste, verwilderte oder verwahrloste Kinder, die aus dem "Schlamm der Roheit" gehoben werden sollten, sondern hier waren Söhne europäischer Adels- und Kaufmannsfamilien untergebracht, um ihnen eine besonders exklusive und fortschrittliche Erziehung angedeihen zu lassen. Doch auch innerhalb dieser relativ elitären Schülerschaft gab es natürlich Probleme mit "schwierigen Kindern", mit Kindern, deren Entwicklung Anlaß zu Klage und Sorge bot.

Dies ist recht gut dokumentiert in den vielen Berichten Pestalozzis an die Eltern seiner Zöglinge, die erhalten sind. Es handelt sich dabei zum Teil um recht umfangreiche und detaillierte Entwicklungs- und Charakterschilderungen, in denen die individuellen Stärken und Schwächen, Anlagen und Begabungen, sowie die Fortschritte auf den verschiedenen Gebieten der Entwicklung der gesamten Persönlichkeit beschrieben werden. Diese Berichte sind weit entfernt von dem heute in Schulzeugnissen üblichen standardisierten Beurteilungsjargon und verraten viel von der feinsinnigen Beobachtungsgabe und von dem pädagogischen Gespür Pestalozzis. Insbesondere fällt bei diesen Berichten auf, wie sehr sie auf die Individualität des Kindes zugeschnitten sind, d.h. wie stark die einzelnen Entwicklungen und Leistungen an den spezifischen Kräften und Begabungen des jeweiligen Kindes gemessen werden.

Das Ziel der Erziehung ist für Pestalozzi immer die harmonische Ausbildung der Körper-, Geistes- und Herzenskräfte der Zöglinge. Dabei geht er aber nicht von einem abstrakten, allgemeinen Idealbild aus, sondern er bezieht diese Zielperspektiven immer auf die individuellen Anlagen und Kräfte des betreffenden Kindes. So freut er sich zum Beispiel über einen Jungen, der zwar auf intellektuellem Gebiet keine Meisterleistungen vollbringt, der aber dennoch "unbezweifelt zu den besten, geliebtesten Knaben seiner Abteilung" gehört: "Alle Kräfte seiner Natur bilden sich gleichmäßig aus, und die Harmonie seines ganzen Wesens wird nicht gestört" (Pestalozzi in Walther 1956, S. 43). Hierauf kam es Pestalozzi wesentlich an und nicht auf die Erreichung festgesteckter, allgemein verbindlicher Lernziele. So konnte er denn auch, ohne Vorwürfe und ohne von "Scheitern" oder von "mangelndem Fleiß" zu sprechen, dem Vater vorschlagen, den Lateinunterricht für seinen Sohn abzusetzen, da dieser dazu weder Lust noch Neigung habe.

Pestalozzi schildert den Eltern sehr häufig auch detailliert die Fortschritte in der geistigen Entwicklung der Kinder, die Lernerfolge in den einzelnen Unterrichtsfächern, er macht aber - so sehr er sich über die Erfolge seiner "Methode" gerade auf diesem Gebiet freut - immer wieder deutlich, daß dies nicht der eigentliche Kern der Erziehung ist, sondern daß es ihm auf die harmonische Bildung aller Kräfte, insbesondere der Gemütskräfte, ankommt. Wenn die Entwicklung der Intelligenz nicht in diese umfassende Harmonie eingebunden ist, dann scheint sie ihm eher bedenklich. Klugheit mag gut durch die Welt helfen, jedoch "für ein Kind ist diese Klugheit als Grund des Charakters äußerst verwerflich" (ebd., S. 46). So schreibt er über einen Knaben, der in intellektueller Hinsicht zu den besten Schülern der Anstalt gehörte:

"Er zeigt schon sehr viel Lust und Geistesgewandtheit, es muß aber sehr darauf gesehen werden, daß dieselbe nicht zum Nachteil einer offenen und geraden und redlichen Denkungs- und Handlungsweise ausartet, ohne die man bei allem Scharfsinn und glücklichem äußeren Fortkommen in der Welt doch nie wahrhaft glücklich und achtungswert sein kann" (ebd.).

Dies ist ein Punkt, auf den Pestalozzi ganz besonderen Wert legt: die Offenheit, Redlichkeit und Gradlinigkeit im Denken und Handeln. In diesem Punkt hat wohl auch der späte Pestalozzi noch mit dem Idol seiner Jugend, mit Rousseau, übereingestimmt, daß es in der Erziehung wesentlich darum geht, die natürliche "kindliche Einfachheit und Aufrichtigkeit" (ebd.) gegen die Verderbtheit der Erwachsenengesellschaft, gegen Eitelkeit, Berechnung und Falschheit zu bewahren.

Recht freimütig und offen berichtet Pestalozzi den Eltern auch von den Schwierigkeiten, die ihm manche Zöglinge bereiten, von den "Fehlern" und "Mängeln", die sein erzieherisches Gegenwirken erforderlich machen. In einer etwas verfremdeten, altertümlichen Begrifflichkeit tauchen in den verschiedenen Berichten all die Phänomene auf, die auch heute noch vielfach den Inhalt der Klagen von Lehrern und Erziehern ausmachen: Aggressivität, mangelnde soziale Anpassungsfähigkeit, Konzentrationsstörungen und mangelnde Leistungsmotivation. Pestalozzi spricht dagegen von "Roheit", "Herzlosigkeit", "Indelicatesse", "Zerstreutheit", "Kraftlosigkeit", in schlimmen Fällen auch von "Bosheit", "Verschlagenheit" und "Falschheit". Um einen Eindruck von diesen Individualitätsschilderungen und vom Originalton Pestalozzis zu vermitteln, sei eine längere Passage aus einem Brief an den Vater eines "Problemkindes" zitiert:

"Lukas hat außerordentlich zu kämpfen, um die in ihm in einem ziemlich hohen Grad eingewurzelte Roheit und (seinen) Mangel an Gefühl in sanftere und menschenfreundlichere Gesinnungen umzuwandeln. Das Rohe, Selbstsüchtige ist bei ihm noch außerordentlich vorherrschend und da die zarteren Gefühle der Liebe, des Dankes und Vertrauens ihm noch so fremd sind, treten oft die wilden, wüsten Ausbrüche seiner ungezähmten Heftigkeit hervor, zu der sich nicht selten Lug und Trug gesellen, und ein bösartiges Beharren bei der ersonnenen Unwahrheit. Seine Aufführung ist daher oft ruhestörend in den Klassen, Unordnung und Streitigkeit erregend" (ebd., S. 52).

Hier scheint, deutlicher als in den meisten anderen Berichten, die von Pestalozzi in den "Nachforschungen" entwickelte Anthropologie durch: Der Mensch als "Geschöpf seiner selbst". Die Passage beginnt nicht etwa mit der Formulierung "Wir haben außerordentlich zu kämpfen...", sondern sie benennt gleich im ersten Wort das eigentliche Subjekt dieses Kampfes: "Lukas hat außerordentlich zu kämpfen..." gegen die "eingewurzelte Roheit", gegen eine Gewohnheit also, die so tief sitzt, daß sie gleichsam zu einem Teil der Persönlichkeit geworden ist.

Der ganze Bericht ist, trotz der harten Kritik, die Pestalozzi vorbringt, getragen von einer grundsätzlichen Sympathie für diesen Lukas. Es kommt eher ein Gefühl der Sorge um diesen Schüler, der Anteilnahme an den Problemen, die dieser mit sich selbst hat, zum Ausdruck als ein Gefühl der Verärgerung. In der Formulierung, daß das "Rohe" und "Selbstsüchtige" *noch* außerordentlich vorherrschend sei, ist auch eine deutliche Zuversicht spürbar, daß sich dies allmählich ändern könnte. Tatsächlich kann Pestalozzi dem Vater berichten, daß es seit einiger Zeit Anzeichen der Besserung bei seinem Sohn zu beobachten gäbe, daß er auf dem Wege sei, "das Rohe, Brutale, das ihm noch so sehr eigen ist, endlich abzulegen" (ebd., S. 53).

Nicht alle Berichte Pestalozzis über Problemschüler sind von einem so großen Wohlwollen getragen. Insbesondere dann, wenn er Hinterlist, Falschheit oder Scheinheiligkeit bei einem Zögling zu spüren glaubt, wenn er die Grundlage menschlicher Beziehungen, das Vertrauen mißbraucht sieht, kann er auch sehr hart in seinem Urteil werden. So schreibt er von einem Schüler, daß "man durchgängig an ihm etwas Verschlagenes und Verstecktes bemerkt..." (Pestalozzi in Renggli-Geiger 1950, S. 55). Aber selbst diesen Bericht schließt Pestalozzi versöhnlich, indem er die Hoffnung äußert, daß auch bei diesem Zögling "Liebe zur Wahrheit, Gradheit und Offenheit nach und nach die Oberhand gewinnen und er dann ein recht wackerer und braver junger Mensch werde" (ebd., S. 56).

Noch drastischer und auch ungehaltener wird Pestalozzi in einem Brief, in dem er sich bei einem Kaufmann bitter über den "herzlosen, listigen, verschlagenen, rohen und irreligiösen Buben" beklagt, den dieser ihm vermittelt habe. Da er, Pestalozzi, nicht gewillt sei, sich von diesem Knaben "plagen und aussaugen zu lassen", fordert er den Adressaten auf, diesen Knaben zurückzunehmen und in Zukunft im "Menschenhandel" so klug zu sein als in seinen sonstigen Geschäften (Pestalozzi in Walther 1956, S. 61). Man mag diesen Brief, der sicher in gewisser Weise aus dem Rahmen fällt und so ganz und gar nicht in das verklärte Bild des "pädagogischen Genies" paßt, als eine migränebedingte Entgleisung des überarbeiteten Pestalozzi auffassen, aber er ist nicht der einzige, in dem es um die Ablehnung bzw. den Hinauswurf eines Zöglings geht.

Er verweist somit auf ein allgemeines Problem bei der Erziehung "schwieriger Kinder": nämlich die Grenzen der Belastbarkeit des einzelnen Pädagogen sowie des pädagogischen Gemeinwesens, der Institution insgesamt. Offensichtlich hatte sich zwischen Pestalozzi und diesem Jungen noch gar keine pädagogische Beziehung entwickelt, andernfalls hätte ihn Pestalozzi wohl kaum auf diese kaltschnäuzige Art und Weise abgeschoben. Es geht Pestalozzi in diesem Brief, der bis in die Formulierung hinein die Assoziation vom "unbrauchbaren Schülermaterial" nahelegt, an keiner Stelle um das Wohl des Knaben, sondern er selbst beklagt sich als betrogenen Kunden, der von dem vermittelnden Kaufmann "mehr Sorgfalt" bei der Auswahl erwartet hätte.

Ifferten war ein Nobelinstitut und war finanziell von zahlungskräftigen Eltern, die ihre Kinder dorthinschickten, abhängig. Deshalb mußte Pestalozzi stets um den Ruf seines Hauses bedacht sein und konnte es sich offensichtlich nicht leisten, diesen durch die Aufnahme von Zöglingen zu gefährden, deren sittliche Entwicklung elementare Mängel aufwies. So zitiert Pestalozzi z.B. auch den Vater eines Jungen, der mehrerer Diebstähle überführt worden war, mit der Auskunft zu sich, daß es sich bei seinem Sohn um einen "sehr weit ins Verderben gekommenen Dieben und überhaupt einen in manchen Rücksichten äußerst verdorbenen Menschen" handle (ebd., S. 60).

Renggli-Geigers Urteil, Pestalozzi habe, wenn er Fehler und Versagen feststellen mußte, "stets eine verstehende, nie eine verurteilende Haltung" eingenommen (Renggli-Geiger 1950, S. 32), trifft also zumindest in dieser Absolutheit nicht zu. Vielmehr ist Walther zuzustimmen, der meint, das "Bild von dem immer weichen und immer nachgiebigen Pestalozzi ist einseitig und falsch" (Walther 1956, S. 36). Die Beispiele beweisen, daß es durchaus Situationen gab, in denen Pestalozzi Zöglinge hart verurteilte und sogar aus seinem Institut verwies. Indes trifft die zitierte Einschätzung Renggli-Geigers dennoch auf die überwiegende Mehrzahl der Fälle zu, vorausgesetzt, man interpretiert sie richtig: Pestalozzi hat stets die Fehler und Mängel verurteilt in dem Sinne, daß er sie als Zustände begriff, die fortgesetzter erzieherischer und vor allem selbsterzieherischer Arbeit bedurften, um überwunden zu werden. Aber er hat damit, bis auf wenige Ausnahmen, keine grundsätzliche Verurteilung oder Ablehnung der Person des Betroffenen verbunden.

Wie oben dargestellt, war für Pestalozzi die harmonische Entfaltung der Kräfte des Individuums das Ziel aller Erziehung. Obwohl dies nicht systematisch entwickelt wird, lassen sich bei den Beschreibungen doch phänomenologisch zwei Gruppen von "schwierigen Kindern" unterscheiden: Solche, bei denen eine Unterentwicklung, eine Schwäche einzelner Kräfte vorliegt, und solche, bei denen die Kräfte zwar ausgebildet sind, diese in ihrer Entwicklung jedoch eine falsche Richtung genommen haben, bei denen die Kraftentfaltung also im Dienste schlechter Zwecke steht. Diese Unterscheidung deckt sich keineswegs mit der heute gebräuchlichen Grobdifferenzierung in "gehemmte" und "ausagierende" Kinder. Ruhe, Gelassenheit, Gleichmut sind für Pestalozzi deutliche Zeichen harmonisch entfalteter Kräfte. Gereiztheit, Unbeherrschtheit, Aufbrausen und Empfindlichkeit gegenüber leisesten Kränkungen sind ihm dagegen eindeutige Zeichen für Schwäche. Das Verhalten eines Jungen, bei dem Pestalozzi eine "seltene Schwachheit" feststellt, beschreibt er z. B. folgendermaßen:

"Seine außerordentliche Reizbarkeit und Empfindlichkeit geben uns noch immer viel zu schaffen. Das leiseste Zeichen von Unzufriedenheit oder Vorwurf von Seiten des Lehrers, wenn es auch noch so verdient ist, erbittert ihn und macht ihn weinen, ein tadelndes Wort oder der geringste Verstoß von einem seiner Mitschüler bringt ihn in Hitze" (Pestalozzi in Walther 1956, S. 48).

Ein typisches Beispiel für die andere Gruppe dürfte der Sohn des Professors Develey sein. In einem Brief an den Vater beklagt sich Pestalozzi über alle möglichen Fehler und Vergehen des Sohnes. Von "Unbesonnenheit", "Nachlässigkeit" und "Rücksichtslosigkeit" ist die Rede, von "Anfällen von Unbändigkeit und Eulenspiegelei", ja sogar von "Verirrung" und von einem "moralischen Zusammenbruch". Aber Pestalozzi sieht hinter den Streichen und Vergehen des Jungen auch Kräfte, die positives Potential enthalten, und so hat der ganze Brief letztlich eine recht optimistische Tendenz: "Er hat eine lebhafte und fruchtbare Einbildungskraft, und wenn man ihm eine bessere Richtung geben kann, so wird daraus viel Gutes hervorgehen" (ebd., S. 52).

Die beiden Varianten von Schwierigkeiten erfordern nach Pestalozzi auch grundsätztlich verschiedene Weisen des erzieherischen Handelns. Während es im ersten Fall "besonderer Schonung bedarf" (ebd., S. 48), jede Überforderung vermieden werden muß, und vor allem das Selbstvertrauen gestärkt werden soll, geht es im zweiten Fall eher darum, die "ganze Autorität ... gegen die unerfreuliche Richtung", die der Junge einschlagen wollte, anzuwenden (ebd., S. 51). Diese Unterscheidung ist indes nur eine heuristische, und die Berichte Pestalozzis lassen sich keineswegs einfach in zwei Schubladen sortieren, da sie in ihrer Vielfalt und Differenziertheit die Vielfältigkeit und Unterschiedlichkeit der Individualitäten der Kinder widerspiegeln.

Es gibt durchaus Überschneidungen, und eine besonders typische hat Pestalozzi sehr treffend beschrieben, wenn er vor der Gefahr warnt, daß der "Keim der inneren Selbständigkeit ... diejenige falsche Richtung nehme, die bei schwächeren Menschen so gewöhnlich ist, daß sie nämlich ihre ganze Kraft konzentrieren, um mit Schlauheit dahin zu kommen, ihre Schwäche pflegen zu können" (ebd., S. 53). Da diese Bindung der Kräfte an die Pflege der Schwäche und an die Organisation des Vermeidungsverhaltens für die weitere Entwicklung äußerst nachteilig ist, hält Pestalozzi es gerade in solchen Fällen für dringend notwendig, der "Kraft offenen Spielraum zu gestatten" (ebd., S. 54).

Insgesamt lassen sich in Bezug auf die Beschreibungen "schwieriger Kinder" bei Pestalozzi folgende Verallgemeinerungen treffen:

- Die Beschreibung erfolgt in erster Linie in moralisierenden und bewertenden Begriffen der Umgangssprache. Begriffe wie Verwilderung, Verwahrlosung, Verschlagenheit, Verdorbenheit, Boshaftigkeit, Roheit, Falschheit, Herzlosigkeit, Selbstsucht, Unbesonnenheit, Nachlässigkeit, Rücksichtslosigkeit, Reizbarkeit, Heftigkeit, Anmaßung, Eitelkeit etc. tauchen dabei immer wieder auf.
- Die Beschreibung erfolgt nicht in einer distanzierten und neutralen, schon gar nicht in einer operationalen Art und Weise, sondern in ihr drückt sich immer deutlich die Mißbilligung des jeweiligen Verhaltens oder des besonderen Charkterzuges aus. Häufig ist auch eine recht deutliche emotionale Anteilnahme, sei es im Sinne von Sorge und Wohlwollen

oder aber im Sinne von Verärgerung und Empörung, aus den Beschreibungen herauszulesen.

- Es findet meist ein relativ geradliniger Rückschluß von bestimmten Verhaltensweisen auf bestimmte Charaktereigenschaften und umgekehrt statt. Reflexionen über kompliziertere Motivationszusammenhänge als Hintergrund für das beklagte Verhalten tauchen nur an ganz wenigen Stellen auf.
- Für die Beschreibung der Kinder vom Neuhof und von Stans spielt die Metapher von dem "verschütteten Keim der Menschlichkeit", den es zu heben gilt, eine zentrale Rolle. In den Beschreibungen von Problemkindern aus den späteren Instituten Pestalozzis dominiert dagegen das Konzept von den unterschiedlichen Kräften und von den möglichen Störungen in deren harmonischer Entwicklung.
- Obwohl man nicht davon sprechen kann, daß in den Beschreibungen der Zöglinge die in den "Nachforschungen" entwickelte Theorie der wesensmäßigen Konflikthaftigkeit des Menschen systematisch zum Tragen kommt, finden sich doch gelegentlich Formulierungen, die auch im konkreten Fall auf ein solches Verständis von sittlicher Entwicklung als Ergebnis der inneren Auseinandersetzung zwischen verschiedenen "menschlichen Seinsweisen" hindeuten.

3. Erklärungsansätze für die Entstehung von Verwahrlosung

Wie erklärt sich Pestalozzi die Entstehung all der Erziehungsschwierigkeiten, die er in den zitierten Berichten so wortreich beschreibt? Durch welche Entwicklungsschichten und durch welche Umstände sieht er Phänomene, wie die "Verwilderung", die "Verwahrlosung" oder die "Verdorbenheit" von Kindern und Jugendlichen, verursacht? Es gibt von Pestalozzi, abgesehen von einigen mehr allgemeinen Bemerkungen zur Vorgeschichte der von ihm aufgenommenen Zöglinge, keine "Anamneseerhebungen" im eigentlichen Sinn. Pestalozzis Auffassung in dieser Frage läßt sich also nicht aus konkreten Fallgeschichten rekonstruieren, sondern muß aus seinen allgemeinen pädagogischen und anthropologischen Schriften entnommen werden. Jedoch hat Pestalozzi auch in diesem Rahmen keine explizite Theorie der Verwahrlosung geschrieben, sondern seine Vorstellungen zu diesem Problem finden sich in erster Linie im Zusammenhang mit seinen Darstellungen des Prozesses der normalen sittlichen Entwicklung. Die Beschreibung des natürlichen, d.h. des gelungenen, Ganges der sittlichen Entwicklung wird dort sehr häufig kontrastiert mit der Beschreibung der Verfehlung und des Scheiterns dieses Prozesses.

Zunächst muß klargestellt werden, daß Pestalozzi "sittliche Erziehung", als den eigentlichen Kern der Menschenerziehung, immer in einem sehr umfassenden Sinn verstanden hat. All das, was heute oft in die Bereiche moralische, prosoziale, emotionale und religiöse Erziehung auseinanderdividiert wird, war für ihn eine unteilbare Einheit: Die "Bildung des Herzens". Grundlage von Pestalozzis ganzem pädagogischen Denken war dabei die Vorstellung, daß der rechte Gang dieser "Herzensbildung", ebenso wie der rechte Gang der "Bildung des Geistes" und der "Bildung der Kunst" (d.h. der körperlichen und handwerklichen Geschicklichkeit), "ewigen, unauslöschlichen und unabänderlichen Gesetzen" (SW Bd.28, S. 58), welche in der Menschennatur verwurzelt sind, zu folgen habe.

Ja, die ganze "Idee der Elementarbildung" ist nach seiner Meinung "nichts anderes als die Idee der Naturgemäßheit in der Entfaltung und Ausbildung der Anlagen und Kräfte des Menschengeschlechts" (ebd.).

Dieser natürliche Gang der Entwicklung ist nach Pestalozzi in seiner gesetzmäßigen Abfolge bestimmbar, und er hat die Leitschnur für jede kunstgemäße Erziehung zu sein. Die Rede von den "ewigen Gesetzen" bedeutet jedoch in diesem Falle keineswegs, daß hier einfach eine "biomechanische Walze" mit Notwendigkeit abläuft, sondern sie verweist auf eine Idealnorm, auf den "einzig richtigen Weg", den die pädagogische Forschung zu beschreiben und den die pädagogische Praxis zu befolgen habe, um zur wahren Menschenbildung zu gelangen. Abweichungen von diesem "gesetzmäßigen Gang" sind nicht nur prinzipiell möglich, sondern sie sind in der Realität sogar sehr häufig. Aber eben diese Abweichungen vom einzig rechten Gang der Entwicklung machen das Wesen der diversen Entwicklungsstörungen aus:

"Der Mensch komt Korpers, Geistes und Herzens halber entwicklungsfähig, aber unentwickelt zur Welt. Er kann unentwickelt bleiben, er kann verwahrloset werden; er kann unrichtig entwickelt, er kann mißbildet werden; aber er soll weder verwahrloset noch mißbildet, er soll richtig entwickelt, er soll Körpers halber stark und gewandt, Geistes halber einsichtsvoll und Herzens halber sittlich werden" (SW Bd.16, S. 5).

Spürt man den Bedingungsfaktoren dieser "Verwahrlosung" und "Mißbildung" nach, so lassen sich bei Pestalozzi drei Argumentationslinien aufweisen:

- eine soziologisch-gesellschaftskritische, die diese Phänomene als Folgen gesellschaftlicher Mißstände, und d.h. insbesondere als Folgen der Armut und der allgemeinen "Verderbtheit der Sitten", betrachtet;
- eine entwicklungspsychologische, die mit erstaunlicher Einsicht die Störungen in der frühen Mutter-Kind-Beziehung beschreibt und diese für das Verfehlen des rechten Weges verantwortlich macht;
- eine anthropologische, die eine Hierarchie von drei menschlichen Seins-Zuständen entwirft und den "thierisch verwilderten Zustand" als Ausgangspunkt der Entwicklung des Menschengeschlechts ansetzt; einen ursprünglichen Zustand, welcher zwar durch die anderen beiden Zustände überformt und veredelt, aber letztlich nie ganz überwunden werden kann.

Während die ersten beiden Linien darauf angelegt sind, Determinanten des Verwahrlosungsprozesses zu beschreiben, relativiert die letzte Linie alle äußere Determination und betont die Autonomie des Subjekts sowie die damit gegebene Pflicht, sich aus der ursprünglichen Selbstsucht und Rücksichtslosigkeit emporzuarbeiten.

Die gesellschaftliche Verursachung der Verwahrlosung

Pestalozzi hat sehr klar den engen Zusammenhang zwischen materieller Armut und geistiger und sittlicher Armut erkannt. Er hat deshalb in vielen seiner Schriften scharfe Kritik geübt an denjenigen, die er für diese Armut verantwortlich hielt: den schlecht regierenden

Fürsten, den korrupten Vögten und den nur auf die Vermehrung ihres Reichtums bedachten Besitzenden.

Schon in seinen frühen Neuhof-Schriften beklagt er, daß die bei den Bauern verdungenen Kinder durch die "erdrückende Härte des Eigennutzes" an "Leib und Seele" zugrunde gerichtet würden (SW Bd.1, S. 137). An anderer Stelle schreibt er von dem "sittlichen Tod, der den Armen umgibt und vergiftet" (SW Bd.25, S. 281), und verwendet dann ein sehr drastisches Bild, um die Wirkung solcher Armut zu beschreiben: Wie eine kleine Berghütte von der "herabstürzenden Lawine überschüttet oder vom reißenden Waldstrom untergraben" wird, so strömten die "Quellen der Armuth, die außer dem Armen selbst liegen, ... mit der ganzen Gräßlichkeit ihres Verderbens" über ihn her (ebd.).

Der Mensch in materieller Armut ist ganz besonderen Gefährdungen ausgesetzt, und doch ist der "sittliche Verfall" keine unvermeidbare Folge der Armut. Pestalozzi war in diesem Sinne nie von einem absoluten sozialen Determinismus überzeugt, sondern er sah die Situation vielmehr als ein Problem ungleicher Ausgangschancen: "Der Eine findet den Weg zum Glauben, zur Liebe, zur Menschlichkeit gleichsam gebahnt vor seinen Augen liegen, indessen der Andere den Weg zum Unglauben, zur Lieblosigkeit und zur Unmenschlichkeit mit hoher Kunst um sich her bereitet und gebahnt findet" (ebd., S. 272). Er glaubte fest daran, durch die Stärkung der sittlichen Persönlichkeit, d.h. durch wahre Menschenbildung, die negativen Folgeerscheinungen der Armut weitgehend überwinden zu können.

Die ständische Gesellschaftsordnung, die Tatsache, daß große Teile der Bevölkerung wenn auch nicht in Armut, so doch in höchst bescheidenen materiellen Verhältnissen zu leben hätten, war für ihn eine Realität, an der kein Weg vorbeiführte. Aus diesem Grund waren seine Vorstellungen der Armenerziehung immer von dem Bemühen geprägt, die Betroffenen an diese Situation anzupassen, sie für diese Situation tauglich zu machen. Duldsamkeit, Bescheidenheit, Sparsamkeit waren ihm hierbei hohe Tugenden. Die Kinder eines 1811 geplanten Armenhauses sollten "allen Schmutz, allen Koth und allen Staub" ihres Standes "mit Standhaftigkeit ertragen" lernen (SW Bd.20, S. 250). Dieses Konzept einer "Erziehung des Armen zur Armut", wie es Pestalozzi in seinen Briefen an Tscharner fordert und begründet, ist ihm oft vorgeworfen worden (vgl. z.B. Messmer 1972, S. 10, Krause-Vilmar 1972 , S. 136).

Man wird Pestalozzi jedoch nur gerecht, wenn man berücksichtigt, daß er mit dieser Anerkennung der Realverhältnisse, der Standesunterschiede, nie eine Differenzierung bezüglich der grundsätzlichen Werthaftigkeit der Menschen aus den verschiedenen Ständen verknüpft hat. Denn auch die Rede von der "niedrigsten Menschheit" ist bei Pestalozzi keineswegs so zu verstehen, daß es sich hierbei um Menschen niederen Wertes handle. Wohl eher ist Pestalozzis Intention mit der Übersetzung "erniedrigte Menschheit" getroffen. Sie sind ihm genauso "Ebenbild Gottes" wie alle anderen Menschen: "Wie klein, wie wenig ist der Unterschied vom Grossen hinab zum Bettler am Wege - wie wesentlich sind sie sich gleich!" (ebd., S. 159). Auch hat Pestalozzi weder in den Briefen an Tscharner, in denen er die Grundzüge seines Konzepts der Armenerziehung zum ersten Mal entwickelt hat, noch in seinen späteren Schriften je einen Zweifel daran gelassen, daß er von der "Erkenntnis der inneren Gleichheit des Wesens in der Erziehung aller Stände" ausgeht (SW Bd.25, S. 279), und daß die "Ausbildung der Kräfte der Menschennatur selber es ist, was das Wesen der Erziehung der Kinder aller Stände vom Reichsten bis zum Ärmsten hinab ausmacht" (ebd.).

Pestalozzi war nach seinem Scheitern auf dem Neuhof aus persönlicher Erfahrung mit dem Problem der Armut vertraut. Er hatte über Jahre hinweg um das ökonomische Überleben zu ringen. Von daher haben seine Forderungen, den Armen dazu zu erziehen, sich mit dieser Situation zurechtzufinden, nichts von dem Zynismus, den sie aus der Feder eines wohlhabenden Fürsten oder Fabrikanten zwangsläufig haben müßten. Sie entspringen eher einer sehr realistischen und nüchternen Sicht der Dinge und einer Sorge um die zukünftige Lebenstauglichkeit der Kinder.

Jedoch war für Pestalozzi Armut nicht gleich Armut. Er hat wohl erkannt, daß es eine Grenze gibt, wo der Kampf ums nackte Überleben beginnt und wo jeder Versuch einer sittlichen Besserung des Menschen scheitern muß, solange die elementaren Lebensgrundlagen nicht gesichert sind. Er hat diese äußerste Armut häufig auch als "Elend" bezeichnet und festgestellt: "Im Sumpf des Elends wird der Mensch kein Mensch" (SW Bd.3, S. 223). Auch wenn Pestalozzi die Realität der Standesgesellschaft akzeptiert hat, so hielt er doch solche Not- und Elendszustände unter der Bevölkerung keineswegs für schicksalshaft oder gottgewollt, sondern sah sie als großes gesellschaftliches Unrecht an. Ja er ging soweit, den Reichen ihren "Genuß des positiven Eigentums, der dem Volk die Befriedigung seiner Naturbedürfnisse raubt", als "sittlichen Diebstahl des ersten, heiligsten Natureigenthums" vorzuwerfen (SW Bd.9, S. 187).

Neben dieser krassen Armut, die mit Not, Elend und "sittlichem Tod" einhergeht, gibt es für Pestalozzi noch eine andere Form, die eher als ein Leben in einfachen, sehr bescheidenen Verhältnissen zu charakterisieren ist. Dieses trägt zwar in sich auch die Gefahr des "Versumpfens", "Verwilderns" und "Verwahrlosens", sie birgt aber nach Pestalozzis Überzeugung in sich zugleich die Chance einer besonders authentischen Menschlichkeit. Die Gegenüberstellung dieser beiden Aspekte der Armut bildet ein Grundmotiv des Volksromans "Lienhard und Gertrud". Durch die Trunksucht und die Spielleidenschaft Lienhards droht seine Familie in Not und Elend zu versinken; durch die Tugenden Gertruds, ihr "gutes Herz", ihre Sparsamkeit und Bescheidenheit, ihren Fleiß und ihre Tatkraft wird zunächst die Familie über Wasser gehalten und schließlich das ganze Dorf umgekrempelt. Einfache, schlichte, geordnete Verhältnisse, das waren ihm die günstigsten Voraussetzungen, um zur wahren Menschenbildung zu gelangen. Materieller Reichtum dagegen war für ihn weder Selbstzweck noch Garantie für eine positive sittliche Entwicklung. Im Gegenteil, er betrachtete das Eigentum in der Hand des gesellschaftlichen Menschen als "Pandorens Büchse", da es der "Selbstsucht" ständig Nahrung gebe. (SW Bd.12, S. 10). So wie Pestalozzi nämlich auf der Seite der Armut die Skylla der Verwahrlosung drohen sah, so sah er auf der Seite des Wohlstandes die Charybdis der "Selbstsucht" lauern. Beide stellten für ihn Gefahren dar, die in "tiefes Verderben" führen, da sie eine "Zernichtung der ersten Fundamente der Menschlichkeit" bedeuten (SW Bd.25, S. 284).

Die Frage nach den Voraussetzungen für die sittliche Entwicklung des Menschen war für Pestalozzi jedoch keineswegs nur eine Frage der richtigen Verteilung des Einkommens, sondern vielmehr noch eine Frage des herrschenden Zeitgeistes. Zwar trägt Pestalozzis politische Hauptschrift den Titel "An die Unschuld, den Ernst und den Edelmut meines Zeitalters und meines Vaterlandes", doch ist diese Schrift ihrem Inhalt nach keineswegs eine Lobrede auf Zeitalter und Vaterland, sondern vielmehr ein eindringlicher Appell an die Reste von Unschuld, Ernst und Edelmut, die dort noch vorzufinden sind, und der Versuch, die im "Civilisationsverderben versunkene Welt" an die Notwendigkeit der "Individualveredelung" zu erinnern (SW Bd.24, S. 93).

Daß Pestalozzi angesichts der Höhe seiner Ideale von individueller Veredelung und gesellschaftlicher Harmonie, von der Realität seines Zeitalters enttäuscht sein mußte und mit dem Zeitgeist häufig haderte, ist nicht verwunderlich. Bitter beklagt er sich in seiner Geburtstagsrede von 1818 über die Oberflächlichkeit, die Heuchelei, das "unermeßliche Zutodtkünsteln", die "Frivolität" und die "Gewaltsamkeit" seiner Zeit und kommt zu dem Schluß, "daß dieses Verderben seine wahre Quelle in tief feststehenden, in all unser Sein und Thun eingreifenden und unsere Geistes- und Herzensstimmung ganz beherrschenden Ansichten, Gesinnungen, Gelüsten und Gewohnheiten unseres allgemeinen Zeitlebens habe" (ebd., S. 246). Er selbst bekennt, daß er sich diesem modernen Zeitgeist ganz und gar entfremdet fühlt: "Ich bin der Zeit abgestorben. Die Welt, die Zeitwelt ist mir nichts mehr. Sie ist nicht die Welt meiner Zeit, sie ist nicht meine Welt" (ebd.).

Mängel in der mütterlichen Pflege als Ursache für die Abweichungen vom rechten Gang der sittlichen Entwicklung

Neben den geschilderten sozialen Bedingungsfaktoren gibt es für Pestalozzi noch einen ganz anderen Bereich, in dem die Wurzeln für all die Phänomene der "Verwahrlosung", "Verwilderung" und "Verbiegung" zu suchen sind: die Mängel in der Pflege und Versorgung des Kleinkindes. Dieser Aspekt kommt insbesondere in seinen methodischen Schriften zur Geltung: von den Briefen an den Verleger Geßner, die 1801 unter dem etwas irreführenden Titel "Wie Gertrud ihre Kinder lehrt" erschienen sind und in denen Pestalozzi sein Konzept der Elementarerziehung zum ersten Mal ausführlich darstellt, bis hin zum "Schwanengesang" von 1826, in dem er dieses Konzept noch einmal ausführlich rekapituliert und rechtfertigt.

Pestalozzi geht darin von einer Dreiteilung der Elementarbildung in intellektuelle, physische und sittliche Bildung aus. Das Wesen der Methode besteht im Prinzip darin, die Erziehung in jedem dieser Bereiche exakt auf den "natürlichen", "gesetzmäßigen" Gang der Entwicklung abzustimmen. Die harmonische Heranbildung der Kräfte in all diesen Bereichen war für Pestalozzi Inhalt und Ziel der Menschenbildung zugleich. Insofern war die "Methode" für ihn immer mehr als bloß ein neues Verfahren zur leichteren Erlernung der Kulturtechniken, zu welchem sie häufig verkürzt wurde. Vielmehr war ihm, wie er an mehreren Stellen betont, gerade die "Herzensbildung" das eigentliche Kernstück der Erziehung, das Fundament, auf dem alles andere aufbaut.

Sie ist auch chronologisch den anderen Bereichen vorgeordnet. So formuliert Pestalozzi als "erstes Gesetz": "Der erste Unterricht des Kindes sey nie Sache des Kopfes, er sey nie die Sache der Vernunft - er sey ewig die Sache der Sinne, er sei ewig die Sache des Herzens, die Sache der Mutter" (SW Bd.13, S. 349). Der Begriff Unterrricht" befremdet hier etwas, weil wir ihn vorzugsweise mit Schule, Lehrer und planmäßiger Unterweisung assoziieren. Pestalozzi meint damit aber auch schon die vorsprachliche mimische und gestische Interaktion der Mutter mit ihrem Säugling. In diesem "ersten Unterricht, d.h. in der wechselseitigen Bezogenheit von Mutter und Kleinkind, sieht Pestalozzi die entscheidende Weichenstellung für die sittliche Bildung. In den Briefen an Geßner wird diese sittliche Bildung zudem weitgehend mit der religiösen Bildung gleichgesetzt, und Pestalozzi untersucht sie unter der Leitfrage: "Wie entkeimt der Begriff von Gott in meiner Seele?" (ebd., S. 341). All die Anzeichen von Zufriedenheit und Wohlbehagen, die sich beim Säugling mit der liebevollen Versorgung durch die Mutter einstellen, interpretiert Pestalozzi als Keime höchster menschlicher Tugenden und damit als Grundlagen religiösen Empfindens: Liebe, Dank, Vertrauen, Geduld und Gehorsam entfalten sich nur durch die verläßliche mütterliche Pflege und finden ihren frühesten Ausdruck im Lächeln und in der behaglichen Ruhe des gestillten Säuglings.

Im "Schwanengesang" behandelt Pestalozzi die sittliche Entwicklung ohne diese ausdrückliche Zuspitzung auf das religiöse Moment und geht dabei auch stärker auf die Möglichkeit der Störung dieser Entwicklung und ihre Folgen ein. Dabei nimmt er wesentliche Erkenntnisse tiefenpsychologischer Kinderforschung (vgl. z.B. Spitz 1967, Erikson 1966) vorweg und überrascht durch die Genauigkeit und Subtilität seiner Beschreibungen:

"Wo die Mutter dem nach ihr schreienden Wiegenkinde oft unregelmässig mangelt, und das im Gefühl des Bedürfnisses, das sie stillen sollte, unbehaglich liegende Kind oft und viel so lange warten muß, bis dieses Gefühl ihm Leiden, Noth und Schmerz wird, da ist der Keim der bösen Unruhe und aller ihrer Folgen in ihm in einem hohen Grad entfaltet und belebt, und die also verspätete Befriedigung seiner Bedürfnisse ist dann nicht mehr geeignet, die heiligen Keime der Liebe und des Vertrauens gegen die Mutter, wie es sollte, naturgemäß zu entfalten und zu beleben. Der erste Keim der thierischen Verwilderung, die böse Unruhe, tritt dann im Kind an die Stelle der durch Befriedigung zu erzeugenden Ruhe, in der sich die Keime der Liebe und des Vertrauens allein naturgemäß entfalten" (SW Bd.28, S. 63f).

Der Grundgedanke der schwerwiegenden Folgen frühkindlicher Vernachlässigung und Verletzung, der erst in diesem Jahrhundert durch die Erkenntnisse der Psychoanalyse zur allgemeinen Geltung gelangte, ist hier bereits im Kern enthalten. Mit dem Unterschied jedoch, daß Pestalozzi nicht den Keim einer seelischen Erkrankung, sondern den Keim einer "thierischen Verwilderung" und einer "bösen Unruhe" sich bilden sieht, daß er die Folgen also nicht in pathologischen, sondern in moralischen Kategorien faßt. Hier, in dieser allerfrühesten Lebensphase, sieht Pestalozzi also die erste große Gefahr für die Entwicklung des Menschen, nämlich die, daß ihm schon hier die "an sich enge Pforte seiner Sittlichkeit gleichsam verrammelt" wird (SW Bd.13, S. 347). Diesen Zusammenhang zwischen Bedürfnis und mangelnder Befriedigung, zwischen sittlichem Streben und sittlicher Verfehlung hat Pestalozzi in dem schönen Satz ausgedrückt:

"Freund! Der Mensch ist gut und will das Gute; er will nur dabey auch wohl seyn, wenn er es thut; und wenn er böse ist, so hat man ihm sicher den Weg verrammelt, auf dem er gut seyn wollte. O es ist ein schreckliches Ding um dieses Wegverrammeln! - und es ist so allgemein, und der Mensch ist deshalb auch so selten gut!" (ebd., S. 244).

Pestalozzi sieht jedoch auch schon hier, auf dieser Altersstufe der Entwicklung, die Sittlichkeit nicht nur durch einen Mangel an mütterlicher Pflege und Sorge gefährdet, sondern ebenso durch das Gegenteil, durch "das Überfüllen des Kindes mit sinnlichen Genüssen" (SW Bd.28, S. 64), d.h. mit Zuwendungen, welche nicht Antwort sind auf ein, in der menschlichen Natur verwurzeltes reales Bedürfnis beim Kind, sondern die ihrerseits erst eine "Reizung seiner Sinnlichkeit" und eine "Belebung seiner Selbstsucht" darstellen. Dieser letzte Begriff spielt eine sehr wichtige Rolle in Pestalozzis ethischem Denken, denn die Polarität zwischen Sittlichkeit und Unsittlichkeit wird bei ihm nicht durch den Gegensatz von Vernunft und Trieb dargestellt, wie in den rationalistischen Ethiken der Aufklärung, sondern eher durch den von Selbstlosigkeit und Selbstsucht (vgl. Reble 1952, S. 246). Alles, was dieser "Selbstsucht" Nahrung gibt, ist deshalb in höchstem Maße gefährlich für die sittliche Entwicklung.

Eine besonders kritische Lebensphase bezüglich diese Gefährdung stellt für Pestalozzi die Zeit der ersten Ablösung von der Mutter dar. Mit geradezu dramatischen Worten beschwört Pestalozzi das Unheil der sittlichen Verödung, das eintreten könne, wenn es der Mutter nicht gelingt, den "Faden des Lebens", mit dem das Kind bisher aufs engste mit ihr verbunden war, bei der beginnenden Unabhängigkeit "an die goldene Spindel der Schöpfung" anzuketten (ebd., S. 345). Pestalozzi legt sich dabei nicht auf eine genaue Altersangabe für diesen schicksalshaften Umschlagspunkt fest, aber er scheint wohl das erste Trotzalter im Auge zu haben, in dem Kinder oft sehr energisch ihre Forderungen vertreten, denn er spricht von der "entkeimenden Selbstkraft", welche das Kind die Hand der Mutter verlassen läßt. Man muß sich tatsächlich einen in Wut entbrannten Dreijährigen vorstellen, der ein Spielzeug oder eine Süßigkeit, die er forderte, nicht bekommen hat, um Pestalozzis Sätze überhaupt verstehen zu können: "Sinnengenuss wird ihm Gott. Eigengewalt wird ihm Gott" (ebd.). Pestalozzi hatte offensichtlich große Schwierigkeiten, ein solches trotziges Verhalten als Ausdruck einer normalen, notwendigen und vorübergehenden Entwicklungsphase zu begreifen. Schon in seinem Bericht über die Erziehung seines zu der Zeit dreieinhalbjährigen Sohnes Jakob zeigt er gegenüber solch trotzigem Verhalten ungewöhnliche Härte und Verständnislosigkeit. Durch das ihm eigene "Kontinuitätsdenken" konnte er darin nur den Anfangspunkt einer verhängnisvollen Entwicklung, eben den "Keim der Selbstsucht", sehen. Unter dieser Perspektive mußte der trotzende Eigensinn des Kleinkindes für ihn etwas höchst Bedrohliches haben.

Die "Selbstsucht" stellt einen Schlüsselbegriff für Pestalozzis Verständnis der sittlichen Entwicklung bzw. Fehlentwicklung dar, denn sie ist ihm der eigentliche Kern aller Laster. "Alles für andere, für sich nichts" - das ist die letzte Zeile seines Grabspruches, und sie drückt durchaus etwas von seinem persönlichen Sittlichkeitscodex aus. Das Sich-Verschwenden, Sich-Aufopfern für andere, bis hin zur Selbstaufgabe und Märtyrertum war ihm das höchste sittliche Ideal. Daher wohl auch seine Panik gegenüber der Gefahr des aufkeimenden Egoismus.

Wenn der beschriebene kritische Wendepunkt der Entwicklung, der Übergang von der natürlichen spontanen und instinkthaften Gebundenheit von Mutter und Kind, hin zur reflektierten, "kunstmäßigen" Erziehung mißlingt, dann ist das Kind seiner eigenen "Selbstsucht" und dem Verderbnis der Welt ausgesetzt, welche es lockt zum "Wellentanz des wirbelnden Schlundes, in dessen Abgründe Lieblosigkeit und sittlicher Tod hausen" (SW Bd.13, S. 347). Pestalozzi sieht also hier eine höchst bedeutungs- und gefahrvolle Schlüsselstelle der menschlichen Entwicklung. Sein beschwörender, dramatisierender Tonfall ist heute kaum mehr verständlich. Für Pestalozzi jedoch liegt hier der Ursprungspunkt aller späteren Erziehungsprobleme. Im "Schwanengesang" hat er die Entwicklungslinien, die sich aus der "guten" und aus der "schlechten" Bemutterung ergeben, bis ins Schul- und Erwachsenenalter weitergezeichnet und schematisch gegenübergestellt:

Wenn das "Göttliche und Reine, das aus der ruhigen Selbstthätigkeit der Kräfte der Kinder selbst hervorgeht" (SW Bd.28, S. 266), in der frühen "Epoche der Wohnstubenbildung" nicht entsprechend gepflegt und befördert werde, dann trete das Kind "für die Vorschritte der Mißbildung, die es in der Schulführung zu machen Gelegenheit hat, wohl vorbereitet in die Schule. Seine Hausmißbildung kommt mit der Hausmißbildung der ganzen Schar seiner Mitschüler in belebten Zusammenhang; und da die Mißbildung aller in ihrem Wesen allgemein gleichen Ursprungs und gleicher Natur ist, so wird sie auch sehr leicht allgemein ansteckend. Die Frechheit unter vielen Kindern ist bald allgemein erzeugt, wo die Bescheidenheit in jedem einzelnen nicht zum voraus schon kraftvoll belebt ist. Ebenso wird der böse Muthwille, die schamlose Leichtfertigkeit, das böse Verhöhnen, Beleidigen und Kränken der Schwachheit und der Armuth und aller Fehler der Lieblosigkeit und Hartherzigkeit in der Epoche der Schulzeit in den Herzen der Kinder leicht ansteckend, wenn im häuslichen Leben nicht schon zum voraus Anmuth, Liebe, Friede und Ruhe, die dem kindlichen Alter so natürlich sind, in den einzelnen Schulkindern kraftvolle Nahrung gefunden und ihnen im belebten Kinder-, Bruder-, und Schwesterseyn habituel und gleichsam zum Bedürfniß und zur anderen Natur gemacht worden" (ebd., S. 267f).

Sicherlich verfolgt Pestalozzi mit diesem Ausmalen des positiven und des negativen Entwicklungsganges auch die Absicht, für seine Sache, für die Idee der Elementarmethode zu werben, denn diese garantiert in seinen Augen das rechte Gelingen der hochbedeutsamen frühen Erziehung. Zwar erkennt er dabei durchaus an, daß viele intuitiv begabte Mütter unbewußt und ohne spezielle Methodenkenntnis genau das richtige machen (weshalb die pädagogische Wissenschaft diese "Naturbasis der Elementarbildung, die in allem Volke liegt" (ebd., S. 262) auch sorgfältig erforschen müsse), jedoch sei in dem von "Verwilderung" und "Verkünstelung" geprägten Zeitalter kein Verlaß mehr auf dieses intuitive Wissen. Eben deshalb bedürfe es der Verbreitung seiner Methode: "Sie, die Elementarbildung, ist eine wesentliche und dringende Nachhülfe des von der wahren Kunst unbeholfenen ... wirklichen Zeitlebens" (ebd., S. 265f).

Die anthropologische Ebene

Eine dritte gedankliche Linie bei Pestalozzi stellt das Problem der "sittlichen Verfehlung" in einen allgemeinen anthropologischen Rahmen und fragt danach, welche Bedeutung das "thierische Verderben" bzw. die "gesellschaftliche Verhärtung" und "Verstümmelung" für den Gesamtzusammenhang des Menschseins hat. Diese Gedankenlinie entfaltet Pestalozzi am ausführlichsten in seinem anthropologischen Hauptwerk "Meine Nachforschungen über den Gang der Natur in der Entwicklung des Menschengeschlechtes" von 1797. Es kann nicht die Absicht dieser Arbeit sein, den Gesamtgehalt der "Nachforschungen" darstellen und interpretieren zu wollen. Hier sei auf die einschlägige Pestalozzi-Literatur verwiesen, die auf unterschiedliche Art und Weise versucht hat, die komplexe und verschachtelte "Systematik" dieser Schrift herauszuarbeiten (vgl. Spranger 19592, Reble 1952, Brühlmeier 1977).

Es ist zunächst gar nicht recht klar, welcher Sparte dieses Werk eigentlich zuzuorden ist. Der Titel läßt eine evolutionstheoretische oder kulturphilosophische Abhandlung erwarten. Dann aber hebt Pestalozzi gleich auf den ersten Seiten an, als wolle er eine Autobiographie schreiben: "Ich will wissen, was der Gang meines Lebens, wie er war, aus mir gemacht hat" (SW Bd.12, S. 6). Er macht jedoch sofort wieder klar, daß diese Aufschlüsselung der individuellen Entwicklungsgeschichte ihm nur als Mittel dient für die Entschlüsselung der Entwicklungsgeschichte des Menschengeschlechts. Durch diese offene Gleichsetzung von Erkenntnis über die eigene Individualität mit Erkenntnis über die Gattung Mensch schlechthin, diese "Anmassung" (ebd., S. 163), welche sich am deutlichsten in der häufig gebrauchten Wendung: "...der Mensch oder vielmehr ich selbst" (ebd., S. 66f) ausdrückt, läßt sich dieses Werk von seinem methodischen Anspruch her vielleicht am ehesten als der Versuch einer "introspektiven Anthropologie" kennzeichnen.

In ihrer ganzen Konzeption sind die "Nachforschungen" auf die Unterscheidung von drei verschiedenen Seinsformen des Menschen, des "Naturzustandes", des "gesellschaftlichen Zustandes" und des "sittlichen Zustandes" hin angelegt. Die Explikation dessen, was Pestalozzi "Zustände" nennt, bleibt jedoch schillernd und widersprüchlich. Über weite Strecken hinweg erwecken seine Ausführungen den Eindruck, als handle es sich um menschheitsgeschichtliche Epochen - etwa wenn er das Bild des Naturmenschen beschreibt, wie er in seiner Höhle haust. Dann wird aber auch auf die Individualgeschichte und die Entwicklungspsychologie Bezug genommen, wenn er z.B. das Umschlagen der "thierischen Harmlosigkeit" ins "thierische Verderben" schildert oder wenn er eine Zuordnung der drei "Zustände" zu den Lebensaltern des Menschen vornimmt (vgl. ebd., S. 174). Wieder andere Formulierungen verweisen auf ein Verständnis der drei "Zustände" als drei Schichten der Persönlichkeit bzw. drei Weisen des In-der-Welt-Seins. Schließlich ist von "Gesichtspunkten" die Rede, d. h. es werden die drei "Zustände" als Perspektiven interpretiert, unter denen man sich die Welt und die eigene Existenz vorstellen kann (vgl. ebd., S. 129).

In dieser Vielfalt der Deutungsmöglichkeiten spiegelt sich Pestalozzis bildhafter und methaphernreicher Stil und die Tatsache, daß er eher ein meditativer Denker ist, der die Gegenstände umkreist und immer neue Aspekte beleuchtet als ein Systembauer, der stur an streng definierten Begriffen festhält (vgl. Liedke 1980).

Im Gegensatz zu den im vorigen Kapitel behandelten entwicklungspsychologischen Schriften fallen einige wichtige Unterschiede auf: Während in diesen die Grundlegung der Sittlichkeit im wesentlichen ein Werk der Mutter ist, das durch die Entfaltung der Keime von Liebe, Dankbarkeit, Vertrauen, Geduld und Glaube von ihr am Kind geleistet werden muß, wird in den "Nachforschungen" die Sittlichkeit ganz eindeutig als ein Werk des freien, autonomen Subjektes dargestellt. Die Mutter tritt nun überhaupt nicht mehr als eine für die Entwicklung der Sittlichkeit bedeutsame Person in Erscheinung. Während es in der Schrift "Wie Gertrud ihre Kinder lehrt" darum ging, im Kind den Keim der Sittlichkeit durch die Krisen der Enwicklungsjahre hindurch zu erhalten und zu pflegen, die "Selbstsucht" zu vermeiden und damit die "Verrammelung der Pforte der Sittlichkeit" zu verhindern, wird nun der Umschlag von der "thierischen Harmlosigkeit" ins "thierische Verderben" als unvermeidbar gesehen. Der "unverdorbene Naturzustand" existiert hier praktisch nur im Augenblick der Geburt. "Aber so wie dieser Augenblick da ist, so ist er vorüber. Beim ersten weinenden Laut ist der Punkt schon überschritten..." (ebd., S. 71). Der "unverdorbene Naturzustand" ist somit letztlich ein in dieser Welt fiktiver Zustand, und das heißt, daß als eigentlicher Ausgangspunkt der Entwicklung stets der "verdorbene Naturzustand" angenommen werden muß, aus welchem sich der Mensch nur durch Arbeit an sich selbst emporschaffen kann.

Der Durchgang durch das "thierische Verderben" und durch die "gesellschaftliche Verhärtung" und "Verstümmelung" wird nun als notwendige Bedingung gesehen, um zur reifen Sittlichkeit zu gelangen. Zunächst erscheint es dabei so, als sei diese Entwicklung streng linear gedacht, als ein Höhersteigen auf einer Entwicklungsleiter unter Zurücklassung der früheren Stufen. Dann aber macht Pestalozzi klar: "Reine Sittlichkeit streitet gegen die Wahrheit meiner Natur, in welcher die thierischen, die gesellschaftlichen und die sittlichen Kräfte nicht getrennt, sondern innigst miteinander verwoben erscheinen" (ebd., S. 110). Daß es ihm keineswegs um eine Löschung der vorsittlichen Stufen geht, wird auch an einer anderen Stelle sehr deutlich, wo er sagt, daß für jede menschliche Kraft und jede Tugend die Gefahr der "Ausartung" bestehe, und wo er bekennt, daß er gegen keine dieser "Ausartungen" zuverlässige Mittel kenne. Er fordert aber dennoch ganz klar, "daß keine Kraft und keine Tugend in meiner Seele deswegen ausgelöscht werden soll, damit sie nicht ausarten könne" (ebd., S. 29).

Die eigentliche Leistung Pestalozzis - oder, um mit seinen eigenen Worten zu reden, seine "Meisterwahrheit" - liegt meines Erachtens nicht im Postulat des sittlichen Zustandes als solchem. Hier waren ihm die Denker des deutschen Idealismus durchaus voraus und an philosophischer Argumentation überlegen. Seine besondere Leistung liegt vielmehr in der Art und Weise, wie er die Idee der Determination und die Idee der Autonomie in Balance hält, wie er die drei Zustände in ihrem Spannungsverhältnis darstellt: "Soviel sahe ich bald: Die Umstände machen den Menschen. Ich sahe eben sobald: Der Mensch macht die Umstände, er hat die Kraft in sich selbst, selbige vielfältig nach seinem Willen zu lenken" (ebd., S. 57). Unser "Dasein auf Erden" ist eben jenes seltsame "Gemisch von Zufall und Freiheit" (ebd.), das sich nur in Widersprüchen und Paradoxa angemessen beschreiben läßt. V.Hentig hat Pestalozzi mit Recht als einen "triadischen Denker" bezeichnet (vgl. v.Hentig 1984, S. 124), denn die drei "Zustände" Pestalozzis fügen sich nicht ohne weiteres einem dialektischen Schema. Der "sittliche Zustand" ist nicht einfach die

Synthese, in welcher die beiden anderen Zustände, quasi als These und Antithese, aufgehoben wären. Er ist vielmehr ein Anspruch, der immer nur bruchstückhaft und immer nur durch "thierische Einlenkung", also auf eine Art und Weise, bei der auch die elementaren Bedürfnisse zu ihrem Recht kommen, eingelöst werden kann.

4. Pädagogisches Handeln angesichts sittlicher Fehlentwicklung

Wie wirkte sich Pestalozzis Art und Weise, das Phänomen sittlicher Fehlentwicklungen zu betrachten und zu beschreiben, auf sein erzieherisches Handeln aus? Welche praktischen Konsequenzen zog er aus seinen theoretischen Vorstellungen über die Entwicklung der Sittlichkeit und die Entstehung der Verwahrlosung für den Umgang mit Kindern und Jugendlichen, bei denen offensichtlich in diesem Bereich manches schief gelaufen war? Wie stellt sich Pestalozzi eine "korrigierende" Erziehung, also eine Erziehung, die bestimmte Rückstände und Fehler auf dem Gebiet der sittlichen Entwicklung ausgleichen soll, vor?

Pestalozzis Ansichten haben in diesem Punkt eine bemerkenswerte Entwicklung durchgemacht. In seinen frühen Schriften vertritt er bisweilen einen sehr rigiden Standpunkt und fordert in erster Linie hartes Durchgreifen. So etwa in dem Buch, das ihn als pädagogischen Schriftsteller berühmt gemacht hat, dem Erziehungsroman "Lienhard und Gertrud". Dort läßt er den Leutnant Glüphi, der ja bekanntlich das Sprachrohr seiner eigenen pädagogischen Anschauungen darstellt, sagen:

"...die Liebe sey zum auferziehen der Menschen nichts nuz als nur hinten und neben der Forcht; ... Wer immer etwas mit den Menschen ausrichten, oder sie zu etwas machen will, ... der muß ihre Bosheit bemeistern, ihre Falschheit verfolgen, und ihnen auf ihren krummen Wegen den Angstschweiß austreiben" (SW Bd.3, S. 173).

In der berühmt-berüchtigten "Leutnants-Philosophie" aus dem vierten Teil heißt es dann:

"Der Mensch ... ist von Natur, wenn er sich selbst überlassen wild aufwächst, träg, unwissend, unvorsichtig, unbedachtsam, leichtsinnig, leichtgläubig, furchtsam und ohne Gränzen gierig und wird dann noch durch die Gefahren, die seiner Schwäche, und die Hindernisse, die seiner Gierigkeit aufstoßen, krumm, verschlagen, heimtückisch, mißtrauisch, gewaltsam, verwegen, rachgierig und grausam. - Das ist der Mensch, wie er von Natur, wenn er sich selbst überlassen, wild aufwächst, werden muß; er raubt wie er ißt und mordet, wie er schläft (SW Bd.3, S. 330).

Der Glüphi aus der 3. Fassung des Romans von 1820 erscheint dagegen sehr viel einfühlsamer, nachsichtiger und gütiger und vertritt eine sehr viel optimistischere Anthropologie. Hier geht es gerade nicht, wie in der ersten Fassung, darum, daß die Erziehung aus dem Menschen "...etwas ganz anderes machen" müsse, "...als er von Natur ist" (ebd., S. 331), sondern nun heißt es:

"Die Einmischung unserer Kunst in die Erziehung kann und muss also in ihrem Wesen in nichts anderem bestehen als in der erleuchteten Sorgfalt unseres Geschlechts, für die Entfaltung und Bildung des ganzen Umfangs der Kräfte unserer Natur, wie sie in unseren Kindern liegen" (SW Bd.6, S. 469).

Der Briefwechsel mit Petersen: Anleitung zur "Fehlerbekämpfung"

Ein sehr aufschlußreiches Dokument darüber, wie Pestalozzi sich den korrektiven, gegenwirkenden Aspekt der Erziehung in seiner pädagogischen Frühphase konkret vorgestellt hat, stellen die 14 Briefe an Petersen aus den Jahren 1782 - 1784 dar (Briefe Bd.3, S. 129ff). Petersen war Hauslehrer in der mit Pestalozzi befreundeten Kaufmanns-Familie Battier in Basel und war dort mit der Erziehung der zu Beginn des Briefwechsels 6 bzw. 5 Jahre alten Kinder Felix und Gertrud betraut. Es handelte sich also keineswegs um verwahrloste Kinder, die denen vom Neuhof oder von Stans vergleichbar gewesen wären, sondern durchaus um Sprößlinge aus gutem Hause, denen durch den Hauslehrer eine besonders qualifizierte Erziehung zugedacht war. Dennoch spielen in dem Briefwechsel die "Fehler" und "Schwächen" sowie die Möglichkeiten, diesen entgegenzuwirken, eine herausragende Rolle.

Diese Briefe an Petersen zählen zu den wenig beachteten Schriften Pestalozzis. Allenfalls in methodischer Hinsicht fanden sie ein gewisses Interesse. Mit dem Verweis auf sie wurde Pestalozzi als Vorreiter und Wegbereiter einer empirisch- sozialwissenschaftlich orientierten Erziehungswissenschaft interpretiert[1] (vgl. Liedke 1980, Friedrich 1967). Die eigentlichen pädagogischen Inhalte dieses Gedankenaustausches wurden dagegen nur von Schönebaum in einem kurzen Aufsatz gewürdigt (vgl. Schönebaum 1957). Dies ist umso erstaunlicher, als es sich bei diesem Briefwechsel, abgesehen von den Tagebuchaufzeichnungen über die Erziehung seines Sohnes Jakob, gewissermaßen um die einzigen ausführlichen "pädagogischen Fallstudien" Pestalozzis handelt.

Über zwei Jahre hinweg hat Pestalozzi die Entwicklung der Kinder Battier mit großer Aufmerksamkeit verfolgt. Die Berichte Petersens konnten im gar nie ausführlich genug sein. Er hat sie analysiert und interpretiert und dabei sowohl pädagogische Reflexionen allgemeiner Natur angeknüpft als auch differenzierte Erziehungsratschläge für Petersen entworfen. Pestalozzi begründete sein Interesse für die Entwicklung der Kinder mit der

---

1. Pestalozzi entwirft im Brief vom 18. 1. 1783 ein ausführliches und differenziertes Konzept zur systematischen Verhaltensbeobachtung und -befragung. Ein ganzer Katalog von Fragen sollte jeden Tag mit den Kindern durchgegangen und je nach "Erfüllung der Pflicht" mit bestimmten Symbolen bewertet werden. Dadurch gewinne man nach Pestalozzi ein "sicheres Maß" für das "Steigen des Guten und der Fehler" und könne es somit "arithmetisch beurteilen" (Briefe Bd.3, S. 157). In einem späteren Brief äußert er dann allerdings Skepsis gegenüber der von ihm selbst initiierten "Fliegenbeinzählerei": "... vast erschrecken mich die Menge Zahlen ... Ich begreiffe den Nuzen auch dieser Zahlenbemerkungen, aber für mich sind es immer die unfruchtbarsten". Statt dessen bittet er nun um die vermehrte Schilderung alltäglicher Details: "Tausend Sachen und Vorfälle, die Ihnen unwichtig und altäglich sind, sind es mir nicht, sondern weren mir neu, führten mich in den Geist und in die Lagen dieser Kinder hinein" (ebd. S. 180).

Verantwortung, die er gegenüber deren Vater, seinem Freund Felix Battier, habe. Dabei war sein Engagement aber sicher nicht ganz ohne Eigennutz. Die Berichte sollten ihm, der zu jener Zeit im Hauptberuf pädagogischer Schriftsteller war, Ausgangsmaterial liefern, den "Gesetzlichkeiten" der Erziehung auf die Spur zu kommen. Der vierte und letzte Band von "Lienhard und Gertrud" ist sogar dem "Herrn Felix Battier Sohn in Basel" gewidmet. Bei Besuchen im Haus Battier hat Pestalozzi die Kinder persönlich kennengelernt und ihnen dann später auch Briefe geschrieben, die man als recht aufdringlich und penetrant pädagogisch bezeichnen muß. Sogar er selbst sagt am Ende eines solchen Briefes, daß er ein "trauriger Briefschreiber" sei (Briefe Bd.3, S. 145). Sein eigener Sohn Jakob hat für fast ein Jahr in der Familie Battier gelebt und wird gelegentlich in den Briefen erwähnt. Auf eine recht eigentümliche Weise übrigens, als eine Art Sorgenkind und Randfigur, an die zum Schluß, nachdem der eigentliche Brief abgeschlossen ist, noch Grüße und Mahnungen zu übermitteln sind. Pestalozzi hat auch emotional sehr starken Anteil genommen an den Freuden und Leiden der Kinder. Er schreibt ihnen, daß er viel an sie denke und daß er sogar nachts von ihnen träume (vgl. ebd., S. 144).

Die Kinder Battier lebten im Elternhaus und wurden dort von einem jungen, eifrigen Hauslehrer erzogen. Vielleicht dreht sich gerade deshalb der Briefwechsel zwischen Petersen und Pestalozzi schwerpunktmäßig um "Fehler" in der Entwicklung der Kinder. Denn die Hauslehrersituation, die zu jener Zeit in gutbürgerlichen Familien durchaus üblich war, ist ja dadurch gekennzeichnet, daß ein lohnabhängiger Erzieher den Eltern rechenschaftspflichtig ist bezüglich der Entwicklung der von ihm betreuten Kinder. Eine solche Hauslehrer-Erziehung war der ganzen Situation nach daher oft eine besonders buchhalterisch reflektierte und stark um nachweisbare Fortschritte bemühte Erziehung. In ihr kommt notwendig das "planwirtschaftliche" Moment der Erziehung, d.h. die Frage nach Sollziel und Zielerfüllung, stärker ins Spiel als in dem mehr "marktwirtschaftlichen" Arrangement, welches in der normalen Familienerziehung das Angebot und die Nachfrage nach Zuwendung, Aufsicht, Ruhe, Ordnung etc. regelt. Je genauer man die Entwicklung von Kindern verfolgt und je fester man dabei ein bestimmtes Planziel vor Augen hat, desto mehr Abweichungen von diesem Ziel, also "Fehler", wird man notwendig entdecken.

Diese Relativität der "Fehler", d.h. die Tatsache, daß sie von der Aufmerksamkeit und von den Erwartungen der Umgebung abhängig sind, hat auch Pestalozzi an einer Stelle erkannt. Er schreibt dort, daß vieles von dem, was Kindern und Jugendlichen von Erwachsenen vorgeworfen wird, nur aus der Befolgung natürlicher Triebe entspringe und somit eigentlich "wahre Naturbildung" sei. "Seine Übel sind meistens nur durch unsere Convenienzverhältnisse so groß, und so sehr wir unsere Kinder diesen Convenienzverhältnissen gemäß auferziehen müssen, so dörfen wir die erste Grundstimmung ihrer Naturbildung doch nicht allzu sehr erstiken" (ebd., S. 134).

Zwar wird das "Planziel" der Erziehung von Pestalozzi als dem zeitweiligen "Supervisor" dieses Erziehungsprozesses nicht explizit formuliert (nur sein Anteil des Briefwechsels ist erhalten geblieben), aber es wird dennoch deutlich, daß die beiden Kinder ständig an der Meßlatte eines sehr hohen Ideals von Fleiß, Bravheit, Ordentlichkeit, Gutmütigkeit und Frömmigkeit gemessen werden.

Aus Pestalozzis Kommentaren lassen sich einige allgemeine Prinzipien seines Erziehungsverständnisses zu jener Zeit erschließen. Zunächst fällt auf, wie sehr er die Beachtung der Individualität des Kindes als die Grundlage jeder Erziehung betont. Jedes Individuum sei "in allen seinen Theilen immer einzig und ausgezeichnet" (ebd., S. 135). Seine Anlagen und Fähigkeiten hätten eine "so villseitig nuencirte Mischung", daß man sich bei Beschreibungen in allgemeinen Kategorien "nie nichts Bestimmtes denken könne" (ebd.). Darum seien auch Beurteilungen, wie "das Kind war unbedechtlich geschwäzig" (ebd., S. 178), wenig lehrreich. Viel aufschlußreicher für das Verständnis eines Kindes seien dagegen die möglichst detailgetreuen Schilderungen von alltäglichen Episoden, von Momenten, in denen die "Anlagen" eines Kindes "in einer auffallenden Verbindung seines ganzen Totalcarakters hervorstechend erscheinen" (ebd., S. 135). Deshalb zollt Pestalozzi Petersen auch größtes Lob für die gelungene Schilderung solcher Ereignisse und entschuldigt sich, daß er ihm die "Vervollkommnung" dieser genauen Beobachtungen "fast bis zur Unhöflichkeit angelegenlich empfehle" (ebd., S. 178).

Weil der individuelle Charakter des Kindes einerseits so kompliziert und vielschichtig angelegt ist, weil das Verständnis desselben aber gleichzeitig für Pestalozzi unerläßliche Voraussetzung jeder Erziehung darstellt, fordert er vom Erzieher sorgfältige Beobachtung und vertiefte Menschenkenntnis. Man müsse "einen Menschen tief verfolgen, um ihn ganz kennen zu lehrnen", und "der Erfolg aller Menschenlehre" hinge "ganz vom Ausstudieren des Menschen, den man unter seinen Henden hat, ab" (ebd., S. 136). Sicher ist Pestalozzis Forderung nach Menschenkenntnis im Prinzip richtig, aber es klingt in seiner Formulierung doch recht deutlich ein verfolgendes, die Kinder in ihrer Intimität bedrohendes Moment an. Noch problematischer wird dies, wenn Pestalozzi die genaue Kenntnis des Zöglings nicht nur als eine Voraussetzung auf Seiten des Erziehers fordert, sondern das "Ausstudieren" selbst zum Mittel der Erziehung macht: Der aufwendige Fragenkatalog, welchen Pestalozzi im Brief vom 18. 1. 1783 entworfen hat und anhand dessen die Kinder täglich Rechenschaft über die Erfüllung ihrer "Hauptpflichten" gegenüber Gott, den Mitmenschen und sich selbst ablegen sollten, gleicht auf erschreckende Weise katholischen Beichtspiegeln oder pietistischen Anleitungen zur Selbsterforschung. Und wenn Pestalozzi es schließlich im letzten Brief gar zur "Hauptregel der Auferziehung" macht, "seinen Eleven tieff fühlen zu lassen, daß man ihn übersiehet", um ihm dadurch jede Chance zu nehmen, sich zu verstellen oder etwas zu verheimlichen (ebd., S. 201), so erreicht diese Tendenz zu Ende des pädagogischen Briefwechsels noch einen fragwürdigen Höhepunkt.

Ein zweites allgemeines pädagogisches Prinzip Pestalozzis, das sich aus diesem Briefwechsel erschließen läßt, bezieht sich auf das Verhältnis zwischen speziellen "Fehlern" und dem Gesamtcharakter des Kindes und somit auch auf das Verhältnis zwischen Symptom und Ursache. An verschiedenen Stellen vertritt Pestalozzi den Standpunkt, daß die einzelnen "Fehler" und "Übel", über die Petersen ihm berichtet, nicht isoliert zu betrachten seien, sondern nur im Zusammenhang mit anderen, grundlegenden Charaktermerkmalen verständlich würden. So stellt er z.B. "in Beziehung zu Gertrud" fest, daß "immer seine (Pestalozzi verwendet, auch wenn er von dem Mädchen spricht, immer das männliche Pronomen) Lebhaftigkeit auffallende Hauptursach seiner Fehler (sei). Seine Unanstendigkeiten, seine Unvorsichtigkeiten, sogar seine Eßgelüste - und auch das Lügen - sind nur als Folgen dieser Lebhaftigkeit anzusehen" (ebd., S. 165). Diese "Lebhaftigkeit" hält er wiederum für die Folge seiner "natürlichen Constitution", was ihre "Heilung" entsprechend schwierig mache (ebd., S. 170).

Deshalb wendet sich die Stoßrichtung der von ihm vorgeschlagenen Interventionen im Falle von Gertrud nicht primär gegen die einzelnen Fehler, sondern gegen den dahinterliegenden Charakterzug. Das "Raisoniren über einzelne Fehler" helfe wenig, aber "Übung und Gedult, Überwindung seiner Gelüsten...", das werde "das Ausschweifende seiner Lebhaftigkeit, welche der Grund aller dieser einzeln Begegnisse ist, zurückhalten" (ebd., S. 150).

Pestalozzi geht dabei durchaus ins konkrete praktische Detail und empfiehlt "fleißiges Strikken" sowie andere Handarbeiten, welche Ausdauer und Konzentration erfordern. Dabei werde man dem Kind wohl einen gewissen Zwang nicht ersparen können, dieser müsse aber andererseits durch "Fryheit und Lebensgenuß und Freude" gemildert werden (ebd.). Insbesondere das Spiel als das hervorragende Medium, das Kind kennenzulernen, dürfe nicht eingeschränkt werden, ja man könne gar nicht genug wünschen, "daß die Spiele der Kinder ganz frey seyen" (ebd., S. 134). Hier liegt nun wieder eine ganz andere Haltung vor als in den zum Teil extrem spiel- und vergnügungsfeindlichen Ansätzen der pietistischen Pädagogik, Kinder zu Ausdauer, Fleiß und Anstrengung zu erziehen.

An mehreren Stellen vertritt Pestalozzi eine indirekte Strategie zur Überwindung der "Fehler", d.h. eine pädagogische Handlungsweise, die eher die Voraussetzungen für sittliches Handeln fördert und die Ansätze von Wohlverhalten unterstützt und verstärkt, als daß sie "Fehler" direkt zu bekämpfen sucht. So meint er, man müsse "machen, daß das Böse ... durch allgemeine innere Veredelung des Kopfs und des Herzens von sich selber wegfalle" (ebd., S. 134). Im speziellen Fall von Gertruds Problem der "übermäßigen Lebhaftigkeit" rät er davon ab, die einzelnen Erscheinungen, in denen sich diese äußert, die "Ausbrüche der Unordnung, der Unvorsichtigkeit, des Lügens und der Eßgelüste sehr zu bestrafen". Solche Strafen könnten, selbst wenn sie momentan Erfolg zu versprechen scheinen, letztlich "den Fehler in seinem Wesen versterken" und, was noch schlimmer wäre, sie könnten dazu führen, daß Gertrud "sich ... verstellen lehrne". Demgegenüber empfiehlt Pestalozzi Petersen, dem Kind "jeden Tag Freud (zu) bezeügen, wenn es seine Lebhaftigkeit meßigt - und heiter und froh ist, ohne wildes Wesen" (ebd., S. 165).

Solche allgemeinen Erklärungen hindern Pestalozzi jedoch keineswegs daran, ganz konkrete Maßnahmen zur Bekämpfung einzelner "Fehler" vorzuschlagen. Und deren sind nach der Überzeugung der beiden pädagogischen Gutachter, die die Entwicklung dieser Kinder verfolgen, gar viele. Auf Felix' Seite tauchen u.a. auf: "Verachtung", "Gewaltsamkeit", "Ungedult", "Jächzorn", "Mangel an Sitten", "Trotz und störrischer Eigensinn", "Forchtsamkeit" etc. Die Liste von Gertruds Verfehlungen ist noch länger: "nachlässige Gleichgültigkeit", "Frechheiten", "Unanstendigkeiten", "Unvorsichtigkeiten", "Eßgelüste", "Lügen", "Flüchtigkeit", "Disputiersucht", "Hang zum letzten Wort" und "ungezähmte Heftigkeit" werden ihr im Zusammenhang mit ihrem Grundproblem, der übermäßigen "Lebhaftigkeit", vorgeworfen.

Gegen die Anflüge von "Spott und Verachtung", die sich bei den Kindern gelegentlich im Umgang mit anderen Menschen zeigen, empfiehlt Pestalozzi z.B., sehr deutlich und sehr gezielt vorzugehen: "So bald sich ein Schatten Menschenverachtung in ihren Kindern zeigen sollte, denn eylen Sie, die schlechteste Seitte, die sie selber haben, ihnen augenbliklich und beschämend auffallend zu machen" (ebd., S. 133). Und um diese Einsicht in die eigene Fehlerhaftigkeit zu vertiefen und damit gleichzeitig die Nachsicht mit der Fehlerhaftigkeit aller Menschen zu erhöhen, solle den Kindern dann "mit ernstem Blik" das Goethewort: "Wer bist du ? Was hast du gethan, daß du verachten darfst?" ins Herz gelegt werden (ebd.).

Ein anderes bezeichnendes Beispiel für vorgeschlagene konkrete Maßnahmen findet sich in dem Brief, in dem Pestalozzi zum ersten Mal zu den Beobachtungstabellen und Tagebuchaufzeichnungen Petersens Stellung nimmt. Gleich als erstes fällt ihm auf, daß "bey Felix ... zehn Mahl vorkomt, er habe Gertrud geschlagen" (ebd., S. 164). Dieser Umstand habe ihn "im höchsten frappiert". Deshalb erkundigt er sich zunächst nach den genauen Umständen dieser "Gewaltsamkeit". Ob Gertrud ihn provoziert hätte, ob seine Handlungsweise aus einer großen Wut und Erregung heraus entspringe, oder ob er "ohne merklich beleidigt zu seyn darein schlage" (ebd.). Der Ratschlag, den Pestalozzi Petersen schließlich gibt, geht dahin, Anregungssituationen für solch aggressives Verhalten nach Möglichkeit zu vermeiden und den Knaben, solange er ruhig ist, zur "Selbstüberwindung" anzuhalten. Er solle ihn schließlich dann, wenn er "unruhig und heftig ist, ... samft zurücklenken" und mit ihm "in den Augenblicken der Heftigkeit so schonend gehen als müglich, damit diese Gewaltsamkeit nicht einwurzle" (ebd., S. 164).

Trotz dieser und anderer Stellen, an denen Pestalozzi eine eher nachsichtige Reaktion auf bestimmtes Fehlverhalten empfiehlt, steht doch in dieser Erziehungskorrespondenz insgesamt eine sehr stark fehlerfixierte Wahrnehmung und eine recht kleinliche, einschränkende, ängstliche und überwachende pädagogische Haltung im Vordergrund, die in allen Verhaltensweisen, welche vom Zustand absoluter Bravheit abweichen, nur höchstbedenkliche und höchstfolgenschwere Entwicklungstendenzen zu sehen vermag, die es schnellstmöglich zu korrigieren gilt.

Der Stanser Brief: Überwindung der Verwahrlosung durch Liebe, Übung und Einsicht

Das authentischste Programm[2], das Pestalozzi für eine Erziehung unter dem Aspekt der "Gegenwirkung" entworfen hat, stellt ohne Zweifel der "Stanser Brief" dar. Gleich am Anfang des Briefes schildert er, in welch schlimmem Zustand sich die Kinder zu Beginn seiner Tätigkeit sowohl in physischer, geistiger als auch in sittlicher Hinsicht befunden haben. Es ist Klafki zuzustimmen, wenn er meint, daß der Stanser Brief nur als eine "Pädagogik der Grenzsituation" (Klafki 1959, S. 16) angemessen zu verstehen sei und daß gerade dadurch, daß Stans sowohl von den materiellen und personellen Bedingungen als auch vom Ausgangszustand der Kinder her eine Ausnahmesituation war, das "Urphä-

2. Der Begriff "Programm" ist hier vielleicht mißverständlich, denn natürlich war die pädagogische Tätigkeit in Stans nicht die Durchführung eines zuvor entwickelten pädagogischen Programms, vielmehr stellt der Brief die Reflexion auf eine vorgängige pädagogische Praxis dar, den Versuch Pestalozzis, sich theoretische Klarheit über die Grundlinien seiner, in Bezug auf die Entwicklung der Kinder durchaus erfolgreiche Tätigkeit zu verschaffen.

nomen des Erzieherischen", das "Erzieherische ... in ... reiner Gestalt" sehr unmittelbar zur Anschauung käme (ebd. S. 17).

Zentraler Inhalt des Stanser Briefes ist das Problem der sittlichen Erziehung, der sittlichen Erziehung allerdings unter ganz spezifischen Ausgangsbedingungen: "Verwahrlosung", "Verwilderung" und "äußerste Zurücksetzung der Menschennatur" als Zustand der Kinder. Dazu eine "Heimsituation", in der Pestalozzi allein für die Betreuung von 70 Waisen zuständig ist.

Im Gegensatz zu den oben dargestellten methodischen Schriften, die sich mit der sittlichen Entwicklung und Erziehung in ihrem natürlichen Gang, und d.h. insbesondere mit ihrer Grundlegung in früher Kindheit, beschäftigen, geht es im Stanser Brief um die Aufgabe, Kinder, die durch entsprechende Umstände vom natürlichen Weg dieser Entwicklung abgekommen und "im Schlamm der Roheit, der Verwilderung und der Zerrüttung" versunken sind (SW Bd.13, S. 6), auf den rechten Weg zurückzubringen. Pestalozzis Bemühungen haben hier also ganz deutlich eine korrektive, gegenwirkende Zielsetzung. Es geht ihm jetzt jedoch nicht mehr in erster Linie um die "Bekämpfung der Fehler", sondern eher um die Ermöglichung neuer, besserer Entwicklungen. Diese Haltung, die später von Moor auf die Formel gebracht wurde: "nicht gegen den Fehler, sondern für das Fehlende" (Moor 1965, S. 20), ist sehr charakteristisch für den Verfasser des Stanser Briefes.

Der "triadische Denker" Pestalozzi unterteilt diese sittliche Erziehung wiederum in drei Aspekte: "Der Erzielung einer sittlichen Gemüthsstimmung durch reine Gefühle, sittliche Uebungen durch Selbstüberwindung und Anstrengung in dem, was recht und gut ist; und endlich der Bewirkung einer sittlichen Ansicht durch das Nachdenken und Vergleichen der Rechts- und Sittlichkeitsverhältnisse, in denen das Kind schon durch sein Daseyn und seine Umgebungen steht" (ebd., S. 19). Der Gang der sittlichen Erziehung hat sich nach Pestalozzi auch chronologisch dieser Reihenfolge der Aspekte zu fügen.

Der erste und grundlegendste Aspekt der sittlichen Erziehung ist die "Erzielung einer sittlichen Gemüthsstimmung durch reine Gefühle". Diese etwas umständliche und hochtrabende Formulierung meint nichts anderes, als daß es zunächst darum geht, die durch ihre Lebenserfahrungen mißtrauisch und feindselig gewordenen Kinder für die Erfahrungen basaler zwischenmenschlicher Gefühlsqualitäten aufzuschließen, sie, wie den "erstarrten Boden des Winters", durch menschliche Wärme "aufzutauen" (ebd., S. 6). Nur durch die Vorleistung des Erziehers, nur durch "allseitige Besorgung", d.h. einen engagierten und zunächst bedingungslosen Einsatz für die Befriedigung der Grundbedürfnisse der Kinder, können sich die Grundlagen einer persönlichen Beziehung entfalten. Und eine solche persönliche Beziehung sieht Pestalozzi als das Fundament und die Voraussetzung aller weiteren erzieherischen Bemühungen an: "Vor allem aus wollte und mußte ich also das Zutrauen der Kinder und ihre Anhänglichkeit zu gewinnen suchen. Gelang mir dieses, so erwartete ich zuversichtlich alles Uebrige von selbst" (ebd., S. 8).

Es sind wohl insbesondere seine Schilderungen davon, wie er die Stanser Waisenkinder mit "Mutterauge" und "Vaterkraft" betreut hat, wie er versuchte, ihnen "alles in allem zu sein", die ihn als den Begründer eines pädagogischen Ethos aufopfernder Hingabe in die Geschichte der Pädagogik eingehen ließen. Bevor er Forderungen stellte, bevor er versuchte, eine äußere Ordnung durchzusetzen, ging es ihm darum, im Innern der Kinder eine bestimmte "Gemüthsstimmung" zu wecken, sie "weitherzig" und "wohlwollend" zu machen. Und dies geschah eben dadurch, daß er sich unermüdlich für die "Befriedigung ihrer täglichen Bedürfnisse" (ebd., S. 14) einsetzte, und daß die Kinder ihrerseits erkannten, daß "alles, was ihnen an Leib und Seele Gutes geschah", aus seiner Hand hervorging (ebd., S. 9).

Diese "Gemüthsstimmung", die sich so im Verhältnis zwischen einzelnen Kindern und ihm entwickelte, versuchte er dann zu übertragen auf das Verhältnis der Kinder untereinander und auf die ganze Hausgemeinschaft. Offensichtlich mit Erfolg, denn er schreibt, daß man seine "siebenzig so verwilderten Bettelkinder" nach kurzer Zeit "mit einem Frieden, mit einer Liebe, mit einer Aufmerksamkeit und Herzlichkeit" miteinander umgehen sah, wie sie nur "in wenigen kleinen Haushaltungen zwischen Geschwistern stattfindet" (ebd., S. 14).

Schließlich, und das entspricht ganz Pestalozzis Vorstellungen von den sich weitenden Lebenskreisen, war er bemüht, diese wohlwollende, anteilnehmende "Gemüthsstimmung" sogar über den Bereich des eigenen Hauses hinaus auszuweiten, also mehr oder minder die ganze Menschheit miteinzubeziehen. Der eindrucksvollste Beleg für diese Absicht ist die Episode, wo er den Kindern seines Hauses den Vorschlag zur Diskussion stellt, zusätzlich zwanzig, durch einen Brand in der Umgebung obdachlos gewordene Waisen aufzunehmen, obwohl dies mit Einschränkungen für sie selbst verbunden sein würde.

Der zweite Gesichtspunkt in der sittlichen Elementarbildung ist die "sittliche Uebung durch Selbstüberwindung und Anstrengungen" (ebd., S. 19). Pestalozzi geht von der Einsicht aus, daß den wohlwollenden und weitherzigen "Gemüthsstimmungen" auch ein Können, ein Bereich von Fertigkeiten entsprechen muß. Dabei bezieht sich dieses Können zunächst auf Aspekte der Selbstkontrolle. Es reicht nicht aus, nur ein Gefühl dafür zu entwickeln, "was recht und gut ist", sondern es kommt ganz wesentlich auch darauf an, die inneren "selbstsüchtigen" Impulse, die dieser gefühlsmäßigen Einsicht zuwiderlaufen, beherrschen zu lernen. Und dies ist nach Pestalozzi nicht anders möglich als durch Übung. Das rechte, sittliche Handeln solle "habituell" gemacht werden. Durchaus in Analogie zum sportlichen Training sollen die "Willens-" und "Selbstbeherrschungsmuskeln" durch solche Übungen gestärkt werden (vgl. Klafki 1959, S. 30).

Bekannt ist die Geschichte von dem verwilderten Mädchen, "das sich angewöhnt, stundenlang Leib und Kopf gerade zu tragen und die Augen nicht herumschweifen zu lassen" (ebd., S. 17). Pestalozzis Auffassung, daß dieses Mädchen "blos dadurch schon einen Vorschritt zur sittlichen Bildung" erhält, ja, überhaupt der ganze Versuch, dieses ruhige und aufrechte Sitzen unter der Kategorie "sittliche Elementarbildung" zu fassen, ist nur verständlich, wenn man um die große Bedeutung weiß, die die Begriffe "Ruhe" und "Ordnung" für Pestalozzi haben. Schon in den Aufzeichnungen über die Erziehung seines Sohnes schreibt er: "Unordnung und Unruh verhüte, Vatter und Lehrer. Das Meiste deiner Übungen sye Ordnung, das Meiste sye Ruhe" (SW Bd.1, S. 121). Und in der "Abendstunde eines Einsiedlers" sowie in der Schrift über "Das Wesen der Naturgemässheit in der Erziehung" erhält die Ruhe eine fast metaphysische Bedeutung als Anfangs- und Endpunkt und als Letztgrund der menschlichen Entwicklung. Im "Schwanengesang" heißt es schließlich: "Das Wesen der Menschlichkeit entfaltet sich nur in der Ruhe" (SW Bd.28, S. 63). Innere Ruhe ist Pestalozzi also nicht nur ein Mittel auf dem Weg zur sittlichen Bildung, sondern macht selbst einen Teil davon aus.

Bittner hat wohl recht, wenn er bei seiner Interpretation dieser Episode meint, daß es nicht das "Brust raus, Bauch rein, Augen gerade aus", also die äußere Haltung an sich sei, die zu einer Erfahrung von Sittlichkeit führe, sondern eher die mit dieser Haltung unter Umständen verbundene meditative Erfahrung (vgl. Bittner 1985, S. 624). Vor allem aber ist die Tatsache, daß das "verwilderte Mädchen" sich überhaupt auf diese Übung einläßt, ja auch schon Ausdruck davon, daß sie so sehr "verwildert" gar nicht mehr ist, daß sie bereits bei sich selbst ein Interesse an Persönlichkeitsveränderung entwickelt hat. Ob man dies deshalb schon als einen "Vertrag" zwischen ihr und Pestalozzi interpretieren kann, sei dahingestellt.

Jedenfalls wird man Pestalozzis eigenen Kommentar zu diesem Beispiel, seine Erfahrung hätte ihn gelehrt, "daß die Angewöhnung an die bloße Attitüde eines tugendhaften Lebens unendlich mehr zur wirklichen Erziehung tugendhafter Fertigkeiten beytrage als alle Lehren und Predigten, die ohne Ausbildung dieser Fertigkeiten gelassen werden" (SW Bd.13, S. 17), nicht so verstehen dürfen, als hätte er sich in Sachen sittliches Handeln mit der "bloßen Attitüde" zufriedengegeben. Zu eindeutig sind seine Stellungnahmen gegen den bloßen Schein im Bereich der Sittlichkeit. Ein "scheinheiliges" bzw. "scheinsittliches" Verhalten - ein Verhalten also, das von außen her zwar bestimmten Anforderungen entspricht, das aber nur taktisch eingesetz wird, und nicht auf dem Fundament "reiner Gefühle" gegründet ist, - währe ihm sicher nichts wert gewesen. Die Spitze dieser Kritik wendet sich gegen das bloße "Lehren und Predigen", also das pädagogische "Maulbrauchen", das nicht mit einer gelebten Praxis verbunden ist. Denn auf dieses Moment der gelebten Praxis sittlichen Handelns kommt es Pestalozzi in erster Linie an.

Mit der Kategorie der "Selbstüberwindung" kommt das fordernde Moment in die Pädagogik Pestalozzis herein (vgl Friedrich 1980). Nur durch diese Kraft kann der "Selbstsucht", jenem Streben, das nach Pestalozzi weitgehend für die menschliche "Verderbnis" verantwortlich ist, entgegengewirkt werden. Zugleich drückt sich im Begriff der "Selbstüberwindung" auch ein Grundgedanke der sittlichen Autonomie aus, wie ihn Pestalozzi in den "Nachforschungen" entwickelt hat. Zwar bedarf es der Anregung und Ermutigung und der Schaffung einer entsprechenden "Gemüthsstimmung", d.h. einer entsprechenden Atmosphäre, letztlich bleibt die "Selbstüberwindung" aber immer eine individuell zu leistende Anforderung.

Der dritte Gesichtspunkt der sittlichen Elementarbildung ist nach Pestalozzi die "Bewirkung einer sittlichen Ansicht durch das Nachdenken und Vergleich der Rechts- und Sittlichkeitsverhältnisse, in denen das Kind schon durch sein Daseyn und seine Umgebungen steht" (ebd., S. 19). Dieser Gesichtspunkt bezieht sich also auf den reflexiven Aspekt der sittlichen Erziehung oder , modern ausgedrückt, auf die Fähigkeit zum "moralischen Urteil" (vgl. Piaget 1954, Kohlberg 1974).

Wie kommt ein Kind zu Einsichten und Urteilen über das was "recht" und was "unrecht", was "gut" und was "böse" ist? Pestalozzi äußert sich in seinem Stanser Brief sehr kritisch zu der, in seiner Zeit offensichtlich weitverbreiteten, Praxis, den Kindern diese Einsicht durch abstrakte Belehrungen, Moralpredigten etc. nahebringen zu wollen. (In anderen Zusammenhängen ist er selber allerdings sehr massiv dieser Neigung, die er hier so heftig kritisiert, erlegen. So zum Beispiel in den Reden an die Kinder in Münchenbuchsee).

In seiner Reflexion über die Stanser Zeit schreibt er, er habe seinen Kindern "unendlich wenig erklärt..., sie weder Moral noch Religion gelehrt" (SW Bd.13, S. 15). Vielmehr gründet Pestalozzi auch diesen Bereich der Bildung ganz auf das Prinzip der "Anschauung". Nicht abstrakt und allgemein sollte über sittliche Prinzipien, über Tugenden und über Verfehlungen gesprochen werden und nicht anhand weit entfernt liegender oder gar fiktiver Beispiele, sondern alles Reden in diesem Bereich sollte anknüpfen "an die täglichen häuslichen Auftritte und Umgebungen" (ebd., S. 14), d.h. es sollte die Realereignisse im täglichen Leben der Kinder zum Thema machen. Die hier auftauchenden Gefühle, Probleme und Konflikte sollten den Stoff bieten, an dem sittliche Einsichten gewonnen werden können. Dies war Pestalozzi deshalb so wichtig, weil nur dadurch die Ganzheitlichkeit der sittlichen Erziehung, insbesondere die Einbeziehung der emotionalen Komponente, gewährleistet war. Er setzte dabei jedoch durchaus nicht nur bei problematischen, konflikthaften Situationen an, sondern fast mehr noch bei positiven, ermutigenden Ereignissen, die er auf diese Art gewissermaßen reflexiv unterstützen und festigen wollte. So versuchte er, "belebte Gefühle jeder Tugend dem Reden von dieser Tugend vorhergehen" zu lassen (ebd., S. 16).

Die in dieser Weise durchgesprochenen Themen, die Pestalozzi als Beispiele anführt, reichen vom Vorteil einer ruhigen gegenüber einer lärmenden Atmosphäre, über das Problem der nur geheuchelten Bravheit, bis hin zu so anspruchsvollen Themen wie dem Unterschied zwischen einer Hilfe zur Selbsthilfe und einer caritativen Versorgung oder der Frage, inwieweit es notwendig ist, die menschliche Anteilnahme und Hilfsbereitschaft über die Grenze des eigenen Hauses hinaus auszudehnen.

Es läßt sich dabei nicht beschönigen, daß viele der von Pestalozzi geschilderten Unterredungen mit seinen Kindern auf eine recht massive Suggestion seinerseits hindeuten. Seine Bemerkungen haben typischerweise die Struktur: "Ist es nicht besser so ... als so?". Sie sind also, wenn auch anschauliche, so doch recht massive Versuche, den Kindern ins Gewissen zu reden. Andererseits ist Pestalozzi zugute zu halten, daß er die Besonderheit kindlicher Moralität wohl erkannt hat, daß sie nämlich ihre Verwurzelung nicht in abstrakten allgemeinen Prinzipien und Idealen haben kann, sondern in der Beziehung des Kindes zu sich selbst und zu seinen nächsten Bezugspersonen. So führt Pestalozzi das Postulat: "Der Mensch will so gern das Gute", bezogen auf das Kind, näher aus: "Alles, was es lieb macht, das will es. Alles, was ihm Ehre bringt, das will es. Alles, was große Erwartungen in ihn rege macht, das will es. Alles, was in ihm Kräfte erzeugt, was es aussprechen macht, ich kann es, das will es" (ebd., S. 8).

Sittlichkeit ist hier also nicht primär verknüpft mit einem Katalog von Geboten und Verboten. Es sind nicht die "ich soll" und die "ich darf nicht", die das Kind dazu bringen, das Gute zu wollen, sondern vielmehr die Gefühle des Selbstwerts, der Hoffnung, der Kompetenz und des Angenommenseins. Unmittelbar im Anschluß an diesen Abschnitt führt Pestalozzi den Begriff der "allseitigen Besorgung" ein, die Bezeichnung für jene Erzieherhaltung, durch die diese Gefühle und Kräfte belebt werden und somit der Wille zum Guten überhaupt erst ermöglicht wird.

Aus Pestalozzis Schilderungen geht weiter hervor, daß er großen Wert darauf legte, daß den Kindern die Beweggründe und Zwecke seines erzieherischen Handelns nachvollziehbar waren. Er schreibt, er habe alles getan, um seine Kinder "deutlich und klar einsehen zu machen, warum ich handle, wie ich handle" (ebd., S. 19). Sowohl in der direkten Auseinandersetzung mit den Kindern als auch im Hinblick auf den Leser des Briefes begründet und rechtfertigt Pestalozzi sein erzieherisches Handeln häufig mit dem Argument, daß sich aus der Größe der Hausgemeinschaft gewisse Notwendigkeiten ergäben, welche ein durchgreifendes Verhalten seinerseits erforderlich machten: "Wenn ich auch noch so gern wie ein schwacher Tropf an euch handeln, und euch bey euern Fehlern durch die Finger sehen wollte, so kann ich nicht, weil eurer zu viel da sind" (ebd., S. 21). Die Gruppengröße birgt nach Pestalozzi die Gefahr einer "Ansteckung" durch "das Böse" und somit einer epidemischen Ausbreitung der "Fehler". In der allgemeinen Unordnung sieht er gewissermaßen den Träger dieses Virus. Deshalb pocht er an dieser Stelle, im Gegensatz zu dem zuvor aufgestellten Grundsatz des Primats der inneren vor der äußeren Ordnung, doch sehr nachdrücklich auf die Einhaltung einer gewissen äußeren Ordnung: "Wenn ihr euch der Ordnung, die unter solchen Umständen nothwendig ist, nicht unterziehen würdet, so könnte das Haus nicht bestehen, und ihr würdet alle in euer altes Elend zurücksinken" (ebd.).

Damit ist auch schon ein weiterer Aspekt angesprochen, der Verweis auf die Zukunftsperspektive. An verschiedenen Stellen versucht Pestalozzi, den Kindern die Anstrengungsbereitschaft und die Selbstüberwindung in der Gegenwart durch die "Aussicht, nicht ewig elend zu bleiben" (ebd., S. 15), schmackhaft zu machen. Oder aber, er führt ihnen möglichst anschaulich die beiden Alternativen vor Augen, den Weg "des äußersten Verderbens" und die "Folgen alles Guten", und versucht, ihnen dadurch ein deutliches Bewußtsein "der so ungleichen Folgen einer guten und einer verwahrlosten Erziehung" zu vermitteln (ebd., S. 22f). Gewinnt an dieser Stelle der Verweis auf die Zukunft eine recht drohende Funktion, so hat er doch an den meisten anderen Stellen eher ermutigenden Charakter, ja, Pestalozzi erzählt gar von der Rührung, die seine Kinder angesichts der Perspektive ergriff, daß sie bei Erwerb entsprechender Kenntnisse später selbst einmal in seine Fußstapfen treten und sich der Sache der Volksbildung annehmen könnten: " ...und eine glückliche Zukunft stellte sich ihrer Einbildung als erreichbar und sicher dar" (ebd., S. 15).

Im Zusammenhang mit der Frage nach den pädagogischen Handlungsmöglichkeiten angesichts von Erziehungsschwierigkeiten kann das Problem der Strafe, insbesondere der körperlichen Strafe, das im Stanser Brief einen relativ breiten Raum einnimmt, nicht ausgeklammert werden. Pestalozzis Ausführungen hierzu tragen besonders deutlich den Charakter der Rechtfertigung. Allein dieser Umstand beweist, daß Pestalozzi die Strafe keineswegs für selbstverständlich hielt, sondern daß er sich ihrer Problematik wohl bewußt war. Die Notwendigkeit oder, besser, die Unvermeidbarkeit von Strafen führt Pestalozzi auf die konkreten Bedingungen seiner pädagogischen Tätigkeit in Stans zurück. Bei "glücklichen Kindern und in glücklichen Lagen" (ebd., S. 18) hält er es dagegen für möglich, ohne körperliche Strafen auszukommen. Er legt großen Wert auf die Feststellung, daß seine Strafen nicht den so häufigen negativen Effekt des Mißtrauens, des Starrsinns und des Trotzes hervorgerufen hätten, und er nennt auch die Gründe hierfür: Sein unbedingtes Engagement und das dadurch erzeugte Bewußtsein bei den Kindern, daß er trotz gelegentlicher Strafen ganz und gar auf ihrer Seite stand. Eingebettet in eine solche Atmosphäre der täglich erfahrbaren Verläßlichkeit und der ehrlichen Zuneigung haben nach seinen Erfahrungen Strafen als "einzelne seltene Handlungen" keinen tiefgreifenden Einfluß auf die "Gemüthsstimmung und Denkungsweise der Kinder" (ebd.).

Obwohl bei Pestalozzis Aufenthalt in Stans die Veröffentlichung der "Nachforschungen" nur etwa zwei Jahre zurücklag, spielen die dort entwickelten anthropologischen Dimensionen für das pädagogische Konzept der sittlichen Elementarerziehung eine erstaunlich geringe Rolle. Der natürliche, der gesellschaftliche und der sittliche Zustand lassen sich nicht in eine direkte Zuordnung zu den drei "Gesichtspunkten" der Sittlichkeitsbildung bringen. In den "Nachforschungen" scheint es so, als habe der Gang der Individualentwicklung dem "Gang der Natur in der Entwicklung des Menschengeschlechts" zu folgen, als müßten die "Zustände" notwendig durchlaufen und die ersten beiden zumindest partiell überwunden werden, um zu dem dritten, dem sittlichen, zu gelangen. Im Stanser Brief dagegen ist nicht mehr die Rede davon, daß zunächst der "Naturzustand" überwunden und ein gesellschaftlicher Zustand im Sinne eines gemeinschaftsfähigen aber vorsittlichen Niveaus erreicht werden müßte. Vielmehr wird dort sehr direkt der sittliche Zustand angepeilt und in eine emotionale, eine voluntative und eine kognitive Komponente zerlegt. Der Gang der Entwicklung sieht nun so aus, daß nacheinander diese drei Faktoren in das Zentrum der pädagogischen Aufmerksamkeit rücken und mit je spezifischen Mitteln gefördert werden sollen[3].

5. Exkurs: Johann Heinrich Pestalozzi und sein Sohn Jakob: eine problematische Vater-Sohn-Beziehung

In den Briefen an Petersen tauchen an mehreren Stellen Bemerkungen über den Sohn Jakob auf, welcher den größten Teil des Jahres 1783 im Hause Battier lebte und von Petersen gemeinsam mit den Kindern Felix und Gertrud unterrichtet wurde. Auch sind einige direkt an Jakob gerichtete Briefe aus jener Zeit erhalten. Diese Dokumente berühren den Leser in ihrer Mischung aus Selbstanklage und Mahnung, aus Hoffnung und Resignation recht eigentümlich und lassen auf eine sehr problematische Vater-Sohn-Beziehung schließen. Daß berühmte Pädagogen Schwierigkeiten mit der Erziehung ihrer eigenen Kinder haben, ist kein Einzelphänomen. Rousseau - dem Jakob Pestalozzi übrigens seinen Vornamen verdankt - hat seine leiblichen Kinder gar ins Findelhaus abgeschoben. Aber daß bei Pestalozzi, dem so leidenschaftlichen Praktiker der Erziehung, dem Verherrlicher der "Wohnstube" und des "Vatersinns", die Beziehung zu seinem eigenen Kind zu einer solch schmerzlichen Tragödie wurde, erstaunt ganz besonders.

Die Pestalozzi-Biographen (z.B. Schönebaum 1927-1942, Delekat 1926, W. Flitner 1961[3], Liedke 1968) haben dieser Beziehung nicht sonderlich viel Aufmerksamkeit geschenkt. Sie gehen im allgemeinen davon aus, daß Jakob Pestalozzi konstitutionell schwächlich und minderbegabt gewesen sei, daß er deshalb seinen Eltern Kummer und

3. Klafki hat auf diesen Hiatus hingewiesen und angezweifelt, ob die "verbreitete Auffassung" im Recht sei, welche annimmt, Pestalozzis pädagogische Theorie und Praxis sei ein direkter Ausfluß seiner Anthropologie (vgl. Klafki 1959, S. 9). Er hat diesen Zweifel aber dann nicht näher geklärt, sondern die Frage einer einmal zu leistenden "gründlichen Untersuchung" empfohlen.

Enttäuschung bereitet hätte und daß diese ihn dennoch mit einer "unübertrefflichen Sorge" (Schönebaum 1931, S. 7) geliebt hätten. Festzustehen scheint außerdem, daß Jakob vom "fallenden Weh", also von epileptischen Anfällen, geplagt war. Er war ohne Zweifel ein Sorgenkind, das geht aus Pestalozzis Briefen nur allzu deutlich hervor. Einzig Soëtard ist in seiner jüngst erschienenen Bildbiographie über den großen Schweizer näher auf diesen Punkt eingegangen. Unter den Kapitelüberschriften "Armer Jakob" und "Das Drama um Jakob" beschreibt er das tragische Vater-Sohn-Schicksal (Soëtard 1987).

Bei seinem Versuch, zu "verbinden, was Rousseau getrennt" hat (SW Bd.1, S. 127), also das Prinzip Gehorsam mit dem Prinzip Freiheit zusammenzubringen, gelangte Pestalozzi in der Erziehung des knapp vierjährigen Jakob zu recht merkwürdigen Erziehungsmethoden, die durchaus Exempel bieten für Millers These von der "Verachtung des Kindes" (vgl. Miller 1979):

"Wann ich z.E. das unangenehme Anrühren aller Sachen verbieten will, so gehe ich diesen Weg: Ich stelle zwei Blaten, eine kalt, eine siedend auf den Tisch; ich wäsche in der kalten die Hand und stelle die siedende so, daß der kleine gewiß probiren und seine Hand brennen wird. 'Man sollte nicht alles anrühren, was man nicht kent' ist meine ganze Anmerkung, wan ich mit öhl den Brand stille" (SW Bd.1, S. 128)

Ein anderes Beispiel:

"Sein Eigensinn ist stark und äußert sich gewaltsam ich habe heüt ein paar Strafen gegen ihn angewandt. Er gieng so weit, daß er selbst einen Schollen Gerstenzuker nicht aus meinem Mund, sondern aus der Hand haben wollte und in einen heftigen Grad des Zorns ausbrache, als ich ihm byde hende zurükhielt und mit dem Zukerschollen mich seinem Mund neherte. Kalt aß ich den Zuker!" (ebd., S. 125).

Soëtard hat die Erziehungspraxis des Vaters als permanente Double-bind-Situation interpretiert. In seinen Augen war Jakob "den scharf voneinander getrennten Verhaltensweisen eines Vaters ausgesetzt, der einerseits seinen Wünschen freien Lauf läßt und andererseits, im nächsten Augenblick und vollkommen übergangslos, eben diese Wünsche brutal unterdrückt" (Soëtard 1987, S. 33).

Während Pestalozzi in seinen frühen Tagebuchaufzeichnungen noch voller Vaterstolz berichtet, wie er dem knapp Vierjährigen Lesen und Schreiben, Rechnen und gar Latein beizubringen versucht, brüstet er sich acht Jahre später, in einem Brief an Petersen, er "habe einen Knaben von 11 1/2 Jahren; er kann keine zwei Linien Gebätter auswendig, er kann weder schreiben noch lesen". Und er hofft, gerade "diese Unwissenheit ... werde das Fondament seiner vorzüglichsten Ausbildung und seiner besten Lebensgenießungen seyn" (Briefe Bd.3, S. 131).

In seiner kurzen Schrift "Etwas zur Beleuchtung der Erziehungsart meines Knaben" aus dem gleichen Jahr äußert er sich ähnlich hoffnungsvoll über die Einfalt und Unwissenheit seines Sohnes. Hier klingt allerdings schon ein gewisser Unterton von Selbstberuhigung an. Die rhetorischen Fragen, die er an den skeptischen Leser stellt, um sie sogleich wieder zu zerstreuen, drücken wohl doch letztlich die eigenen Zweifel und Bedenken über die weitere Entwicklung Jakobs aus. So stellt er sich zwar angesichts der Überempfindlichkeit seines Sohnes die Frage: "Wo wird das enden?" (SW Bd.8, S. 256), beruhigt sich dann aber sogleich wieder, indem er daran erinnert, Jakob habe ihm ja bei einer "Unterredung über die Nothwendigkeit eines arbeitssamen, thätigen Lebens" geantwortet: "'Ja Papa! es ist wahr, man muß arbeiten, und ich will auch etwas arbeiten lehrnen ...'" (ebd.). Hier klingt wohl, ebenso wie in Jakobs Vatertagsgedicht, das Pestalozzi voller Stolz zitiert, eher das Echo der Stimme des Vaters an als die eigene Stimme des Sohnes. Vielleicht macht dies den tieferen Grund der Tragik des "Jaqueli" aus: daß seine eigene Stimme gegen die seines Vaters und dessen glühenden erzieherischen Eifer nie eine Chance hatte.

Die bisher zitierten Bemerkungen Pestalozzis über seinen Sohn sind noch getragen von offensivem Stolz über die Einfalt Jakobs und voll Zuversicht über seine weitere Entwicklung. Irgendwann im Jahre 1782 muß dann aber ein Bruch stattgefunden haben, der es Pestalozzi nicht länger ermöglichte, die Probleme seines Sohnes zu verharmlosen. Denn von Januar 1783 an haben seine Bemerkungen über Jakob gar nichts mehr von Stolz und unbeschwertem Optimismus. Welcher Druck auf Jakob nun gelegen haben muß, läßt sich aus dem Brief vom 6. Januar 1783 erahnen:

"Um Gottes Willen, Jaqueli, bett und arbeit; sy still, fleißig, bedechtlich, reinlich und gehorsam! ...

Mein Kind! Du bist auf Erden mir alles. Um Deinetwillen freut mich mein Leben, um Deinetwillen ist mir jede Arbeit leicht und um Deinetwillen habe ich mehr gelitten, als ich vast habe tragen mögen.

Es steht jez an Dir, mich zu belohnen mit Freud und Wonne, zu belohnen für alles, was ich an Dir gethan, oder aber mein Leben unwiederbringlich ellend zu machen" (Briefe Bd.3, S. 155).

Was Pestalozzi so sehr fürchtete, war die Tatsache, daß sich seine Idee endgültig als Illusion erweisen würde, wonach die Einfalt und Unwissenheit während Jakobs Kindheit und Jugend zu um so größerer Lebenstauglichkeit im späteren Alter führen würde. Jakob sollte deshalb zeigen, daß die "Schonung", die er in seiner Jugend genossen habe, nicht vergeblich gewesen sei, sondern daß er gerade dadurch ein "bräverer Jung" geworden sei, als die anderen, "welche in ihrer Jugend mehr geplagt worden" (ebd.).

Offensichtlich auf Betreiben der Mutter, die den unheilvollen Einfluß der väterlichen Erziehungsmethoden ahnte, war Jakob, nach dem Zusammenbruch des Neuhofs, nach Basel gekommen. Pestalozzi bittet Petersen, der Jakob ab Frühjahr 1783 gemeinsam mit den Kindern Battier unterrichtet und erzieht, es ihm "nie zu verhelen, wenn er irgendetwas Fehlerhaftes thut", denn Pestalozzi glaubt nun, "es sei der wichtigste Theil der Auferziehung, Fehlern vorzubiegen und Innhalt zu thun" (ebd., S. 162f). Der Basler Hauslehrer scheint dieser Aufforderung nachgekommen zu sein, denn in den nächsten Briefen bekommt Jakob jeweils kurze, recht kritische Bemerkungen von seinem Vater ab. So findet Pestalozzi, daß er als "unberufener Schwäzer" auftrete und überhaupt in einem "unangenehmen Licht" zum Vorschein komme (ebd., S. 166). Später gesteht Pestalozzi auch Fehler ein, die er bei der Erziehung Jakobs gemacht habe, und hofft, diese werden für Jakob "keine weiteren schlimmen Folgen haben" (ebd., S. 182).

In einem Brief vom Frühjahr 1784 kommt noch einmal die ganze Bandbreite der väterlichen Gefühle zum Ausdruck: Liebe, Kummer, Hoffnung, Enttäuschung, Trost und Mahnung mischen sich auf fast rührende Weise:

"O mein Kind! Nun ist schon ein halbes Jahr vorüber und wills Gott hast Du schon vill gelehrnt und Dir schon viel Böses abgewöhnt und Gutes angewöhnt" (ebd., S. 203).

Dieser Brief zeigt auch besonders deutlich, welchen Unterschied es macht, ob man als Institutsleiter über einen "mißratenen Zögling" klagt, ob man als "Supervisor" einem Hauslehrer Erziehungsratschläge zur Behebung von Kinderfehlern gibt oder ob man als Vater nach langen Kämpfen und vielen enttäuschten Hoffnungen über oder an das eigene Problemkind schreibt.

1784 besuchte Jakob zum Zweck der Berufsausbildung eine Kaufmannsschule in Mühlhausen. Aber er kam dort weder mit den disziplinarischen noch mit den leistungsmäßigen Anforderungen zurecht. Pestalozzis Basler Freund Battier nahm ihn ab Januar 1785 zu sich in die Lehre. Aber schon 1786 traten zum ersten Mal die krampfartigen Anfälle auf, und so kehrte Jakob im April 1787 schließlich zurück auf den Neuhof, wo er bis zu seinem Tod im Jahr 1801 ein mehr oder weniger schattenhaftes Leben führte.

In dem leidenschaftlichen Lebensrückblick, welchen Pestalozzi 1808 in Form eines mehr als hundertseitigen Klagegedichts verfaßt hat, erinnert er sich auch an den Moment der Heimkehr seines Sohnes:

"Wie ergriff mich der Schauer
des tiefsten Entsezzens,
als er entstellt, zerrissen,
sich selbst nicht mehr,
und verheerendem Tod entgegengehend
zurückkam..." (SW Bd.21, S. 167).

Er beschreibt die dramatische Szene, wie er sich vor dem krampfgeschüttelten Sohn niederwarf, um mit seinem inbrünstigen Gebet die Dämonen zu vertreiben. Als die Anfälle daraufhin tatsächlich für Monate ausblieben, deutet er dies als eine gnädige Erhörung Gottes (ebd., S. 169f). Dennoch wird der Vater von Schuldgefühlen geplagt. Er sei derjenige, der dem Sohn "das tödliche Gift in den Leib jagte" (ebd., S. 168), er habe "Unrecht gethan, ... den einzigen Sohn leiden zu machen, was wenige Menschen auf Erden gelitten" (ebd., S. 191).

Es scheint mir durchaus möglich, daß diese Schuldgefühle Pestalozzis über das Versagen in der Erziehung seines einzigen Sohnes etwas zu tun haben mit seiner späteren endgültigen Hinwendung zum praktischen Erzieherberuf sowie mit der Wandlung von der kleinlich-verfolgenden pädagogischen Haltung, die in erster Linie Fehler aufspüren und bekämpfen will, hin zu der großzügigeren und optimistischeren Auffassung, der es in erster Linie darum geht, die Voraussetzungen für die naturgemäße Entfaltung aller Kräfte zu schaffen.

1808, sieben Jahre nach dem Tod Jakobs, als Leiter der inzwischen weltberühmten Erziehungseinrichtung von Iffeiten, schreibt er:

"Und dem Kind,
dem guten und lieben,
dem ich so lange
nicht Vater war,
dem bin ich's
jetzt wieder
und will's ihm syn
alle Tage mehr
bis an mein Grab"
(ebd., S. 190).

II. Johann Friedrich Herbart

Die Persönlichkeitsunterschiede zwischen zwei Menschen könnten wohl kaum größer sein als die zwischen Pestalozzi und Herbart. Hier der "liebenswürdige Chaot" Pestalozzi, der allein durch seine äußere Erscheinung die Leute erschreckt, der Zeit seines Lebens Probleme mit der Rechtschreibung und mit dem Rechnen hat, der sich mit brennendem Eifer in seine Projekte stürzt, immer wieder scheitert, mit sich und der Welt hadert und doch von dem glühenden Wunsch verzehrt wird, die Menschheit zu bessern, und der als Autor deshalb in alles, was er schreibt, sein ganzes Herzblut gießt. Dort der weltgewandte Geistesaristokrat Herbart, der mit 33 Jahren den Kant-Lehrstuhl in Königsberg erobert,der in seiner höchst abstrakten Vorstellungspsychologie mit Integral- und Differentialrechnung operiert und dem es in seiner Pädagogik in erster Linie um die rechte Bildung des "Gedankenkreises" geht. Während seiner Hauslehrerzeit in Bern hatte der junge Herbart persönlichen Kontakt mit dem "merkwürdigen Manne" von Ifferten (SW Bd.XIII, S. 230), und er setzte sich in zwei seiner ersten Veröffentlichungen kritisch mit Pestalozzis Elementarmethode auseinander.

An realem Einfluß auf die deutschsprachige Pädagogik kann sich jedoch nur Herbart mit Pestalozzi messen. Seine Konzeption von Erziehung und Unterricht setzte sich zunehmend durch und galt in der zweiten Hälfte des 19. Jahrhunderts unter der Dominanz der sog. "Herbartianer" zeitweise als die einzig mögliche Form von Pädagogik und Didaktik überhaupt. Insbesondere wird Herbart oft das Verdienst zugeschrieben, die Pädagogik als systematische Wissenschaft begründet zu haben.

In der Tat war es sein Anspruch, die Pädagogik wissenschaftlich zu behandeln, und das hieß für ihn, sie als eine "Zusammenordnung von Lehrsätzen, die ein Gedankenganzes ausmachen" (SW Bd.I, S. 283), darzustellen. Alle Aspekte des Problemfeldes Pädagogik, von der Zielfindung und -begründung bis zur Auswahl und Rechtfertigung der verschiedenen erzieherischen Maßnahmen, sollten darin ihren Ort finden. Insofern gilt Herbart mit Recht als der große Systematiker in der Geschichte der Pädagogik, und die Frage, ob seine systematische Leistung überhaupt seitdem jemals übertroffen wurde (Geißler 1979, S. 235), ist durchaus legitim.

Durch die massive philosophische Kritik Natorps in dessen Streitschrift "Herbart, Pestalozzi und die heutige Aufgabe der Erziehungslehre" (Natorp 1899), in der gleich im ersten Satz die Frage zu der Alternative zugespitzt wird: "Herbart oder Pestalozzi?", und durch die daran sich anschließende reformpädagogische Kritik am erstarrten didaktischen Formalismus schien Herbart für die Pädagogik zunächst weitgehend "erledigt". Erst durch Nohls programmatischen Versuch von 1948, den "lebendigen Herbart" neu zu entdecken und ihn als eine "ganz ursprünglich pädagogische Natur" und zugleich als einen Philosophen "vom Range Kants und Hegels" (Nohl 1948, S. 201) der eigenen Zunft wieder schmackhaft zu machen, wurde so etwas wie eine Herbart-Renaissance ausgelöst. Es folgten eine Vielzahl von Werkinterpretationen und eine Reihe von Monographien zu speziellen Fragen der Herbart-Forschung (vgl. z.B. Buß 1962, Hornstein 1959, Seidenfaden 1967). Daneben erschien eine sehr ausführliche und detaillierte Herbart-Biographie (Asmus 1968, 1970) sowie eine neue dreibändige Ausgabe der "Pädagogischen Schriften" Herbarts (Asmus 1964-1965). Veröffentlichungen aus jüngster Zeit (Buck 1985, Benner 1986), in denen versucht wird, Grundprobleme der Pädagogik mit den von Herbart zur Verfügung gestellten Ideen und Kategorien neu zu durchdenken, zeugen von der ungebrochenen Aktualität der Pädagogik Herbarts.

1. Der "doppelte Herbart"

Die jüngere Herbart-Diskussion bewegt sich dabei um den zentralen Streitpunkt, ob Herbarts Denkansatz als einheitlicher, in sich geschlossener betrachtet werden kann oder ob von zwei grundsätzlich verschiedenen, miteinander kaum zu vereinbarenden Ansätzen ausgegangen werden muß. Diese Frage bezieht sich zum einen intern auf die Psychologie Herbarts. Hier vertreten die Anhänger der schon von Dilthey vorgebrachten Dualismus-Hypothese (Nohl, Asmus, Döpp-Vorwald, Buß, Klafki) die Auffassung, man müsse bei Herbart zwischen einer erfahrungsgesättigten, intuitiven, ganzheitlichen, menschenkundlichen Psychologie einerseits und einer erfahrungsfernen, auf atomistischen und mechanistischen Denkmodellen und verwegenen mathematischen Berechnungen beruhenden wissenschaftlichen Psychologie andererseits unterscheiden.

Die Kontroverse bezieht sich aber auch auf Herbarts Konzept der wissenschaftlichen Grundlegung der Pädagogik. Hier hat auf der Seite der Dualismus-Hypothese am deutlichsten wohl Klafki den Unterschied zwischen den beiden, seiner Meinung nach inkompatiblen Modellen bei Herbart herausgearbeitet. In seiner Abhandlung "Der zwiefache Ansatz Herbarts zur Begründung der Pädagogik als Wissenschaft" (Klafki 1971) unterscheidet er zwischen einem ersten Modell, welches die Pädagogik als unselbständige, von der Ethik als normgebender Instanz und von der Psychologie als wegweisender und Methoden bereitstellender Wissenschaft abhängige Disziplin begreift, und einem zweiten Modell, welches die Pädagogik als eigenständige Wissenschaft betrachtet. Als solche sei sie aufgerufen, sich auf ihre "einheimischen Begriffe" zu besinnen und somit den Mittelpunkt eines eigenständigen "Forschungskreises" zu begründen. Erstaunlicherweise lassen sich diese beiden Denkmodelle nicht unterschiedlichen Lebensphasen Herbarts zuordnen, sondern sie tauchen oft ganz unvermittelt nebeneinander auf, so daß Klafki davon ausgeht, "daß Herbart die Widersprüchlichkeit beider Konzeptionen offenbar nicht gesehen hat" (ebd., S. 85).

Herbart selbst hat zwar keine "anwendbare" Psychologie im Sinne einer manipulativen Sozialtechnologie entwickelt, welche die Mittel für beliebige Ziele bereitstellen würde (gewünscht hätte er sich solches Wissen sicherlich). Seine Psychologie beschränkt sich im wesentlichen auf Denk- und Gedächtnispsychologie. Wenn jedoch die innerpsychische Welt so mechanistisch und deterministisch gedacht wird, dann kann letztlich auch pädagogische Wirkung nicht mehr als interaktive Wechselwirkung gedacht werden, sondern dann ist jeder äußere Einfluß auf die Vorstellungen des Zöglings notwendig ein kausaler Einfluß auf dessen "psychischen Mechanismus".

Es hat Herbart durchaus als Zielvorstellung vorgeschwebt, die Wirksamkeit und die "Präzision" pädagogischer Maßnahmen zu verbessern. So hoffte er, daß man dann, wenn durch die Weiterentwicklung der mathematischen Psychologie die "dunkle Seite der Pädagogik" erst einmal hinreichend geklärt sei, auch in der Lage wäre, die "Verirrungen" der Erzieher zu vermeiden, welche dazu führten, daß "mancher Zögling ein ganz andres Gewächs wird, als was Eltern und Lehrer im Sinne hatten". Er erwartete deshalb vom pädagogischen Fortschritt, "daß bestimmten Einwirkungen bestimmte Erfolge entsprechen, und daß man dem Vorauswissen dieser Erfolge sich durch fortgesetzte Untersuchung, nebst zugehöriger Beobachtung, mehr und mehr annähern werde" (Herbart SW Bd.III, S. 151).

Innerhalb von Herbarts Werk findet sich also eine Spannung zwischen zwei verschiedenen Perspektiven der Betrachtung menschlicher Tätigkeit. Sie wird einmal verstanden als das gewollte und sittlich verantwortete Handeln eines seiner selbst mächtigen Subjekts, und sie wird andererseits aufgefaßt als Verhalten, das Ausfluß ist von bestimmten unwillkürlichen Prozessen im Mechanismus der Vorstellungen. Hier liegt nach meiner Auffassung der entscheidende Gegensatz zwischen inkompatiblen Theoriestücken bei Herbart vor. Die deterministische Vorstellungsmechanik macht in ihrer Konsequenz jede Rede von sittlicher Bildung und sittlichem Handeln eigentlich unmöglich. Denn, wenn die "Gesetzmäßigkeit im menschlichen Geiste ... vollkommen der am Sternenhimmel" gleicht, (SW Bd.IV, S. 373), dann bleibt kein Raum mehr für die Freiheit, die noch Bedingung der Möglichkeit sittlichen Handelns ist. Pongratz hat Herbarts Vorstellungspsychologie treffend charakterisiert, wenn er schreibt, das Bewußtsein erscheine darin "als eine Arena ..., auf der die Vorstellungen ihre Kraftproben liefern: Die stärkeren verdrängen die schwächeren unter die 'Schwelle' des Bewußtseins, und diese drängen bei entsprechender Verstärkung wieder über die Schwelle ins Bewußtsein zurück" (Pongratz 1967, S. 113). Dabei ist zu beachten, daß Herbart den Begriff "Vorstellung" nicht in einem sensualistischen Sinne auf von außen aufgenommene Eindrücke beschränkt, sondern nach seinem Verständnis auch "Gefühle und Begierden ... in gewissen bestimmten Vorstellungen ihren Sitz haben" (Herbart SW Bd.IV, S. 382).

Die Vorstellungen sind hier das primus movens aller psychischen Erscheinungen, und es gibt keinen Regisseur, der das Treiben in der Arena lenkt. In diesem Sinne ist Herbarts Psychologie auch ausgesprochen aktualistisch. Ein kontinuitäts- und identitätsstiftendes Ich kommt in diesem Steigen und Sinken der Vorstellungen nicht vor. So kann Herbart denn auch sagen: "die ächten psychologischen Facta liegen in den augenblicklichen Zuständen der Individuen" (ebd., S. 310). Überspitzt könnte man formulieren: Nicht der Mensch hat die Vorstellungen, sondern die sich jeweils durchsetzenden Vorstellungen machen den jeweiligen Zustand des Menschen. Das Ich oder das Selbst, von dem Herbart gelegentlich spricht, ist nicht Dirigent der Vorstellungen, sondern ist selbst nur wieder eine "Complexion von Vorstellungen".

Herbart hat an einer Stelle das innerpsychische Geschehen mit dem gesellschaftlichen Treiben verglichen: "In dem Ganzen jeder Gesellschaft verhalten sich die einzelnen Personen fast so wie die Vorstellungen in der Seele des Einzelnen" (ebd., S. 425). Der Verdrängungskampf zwischen den einzelnen Vorstellungen entspräche dann den streitenden Interessen, und die "Complexionen" und "Verschmelzungen" der Vorstellungen entsprächen den geselligen "Neigungen" und "Bedürfnissen der Anschließung" bei den Bürgern. Er geht dabei sogar soweit, daß er die ganzen gesellschaftlichen Verhältnisse und Vorgänge als die "unmittelbaren Folgen des psychischen Mechanismus" betrachtet (ebd.), also nicht nur ein Analogie-, sondern sogar ein Kausalverhältnis zwischen psychischer und gesellschaftlicher Ordnung postuliert.

Die Spannung zwischen den beiden verschiedenen Betrachtungsweisen schlägt sich besonders deutlich auf Herbarts Verständnis des Problems der Erziehungsschwierigkeiten nieder. Hier stellt er oft selbst explizit die Frage, ob ein bestimmtes Phänomen als tadelnswerte "sittliche Verfehlung" zu begreifen sei oder als eine Fehlfunktion im "psychischen Mechanismus" und somit als eine Krankheit.

Daß dieses Problem in der alltäglichen Erziehungspraxis sehr bedeutsam ist und deshalb auch von der wissenschaftlichen Pädagogik reflektiert werden muß, hat Herbart ausdrücklich anerkannt. So schreibt er z.B. in seiner Rezension von Schwarz' "Erziehungslehre", daß die "moralische Heilkunde" der für den täglichen Gebrauch "notwendigste" und "verdienstlichste" Teil der Pädagogik sei, denn, was "nützen die schönsten Beschreibungen einer regelrechten Erziehung von früh auf in dem gewöhnlichen Leben, wo die Normalerziehung die größte Seltenheit ist" (ebd., S. 290). Herbart war nämlich bei der ganzen Höhe und Strenge seiner sittlichen Ansprüche und Ideale ein ausgesprochener Realanthropologe, -psychologe und -pädagoge, dem es zunächst darum ging, die Realität möglichst nüchtern und objektiv zur Kenntnis zu nehmen.

2. Die Rolle der Erfahrung

In diesem Sinne hat Herbart auch ausdrücklich die Rolle der Erfahrung sowohl für den Erwerb praktisch-pädagogischer Fertigkeiten, d.h. für das Erlernen der pädagogischen Kunst, als auch für die wissenschaftliche Erkenntnisgewinnung im Bereich der Pädagogik betont. Freilich verknüpft er damit bestimmte Forderungen. Damit eine pädagogische Erfahrung überhaupt als wissenschaftlich relevante Erfahrung Geltung beanspruchen könne, müsse sie von einer sorgfältigen theoretischen Reflexion begleitet sein. Man dürfe "beym Erziehen das Denken nicht einstellen" (SW Bd.II, S. 8). Denn, so argumentiert Herbart sehr pointiert, auch der neunzigjährige Dorfschulmeister habe ja zwar die "Erfahrung eines neunzigjährigen Schlendrians" (ebd., S. 7), nur sei diese Erfahrung wertlos, wenn sie nicht der Kritik und der Reflexion unterworfen werde. Statt Erfahrung käme dann eben bloße Routine heraus.

Den wichtigsten und prägendsten Teil von Herbarts persönlichem pädagogischen Erfahrungshintergrund stellt zweifellos seine Hauslehrertätigkeit in der Familie des Berner Atlandvogten Steiger dar. Eine weitere bedeutsame Erfahrungsquelle war das pädagogische Seminar, für dessen Aufbau er sich bald nach seiner Berufung auf den Kant-Lehrstuhl in Königsberg einsetzte und für dessen Ausbau er sich während der ganzen Königsberger Zeit engagierte. Das pädagogische Seminar diente einem dreifachen Zweck. Zum einen sollte es den Lehramtskandidaten "Gelegenheit zur pädagogischen Übung" bieten, zum anderen sollte es ein Experimentier- und Bewährungsfeld für neue Lehrmethoden sein, und zum dritten sollte es "pädagogische Erfahrungen bereiten, die ... die Wissenschaft weiter bringen könnten" (SW Bd.XIV, S. 135).

Die Zöglinge des pädagogischen Seminars waren im Hause Herbarts untergebracht, und so bestand, auch wenn Herbart selbst nur zu Demonstrationszwecken unterrichtete, doch ein persönlicher Kontakt zwischen ihm und den Schülern. Leider sind aus dieser Einrichtung jedoch keine Berichte an die Eltern der Kinder überliefert, welche den Berichten Pestalozzis vergleichbare Individualitätsbilder der Zöglinge enthielten. Jedoch tauchen in den Rechenschaftsberichten über die Arbeit des pädagogischen Seminars, die Herbart beim Unterrichtsministerium ablieferte, neben den Beurteilungen der Seminaristen sporadisch auch Schilderungen einzelner Knaben auf. Auch hier spielen neben den Unterschieden in der kognitiven Leistungsfähigkeit die unterschiedlichen Einschätzungen der Zöglinge hinsichtlich ihrer sittlich-moralischen Entwicklung eine bedeutsame Rolle.

Herbart konnte also auf einen reichhaltigen pädagogischen Erfahrungsschatz zurückgreifen, und sein pädagogischer "Gedankenkreis" hat sich in der Auseinandersetzung mit diesen Erfahrungen und mit den philosophischen und psychologischen Lehren seiner Zeit entwickelt. Dabei weist Herbarts Erfahrungshintergrund jedoch wesentliche Unterschiede zu dem von Pestalozzi auf. Während Pestalozzi Armut, Elend, Erniedrigung mit den Folgen der Verwahrlosung und der "äußersten Zurücksetzung der Menschennatur" aus unmittelbarer Nähe erfahren hat und von daher sein leidenschaftliches Engagement für die "niedrigste Menschheit" entwickelte, hat sich Herbart doch Zeit seines Lebens in wohlsituierten, gutbürgerlichen Kreisen bewegt. Die "schwierigen Kinder", die in seinem Erfahrungshorizont auftauchten, sind von ihren Entwicklungsbedingungen und ihren Lebenssituationen her deshalb kaum vergleichbar mit den Waisenkindern vom Neuhof oder von Stans.

3. Die Beschreibung erziehungsschwieriger Kinder bei Herbart

Bis auf die Berichte aus seiner Hauslehrerzeit, in denen er die Entwicklung der beiden Steiger-Knaben Ludwig und Karl sehr sorgfältig beschreibt, sind individuelle Beschreibungen von Kindern und Jugendlichen in Herbarts Werk kaum zu finden. In seinem Bericht über das pädagogische Seminar aus dem Jahr 1820 taucht jedoch als "interessantes pädagogisches Phänomen" ein Knabe namens William Wyndham auf. Die Art und Weise, wie Herbart diesen Knaben darstellt, zeigt sehr deutlich die Zwiespältigkeit seiner Einschätzung des Phänomens Erziehungsschwierigkeit. Einerseits ist er sehr klar einem Verständnis und einem Sprachgebrauch verhaftet, der das Verhalten des Knaben in sittlich-moralischen Kategorien beurteilt. Andererseits schlägt sich schon deutlich eine Auffassung nieder, die eben dieses Verhalten als Problem begreift, das der "medicina mentis" bedarf.

"Dieser mehr als zwölfjährige, lang aufgeschossene und schon deshalb schwache Knabe war etwa vier Jahre lang bey deutschen Predigern in Pension gewesen, hatte darüber sein Englisch fast verlernt, und vom Deutschen sich nur die allerrohesten Ausdrücke der untern Volksklassen angeeignet; zuletzt aber in Sexta des Gymnasii zu Elbing die Durchtriebenheit angenommen, die sich bey schlechten Schülern zu finden pflegt. Als mir allmählig die ganze Roheit dieses Menschen, der manchmal ein Wilder zu seyn schien, offenbar wurde, mußte ich erschrecken, ihn ins Haus genommen zu haben" (SW Bd.XIV, S. 180).

Erst Homers Odyssee habe den "Sinn für menschliche Verhältnisse ... der beynahe ganz zu fehlen schien" bei ihm wecken können, und erst "mit Hülfe einer scharfen, doch milden Zucht" sei dieser Knabe "nun soweit umgewandelt, daß seine schätzbaren Eltern ihn nicht mehr (wie es beynahe der Fall war) als ein verlorenes Kind betrachten dürfen, daß er eines anständigen Betragens fähig wird und daß er einen mäßigen Grad des Wissens wird erreichen können". Die ganze Schilderung präsentiert Herbart dem Ministerium dann als eine "Probe pädagogischer Krankenheilung" (ebd., S. 181).

An anderen Stellen spricht Herbart, ohne die gemeinten Kinder oder Jugendlichen näher zu charakterisieren, von "verdorbenen Subjekten", "bloß düstern Köpfen", "niedrigen und schlechten Gesellen", "ungezogenen Kindern", "früh verwahrlosten Subjekten", "unbändigen Knaben" und von "unerzogenen Wildlingen".

Neben diesen recht pauschalen, abwertenden Charakterisierungen finden sich bei Herbart auch Beschreibungen von ganz spezifischen Störungen, welche den Gang der Erziehung hemmen. Kinder, die man heute wohl als "hyperaktiv" bezeichnen würde, beschreibt Herbart als "gänzlich quecksilbern" und klagt, daß diese "während der angenehmsten Erzählungen und Gespräche nicht einen Augenblick still halten können" (SW Bd.IX, S. 356).

Auch das Phänomen Schulangst hat Herbart schon mit viel Einfühlungsvermögen dargestellt. Er meint, es gebe eine "verborgene Furcht ...., die den Schein der Verdrossenheit und Trägheit im Lernen und Arbeiten annimmt; und wobey der Geist davon läuft, während der Leib ruhig vor uns sitzt" (ebd., S. 385). Diese Einsicht, daß ein Problem "verlarvt" auftreten kann, daß hinter einer Fassade von Unlust und scheinbarer Faulheit in Wirklichkeit Angst vor dem Nicht-Verstehen, vor den "ganzen Massen von fremdklingenden Worten und Zeichen" stecken kann, ist für Herbarts Zeit außerordentlich fortschrittlich. Ebenso wie die Einsicht in das einzig mögliche "Gegenmittel" gegen diese Angst: "geduldiger, äußerst langsam fortschreitender Unterricht" - möglichst schon von Anfang an, um einen "unheilbaren Schreck vor der Schule" (ebd.) erst gar nicht entstehen zu lassen.

4. Die Ursachen der Kinderfehler

Als Realanthropologe und als wissenschaftlicher Psychologe war Herbart natürlich darum bemüht, allgemeine Ursachen für die Verschiedenheit der Zöglinge zu benennen und spezielle Gründe dafür zu finden, daß "einerley Erziehung so verschieden auf Verschiedene" wirkt (ebd., S. 351) und daß sich die erzieherische Aufgabe bei manchen Kindern so außerordentlich schwierig gestaltet. Die Erklärungen, die Herbart für dieses Problem entwickelt hat, bewegen sich auf drei verschiedenen Ebenen: Auf einer physiologisch-organischen Ebene greift er die in der Medizin seiner Zeit gängige Lehre von den Temperamenten auf und befragt sie nach ihrer pädagogischen Relevanz. Auf einer "vorstellungspsychologischen" Ebene fragt er nach den Störungen, die im "psychischen Mechanismus" auftreten können, und untersucht deren Auswirkung auf das Lernen und auf das Verhalten des Menschen. Auf einer dritten Ebene, welche im wesentlichen jener ganzheitlich-menschenkundlichen Psychologie entspricht, welche die Vertreter der Dualismus-Hypothese von Herbarts wissenschaftlich-spekulativer Psychologie meiner Meinung nach zu Recht unterscheiden, kommen dann wichtige sozialpsychologische Faktoren ins Spiel. Auch finden sich hier eine ganze Reihe feinsinniger Beobachtungen zu Einzelproblemen wie Stottern, Schulangst, psychische Lernhemmungen, Hyperaktivität etc.

Die physiologisch-organische Ebene: Unterschiede der kindlichen Temperamente

Die Leiblichkeit spielt eine sehr bedeutsame Rolle in Herbarts Menschenbild. Sie stellt für ihn gewissermaßen den "festen Fels" dar, an welchem die beste Erziehung nicht zu rütteln vermag. Die physische Konstitution gibt der Charakterentwicklung eine Richtung vor und begrenzt die Bildsamkeit des Zöglings. Zwar wehrt sich Herbart ausdrücklich gegen eine Reduktion der Psychologie auf die Physiologie, aber er sieht doch sämtliche "geistige Thätigkeiten beschränkt und gefördert durch stetes Mitwirken des Leibes" (ebd.). Eben deshalb, weil er diesen Einfluß und diese Verschiedenheit ausdrücklich anerkennt, fordert Herbart, "daß wir Beobachtung der verschiedenen Naturen zur Grundlage aller praktischen Thätigkeit eines Erziehers machen müssen" (SW Bd.IX, S. 462).

Um zu einer systematischen Darstellung der "verschiedenen Naturen" zu gelangen, greift Herbart ein Modell aus der Medizin seiner Zeit auf: die Lehre von den Temperamenten. Ausgehend von den Haller'schen Begriffen "Sensibilität" als die "Fähigkeit zu empfinden", "Irritabilität" als die "Fähigkeit zur willkürlichen Bewegung" und "Vegetation", unter welchem er "alles Uebrige des leiblichen Lebens" zusammenfaßt (ebd., S. 360), entwickelt Herbart aus der Kombination dieser drei Merkmale eine Typologie mit sieben Temperamentsvarianten. Im Hintergrund steht dabei der Gedanke, daß, wenn sich an diesen Unterscheidungen eine systematische medizinische Krankheitslehre anknüpfen läßt, diese auch geeignet sein müssen, die pädagogisch relevanten Persönlichkeitsunterschiede innerhalb der Grenzen dessen, was vom medizinischen Standpunkt gemeinhin noch als Gesundheit gilt, darzustellen. Gesundheit gilt Herbart jedoch wiederum als relativer Begriff, da man von einer "absoluten Gesundheit" als einem nie zu erreichenden Ideal nur immer mehr oder weniger weit entfernt sein könne.

Zu den sieben Temperamentstypen kommt Herbart, indem er alle möglichen Fälle der Störungen der drei Grundfunktionen durchspielt: Wenn nur die Vegetation gestört ist, so bewirkt dies nach Herbarts Erfahrung die cholerischen Temperamente: "sehr üble Erscheinungen..., welche den Erzieher in die größte Verlegenheit setzen". Es entstehen dadurch nämlich "Geister, die verneinen; ... Kinder, denen nichts recht ist, die in alles einen bitteren Tropfen hineintragen; überall tadeln, schmähen, verläumden" (ebd., S. 360).

Jedoch warnt Herbart vor einer unzureichenden "Diagnostik", vor der Gefahr der "Verwechslung mit scheinbar ähnlichen, aber weit eher heilbaren Subjecten", bei welchen nicht eine organisch bedingte Fehlfunktion, sondern eine "falsche Behandlung in den frühesten Jahren den Grund des Uebels ausmacht" (ebd., S. 361). Er fordert also eine Differentialdiagnose für ähnliche Symptome mit unterschiedlicher Genese und unterschiedlichen Heilungschancen.

Die Temperamentslage, die entsteht, wenn nur die Irritabilität gestört ist, ist nach Herbart durch eine ausgeprägte Innerlichkeit und rege geistige Interessen bei einer gewissen äußeren Kraftlosigkeit gekennzeichnet. Er nennt dieses Temperament den "Musikus", und es scheint ihm wohl das in pädagogischer Hinsicht am wenigsten problematische zu sein. Lediglich "Bewegung, mäßige Leibes-Uebung, Bäder" hält er für erforderlich - und: "...ihm die Bücher zuweilen wegnehmen" (ebd.).

Bei der Störung der Sensibilität unterscheidet er zwei Fälle. Zum einen könne die innere Wahrnehmung unzureichend entwickelt sein. Dies führe dann zu einer mehr oder weniger starken Gemütsarmut, zum sogenannten "böotischen Temperament". Umgekehrt könne aber dieses Persönlichkeitsmerkmal auch übermäßig stark ausgeprägt sein, was dann zum Sanguinicus mit seinen charakteristischen Stimmungsschwankungen führe.

Liegen sowohl im Bereich der Vegetation als auch im Bereich der Irritabilität Störungen vor, so führt dies nach dieser Systematik zum Temperament des Melancholicus, also zu einer ernsthaft depressiven Gemütslage: "verstimmt und schlaff; hülfsbedürftig, und unfähig sich nach Hülfe umzusehen" (ebd., S. 363). Es fehlt noch der "böotische Cholericus", welcher durch einen Mangel an Vegetation und Sensibilität entsteht, und der "Pflegmaticus", bei dem einzig die Vegetation gedeiht. Sind schließlich alle drei Funktionen gestört, so führe dies zum "Blödsinn". Die drei letztgenannten Varianten führt Herbart nur noch beiläufig an, denn sie sind für ihn in "pädagogischer Rücksicht" kaum mehr erwähnenswert.

Überhaupt finden sich an dieser Stelle einige recht massiv abwertende Formulierungen gegenüber "blödsinnigen" Kindern, welche Buß in ihrem Bemühen, Herbart als den Vorkämpfer und Vordenker der Heilpädagogik darzustellen, in ihrer ansonsten recht aufschlußreichen Arbeit wohlweislich verschwiegen hat. Jedoch muß auch gesehen werden, daß Herbart, trotz dieser theoretischen Geringschätzung der erzieherischen Bemühungen mit "blödsinnigen" Kindern, 1828 den geistig behinderten Sohn eines verstorbenen Kollegen als Pflegesohn zu sich in die Familie aufnahm und sich gemeinsam mit seiner Frau viele Jahre lang um die Erziehung dieses Jungen bemühte.

Ausdrücklich warnt Herbart davor, als "Natur-Anlage" anzusehen, was in vielen Fällen auch "bloße Folge sehr einförmiger Lebensweise" sein mag (ebd., S. 362). Und er gibt zu bedenken, man könne "ein Kind, ja selbst einen Mann, zum Cholericus machen, durch häufige Neckerey". Ebenso könne man jemanden, der vorher bloß sanguinisch veranlagt war, durch entsprechende "Tyranney bis zur Melancholie herabdrücken" (ebd., S. 364). Außerdem betont er, daß es zwischen den idealtypisch beschriebenen Temperamentslagen natürlich vielfältige Mischungen und Überschneidungen gibt.

Die ganze Systematik der Temperamente ist von den "Minusvarianten", von den möglichen negativen Abweichungen her, entwickelt, und Herbart bemerkt selbst am Schluß seiner Darstellung, daß der "ideale Zögling", bei dem alle organischen Funktionen entwickelt sind, eigentlich gar kein Temperament habe. Sämtliche Temperamente erscheinen ihm in diesem Sinne als "Naturfehler" (ebd., S. 364), d.h. als Vorgaben, die die Pädagogik erkennen und berücksichtigen muß, auf die sie aber letztlich keinen direkten erzieherischen Einfluß hat. Denn: "...eines organischen Hindernisses kann sie nicht mächtig werden" (ebd., S. 412).

Da die Grundfunktionen Sensibilität, Irritabilität und Vegetation ja nicht direkt der Beobachtung zugänglich sind, steckt in dem ganzen Konzept der verschiedenen Temperamente natürlich ein Zirkelschluß. Einerseits wird von dem beobachteten Verhalten eines Menschen auf dessen Temperament geschlossen, andererseits soll nun aber eben dieses Verhalten wiederum mit dem Hinweis auf eine bestimmte Temperamentslage erklärt werden.

Gewissermaßen als Mittelglied zwischen physischen und psychischen Erscheinungen betrachtet Herbart die Affekte. Hier werde durch ein bestimmtes psychisches Ereignis eine physische Reaktion erzeugt, welche sich dann verselbständigt und ihrerseits einen Einfluß auf die geistig-seelische Verfassung ausübt. Es tritt also nach Herbarts Meinung eine Art Rückkoppelungseffekt ein, der oftmals schwer zu kontrollieren ist. An einem Beispiel verdeutlicht Herbart diesen Vorgang der Verselbständigung der körperlichen Reaktion: "Kinder lachen und weinen; dabey sind Gefäße und Muskeln so sichtbar als möglich aufgeregt; ja nicht selten tritt bei ihnen schon wieder die Sonne hervor, während es noch regnet; und ein andermal will das Lachen gar nicht aufhören, während unser Drohen schon die Furcht herbeyruft. Kurz: Der Affekt ist offenbar nicht bloß psychisch, sondern auch physisch" (ebd., S. 370). Bemerkenswert ist auch, daß Herbart schon zu seiner Zeit die Ursache für das Stottern in einer solchen psycho-physischen Wechselwirkung erkannt hat. Ebenso führt er das "zwanghafte Grimassieren" und die "tollen Launen" auf dieses Phänomen zurück.

Mit dem Organismus ist nach Herbart jeweils "ein System von Affekten gegeben, die in ihm möglich sind" (ebd., S. 372). Auch hier sieht er also individuelle Unterschiede in dem Maß, in dem Kinder für den "innern Aufruhr" empfänglich sind. Hierzu kommt, daß die Affekte ihre eigene Entwicklungslogik haben. In bestimmten Entwicklungsphasen spielen sie eine wichtigere Rolle als in anderen. Besonders die Pubertät gilt Herbart in dieser Hinsicht als eine sehr gefährdete Altersphase, denn oft "verwüste" dort "der Blutstrom die angebauten Felder" (ebd., S. 356). Deshalb fordert Herbart von einer "guten Erziehung", den "Ausbruch" solcher Affekte möglichst hinauszuzögern. Letztlich müsse es aber das Ziel sein, die Affekte unter die Kontrolle eines gründlich entwickelten Gedankenkreises zu bringen. In Abwandlung des berühmten Freud'schen Satzes "Wo Es war soll Ich werden" (Freud GW Bd.15, S. 86) könnte man Herbarts Haltung in dieser Frage etwa folgendermaßen beschreiben: "Wo Affekte herrschten, soll der sittliche Wille die Führung übernehmen".

Die vorstellungspsychologische Ebene: Fehler im "psychischen Mechanismus"

Vom eigentlichen psychologischen Standpunkt aus betrachtet erscheinen die oben dargestellten physiologischen Aspekte ganz allgemein als "Hindernisse", welche den freien Ablauf des "psychischen Mechanismus" stören. In diesem Zusammenhang "...interessiert nur die Folge, die es hervorbringt, und wodurch es der Erziehung Schwierigkeiten in den Weg legt" (Herbart SW Bd.IV, S. 377). Herbart exerziert dann durch, welchen Einfluß ein solches physiologisches Hindernis auf die Mechanik des Geistes hat. Er spricht dabei von "Energie des Vorstellens", "freyem Raum", "Druck anderer Vorstellungen" und verwendet für seine Berechnungen abstrakte Variablen. Das Ganze bewegt sich in räumlich-mechanischen Vorstellungskategorien, und das spezielle physische Hindernis, dessen Wirkung untersucht werden soll, erscheint bei diesem hydraulischen Geschiebe um den begehrten Platz auf der Bühne des Bewußtseins als Faktor "P", welcher dazu führt, daß sich die Vorstellung "H", die erinnert werden sollte, nicht durchsetzen kann, daß die sog. "Reproduktion", also die beabsichtigte Gedächtnisleistung, mißlingt. Diese ganzen psychologisch-mathematischen Ausführungen erscheinen heute recht befremdlich. Herbart selbst jedoch meinte damit das "unendlich oft" auftretende Phänomen der "Verdüsterung des Geistes" bei "schläfrigen, ermatteten oder gleichviel weshalb übel aufgelegten Lehrlingen" theoretisch geklärt zu haben (ebd., S. 381).

An einer anderen interessanten Stelle wendet Herbart dieses Konzept der Vorstellungsmechanik auf die Frage der Zurechnungsfähigkeit eines jugendlichen Brandstifters an. Er geht dabei zunächst davon aus, daß jeder Mensch in diesem Alter sich eigentlich über die Folgen einer solchen Tat bewußt sein müsse und daß nach dem Prinzip der goldenen Regel auch für jeden die Verwerflichkeit der Tat unmittelbar evident sei. Wenn dies der Fall war und die Tat doch begangen wurde, so werde der Betreffende mit Recht bestraft, da sein "böser Charakter" erwiesen sei und deshalb "böse Handlungen" bei jeder Gelegenheit wieder vorkommen könnten:

"Die Frage ist also bloß: war der Mensch krank? und zwar dergestalt, daß man glauben könne, er habe wie ein Träumender gehandelt? Konnte z.B. der jugendliche Brandstifter durch eine krankhafte Feuerlust dergestalt hingerissen werden, daß die Reproduction bey ihm nicht bis zu der Vorstellung der Gefahr für die Bewohner durchdrang? Oder daß die allgemeine Maxime, Niemanden in Gefahr zu bringen (die höhere Vorstellungsmasse) in ihrem Wirken gehemmt wurde? Und endlich, daß die Besinnung an die bürgerliche Ordnung, an Recht und Gesetz, verloren ging? Im letzteren Falle war der Verbrecher ähnlich dem unbesonnenen Kinde, und die Straffälligkeit wird geringer" (SW Bd.IV, S. 421).

Hier wird also die Fehlfunktion im "psychischen Mechanismus", welche die "Reproduction" der entsprechenden Vorstellungen verhindert, als Krankheit betrachtet. Das Beispiel zeigt auch, wie sehr Herbart mit seiner Vorstellungsmechanik doch einem deutlichen Rationalismus verhaftet bleibt, selbst wenn er an verschiedenen Stellen betont, auch das Gefühl und das Begehren hätten ihren Sitz in den Vorstellungen. Denn es kommen ihm bei der Betrachtung dieses Fallbeispieles nur Aspekte in den Sinn, die sich auf den Ausfall von rationalen Überlegungen (die die Tat eigentlich hätten verhindern müssen) beziehen. Die irrationalen drängenden Motive, die den Impuls zur Tat überhaupt erst hervorgebracht haben, werden dagegen nicht näher untersucht.

In diesem rationalistischen Sinne meint Herbart, die theoretische Auseinandersetzung mit den "praktischen Ideen", den Kernstücken seiner Ethik, sei "die beste Schärfung des Gewissens" und damit wohl auch die beste vorbeugende bzw. gegenwirkende Maßnahme gegen sittliche Vergehen. Eine Sittenlehre dürfe überhaupt nicht mit Höllenstrafen oder anderen furchterregenden Konsequenzen drohen, sondern sie müsse "ihre Schärfe in sich selbst haben". D.h. sie müsse die "Begriffe von dem Verwerflichen, gegenüber dem Löblichen" mit solcher "Klarheit und Deutlichkeit" darstellen, daß sie unmittelbar einsichtig sind und daß der Tadel, der sich auf diese Evidenz beruft, notwendige Wirkung zeigt. Wenn jemand durch eine Fehlfunktion im "psychischen Mechanismus" daran gehindert wird, diese Evidenz nachzuvollziehen, oder aber, "wenn ... Jemand entschlossen ist, solchen Tadel zu ertragen, so wirkt auf ihn keine Sittenlehre mehr, er ist ein Kranker, den Leiden zur Heilung, das heißt zur Buße, bringen müssen" (ebd., S. 419).

Die "menschenkundliche" Ebene: Fehler in der Erziehung

Über das ganze Werk Herbarts verstreut finden sich eine Menge feinsinniger Beobachtungen und interessanter Thesen zur Entstehung und zur Perpetuierung von Erziehungsschwierigkeiten. Herbart kommt dabei in den allermeisten Fällen ganz ohne den hochkomplizierten metapsychologischen Apparat der Vorstellungsmechanik aus und bewegt sich mit seinen Erklärungen auf einer unmittelbaren "menschenkundlichen" Ebene, die insbesondere lebensgeschichtliche und sozialpsychologische Faktoren berücksichtigt.

Wenn auch bei weitem nicht mit solch intuitivem Gespür für die Bedeutung der Mutter-Kind-Beziehung wie Pestalozzi, betont doch auch Herbart ausdrücklich die Rolle der frühen Erfahrungen eines Kindes. Herbart ist jedoch auch hier wieder rationalistischer orientiert. Sah Pestalozzi in dieser frühen Phase in erster Linie die Wurzeln der Herzensbildung, den "Keim der Sittlichkeit" , so geht es Herbart vor allem um den Vorrat an Vorstellungen, der in dieser Phase grundgelegt wird: "In der ersten Kindheit wird ein ungleich größerer Vorrath von einfachen sinnlichen Vorstellungen erzeugt, als in den ganzen nachfolgenden Jahren, dessen Geschäft dagegen in den mannigfaltigsten Verknüpfungen dieses Vorraths besteht" (ebd., S. 384).

Da nun aber bei Herbart letztlich alles - auch das Wollen und die Selbstbeherrschung - an den Vorstellungen und deren Verknüpfung hängt, ist sein bemerkenswerter Grundsatz nur konsequent: "Jedes Alter büßt die Schulden und leidet an dem Unglück aller vorhergegangenen" (ebd., S. 350). Und selbst bei sorgfältig geplantem Vorgehen meint er, daß man die Folgen einer bestimmten Erziehung erst Jahrzehnte später voll beurteilen könne und daß auf jeden Fall mit der Langzeitwirkung frühen Erfahrungen zu rechnen sei: "Der Rückstand der pädagogischen Experimente sind die Fehler des Zöglings im Mannesalter" (SW Bd.II, S. 7).

Dabei ist jedoch wichtig zu beachten, daß Herbart niemals die Idee einer vollkommenen Determination der weiteren Charakterentwicklung und des weiteren Lebensschicksals durch die Erfahrungen der frühen Kindheit verfochten hat. Sein ganzes pädagogisches Konzept hängt ja an dem Grundbegriff der "Bildsamkeit des Zöglings" und d.h. der Beeinflußbarkeit und "Beweglichkeit des Menschengeistes" (SW. Bd.XIII, S. 224). Deshalb hat er in seiner Rezension von Schwarz' "Erziehungslehre" trotz der Anerkennung der "äußersten Wichtigkeit der frühesten Erziehung" (ebd., S. 235) sich doch darüber verwundert, daß Schwarz sich bei der Darstellung des Entwicklungsverlaufs so lange bei den ersten drei Lebensjahren aufhält. Und er hat im Widerspruch zu Schwarz' These von der Kontinuität und Unwandelbarkeit des Ich ausdrücklich eine Position vertreten, die von einer relativ großen Plastizität des kindlichen Ich ausgeht: "In dem dreijährigen Kinde ist das Ich zwar angefangen, aber keineswegs vollendet" (ebd.). Ausdücklich stellt er klar: "Kein Teil der Erziehung, den Jahren nach gerechnet, ist wichtiger als der andere" (ebd., S. 236).

Gerade auch im Zusammenhang mit den im Organismus verwurzelten "Fehlern", die er in den "Briefen über die Anwendung der Psychologie auf die Pädagogik" abhandelt, hat Herbart immer wieder betont, daß diejenigen Fehler, die bei ähnlicher Symptomatik ihre Ursache nur in einer falschen Erziehung haben, dem pädagogischen Einfluß sehr viel eher zugänglich sind. In diesem Sinne ist Herbart auch durchaus zuversichtlich, daß dort, "wo auf schlechtere Erziehung eine bessere folgt", diese fast so etwas wie einen "verspäteten Frühling" bewirken kann, "...der in manchen Fällen das Versäumte nachholen hilft, wenn auch der Schaden nie ganz ersetzt wird!" (ebd.).

Daß Herbart hier so nachdrücklich die pädagogische Bedeutung des späteren Kindesalters und des Jugendalters verteidigt, hat sicher auch mit seinen persönlichen Hauslehrer-Erfahrungen zu tun, wo er ja die Erziehung von zwei Knaben in diesem Alter übernommen und die Möglichkeit pädagogischen Wirkens erprobt hatte. Da seine eigene Ehe kinderlos blieb, in seinem Haus aber die Schüler des Pädagogischen Seminars untergebracht waren, hatte er auch in den späten Jahren seiner akademischen Laufbahn direkte pädagogische Erfahrungen in erster Linie mit dieser Altersgruppe.

Neben den schlechten erzieherischen Einflüssen in früher Kindheit, deren Folgen er als "häusliche Mitgift" betrachtet (SW Bd.IX, S. 351), spielen für Herbart vor allem die gegenseitigen Einflüsse der Zöglinge untereinander, die Reibungen, die in der Gleichaltrigengruppe unvermeidlich auftreten, eine wichtige Rolle für die Entstehung von Erziehungsschwierigkeiten. Während später andere bedeutende Pädagogen wie z.B. Natorp oder Makarenko in der Gruppe, im Kollektiv, geradezu ein Vehikel zur Erziehung des einzelnen sahen, konnte Herbart in den internen gruppendynamischen Prozessen der "Knaben-Gesellschaft" nur Vorgänge ausmachen, die der pädagogischen Intention zuwider laufen. Der "rohe psychische Mechanismus" richte in jedem größeren "Haufen von Knaben" nur "Unheil" an und müsse letztlich "alle bösen Gesinnungen der Barbarey daraus erzeugen" (ebd., S. 349). Herbart war also ein ausgesprochener Individualpädagoge, der sich pädagogisch bedeutsames Geschehen nur im unmittelbaren Bezug zwischen dem Erzieher und dem einzelnen Zögling vorstellen konnte.

Von daher rühren auch seine Vorbehalte gegen die Institution "Schule", welche er Zeit seines Lebens aufrechterhalten hat. Die Schule in ihrer Tendenz zur Normierung, zur Gleichbehandlung und zum Vergleich der Schüler untereinander stand für ihn zudem in einem prinzipiellen Widerspruch zu den fundamentalen pädagogischen Geboten, daß die

Erziehung ihren Ausgangspunkt bei der Individualität des Zöglings zu nehmen habe und daß der Erzieher den Zögling nur mit sich selbst und seinen eigenen Möglichkeiten vergleichen dürfe.

Seine Kritik an der Schule läßt an Deutlichkeit nichts zu wünschen übrig: "als ob der Unterricht schon Erziehung, die Disciplin schon Charakterbildung, als ob überhaupt die Jugendbildung ein Geschäfft wäre, das im Großen, wie Fabriken durch Maschinenwerk, ohne Berücksichtigung der Individuen mit Vortheil könnte betrieben werden" (ebd.). Es ist eine Paradoxie der Geschichte, daß ausgerechnet Herbart, der die grundlegende Antinomie zwischen der organisatorischen Form und den pädagogischen Ansprüchen der Institution "Schule" so massiv angeprangert hat, zum Schutzpatron jenes höchst schematischen und ritualistischen Unterrichtskonzepts wurde, das die deutsche Schullandschaft dann lange Jahre beherrscht hat.

5. Anthropologische Grundlagen

Die eigentliche Antinomie, die das Verständnis Herbarts so schwierig macht, liegt zwischen dem mechanistischen Vorstellungspsychologen Herbart und dem Theoretiker der sittlichen Bildung. Soweit Herbart bestimmte Phänomene, die dem Erzieher "Sorge machen" (SW Bd.IX S. 369), auf anlagebedingte oder erworbene Störungen des "psychischen Mechanismus" zurückführt und sie somit konsequenterweise auch als "Naturfehler" oder "Krankheiten" bezeichnet, liegt er ganz auf der Linie des Vorstellungspsychologen. Ein wohlfunktionierender "psychischer Mechanismus" ist für ihn jedoch noch lange nicht identisch mit einem "sittlichen Charakter", sondern er stellt lediglich eine notwendige Voraussetzung für diesen, der immer nur das Ergebnis einer sorgfältigen Erziehung sein kann, dar. Gleichzeitig muß Herbart als Theoretiker der sittlichen Bildung dem Subjekt dieser Bildung immer mehr Autonomie und Freiheit zubilligen, als dies nach den deterministischen Konsequenzen seiner mechanistischen Vorstellungspsychologie eigentlich möglich ist.

Im weiteren soll deshalb danach gefragt werden, was Herbart sich überhaupt unter einem "sittlichen Charakter" vorgestellt hat und wie er den rechten Gang der sittlichen Erziehung sah. Denn die entsprechend starke Abweichung von jener idealen Norm der Sittlichkeit ist es letztendlich, was den Kern dessen ausmacht, was Herbart als "Verdorbenheit", "Verwahrlosung" oder "Verwilderung" bezeichnet. Hierzu ist es notwendig, zunächst einige der für die Anthropologie und die Bildungstheorie Herbarts wichtigen Grundbegriffe zu klären:

Freiheit und Bildsamkeit

"Der Grundbegriff der Pädagogik ist die Bildsamkeit des Zöglings" - so lautet der erste Satz aus Herbarts 1835 erschienenem "Umriß Pädagogischer Vorlesungen". In der Tat ist der Begriff der "Bildsamkeit" ein Zentralbegriff von Herbarts Pädagogik. Er meint damit die grundsätzliche Offenheit des Heranwachsenden für erzieherische Einwirkungen. Die

Nachdrücklichkeit, mit der Herbart die Realität dieser "Bildsamkeit" betont und immer wieder fordert, die Pädagogik müsse sie zu ihrer Grundlage machen, ist nur verständlich aus seiner Auseinandersetzung mit Rousseau und Kant.

Rousseau hatte das Natürliche zum Prinzip erhoben, und seine pädagogische Konzeption einer "negativen Erziehung" im "Emile" lief konsequenterweise darauf hinaus, die verderblichen gesellschaftlichen Einflüsse von seinem fiktiven Zögling abzuhalten, um dadurch die ursprüngliche Güte so rein und so unverfälscht als möglich zur Entfaltung kommen zu lassen. Herbart kritisierte diese Vorstellung, "alles Natürliche, also auch die Kinder, seien von selbst gut, und man brauche nur den äußeren Zwang und äußere Künstelei wegzunehmen, um sie gut heranwachsen zu sehen", als die "falsche Voraussetzung" für die Pädagogik. "Natur", "menschliche Natur", war für ihn gar nichts eindeutig Bestimmbares und konnte in seinen Augen schon deshalb der Pädagogik niemals als Norm dienen. Denn die "menschliche Anlage ... schwebt in solcher Allgemeinheit, daß die nähere Bestimmung, die Ausarbeitung durchaus der Gattung überlassen bleibt" (SW Bd.II, S. 46). Ein Rückzug der "Gattung", d.h. der planenden Vernunft von dieser Aufgabe, hätte für Herbart nur geheißen, dem Zufall und der Willkür das Feld zu räumen. Er bestand deshalb gegenüber Rousseau auf der Notwendigkeit einer gezielten pädagogischen Einwirkung gerade auch im positiven Sinn der Vermittlung von geistigen Inhalten und von Kriterien des Sittlichen.

Kant hatte in seinem umfassenden Versuch, die philosophische Ethik neu zu begründen, die Freiheit als notwendige Bedingung der Sittlichkeit dargestellt. Diese Freiheit kann zwar nach Kant als empirische Tatsache weder bewiesen noch widerlegt werden, sie müsse aber um der Möglichkeit der Sittlichkeit willen dennoch im Sinne einer "transzendentalen Freiheit" postuliert werden. Der Wille und das Gewissen als die Instanzen sittlichen Handelns und Urteilens müssen unter diesem Aspekt als gänzlich frei gedacht werden. D.h. sie dürfen auch nicht als kausale Folgen irgendwelcher äußerer, bestimmender Ursachen - z.B. erzieherischer Einflüsse - angesehen werden. In diesem Sinne ist der Mensch für Kant ein "Bürger zweier Welten". Als "empirischer Charakter" bewegt er sich im "Reich der Notwendigkeiten"; seine Handlungen sind durch frühere Erfahrungen, psychische Befindlichkeit, äußere Umstände etc. bestimmt. Als "intelligibler Charakter" ist er völlig außerhalb dieser Determination, frei, spontan Handlungen zu initiieren oder zu unterlassen und sie allein nach den Maßgaben der praktischen Vernunft und, d.h. für Kant, nach den Forderungen des "kategorischen Imperativs" zu beurteilen.

Genau dieser Punkt in Kants Philosophie, die Vorstellung, daß die eigentliche Instanz der Sittlichkeit nur als Wesen einer "intelligiblen Welt" existiere und somit der empirischen (und d.h. auch der pädagogischen) Einwirkung ganz entzogen sei, war für Herbart völlig unannehmbar, ja dies stellte für ihn die Möglichkeit der Pädagogik, als deren wichtigste Aufgabe er doch gerade die Bildung des sittlichen Charakters betrachtete, schlechthin in Frage. Wenn Herbart also Rousseau gegenüber die Notwendigkeit gezielter erzieherischer Einflußnahme auf die sittliche Bildung betonte, so verteidigte er gegenüber Kant die Möglichkeit dieser Einflußnahme.

Die Sittlichkeit ist für Herbart das Ergebnis eines langen und mühsamen Bildungsprozesses, der den realen Einflüssen im positiven wie im negativen Sinne offensteht, und gerade diese Offenheit macht die Bildsamkeit aus. Diese "realistische Ansicht" vertritt Herbart schon in seinen frühesten pädagogischen Schriften, und er verteidigt sie von Anfang an, in zum Teil recht polemischen Zuspitzungen, gegen "jede Einmischung der idealistischen":

"Kein leisester Wind von transcendentaler Freyheit darf in das Gebiet des Erziehers durch irgend ein Ritzchen hineinblasen. Was finge er doch an mit den gesetzlosen Wundern eines übernatürlichen Wesens, auf dessen Beystand er nicht rechnen, dessen Störungen er nicht vorhersehen noch ihnen vorbauen könnte?" (SW Bd.I S. 261).

Der Gedanke der Unverfügbarkeit des eigentlichen sittlichen Zentrums der Person ist Herbart ganz offensichtlich unbehaglich. Er postuliert dem gegenüber die Möglichkeit und damit die Verpflichtung für die Pädagogik, auf den Prozeß der sittlichen Bildung einzuwirken - und zwar schon zu einer Zeit, zu der ein theoretischer Diskurs über die Prinzipien der Sittlichkeit, über den kategorischen Imperativ und über das Problem seiner Anwendung auf je spezifische Problemlagen für ein Kind intellektuell noch gar nicht zugänglich ist. Einen solchen theoretischen Diskurs sieht er nämlich als die einzig legitime Form der Unterstützung der sittlichen Bildung an, welche sich aus der Position Kants ableiten läßt. Ansonsten sei für einen Anhänger dieser Position "...nichts consequenter, als ruhig zu erwarten, daß sich wohl etwa ganz von selbst das radicale Gute, - oder vielleicht auch das radicale Böse, - bei seinem Zögling äußern werde; - nichts consequenter als die Freyheit, die in demselben, als einem Menschen, doch vorausgesetzt werden muß, still zu respectiren, sie nur durch gar keine verkehrte Mühe zu stören, ... und so den wichtigsten Teil seines Geschäffts ganz aufzugeben und am Ende seine ganze Sorge auf die Darreichung von Notizen zu beschränken" (ebd., S. 260).

Bis der Zögling zu solch einer reflexiven Auseinandersetzung über die Sittenlehre überhaupt in der Lage ist, muß, so fordert Herbart mit Recht, die Sittlichkeit im alltäglichen praktischen Handeln bereits fest verankert sein. "Machen, daß der Zögling sich selbst finde, als wählend das Gute, als verwerfend das Böse: Dies oder nichts ist Characterbildung" (ebd., S. 261).

Daß dies "Machen" kein Machen im Sinne des handwerklichen Produzierens oder gar der fabrikmäßigen Massenfertigung sein kann, weiß natürlich auch Herbart. Letztlich ist es immer das Kind oder der Jugendliche selbst, der dieses Stück Bildung an sich zu vollziehen hat. "... es wäre Unsinn, wenn der Erzieher das eigentliche Wesen der Kraft dazu erschaffen und in die Seele eines anderen hineinflößen wollte" (ebd., S. 262). Dennoch gerät Herbart immer wieder gefährlich nahe an jene Position, die Böhm als "Poiesis", als wissenschaftlich-technologischen Zugriff auf die Erziehung, beschrieben hat (vgl. Böhm 1985). Denn wenn die Kraft auch immer die ureigene Kraft des Kindes bleibt, so erhebt Herbart doch an die Pädagogik den Anspruch, sie "...in eine solche Lage zu setzen, daß sie jene Erhebung unfehlbar und zuverlässig gewiß vollziehen müsse" (SW Bd.I, S. 262). Es geht ihm also um durchaus mehr als um bloße "Anregung", "Förderung", "Unterstützung" oder "Hilfestellung" - es geht ihm um eine gezielte erzieherische Einflußnahme, die mit Sicherheit und Präzision bestimmte Wirkungen erzielt.

Die "Individualität des Zöglings als Inzidenzpunkt"

Gleichzeitig ist sich Herbart wohl bewußt, daß diese "Bildsamkeit" nicht beliebig ist, sondern daß es sich um eine relative Größe handelt. Der Geist des Zöglings ist keine "tabula rasa", auf der der Erzieher jede Art und jede Menge von Eintragungen machen könnte, und seine Psyche kein Wachsklumpen, welcher sich nach Belieben formen ließe. Solche Allmachtsphantasien, die in der Geschichte der Pädagogik durchaus zu finden sind, kommen bei Herbart trotz allem Optimismus und aller Ansprüchlichkeit, was die pädagogischen Einflußmöglichkeiten betrifft, nirgendwo vor. Vielmehr fordert Herbart von der zukünftigen pädagogischen Forschung, gerade die "Grenzen, Bedingungen, Verschiedenheiten" dieser Bildsamkeit erst einmal sorgfältig zu untersuchen (SW Bd.XIII, S. 230).

Diese Unterschiede in der Bildsamkeit sieht Herbart zum einen durch die "Individualität", die unterschiedlichen temperamentsmäßigen Anlagen des Kindes bedingt, zum anderen aber durch die "Umstände der Lage und der Zeit", also die je verschiedenen Entwicklungs- und Lebensbedingungen. Am klarsten spricht Herbart dieses Prinzip der Anerkennung der individuellen Möglichkeiten und Grenzen eines Zöglings und die pädagogischen Konsequenzen, die sich daraus ergeben, in seinen Briefen über die Anwendung der Psychologie auf die Pädagogik aus:

"Der Erzieher vergleicht seinen Zögling nicht mit Anderen; er vergleicht ihn mit sich selbst; er vergleicht das, was der junge Mensch wird, mit dem, was derselbe vermuthlich werden konnte. Er ist mit keinem zufrieden, der hinter sich selbst zurückbleibt; und mit keinem unzufrieden, welcher soviel wird als man vermuthlich von ihm erwarten durfte" (SW Bd.IX, S. 350).

In der zweimaligen Verwendung des Wortes "vermuthlich" drückt sich das offensichtliche Problem aus, das mit dieser heren pädagogischen Maxime verbunden ist; das Problem nämlich, daß die "wahren" Möglichkeiten und Grenzen eines Zöglings, an denen dessen faktische Leistungen und Entwicklungen gemessen werden sollen, nie direkt objektivierbar sind, sondern von der pädagogischen Intuition allenfalls erahnt werden können. Hier ersetzt Herbart auf die sorgfältige Beobachtung und auf die persönliche Einfühlung des Erziehers. Trotz aller spekulativen Psychologie und dem Anspruch, die Gesetzmäßigkeiten der "Statik und Mechanik des Geistes" einmal gänzlich offenlegen zu können, war für ihn doch klar: "das Individuum kann nur gefunden, nicht deduciert werden" (SW Bd.II, S.9).

Diese Individualität ist für Herbart durchaus nicht nur ein Ausgangspunkt, der zwar berücksichtigt werden muß, von dem aus dann aber der Prozeß der Bildung auf ein, allein vom Erzieher zu bestimmendes Ziel hin fortzuschreiten habe. Diese Individualität ist vielmehr zugleich auch eine der Leitlinien des ganzen Bildungsprozesses. Herbart hebt dieses Ziel, "die Individualität so unversehrt als möglich zu lassen", ausdrücklich als eine negative Bestimmung des Zwecks der Erzieung hervor (ebd., S. 31). Und er kritisiert Eltern, die versuchten, "nach ihrem Geschmack ihre Söhne und Töchter zuzustutzen" (ebd.). Er selbst wollte bei seinen pädagogischen Bemühungen immer "den Menschen so viel als möglich ihr eigenes Gesicht lassen" (SW Bd.IX, S. 247).

Andererseits ist die Kultivierung der Individualität für Herbart aber auch niemals letzter Sinn und Zweck der Erziehung. Es geht ihm durchaus auch um Ausgleich, Verfeinerung, Abrundung und Korrektur: "Das Individuum ist höckerig; die Vielseitigkeit ist eben, glatt, rund" (ebd., S. 31). Dennoch sind es letztlich die Merkmale der Individualität, die dem einzelnen Profil und Gestalt geben. Deshalb kommt Herbart zu folgender Formel: die "Hervorragungen, - das Starke der Individualität, - mögen bleiben, sofern sie den Charakter nicht verderben" (SW Bd.II, S. 35). Hier, wie in vielen anderen Bereichen, zeigt sich das für Herbart typische Bemühen, eine Balance zu finden zwischen verschiedenen Ansprüchen und Forderungen mit ihrem je eigenen Recht und daraus eine "Pädagogik der Mitte" zu formulieren.

Individualität bedeutet für Herbart auch mehr als die bloße numerische Singularität. Sie ist ihm gleichzeitig auch eine mächtige lebensgestaltende innere Instanz. An einer interessanten Stelle hat Herbart das Verhältnis zwischen der Individualität und dem Charakter näher ausgeführt. Der Charakter ist bestimmt durch die Bewußtheit und Entschlossenheit des Willens. Er ist der Bereich der klaren Entscheidungen, Vorsätze und Handlungsmaxime. Die Individualität hingegen ist unbewußt, sie ist die "dunkle Wurzel", die "aus ihrer Tiefe immer andre und neue Einfälle und Begehrungen" hervorsendet. Sie ist die im Organischen verwurzelte, dunkle Seele in der Brust, gegen die sich der Charakter durch einen permanenten Kampf behaupten muß, denn sie "schwächt ... die Vollziehung der Entschlüsse durch ihre mannigfaltige Passivität und Reizbarkeit". Und dieser Kampf ist nach Herbart ein "lästiger, wunderlicher Kampf aus dem Hellen ins Dunkle, aus dem Bewußtsein ins Unbewußte" (ebd., S. 33).

Dabei umfaßt dieser unbewußte Gegner sowohl Aspekte des "inneren Schweinehundes" als auch einer inneren, quasi naturhaften Menschlichkeit und Güte. "Charakter" ist für Herbart im Gegensatz zum "sittlichen Charakter" zunächst ganz neutral als Entschlossenheit des Willens gefaßt. Auch der konsequente Egoist und der "Held des Lasters" hat in diesem Sinne Charakter. Doch auch sie spüren einen inneren Widersacher und müssen in einem inneren Kampf die "besseren Erscheinungen" ihrer Individualität erst überwinden (ebd.). "Charakterlos" sind demnach nur die ganz willensschwachen Menschen, die "nach ihren Launen dieselben Dinge bald schwarz, bald weiß sehen" oder sich sonst opportunistisch mit ihren Ansichten nach der jeweiligen Mode richten (ebd., S. 102).

Vor allem unter Berufung auf das von Herbart so nachdrücklich verfochtene Prinzip, daß die Erziehung bei der Individualität des jeweiligen Kindes ihren Ausgangspunkt zu nehmen habe, hat Buß Herbart mit einem gewissen Recht als einen Vorkämpfer der Heilpädagogik dargestellt. Denn es ist ja in der Tat eine ganz wesentliche Charakteristik der Heil- und Sonderpädagogik, daß sie auf Grund der je verschiedenen Probleme und Auffälligkeiten der ihr anvertrauten Kinder zu einem sehr viel stärker individualisierenden und differenzierenden Vorgehen genötigt ist als die "Normalpädagogik".

Die "Charakterstärke der Sittlichkeit"

Die "Charakterstärke der Sittlichkeit" stellt für Herbart das zentrale Ziel aller pädagogischen Bemühungen dar. Um dieses Ziel verstehen zu können, ist es notwendig, sich sowohl mit Herbarts Theorie des Charakters als auch mit seinem Begriff der Sittlichkeit noch näher vertraut zu machen.

Träger des Charakters ist nach Herbart einzig der Wille, ja der Charakter eines Menschen besteht geradezu in der spezifischen Gestalt, die der Wille in ihm angenommen hat: "Die Art der Entschlossenheit ist der Charakter" (SW Bd.II, S. 33). Obwohl Herbart diesen Grundsatz, daß allein der Wille charakterfähig sei, in seiner "Allgemeinen Pädagogik" mehrfach wiederholt, findet sich in seinem "Lehrbuch der Psychologie" eine merkwürdige Abweichung von dieser Position. Dort heißt es nämlich: "Was und wie der Mensch liebt - von den zerstreuenden Liebhabereyen bis zu der Liebe als verzehrende Leidenschaft, - das ergibt das erste Wesentliche seines Charakters" (SW Bd.IV, S. 415).

Der Charakter ist also das, was im Gegensatz zu den momentanen Launen und situationsabhängigen Motiven als einigermaßen feste und konstante Richtung des Wollens in einem Menschen auszumachen ist. Herbart führt dann eine wichtige Differenzierung dieses Charakterbegriffs ein; und zwar unterscheidet er zwischen einem "subjektiven" und einem "objektiven" Charakter. Das Objektive des Charakters besteht nach dieser Unterscheidung in dem biographisch gewachsenen Muster von Handlungsmotiven und Willensäußerungen, in dem, was "beharrlich gewollt, - beschlossen oder ausgeschlossen - wird" (SW Bd.II, S. 92).

Der Mensch ist jedoch nicht nur ein wollendes und handelndes Wesen, sondern er ist dabei zugleich immer auch sein eigener Zuschauer. Als solcher bezieht sich der subjektive Teil des Charakters als kritische, zensierende Instanz auf dieses gewachsene, verfestigte Muster von Handlungsweisen und Willensrichtungen. In dieser Bewertung äußert sich ein zweiter Wille, welcher mit demjenigen, der den objektiven Charakter bestimmt, häufig in Konflikt steht. Herbart gebraucht hier die Metapher von den "zwey Seelen", die miteinander in Widerstreit geraten (ebd., S. 90). Diese Denkfigur von den beiden im Kampf miteinander liegenden Seelen in einer Brust ist wahrscheinlich so alt wie die Reflexion über das Wesen des Menschen selbst. Sie taucht in der Geistesgeschichte in unzähligen Variationen auf (vgl. Bittner 1985, Pongratz 1967) und ist gerade für das Verständnis von konflikthaften Handlungsweisen, die ja meist auch für den Handelnden selbst problematisch sind, wohl unverzichtbar.

Dabei deckt sich Herbarts Differenzierung zwischen subjektivem und objektivem Charakter keineswegs mit Kants Unterscheidung zwischen empirischem und intelligiblem Charakter. Denn auch der "subjektive Charakter" ist für Herbart durchaus "von dieser Welt" und damit als Zensor nicht an ein unbedingtes Vernunftgesetz gebunden. Von daher ist diese bewertende Instanz natürlich niemals gänzlich unbestechlich, und schon die Aussicht, "zu irgend einer Art von Einheit mit sich selbst" zu kommen, den lästigen inneren Konflikt zu vermeiden, erzeugt "ein Wohlgefühl, was mächtig genug ist, sich der innern Zensur Meister zu machen" (SW Bd.II, S. 93). Hier zeigt sich die psychologische Größe Herbarts, wenn er schon 100 Jahre vor den Entdeckungen der Psychoanalyse das Prinzip der Rationalisierung beschreibt als "das so gewöhnliche als natürliche Phänomen, daß nämlich die Menschen sich und ihren Neigungen hinterher die Maximen erfinden" (ebd., S. 91).

Jedoch auch mit der weiter oben dargestellten Unterscheidung zwischen Charakter und Individualität als den beiden, miteinander im Kampf liegenden, Instanzen deckt sich die zwischen objektivem und subjektivem Charakter nicht. Zwar gehen wohl viele Merkmale und Besonderheiten der Individualität in den Bereich der habituellen Handlungen und Entscheidungen und somit in den "objektiven Charakter" ein, dennoch ist sie nicht identisch mit diesem. Die "Individualität" ist vielmehr die unbewußte, nie ganz zu erfassende "dunkle Wurzel", die immer wieder neue, unvorhersehbare Blüten treibt, sie "...ist und bleibt ein Chamäleon" (ebd., S. 93).

Soweit Herbart das Wechselspiel und den Widerstreit von Individualität, objektivem und subjektivem Charakter darstellt, bleibt er ganz auf dem Boden des beschreibenden und zergliedernden Psychologen und Anthropologen. Erst mit dem Begriff der Sittlichkeit und des "sittlichen Charakters" kommt eine Kategorie ins Spiel, welche sich dieser Ebene des psychisch Realen als normativer Anspruch gegenüberstellt. Zunächst stellt Herbart klar, daß Sittlichkeit nicht am bloß äußeren Verhalten festgemacht werden kann. Solange ein Verhalten nämlich nur durch den Gehorsam gegenüber einer Autoritätsperson oder aber gar durch Berechnung und Spekulation auf Gratifikation irgendwelcher Art bestimmt ist, ist dieses Verhalten im eigentlich sittlichen Sinne noch ganz wertlos (auch wenn Herbart zugesteht, daß diese Motive in der natürlichen Entwicklung, und damit auf dem Weg hin zum Ziel der Sittlichkeit, eine wichtige Rolle spielen können).

Herbarts Anspruch an "sittliche Bildung" ist indes viel höher: "...daß die Ideen des Rechten und Guten in all ihrer Schärfe und Reinheit die eigentlichen Gegenstände des Willens werden, ... das und nichts minderes ist das Ziel der sittlichen Bildung" (ebd., S. 30). Es geht ihm also um Gesinnungsbildung, um die Entwicklung einer prinzipiengeleiteten Binnensteuerung.

Die Einsicht in das, "was recht und gut ist", macht aber für sich allein noch nicht die Sittlichkeit aus. Hinzutreten muß die Bereitschaft, dieser Einsicht gemäß zu handeln. Denn dieser Einsicht stehen ja durchaus andere empirische Faktoren wie Neigung, Trägheit, Eigennutz etc. als Handlungsmotive gegenüber. Herbart faßt alle diese Faktoren, die an das Empfinden von Lust und Unlust gebunden sind, als die "sogenannten niedern Begehrungsvermögen" zusammen (ebd., S. 97) und fordert, der richtig gebildete sittliche Charakter müsse "Herr des Verlangens" sein und habe gleichzeitig "im Dienst der Ideen" zu stehen (ebd.).

All dies sind hohe idealistische Ansprüche. Mit ihnen steht Herbart trotz seines Rufes als Realist durchaus in der Tradition der Bildungsideale des Neu-Humanismus. Für die Frage der pädagogischen Methode, des Weges hin zu diesen Idealen, hat Herbart wiederum eine sehr eigenständige systematische Konzeption entwickelt.

6. Pädagogische Maßnahmen

Herbart hat in seiner "Allgemeinen Pädagogik" das Feld der erzieherischen Maßnahmen systematisch in die drei Bereiche "Regierung", "Unterricht" und "Zucht" aufgeteilt. Sie stellen für ihn "die drei Hauptbegriffe dar, nach welchen die ganze Erziehungslehre abzuhandeln ist". Mit diesen Bereichen sind, mehr noch als bestimmte Handlungsweisen, je spezifische pädagogische Intentionen verknüpft. Alle drei Bereiche sollen sich in der Wirkung ergänzen und im Endresultat zu jenem Ziel der "Charakterstärke der Sittlichkeit" führen. Daran, daß diese Kombination pädagogischer Maßnahmen zum Erfolg führen müsse, läßt Herbart keinen Zweifel, denn "...ein Knabe, der stärker wäre als ein solider Unterricht, eine consequente Regierung und eine verständige Zucht, - ein solcher Knabe ist ein Unding" (SW Bd.II, S. 103).

Regierung

Die "Regierung der Kinder" - ein heute in pädagogischen Zusammenhängen befremdlich klingender Begriff - ist für Herbart noch im Vorfeld des eigentlich Pädagogischen angesiedelt. Denn sie will doch gar keinen bildenden "Zweck im Gemüt des Kindes ... erreichen ..., sondern nur Ordnung schaffen" (ebd., S. 19). Durch sie soll lediglich der Rahmen aufrecht erhalten werden, in dem das, was Herbart unter "eigentlicher Erziehung" versteht, dann möglich sein soll. Die "Regierung" ist ihm bloß ein "zuweilen notwendiges Übel, besser freilich als Anarchie" (SW Bd.I, S. 58). Insofern handelt es sich sehr deutlich um ein Machtverhältnis, und Herbart selbst spricht in diesem Zusammenhang auch von einer "Unterwerfung des Ungestüms" (BW Bd.II, S. 18).

All das, was an Handlungseinschränkungen unternommen wird, um Schaden für das Kind und andere zu vermeiden oder aber um einen geregelten Unterricht überhaupt durchführen zu können, fällt unter dieser Art regierender Machtausübung. Der Begriff der "Regierung" ist hier also durchaus in Analogie zum politisch-gesellschaftlichen Bereich zu verstehen. So wie dort die Regierung zwar für die Einhaltung eines bestimmten Ordnungsrahmens sorgen und bei Übertretung desselben mit Sanktionen reagieren muß, sich dabei aber nicht um das sittliche Bewußtsein der Handelnden zu kümmern braucht, so, meint Herbart, müsse es auch im Bereich der Pädagogik eine Instanz geben, die für solche Äußerlichkeiten zuständig ist. Ja, er hält es sogar für wünschenswert, daß diese lästige Aufgabe denjenigen, die für das "Kunstgeschäft" der eigentlichen Erziehung verantwortlich sind, abgenommen wird. Gleichzeitig erkennt er aber auch, daß eine solch scharfe Trennung nur theoretisch möglich ist, daß sie sich in der Praxis jedoch niemals strikt durchhalten läßt.

Als die wesentlichen Maßregeln der Kinderregierung nennt Herbart "Drohung" und "Aufsicht", beeilt sich aber sofort hinzuzufügen, daß dadurch keinesfalls eine Atmosphäre totaler Kontrolle und Überwachung geschaffen werden dürfe, denn eine solche erzeuge nur Heimlichkeit, Hinterlist und Verschlossenheit und sei somit den pädagogischen Absichten zuwider. Er betont ausdrücklich, "daß Knaben und Jünglinge gewagt werden müssen, um Männer zu werden" (ebd., S. 19), denn anderenfalls könne "keine Gewandtheit, keine Erfindungskraft, kein muthiges Wagen, kein zuversichtliches Auftreten" sich bilden (ebd., S. 20).

Kommt es aber dennoch zur Regelverletzung, d.h. tritt ein Kind aus Leichtsinn, aus "Roheit" oder gar mit "Mutwillen" in die gezogenen Kreise (ebd.), dann darf vom Standpunkt der Regierung aus eine Bestrafung nur für die realen oder möglichen Konsequenzen dieser Handlung erfolgen, nicht jedoch eine Verurteilung des "bösen Willens". Eine solche Reflexion auf die Handlungsmotive in moralisch-bewertenden Kategorien rechnet Herbart schon der eigentlichen Erziehung zu. Die "Regierung" ist also dadurch gekennzeichnet, daß sie nur das äußere Verhalten in gewissen Situationen steuern will, daß sie sich aber jeder gezielten Einflußnahme auf die Struktur des sittlichen Bewußtseins versagt.

Diese Abhebung eines solchen Feldes "vorpädagogischer", bloß ordnungsschaffender Maßnahmen vom Eigentlichen der Pädagogik ist sicher problematisch und hat sich wohl deshalb auch in der Tradition der Pädagogik nicht erhalten. Denn es ist offensichtlich, daß alle beschränkenden, hindernden oder gar bestrafenden Maßnahmen gegenüber den Handlungsimpulsen eines Kindes sich auch dann auf dessen Bewußtsein und Gemüt auswirken, wenn sie "nur regierend" gemeint waren.

Unterricht

Sittliches Handeln entspringt, wie oben dargestellt, für Herbart dem harmonischen Zusammenwirken zweier Faktoren: der Einsicht, d.h. dem richtigen Urteil über das, was gut und recht ist, und dem Gehorsam, d.h. der Bereitschaft, dieser Einsicht gemäß auch zu handeln und andere "niedere" Motive zurückzustellen. Diejenige Instanz, die dafür zu sorgen hat, daß die sittliche Urteilsfähigkeit umfassend ausgebildet wird, ist nach Herbart der Unterricht. Weil die Erzeugung eines "vielseitigen Interesses" und die Ausbildung eines wohlgeordneten "Gedankenkreises" für Herbart eine so zentrale Bedeutung gerade auch für die sittliche Entwicklung des Zöglings hat, stellt er gleich in der Einleitung zu seiner "Allgemeinen Pädagogik" klar, daß er "keinen Begriff ... von Erziehung ohne Unterricht" habe, sowie er umgekehrt "keinen Unterricht anerkenne, der nicht erzieht" (SW Bd.II, S. 10). Die heute gängige Unterscheidung von "Unterricht" als bloßer Wissensvermittlung und "Erziehung" als der eigentlich für die Charakterbildung zuständigen Veranstaltung wäre für Herbart also völlig untragbar gewesen.

Zwar erkannte er durchaus die Bedeutung der natürlich gewachsenen, außerunterrichtlichen Lernorte an, der Erfahrungen mit den Gegebenheiten der alltäglichen Umgebung und des Umgangs mit den nahen Bezugspersonen. Diese in der Erziehung nicht zu berücksichtigen, erschien ihm "... als ob man des Tages entbehren und sich mit Kerzenlicht begnügen sollte" (ebd. S. 47). Doch sind diese ursprünglichen Räume der Erfahrung und des Umgangs einerseits immer begrenzt, andererseits auch immer in gewissem Sinne zufällig: Die Erziehung hat sich nicht in der Gewalt. Deshalb fordert Herbart als Ergänzung zu diesen naturwüchsigen Lernsituationen den wohlgeplanten, -organisierten und -strukturierten Unterricht. Wiederum wird hier Herbarts Anspruch deutlich, durch entsprechend ausgefeilte Unterrichtsmethoden das Moment des Zufälligen, Nicht-Berechenbaren, das der

Charakterbildung eigen ist, in den Griff zu bekommen: "Der eigentliche Kern unseres geistigen Daseins kann durch Erfahrung und Umgang nicht mit sicherm Erfolge gebildet werden. Tiefer in die Werkstätte der Gesinnungen dringt gewiß der Unterricht". Ja, Herbart meint gar, "daß mit dem Gedeihen des wahrhaft vielseitigen Unterrichts auch für die Richtigkeit des Charakters schon gesorgt ist". (ebd., S. 89).

Obwohl man bei der Lektüre von den Berichten über das pädagogische Seminar durchaus beeindruckt ist, welche Vielfalt von Themen die Schüler dort schon in jungen Jahren auf relativ hohem Niveau erarbeitet haben, ging es Herbart in seiner Konzeption vom Unterricht doch nie um enzyklopädische Vielwisserei als Selbstzweck. Es ging ihm letztlich überhaupt nicht um bestimmte Inhalte. Viel wichtiger als jeder spezielle Inhalt war ihm die Vermittlung einer Haltung allgemeiner Aufgeschlossenheit für geistige Gehalte, die Erzeugung einer "Lust am Lernen". Gerade deshalb, weil die Erziehung nie um die spezifischen Zwecke und Interessen wissen kann, welche sich der Zögling im späteren Leben setzen wird, kann es ihr nur um "die Aktivität des heranwachsenden Menschen überhaupt ..., das Quantum seiner innern, unmittelbaren Belebung und Regsamkeit" gehen (ebd., S. 28). Und eben dies ist es, was Herbart unter dem Begriff "Vielseitigkeit des Interesses" versteht und als Erziehungsziel postuliert. Es geht also immer darum, an einzelnen Unterrichtsgegenständen eine darüber hinausreichende, allgemeine Motivations- und Lernerfahrung zu machen.

An welchen speziellen Unterrichtsinhalten sollte nun das stolze Ziel der "Richtigkeit des Charakters" vornehmlich erreicht werden? Herbart maß insbesondere dem Literatur- und Geschichtsunterricht eine bedeutende Funktion zu, und er lud mit der "Gesinnungsbildung" diesen Unterrichtsfächern einen Anspruch auf, der sie über Jahrzehnte hinweg prägen und zu vielerlei Mißbrauch führen sollte. Dabei würde man Herbart mißverstehen, wenn man meint, besonders rührselige, moralisierende oder patriotische Geschichten seien in seinem Sinne geeignet, diese Wirkung zu tun. Vielmehr fordert er, daß in solchen Darstellungen, die der Charakterbildung dienen, "strenge psychologische Wahrheit" auf einem, den Kindern verständlichen, Niveau enthalten sein müssen. "Schon die Absicht zu bilden", verderbe die Kinderschriften (ebd., S. 13). Und mit seiner Feststellung, daß Kinder "moralisches Räsonnement" zur Erläuterung einer Geschichte ebenso langweilig fänden wie die gehäufte Darstellung von lauter Gutem, ja, daß ihnen unter solchen Umständen "der bloße Reiz der Abwechslung ... das Schlechte willkommen" mache, zeigt er sich einmal mehr als Realist.

Vorbildlich in Sachen "psychologische Wahrheit", und deshalb ganz besonders erzieherisch wertvoll, erschienen Herbart die klassischen griechischen Schriften, insbesondere die des Homer. Herbart selbst war ein großer Verehrer des Griechentums, und er hatte eine ganz persönliche Leidenschaft für die Odyssee. So bekennt er freimütig, daß er dieser Schrift "eine der angenehmsten Erfahrungen" seines Lebens und "größtenteils" seine "Liebe zur Erziehung" verdanke (SW Bd.II, S. 14). Mit Karl, seinem Lieblingsknaben im Hause Steiger, auf den hier vermutlich angespielt wird, hat er den Griechisch-Unterricht gleich mit der Lektüre des Originaltextes begonnen, und bei dem "wilden", "durchtriebenen" Knaben William Wyndham haben nach seiner Darstellung erst die Abenteuer der Odyssee es vollbracht, "den Sinn für menschliche Verhältnisse zu wecken, der beynahe ganz zu fehlen schien" (SW XIV, S. 181).

Diese Beteuerung des versittlichenden Bildungswertes der Odyssee mag heute vielleicht noch Balsam auf die vom Informatik-Zeitgeist bedrohte Seele eines Altphilologen sein, im Zusammenhang mit der Erziehung von Problemkindern erscheint sie reichlich weltfremd. Trotzdem ist die Frage, ob bestimmte poetische Stoffe auch heute noch eine erzieherische Relevanz haben können, durchaus legitim. Dies kann für heutige Kinder wohl kaum die Odyssee in Versform oder gar in griechischer Sprache sein. Aber schon die Prosa-Fassung von Schwab stellt einen spannenden Erzählstoff dar, in dem vielleicht der eine oder andere seine persönliche (psychische) Irrfahrt gespiegelt findet.

Ein wichtiges Ziel des Unterrichts, das nach Herbarts Meinung gerade auch in der Beschäftigung mit den Werken klassischer Dichter zu erreichen ist, stellt eine "dem innern Sinn anschauliche Psychologie" (ebd., S. 71), d.h. das basale Verständnis für seelische Vorgänge, dar. Das Verstehen fremder Gefühle und das Verstehen eigener seelischer Regungen bedingt sich gegenseitig. Beides kann gefördert werden dadurch, daß in dem "verklärenden Spiegel" der Dichtung "jeder menschliche Zug erkennbarer ... minder verwischt als im eigenen Leben" sich darstellt (ebd., S. 73). Durch solch ein Verständnis für die menschliche Gefühls- und Erlebniswelt müsse zwangsläufig, so meint Herbart, "jeder Widerwille als gegen fremdartige Wesen immer unmöglicher, die Anschließung an alles Menschliche immer inniger werden" (ebd.). Im Kern ist hier bei Herbart also ein Thema formuliert, das heute unter dem Stichwort "Erziehung zur Selbstwahrnehmung und zur Empathiefähigkeit" Teil eines Programmes zur Sozialerziehung sein könnte.

Die Frage nach dem möglichen pädagogischen Wert literarischer Stoffe steht in einem größeren Problemzusammenhang, der in der aktuellen Verhaltensgestörtenpädagogik nur unzureichend berücksichtigt wird. Denn auch die Erziehung "schwieriger Kinder" bewegt sich ja nicht, wie es dort manchmal scheint, in einem luftleeren Raum. Sie ist keineswegs ausschließlich, nicht einmal primär, damit beschäftigt, korrigierend und modifizierend direkt auf problematische Verhaltensweisen einzuwirken, "Kinderfehler" (oder heute eben "Verhaltensstörungen") zu behandeln oder gar zu bekämpfen. Vielmehr vollzieht sich diese Erziehung, wie jede Erziehung, in erster Linie über eine gemeinsame Tätigkeit, eine gemeinsame Aufgabe oder einen gemeinsamen Unterrichtsinhalt.

Die Bedeutung dieses "vermittelnden Dritten", welches das ganze pädagogische Feld strukturiert, hervorgehoben zu haben, ist sicher ein Verdienst Herbarts. Erst vor dem Hintergrund des hohen erzieherischen Stellenwertes, den Herbart dem Unterricht zugemessen hat, bekommt jener vielzitierte Satz sein volles Gewicht: "Langweilig zu sein ist die ärgste Sünde des Unterrichts!" (ebd., S. 48). Denn die Konsequenz ist eben nicht nur die, daß bestimmte Unterrichtsinhalte, auf die es im einzelnen gar nicht ankommt, nicht vermittelt werden, sondern die, daß die allgemeine Haltung der Offenheit und Aufgeschlossenheit für Neues, das "vielseitige Interesse", destruiert wird und daß damit die Voraussetzung für die Ausbildung eines reichhaltigen "Gedankenkreises" entfällt. Herbart betont immer wieder, daß die "Bildung des Gedankenkreises ... der wesentlichste Theil der Erziehung" und "... beynahe das Ganze der absichtlichen Charakterbildung" sei (ebd., S. 101f). "Fehlt die innere Sicherheit, fehlen die geistigen Interessen; fehlt wohl gar der Vorrath an Gedanken, so ist der Boden leer für die animalischen Begehrungen" (ebd., S. 100).

Ein Teil der Bildung des Gedankenkreises sollte sich auch direkt den Gründen und Prinzipien des sittlichen Handelns zuwenden. Die Frage, ab welchem Alter und unter welchen Bedingungen es sinnvoll sein kann, mit dem Zögling über ethisch-moralische Probleme zu "räsonieren", hat Herbart immer wieder beschäftigt. Gegen Schwarz, der ein solches Unterfangen kategorisch ablehnt, verteidigt Herbart in seiner Rezension dieses Bemühen und meint, "daß die späteren Knaben- und Jünglingsjahre das Räsonieren ebenso bestimmt nötig haben, als die früheren Kinderjahre es nicht vertragen" (SW Bd.VIII, S. 236).

Mit der Betonung der "Bildung des Gedankenkreises" als dem wesentlichen Moment der Charakterbildung unterscheidet sich Herbart wesentlich von Pestalozzi, welcher hier in erster Linie auf die "Bildung des Herzens" und auf einen gesunden Mutterwitz setzte und der der isolierten intellektuellen Bildung immer mit einer gewissen Skepsis gegenüberstand. Sie war für ihn nämlich stets in Gefahr, in ein "Vielwissen des Unnützen" und ein "Zutodtkünsteln unserer Leibes- und Seelenkräfte" und somit letztendlich in eine Quelle der sittlichen Verderbnis umzuschlagen (Pestalozzi SW Bd.25, S. 272f).

Jedoch war auch Herbart bewußt, daß ein wohlgeordneter Gedankenkreis und selbst ein hochentwickeltes sittliches Bewußtsein noch nicht zwangsläufig zu sittlichem Handeln führt. Was hinzutreten muß, damit aus der "moralischen Subtilität" auch eine "moralische Solidität" werden kann, ist der "Gehorsam", d.h. die Bereitschaft, diesen Erkenntnissen gemäß auch zu handeln. Nicht nur die "Oberfläche", sondern "der ganze Mensch" mit seinem Denken, Fühlen und Wollen müsse durchdrungen sein von der Idee des Guten als dem treibenden Prinzip (Herbart SW Bd.II, S. 106).

Zucht

Die Zucht ist nach Herbart derjenige Teil der Erziehung, der direkt, d.h. ohne den Umweg über ein vermittelndes Drittes, bildend auf den Charakter einwirken will. Ihr spezielles Anliegen ist es, das Handeln gemäß den vom Zögling gewonnenen Einsichten zu fördern und Verstöße gegen die von ihm gefaßten Vorsätze deutlich fühlbar zu machen. Es geht also keineswegs nur darum, wie bei der "Regierung", aus den Notwendigkeiten der Situation heraus eine äußere Ordnung zu schaffen, sondern "die Zucht will als bildend empfunden sein" (SW Bd.II, S. 115).

Daß die so intendierten Maßnahmen auch so wirken, läßt sich natürlich nicht erzwingen. Voraussetzung ist in jedem Fall ein Vertrauensverhältnis zwischen dem Erzieher und dem Kind oder Jugendlichen. D.h. der Erzieher darf nicht als Gegner oder Feind angesehen werden, sondern muß selbst im Konfliktfall als eine Person akzeptiert werden, die prinzipiell zum Wohle und im Interesse der Bildung des Zöglings handelt. "Nur soweit reicht die Kraft der Zucht, wie die entgegen kommende Einstimmung des Zöglings" (ebd.). Sie setzt somit immer schon die innere Bereitschaft des Betroffenen voraus, an seiner "Besserung" selbst mitzuarbeiten. "Zucht" hat also bei Herbart nichts mit den naheliegenden Assoziationen "Zuchthaus", "züchtigen" etc. zu tun. Vielmehr kommt dem Erzieher unter dem Aspekt der "Zucht" eine Art moralische Hilfs-Ich-Funktion zu, welche den Zögling bei seinen inneren Kämpfen für die sittlichen Grundsätze und gegen die "niedren Begehrungsvermögen" unterstützen soll. Denn die innere Autorität der eigenen Grundsätze ist es, welche verstärkt und ergänzt werden muß durch eine ihr völlig gleichartige von außen" (ebd., S. 123).

Dies geschieht einerseits dadurch, daß entsprechende Gelegenheiten genützt werden, "...dem Zögling sein besseres Selbst durch einen tief eindringenden Beyfall ... hervorzuheben" (ebd., S. 116). Andererseits aber auch durch die ganze Stufenleiter gegenwirkender Maßregeln der Zucht", vom sanften Tadel bis hin zur "traurigen Kunst, dem Gemüth sichere Wunden beyzubringen" (ebd., S. 117). Diese Rede von den "sicheren Wunden im Gemüth" klingt drastischer, als die Maßnahmen selbst wohl gemeint waren. Denn schon im Hinblick auf den Tadel betont Herbart immer wieder, daß dieser, wenn irgend möglich, mit der Hervorhebung positiver Aspekte kombiniert sein müsse, dem Kind oder Jugendlichen also ein differenziertes Bild seines eigenen Verhaltens zurückspiegeln solle. Sadistische Impulse auf Seiten des Erziehers wollte er damit jedenfalls mit Sicherheit nicht rechtfertigen, denn er warnt ausdrücklich: "...man hüte sich, die anfangende Selbstbestimmung stören zu wollen durch allerley geforderte Nebenrücksichten: - durch die Ansprüche einer endlosen Zucht, welche unbewußt in wahre Grausamkeiten gegen ein zart fühlendes Gemüth ausarten können" (ebd., S. 132).

Wovor er ebenfalls wiederholt und entschieden warnt, ist ein erzieherisches Verhalten, das er als "Hin- und Herrütteln der Empfindungen" (ebd., S. 112) bezeichnet und insbesondere den Müttern ankreidet. Dieses bloß emotionale Ansprechen der Kinder, die sentimentalen Versuche, Betroffenheit, Rührung oder schlechtes Gewissen zu erzeugen, welche bei Pestalozzi eine so wichtige Rolle gespielt hatten, sind bei Herbart verpönt. Er verkörpert sehr viel mehr das väterlich-rationale, an Prinzipien und Maximen orientierte Moment der Erziehung. Eine Änderung des Verhaltens muß für ihn, wenn sie tatsächlich als sittlicher Entwicklungsfortschritt gelten soll, auf einem Moment der Einsicht beruhen. Entsteht sie dagegen nur aus Furcht, Berechnung oder Zuneigung, so hat sie kein sittliches Gewicht und kaum dauerhaften Bestand. So meint Herbart gar, es "wäre ein Unglück, wenn ein wilder Schulbube für tolle Streiche gezüchtigt wird und nicht in der nächsten Stunde wieder welche machte" (SW Bd.IX S.475). Denn dies würde nur für die leichte Manipulierbarkeit und die mangelnde Willensstärke des Betroffenen sprechen.

Niemals kann also die Unterwerfung des Willens unter eine äußere Autorität oder allein die Loyalität zum Erzieher zum Ziel der "Charakterstärke der Sittlichkeit" führen. Diese ist nur möglich als Unterwerfung des Willens unter die Evidenz der eigenen Einsichten. D.h. durch die Bildung handlungsleitender Maximen, die ihrerseits keine bloß theoretischen Größen sind, sondern in denen rechte Einsicht und rechtes Wollen fest legiert sind.

7. Spezielle Fehlerlehre

Im dritten Teil des "Umriß Pädagogischer Vorlesungen" behandelt Herbart unter der Rubrik "besondere Zweige der Pädagogik" die "Fehler" der Kinder und Jugendlichen. Dabei geht er speziell auf die Bedeutung ein, die der "Zucht" angesichts von Erziehungsschwierigkeiten zukommt.

In dem ganzen Aufbau dieses Abschnitts "Von den Fehlern der Zöglinge und von deren

Behandlung" zeigt sich noch einmal sehr deutlich Herbarts doppelte Sichtweise des Problems. Während das erste Kapitel die anlage- und temperamentsbedingten Schwächen darstellt, handelt das zweite "Von den Quellen der Unsittlichkeit". Etwa 30 Jahre nach der "Allgemeinen Pädagogik" verfaßt, findet sich hier bei weitem nicht mehr jener progressive Impetus, der die Unterwerfung unter die Autorität als "Unglück" auffaßt und den Maßnahmen der "Zucht" nur soweit Legitimität und Wirkung zuspricht, als ihnen eine innere Bereitschaft des Zöglings entgegenkommt. Es wird hier vielmehr ein ganzer Katalog positiver Wirkungen der "Zucht" einfach aufgelistet und dieser dann mit der Bemerkung zusammengefaßt, "dass sie (die Zucht) im Allgemeinen sehr viel vermag, um Böses zu vermindern" (SW Bd.X, S. 128). In den knappen Kommentaren ist dann u.a. von "unerbittlicher Strenge" gegen Heimlichkeiten und "scharfer Aufsicht" gegen Heuchelei die Rede. So muß der tatsächliche Ertrag dieses Abschnitts, der sich vom Titel her als einziger explizit mit dem Problem der "Kinderfehler" beschäftigt, für das Anliegen dieser Untersuchung als recht gering eingestuft werden.

Neben den ausführlichen systematischen Abhandlungen über "Regierung", "Unterricht" und "Zucht", als den drei Grundbausteinen der Erziehung, gibt es von Herbart auch Stellungnahmen zu einzelnen konkreten Erziehungsschwierigkeiten. So findet sich z.B. in den "Aphorismen zur Pädagogik" ein recht umfangreicher Fehlerkatalog. Im Telegrammstil sind hier den einzelnen Fehlern kurze Erläuterungen sowie Vorschläge zur Gegenwirkung beigegeben. Um einen Eindruck davon zu gewinnen, welche Verhaltensweisen und Einstellungen von Kindern Herbart überhaupt im Kopf hat, wenn er von "Fehlern" spricht, ist diese Liste recht interessant. Sie reicht vom "Radicalfehler" des "Hangs zur Sinnlichkeit" über "Arbeitsscheu", "Lügen", "Eigensinn", "Geist des Widerspruchs, "Trotz", "Gefühllosigkeit", "Zanksucht", "Spottgeist", "Neid" und "Geiz" bis hin zum "falschen Ehrgeiz".

Herbart schränkt jedoch, nachdem er auf diese Art und Weise 25 Kinderfehler samt Gegenmaßnahmen dargestellt hat, die Bedeutung seiner Empfehlungen sofort wieder ein: "Alle solche Anweisungen bedeuten wenig. Die einzelnen Fehler gleichen casuistischen Fragen" (SW Bd.IX, S. 495). Auch betont er, daß die Bedeutung der Fehler ganz unterschiedlich zu bewerten sei, je nachdem, in welchem Alter sie vorkommen. Eine solche bloße Rezeptpädagogik, wie sie hier stichpunktartig vorgestellt wird, entspricht nun auch wirklich nicht dem Anspruch Herbarts auf eine wissenschaftlich-systematische Behandlung pädagogischer Fragen.

In seinen "Briefen über die Anwendung der Psychologie auf die Pädagogik" kommt Herbart anhand eines komplizierten Falls von Spielleidenschaft, welcher seiner Meinung nach die "Verlegenheit des Erziehers bey verdorbenen Subjecten" demonstriert, noch einmal auf die Probleme zurück, die damit verbunden sind, in Büchern spezielle Vorschriften für die Behandlung von Zöglingen zu geben:

"Ein junger Mensch hat Neigung zum Kartenspiel, zu den Vergnügungen der Wirtshäuser. Sie verbieten ihm diese. Was geschieht? Andre, geheime üble Neigungen, die durch jene Zerstreuung noch im Zaume gehalten waren, verstärken sich; das Edlere, was Sie an die Stelle setzen wollten, was aber freylich größtentheils von innen her hätte entgegenkommen müssen, bleibt aus; selbst dann bleibt es aus, wenn es vermöge früherer Jugend-Eindrücke vorhanden ist, die nur nöthig hätten von ihren Hindernissen befreyt, und mit

neuer Nahrung versorgt zu werden. Das Neue, was sie darbieten, muß verkümmern, noch ehe es konnte gehörig aufgenommen werden von dem vorhandenen Gedankenkreise. Daraus entsteht die Folge, daß sehr bald auch Kartenspiel und Wirtshausbesuch wieder an die Tages-Ordnung kommt; denn der Mensch war im Innern nicht verändert worden"(SW Bd.IX, S. 382f).

Er wendet sich dann grundsätzlich gegen jeden Versuch, rezeptartige Anweisungen für spezielle pädagogische Probleme zu geben. Wenn Hilfe für solche Fälle "pädagogischer Verlegenheit" möglich sein soll, dann müsse diese allgemeiner Natur sein. In diesem Sinne sei er sich schon lange bewußt, "daß zu besserer Erziehung gründliche Pädagogik, zur Pädagogik aber Psychologie nöthig ist, und daß, wenn diese irgend einmal gedeiht, alsdann Pädagogik und praktische Erziehung sich schon einstellen werden" (ebd., S. 384).

8. Institutionelle Aspekte

Herbart konnte sich erzieherisch bedeutsames Geschehen nur im individuellen und direkten pädagogischen Bezug vorstellen. Dies entsprach seinen eigenen prägenden Erfahrungen. Denn einerseits wurde er selbst z.T. von Privatlehrern erzogen, andererseits galt seine erste berufliche Verpflichtung nach dem Studium genau dieser Tätigkeit, der Erziehung von zwei Knaben einer Schweizer Aristokratenfamilie. Seine ganze systematische Konzeption ist auf diese Modellbeziehung zwischen einem engagierten und gebildeten jungen Mann als Erzieher und einem bildungswilligen Knaben als Zögling hin ausgelegt. Weibliche Wesen kommen darin typischerweise überhaupt nicht vor. Auch Gruppensituationen spielen darin keine Rolle. Herbart stand allen kollektiven Erziehungsformen mit Skepsis gegenüber, ja, er sah in dem Mammutbetrieb der Schule gar die Ursache für sittliche Verrohung. Wenn er sie schließlich doch als zeitgemäße Organisationsform akzeptierte, um einer entsprechenden Anzahl von Kindern eine gehobene Bildung zukommen zu lassen, so war sie ihm doch nie der Ort, an dem das "Eigentliche" der Erziehung recht gedeihen konnte. Schulen blieben ihm stets "Nothülfen, weil es so viele Zöglinge gibt und so wenige Erzieher" (SW Bd.III, S. 77). Und wenn ihm die Schule auch zeitgemäß erschien, so war dies doch eher ein Argument gegen den herrschenden Zeitgeist als für die Schule: "Verhehlen wir es nur nicht, je mehr Schule, desto phantasieloser die Zeit" (SW Bd.IX, S. 247).

Als Möglichkeit zur Kompensation dieses strukturellen pädagogischen Defizits der Institution "Schule" hat Herbart zwei recht ungewöhnliche Ideen entwickelt. Die erste davon trägt er in seiner Abhandlung über "Erziehung unter öffentlicher Mitwirkung" 1810 vor. Er regt dort an, einen eigenständigen pädagogischen Berufsstand zwischen dem des familiengebundenen Hauslehrers und dem des staatsverpflichteten Schullehrers zu gründen. Als kunstvoll gebildeter Erziehungsfachmann sollte dieser auf Gemeindeebene seine beratende Funktion ausüben:

"Ungefähr wie in einer Commune die Aerzte leben, die man in Häuser ruft, weil man die Noth kennt, der sie Hülfe verheißen, so würden in den Städten auch Erzieher gefunden werden, die man ebenfalls in Häuser zu kommen einlüde, wofern man die Noth einer falsch gerichteten jugendlichen Fortbildung besser zu beurteilen wüßte ... Wie der Arzt Rezepte verschreibt, so würde der Erzieher Beschäftigung und Studien anordnen, ... den Umgang mit solchen oder solchen Gespielen bestimmen, und die engern oder weitern Gränzen der nöthigen Aufsicht angeben" (SW Bd.III, S. 81f).

Es ist wohl überzogen, wenn Werner diese Idee als Vorschlag zur Initiierung einer "ambulanten Kinderpsychotherapie" interpretiert (vgl. Werner 1983, S. 329), denn mit den Maßnahmen, die heute üblicherweise unter dem Begriff "Kindertherapie" verstanden werden, hatte Herbart sicherlich nichts im Sinn. Wohl eher dürfte die gemeinte Tätigkeit mit dem Titel "freischaffender Erziehungs- und Bildungsberater" richtig umschrieben sein.

Die zweite Idee schulergänzender Maßnahmen ist in dem "Entwurf zu einem Seminar" von 1813 enthalten. Das erste pädagogische Seminar, das Herbart in Königsberg gründete, hatte noch keine eigene "Laborschule", d.h. auch noch keine nur dem Seminar zugehörigen Zöglinge, sondern war auf die Zusammenarbeit mit den örtlichen Schulen angewiesen. Dort hielten die Seminaristen ihre Übungsstunden und Lehrproben ab. Diese Seminarordnung sieht nun unter §15 "Von der Übertragung der Curatel bei einzelnen Subjekten" vor, daß "...den Seminaristen von Zeit zu Zeit auf bestimmte Dauer einzelne verwahrloste Schüler in Special-Aufsicht" gegeben werden, "...damit sie theils durch Ermahnung besseren Sinn bei diesem Einzelnen erwecken, theils durch Gewöhnung an Thätigkeit vorteilhaft auf sie einwirken und sich durch diese Richtung auf Einzelne in der Erziehung üben" (SW Bd.XIV, S. 58). Es geht also sowohl um eine besonders intensive Betreuung und Beaufsichtigung der Problemschüler als auch um den Erwerb spezifischer individualpädagogischer Kompetenzen bei den Lehramtsanwärtern.

Die ganze Sache war keineswegs nur als Disziplinarmaßnahme gegen den betroffenen Schüler gedacht, sondern Herbart fordert ausdrücklich, daß sich die Betreuer zunächst in enger Zusammenarbeit mit dem Klassenlehrer, der Schulleitung und den Eltern ein umfassendes und genaues Bild von der "sittlichen Lage des Subjects" verschaffen müßten und daß sie sich dann "in der Form des Ernstes und der Liebe an dasselbe anschließen" sollten. Die "eingelaufenen Klagen und Fehltritte" seien dem Betroffenen "liebevoll" vorzuhalten, und so solle nach und nach versucht werden, "Fleiß, Ordnung und Sittlichkeit ihm einzuprägen" (ebd., S. 59). Zum Abschluß einer solchen Betreuungsmaßnahme hatten die Seminaristen schließlich einen Bericht über "ihre ganze Verfahrungsart" einzureichen. Nach diesem Konzept der "Curatel" entsprach die Aufgabe des Seminaristen also mehr der eines Tutors und Gesprächspartners des jeweiligen Problemschülers als der eines Aufsehers.

Wenn man bedenkt, wieviel Zeit noch vergangen ist, bis die Ideen der Erziehungsberatung, des schulpsychologischen Dienstes oder, ganz aktuell, der "mobilen Erziehungshilfe" sich institutionell durchsetzen konnten, so kann man Herbart nur bescheinigen, daß er mit seinen Vorschlägen schulergänzender pädagogischer Einrichtungen seiner Zeit erstaunlich weit voraus war.

9. Exkurs: Schlimmer Knabe - guter Knabe. Herbart als Hauslehrer von Ludwig und Karl Steiger in Bern

Mit 21 brach Herbart seine Studien in Jena ab und übernahm die erzieherische Verantwortung für die beiden ältesten Knaben der Schweizer Aristokratenfamilie Steiger, dem vierzehnjährigen Ludwig und dem zehnjährigen Karl. In den zweieinhalb Jahren des Berner Aufenthaltes entwickelte er in der Planung und Reflexion seiner erzieherischen Tätigkeit die wesentlichen Kategorien und Grundsätze jenes pädagogischen Systems, welches er dann einige Jahre später als Dozent der Philosophie in Göttingen veröffentlicht hat. Ein Teil der Rechenschaftsberichte an Herrn Steiger, seinen "Arbeitgeber", ist als bedeutsames Dokument der Geschichte der Pädagogik erhalten. Sicherlich handelte es sich bei den Steiger-Knaben nicht um verwahrloste oder schwer verhaltensgestörte Kinder. Dennoch ist aus den Aufzeichnungen ein klares Gefälle hinsichtlich der Dimensionen "verschlossen", "widerspenstig", "unfolgsam" versus "offen", "zugänglich" und "anhänglich" zwischen den beiden Jungen erkennbar. Schon als Herbart seine Stelle antrat, hörte er "Ludwig von allen Seiten tadeln und von manchen bittern Argwohn auf ihn werfen" (SW Bd.XVI, S. 173). Der Vater wollte offensichtlich schon gar nicht mehr über den "Problemfall" reden, und Herbart selber hatte während der ganzen Zeit seines Wirkens im Hause Steiger mit Ludwig, dem Älteren, sehr viel größere erzieherische Schwierigkeiten als mit Karl, dem Jüngeren, zu dem er eine sehr enge und intensive Beziehung entwickelte.

Herbart war stets um Ludwigs sittliche Entwicklung besorgt und hatte wohl zuweilen das Gefühl, daß es ihm nicht mehr gelingen werde, frühere Versäumnisse in der Erziehung des immerhin schon vierzehnjährigen Knaben gutzumachen. Er vergleicht Ludwig mit einem Acker, der "schrecklich lang brach gelegen" hat und dadurch "hart und fest" geworden sei (ebd., S. 27). Weil dieser Boden für feinere menschliche Regungen so gänzlich unfruchtbar schien, fürchtete Herbart, der durchaus begabte Knabe könnte "... ein sehr kluger, überlegter, konsequenter Egoist" werden (SW Bd.I, S. 43). Besondere Sorge machte ihm zudem Ludwigs "Begierde" und seine "verirrte Lebhaftigkeit". Gerade für die nun anstehende "Jünglingszeit", also für die Pubertät, befürchtete er deshalb "von der Seite der tierischen Sinnlichkeit einen gewaltigen Sturm" (ebd.).

Herbart merkte wohl, daß er bei dem älteren seiner beiden Schützlinge nicht so recht ankam, daß dieser sich den erzieherischen Bemühungen des neuen Hauslehrers immer wieder entzog. "Man müßte ihn doch irgendwo fassen können, um ihn zu führen!" - Dieser Stoßseufzer findet sich in seinem ersten Hauslehrerbericht (ebd.). Da der gefühlsmäßige, sympathische Draht fehlte, setzte Herbart in erster Linie auf den Verstand.

Die "Vorschriften der Sittlichkeit" sollten ihn "durch ihre Evidenz zwingen", und das Unrecht sollte ihm dadurch "als eine Ungereimtheit verächtlich werden" (ebd., S. 46). Keinesfalls jedoch wollte Herbart eine bloße Unterwerfung unter seine oder eine sonstige Autorität. Dabei erkannte er sehr wohl, daß seine Probleme mit Ludwig auch mit seiner eigenen Person zu tun hatten, daß sein Charakter einfach zu verschieden war von dem Ludwigs. Offen und selbstkritisch stellte er fest: "Er liebt mich noch nicht; ich kann zu wenig in seiner Art, sich zu vergnügen, einstimmen und ich bin ihm noch durch meinen Unterricht mehr lästig als angenehm" (ebd., S. 45). Ein anderer Erzieher, der "mit ihm hätte herausspringen und die Welt durchstreifen, ihn zugleich hüten und spornen, übertreffen, ermüden, in Gefahr stürzen und retten können, würde ihn vielleicht stark und besänftigt zugleich zurückgeführt haben in die Familie" (ebd., S. 57). Nur dies war seine Sache nicht; war er doch, wollte man ihn in seiner eigenen Systematik der Temperamente einordnen, ein ausgesprochener "Musikus", d.h. ein Mensch mit primär geistigen Interessen, der an seiner mangelnden körperlichen Kraft und Geschicklichkeit während seiner Jugendjahre viel gelitten hatte. So ist Herbarts Erfahrungsbericht auch ein interessantes Dokument dafür, wie sehr pädagogisches Geschehen von bewußt kaum planbaren Faktoren wie z.B. der "Passung" der Temperamente von Erzieher und Zögling und der Sympathie, die beide füreinander entwickeln, abhängig ist.

Als Ludwig im Januar 1798 von seinem Vater - ohne Rücksprache mit Herbart - die Erlaubnis erhielt, sich im Zusammenhang mit den Revolutionsunruhen als Freiwilliger in die Armee zu melden, löste dies eine schwere Krise in Herbarts Verhältnis zum Hause Steiger aus, denn dadurch fühlte er seine ganzen erzieherischen Bemühungen zunichte gemacht. Angesichts der Zustände beim Militär fürchtete er weniger um Ludwigs Leben als vielmehr um sein Seelenheil und seine sittliche Entwicklung. Dieses Milieu schien ihm geeignet, gerade einen Knaben wie Ludwig "...der so völlig charakterlos, so gänzlich weder gut noch böse" war, "...ganz zu verderben" (ebd., S. 92).

Herbarts zweiter Bericht trägt denn auch deutlich die Handschrift des gekränkten, schmollenden Hauslehrers. Er kündigt sein bisheriges Engagement auf und einen sturen "Dienst nach Vorschrift" an. Er hat diesen Vorsatz jedoch nicht wirklich durchgehalten, denn schon der nächste Bericht vom Mai 1798 (als Ludwig von seinem "Feldzug" schon wieder längst zurück ist) zeigt ihn mit dem gewohnten pädagogischen Eifer und der methodischen Gewissenhaftigkeit. Ludwig war durch sein Abenteuer selbstbewußter geworden und wollte nun von allen Aufgaben und Lernanforderungen "wenigstens Ende, Zweck und Ziel sehen" (ebd., S. 57). Herbart, dem es ja um die vielseitige Bildung des Gedankenkreises und gerade nicht um enge zweckbezogene, funktionale Ausbildung ging, tat sich verständlicherweise schwer mit solchem Anspruch. Er versuchte es mit förmlichem "moralischen Unterricht", doch er mußte nach einem Jahr feststellen, daß er damit "gar nicht auf den Weg gekommen" sei (ebd., S. 62). Deshalb war er wohl ganz froh, als der Vater beschloß, Ludwig solle bald eine Lehre als Forstmann antreten. Im vierten Bericht ist ohne nähere Konkretion noch von einer schwerwiegenden Verfehlung Ludwigs die Rede, von einem Erlebnis, das "allen, als es geschah, so viel Kummer machte" und das Ludwig selbst im nachhinein eine "durch und durch" erschütternde Reue empfinden ließ und ihm außerdem einen gehörigen "Schreck vor dem Bösen" einjagte.

Insgesamt tritt nun aber die Beziehung zu Karl mehr in den Vordergrund. Herbart bekennt, daß er ihn bisher eher vernachlässigt hatte, und zeigt sich fast überrascht, als er bei genauerem Hinsehen "...bei Karln viel mehr Kopf und mehr Anhänglichkeit" fand, als er erwartet hatte. Außerdem "einen Grad von gutem Willen, der allein für ein sehr großes Talent gelten kann". Deshalb ist er voll Zuversicht: "Seine Erziehung kann beinahe nicht wesentlich verunglücken" (SW Bd. XVI, S. 86). Der nun elfjährige Karl ist seinen erzieherischen Bemühungen gegenüber sehr viel offener als Ludwig, und so werden Herbarts Kommentare über die Entwicklung seines Verhältnisses zu diesem Knaben immer euphorischer. Im Verlauf des Jahres 1799 - aus dem leider keine Hauslehrerberichte mehr vorliegen, sondern lediglich Dokumente in Form von Briefen an Freunde Herbarts - wurde dieses Verhältnis immer enger und inniger. So eng, daß sich seine Biographen stets beeilen, zu versichern, daß es sich "nur" um ein "Eros-Erlebnis im Sinne Platos" gehandelt habe, daß der Gedanke einer homosexuellen Beziehung aber auszuschließen sei (vgl. Klafki 1966, S. 164; Asmus 1968, S. 136). Der Gedanke an zumindest latente homosexuelle Tendenzen drängt sich bei der Lektüre von Herbarts freimütigen Schilderungen allerdings tatsächlich auf:

"Mein Karl ist ein so verständiger - schöner, - guter, - inniger Junge, daß mein Arm nun schon unwillkürlich sich um ihn schlingt, daß ich ihn nicht gut anders als an meiner Brust liegend neben mir sitzen lassen kann, daß die rixae amantium sich meistens mit Küssen endigen". Und Herbart selbst bekennt, daß diese "Liebe, ... zuweilen ihr Gefäß etwas zu voll füllt, zuweilen mit dem ernsten Verhältnisse des Lehrers sonderbar kontrastiert" (SW Bd.XVI, S. 118).

Auch spätere Episoden aus der Göttinger Zeit, etwa der fetischhafte Umgang mit dem Portrait Karls oder die heftigen Eifersuchtsgefühle auf dessen neue Freunde, bestätigen diese Annahme.

Wenn Rutschky Herbarts ganzes theoretisches Werk als einzigen Abwehrkampf gegen die in der Beziehung zu Karl zutage getretenen Triebtendenzen interpretiert (vgl. Rutschky 1977, S. LVI), so ist dies sicher weit überzogen, enthält aber doch einen bedeutenden Kern Wahrheit. Denn in der Tat hat Herbarts Erziehungstheorie einen sehr rationalistischen Grundtenor, der, etwas überspitzt ausgedrückt, dem Motto entspricht: "Mit Homer, Geometrie und mit Moralvorträgen hin zur wahren Sittlichkeit". Die affektive Komponente der pädagogischen Interaktion, die doch bei seinen eigenen Erfahrungen als Erzieher eine so mächtige Rolle gespielt hat, bleibt in seiner Erziehungstheorie dagegen vollkommen unterbelichtet. Daß der Erzieher in den Prozeß der Erziehung selbst emotional verstrickt ist, daß er sich im Umgang mit dem "Zögling" selbst verändert, all dies kommt bei Herbart nicht vor. Der Erzieher ist ihm immer der überlegene, gebildete, unangreifbare Ideal-Mensch, der die Bildung des Zöglings zu planen und zu steuern hat und der zu jeder Zeit genau weiß, was für diesen gut ist.

III. Johann Hinrich Wichern

Wenngleich Wicherns Einfluß auf die deutsche Pädagogik insgesamt sicher nicht an den Pestalozzis oder Herbarts heranreicht, so war er doch mit Sicherheit derjenige unter den großen Pädagogen des 19. Jahrhunderts, der im Hinblick auf die Gestaltung der Erziehung verwahrloster Kinder und Jugendlicher die größte praktische Wirkung erzielte. Diese Problemgruppe stand bei ihm von Anfang an im Mittelpunk des pädagogischen Interesses.

Gleichzeitig ist sein Erziehungsdenken sehr viel stärker religiös fundiert als das von Pestalozzi oder Herbart. Wichern verkörpert also die religiöse Variante des "sittlichen Paradigmas". Die "Rettung" des Verwahrlosten ist für ihn nicht nur eine Befreiung des edlen menschlichen Kerns vom "Schlamm der Verrohung und der Verwilderung" oder eine Aktivierung der "Charakterstärke der Sittlichkeit", sondern sie ist für ihn ganz wesentlich ein Ringen mit dem Bösen, mit der Sünde, eine Hinführung des Verirrten zum wahren Christentum und damit eine Errettung seines Seelenheiles. Wenn Pestalozzi sagte, er wolle die ihm anvertrauten Kinder zu Menschen erziehen, auf daß sie Christen sein können, so gilt für Wichern gewissermaßen genau das Gegenteil.

1. Leben und Werk

Wichern wurde 1808 in Hamburg geboren. Nach dem Tod des Vaters mußte er schon früh zum Unterhalt der Familie beitragen. Um sich die Mittel zum Studium zu erwerben, arbeitete er noch während seiner Gymnasialzeit als Erzieher und Lehrer in einem Pensionat und sammelte erste pädagogische Erfahrungen. In Göttingen und Berlin studierte er schließlich evangelische Theologie. Einer seiner Lehrer war Schleiermacher.

Sehr bedeutsam für Wicherns weiteren Lebensweg wurde die Stelle als Lehrer an einer Hamburger Sonntagsschule, die er als Kandidat nach dem Studienabschluß annahm, um die Wartezeit bis zu einer ordentlichen Anstellung als Pfarrer zu überbrücken. Diese Sonntagsschule diente dem Zweck, den vernachlässigten, oft als billige Arbeitskräfte ausgebeuteten oder als Bettelkinder mißbrauchten Kindern der untersten Sozialschicht, die sonst keine Schule besuchten, eine minimale Bildung zukommen zu lassen.

Dadurch kam Wichern in engen Kontakt mit dem Milieu der Hamburger Hinterhöfe und lernte das Elend, das dort herrschte, aus unmittelbarer Nähe kennen. In seiner öffentlichen Begründung des "Rauhen Hauses" hat er eine sehr plastische Schilderung dieser Zustände gegeben. Um den Zuhörern die Notwendigkeit seines Rettungshausprojektes zu verdeutlichen, führt er sie erzählend von Tür zu Tür eines solchen Elendsquartiers und beschreibt, was er dort jeweils gesehen hat. Dann faßt er seine Eindrücke zusammen:

"Dies sind die Orte und die Familien, woraus die Bettelkinder und Vagabunden erwachsen, dies die Familien, welche als die Pflanzschulen der Laster, Schanden und Verbrechen bezeichnet werden müssen, dies der Boden, auf welchem sich von Glied zu Glied die Gott- und Sittenlosigkeit, die sich selbst und dem Ganzen zur Last fallende Armut unsrer untersten Volksklasse erzeugt. Wer in diesen Kreis des Volkes sich hineinbegibt, trotz des Ekels und des Verdrusses, und mit eignen Sinnen wahrnimmt, was hier geschieht, oder wer denen glauben will, die selbst täglich solche Erfahrungen machen, der wird die Notwendigkeit einer Veranstaltung zur Rettung des heranwachsenden Geschlechts nicht mehr in Abrede stellen dürfen" (Wichern SW Bd.IV/1, S. 101).

Während dieser Zeit als "Stadtmissionar" entstand bei Wichern auch der Plan, der Verwahrlosung der Jugend, die unter solchen Lebensbedingungen kaum zu vermeiden war, wirkungsvoll zu begegnen. Als der damals gerade 25-jährige Wichern am 12. September 1833 im Auktionssaal der Hamburger Börse seine Ideen der Öffentlichkeit vorstellte, hatte er bereits eine sehr durchdachte Konzeption einer pädagogischen Einrichtung vor Augen. Er grenzte sein Vorhaben klar ab gegenüber anderen, in Hamburg schon bestehenden Einrichtungen wie Waisenhaus, Armenschule und Strafanstalt. Nicht um bloße Versorgung oder Unterrichtung und schon gar nicht um Bestrafung ging es ihm mit seinem Vorhaben, sondern es sollte eine "Rettungsanstalt für sittlich verwahrloste Kinder" entstehen, "welche die Abhilfe äußerer Not lediglich als das Mittel zu einem sittlichen Zweck betrachtet" (ebd., S. 96).

Wicherns Pläne fanden ausreichende Unterstützung durch die Hamburger Bürger, und so konnte er ab November 1833 daran gehen, sie in die Praxis umzusetzen. Von einem Gönner erhielt er in Horn bei Hamburg eine strohgedeckte Kate zur Verfügung gestellt, und diese wurde unter dem Namen "Rauhes Haus" zum Ausgangspunkt des Wichern'schen Rettungwerkes. Bis zum Jahresende 1833 hatte er zwölf Jungen um sich gesammelt. Ihren Zustand beschreibt er folgendermaßen:

"Bis auf einen waren sie sämtlich in gänzlicher Verwahrlosung und Verwilderung aufgewachsen... . Die roheste, übermütigste Kraft, gepaart mit dem entschiedensten Willen, frei zu sein, und geübt in den kühnsten Versuchen, sich diese Freiheit zu verschaffen, kamen dadurch in unmittelbare Berührung mit den halbertöteten, entnervten, von allem Bösen völlig abhängigen Naturen." Eltern, Schullehrer und Armenpfleger hätten "...vergebens versucht, sie zu bändigen und zum Gehorsam zu bringen" (ebd., S. 130).

Wichern bot diesen Jungen eine neue Lebenswelt an, die von religiösem Ernst und Arbeitseifer, aber auch von gemeinschaftlichem Singen, Spielen und Feiern geprägt war. Dabei war sein ganzes Vorhaben von Anfang an auf Expansion hin angelegt. Unter Mithilfe der Jungen wurden neue Häuser gebaut, und so entstand bald ein ganzes "Rettungsdorf", das immer mehr Jungen und später auch Mädchen Aufnahme bot. Jährlich hat Wichern ausführliche Jahresberichte verfaßt, in denen er die Entwicklung der ganzen Einrichtung, die jeweiligen Schwerpunkte der Arbeit, die Schwierigkeiten mit einzelnen Kindern, aber auch die Erfolge seiner erzieherischen Bemühungen schildert. Diese Jahresberichte sind sowohl Zeugnisse eines bedingungslosen Einsatzes für die Sache der "Rettung" Verwahrloster, der sich von keiner Enttäuschung und von keinem Rückschlag in seinem Ziel beirren läßt, als auch Belege für eine sorgfältig reflektierte Erziehungspraxis, die versucht, sich Rechenschaft zu geben über den erzieherischen Wert einzelner Einrichtungen und Maßnahmen. Wicherns Wirken galt zunächst dem Auf- und Ausbau des "Rauhen Hauses". Er war der geistige und organisatorische Leiter dieses Unternehmens. Für die Jugendlichen war er Lehrer und Seelsorger und für die Gehilfen war er Anleiter und letzte Instanz in allen pädagogischen Entscheidungen.

In dem Revolutionsjahr 1848 trat Wichern mit seiner berühmten Rede auf dem ersten evangelischen Kirchentag in Wittenberg an die Öffentlichkeit. Die revolutionären Erhebungen deutete er dabei als Ausdruck für die religiöse und sittliche Not des Volkes, und er warf der evangelischen Kirche schwere Versäumnisse in dieser Hinsicht vor. Um diesen Mißständen abzuhelfen, wurde daraufhin ein "Centralausschuß für die innere Mission" gebildet, dessen Arbeitsprogramm Wichern unter dem Titel "Die innere Mission der deutschen evangelischen Kirchen. Eine Denkschrift an die deutsche Nation" formulierte (SW Bd.IV/1, S. 175ff). Ziel dieser "inneren Mission" sollte es sein, durch entsprechende Maßnahmen den sittlich-religiösen Zustand des Volkes zu verbessern. Das Rettungshaus sah Wichern nun als eine Einrichtung innerhalb dieses größeren Rahmens der Volkserziehung an.

Von diesem Zeitpunkt an entfaltete Wichern eine rege Reise- und Vortragstätigkeit, um die Sache der inneren Mission und speziell die des Rettungshauses voranzutreiben. An zahlreichen Neugründungen von Rettungshäusern war er selbst unmittelbar beteiligt. Er konnte dabei vielfach auf die von ihm ausgebildeten "Gehilfen" als Hausväter für diese neuen Einrichtungen zurückgreifen.

1857 ging Wichern, der seine ganze Tätigkeit bis dahin bewußt außerhalb staatlich-institutioneller Einbindung entfaltet hatte, nach Berlin und wurde Mitglied des preußischen Oberkirchenrates und Vortragender Rat für Gefängnis- und Armenwesen im Ministerium des Inneren. In dieser amtlichen Funktion leitete er eine Reform des preußischen Gefängniswesens ein, die dem Erziehungsgedanken auch im Strafvollzug Geltung verschaffen sollte.

Auch wenn er sich nun nur mehr während des Sommers für gewisse Zeit von den politischen Querelen, die sein Berliner Amt mit sich brachte, nach Hamburg zurückziehen konnte, blieb er doch auch während dieser Zeit offizieller Vorsteher des Rauhen Hauses. Die pädagogischen Prinzipien seiner Gründung sowie die Impulse, die von ihr ausgegangen sind, hat er 1868 in einem umfangreichen Artikel für die "Schmid'sche Encyklopädie des gesamten Erziehungs- und Unterrichtswesens" (AS Bd.2, S. 147ff) noch einmal in aller Ausführlichkeit dargestellt, und es ist erstaunlich, wie klar sich die Grundgedanken Wicherns dabei in den 35 Jahren seit der öffentlichen Ankündigung seines Vorhabens durchgehalten haben.

1871 kehrte Wichern endgültig ans Rauhe Haus zurück. Ein Gehirnschlag machte ihn jedoch bald pflegebedürftig. Am 7. April 1881 starb er im Alter von 73 Jahren.

2. Wicherns Vorläufer

Wichern war nicht der eigentliche Erfinder des Rettungshauses Er war aber zweifellos derjenige, der die Idee am klarsten und am detailliertesten ausgestaltete, der sie am offensivsten öffentlich vertreten hat und der somit die größte Breitenwirkung erzielte. Er selbst hat in seinem großen Encyklopädie-Artikel die Gesamtgeschichte der deutschen Rettungsanstalten dargestellt und dabei auch die Verdienste seiner Vorläufer, also Pestalozzis, Falks, Zellers, von der Reckes u.a. ausführlich gewürdigt.

Schon Pestalozzi hatte ja sein Leben lang das Ziel, arme und verwahrloste Kinder durch eine entsprechende Erziehung zu brauchbaren Bürgern und sittlichen Menschen zu bilden. Er war mit seinem ersten Versuch am Neuhof gescheitert, und auch seinen zweiten in Stans mußte er nach kurzer Zeit abbrechen. Dennoch hatte er damit Maßstäbe gesetzt. Wichern achtete wohl Pestalozzis selbstlosen Einsatz, aber er hielt ihm doch vor, daß ihm bei seinem Kampf gegen die Verwahrlosung "die alleinige Waffe zur Überwindung des Feindes" gefehlt habe, weil er "nicht dazu gelangte, die Herrlichkeit und Fülle des Evangeliums als die alleinige Kraft des Heils sich entfalten zu lassen" (AS Bd.2, S. 159).

Um einerseits die Kontinuität mit Pestalozzis Absichten und andererseits die praktische Überlegenheit des christlichen Ansatzes der Rettungshaus-Erziehung gegenüber Pestalozzis Versuchen zu unterstreichen, berichtet Wichern folgende Anekdote, deren Historizität jedoch nicht verbürgt ist: Als der greise Pestalozzi 1826, kurz vor seinem Tod, die Rettungsanstalt seines Freundes Zeller in Beuggen besuchte und das Leben dort sah, soll er ausgerufen haben: "das ist's, was ich gewollt habe!" (ebd.).

Die ersten Rettungsanstalten im eigentlichen Sinn des Wortes entstanden weitgehend unabhängig voneinander etwa 10 bis 15 Jahre vor Wicherns Gründung des "Rauhen Hauses". In Thüringen nahm sich seit 1813 Johannes Falk der Not elternloser, vagabundierender Kinder und Jugendlicher an, die nach den Wirren der napoleonischen Kriege bettelnd durch das Land zogen. Nachdem er innerhalb kurzer Zeit vier seiner eigenen Kinder verloren hatte, brachte er zunächst einige solcher "moralisch todkranker Kinder" (Falk 1967, S. 95) in sein Haus und versuchte, ihnen die Familie zu ersetzen. Er sah jedoch bald, daß seine Wirkungsmöglichkeiten so sehr begrenzt waren. Deshalb gründete er, gemeinsam mit dem Prediger Horn aus Weimar die "Gesellschaft für Freunde in der Not" und begann damit, die Jugendlichen bald nach der Aufnahme in sein Haus an geeignete Handwerkerfamilien weiterzuvermitteln, denn er hatte erkannt, daß das Erlernen eines ehrbaren Handwerks die Grundvoraussetzung für ihre spätere praktische Lebensbewährung darstellte. Für die jüngeren Kinder suchte er ebenfalls geeignete Familien. Da die öffentlichen Volksschulen dem "seelenrettenden Zweck", den Falk bei seiner ganzen Arbeit in den Vordergrund stellte, bei vielen Kindern nicht gerecht werden konnte, richtete er in seinem Haus eine eigene Schule für sie ein. Um die Kinder und Jugendlichen auch sittlich und religiös zu unterweisen, versammelte er sie alle jeweils am Sonntagabend zum Gottesdienst und zur Sonntagsschule.

Dieses Bemühen um die sittlich-religiöse Bildung in der Sonntagsschule war jedoch keineswegs eine bloße Zugabe zur schulischen und handwerklichen Ausbildung, sondern sie stellte den eigentlichen Kern und Beweggrund von Falks ganzem sozialpädagogischen Engagement dar. So schreibt er 1823 über seine Arbeit: "Der seit 11 Jahren verfolgte Hauptzweck unseres Vereins... scheint eine Art Missionsgeschäft, eine Seelenrettung, eine Heidenbekehrung zu sein, aber nicht in Asien und Afrika, sondern in unserer Mitte, in Sachsen, Preußen usw." (Falk zit. nach Wichern AS Bd.2, S. 161). Hier ist der ganze Gedanke der inneren Mission, wie ihn Wichern dann aufgegriffen hat, in höchst anschaulicher Formulierung auf den Punkt gebracht.

Bald betreute Falk in dieser Kombination von Familienunterbringung, Lehrstellenvermittlung, Unterricht und Seelsorge einige hundert Jugendliche. Um sich geeignete Mitarbeiter heranzubilden, gründete er das "Johanneum", ein stark sozialpädagogisch ausgerichtetes Lehrerseminar, das nach dem Urteil von Schering "die Grundstruktur der modernen Sozialarbeiterbildung vorgeprägt hat" (Schering 1967, S. 10).

1823 begann Falk mit Hilfe seiner handwerklich geschulten Zöglinge den Bau des "Lutherhofes", der als neues Zentrum für diese vielfältigen Aktivitäten dienen sollte. Als Falk jedoch 1826, kurz nach dessen Vollendung, starb, war kein Nachfolger da, der das komplexe und höchstpersönliche Lebenswerk hätte zusammenhalten und weiterführen können. So ging dieser erste praktische Versuch der Realisierung des Rettungsgedankens bald nach dem Tod des Gründers wieder unter.

Seine Ideen wurden indes an anderen Orten aufgegriffen und weitergeführt (vgl. Reis 1931, S. 91f). Durch Karl Reinthaler, der streng nach Falk'schem Vorbild das "Martinsstift" in Erfurt gründete, und durch Philipp und Karl von der Recke in Overdyk und Düsselthal, die ihre Kinder nicht mehr an Familien weitervermittelten, sondern eigene Werkstätten einrichteten. Bei ihnen nahm der Rettungshausgedanke einen sehr starken pietistischen Zug an. Ausgangspunkt war hier die ursprüngliche Sündhaftigkeit und Verworfenheit des Menschen. Entsprechend war die Erziehungspraxis von Bußübungen und von militärischer Strenge geprägt. Die Zöglinge waren uniformiert und wurden von der Außenwelt weitgehend abgeschlossen.

Ebenfalls von Falk, aber wohl noch stärker von Pestalozzi, beeinflußt war die "freiwillige Armenschullehrer- und Armenkinderanstalt", die Christian Heinrich Zeller 1820 in einem alten Schloß in Beuggen bei Basel gründete. Schon der Name weist darauf hin, daß hier die Erziehung der Kinder mit der Erziehung der Erzieher, d.h. mit der Heranbildung von Mitarbeitern, die als "Multiplikatoren" für die Verbreitung der Idee sorgen konnten, kombiniert war. Beuggen wurde dadurch zur Wiege der süddeutschen Rettungshausbewegung und Zellers pädagogische Lehre zu deren Programm. Auch Zeller ging dabei viel stärker als Falk von der sündigen Natur des Menschen aus, die durch Gebet, Buße und Arbeit überwunden werden sollte. Das eigentliche Ziel aller erzieherischen Bemühungen lag nach dieser neupietistischen Auffassung nicht in der Hinführung zur bürgerlichen Brauchbarkeit, sondern in der Hinführung zur rechten Gottseligkeit und in der Vorbereitung für das jenseitige, ewige Leben (vgl. Ruth 1927, S. 8f).

Als Wichern 1833 das Rauhe Haus gründete, gab es also in Thüringen, im Rheinland und insbesondere im Südwesten Deutschlands schon verschiedene Ansätze zur "Rettung" verwahrloster Kinder. Am stärksten war Wichern wohl von Falk beeinflußt. Er hat dessen

Schriften gelesen und ihn als "einen der edelsten deutschen Männer" verehrt (AS Bd.2, S. 27). Insbesondere in der Betonung der Freiheit, als der Voraussetzung für die innere Umgestaltung, auf die es ankam, stand Wichern Falk nahe. Der Falk'sche Satz: "Wir schmieden die Ketten inwendig und verschmähen die, so man außen anlegt" (zit. nach Schering 1967, S. 3), taucht ganz ähnlich in Wicherns berühmter Aufnahmeformel auf. Auch durch die ausdrückliche Anerkennung der pädagogischen Bedeutung von Freude, Fest und Spiel glich der Geist des Rauhen Hauses in vielem dem des Lutherhofes. Dagegen herrschte in Düsselthal eine eher kasernenmäßige und in Beuggen eine eher klösterliche Stimmung vor.

Neben diesen mehr "atmosphärischen" Unterschieden bestand der wichtigste organisatorische Unterschied zwischen Wicherns Konzept und dem seiner Vorgänger darin, daß er den Gedanken des Familienprinzips am konsequentesten umsetzte und kleine überschaubare Grupppen mit festen Bezugspersonen und eigenen Haushaltungen schuf.

3. Die Zielgruppe der Rettungshäuser: "verwahrloste" und "mißratene Kinder"

Ein Bestimmungsstück der Rettungshausidee, das in Wicherns späteren Schriften eine Wandlung bzw. eine deutliche Erweiterung erfahren hat, ist die Beschreibung der Zielgruppe, für welche das ganze Unternehmen bestimmt sein sollte. Der erste Satz der "Propositionen", die Wichern 1833 in seiner Begründungsrede dann erläuterte, lautet: "Die Rettungsanstalt hat zur Absicht, verwahrlosten Kindern (beiderlei Geschlechts) bis zur Konfirmation eine Zuflucht und diejenige Erziehung zu gewährleisten, welche die Stelle der elterlichen Fürsorge soviel als möglich vertreten soll" (SW Bd.IV/1, S.96). Die Schilderungen aus den Hamburger Elendsquartieren, mit denen Wichern die Notwendigkeit einer solchen Anstalt dann zu unterstreichen versucht, machen deutlich, daß es ihm um vernachlässigte, milieuverwahrloste Kinder der untersten Sozialschicht geht.

Die entsprechende Anfangspassage aus dem Encyklopädie-Artikel von 1868 meint dagegen sehr viel allgemeiner, die deutschen Rettungsanstalten hätten es "mit einer Jugend zu tun..., deren Erziehung aus irgenwelchen Ursachen besondere Schwierigkeiten macht und die ohne solche besondere Hilfe auch die Gesellschaft mit Gefahr bedrohen würde" (AS Bd.2, S. 147). Ausdrücklich verweist Wichern sogar darauf, daß die Bezeichnung "verwahrlost" in vielen Fällen nicht recht auf die in Frage kommenden Kinder und Jugendlichen paßt, da die Rettungshäuser auch Kinder aufnähmen, "die trotz aller Mühe und Fürsorge oft trefflicher Eltern, also trotzdem, daß sie nicht verwahrlost sind, ... vollständig mißraten und entartet sind" (ebd.).

Die Praxis der Rettungshäuser hatte bald gezeigt, daß es Erziehungsnotstände nicht nur in jenem Elendsmilieu gab, sondern daß auch Eltern aus höheren sozialen Schichten oft kamen, um ihre "verlorenen und verirrten Söhne und Töchter" dem Rettungshaus zu übergeben, wenn sie sich selber keinen Rat mehr wußten. Das entscheidende Kriterium für die Aufnahme ins Rettungshaus war somit die "Rettungsbedürftigkeit", d.h. das Maß der sittlichen Gefährdung, dem die Kinder und Jugendlichen durch ihren bisherigen Entwicklungsgang ausgesetzt waren.

Interessant im Hinblick auf die grundlegende Wandlung des Problemverständnisses, das sich dann einige Jahrzehnte später unter dem Einfluß der Psychiatrie durchsetzen sollte, ist ein weiteres Aufnahmekriterium, das Wichern benennt: "Jede Rettungsanstalt, die keineswegs Krankenanstalt ist, hütet sich mit Recht davor, Kinder, welche krank sind, aufzunehmen. Vollständige geistige und körperliche Gesundheit sind eine der ersten Aufnahmebedingungen" (ebd., S. 204f). Die Tatsache der besonderen Erziehungsschwierigkeiten galt nämlich dann später vielfach gerade als Symptom für eine krankhafte Störung des Gehirns oder des Nervensystems.

4. Wicherns Deutung der Verwahrlosung

Die Verwahrlosung war für Wichern die Folge mangelnder "Bewahrung", d.h. mangelnder erzieherischer Fürsorge und Pflege durch die Eltern. Hier lag also ein Versagen der Familie, ein Verschulden der Eltern vor. Das Kind selbst konnte für seine Verwahrlosung nicht verantwortlich gemacht werden, denn die für seine sittliche Entwicklung erforderliche Nahrung - Liebe, Freude, Geborgenheit - wurde ihm vorenthalten. Wichern sah dieses Versagen der Eltern in ihrer Aufgabe gegenüber den Kindern zwar durchaus als ein schichtspezifisches Problem, aber er deutete es dennoch moralisch als eine allgemeine "Entartung" der "untersten Volksklassen". Dabei machte er verschiedene Momente für diese "Entartung" verantwortlich: das "unzüchtige Wesen der wilden Ehen", den "Druck der schamlosen und verschuldeten Armut", die "Gewährung der sinnlichen Lust und Begier außerhalb der Familie", das "unterdrückte religiöse höhere Bewußtsein", die "Vereinzelungssucht, Eigensucht und Eigenliebe" etc. (ebd., S. 32f). Er bringt all dies nicht mit den grundlegenden gesellschaftlichen Veränderungsprozessen jener Zeit, wie dem Zerfall der ständischen Ordnung, dem Funktionsverlust der Großfamilie, der zunehmenden Mechanisierung der Produktion und der rücksichtslosen Ausbeutung der Arbeiter in der Frühphase des Kapitalismus, in Verbindung. Von daher ist Möckels Urteil, die Rettungshaus-Bewegung habe in ihrer Kritik an der Gesellschaft zu sehr "moralisch-individuell, zu wenig analytisch-institutionell angesetzt", sicher berechtigt (Möckel 1988, S. 85; vgl. auch Mollenhauer 1987[2], S. 25f).

Diese eher sozialisationstheoretische Deutung der Verwahrlosung ist bei Wichern verschränkt mit einer theologischen Deutung. Das unzulänglich "bewahrte" Kind ist nämlich "dem Bösen" und "der Sünde" schutzlos ausgeliefert. Diese erscheinen bei Wichern häufig als finstere Lebensmächte, die in den Menschen eindringen und von ihm Besitz ergreifen. So meint er etwa, daß "die meisten der aufgenommenen Kinder bereits den Hefen der Sünde gekostet" hätten (AS Bd.2, S. 64) und daß die Sünde dann bei manchen zu einem solchen Maß herangereift sei, daß sie wie im Rausch sich selbst und ihren Schöpfer verfluchten. An anderer Stelle wird dieser Aspekt des Bösen als einer fremden Macht, die von der Seele des Verwahrlosten Besitz ergreift, noch deutlicher. Dort schildert Wichern, wie er an äußeren Zeichen die "Symptomik des inneren verhaltenen Bösen" kennengelernt habe:

"Wir lernen schon aufmerken, wenn bei gewissen Leuten ein unbändiges Heulen, Schreien, Wälzen, Tumultieren sich zeigt, wenn tägliche Widerspenstigkeit, verhaltner Groll, selbst der Versuch zu täglichem Vergreifen gegen Vorgesetzte, die gröbste Mißhandlung der Kameraden und anderes mehr sich hervortut" (ebd., S.70).

All dies sind für Wichern Alarmzeichen, die auf die drohende Eruption der "im geheimen brütenden wilden Kräfte" hinweisen. Manchmal gelinge es dann noch mit geeigneten erzieherischen Mitteln, "den Dämon zu beschwören", oft aber müsse "die böse Frucht zur Reife kommen" (ebd.).

5. Wicherns Deutung der "erfolglosen Erziehungsbemühungen"

Für Wichern bedeutete die Verwahrlosung primär einen quantitativen Mangel an Erziehung. Nun war er aber immer wieder mit Fällen konfrontiert, in denen Eltern ihre Pflichten durchaus ernst genommen hatten, in denen sie sich eifrig, vielleicht zu eifrig, um die rechte Erziehung ihrer Kinder bemüht hatten, und in denen dennoch das Resultat dieser Bemühungen ganz und gar nicht den Zielvorstellungen entsprach. In solchen Fällen spricht Wichern dann meist von "mißratenen" oder "entarteten" Kindern.

In einem Vortrag aus dem Jahr 1863 mit dem Titel "Die Ursachen der so vielfach erfolglosen Bemühungen in der heutigen Kindererziehung" hat Wichern versucht, den Gründen für das Scheitern von wohlgemeinten Erziehungsbemühungen nachzuspüren. Er ist sich dabei wohl bewußt, daß er ein weitverbreitetes aber zugleich ein sehr heikles Problem anspricht. Denn für die Eltern ist die Konfrontation mit den Ursachen der gescheiterten Erziehung meist mit Kränkung, Scham und Widerstand verbunden. Wichern gliedert seine Untersuchung der Kausalfaktoren für dieses Scheitern in zwei große Gruppen: "äußere Ursachen der Erfolglosigkeit" und "innere Gründe der Erfolgslosigkeit".

Bei den äußeren Ursachen geht er zunächst die ganze Reihe von Erziehungsfaktoren durch, die neben den Eltern in Betracht kommen: Ammen, Geschwister, "Schul- und Spielgenossen", "sittlich unlautere Kameradschaft" und schlechte Lektüre. Von ihnen allen könne unter Umständen ein verderblicher Einfluß ausgehen. Dann macht er seinem Unmut über den herrschenden Zeitgeist Luft und beklagt, daß "Seichtheit, Heuchelei, Frivolität, Impietät und Rebellion sich in unseren Tagen mit den schönsten Namen der Bildung, Sittlichkeit, Freiheit, Wahrheit und Liebe schmücken" (ebd., S. 129). Hier zeigt sich deutlich Wicherns restaurative politische Haltung, denn seine Kritik wendet sich ganz klar gegen die liberalen, zum Teil antiklerikalen, antiautoritären Strömungen seiner Zeit. Die Familie müsse eine festgefügte Burg gegen diesen Zeitgeist sein, andernfalls könnten "böse, Kinder verderbende, erziehungsfeindliche Geister ... in die etwaigen Lücken einbrechen" (ebd., S. 131).

Interessanter als die mehr kursorisch abgehandelten Wirkungen heimlicher Miterzieher und als das pädagogisch-kulturpessimistische Lamento über die negativen Einflüsse des verderblichen Zeitgeistes erscheint eine dritte Gruppe äußerer Ursachen für die fehlgelaufene Erziehung: die "verkehrten Erziehungsverfahren". Hier geht es Wichern also gewissermaßen um qualitative Mängel der Erziehung bei wohlmeinender Absicht und ausreichender Intensität. Er nennt dabei sowohl die zu "weichherzige Liebe... mancher Mütter", die zu schwächlich sei, "aufkeimende Übel" zu überwinden, als auch die "rücksichtslose Härte mancher Väter", welche leicht "rigoristische Wege" einschlage und dadurch "das schon einmal irregeleitete Gemüt noch weiter auf den verkehrten Weg" drängt (ebd., S. 134).

Ein zentrales Kriterium für das Ge- bzw. Mißlingen der Erziehung stellt für Wichern die Hinführung zum rechten christlichen Glauben dar, und dies ist in seinen Augen auch der besonders sensible Punkt, an dem viele Erziehungsverhältnisse scheitern. Gerade Eltern, die bei ihren Kindern mit Druck das erzwingen wollen, was immer nur die "Sache der freiesten Aneignung, die persönlichste, eigenste Tat jedes Menschen" sein kann (ebd., S. 135), zerstörten damit eben diese Möglichkeit und darüber hinaus nicht selten auch das ganze Vertrauensverhältnis zu ihren Kindern. Wichern spart dabei nicht mit seiner Kritik an jenen Eltern, die eine "karikierte, krankhafte Frömmigkeit pflegen" (ebd., S. 137) und mit dieser ihre Kinder drangsalieren.

Bei der Untersuchung der zweiten Ursachengruppe, der "inneren Gründe der Erfolgslosigkeit", kommt sehr deutlich wieder jenes theologische Motiv ins Spiel, das für Wichern schon bei der Deutung der Verwahrlosung eine wichtige Rolle gespielt hat. Die Tatsache, daß manche Kinder selbst unter ungünstigen äußeren Bedingungen sittlich gedeihen, andere dagegen trotz sehr guter Bedingungen als Sorgenkinder heranwachsen, zwingt ihn zu der Annahme einer je unterschiedlichen "sittlichen Disposition" (ebd., S. 139). Eine solch ungünstige "sittliche Anlage" stellt in diesem Sinne eine verminderte Resistenz gegen die "Kräfte des Bösen" dar. Seinerseits kann dieses "Böse" wiederum in unterschiedlichen Stärkegraden und Erscheinungsweisen von dem einzelnen Kind Besitz ergreifen. Wichern stellt zur Erklärung der Tatsache, daß in manchen Familien nur einzelne Kinder ganz aus dem Rahmen fallen und zu "schwarzen Schafen" werden, sogar eine Art Konzentrationshypothese auf: "Das Böse erscheint in solchen einzelnen in höherer Potenz, hat in ihnen gleichsam die Tendenz, sich ... zu personifizieren". So könne es in Extremfällen gar zu "sittlichen Monstrositäten" kommen (ebd., S. 139f), zu Erscheinungen, in denen "das Böse zuzeiten in dämonischer Größe hervortritt" (ebd., S. 142).

Dabei bringt Wichern auch noch den Erblichkeitsgedanken ins Spiel, also die Vorstellung, daß sich die Sünden der Eltern und Großeltern auf die Kinder fortpflanzen und bisweilen dort erst zur vollen Entfaltung kommen. Allerdings hat für ihn die Berufung auf die Erbsünde hier keine Erklärungskraft, da von dieser ja alle Menschen betroffen seien. Vielmehr geht es ihm tatsächlich um ein Erblichkeitsverständnis im biologischen Sinn, darum, daß die Eltern "die markiert-sündlichen Auswüchse ihres Charakters" auf eines oder mehrere ihrer Kinder übertragen (ebd., S. 140).

Wichern ist sich durchaus bewußt, daß seine ganzen Versuche, das vielfache Scheitern der Erziehung, trotz aufrichtiger Bemühungen der Eltern, zu erklären, nicht wirklich hinreichen, daß hier noch viele Rätsel aufzuhellen sind, und er ahnt auch, daß zur "Entzifferung dieser dunklen Erziehungsrätsel ... nicht bloß die rätselhaften Kinder, sondern ... die ganze in jeweilige Mitleidenschaft gezogene Familie mit in Ansatz zu bringen" ist (ebd., S. 143).

Die Konsequenz, die er aus seinen Erklärungsversuchen - der ungünstigen "sittlichen Disposition" und den "im Kinde wirksamen finsteren Mächten" - zieht, ist jedoch keineswegs eine fatalistische. Er empört sich über Zeitgenossen, die angesichts solcher Voraussetzungen beim Kind alle Erziehung für Torheit halten und einfach den "Mühlstein am Halse" empfehlen. Wichern fordert statt dessen "Weisheit, Geduld, Demut, Willenskraft und Gebetstreue" (ebd., S. 143) von den Eltern, und er ermutigt sie, Spuren zu suchen, um "aus dem Dunkel dieser Rätsel und dem Labyrinth dieser Schwierigkeiten im Werk der Erziehung wieder auf geebnete Bahnen zu gelangen" (ebd., S. 142). Obwohl die damit verbundenen Schwierigkeiten keineswegs verharmlost werden und Wichern keine pädagogischen Erfolgsrezepte anzubieten hat, ist aus dem Vortrag sehr deutlich das Bemühen herauszuspüren, den Eltern Trost zu spenden und ihnen Hoffnung zu machen. Wichern hat aber auch erkannt, daß manche Familien mit dieser Aufgabe überlastet sind, daß sie äußerer Hilfe bedürfen. Deshalb hat er solche, nicht im eigenlichen Sinn "verwahrloste" sondern "mißratene", Kinder ebenfalls im "Rauhen Haus" aufgenommen.

6. Wege der "Rettung"

Für seine erzieherische Intention hat Wichern immer wieder den Titel "Rettung" proklamiert. Auch hat er den Begriff "Rettungshaus" ausdrücklich zur Abgrenzung seiner Anstalt von anderen erzieherischen Einrichtungen gebraucht:

"Das Rettungshaus muß ein Erziehungshaus sein, das sich durch die Qualität seiner Zöglinge und seinen Zweck aufs klarste von allen übrigen für Erziehungszwecke bestimmten Anstalten unterscheidet; das Rettungshaus ist keine Kleinkinderbewahranstalt, ist kein Waisenhaus, ist ebensowenig ein Armen- oder ein Armenkinderhaus... . Ebenso aber auch unterscheidet sich das Rettungshaus von der Korrektion-, der sog. Besserungs- und Strafanstalt für jugendliche Verbrecher, und zwar durchgehend und prinzipiell" (ebd., S. 149).

Was war also das Spezifische des Rettungshauses, und in welchem Sinn sollten die dort untergebrachten Kinder "gerettet" werden? Das erste Kriterium, das Wichern nennt, ist die "Qualität der Zöglinge". Im Rettungshaus wurden, wie oben dargestellt, Kinder und Jugendliche aufgenommen, die in hohem Maße als sittlich gefährdet galten. "Rettung" war demnach nicht einfach eine Hinführung zum Glauben, zu Christus als dem "Retter der Menschheit", wie es in jeder christlichen Familie und in jeder christlichen Erziehungsanstalt beabsichtigt war, sondern "Rettung" in Wicherns Verständnis war immer "ein besonderes, ausnahmsweises Tun" (ebd., S. 153). Es ging immer um die Rettung aus Gefahren und Nöten und um die Suche nach Auswegen aus festgefahrenen Erziehungssituationen.

Gleichzeitig waren die Zwecke, die das Rettungshaus in seiner Arbeit mit diesen Kindern und Jugendlichen verfolgte, andere als die der Korrektions- und Strafanstalten, die es ja mit einem ähnlichen Personenkreis zu tun hatten. Nicht um Verwahrung, Disziplinierung und Anpassung ging es Wichern, sondern um eine innere Wandlung, um die Gewinnung einer neuen Lebenseinstellung durch die Erweckung jenes sittlich-religiösen Keimes, den Wichern in jedem Menschen annahm, der nach seiner Erfahrung aber eben nur allzu oft so verborgen und zurückgezogen war "wie der Leib der Schildkröte hinter seinem Schilde" (ebd., S. 91). Es ging ihm um die "Entfaltung und Gestaltung des neuen durch Christum gewirkten inwendigen Menschen, der, je mehr er zu Kräften kommt, immer mehr den ganzen Menschen heiligt" (ebd., S. 64).

Wenn der Begriff "Rettung" somit dem innersten Wesen nach immer eine religiöse Bekehrung des verirrten, versündigten Menschen meinte, so war er doch nicht auf diese enge Bedeutung begrenzt, sondern umfaßte durchaus auch eine soziale Dimension. Durch diese innere Wandlung sollten die Jugendlichen nämlich auch für die Gemeinschaft, mit der sie in immer größeren Konflikt geraten waren, gerettet werden. Wichern legte deshalb so großen Wert auf die handwerkliche Ausbildung der Jugendlichen, weil er damit die Grundlage für die gesellschaftliche Tüchtigkeit und die wirtschaftliche Selbständigkeit legen wollte. Es ging ihm also keineswegs nur um eine weltabgewandte individuelle Seelenrettung, sondern immer auch um eine Befähigung zur rechtschaffenden und verantwortungsvollen Teilhabe am gesellschaftlichen Leben. In Wicherns Worten also um die Rettung vor dem "zeitlichen und ewigen Verderben" (ebd., S. 152).

In seinen Jahresberichten hat Wichern öfters von solchen Wandlungen erzählt. In dem folgenden Beispiel wird sehr deutlich, welche erzieherische Macht er dabei der Lehre vom Reich Gottes zuschreibt, und wie in seinen Augen die religiöse Bekehrung notwendig auch zu einem grundlegenden Wandel im zwischenmenschlichen Verhalten führt:

"Dieser Sprößling eines ebenso hartherzigen, verwüstenden Vaters und Großvaters hatte sich früher in allen Untugenden versucht. In seiner Bosheit und Verführungslust, mit welcher ich ihn schon Jahre lang gekannt, wurde er unser Hausgenosse. Es ging eine kurze Zeit gut, bis die schlimmeren Seiten wieder hervorbrachen, in welcher Zeit aber das Wort, daß es ein Reich Gottes gäbe, öfters zwar einen sehr starken, aber damals für den Beobachter wenigstens vorübergehenden Eindruck bei ihm hinterließ. Später hat er noch unendlich viel Not gemacht; oft sind alle in Kampf gegen ihn geraten, so daß Zeiten waren, wo um seinetwillen die Knaben mitten in der Nacht beunruhigt wurden. Er ist der erste, aber bis jetzt auch der letzte gewesen, der mir einmal den Gehorsam auf's Wort förmlich aufkündigte, der einst mit Hammer und andren Instrumenten über einen andren herfiel und denselben fast gewürgt hätte. Einmal mußte ich ihn binden lassen. Dabei zerstörte und verwüstete er alles ohne Schonung und Rücksicht mit kaltem Blut und ohne weitere Sorge. So ging es lange fort, bis dieser Bursche, an welchem bei alledem immer viel Tüchtiges war, wiederum von der einfachen Wahrheit getroffen wurde, daß es ein Reich Gottes gäbe, zu welchem aber nur der Mensch gehöre, der durch Buße und Glauben sich demselben angeschlossen. Er erwachte auf einmal wie aus einem Traume, wendete sich mit Fragen ganz im Stillen an mich und wurde so vertrauensvoll und liebreich, still und sanft, ordentlich und friedfertig, bescheiden und freiwillig zu allem, was ihm oblag, zugleich so mäßig im Essen und Trinken, daß diese Veränderung von keinem unbemerkt bleiben konnte. Er hat seit vielen Monaten nichts mehr zerbrochen, ist im Gegenteil schonender mit seinen Kleidern und Geräten als irgend ein anderer. Auch äußert er seit jener Zeit eine besondere Liebe zu seiner Mutter und tiefe Reue über frühere Mißhandlungen seiner jüngeren Geschwister. Er hat auch nicht ein einziges Mal uns wieder den

geringsten Verdruß gemacht. Wie es im übrigen auch werden mag mit ihm, ganz wird er in seinem künftigen Leben diesen Eindruck schwerlich wieder verlieren oder vergessen, da es zugleich bei ihm zur Tat gekommen ist" (SW Bd.IV/1, S. 43).

Mit welchen pädagogischen Prinzipien, Organisationsformen und Maßnahmen hat Wichern versucht, solche Wandlungsprozesse zu ermöglichen und zu fördern? Um mehr konnte es nicht gehen, denn ihm war wohl bewußt, daß sich diese innere Wandlung nicht methodisch planen und herbeiführen ließ. Ja, Wichern betont sogar ausdrücklich, daß der Erfolg der Arbeit letztlich überhaupt nicht "Menschenwerk" sei, "sondern das Werk desjenigen Heilandes ist, der ganz allein imstande bleibt, Menschenseelen aus dem Verderben zu retten" (AS Bd.2, S. 84).

Äußere Organisationsformen

Das Rettungshaus wurde von Wichern verstanden als eine Stätte, die dem Zweck dienen sollte, in pädagogischen Notfällen das "von der Familie und von der Schule aufgegebene Erziehungswerk zu übernehmen und neu zu beginnen" (ebd., S. 148). Ein wichtiges Moment war ihm dabei die Freiwilligkeit und Vollständigkeit dieser Übergabe der Erziehungsverantwortung. Er schloß deshalb mit den Eltern bei der Aufnahme eines Kindes einen Kontrakt, in dem diese förmlich ihre Erziehungsrechte abtraten und Wichern sich seinerseits verpflichtete, für die Dauer des Aufenthaltes im Rettungshaus die Elternstelle zu vertreten. Es handelte sich also tatsächlich um eine Art "Adoption auf Zeit" (Möckel 1986, S. 100).

Wichern war sich dabei wohl im klaren darüber, daß eine solche Ersatzeinrichtung nie ganz die Funktion einer intakten Familienerziehung würde übernehmen können. Ein wesentliches Hindernis für diese Aufgabe stellte für ihn in der bis dahin üblichen Anstaltserziehungspraxis die Größe der Kindergruppen und der damit unvermeidlich verbundene Massenbetrieb dar. Deshalb versuchte er in seiner Gründung, eine andere Struktur zu verwirklichen, welche dem Familienprinzip näher kam. Schon die bauliche Anlage sollte sich in diesem Sinne unterscheiden. Nicht aus einem kasernenähnlichen Zentralbau, sondern aus mehreren kleinen, einfachen Häusern, die im Halbkreis um einen Gebetssaal angeordnet waren, sollte die Rettungsanstalt bestehen. Noch wichtiger war die personale Zuordnung. Nicht wie in den Korrektionshäusern eine nach Plan sich abwechselnde Aufsicht über große Zöglingsscharen, sondern Lebensgemeinschaften von Erziehern und Kindern in überschaubaren Gruppen. Der "Gehilfe" als Mittelpunkt einer solchen Gruppe sollte für seine Schützlinge einen "erwachsenen elterlichen oder geschwisterlichen Freund" (SW Bd.IV/1, S. 34) darstellen. Im dritten Jahresbericht des Rauhen Hauses versuchte Wichern, seinen Lesern dieses Prinzip anschaulich zu machen:

> *"...denken Sie sich junge fromme Handwerker, die mit 12 solchen Kindern je in einem Zimmer wohnen, essen, schlafen und leben als Gehilfen zum Glauben, die ihren bisherigen Beruf daran gegeben haben, um freiwillig je 12 solchen Kindern zu dienen - und Sie haben ein Bild einer solchen einzelnen Gruppe oder Familie"* (AS Bd.2, S. 67).

Die einzelnen Gruppen oder Familien sollten dann unter der organisatorischen und geistlichen Leitung des "Hausvaters" eine Art Dorfgemeinschaft bilden. Doch war es Wichern auch hierbei wichtig, daß die Dimensionen überschaubar blieben, damit der Hausvater über den individuellen inneren Entwicklungsgang der einzelnen Kinder orientiert bleiben konnte. 100 bis maximal 130 Zöglinge setzte er als Obergrenze für eine erzieherisch noch sinnvolle Einrichtung an. Wurde diese Größenordnung überschritten, so sah er die Gefahr, "daß an die Stelle des Organismus ein Mechanismus" tritt (ebd., S. 232).

Geist versus Gesetz

Immer wieder hat Wichern den besonderen Geist beschworen, der das eigentliche pädagogische Agens des Rettungshauses ausmache und der es von anderen Einrichtungen für "verwahrloste" und "mißratene" Kinder und Jugendliche unterscheide. Schon die Aufnahme ins Rettungshaus durfte keineswegs eine bloße Geschäftsabwicklung sein, sondern gleich zu Beginn sollte der Neuling mit dem Geist, der an der Stätte seines künftigen Aufenthalts herrscht, vertraut gemacht werden. So setzte Wichern den Zuspruch der Vergebung und die Versicherung von Freiheit und Liebe bewußt an den Anfang jedes neuen Erziehungsverhältnisses. Seine berühmten Aufnahmeworte lauten:

"Mein Kind, dir ist alles vergeben! Sieh um dich her, in was für ein Haus du aufgenommen bist! Hier ist keine Mauer, kein Graben, kein Riegel; nur mit einer schweren Kette binden wir dich hier, du magst wollen oder nicht; du magst sie zerreißen, wenn du kannst; diese heißt Liebe und ihr Maß ist Geduld. - Das bieten wir dir, und was wir fordern, ist zugleich das, wozu wir dir verhelfen wollen, nämlich daß du deinen Sinn änderst und fortan dankbare Liebe übst gegen Gott und Menschen!" (ebd., S. 41).

Dieses Aufnahmeritual unterstrich deutlich den Charakter des Neuanfangs, der mit dem Wechsel des Ortes und der Erziehungsverantwortung gemacht sein sollte. Der wichtigste Aspekt dieses "Geistes", der das Leben im Rettungshaus bestimmen sollte, war die Freiheit. Nur im Raum der Freiheit, so war Wichern überzeugt, kann sich jener innere Wandlungsprozeß vollziehen, auf den es ihm ankam. Deshalb wehrte er sich auch stets gegen das vielfach an ihn gerichtete Ansinnen, straffällig gewordene Jugendliche im Rettungshaus aufzunehmen und sie im staatlichen Auftrag dort zu verwahren. Das Rettungshaus durfte keine geschlossene Anstalt mit Strafcharakter werden, sondern es setzte von seinem ganzen Konzept her "Freiheit des Zöglings in seinen inneren und äußeren Lebensbewegungen" voraus (AS Bd.2, S. 91). Rigider Zwang und Strafe konnten in Wicherns Augen zwar oft eine taktische Anpassung und somit vorläufig Ruhe und Ordnung bewirken, führten aber in Wirklichkeit meist zu noch größerer Verhärtung und Verbitterung und damit zu einer dauerhaft feindseligen Einstellung zur Gesellschaft. Unter solchen Bedingungen war es dann gar nicht mehr möglich, das "eigentümliche Geistes- und Gemütsleben mit seinen sittlichen Wurzeln und Verderbnissen" (ebd.), also das wahre Gesicht des jeweiligen Jugendlichen, überhaupt kennenzulernen, und somit konnte auch keine ernsthafte erzieherische Auseinandersetzung mit ihm stattfinden. Gerade auf diese offene Auseinandersetzung kam es Wichern aber an:

"Wer nicht den Kampf übernehmen will mit dem, was zu fürchten steht, kann - auf diesem Gebiet der Arbeit unter Menschen am wenigsten - auch nicht den Sieg für das, was er hofft, erwarten. Die genannte Gewährung der Freiheit sieht freilich aus wie eine Provokation des Bösen; aber sie sieht nur so aus, sie ist vielmehr einer der sichersten Wege zu seiner Entlarvung, damit es mit offenem Visier den siegenden Kampf der göttlichen Gnade erfahre" (ebd., S. 92).

Auch auf die oft geprießene Wirkung bloßer Gewöhnung gab Wichern nicht viel, da diese Empfehlung seiner Meinung nach "auf einer mechanischen Auffassung der Sittlichkeit" (ebd., S. 250) und somit auf falschen Voraussetzungen beruhte. Ihm ging es dagegen um eine wirkliche innere Umkehr und nicht um erzwungenes oder antrainiertes äußerliches Wohlverhalten. Er hat sehr klar gesehen, daß alle erzieherischen und seelsorgerischen Bemühungen nur dahin gehen können, diesen inneren Wandlungsprozeß zu fördern, daß sie ihn aber nie erzwingen können. So hält er es überhaupt für einen "Wahn",

"...daß die Gestaltung des menschlichen Lebens am Ende doch in der Hand und Willkür derer liege, die berufsmäßig damit zu tun haben. Man vergißt, daß der Mensch, also auch das Kind im Rettungshause, eine freie Persönlichkeit bleibt, die sich als solche zuletzt allem moralischen und religiösen Zwang irgendwie entzieht und naturgemäß allein ihrem inneren Wesen nach in Freiheit und Wahrheit von innen heraus ausgestalten soll und will" (ebd., S. 250).

Diese Autonomie des Subjekts konnte für Wichern allenfalls durch einen göttlichen Gnadenakt, durch die unmittelbare Erfahrung der Wirklichkeit des Reiches Gottes, die dem Jugendlichen widerfährt, übersprungen werden. Aber auch eine solche Erfahrung setzt wiederum ein bestimmtes Maß an innerer Bereitschaft voraus.

Nun war aber das Rettungshaus natürlich trotz dieser ausdrücklichen Anerkennung der individuellen Freiheit keine antiautoritäre Einrichtung. Die Teilnahme an den gemeinschaftlichen Aufgaben, an der Arbeit und am Unterricht war keineswegs ins Belieben des einzelnen gestellt. Es gab durchaus verbindliche Ordnungen, und es gab bisweilen auch Strafen. - Nur es gab keine methodische Gewissensbearbeitung, keine ausgeklügelten Rezepte, den Willen zu brechen, keine festgeschriebene Automatik, die auf bestimmte Vergehen bestimmte Strafen folgen ließ, und keinen "geweihten Stock", der für besondere Strafrituale diente. Auch hier macht Wichern wieder den Unterschied zwischen einer Straf- oder Korrektionsanstalt und dem Rettungshaus, das sich als Ersatz für die Familien versteht, deutlich. So dürfe es im Rettungshaus keine "förmliche Strafordnung" geben, sondern nur allgemeingültige Hausregeln, wie sie in jeder Familie zu Recht bestehen (ebd., S. 283). Und diese sollten wiederum nicht die Form eines festgelegten Regelkatalogs oder eines niedergeschriebenen Gesetzes haben, sondern sie sollten sich aus den Erfordernissen des Zusammenlebens und aus dem Zweck der ganzen Hausgemeinschaft praktisch von selbst ergeben und den Geist des Hauses bestimmen. Aufgabe der Hauseltern war es, durch ihr Beispiel diesen Geist immer wieder neu zu beleben und zu vermitteln. So konnte Wichern sagen: "Die Hauseltern sind die lebendige Hausordnung" (ebd., S. 251).

Dabei fordert Wichern ausdrücklich, daß solche Regeln dem Interesse der Kinder dienen müßten, daß sie deshalb auch nicht starr und unverrückbar, sondern "elastisch" gehandhabt werden sollten. Er kritisiert in diesem Punkt sehr massiv Johann Baptista Hirscher, der in seinem 1856 erschienenen Buch "Die Sorge für sittlich verwahrloste Kinder", "'unnachsichtliche und ausnahmslose' Bestrafung jeder, auch der 'kleinsten' Verletzung der Haus- und Tagesordnung" (Hirscher 1856, S. 281) gefordert hatte. Solcher Rigorismus war für Wichern unvereinbar mit dem "Geist der sich herablassenden und emporziehenden Liebe", der das "höhere Leben des besseren Menschen in einem Kinde" zur Entfaltung bringen will (SW Bd.IV/1, S. 108).

Christliche Heilsgeschichte versus religiöse Übung

Der zweite grundlegende Aspekt des Geistes, der das Leben im Rettungshaus prägen sollte, war die christliche Heilsbotschaft. Sie war für Wichern das Fundament, auf dem alles aufbaute. Sie sollte sowohl die Kraft und Lebensquelle für die Erzieher bei ihrer oft sehr schwierigen Aufgabe sein als auch das eigentliche Geschenk, das das Rettungshaus seinen Schützlingen zu bieten hatte. Nur deshalb, weil Wichern von der Überlegenheit des Reiches Gottes gegenüber dem "Weltreich der Sünde" überzeugt war, konnte er jene Freiheit gewähren, die den Austrag des Kampfes zwischen diesen beiden Mächten in und durch den einzelnen Jugendlichen ermöglichte. Durch diesen Geist, der im Leben des Rettungshauses spürbar sein mußte, durch den Unterricht in biblischer Geschichte und durch die täglichen Andachten sollte in ihm die Hoffnung geweckt werden, daß auch ihm selbst ein neues, besseres Leben möglich war. Aufgabe der Erzieher des Rettungshauses war es dabei, die unscheinbarsten Spuren des "neuen göttlichen Lebens in den Herzen der Kinder" (AS Bd.2, S. 64) zu erkennen, diese zarten, keimhaften Anfänge zu pflegen und sie dem Kind zu Bewußtsein zu bringen, denn es sei wesentlich für diese Kinder, "daß sie neben der Geschichte ihres Sündenlebens die Geschichte eines Lebens der Gnade in ihnen selber kennen lernen" (ebd., S. 65).

Der Religionsunterricht, den Wichern im Rauhen Haus hielt, bestand neben dem Katechismus in erster Linie in der Darlegung der biblischen Geschichte. Diese wurde interpretiert als die allmähliche Entfaltung des göttlichen Heilsplanes. Wichern verstand die dort geschilderten Begebenheiten aber durchaus auch als wichtige Identifikationsangebote für seine Schüler. Jeder aufmerksame Zuhörer könne darin seine eigene Geschichte widergespiegelt finden. So berichtet er, daß ein Junge bei der Einführung einer neuen biblischen Gestalt spontan ausgerufen habe: "Das bin ich", und aus seinem Kommentar zu dieser Episode geht deutlich hervor, welch hohen Stellenwert Wichern einem solchen spontanen Angerührtwerden zugesprochen hat: "... dies: Das bin ich! wird der Anfang, daß das Kind und der Mensch überhaupt selbst eine Geschichte des innern und neuen Lebens an sich zu erleben anfangen kann" (ebd., S. 63).

Dabei hat Wichern immer wieder betont, daß die christliche Heilsbotschaft nur als Angebot an die Kinder und Jugendlichen aufzufassen sei, daß es gerade in diesem Punkt keinerlei Zwang und Nötigung geben dürfe: "Deswegen läßt das Christenwesen sich auch nicht anlehren oder anlernen, läßt sich auch nicht anerziehen; es will allezeit frei aus Gottes Hand genommen sein" (ebd., S. 136). Im Mittelpunkt stand für ihn darum auch die schlichte Lesung und Erläuterung der Texte des Neuen und Alten Testamentes. Allen Formen religiöser Übung und Versenkung, die das Bewußtsein zu manipulieren trachten, sowie aufwendigen Zeremonien und Riten stand er dagegen skeptisch gegenüber.

Lebensraum versus Methode

Nicht nur für das Ziel der Hinführung zum christlichen Glauben wies Wichern derartige "methodische Zumutungen" energisch zurück, sondern er forderte, daß "überhaupt im Rettungshause keine besondere Erziehungsmethode gelten soll" (ebd. S. 301). Es sollte lediglich unter erschwerten Bedingungen das verwirklicht werden, was für die Erziehung eines jeden Kindes entscheidend ist.

Ein wesentliches Prinzip in Wicherns Konzeption des Rettungshauses würde man heute wohl als "Ganzheitlichkeit" bezeichnen. D.h. die einzelnen Einrichtungen und Maßnahmen sollten einem Geist entspringen und einem Zweck dienen: "Familie, Schule und Arbeit sollen in dem Rettungshause nicht fremd nebeneinanderstehen, sondern eine organische Einheit bilden, und zwar so, daß sie einander lebendig unterstützen und fördern und zu dieser Unterstützung und Förderung gegenseitig sich durchdringen" (ebd., S. 258).

Zwischen diesen drei Lebensbereichen sollte auch von der zeitlichen Einteilung des Tagesverlaufes her ein ausgewogenes Verhältnis bestehen. Die Rettungshäuser waren keine Internate, keine Bildungseinrichtungen mit einem Primat der Schule. Dennoch nahm Wichern den Unterricht als unerläßliche Vorbereitung für die spätere selbständige Lebensbewährung sehr ernst. Er argumentierte auch in diesem Punkt gegen Hirscher, der eine Minimalbildung in den Rettungsanstalten für ausreichend hielt. Gleichzeitig erkannte Wichern, daß es sich hier um ein besonders schwieriges Feld handelte, weil die meisten Jugendlichen ausgesprochen schlechte Vorerfahrungen in Sachen Schule mitbrachten und somit meist eine große Schulverdrossenheit vorhanden war. Er stellte fest, daß fast alle Schüler im Rettungshaus "Widersacher der Schule" seien: "...gerade in die Schule wollen sie nicht, sie ist ihnen zuwider; nicht bloß sind sie der Schule, sondern die Schule ist ebenso auch ihnen eine Hauptplage gewesen" (ebd., S. 268). Die Chance für einen Neuanfang auch in dieser Hinsicht sah Wichern darin, daß im Rettungshaus der Lehrer eben nicht nur Lehrer, sondern zugleich Hausvater war. Wenn es ihm gelang, seine Rolle als Hausvater angemessen zu verwirklichen, d.h. wenn es ihm gelang, von den Kindern und Jugendlichen als derjenige akzeptiert zu werden, der sich ganz in den Dienst ihres jetzigen und künftigen Wohles gestellt hatte, dann konnte es ihm auch gelingen, die Inhalte seines Unterrichts als bedeutsame geistige Schätze darzustellen, die es wert waren, von den Schülern erobert zu werden.

Der Arbeit sprach Wichern eine hohe sittlichkeitsbildende Kraft zu. Sie stellte deshalb eine weitere tragende Säule in seiner Konzeption des Rettungshauses dar. Dabei ging es jedoch keineswegs nur um das bloße Beschäftigtsein, um Ablenkung, Ausdauer und Angewöhnung, vielmehr um wirkliches produktives Tätigsein, um die Erfahrung des selbständigen oder kooperativen Bewerkstelligenkönnens. Deshalb lehnte Wichern für die Rettungshäuser auch primitive Sortierarbeiten und fabrikmäßige Organisation scharf ab und forderte, daß "geistlose Arbeiten, die deswegen das Leben der zu erziehenden Kinder nur ertöten und nicht heben können, aus Rettungshäusern verbannt werden" (ebd., S. 259).

Was dagegen rechte Arbeit bewirken kann, dies schildert Wichern sehr eindrucksvoll in seinem zweiten Jahresbericht über die innere Geschichte des Rauhen Hauses. Im Frühjahr des Jahres 1835 wurde unter der Anleitung von Handwerkern der Bau eines neuen, großen Hauses in Angriff genommen:

"Von nun an begann das Schauspiel, das oft unsere Herzen ergötzt und wohl geeignet war, zu freudigen Hoffnungen zu stimmen. Es kam nicht selten, daß über 30 Knaben, dieselben, die alle noch nicht lange zuvor ohne Zucht und Gehorsam, in ihren Kreisen nur Schaden stiftend ihre Tage verbracht, zwischen den Steinen und dem Gebälk beschäftigt waren" (SW Bd.IV/1, S.153).

So groß war offensichtlich das Engagement der Jungen, daß sie den ganzen oder zeitweisen Ausschluß von der Mitarbeit am Bau als "die empfindlichste Strafe" erlebten. Wichern faßt den persönlichkeitsbildenden Ertrag dieser Mitarbeit am Bau des neuen Hauses in dem Sinn zusammen, "daß den verwilderten Kindern dadurch der Eindruck und die lebendige Anschauung eines großen, ineinander greifenden, so mannigfaltig und notwendig in sich fest gegliederten Ganzen, in welches sie selbst eingefügt waren, zuteil geworden" sei (ebd., S. 154). Er machte auch die Beobachtung, daß die Jugendlichen mit den selbsterrichteten Häusern, mit den selbsthergestellten Möbeln und mit den sonstigen selbsterzeugten Gütern sehr viel sorgfältiger umgingen als mit anderen Dingen. Von daher kam dieser produktiven Arbeit auch eine große Bedeutung im Hinblick auf die Wertschätzung der Dinge und die Achtung der darin enthaltenen Arbeit und Mühe zu.

Neben dieser unmittelbaren positiven Wirkung handwerklicher Arbeit auf das Selbstwertgefühl und auf das Verhalten der Jugendlichen war der Erwerb handwerklicher Grundqualifikationen natürlich auch deshalb ein zentraler Bestandteil des Bildungskonzepts des Rettungshauses, weil Wichern darin die beste Vorbereitung für die anzustrebende handwerkliche Berufsausbildung und damit für die Voraussetzung künftiger wirtschaftlicher Selbständigkeit sah.

Schule und Arbeit sollten wiederum eingebettet sein in den größeren Rahmen des Lebens in der "Familie", welches in der Feierabendzeit seinen täglichen Freiraum, an den Sonntagen seine regelmäßigen Schwerpunkte und in den jährlich wiederkehrenden Festen, die im Rettungshaus gefeiert wurden, seine besonderen Höhepunkte hatte. Wicherns Ansprüche an die Mitarbeiter, die "Gehilfen", die den einzelnen Familien vorstanden, waren dabei sehr hoch. Von ihnen forderte er "Lebensgemeinschaft, Lebensverschmelzung" mit den Zöglingen (AS Bd.2, S. 92) und die Bereitschaft, ein "Leben voller Arbeit und Selbstverleugnung" (ebd., S. 86) zu führen. Aber sie mußten auch Freude an ihrer Arbeit empfinden und sich in die kindliche Welt einfügen können:

"Der ist ein unbrauchbarer Gehilfe im Rettungshause, der selbst nicht spielen und auch nicht in das Kindesleben so eingehen kann, das er aus eigenem Lebens- und Freudenantrieb als Kind mitspielen mag" (ebd., S. 277).

Wichern war also im Gegensatz zu vielen pietistischen Pädagogen kein Verächter des kindlichen Spiels und der ausgelassenen Fröhlichkeit. Er hat sogar ansatzweise einen eigenen Entwurf zu einer Theorie des Spiels geliefert, in dem er den hohen persönlichkeitsfördernden Wert des Spiels unterstreicht. Mangelndes Interesse am Spiel hielt er dabei fast immer für ein "bedenkliches Symptom, das auf den innersten Stand des Gemütes zurückweist" (ebd.).

Neben dieser Pflege des Spiels war es besonders auch das gemeinsame Singen, das Wichern sehr nachdrücklich für die Gestaltung der Freizeit empfahl und das bei allen Festlichkeiten des Rauhen Hauses eine wichtige Rolle spielte; und deren gab es sehr viele. In dem Jahresbericht von 1853 hat Wichern den Jahreszyklus der Feste und die zugehörigen Traditionen, die sich in den ersten zwanzig Jahren des Rauhen Hauses herausgebildet hatten, ausführlich dargestellt. Neben den großen kirchlichen Festen, die den Rhythmus des Jahres bestimmten, gab es als wichtigste Ereignisse noch die Gründungsfeier der Anstalt und das Fest der Konfirmation der dafür reifen Zöglinge. Die Konfirmation stellte, mit der feierlichen Aufnahme der Konfirmanden in die Gemeinde der Erwachsenen, zugleich die Bestätigung für das Vertrauen in die Jugendlichen dar, von nun an auch außerhalb des Rettungshauses sittlich bestehen zu können. Sie markierte somit immer das Ende des Aufenthaltes der Betroffenen.

Die Beschreibung des Lebens, der Arbeit und der Schule im Rettungshaus, so wie sie Wichern gibt, zeugt von einer durchdachten Erziehungspraxis, die im heutigen Sprachgebrauch vielleicht als "umfassende Milieutherapie" bezeichnet werden könnte. Ihr Ziel war es, den "verwahrlosten" und "mißratenen" Kindern einen Raum zu bieten, in welchem ein sinnvoller pädagogischer Neuanfang möglich war, wo sie an sich selbst neue, positive Aspekte entdecken und zur Entfaltung bringen konnten.

7. Wirkungen

Mit dem Rauhen Haus begann die Rettungshaus-Bewegung auch in Norddeutschland Fuß zu fassen. In dem Encyklopädieartikel aus dem Jahre 1868 hat Wichern eine Übersicht über die Entwicklung und den bis dahin erreichten Stand dieser Bewegung gegeben. Dabei unterscheidet er drei Phasen: Die Zeit der ersten Gründungen von 1813 bis 1830, die Zeit von 1830 bis 1848 und die Zeit nach diesem Revolutionsjahr, welches ja zugleich das Jahr der Gründung des "Centralausschusses für die innere Mission" war und somit für die Ausbreitung des Rettungshaus-Gedankens eine wichtige Rolle spielte. Er kommt dabei für das Jahr 1868 insgesamt auf eine Summe von 354 Rettungsanstalten in Deutschland, wobei 16 Gründungen auf die erste, 48 auf die zweite und 290 Gründungen auf die dritte der von ihm unterschiedenen Phasen fallen (ebd., S. 190f).

Man sieht daran, daß, quantitativ gesehen, der eigentliche Durchbruch erst um die Jahrhundertmitte erfolgte. Möckels Einschätzung, daß ab dem Jahr 1848/49 ein Rückgang zu verzeichnen sei, trifft nur auf das Land Württemberg zu (vgl. Möckel 1988, S. 78). Eine Übersicht über die Rettungshäuser Deutschlands aus dem Jahr 1895 zählt insgesamt 450 Einrichtungen (vgl. v. Rohden 1908, S. 479f). Allerdings wandelte sich unter dem Einfluß der staatlichen Zwangserziehungsgesetzgebung ab 1878 der Charakter vieler Rettungshäuser erheblich, da sie nun von dem Prinzip der Freiwilligkeit, auf das Wichern so großen Wert gelegt hatte, abgingen und vielfach zum Vollstrecker gerichtlich angeordneter Zwangserziehung wurden.

Wichern hat auch versucht, die erzieherische Wirksamkeit der Rettungshäuser statistisch zu erfassen. Freilich war er sich dabei der Tatsache bewußt, daß eine solche quantitative Auswertung nur auf einem sehr oberflächlichen Niveau erfolgen und dem eigentlichen Anspruch des Rettungshauses nicht gerecht werden konnte. Denn: "Wer nach den Resultaten einer Rettungsanstalt fragt, fragt nach sittlichen Größen, nach Gesinnung, nach verschiedener Intensität derselben: das sind aber Tatsachen, die im letzten Grund zu erkennen kein Menschenauge imstande ist" (AS Bd.2., S. 310).

Seine "Evaluation", die sich auf die Befragung von 79 Anstalten bezieht, unterscheidet deshalb nur drei grobe Kategorien der Lebensbewährung nach der Entlassung: "gut, d.h. nähren sich redlich mit ihrer Hände Arbeit", "mittelmäßig, d.h. schwankend" und "schlecht", wobei er bei der letzten noch einmal zwischen solchen unterscheidet, die obrigkeitlich bestraft sind, und solchen, die ohne Strafe blieben. Immerhin kann er bei einer Gesamtzahl von 8.100 Jugendlichen 62,5% der ersten Kategorie zuteilen. 17,3% der Entlassenen hielten sich mittelmäßig, und bei 8,9% muß er zugestehen, daß die Rettungsanstalten ihr Ziel offensichtlich nicht erreicht haben (ebd., S. 314f). Daß nur 339 oder 4,7% der Jugendlichen nach ihrer Entlassung "die eigentliche verbrecherische Laufbahn betreten haben", bewertet er angesichts der Tatsache, daß die Rettungsanstalten es definitionsgemäß "nur mit solchen Zöglingen zu tun haben, die ohne diese rettende Hand, menschlich gesehen, fast ohne Ausnahme über kurz oder lang dem Richterspruch verfallen sein würden" (ebd., S. 317), nicht zu unrecht als einen bedeutsamen Erfolg.

Die von Wichern entwickelten Gedankengänge blieben in ihrer Wirkung jedoch weitgehend auf den Bereich der Rettungshaus-Bewegung begrenzt und konnten kaum Einfluß auf den Hauptstrom der Pädagogik gewinnen. Dieser wurde mehr und mehr beherrscht von der Lehre Herbarts, welcher das Problem der Erziehungsschwierigkeiten eher randständig und in einem ganz anderen, psychologisch-deduktiven Sinn behandelt hatte.

2. Teil

"Schwierige Kinder" als "kranke Kinder"

"Andere Krankheitserscheinungen als solche der Ungezogenheit bestehen nicht..."

Hermann

"Schon der Grad der Schwererziehbarkeit ist ein Maßstab für die Schwere der seelischen Erkrankung"

Aichhorn

IV. Ludwig Strümpell

1. Die "Pädagogische Pathologie" als Programmschrift für eine neue Forschungsrichtung

Ludwig Strümpells Werk "Die pädagogische Pathologie oder die Lehre von den Fehlern der Kinder" (1890) soll hier als ein historischer Wendepunkt im pädagogischen Verständnis derjenigen Phänomene, die sich unter dem weiten und allgemeinen Begriff "Erziehungsschwierigkeiten" subsumieren lassen, interpretiert werden. Ein Novum stellt es schon in dem Sinne dar, daß hier zum ersten Mal eine ganze Monographie diesem speziellen Problembereich, der von den früheren Pädagogen entweder nur beiläufig oder in Teilkapiteln behandelt worden war, gewidmet wird. Es erfolgt also eine ganz neuartige Fokussierung des Interesses auf diesen Gegenstandsbereich. Strümpell selbst hat das 1890 erstmals erschienene Buch mit dem Untertitel "Versuch einer Grundlegung" versehen und damit, neben dem Anspruch der Begründung, ausdrücklich die Forderung nach der Weiterentwicklung dieser Lehre als einer eigenständigen wissenschaftlichen Teildisziplin im Rahmen der Pädagogik erhoben. Sie ist somit auch eine Art Programmschrift, denn Strümpell glaubte, mit ihr einer ganz unverhältnismäßigen Einseitigkeit in der Entwicklung der Pädagogik des 19. Jahrhunderts zu begegnen.

Gleich im ersten Satz des Buches wird eine grundsätzliche Aufteilung der pädagogischen Arbeit in zwei unterschiedliche Teile eingeführt. Der eine ist der an den positiven Tendenzen anknüpfende, unterstützende, fördernde, lehrende Teil dieser Arbeit; der andere ist der an den möglichen oder tatsächlichen "Fehlern" anknüpfende, "...schützende, überwachende, regierende und heilende Theil der Jugendbildung" (Strümpell 1890, S. III). Während nun der erste Teil, die Lehre von der (positiven) Erziehung und besonders die vom Unterricht, im Verlauf des 19. Jahrhunderts eine erfreulich positive Richtung genommen habe, sei der andere Teil, also die Lehre von den Kinderfehlern und von den vorbeugenden, gegenwirkenden Maßnahmen, sträflich vernachlässigt worden und sei deshalb auch entsprechend unterentwickelt geblieben. Den Begriff des Fehlers faßt er dabei zunächst ganz weit als die Differenz zwischen den idealen Zielen des Pädagogen und der konkreten individuellen Realität des Zöglings. Diese Kluft sei es nun, "...welche durch die Summe der Fehler und Mängel und die damit verbundenen Schwierigkeiten und Hindernisse ausgefüllt wird" (ebd., S. IV). Strümpells Programm will nun die Aufmerksamkeit der Pädagogik auf eben diese "Kluft" lenken, will sie wissenschaftlich erforschen, um sie erzieherisch besser bearbeitbar zu machen.

Von vielen pädagogisch Interessierten seiner Zeit ist dieses Buch als der Anfangspunkt einer ganz neuen Forschungsrichtung und als ein Meilenstein in der Entwicklung der Pädagogik überhaupt angesehen worden. Kötzle nennt es in seiner Preisschrift ein "Epoche machendes Werk" (Kötzle 1893, S. V). Trüper spricht von einer "bahnbrechenden Schrift" (Trüper 1808, S. 23). Schmidt meint, daß das öffentliche Interesse und die neue Sensibilität für die Probleme körperlich oder psychisch beeinträchtigter Kinder und Jugendlicher sowie die organisatorischen Bemühungen um Hilfsschulen und Fürsorge "hauptsächlich Strümpell und seinem bahnbrechenden Buche zu danken" seien (Schmidt 1912, S. 461).

Strümpells Werk stand tatsächlich am Anfang einer pädagogischen Bewegung in Deutschland, und so ist, wenn man von der realen Wirkungsgeschichte ausgeht, Buß' Einschätzung, die "pädagogische Pathologie" sei "ein Markstein, ja eigentlich der Grundstein der modernen Heilpädagogik" (Buß 1962, S. 102) vielleicht sogar berechtigt, auch wenn dieses Verdienst der ersten Grundlegung gewöhnlich dem zeitlich früheren Werk "Die Heilpädagogik" von Georgens und Deinhardt (1861, 1863) zugesprochen wird. Denn bei Sichtung der einschlägigen Literatur jener Zeit muß dem Urteil Möckels zugestimmt werden, daß der anspruchsvolle Ansatz von Georgens und Deinhardt im 19. Jahrhundert weitgehend unbeachtet geblieben ist (vgl. Möckel 1988, S. 155). So wird dieses Werk zum Beispiel in Kötzles Preisschrift "Die pädagogische Pathologie in der Erziehungskunde des 19. Jahrhunderts" (Kötzle 1893), in welcher er 30 bedeutende Pädagogen jener Epoche auf ihren Beitrag zum Thema "Kinderfehler" untersucht, überhaupt nicht berücksichtigt.

Dabei war Strümpell keineswegs der erste Pädagoge, der sich mit den "Kinderfehlern" beschäftigt hat. Stellungnahmen zu dem Problem des Umgangs mit Erziehungsschwierigkeiten lassen sich, wie Kötzle in seiner Preisschrift und Werner 90 Jahre später in ihrer Dissertation (Werner 1983) gezeigt haben, bei allen bedeutenden Pädagogen des 19. Jahrhunderts finden. Herbart hat unter dem Titel "Von den Fehlern der Zöglinge und ihrer Behandlung" diesem Problem ein eigenes Kapitel im Rahmen seines "Umriß pädagogischer Vorlesungen" (1835) gewidmet. Bei Niemeyer findet sich in seinem Hauptwerk "Grundsätze der Erziehung und des Unterrichts" (1796) unter dem Stichwort "moralisch-pädagogische Heilkunde" ein Katalog der Kinderfehler. Milde hat schon 1811 eine recht differenzierte "Heilkunde" der verschiedenen kindlichen Gebrechen entworfen. Bei Schwarz, einem anderen bedeutenden Erziehungstheoretiker des 19. Jahrhunderts, findet sich in seinem Hauptwerk, dem "Lehrbuch der Erziehungs- und Unterrichtslehre" (1804) ein Abschnitt, der mit "pädagogischer Heilkunde" überschrieben ist und die verschiedenen kindlichen "Unarten" abhandelt. Er hat auch schon den Begriff der "pädagogischen Pathologie" verwendet - allerdings in einem ganz anderen Sinn als später Strümpell, denn Schwarz versteht darunter nicht die Lehre von den Fehlern der Kinder, sondern die von den Fehlern der Erziehung. Insbesondere also bei den Pädagogen, die am Anfang des 19. Jahrhunderts lehrten und schrieben, hat dieses Thema eine wichtige Rolle gespielt. Die Vernachlässigung, die Strümpell beklagt, bezieht sich mehr auf die späteren Jahrzehnte, in denen dann die Fortentwicklung der Unterrichtsmethodik ganz im Mittelpunkt des pädagogischen Interesses stand.

Insofern muß die Orginalität von Strümpells Werk auch wieder relativiert werden, und Kötzles Einschätzung von Strümpells Verdienst vor dem Hintergrund der historischen Vorläufer, die er untersucht hat, ist wohl zutreffend:

"Strümpell ruht auf den Schultern jener Männer. Neu ist bei Strümpell nur die theoretisch-wissenschaftliche Begründung, die Entwicklung und Aufstellung eines Systems, die Ausscheidung der Lehre von den Kinderfehlern als eines besonderen Teils der Erziehungslehre, mit anderen Worten: neu sind die Grundsätze und die Methode, nach welchen er die Lehre von den Kinderfehlern entwickelt und ordnet" (Kötzle 1893, S. VI).

Strümpells Werk stellt somit nicht nur den Anfangspunkt einer neuen pädagogischen Arbeits- und Forschungsrichtung dar, sondern zugleich auch den Höhepunkt einer langjährigen, zeitweise in Vergessenheit geratenen pädagogischen Tradition, der "Lehre von den Kinderfehlern".

Bleidick interpretiert Strümpells "Pädagogische Pathologie" als den Wendepunkt von der allgemeinen "Fehlerkunde" zur "Behindertenpädagogik" (Bleidick 1972, S. 123). Diese Deutung befremdet etwas, denn Strümpell ging es in erster Linie um "allgemeine Fehler", d.h. um bestimmte Eigenschaften und Zustände, die als Erziehungsschwierigkeit auffallen, und nur am Rande bezieht er auch die "eigentlichen Behinderungen" mit ein. Mit seinem Verständnis von "Kinderfehlern" als Abweichungen vom pädagogischen Ideal bleibt Strümpell zunächst auch durchaus traditionellen Vorstellungen verhaftet. Der eigentliche Umbruch des Verständnisses findet zwischen der ersten Auflage von 1890 und der zweiten, erweiterten Auflage von 1892 statt. Denn der Titel "Pädagogische Pathologie" und die Rede von "Symptomen", "Ätiologie", "Prophylaxis" und "Therapie" war zwar dem medizinischen Begriffsinventar entlehnt, die "Kinderfehler" wurden aber zunächst keineswegs als Ausdruck einer Erkrankung verstanden. Vielmehr war das ganze Konzept nur in Analogie zur medizinischen Krankheitslehre entwickelt worden, Strümpell reflektiert sehr ausführlich die Unterschiede und Gemeinsamkeiten beider "Doctrinen" (heute würde man wohl sagen Paradigmen). Daß er dennoch so unbefangen das medizinische Begriffsinventar auf den Bereich der Pädagogik überträgt, als geschulter Herbartianer also nicht bei den "einheimischen Begriffen" bleibt, dies führt zu der von Beschel und Bleidick zu Recht beklagten "Zwiespältigkeit" seiner Gedankenführung und gibt leicht zu Mißverständnissen Anlaß (vgl. Beschel 1960, S. 70; Bleidick 1972, S. 30).

Erst mit der Rezeption der Koch'schen Psychopathielehre ab der zweiten Auflage und mit der Erweiterung des Konzepts um ein als "pädagogische Psychiatrie" ausgewiesenes Kapitel setzt sich die Vorstellung durch, daß die Ursachen vieler (wenn auch keineswegs aller) "Kinderfehler" in krankhaften Veränderungsprozessen des Gehirns liegen könnten.

Die bei den anderen genannten Pädagogen des 19. Jahrhunderts häufig vorkommenden Wendungen von dem "heilenden Teil der Pädagogik" oder von der "Heilung der Fehler" dürfen nicht so verstanden werden, als sei mit dem Begriff "Heilung" auch schon ein Verständnis des zu heilenden Phänomens als einer physischen oder psychischen Krankheit impliziert. Es handelt sich durchwegs um ein analogisches Verständnis, das die "Beseitigung" körperlicher Krankheiten durch ärztliche Maßnahmen als Vorbild für die "Beseitigung" von "Fehlern" durch erzieherische Maßnahmen nimmt. So auch noch bei Strümpell, wenn er von der "Heilung eines schon vorhandenen Fehlers durch die passende Anwendung der Maßregeln und des Verfahrens zur Regierung, der Disciplin, der Erziehung und des Unterrichts" spricht (Strümpell 1980, S. 18).

2. Strümpell - ein "vergessener Klassiker der Pädagogik"?

Strümpell ist heute weitgehend in Vergessenheit geraten. In den jüngeren Darstellungen zur Geschichte der Pädagogik sucht man seinen Namen vergebens. Lediglich in den spärlichen Versuchen einer Geschichtsschreibung der Heilpädagogik (vgl. Buß 1962, Beschel 1960, Bleidick 1972, Möckel 1988) bzw. der Kinderpsychotherapie (vgl. Werner 1983) findet er noch Erwähnung. Zur Zeit um die Jahrhundertwende muß er jedoch, als der letzte direkte Schüler Herbarts, zu den angesehensten Pädagogen in Deutschland gehört haben. Kötzle nennt ihn den "Nestor der deutschen Schulwelt" (vgl. Kötzle 1893, S. V). Wendt spricht von dem "Begründer der pädagogischen Pathologie" als einem "der bedeutendsten unter den modernen Pädagogen" (Wendt 1899, S. 130). In Reins "Enzyklopädischem Handbuch der Pädagogik" von 1909 ist eine zwölfseitige Darstellung vom Werk und Leben Strümpells enthalten, die von seinem engsten Schüler, Spitzner, besorgt wurde. In der ersten Auflage des "Enzyklopädischen Handbuchs der Heilpädagogik" von Dannemann u.a. wird er gar als "einer der bedeutendsten Pädagogen der Neuzeit" eingestuft und seine pädagogische Pathologie als "Markstein in der Pädagogik" bezeichnet (Kirmße 1911, Sp. 1668). Doch schon 1912 beklagt Schmidt in einem Artikel anläßlich Strümpells 100. Geburtstag, es sei "...in der pädagogischen Praxis jetzt Sitte geworden..., unbekümmert um die Leistungen vergangener Geschlechter neue Pfade zu beschreiten, ja alte Pfade stillschweigend etwas modifiziert als neue anzupreisen". Er vergleicht Strümpells Bedeutung für die Pädagogik dann gar mit der Tizians, Raffaels und Rembrandts für die bildende Kunst und ärgert sich, daß dieser "Vorarbeiter und Bahnbrecher" der Pädagogik, der pädagogischen Psychologie und der Psychopathologie zunehmend totgeschwiegen würde (vgl. Schmidt 1912, S. 456).

Die von der Reformpädagogik ausgelöste antiherbartianische, ja zum Teil überhaupt antitheoretische Welle hatte wohl auch den Herbart-Schüler und trockenen Theoretiker Strümpell erfaßt. Seine stark an Herbart orientierte "Psychologische Pädagogik" geriet in Vergessenheit, und auch sein spezifischer Ansatz einer psychologischen Erklärung der Kinderfehler fand in der heilpädagogischen Bewegung nach der Jahrhundertwende kaum mehr Resonanz. Was wirksam blieb, war in erster Linie der Anspruch einer wissenschaftlichen Bearbeitung des Gegenstandsbereichs sowie die in Strümpells Begrifflichkeit wider seine eigenen Intention angelegte Medizinalisierung des ganzen Gebietes. Insbesondere das Konzept von den "psychopathischen Minderwertigkeiten", das Strümpell als erster für die Pädagogik rezipiert hat, sollte bis in die vierziger Jahre hinein für die Diskussion jener Phänomene, die heute im allgemeinen als "Verhaltensstörungen" bezeichnet werden, bestimmend bleiben.

Strümpell war direkter Schüler Herbarts. Über die Vermittlung Griepenkerls (dem Adressaten von Herbarts "Briefen über die Anwendung der Psychologie auf die Pädagogik") hatte er ihn 1830 kennengelernt und war ihm auf dessen Einladung nach Königsberg gefolgt. Dort war er Hörer von Herbarts Vorlesungen und Mitglied des pädagogischen Seminars. 1833 promovierte er bei Herbart über ein philosophisches Thema. Strümpells Aufenthalt im unmittelbaren Wirkungskreis Herbarts fällt mit der Zeit der Entstehung der "Briefe über die Anwendung der Psychologie auf die Pädagogik" zusammen, und so kann davon ausgegangen werden, daß Strümpell, den Herbart als einen besonders "philosophisch begabten Kopf" schätzte, regen Anteil genommen hat an den Gedankengängen, die der "Meister" zu jener Zeit entwickelte. Das Bemühen um eine psychologische Begründung der Pädagogik sowie das rege Interesse für physiologisch-psychologische Zusammenhänge und für die Individualität des Kindes zieht sich denn auch durch das ganze Werk Strümpells hindurch. Sein pädagogisches Hauptwerk von 1880 trägt den Titel "Psychologische Pädagogik", und eine seiner frühesten Abhandlungen über "Die Verschiedenheit der Kindernaturen" von 1844 ist im wesentlichen eine Wiedergabe und Erweiterung der von Herbart in den ersten Briefen an Griepenkerl entwickelten Typologie kindlicher Temperamente. Später kam es dann zur Entfremdung zwischen Herbart und Strümpell, und Herbart warf seinem Schüler vor, er habe sich "aus seinem psychologischen Garten verirrt" (zit. nach Spitzner 1900, S. 280).

Ganz ähnlich wie Herbart trat Strümpell nach dem vorläufigen Abschluß seiner akademischen Studien zunächst eine Stelle als Hauslehrer an. Für fast 10 Jahre übernahm er die Erziehung zweier Knaben des Grafen Meden in Kurland, sammelte praktische pädagogische Erfahrungen und vertiefte und verfeinerte seine theoretischen Vorstellungen über die kindliche Entwicklung und über die Natur des Erziehungsprozesses. Gleichzeitig bereitete er mit wissenschaftlichen Veröffentlichungen seine Rückkehr in die akademische Welt vor.

1844 erhielt er eine Anstellung als "Professor der theoretischen und praktischen Philosophie und der Pädagogik" in Dorpat. Neben seiner Lehrtätigkeit engagierte sich Strümpell stark für die Reformation des baltischen Schulwesens, was ihm staatlicherseits hohe Anerkennung, ja sogar die Erhebung in den Adelsstand einbrachte. 1871 mußte er jedoch aus politischen Gründen Dorpat verlassen und fand eine neue Wirkungsstätte an der Universität Leipzig. Auch dort widmete er sich wiederum sehr intensiv dem Schulwesen, richtete ein "pädagogisches Praktikum" ein und erschloß sich und seinen Studierenden, fast achzigjährig, noch ein ganz neues Interessensgebiet, eben die "pädagogische Pathologie". Er erlebte die außerordentliche Resonanz dieses Buches in der pädagogischen Fachwelt und er hatte die geistige Beweglichkeit, es unter dem Eindruck des Koch'schen Konzepts von den "psychopathischen Minderwertigkeiten" noch einmal grundlegend zu verändern. 1899, kurz nach dem Erscheinen der dritten Auflage der "Pädagogischen Pathologie", starb er im 111. Semester seiner akademischen Lehrtätigkeit.

3. Gegenstand, Aufgabe und Ziele der "pädagogischen Pathologie"

Mit dem Titel "Die Lehre von den Fehlern der Kinder" ist schon eine vorläufige Gegenstandsbestimmung gegeben. Näher wird sie dann von Strümpell ausgeführt, wenn er definiert:

"Die pädagogische Pathologie ist die Lehre von allen denjenigen Zuständen und Vorgängen, welche erfahrungsmäßig während der Entwickelung des geistigen Lebens im Kindheitsalter von solcher Beschaffenheit sind, daß sie der Abschätzung und Werthbestimmung, nach denen der Pädagoge sie im Hinblick auf die von ihm gedachte und erstrebte Jugendbildung auffaßt und beurtheilt, sich entweder nicht als genügend oder als bedenklich oder schädlich, überhaupt als in irgendwelcher Hinsicht der Besserung bedürftige Fehler darstellen. Solche Fehler nennen wir pädagogische Fehler" (Strümpell 1890, S. 16f).

Alles also, was dem Erzieher von seinen idealen Vorstellungen her als "in irgendwelcher Hinsicht der Besserung" bedürftig erscheint, rangiert unter dem Begriff "pädagogische Fehler". Dabei geht Strümpell ganz selbstverständlich von einem Konsens der Pädagogen und ihrer Ideale aus. Ja, die ganze Formulierung täuscht nur vor, als handle es sich um eine Position, die sich der Relativität solcher Festlegungen bewußt ist. In Wirklichkeit werden die Fehler aber doch ganz eindeutig als real auffindbare und für sich bestehende Phänomene verstanden, die es zunächst zu sammeln, zu beschreiben und zu katalogisieren gilt, ganz so wie Gräser und Blumen in Herbarien gesammelt werden. Als Fernziel schwebten Strümpell dann ausführliche Monographien zu den einzelnen Kinderfehlern vor Augen, in denen alles Wissen über den jeweiligen "Fehler" zusammengetragen werden sollte.

Die "Besserungsbedürftigkeit" ist aber nur ein sehr vages, allgemeines Kriterium, das zwar zum vorläufigen Sammeln und Auflisten der "Fehler" taugt, aber über Ursache und Natur derselben noch gar nichts aussagt. Strümpell ging es jedoch primär um ein psychologisches Verständnis all dieser Erscheinungen. Er wollte ganz so, wie er die Allgemeine Pädagogik auf eine Tatsachenwissenschaft vom Kind begründen wollte, auch die pädagogische Pathologie als eine Tatsachenwissenschaft von den psychologischen Prozessen, die mit den jeweiligen "Fehlern" verbunden sind, verstanden wissen. Dementsprechend forderte Strümpell auch eine "rein sachliche" Behandlung des Gegenstandes, also eine Behandlung, die ganz davon absieht, ob es sich bei dem jeweiligen Phänomen "um ein Gutes oder ein Böses, ein Lobenswerthes oder ein Tadelnswerthes, ein Schönes oder ein Häßliches ... handelt" und ob dies "als solches zu billigen oder zu mißbilligen sei" (ebd., S. 2). Von all diesen Bewertungen, die zur Einschätzung eines Phänomens als "Kinderfehler" überhaupt erst führen, müsse der Pädagoge, wenn er sich als "pädagogischer Pathologe", als "Kinderforscher" betätige, vorläufig abstrahieren. Daß Strümpell selbst diesem expliziten Grundsatz einer nichtmoralisierenden, sachlichen Einstellung zu den untersuchten Phänomenen oft nicht gerecht wird, läßt sich an vielen Stellen des Buches zeigen. So schreibt er zum Beispiel zum Stichwort "Masturbation" in der alphabetischen Fehler–

sammlung: "Eine der häßlichsten, unsittlichen Gewohnheiten mancher Kinder..." (Strümpell 1899³ S. 60).

Der erste Schritt, den die neue Wissenschaft zu leisten habe, ist nach Strümpells Auffassung das Sammeln des "Untersuchungsmaterials". Entsprechend kommt nach dem Einleitungsteil in Strümpells Buch zunächst ein zweites Kapitel, das ein "alphabetisches Verzeichnis der Kinderfehler" enthält. Dieses Verzeichnis reicht von "Ängstlichkeit", "Abneigung", "Ausgelassenheit" und "Albernheit" bis hin zu "zimperlich", "zappelig", "zu früh reif", "Zauberkunststücke", "Zwangsvorstellungen" und "Zwangshandlungen". Insgesamt werden auf diese Art über 300 "Kinderfehler" zusammengetragen und mit kurzen Kommentaren versehen. Die Darstellung folgt, außer der alphabetischen, überhaupt keiner Ordnung, und der ganze Katalog stellt somit ein recht eigenartiges Sammelsurium von Eigenschaften, Tätigkeiten und Zuständen dar, welches mehr über die Erziehungsmentalität des ausgehenden 19. Jahrhunderts und über die Reichhaltigkeit und Differenziertheit der deutschen Sprache zur Benennung von unerwünschten Merkmalen an Kindern aussagt als über deren emotionale und verhaltensmäßigen Probleme.

Die Mehrzahl der Stichworte beinhalten negative Charaktermerkmale wie "arbeitsscheu", "hinterlistig", "jähzornig", "prahlerisch", "tölpelhaft", etc. Bei manchen Begriffen ist es dabei nur schwer verständlich, warum und inwiefern sie etwas "Fehlerhaftes" und "Verbesserungsbedürftiges" darstellen sollen. So z.B. bei "Empfindsamkeit", "Freiheitsdrang", "lachlustig" und "pfiffig". K. Rutschky hat wohl deshalb, weil hier ganz natürliche kindliche Eigenschaften unter dem Titel "pädagogische Pathologie" subsumiert werden, den Auszug des Fehlerverzeichnisses, den sie in ihrer Sammlung "Schwarze Pädagogik" aufgenommen hat, mit dem Titel "Kindheit als Krankheit" überschrieben. Einerseits zu Recht, denn auf welches Kind ließen sich nicht etliche der aufgezählten Begriffe anwenden? Andererseits aber stellen für Strümpell nicht Krankheiten, sondern eben "Fehler" das Material der pädagogischen Pathologie dar. So wäre die Überschrift "Kindheit als Fehlerhaftigkeit" wohl zutreffender gewesen.

Gleichzeitig finden sich in dieser Liste aber auch Sinnesdefekte, ernsthafte psychische Störungen und Formen geistiger Behinderung. So werden etwa "Blindheit" und "Taubheit" als wichtige Gebiete der pädagogischen Pathologie ausgewiesen. "Irrsinnig", "mondsüchtig" und "übergeschnappt" tauchen als Stichwörter ebenso auf wie "blödsinnig" und "idiotisch".

In einem zweiten Schritt sollten dann aus dieser Stoffsammlung diejenigen "Fehler" aussortiert werden, die in einem ursächlichen Zusammenhang mit einer körperlichen Krankheit stehen. Deren Kenntnis hält Strümpell zwar für wichtig, dennoch weist er sie primär der allgemeinen medizinischen Pathologie bzw. der Psychiatrie als Gegenstand zu. Die pädagogische Pathologie dagegen will er auf das Gebiet der "rein psychisch" bedingten Fehler begrenzt wissen. So bestehen dann auch die weiteren Aufgaben, die er der neuen Disziplin zuweist, in der Erarbeitung einer psychologischen Klassifikation der "Fehler", d.h. eine Einteilung in "Fehlerfamilien" und letztlich in einer "Zurückführung der in der Classifikation aufgestellten Fehlerfamilien auf diejenigen Vorgänge und Verhältnisse im Bewußtsein des Kindes, in denen die specifische Natur der dazugehörigen Fehler besteht" (ebd., S. 17). Aus einem solchen vertieften Verständnis der beteiligten psychischen Prozesse erhofft er sich verläßliche Auskunft über "Ätiologie", "Prophylaxis" und "Therapie" der "Fehler". Zuletzt hält er schließlich noch eine grundsätzliche philosophisch-anthropologische Reflexion auf die "Verhältnisse zwischen dem körperlichen und dem geistigen Leben" für unerläßlich, und er widmet der Behandlung des Leib-Seele-Problems deshalb auch ein ausführliches Kapitel.

4. Das Verhältnis von medizinischer und pädagogischer Pathologie

Strümpell hat sein Konzept zwar stark in Anlehnung an die medizinische Begrifflichkeit entwickelt Er hat damit aber nicht gleichzeitig unreflektiert medizinische Denkmuster auf die Pädagogik übertragen. Vielmehr versucht er sehr ausführlich, Analogien und Unterschiede zwischen der medizinischen und der pädagogischen Betrachtungsweise herauszuarbeiten. Während der lange Fehlerkatalog höchstens noch als zeitgeschichtliches Dokument dafür, was Erwachsene um die Jahrhundertwende an Kindern alles auszusetzen und zu "verbessern" hatten, interessant ist, dürfen seine Reflexionen zum Unterschied zwischen medizinischer und pädagogischer "Doctrin" auch heute noch eine gewisse Aktualität beanspruchen. In der ersten Auflage beschränkt sich diese Auseinandersetzung auf das Verhältnis der inneren Medizin zur pädagogischen Pathologie. Erst in der zweiten Auflage, welche um einen mit "pädagogische Psychiatrie" überschriebenen Teil erweitert ist, findet dann eine Abklärung des noch schwierigeren Verhältnisses zwischen der pädagogischen Pathologie und der Kinderpsychiatrie statt.

Zunächst nimmt Strümpell eine Reneutralisierung des Begriffs "Pathos" vor, welche er gleichzeitig als eine Zurückführung auf den ursprünglichen Bedeutungsgehalt rechtfertigt. "Pathos" bedeute ganz allgemein so viel wie Störung. Von der Medizin sei der Begriff nur einseitig auf die Störungen des körperlichen Lebens eingeschränkt worden, der pädagogischen Pathologie gehe es hingegen um einen weiteren Begriff von Störung, welcher "...mit der Vorstellung der Krankheit nichts mehr zu tun hat" (ebd., S. 3).

Zwar erkennt Strümpell zunächst durchaus einen Überlappungsbereich an, in dem körperliche Störungen auch die Ursachen für Störungen in der geistigen Sphäre ausmachen; Kinderpsychosen rechnet er hierzu ebenso wie die Folgeerscheinungen von Sinnesdefekten. Es geht ihm aber mehr darum, daß Pädagogen über diese Grenzbereiche Bescheid wissen müssen, als daß er sie dem eigentlichen Gegenstandsbereich der pädagogischen Pathologie zuordnen will. Ganz deutlich trennt er an einer späteren Stelle: "Die pädagogische Pathologie überläßt Alles, was körperliche oder geistige Krankheit heißt, der Medicin; sie hat es mit eigentlich kranken Kindern gar nicht zu thun, sondern zieht das Kind nur mit allen seinen psychischen Fehlern und guten Eigenschaften in Betracht" (ebd., S. 161). Das eigentliche Hauptgebiet der pädagogischen Pathologie machen also in jedem Fall Phänomene aus, bei denen der Begriff "Pathos" in einem anderen, nicht-medizinischen Sinn gebraucht wird. Strümpell bezieht sich auf den von Herbart geprägten Begriff der Bildsamkeit und macht ihn zum Ausgangspunkt der neuen Disziplin. Erst dann nämlich tritt seiner Meinung nach die "Selbständigkeit der pädagogischen Pathologie" deutlich hervor, "...wenn das geistige Leben des Kindes unter den Gesichtspunkt seiner Bildungsfähigkeit und seiner Bildungszwecke gestellt wird" (ebd., S. 7).

Aus dieser ausdrücklich als "pädagogisch" ausgewiesenen Perspektive definiert Strümpell dann auch seinen Begriff von "geistiger Gesundheit" nicht etwa als einen Gegenbegriff zur geistigen Krankheit, sondern er setzt ihn gleich mit der Bildsamkeit des Kindes. Ihm setzt er als Gegenbegriff lediglich die "eingeschränkte Bildsamkeit" gegenüber "Die Pädagogik versteht unter der geistigen Gesundheit nichts Anderes, als eine den Zwecken der Erziehung und des Unterrichts, überhaupt der beabsichtigten geistigen Ausbildung günstigen Bildungsfähigkeit des Kindes" (ebd., S. 163). Nicht die geistige oder körperliche Krankheit oder Defektivität selbst ist also der Gegenstand der pädagogischen Pathologie, sondern allenfalls die dadurch u.U. verursachte Einschränkung der Bildsamkeit. Damit liegt Strümpell schon ganz auf der Linie der später von Bleidick mit Nachdruck vertretenen Position, und dieser zollt ihm deshalb trotz aller Kritik auch ein großes Lob für die Erkenntnis, daß es "um die Störung der Bildsamkeit des Kindes" gehe (Bleidick 1972, S. 32).

Die "Bildsamkeit" wiederum ist für Strümpell auf das engste verknüpft mit dem "psychischen Mechanismus" und den verschiedenen darin wirkenden "Causalitäten". Der wesentlichste Unterschied zwischen den Vorgängen in diesem Bereich und den Vorgängen in der Körpersphäre, welche die medizinische Pathologie zu untersuchen habe, besteht für Strümpell darin, daß es sich bei letzteren um lauter Phänomene handelt, die mit Naturnotwendigkeit und streng kausalgesetzlich ablaufen, denen der Patient sich also fügen muß. Im Bereich des Psychischen sieht er dagegen bedeutsame Momente der Selbstbestimmung und somit der Selbsterziehung und der Selbstheilung von Fehlern.

Auch der Begriff "pädagogische Therapie" wird von Strümpell in einem eindeutig nichtmedizinischen Sinne definiert. Er versteht darunter nämlich ausdrücklich die "Lehre von denjenigen erzieherischen Mitteln..., durch deren Anwendung theils eine Verhütung, theils eine Beseitigung der in der Kinderwelt vorkommenden Fehler für möglich gehalten wird und erstrebt werden soll" (Strümpell, 1890 S. 93).

Obwohl Strümpell explizit von "pädagogischer Therapie" spricht, hat er dabei keineswegs methodisch spezifizierte Verfahren der Behandlung im Auge, wie sie später als Kinderanalyse, als Spieltherapie oder als Verhaltenstherapie entwickelt wurden. Er bedauert sogar, daß in der "gewöhnlichen Praxis" meist nur die "pädagogischen Hausmittel" wie Drohen, Strafen, Tadeln, Schelten, Ermahnen etc. zum Einsatz kämen, und fordert von einer pädagogisch aufgeklärten Erziehung die Verwendung feinerer, eher unterstützender Maßnahmen wie z.B. "Behütung und Kräftigung des neben den Fehlern noch vorhandenen Guten, Anregung zur Nachahmung edler Vorbilder, Verheißung verdienter Güte und Liebe..." (ebd., S. 97). Alles dies bleibt aber ganz im Rahmen der seit jeher in der Pädagogik bekannten Erziehungsmittel. Insofern kann selbst Strümpell nicht, wie Werner das tut, als ein "Vorläufer der Kinderpsychotherapie im 19. Jahrhundert" interpretiert werden.

Das Therapieverständnis Strümpells - und dies wird aus seiner Abgrenzung zur medizinischen Therapie ganz deutlich - impliziert trotz der Forderung nach einer sachlichen, nicht-wertenden Betrachtung der "Fehler" noch immer ein pädagogisch-moralisches Heilverständnis, in dem Heilung nicht mit der Behebung einer psychischen Funktionsstörung, sondern mit "Besserung" gleichgesetzt wird. So meint Strümpell, die pädagogische Therapie dürfe

"...in keinem Falle den Versuch, den Leidenden zu heilen, das heißt, ihn zu bessern, ganz aufgeben". Denn: "Vom erzieherischen Standpunkte aufgefaßt, ist kein Kind, auch nicht das schon von Grund aus verdorbene, gänzlich und für immer verloren, so lange nur überhaupt noch ein kleiner Grad geistiger Gesundheit, das heißt Bildungsfähigkeit, übrig geblieben ist" (Strümpell 1890, S. 95).

Hier sieht Strümpell die pädagogische Therapie durchaus im Vorteil gegenüber der medizinischen, welche häufig die Unheilbarkeit von Krankheiten konstatieren müsse. Gleichzeitig beweist diese Passage auch, daß Strümpell trotz mancher Elemente aus anderen Kategorien, die im alphabetischen Register auftauchen, mit seinem Konzept im wesentlichen die kindlichen Erziehungsschwierigkeiten im Sinn hatte und nicht eine umfassende Behindertenpädagogik. In die gleiche Richtung weist auch sein Hinweis auf die "Selbsthilfe und Selbstarbeit, durch welche der Zögling sich aus einem weniger guten in einen vollkommeneren Zustand hinausbringen kann" (ebd., S. 101).

5. Die Psychologie der "Kinderfehler"

Die psychologischen Vorstellungen, die Strümpell zur Erklärung der "Kinderfehler" heranzieht, sind im wesentlichen die gleichen, die er schon in seiner "Psychologischen Pädagogik" von 1880 für das Verständnis des normalen kindlichen Seelenlebens entwickelt hat. Sehr deutlich ist darin der Herbart'sche Einfluß spürbar, denn wie bei Herbart handelt es sich auch bei Strümpell weitgehend um spekulative Vorstellungspsychologie. Dennoch gibt es auch einige sehr grundsätzliche Unterschiede, die in erster Linie das Ausmaß des psychischen Freiheitsspielraumes betreffen.

Strümpell geht von einem dreistufigen, hierarchisch gegliederten Persönlichkeitsmodell aus. Auf der untersten, somatischen Ebene laufen dabei alle Vorgänge streng naturgesetzlich ab. Es ist die Ebene, in der vor allem Triebe und Affekte ihren Ursprung haben. Den Zusammenhang zwischen Körper und Seele und speziell zwischen Gehirn und Geist denkt Strümpell dabei als eine Art psycho-physischen Parallelismus, denn nach seiner Überzeugung wirkt "auch in den realen Elementen des Körpers ... ein Mechanismus ihrer Zustände, der nach Verhältnis den selben Gesetzen folgt, die für den psychischen Mechanismus gelten" (ebd., S. 135). Aus diesem Grund ist die "Funktionsfähigkeit" des körperlichen Mechanismus auch eine wichtige Voraussetzung für die des "psychischen Mechanismus", der zweiten Ebene in Strümpells Vorstellung vom Aufbau der Persönlichkeit.

Der Begriff des "psychischen Mechanismus" wird dabei ausdrücklich in einem nichttechnischen, nichträumlichen und nichtmateriellen Sinne eingeführt, und Strümpell betont: "Das Wort mechanisch ... bedeutet hier zunächst nur so viel, wie unbewußt wirkend und erwirkt" (ebd., S. 105). Auch das Wirken auf dieser Ebene, die dem menschlichen Bewußtsein und Wollen entzogen ist, verläuft nach Strümpell streng gesetzmäßig. Diese "Gesetze des psychischen Mechanismus" beansprucht Strümpell, entdeckt zu haben, und er stellt sie in aller Ausführlichkeit dar (vgl. ebd., S. 103f). Sie seien hier nur stichpunktartig wiedergegeben:

-Das "Gesetz der Beharrung" besagt, daß "Nichts, was einmal in der Seele geschah ... wieder verloren gehen, noch ganz vernichtet werden kann".
-Das "Gesetz der Continuität" beschreibt die Tatsache, daß alle Elemente des Seelischen miteinander verknüpft sind.
-Das "Gesetz der Ausschließung" postuliert, daß immer nur je eine einzige Vorstellung volle Präsenz auf der Bühne des Bewußtseins haben kann.
-Das "Gesetz der Reihenbildung" drückt aus, daß die Inhalte des Psychischen in einer bestimmten Regelmäßigkeit und Ordnung miteinander verknüpft sind.

Im Bereich dieses unbewußten "psychischen Mechanismus" ist nun nach Strümpell schon eine gewisse Teleologie angelegt, die durch die Entstehung eines gefühlsmäßigen Wertbewußtseins zwangsläufig über diese Ebene hinausführt zu einer dritten, höchsten Ebene, der Ebene der "freien Causalitäten". Dieser Begriff ist, wie manch anderer bei Strümpell, sicher unglücklich gewählt. Flügel kritisiert ihn zu Recht als ein "hölzernes Eisen", als eine contradictio in adjecto (vgl. Flügel 1904, S. 112), denn er dient ja gerade zur Bezeichnung des Bereichs jenseits strenger Kausalitäten. Strümpell nennt fünf solche "freien Causalitäten", die eben gerade keine Kausalitäten im eigentlichen Sinne sind, sondern Wertdimensionen, Bereiche freier Orientierung und Entscheidung: Die "Causalitäten des Gefühlslebens der Seele", die "logische Causalität", die "ästhetische Causalität", die "Causalität des Gewissens" und die "Causalität der Selbstbestimmung oder der Willensfreiheit" (Strümpell 1890, S. 9f).

Die Feinheiten dieser Psychologie sind heute nur mehr sehr schwer verständlich und zeigen sehr deutlich die Zeitgebundenheit aller spekulativen Vorstellungen, die der Mensch sich über das Funktionieren seiner eigenen Seele macht. Ein wichtiger Unterschied zur Psychologie Herbarts liegt jedenfalls darin, daß Strümpell diese dritte Ebene, diesen Bereich der Freiheit jenseits der Notwendigkeiten und Gesetzmäßigkeiten des psychischen Mechanismus überhaupt postuliert. Denn bei Herbart waren durchwegs alle, auch die höheren psychischen Leistungen, Ergebnisse der Vorstellungsmechanik. Im Gegensatz zu Kant versteht Strümpell diese Freiheit jedoch auch nicht als das Element einer "intelligiblen Welt", sondern er betrachtet sie als das Ergebnis einer, in der Entwicklung des unbewußten psychischen Wirkens angelegten Teleologie. Ob er dabei alle logischen Probleme, die mit dieser Vorstellung von der Emergenz einer Ebene der Freiheit aus dem Bereich der Notwendigkeiten zusammenhängen, gelöst hat, sei dahingestellt.

Strümpells Klassifikation der pädagogischen Fehler leitet sich von diesem hierarchischen Persönlichkeitsmodell ab. Als erste Klasse seiner Fehler-Systematik nennt er die "Gruppe der aus dem Übergewicht der körperlichen Einflüsse entspringenden Fehler" (ebd., S. 201) - also Erscheinungen, die Strümpell durch Mängel der körperlichen Konstitution bedingt ansieht.

Die zweite Gruppe stellen die "durch Störungen, Alterationen und Defecte, welche aus inneren Gründen im psychischen Mechanismus stattfinden, verursachten Fehler" dar (ebd., S. 202). Hierunter fallen alle möglichen Störungen der Wahrnehmung, der kognitiven Verarbeitung und der Erinnerung. Man könnte das Material dieser Gruppe heute wohl zutreffend unter dem Titel "Lernstörungen" subsumieren.

Die dritte Fehlerkategorie nennt Strümpell die "Gruppe der aus Mißverhältnissen zwischen dem psychischen Mechanismus und den freien Causalitäten sowie aus den Defecten der letzteren entspringenden Fehler" (ebd., S. 204). In dieser Gruppe faßt Strümpell alle möglichen "Charakterfehler" wie z.B. Heuchelei, Eigensinn, Schadenfreude, Bosheit etc., also "Fehler", die vornehmlich einer unzureichenden oder falschen "Gemüths- und Charakterbildung" zuzuschreiben sind, zusammen.

Die letzte Gruppe läßt sich nicht mehr direkt den Persönlichkeitsebenen zuordnen. Mit ihr verweist Strümpell auf die typischen problematischen Erscheinungen, die "beim Übergange aus der Kindheit in das Jünglingsalter und während des letzteren auftreten", also auf Pubertätskrisen und ihre Folgen.

Das "innere geistige Wirken im Kinde, von dem es abhängt, ob überhaupt irgendein Einfluß von außen eine fortbildende Wirkung veranlassen kann" (ebd., S. 8), setzt nun vor allem ein harmonisches Zusammenspiel der beiden höheren Persönlichkeitsebenen voraus, und umgekehrt lassen sich nach Strümpell all die Phänomene, die von Pädagogen als "Kinderfehler" wahrgenommen werden, sofern sie nicht konstitutionell bedingt sind, auf Funktionsstörungen des unbewußten, psychischen Mechanismus oder auf mangelhafte Entwicklung der fünf "freien Causalitäten" zurückführen. Da die Konstitution pädagogisch kaum beeinflußbar ist, müssen sich alle pädagogischen Bemühungen der "Besserung" vornehmlich auf diese höheren Bereiche beziehen. Dabei ist bemerkenswert, daß Strümpell eine Einsicht auf der obersten, bewußten Ebene für unzureichend hält, wenn diese nicht auch eine entsprechende Verankerung im Bereich des unbewußten "psychischen Mechanismus" erfährt. Ja, es wird gar gefordert, der "unbewußt wirkende Mechanismus muß ein sicherer und zuverlässiger Diener des einmal ein Bewußtes Gewesenen sein" (ebd., S. 16).

Dies zeigt, daß hier noch eine ganz andere Konzeption des Unbewußten vorliegt als bei Freud - trotz der großen Ähnlichkeit der Rede vom "unbewußten psychischen Mechanismus" mit der vom "psychischen Apparat". Strümpells Vorstellungen stammen aus der Herbart'schen Tradition und beziehen sich primär auf die kognitive Dimension des geistigen Geschehens. Dem "unbewußten psychischen Mechanismus" kommt dabei in erster Linie die Funktion der Speicherung und der inneren Verarbeitung der Daten zu, die dann auf dem "Bildschirm des Bewußtseins" erscheinen. Es handelt sich aber nicht um einen strukturellen Gegenspieler zur bewußten Ebene, der von mächtigen Triebquellen gespeist ist, nach eigenen Prinzipien funktioniert und vor allem den motivationalen Bereich steuert. In diesem Sinn ist das Unbewußte bei Strümpell kein "dynamisches Unbewußtes".

6. Von der "pädagogischen Pathologie" zur "pädagogischen Psychiatrie"

Die in der ersten Auflage von Strümpell vorgenommene Eingrenzung des Gegenstandsbereichs der pädagogischen Pathologie auf "rein psychologische Fehler", die "Alles, was körperlich oder geistige Krankheit heißt, der Medicin" überläßt (ebd., S. 161), war problematisch und wurde von den ersten Rezensenten deutlich kritisiert (vgl. Ufer 1896, Trüper 1893). Gerade diejenigen, die in der Praxis der Schul- bzw. der Heilerziehung standen, bemängelten, daß eine so feinsäuberliche Trennung kaum durchzuhalten sei.

1891 erschien von dem Zwiefaltener Irrenanstaltsdirektor J.L.A. Koch der erste Band seines umfangreichen Hauptwerkes "Die psychopathischen Minderwertigkeiten". Darin entwickelt er ein Konzept, das praktisch alle Formen psychischer Auffälligkeiten und Störungen im Vorfeld der eigentlichen Geisteskrankheiten umfaßt. Alle diese Erscheinungen werden bei Koch zurückgeführt auf hirnorganische Störungen bzw. auf "Minderwertigkeiten" der nervlichen Konstitution. Zwar entwickelt Koch einen ausführlichen systematischen Apparat, in dem er die psychopathischen Minderwertigkeiten aufgliedert, nach der Dauer in andauernde und transistorische, nach der Ätiologie in angeborene und erworbene und nach dem Schweregrad in "Disposition", "Belastung" und "Degeneration". Dennoch bleibt das Gesamtkonzept so breit und unspezifisch, daß es mehr oder weniger auf alle Phänomene paßt, die zwar auffällig, aber doch nicht manifest psychotisch sind. Entsprechend umfassend ist die Definition, die Koch an den Anfang seines Werkes stellt:

"Unter dem Ausdruck psychopathische Minderwertigkeit fasse ich alle, sei es angeborene, sei es erworbene, den Menschen in seinem Personleben beeinflussenden psychischen Regelwidrigkeiten zusammen, welche auch in schlimmen Fällen doch keine Geisteskrankheiten darstellen, welche aber die damit beschwerten Personen auch im günstigsten Falle nicht als im Vollbesitze geistiger Normalität und Leistungsfähigkeit stehend erscheinen lassen" (Koch 1890, S. 1).

Das verbindende Moment zwischen all diesen "Regelwidrigkeiten" sieht er in der organischen Grundlage:

"Es beruht jedes derartige Leiden auf einer angeborenen oder erworbenen Minderwertigkeit des Gehirns, beziehungsweise des Nervensystems überhaupt" (ebd., S. 2).

Koch behauptet mit seinem Konzept der "psychopathischen Minderwertigkeit" nicht, ein neues psychiatrisches Krankheitsbild beschrieben zu haben. Er gesteht vielmehr zu, daß viele der von ihm geschilderten Erscheinungen schon lange vor ihm von anderen unter anderen Bezeichnungen wie z.B. "Neurastenie", "Nervosität", "neuropathische Konstitution" etc. beschrieben worden seien. Wofür er einen Orginalitätsanspruch reklamiert, ist lediglich die "Gesamtlehre" (ebd., S. IV), das Rahmenkonzept, das all diese Bilder in einen Zusammenhang bringt und das zudem die Aufmerksamkeit auf vermeintlich psychopathische Erscheinungen lenkt, die bisher überhaupt nicht als solche wahrgenommen wurden. In diesem letzteren Sinne empfiehlt er seine Lehre deshalb nicht nur den Fachkollegen, sondern ganz besonders auch den Seelsorgern und den Juristen. Sie alle könnten davon profitieren, wenn sie verstehen lernten, "wie die sonst unverständliche 'Schlechtigkeit' eines anderen ... sein 'rohes Saufen' usw. auf einem pathologischen Untergrund ruht" (ebd., S. VIII).

Obwohl er selbst fast ausschließlich von erwachsenen Patienten handelt, spricht Koch auch die Erzieher und Lehrer an: "Sie würden manchen Kindes scheinbare Unart und Faulheit oder auch bloße Mühseligkeit und Sonderbarkeit ... anders als nach der hergebrachten Schablone beurteilen und anfassen" (ebd.), wenn sie über die wahren Hintergründe dieser Phänomene informiert wären. Insbesondere die "'Pädagogische Pathologie', welche unlängst von Ludwig Strümpell in verdienstlicher Weise als eine besondere Disziplin begründet worden ist", könne durch das Studium der psychopathischen Minderwertigkeit wesentlich gefördert werden (ebd., S. IX).

Strümpell hat diese Aufforderung aufgegriffen, denn durch Kochs Lehre wird seiner Meinung nach "der Psychiatrie auch zur Pädagogik und dieser zu jener eine ganz neue Stellung gegeben" (Strümpell 1892[2], S. 231). Bisher hielt Strümpell eine klare Grenzziehung zwischen beiden Disziplinen für möglich und zwar in dem Sinne: geisteskranke Kinder der Psychiatrie, geistig gesunde Kinder der Pädagogik. Nun erkennt er einen breiten Überlappungsbereich zwischen beiden Polen an: Kinder, die aufgrund hirnorganischer Störungen in ihrem Verhalten von der Norm abweichen, aber dennoch "innerhalb gewisser Grenzen bildungsfähig sind und bleiben" (ebd.). Der Gedanke eines Kontinuums, das von völliger geistiger Gesundheit bis zu manifester Geisteskrankheit reicht, wird nun bestimmend.

Schon 1892 erschien eine zweite Auflage der "Pädagogischen Pathologie", welche fast den doppelten Umfang hat wie die erste. Sie ist nun ausdrücklich "Herrn Dr. J.L.A. Koch... in Anerkennung seiner Verdienste um die wissenschaftliche Fortbildung der pädagogischen Pathologie gewidmet", und in ihr wird das Koch'sche Konzept in aller Breite rezipiert. So konnte Koch schon 1893, als der dritte Band seines Werkes erschien, Strümpell seinerseits im Nachwort wiederum bescheinigen, er habe die neue Lehre "mit Meisterhand" mit der "von ihm als besonderer Disziplin begründeten Pädagogischen Pathologie" verknüpft (Koch 1893, S. 427).

Wenn zu Anfang dieses Kapitels Strümpells Werk als ein Wendepunkt im Verständnis des erziehungsschwierigen Kindes dargestellt wurde, so muß diese Aussage nun eigentlich auf die zweite Auflage hin präzisiert werden. Denn bei aller Forderung nach sachlicher und wertungsfreier Tatsachenforschung blieb Strümpell mit seiner ursprünglichen Konzeption von den "Kinderfehlern" als Abweichung von der pädagogischen Idealnorm doch deutlich dem moralischen Paradigma verhaftet. Erst mit der zweiten Auflage und unter dem Einfluß des Koch'schen Psychopathie-Konzeptes wurde nun vielen problematischen Erscheinungen im Kindes- und Jugendalter ein echter Krankheitswert zugeschrieben.

Allerdings handelt es sich bei Strümpell mehr um eine additive Hinzufügung der Koch'schen Lehre als um eine wirkliche Integration oder gar um eine Neukonzeption des ganzen Werkes. So bleiben denn auch trotz überleitender Erläuterungen zahlreiche Widersprüche zwischen dem erstem und dem zweitem Teil nicht aus. Während im ersten "grundlegenden" Teil auch in den späteren Auflagen noch der Standpunkt vertreten wird, die pädagogische Pathologie habe es mit "eigentlich kranken Kindern gar nicht zu tun" (ebd., S. 182), wird im zweiten Teil ganz klar formuliert: "Die psychopathischen Zustände und Vorgänge sind Erscheinungen, deren primärer Ursprung in einer krankhaften oder überhaupt abnormen Beschaffenheit des Nervensystems, insbesondere des Gehirns liegt" (ebd., S. 237).

Jedoch hält Strümpell auch hier den Standpunkt aufrecht, daß all diese Erscheinungen für die Pädagogik erst relevant werden unter dem Aspekt der dadurch bedingten eingeschränkten Bildungsfähigkeit. Als solche stellen sie gewissermaßen veränderte Rahmenbedingungen des pädagogischen Feldes dar und erfordern deshalb auch eine "Modification der unterrichtlichen und erzieherischen Anforderungen und Maßnahmen, d.h. besondere pädagogisch-therapeutische und pädagogisch-hygienische Veranstaltungen" (Strümpell 1899[3] S. 242).

Strümpells Rede von den "psychopathischen Zuständen und Vorgängen" weicht hier bewußt von Kochs Begriff der "psychopathischen Minderwertigkeiten" ab. Wenn Strümpell auch der Sache nach das Koch'sche Konzept weitgehend akzeptierte, so war es ihm doch aus pädagogischen Gründen ein wichtiges Anliegen, den sehr massiv abwertenden Ausdruck Kochs nicht in die Terminologie der pädagogischen Pathologie herüber zu nehmen. Der neutralere Terminus "psychopathische Zustände" erschien ihm vollkommen ausreichend. An verschiedenen Stellen betont er zudem, daß der Begriff der "psychopathischen Minderwertigkeiten" bei Koch schlichtweg gleichbedeutend sei mit dem allgemein gebräuchlichen Ausdruck "psychische Störungen" (vgl. ebd., S. 231).

7. Formen "psychopathischer Zustände"

Strümpell unterscheidet wie Koch drei Schweregrade "psychopathischer Zustände". Die "psychopathische Dispostition" als schwächste Form wird dabei einfach im Sinne einer besonderen "Zartheit", "Empfindlichkeit" und "Verletzlichkeit" aufgefaßt, welcher zudem häufig ein gewisser "Mangel an Thatkraft" entspreche (ebd., S. 278).

Zur Illustration wird der Fall eines außerordentlich schüchternen Mädchens dargestellt, welches ihre durchaus geliebten Lehrer teils durch "langes, krankhaftes Weinen", teils durch "nervöses Lachen" beinahe zur Verzweiflung gebracht habe. Zudem habe sie trotz großer Tierliebe im allgemeinen ein "wahrhaftes Grauen" vor Fischen in dunklen Gewässern gehabt. Daß diese Auffälligkeiten, die heute wohl eher als psychisch bedingte Reaktionen interpretiert würden, als "psychopathische Zustände", also als Ausdruck hirnorganischer Störung oder konstitutioneller nervlicher Schwäche aufgefaßt werden, wird in dem Fallbeispiel nur mit dem kurzen Hinweis auf eine angebliche "psychopathische Veranlagung" in der Familie der Mutter und mit dem Vorhandensein bestimmter "Degenerationszeichen" begründet. Zum Schluß wird dann noch erwähnt, daß manche der "Anomalien" in den späteren Jahren "völlig ausgeheilt" seien (vgl. ebd. S. 279).

Die "psychopathische Belastung" als zweite Stufe ist nach Kochs Typologie besonders "durch Anomalien in der Erregbarkeit, durch Mangel an Ebenmaß, ein ungebührlich in den Mittelpunkt gerücktes verschrobenes und widerspruchsvolles Ich, durch Seltsamkeiten und Verkehrtheiten, primordial-instinktive Regungen und Ausbrüche und durch etwas Periodisches im Verhalten des Patienten gekennzeichnet" (ebd., S. 280). Selbst die Erläuterung zu den einzelnen Bestandteilen dieser Beschreibung machen die Vorstellung von der "psychopathischen Belastung" nicht viel konkreter, und man kann ahnen, welche Attraktivität dieses Konzept gerade wegen seiner Unspezifität für die aufkommende Heilpädagogik jener Zeit hatte. Wie vieles von dem, was Lehrern und Erziehern Schwierigkeiten bereitet, ließ sich doch darunter subsumieren und auf eine klare, handfeste organische Grundlage zurückführen. Auch hier referiert Strümpell ein längeres Fallbeispiel zur Veranschaulichung:

Ein Knabe, der im allgemeinen keineswegs ängstlich war, sondern eher durch Mut und Verwegenheit auffiel, der aber ein "alles Maß übersteigendes Grauen" vor Operationen und allem, was damit zusammenhing, entwickelt hatte. Impfungen brachten ihn auch später noch an den Rand der Ohnmacht. Neben einer speziellen Angst vor Hunden und Gespenstern hatte er mit nächtlichen Angstträumen sowie mit Panikzuständen zu kämpfen, in welchen er unter seiner Bettdecke den Teufel auf einer Leiter aus der Hölle heraufstampfen hörte. In sozialer Beziehung war er eher eigenbrödlerisch, hing seinen Phantasien nach und beschäftigte sich mit komplizierten, zwanghaft erscheinenden Spielen und Ritualen. Bei Kontakten mit anderen Menschen schwankte er zwischen schroffer Ablehnung und distanzloser Hingabe, und auch im Verhältnis zu seinen Eltern sei eine merkwürdige Ambivalenz, ein Widerspruch zwischen Liebe und Verehrung einerseits sowie Verachtung andererseits spürbar gewesen. Eine Reihe anderer Details von seiner Entwicklung werden berichtet, doch weist nichts davon nach heutigen Maßstäben wirklich auf das Vorliegen einer hirnorganischen Störung hin. Und doch wird dieses Beispiel präsentiert, "um dem pädagogischen Leser eine Vorstellung davon zu geben, wie ein Mann von kräftiger Natur mit einer angeborenen psychopathischen Belastung höheren Grades in seiner Kindheit ausgesehen hat" (ebd., S. 291).

Den dritten, schwersten Grad psychopathischer Zustände, der aber ebenfalls noch keine Geisteskrankheit im engeren Sinne, also eine Störung des Realitätsbezuges, beinhaltet, stellt in dieser Abstufung die sog. "psychopathische Degeneration" dar. Dabei wird noch einmal zwischen einer "intellektuellen", einer "moralischen" und einer "allgemeinen" Variante unterschieden. Während die "intellektuelle psychopathische Degeneration" einfach eine Verstandesschwäche, eine Schwäche des Denkens und Urteilens meint, ist die "moralische psychopathische Degeneration" nach Strümpell dadurch charakterisiert, daß bei intakter intellektueller Leistungsfähigkeit die "sittliche Einsicht" unterentwickelt bleibt, die "sittlichen Grundsätze ... ärmer, beschränkter, weniger lebendig und nachhaltig kräftig sind", zudem "mehr oder weniger perverse Instinkte in Richtung auf das Schlechte" bestehen und somit "im Ganzen eine egoistisch-sinnliche Richtung der Gedanken und Triebe widerlich hervortritt" (ebd., S. 303). Die "allgemeine psychopathische Degeneration" schließlich bezeichnet die Kombination der beiden oben genannten Varianten.

Unter dem Stichwort "Degeneration" werden also hier all die Erscheinungen zusammengefaßt, die im Gegensatz zu den Empfindlichkeiten und Kraftlosigkeiten der "Disposition" und den Zwanghaftigkeiten und Verschrobenheiten der "Belastung" einen offensiv störenden, provozierenden Charakter haben. Wiederum handelt es sich um eine Pauschalbezeichnung, die per Begriff eine Vielfalt verschiedener Auffälligkeiten auf eine einheitliche hirnorganische Ursache zurückführt. Strümpell zitiert Koch mit einer sehr pessimistischen Einschätzung der pädagogischen Möglichkeiten angesichts einer solchen "psychopathischen Degeneration":

"Jedenfalls begegnet man immer wieder allgemein degenerierten Kindern, welche in jeder Schule Unheil anrichten, bei denen keinerlei erzieherische Einwirkung, weder Güte noch Strenge, ernstliche und nachhaltige Erfolge will erzielen lassen. Faul, lügnerisch, naschhaft, diebisch, voll böser, heimtückischer Gedanken, voll versteckter Schadenfreude, voll Grausamkeit gegen Thiere und Menschen, voll Anmaßung, voll geheimer oder offener

Auflehnung gegen jede Autorität, stets geneigt, einen boshaften Streich auszuführen und mit Lügen und Heuchelei den Verdacht auf Unschuldige zu lenken, voll hämischer Freude, wenn es ihnen gelingt, andere zum Bösen zu verführen und zu Häßlichkeiten zu verleiten - sind sie eine schwere Last und eine Qual für Schulen und Erziehungsanstalten, eine Gefahr für ihre Mitschüler und Genossen. Eine noch schwerere Last sind solche Kinder in der Familie, wo ihretwegen viel Jammer getragen wird und aller Kummer desto größer ist, je weniger man das Pathologische an der Sache erkennt" (ebd., S. 313f).

Hier kommt deutlich der fatalistische Zug, der einer hirnorganischen Sichtweise prinzipiell anhaftet, zum Ausdruck. Der von Pestalozzi mit solcher Leidenschaft vorgetragene Gedanke des unter dem "Schlamm der Roheit" verborgenen menschlichen Keimes ist nun nicht mehr möglich, da es sich bei den "Degenerierten" eben nicht um Menschen wie andere auch handelt, sondern um solche mit defekten, "minderwertigen" hirnlichen Voraussetzungen für ihr Menschsein. Es scheint fast so, als habe der im ersten, allgemeinen Teil aufgestellte Grundsatz, daß "kein Kind, auch nicht das von Grund auf verdorbene", als "gänzlich und für immer verloren" angesehen werden dürfe, hier sein Recht verloren.

Das Beispiel eines "Falles von moralischer angeborener psychopathischer Degeneration", das Strümpell dann liefert, ist jedoch in gar keiner Weise in der Lage, die theoretischen Behauptungen zu untermauern. Von dem betreffenden Mädchen erfährt man nämlich außer dem Hinweis, daß es in seiner Familie eine "psychopathische Veranlagung" gäbe (Nervenschwäche des Vaters, Zitterleiden der Mutter, Selbstmord des Bruders) und daß "Degenerationszeichen" vorlägen, nur, daß es ein ausgeprägtes Interesse für "die Befriedigung sinnlicher Bedürfnisse und persönlicher Eitelkeit" habe, daß seine "sittliche Stumpfheit" und sein unfreundliches und rücksichtsloses Verhalten gegenüber seinen Eltern auffällig sei und daß es sich von einem Schreinergesellen habe verführen lassen (ebd., S. 315).

8. Theorien der Ätiologie und Probleme der Diagnostik

Der zentrale Kernpunkt des Konzepts von den "psychopathischen Minderwertigkeiten", der all die verschiedenen Erscheinungen, die von Koch und Strümpell beschrieben werden, theoretisch miteinander verbindet, ist die Behauptung, daß sie alle aus "einer Krankheit des Gehirns, überhaupt des Nervensystems" (ebd., S. 247) entspringen. An einer Stelle gesteht Koch zwar zu, auf direktem Wege könne eine solche Erkrankung "...nicht, wenigstens zur Zeit nirgends in wirklich brauchbarer Weise anatomisch oder chemisch nachgewiesen werden" (Koch 1891, S. 2), und auch Strümpell spricht einmal davon, daß mit der "hypothetisch angenommenen Erkrankung des Gehirns" eine "an sich dunkle Ursache" als "Erfahrungsthatsache" ausgegeben werde (Strümpell 1899[3], S. 249). Ansonsten wird die Gültigkeit dieses Postulats aber mehr oder weniger fraglos vorausgesetzt.

In Kochs Gliederung, die Strümpell weitgehend übernimmt, wird dabei grundsätzlich zwischen zwei Weisen der Entstehung dieses unterstellten hirnorganischen Defektes unterschieden, nämlich zwischen angeborenen und erworbenen psychopathischen Minderwertigkeiten. Der mit der ersten Variante implizierten Vererbungsthese, welche durch die

Forschungen Darwins zu jener Zeit sehr hoch im Kurs stand, begegnet Strümpell allerdings mit einigen Vorbehalten. Insbesondere die Vorstellung der Vererbung psychischer Merkmale war mit seinen eigenen anthropologischen und entwicklungspsychologischen Vorstellungen nur schwer vereinbar, ging er doch davon aus, daß die in der geistigen Sphäre eines jeden Menschen wirkenden "psychischen Mechanismen" und "freien Causalitäten" auch jeweils eine "Geschichte neuer geistiger Bildung mit unzähligen Varietäten ermöglichen" (ebd., S. 249).

Auch aus pädagogischen Gründen mahnt er hier zur Vorsicht, da eine überzogene Vererbungsgläubigkeit leicht zu pädagogischem Fatalismus führen könne. Das Vorkommen psychischer Störungen in der Familie eines auffälligen Kindes sei zwar als Indiz für das Vorliegen eines angeborenen psychopathischen Zustandes zu bewerten, habe aber für sich allein noch keine Beweiskraft, da es selbst manifest geisteskranke Eltern mit gesunden Kindern gäbe. Im gleichen Sinne warnt er auch davor, die sogenannten "Degenerationszeichen", die in der Psychiatrie der damaligen Zeit eine wichtige diagnostische Rolle spielten, in ihrer Beweiskraft zu überschätzen. Als "Degenerationszeichen" galten zum Beispiel Anomalien des Körperbaus, speziell der Schädelform und der Gesichtsproportionen, sowie funktionelle Störungen wie etwa habituelle Muskelzuckungen oder partielle Lähmungen. Hier zitiert er Koch mit dem Hinweis, daß hinsichtlich der Frage, ob eine angeborene "psychopathische Minderwertigkeit" vorliege, "ein paar angewachsene Ohrläppchen für sich allein, einige Flecken auf der Iris, ein paar tiefstehende Zähne für sich allein noch wenig beweisen". Schon die Tatsache, daß eine solche Warnung von beiden Autoren für notwendig gehalten wird, sagt einiges aus über den Stellenwert, den solche Anomalien damals in der psychiatrischen Diagnostik inne hatten. In der Tat beginnen in der psychiatrischen Literatur jener Zeit viele Falldarstellungen mit detaillierten Beschreibungen von Schädelformen und physiognomischen Besonderheiten der Patienten.

Wie konnte also entschieden werden, ob bei einem auffälligen Kind oder Jugendlichen "das verdächtige psychische Verhalten eine aus einem Zustand des Gehirns oder überhaupt des Nervensystems entstandene Psychopathie oder, kurz gesagt, somatisch pathologischen Ursprungs sei?" (ebd., S. 270). Strümpell fordert zur Abklärung dieser Frage eine Art Summationsdiagnose, die sowohl Hinweise auf mögliche erbliche Belastungen berücksichtigt als auch anatomische Degenerationszeichen und funktionelle Anomalien beachtet. Liegen hier positive Befunde vor, so könne mit mehr oder weniger großer Wahrscheinlichkeit auf das Vorhandensein einer psychopathischen Minderwertigkeit geschlossen werden. "Volle Gewißheit" könne jedoch nur dann erlangt werden, wenn sich zeigen läßt, daß "die verdächtige Erscheinung ... aus reinen psychischen Ursachen und deren Zusammenhange mit einem normalen physiologischen Wirken allein nicht ableitbar ist, vielmehr damit im Widerspruche steht" (ebd., S. 274). Strümpell geht mit dieser Forderung ein ganzes Stück über Koch hinaus, der "Gewißheit" schon dann erlangt zu haben meint, wenn bestimmte Auffälligkeiten "durch ihre eigene Beschaffenheit an sich selbst als pathologisch" erkannt werden, insbesondere wenn sie Bestandteile eines umschriebenen Krankheitsbildes sind (ebd., S. 275).

Kochs Gewißheitskriterium hat einen unverkennbar tautologischen Zug. Allerdings wird auch bei Strümpell nicht recht klar, wie der geforderte Nachweis im konkreten Fall aussehen soll. Die Nichtableitbarkeit aus "rein psychischen Ursachen" meint wohl, daß ein Verstehen auf Grund der lebensgeschichtlichen und situationsspezifischen Bedingungen nicht möglich ist. Dabei muß jedoch beachtet werden, wie begrenzt in der Psychologie jener Zeit der theoretische Verstehensrahmen gerade hinsichtlich der Motivation für Verstöße in der Sphäre des sittlichen Handelns war und welche Erweiterungen der "Ableitungsmöglichkeiten" hier erst mit der Psychoanalyse stattgefunden haben.

Dabei hat Strümpell die Bedeutung von Milieueinflüssen keineswegs gering geschätzt. Die Darstellung der "erworbenen psychopathischen Zustände und Vorgänge" im 12. Kapitel seines Buches leitet er mit der Feststellung ein, daß "allerhand Mängel und Mißgriffe privater und öffentlicher Erziehung psychopathische Zustände der Kinder verschulden oder ihre Entstehung begünstigen" (ebd., S. 320). Er fügt diesem Kapitel, in dem er in erster Linie spezielle Ursachen für erworbene Schädigung des Gehirns behandelt, wie zum Beispiel körperliche Entbehrung, Vergiftungen (speziell durch alkoholische Getränke), infektuöse Erkrankungen, Unfälle etc. dann noch ein allgemeines Kapitel an, welches er mit dem Titel überschreibt: "Die von den Familien und dem öffentlichen Leben ausgehenden Einwirkungen auf die geistige Entwicklung der Kinder, welche auch den Körper derselben schädigen und psychopathische Folgen haben können" (ebd., S. 357). Darin erhebt er schwere Anklage gegen Mißstände in der Gesellschaft und in den Familien. So kritisiert er z.B. die "maßlosen Roheiten, die in manchen Familien der niederen Volksschichten schon während der ersten Altersperiode gegen die Kinder vorkommen und oft die frühesten Keime zur späteren geistigen und körperlichen Entartung legen" (ebd., S. 362). Daß Strümpell ungünstige Milieueinflüsse als Ursachen für psychopathische Zustände benennt, scheint bei der ausdrücklichen Beschränkung des Psychopathiebegriffs auf Phänomene hirnorganischer Störungen zunächst erstaunlich, wird aber verständlich, wenn man berücksichtigt, daß Strümpell in seinen anthropologischen Vorstellungen von einer prinzipiellen Wechselwirkung zwischen der immateriell-seelischen Sphäre und der materiell-körperlichen Ebene ausgeht. Eben deshalb kann seiner Ansicht nach das Gehirn auch "von der Seite des Seelenlebens leiden" (ebd., S. 365), kann "das psychisch Anormale die Ursache des somatisch Pathologischen" sein (ebd., S. 363).

9. Der "praktische Teil der pädagogischen Pathologie"

Nachdem Strümpell im ersten Teil seines Buches die Idee und die Grundlinien einer "pädagogischen Pathologie" entfaltet, ihr Verhältnis zur medizinischen Pathologie bestimmt und seine psychologischen Vorstellungen dargestellt hat, und nachdem er im zweiten Teil Kochs Konzept von den "psychopathischen Minderwertigkeiten" in aller Ausführlichkeit rezipiert hat, schließt er noch einen dritten Teil an, in dem er dieses Konzept in den Rahmen der allgemeinen Fehlerlehre stellt. Diesen dritten Teil nennt er den "praktischen Teil der pädagogischen Pathologie". Es geht dabei um die Verknüpfung der Koch'schen Lehre mit seinen eigenen psychologischen Anschauungen sowie um die Diskussion der Besonderheiten, die es bei der Übertragung dieser, aus der psychiatrischen Arbeit mit Erwachsenen stammenden Lehre auf den Bereich der Erziehung zu berücksichtigen gilt. Trotz einiger Hinweise auf pädagogische Maßnahmen wird auch in diesem dritten "praktischen Teil" kein Konzept einer therapeutischen Heilbehandlung entwickelt, wie das vom Titel her vielleicht zu erwarten wäre.

Ausführlich kommt Strümpell dagegen noch einmal auf die Diagnostik zu sprechen. Er betont dabei die grundsätzlichen Unterschiede zwischen einer psychiatrischen Diagnostik, die als medizinische Diagnostik letztlich doch nur in der Zuordnung einer besonderen Erscheinung zu einer Stelle innerhalb eines Systems allgemein umschriebener Krankheitsbilder bestehe, und einer Diagnostik, wie sie die pädagogische Pathologie erfordere. Dieser ginge es, als einer pädagogischen Diagnostik, nämlich gar nicht darum, daß man "wie nach einer Schablone die Natur und Ursache einzelner psychischer Störungen genau einordnen könne". Vielmehr käme es darauf an, "das in einem Kinde tatsächlich vorhandene Quantum seiner noch vorhandenen Bildsamkeit zu bestimmen" (ebd., S. 462). In dieser Forderung nach einer "Bildsamkeitsdiagnostik" steckt der heute vieldiskutierte Gedanke einer "Förderdiagnostik", d.h. einer Diagnostik, der es nicht in erster Linie um die Klassifikation von Störungen geht, sondern die nach Bereichen und Wegen sucht, auf denen trotz erschwerter Voraussetzungen Bildung ermöglicht werden kann. Es gehe für die Pädagogik darum, Wissen zu erlangen "über die Bedingungen, unter denen der psychische Mechanismus eines Kindes in den Stand gesetzt werden kann, die vermißten höheren Fortbildungen zu veranlassen" (ebd., S. 484), und dies nicht nur im Bereich der intellektuellenen Leistungen, sondern auch im Bereich der motivationalen, emotionalen und moralischen Entwicklung. Ziel ist es dabei letztlich, den Heranwachsenden "aus den Fesseln des bloßen Mechanismus" (ebd.) zu befreien und die "höheren Bewußtseinszustände", d.h. die "freiwirkenden Causalitäten", zur Entfaltung kommen zu lassen.

Hier hält Strümpell den Stand der Forschung für so unzureichend, daß er alle Pädagogen ausdrücklich auffordert, die Erfahrungen ihrer Bemühungen und Experimente mitzuteilen. Erst aus einer reichen Sammlung von solchen Fallgeschichten gelungener und gescheiterter Versuche pädagogischen Wirkens ließen sich Richtlinien für die erfolgversprechende Behandlung ableiten. Daneben mustert er das ganze Inventar der sozialwissenschaftlichen Forschungsmethoden seiner Zeit unter dem Aspekt, was sie zur Klärung dieser zentralen Frage beisteuern können: experimentelle Kinderpsychologie, standardisierte Beobachtungsbögen für Lehrer, biographische Forschung anhand von Tagebüchern bzw. "Lebensbüchern", statistische Forschungen, die den Zusammenhang zwischen "Kinderfehlern" und soziokulturellen Faktoren zu untersuchen hätten etc.. Zielperspektive all dieser wissenschaftlichen Bemühungen und Vereinigungspunkt der verschiedenen Detailforschungen sollten dann nach Strümpells Vorstellung "monographische Darstellungen" zu den einzelnen Kinderfehlern sein. Solche Darstellungen machten nämlich erst "die eigentlichen Baustücke einer wirklichen Wissenschaft von den pädagogischen Fehlern der Kinder" aus (ebd., S. 498). Analog den Darstellungen medizinischer Krankheitsbilder sollten darin die "möglichen Ursachen", die "Daseins- und Verlaufsweisen" sowie die Möglichkeiten der "psychischen Beeinflußbarkeit" abgehandelt werden.

In den ersten Jahrgängen der Zeitschrift "Die Kinderfehler - Zeitschrift für Pädagogische Pathologie und Therapie", dem 1896 gegründeten Sprachrohr der neuen Bewegung, gibt es denn auch eine ganze Reihe von Beiträgen, die sich ausführlich einzelnen "Fehlern" widmen. Sie tragen Titel wie "Über den Kinderfehler der Heftigkeit" (Landmann 1896), "Erziehung und geschlechtliche Verirrungen" (Raffalovich 1896), "Über Willensstörungen" (Jaeger 1897), "Zur Pathogenese der Launenhaftigkeit im Kindesalter" (Moses

1897), und "Zur Pathologie der kindlichen Schüchternheit" (Moses 1899). Es handelt sich bei diesen Beiträgen jedoch mehr um intuitive psychologische Skizzen aus der Erfahrung von Medizinern und Schulmännern als um eine Integration der Ergebnisse verschiedener Forschungsbemühungen, wie sie von Strümpell gefordert wurde. In dem großangelegten "Enzyklopädischen Handbuch der Pädagogik", dessen 10 Bände in den Jahren 1903 - 1910 von Rein und seinem Jenaer Kreis herausgegeben wurden, finden sich mehr als 100 ausführliche Stichwortartikel zu einzelnen "Kinderfehlern". Die überwiegende Mehrzahl davon ist von Siegert verfaßt, doch auch Spitzner, Trüper, Ziehen u.a. haben Artikel zu bestimmten "Kinderfehlern" beigesteuert.

Auch die Tatsache, daß der zweite Teil des Buches, die "pädagogische Psychiatrie", sich so gänzlich auf das Psychopathie-Konzept von Koch stützt, also nicht auf eine pädagogische, sondern auf eine medizinische "Doctrin", wird von Strümpell nun mit dem mangelhaften Entwicklungsstand der eigenen Wissenschaft begründet, ja, fast könnte man sagen, entschuldigt. Der Psychopathielehre Kochs wird nun, zum Schluß, plötzlich die Rolle einer fachfremden Krücke zugeschrieben, deren man sich bedient, solange die eigene Disziplin noch nichts Besseres anzubieten hat, solange der "psychiatrische Teil" der pädagogischen Pathologie "noch gar nicht existiert, sondern eben erst noch gesucht wird" (Strümpell 1899[3], S. 505).

Ausdrücklich warnt Strümpell vor der vorschnellen Somatisierung psychischer Auffälligkeiten. Er fordert die Pädagogen auf, nicht so ohne weiteres von der Psychiatrie das "entscheidende Endurteil über den psychischen Gesundheitszustand eines Kindes" zu erwarten. "...insbesondere hüte man sich als Pädagoge, auch in den schlimmsten Fällen, namentlich wo das Moralische in Frage kommt, ohne gründlich diagnostisch untersucht zu haben und insbesondere ohne in die abgelaufene Bildungsgeschichte des Betreffenden zurückgegangen zu sein, so rasch etwas somatisch Pathologisches als Ursache des psychischen Fehlers vorauszusetzen" (ebd., 463). Gerade hier wird seiner Meinung nach der prinzipielle Unterschied zwischen der Psychiatrie, die solche Erscheinungen auf die "Wirkung eines kranken Gehirns oder überhaupt eines kranken Nervensystems" zurückführt, und seiner eigenen Persönlichkeitstheorie deutlich. Diese sieht nämlich in den meisten "Fehlern" in erster Linie Defizite im Bereich der "freien psychischen Causalitäten", also im immateriellen, nichtdeterminierten Bereich psychischer Freiheit, oder aber sie betrachtet sie als Mängel im "psychischen Mechanismus", d.h. in der unbewußten Verarbeitung der Daten.

Strümpell weist deshalb zum Schluß sogar die Koch'sche Definition der "psychopathischen Minderwertigkeit" zurück. Diese war ja eigentlich gar keine Definition im Sinne einer positiven inhaltlichen Beschreibung, sondern sie bestand nur in einer Bezeichnung der Randpunkte, welche zwischen sich das weite Feld der psychopathischen Erscheinungen aufspannen, nämlich psychische Gesundheit einerseits und manifeste Geisteskrankheit andererseits. Ferner bestand sie in dem Postulat, daß alle diese Phänomene durch hirnorganische Defekte verursacht seien. In seiner eigenen Bestimmung des Begriffs "Psychopathie", die er für die pädagogische Pathologie entwirft, hebt Strümpell hauptsächlich auf die gestörte Bildsamkeit ab:

"Solche Zustände und Vorgänge, die sich besonders durch zu geringe Erfolge der Erziehung und des Unterrichts, durch einen nur schwer oder gar nicht zu überwindenden Widerstand gegen das, was die letzteren beabsichtigen und thun" manifestieren und die durch Mängel der "frei wirkenden Causalitäten" oder des "psychischen Mechanismus" allein nicht zu erklären sind, machten in pädagogischer Hinsicht das Wesentliche der "psychopathischen Zustände" aus (ebd., S. 536).

Zwei weitere Bedenken führt Strümpell in diesem "praktischen Teil" der pädagogischen Pathologie gegen die allzu unbekümmerte Übertragung der Psychopathielehre in die Pädagogik an: Ein entwicklungspsychologisches und ein sozialpsychologisches bzw. ethisches. Das erste Argument bezieht sich auf die Erfahrungstatsache, daß wesentliche Unterschiede zwischen dem geistigen Leben eines erwachsenen Menschen und dem eines Kindes bestehen. Während beim Erwachsenen von einer relativ stabilen Persönlichkeitsstruktur mit dauerhaften gesunden bzw. "pathologischen" Zügen ausgegangen werden kann, dem Diagnostiker somit also ein mehr oder weniger deutlich "festgeronnenes Bild" psychischer Merkmale gegenüberstehe, sei bei Kindern und Jugendlichen noch alles "im Fluß". Durch die Vorgänge der körperlichen Reifung ergeben sich immer wieder neue Veränderungen im Seelenleben des Kindes. Das "Ichbewußtsein" habe noch keine dauerhafte Form, Strümpell spricht gar davon, daß "die Seele des Kindes ... verschiedene Ichheiten durchläuft" (ebd., S. 520). Weil also die kindliche Persönlichkeitsstruktur noch recht flexibel ist und viele bedenkliche Erscheinungen nur passageren Charakter haben, deshalb sei es hier noch schwieriger als beim Erwachsenen, zu beurteilen, ob es sich bei einem bestimmten Zustand wirklich um eine "psychopathische" Erscheinung, also um den Ausdruck einer hirnorganischen Störung, handle oder um eine "bloß psychisch" bedingte Auffälligkeit.

Das sozialpsychologische bzw. ethische Argument bezieht sich auf die Wirkung, die von der Diagnose "psychopathisch minderwertig" auf das betroffene Kind und sein Umfeld - Eltern, Lehrer, Bekannte - ausgeht. Strümpell zeigt dabei eine große Sensibilität für die Problematik der stigmatisierenden Wirkung eines solchen Urteils. Er ist sich ganz klar darüber, daß es "ein höchst trauriger und ein nach vielen Seiten düsteren Schatten werfender Ausspruch" ist, wenn es heißt: "dieses Kind ist psychopathisch", denn damit sei eben ausgesagt: "die Gehirnnerven oder ein anderes Stück im Nervensystem sei krank" (ebd., S. 541). Dabei macht es nach Strümpell keinen prinzipiellen Unterschied, wenn hinzugefügt wird, der hirnorganische Defekt sei nur ein minimaler. Zwischen einer psycholgogischen und einer hirnorganisch-psychiatrischen Diagnose liege nämlich eine "constante specifische Differenz" (ebd., S. 545).

Da eine solche Diagnose so weitreichende Folgen hat, wird von den Lehrern und von den Erziehern mit allem Nachdruck gefordert, daß sie sich "mit dem größten sittlichen Ernst" mit der Lehre von den psychopathischen Zuständen und Vorgängen auseinanderzusetzen hätten. Zur warnenden Veranschaulichung der Gefahren, die mit der leichtfertigen Anwendung dieser Lehre im pädagogischen Bereich verbunden sind, entwirft Strümpell eine plastische Schreckensvision:

"Der Leser vergegenwärtige sich einmal die beklagenswerthen Folgen, die es haben würde, wenn die Lehrer unserer großen Volksschulen, unter deren Schülern und Schülerinnen es an manchen mit allerlei Fehlern, üblen Gewohnheiten und selbst Lastern behafteten Knaben und Mädchen nicht zu fehlen pflegt, ohne die nöthigen Kenntnisse der Sache, ... kühn in eine solche Kinderwelt hineingreifen und bald diesen, bald jenen Knaben oder dieses oder jenes Mädchen, an denen ein auffälliges oder mißliebiges Verhalten, vielleicht auch irgendein Degenerationszeichen bemerkt würde, ja, von denen vielleicht es auch bekannt wäre, daß der Vater oder die Mutter 'geisteskrank' sei, für psychopathisch minderwerthig erklären würden!" (ebd., S. 544).

Weiterhin befürchtet Strümpell, daß der psychiatrische Fachterminus "psychopathische Minderwertigkeit" ebenso Eingang in die Umgangssprache finden könnte wie zuvor schon die Begriffe "Kampf ums Dasein, Anpassung, Überbürdung, nervös und Nervosität" und daß er dort ähnlich viel Verwirrung und Unbehagen auslösen könnte wie diese. Mit dieser Befürchtung sollte Strümpell recht behalten. Die Bezeichnung "psychopathisch" hat sich im deutschen Sprachraum sehr rasch zur Benennung von psychisch auffälligen Kindern und Erwachsenen etabliert. Neben dem Begriff der Verwahrlosung (der phänomenologisch eine spezielle Problemlage, nämlich in erster Linie das Vagabundieren der männlichen und die sexuelle Promiskuität der weiblichen Jugend bezeichnete) war es vor allem der Begriff der "Psychopathie", unter dem bis in die Mitte des 20. Jahrhunderts alle möglichen Formen abweichenden Verhaltens zusammengefaßt wurden. "Psychopath" und "psychopathisch" waren als disqualifizierende und beleidigende Ausdrücke mit wissenschaftlichem Flair dabei durchaus auch umgangssprachlich sehr weit verbreitet.

V. Johannes Trüper

Johannes Trüper war um die Zeit der Jahrhundertwende eine zentrale Figur der Heilpädagogik in Deutschland, und er kann als der eigentliche Begründer einer praktischen "Verhaltensgestörtenpädagogik" mit explizit therapeutischem Anspruch gelten. Als Heimleiter der "Sophienhöhe" bei Jena, als Autor einer Monographie über die "Psychopathische Minderwertigkeiten im Kindesalter", als Herausgeber der Zeitschrift "Die Kinderfehler", als Mitorganisator des ersten internationalen "Kongresses für Kinderforschung" (1906 in Berlin) und als kritischer Kommentator zeitgeschichtlicher Ereignisse hat er über 30 Jahre hinweg für die Anliegen der Kinder und Jugendlichen, die in ihrer psychischen Entwicklung beeinträchtigt waren, gestritten.

Im "Enzyklopädischen Handbuch der Heilpädagogik" wird Trüper noch als "einer der hervorragendsten heilpädagogischen Theoretiker und Praktiker" gewürdigt (Henze 1934, Sp. 2946). 1955 beklagt Haase anläßlich Trüpers einhundertstem Geburtstag in einem kurzen Artikel in der "Zeitschrift für Heilpädagogik", daß diese wichtige Gründergestalt der Disziplin ganz in Vergessenheit geraten sei. Sicher übertreibt er, wenn er meint, "ohne Trüper gäbe es heute keine Hilfsschule, keine Jugendfürsorge und auch keinen Jugendstrafvollzug" (Haase 1955, S. 178). Aber, daß Johannes Trüper sich um all diese Bereiche große Verdienste erworben hat, steht außer Frage. Heute ist selbst innerhalb der Heilpädagogik der Name Trüper kaum mehr ein Begriff. Erst die 1978 erschienene Darstellung "Ursprünge der Heilpädagogik in Deutschland. Johannes Trüper - Leben und Werk" (Trüper/Trüper 1978) hat ihn ein wenig der Vergessenheit entrissen. Sie wurde von seinen Kindern Hellmut und Irmela Trüper, welche die "Sophienhöhe" noch bis zum Jahr 1956 fortgeführt haben, verfaßt. Von daher zeichnet sich diese Schrift durch umfassende Kenntnis über die internen Verhältnisse der "Sophienhöhe" aus. Leider geht sie jedoch nur im Anfangskapitel auf die Leistungen Johannes Trüpers ein und konzentriert sich im Hauptteil auf die heilpädagogische Theorie und Praxis, wie sie nach Trüpers Tod auf der "Sophienhöhe" weiterentwickelt wurde. Und selbst in dem einleitenden geschichtlichen Kapitel liegt der Schwerpunkt mehr auf einer Charakterschilderung und auf der Würdigung der unternehmerischen und organisatorischen Verdienste Trüpers als auf der Erläuterung der spezifischen pädagogischen Auffassungen, die er vertreten hat. Deshalb wird sich der Versuch einer Darstellung derselben weitgehend an den Originalschriften Trüpers orientieren müssen.

1. Leben und Werk

Johannes Trüper wurde 1855 in Rekum/Niedersachsen geboren. Nach dem Besuch von Schule und Lehrerseminar war er 15 Jahre lang in Stade, Emden und Bremen als Volksschullehrer tätig. Mit der herrschenden Didaktik und ihrem dogmatischen Formalstufenapparat und mit der autoritär-bürokratischen Schulaufsicht stand er dabei von Anfang an auf Kriegsfuß. Er, der von "Lienhard und Gertrud" stark beeindruckt war, wollte stets mehr Volkserzieher im Pestalozzi'schen Sinne sein als bloßer Stundengeber. 1887 ließ Trüper sich teils aus gesundheitlichen Gründen, teils, weil er der ständigen Querelen mit der Schulbürokratie überdrüssig war, für längere Zeit beurlauben und ging nach Jena - der damaligen Hochburg für Pädagogik, die als einzige deutsche Universität einen Lehrstuhl für dieses Fachgebiet aufweisen konnte - mit der Absicht, dort zu promovieren. Neben dem Studium der Pädagogik bei Rein begann er psychiatrische Studien bei Ziehen und Binswanger. Dieses Fach fesselte ihn von Anfang an sehr stark, und es war ihm nach eigenen Worten so, als ob ihm "Schuppen von den Augen" gefallen wären, als er die psychiatrischen Erklärungen für das menschliche Fehlverhalten kennenlernte (vgl. Stukenberg 1922, S. V). Er sah, mit welchem Unverständnis die herrschende Pädagogik den psychischen Störungen von Kindern und Jugendlichen begegnete, und setzte von da ab seine ganze Energie daran, an diesem Zustand etwas zu ändern.

Ein zu seiner Interessensrichtung passender Umstand warf ihn schließlich endgültig auf die Bahn des praktischen Heilpädagogen. Binswanger bat ihn, einen intellektuell begabten, aber psychisch gestörten Jungen für einige Wochen zur Beobachtung zu sich in die Wohnung zu nehmen. Trüper nahm diese Herausforderung an. Bald kam ein zweiter Knabe hinzu. Die Etagenwohnung wurde zu eng, deshalb mietete Trüper eine kleine Villa, und damit war der Anfang eines Erziehungsheimes gemacht, welches innerhalb weniger Jahre große Berühmtheit erlangen sollte.

Schon 1893 schreibt Trüper, daß das "Studium der seelischen Schwächen und Fehler wie ihre Beseitigung" ihm zur "Lebensaufgabe" geworden sei (Trüper 1893, S. 6). Die Zahl der Zöglinge wuchs rasch, und, als sich die Gelegenheit bot, kaufte Trüper 1892 die Gebäude eines ehemaligen Kurheimes für Lungenkranke auf der "Sophienhöhe" bei Jena. Hier entwickelte sich das "Erziehungsheim und Jugendsanatorium" bald zu einem pädagogischen Großunternehmen mit mehr als hundert Schülern. Bis zu seinem Tod im Jahr 1921 hat Trüper dieses Heim geleitet und durch großes wirtschaftliches Geschick beständig ausgebaut und erweitert. Nach den Worten des Marburger Kinderpsychiaters Stutte wurde es "nach Zielsetzung und Methode bald zu einem Mekka moderner heilpädagogischer Bestrebungen" (Stutte 1978, S. 6). Aus aller Welt kamen pädagogische Fachkommissionen angereist, um die "Sophienhöhe" als heilpädagogische Musteranstalt zu studieren.

1893 veröffentlichte Trüper seine Schrift "Die Psychopathischen Minderwertigkeiten im Kindesalter", welche gewissermaßen die Theorie zu seinen praktischen Erziehungsbemühungen darstellte. Im Grundkonzept eng an Koch angelehnt, geht es ihm darin um "solche eigenartigen Kinder, die weder schwachsinnig noch geisteskrank sind, aber dennoch oft schon im Säuglingsalter der Pflege und später auch der Erziehung und dem Unterricht viel Mühe und Schwierigkeiten bereiten" (Trüper 1893, S. 9). Das "geschädigte

Gehirn" bzw. das "geschwächte Nervensystem überhaupt" waren für Trüper ganz im Sinne der zeitgenössischen psychiatrischen Lehrmeinungen die Hauptursachen solcher Schwierigkeiten, und diese wiederum wurden auf erbliche Prädispositionen und auf schädigende Umwelteinflüsse zurückgeführt. In dem Kapitel über die Verhütung und Behandlung der "psychopathischen Minderwertigkeiten" verläßt Trüper dann die enge Anbindung an die Psychiatrie und bringt neben scharfer Kritik am Schulwesen und an gesellschaftlichen Mißständen zum Teil erstaunlich modern anmutende Vorschläge zum Unterricht und zur Erziehung solch "schwieriger Kinder". Dieses Buch erregte nach den Angaben seiner Kinder "über Europa hinaus großes Aufsehen" und wurde in mehrere Sprachen übersetzt (vgl. Trüper/Trüper 1978, S. 45).

1896 gründete Trüper gemeinsam mit Koch, Ufer und Zimmer die Zeitschrift "Die Kinderfehler", die später - und dies drückt durchaus eine Erweiterung des Interessenhorizontes aus - in "Zeitschrift für Kinderforschung" umbenannt wurde. Zusätzlich erschienen in unregelmäßigen Abständen, als Beihefte, die "Beiträge zur Kinderforschung und Heilerziehung", in welchen längere Abhandlungen dem Publikum zugänglich gemacht und somit nach und nach eine "Encyclopädie für Kinderforschung und Heilerziehung" aufgebaut werden sollte (vgl. Trüper, 1909). Trüper blieb bis zu seinem Tod Schriftleiter dieser Zeitschrift, die während jenes Zeitraumes sicher das bedeutendste deutschsprachige Periodikum auf dem Gebiet der Heilpädagogik darstellte und großes internationales Ansehen genoß. In zahlreichen eigenen Beiträgen hat Trüper zu den verschiedensten Themen Stellung genommen. Die Spannweite reicht dabei von praktischen psychologischen Problemen der Anamneseerhebung über Versuche, anhand von Fallgeschichten das "Psychopathische" in der Motivstruktur von Verbrechern aufzudecken, über kritische Beurteilungen von Gesetzesvorlagen auf dem Gebiet der Fürsorge und des Jugendrechtes bis hin zu allgemein kulturkritischen Anmerkungen. Immer wieder zeigt sich Trüper darin als ein leidenschaftlicher Kämpfer für die Sache der Pädagogik und der Heilpädagogik, der schmerzlich darunter leidet, daß dieser Zweig der Wissenschaft, der über die Entwicklung und Erziehung der Jugend und damit nach seiner Meinung über die Schicksalsfragen des Volkes forschte, zu seiner Zeit so wenig öffentliche Anerkennung fand. Es war für ihn skandalös und unverständlich, daß es besondere Lehrstühle und Institute für Pflanzen- und Tierzucht gab, daß die Pädagogik aber noch um die Jahrhundertwende ein kümmerliches Aschenbrödeldasein als Anhängsel an die Philosophie fristen mußte. Er träumte dagegen von pädagogischen Lehr- und Forschungseinrichtungen analog den medizinischen Universitätskliniken:

> *"Wir haben vor allem Lehrstühle für Unterricht und Erziehungswissenschaft an unseren Universitäten nötig, ebenbürtig denen der Medizin, der Jurisprudenz und der Theologie. Wir brauchen, um graue Theorien von unserer Jugend fernzuhalten ebensonotwendig pädagogische Kliniken (Übungsschulen, psychologische Laboratorien usw.) als medizinische. Die angehenden Lehrer können die Jugend nicht aus toten Büchern kennen lernen, sondern nur durch Umgang mit ihnen. Wir brauchen endlich, wenn medizinische Akademien notwendig sind, aus genau den selben Gründen auch pädagogische"* (Trüper 1907, S. 15).

2. Theoretische Einflüsse

Trüpers pädagogische Wurzeln sind vielfältig. Mit Pestalozzi fühlte er eine enge Geistesverwandtschaft und er hegte sogar lange Zeit den Plan, einen zeitgemäßen Volkserziehungsroman nach dem Vorbild von "Lienhard und Gertrud" zu schreiben. Mit Dörpfeld verband ihn trotz des großen Altersunterschiedes eine enge persönliche Freundschaft. Er hat nach dessen Tod an der Herausgabe der "Gesammelten Werke" Dörpfelds mitgearbeitet und eine umfangreiche Monographie über Dörpfeld verfaßt (vgl. Trüper 1901). Insbesondere der Gedanke einer "Pädagogik großen Stils" d.h. einer Pädagogik, die sich nicht nur auf Schulpädagogik und Didaktik beschränkt, sondern das ganze soziale und kulturelle Umfeld in ihre Reflexion und in ihre Zielbestimmungen miteinbezieht, hat ihn sehr stark beeinflußt. Er selbst hat sich stets als "Socialpädagoge" verstanden, und in seinen Schriften taucht immer wieder das Bemühen um eine Besserung der Gesellschaft als ganzer auf. Da für ihn individuelle und soziale Moralität in einem engen Zusammenhang standen, bedeutete für ihn die Hebung des sittlich-moralischen Zustandes der Gesellschaft "...zugleich Verhütung nervöser und seelischer Schwächen und Leiden" (Trüper 1893, S. 51). Auch in seiner Kritik am herrschenden Schulwesen berief er sich gern auf Dörpfelds Streitschrift gegen den "didaktischen Materialismus" und auf Dörpfelds Idee einer "freien Schulgemeinde", d.h. einer von staatlicher und klerikaler Abhängigkeit befreiten Schulorganisation, bei der die Entscheidungsbefugnis weitgehend bei der Basis der jeweiligen Eltern und Lehrer liegt. Als Leiter eines heilpädagogischen Erziehungsheimes mit angegliederter Schule war er von der bürokratischen Gängelung nicht verschont, und er hat bis zuletzt für die Eigenständigkeit der privaten Erziehungs- und Bildungsanstalten gekämpft (vgl. Trüper 1892, 1919).

In seinen psychologischen und pädagogischen Anschauungen war er trotz seiner Kritik am Formalstufendogmatismus, wie mehr oder weniger alle Pädagogen seiner Generation, noch deutlich von Herbart geprägt. Der "Aufbau klar gegliederter Vorstellungsmassen" und die Unterteilung der Pädagogik in "Regierung", "Unterricht" und "Zucht" sind auch ihm noch ganz selbstverständliche Denkschemata. Als Mitglied des Rein'schen Seminars in Jena bewegte er sich zudem in der Hochburg des Herbartianismus.

Den zweifellos stärksten Einfluß auf sein pädagogisches und insbesondere auf sein heilpädagogisches Menschenbild hat jedoch die zeitgenössische Psychiatrie, speziell die Psychiater Koch, Ziehen und Binswanger, auf ihn ausgeübt. Er sah sich selbst als einen Vorkämpfer für diese psychiatrischen Ideen auf dem Gebiet der Pädagogik und er konnte ohne Selbstüberhebung von sich sagen: man wird "wohl kaum einen Pädagogen finden, der der Psychiatrie mehr Bahn auf dem Erziehungsgebiet gebrochen hat, als ich" (Trüper 1911, S. 20).

3. Die Ursachen von Erziehungsschwierigkeiten: "Psychopathische Minderwertigkeiten im Kindesalter"

In seinem Hauptwerk von 1893, welches er im Untertitel "Ein Mahnwort für Eltern, Lehrer und Erzieher" nennt, entfaltet Trüper seine Sicht vom erziehungsschwierigen Kind. Er bezieht sich dabei, wie schon der Titel erwarten läßt, überwiegend auf Kochs "neues System nervöser und seelischer Anomalien" (Trüper 1893, S. 1). Im Mittelpunkt der Erklärung steht auch für ihn das geschwächte oder geschädigte Gehirn, welches für all die Probleme, die das Kind mit sich und die die Umwelt mit dem Kind hat, verantwortlich gemacht wird. Wichtig ist es aber auch ihm, die eigentümliche Mittelstellung des "psychopathischen Kindes" zwischen dem wirklich geisteskranken und dem völlig gesunden zu betonen. Die mit "psychopathischen Minderwertigkeiten" behafteten Kinder könnten

> *"...weder in dem einen noch in dem andern Falle für schwachsinnig oder geisteskrank (im eigentlichen und gebräuchlichen Sinne des Wortes) gelten. Ihre Mühseligkeiten, Verkehrtheiten und Mängel schaffen zwar oft sehr zu beachtende Hemmungen mancher Art bei ihrem Thun und Lassen und machen sie von klein auf schwer erziehbar, sofern sie nach den Erziehungsplänen und -methoden für Normale behandelt werden sollen; aber ob die Erschwernis auch weit gehe, so sind sie doch nicht in der Weise geschwächt, gebunden, hingegeben und gehemmt, daß sie die Freiheit ihrer Willensbestimmung eingebüßt hätten* (ebd., S. 4f).

In seiner "Charakteristik einiger psychopathischer Minderwertigkeiten" (ebd., S. 7f) bleibt er dann recht allgemein und unverbindlich. Ausführlichere Fallschilderungen über die von ihm behandelten Kinder und Jugendlichen sucht man in dem Werk leider vergeblich. Als typisches Merkmal nennt er immer wieder die "reizbare Schwäche", also das, was unter dem Begriff der "Neurasthenie" oder der "allgemeinen Nervenschwäche" in jenem "Zeitalter der Nervosität" (ebd., S. 43) eine sehr große Rolle spielte. Diese drückt sich für ihn dadurch aus, daß die Erregbarkeit der Sinnesorgane, die geschlechtliche Erregbarkeit, das Gefühls-, Phantasie- und Traumleben sowie das Wollen und Handeln krankhaft gesteigert und zugleich geschwächt sind.

Daß der Intellekt, also die Lern-, Merk- und Verknüpfungsfähigkeit des Geistes, bei manchen Kindern eingeschränkt ist, dies war für die Pädagogen seit jeher klar. Daß aber auch das Gemüt und das Willenleben bei manchen Kindern "krankhaft geschwächt und krankhaft entartet" (Trüper 1902 S. 6) sein könnte, daß es in diesem Bereich also ebenfalls individuelle Vorgaben zu berücksichtigen galt, dies war keineswegs in ähnlicher Weise selbstverständlich. Aber gerade darum, diesem Gedanken Geltung zu verschaffen, ging es Trüper. Er hat sich immer wieder dagegen gewendet, die Probleme, die er im Auge hatte, nur als "Urteilsschwäche auf moralischem Gebiet" und damit als kognitive Probleme, als Sekundäreffekte des Primärproblems "Verstandesschwäche", zu behandeln, wie das zu seiner Zeit häufig geschah. So betont er: "Nicht immer kommt ein arges Herz vom schwachen Denken, sondern oft kommen auch aus dem Herzen arge, schwache und minderwertige Gedanken" (ebd., S. 8). Als er einmal einen Vortrag über "Die Anfänge des Schwachsinns" halten sollte, hat er gerade diese Ankündigung als Aufhänger für die

Kritik an dem engen, eingeschränkten Verständnis, welches alle Probleme mangels anderer Perspektiven nach dem Muster "Schwachsinn" deklinierte, genützt und begründet, warum er statt dessen lieber über "Die Anfänge der abnormen Erscheinungen im kindlichen Seelenleben" spricht (ebd.). Inhaltlich geht es in diesem Vortrag dann gerade nicht um die offensichtlich geistig behinderten Kinder, sondern um jene, deren Probleme oft übersehen oder mißverstanden werden, eben die "psychopathisch minderwertigen" Kinder. Denn, so meint Trüper: "Die auffallenden Schwachsinnigen erkennt jeder und die Fürsorge für dieselben wächst täglich, aber das Studium der problematischen Kindesnaturen in den öffentlichen Schulen könnte zu einem, für die Menschheit noch segensreicheren Rettungswerke werden" (ebd., S. 15).

Dabei ist wichtig zu sehen, daß Trüper nicht von vornherein die "psychopathische Minderwertigkeit" einfach mit einem sittlichen Defekt gleichsetzt. Es handelt sich in seinem Verständnis lediglich um eine seelische Disposition, eine innere Zerrissenheit und Disharmonie, die eine besondere Gefährdung in dieser Hinsicht mit sich bringt. Er verteidigt die von ihm beschriebene Personengruppe ausdrücklich gegen eine pauschale Abqualifizierung, indem er betont, es habe auch hervorragende Männer mit einem "pathologischen 'Pfahle im Fleische'" gegeben, und er nennt als Beispiele für solche Paulus und Luther. Diese seien nicht trotz, sondern gerade wegen der durch ihre "psychopathische Konstitution" bedingten inneren Problematik "Bahnbrecher zur sittlichen Vervollkommnung der Menschheit" geworden (ebd., S. 11). Während die "voll-normalen Menschen" auf ihrem "bequemen, durch die Glückssonne bestrahlten Weg durchs Leben" relativ unangefochten blieben, hätten die "psychopathisch Belasteten" den Kampf in ihrer Brust in voller Härte auszutragen. Sie haben es also auf jeden Fall schwerer im Leben und sind viel mehr gefährdet, auf die schiefe Bahn zu geraten. Ja, bei manchen Kindern ist es nach Trüpers Meinung gar so, daß ihre "pathologische Natur" sie zwingt, "das Böse, das sie oft gar nicht wollen zu thun und weder Ermahnung noch Strafe genügen zur Besserung" (ebd., S. 15).

Da ihm aber freilich nicht jede beliebige Ungezogenheit schon Ausdruck einer "psychopathischen Minderwertigkeit" ist, kommt auch Trüper nicht an der Frage nach dem diagnostischen Kriterium für das Vorliegen eines solchen Zustandes vorbei. Er stellt sie explizit, indem er fragt: "Woran erkennt man es nun aber, ob etwas krankhaft ist oder nicht?" (ebd., S. 20). Zwar betont er die prinzipiellen Schwierigkeiten einer solchen Grenzziehung. Wenn er jedoch jede Veränderung hin zun Schlechteren, jedes Neuauftauchen eines bedenklichen Zustandes schon als relativ sicheres Anzeichen für das Vorliegen eines krankhaften Prozesses wertet, dann wird deutlich, wie großzügig er mit einer solchen Diagnose umgeht. Das Auftauchen von Lernproblemen, Konzentrationsschwächen, erhöhter Reizbarkeit, Masturbation u.a. sind ihm schon handfeste Indizien. Körperliche Symptome, wie Kopfschmerzen, Appetitlosigkeit, Schlaf- oder Verdauungsprobleme, erhärten den Verdacht. Wenn sich dann gar noch in der Familie Hinweise auf eine erbliche Belastung finden lassen, dann besteht nach Trüper kaum mehr ein Zweifel, daß das betroffene Kind in seiner nervlichen Konstitution beeinträchtigt ist.

4. Die Entstehung der "psychopathischen Minderwertigkeit"

Entsprechend der Koch'schen Unterscheidung von anlagebedingten und erworbenen Formen der "psychopathischen Minderwertigkeit" diskutiert Trüper zunächst das Problem der Vererbung. Seine Haltung ist hier jedoch eher skeptisch. Es scheint ihm, "als wenn vieles, was man Vererbung nennt, zum großen Teil Anpassung an die Gewohnheiten der Eltern, Nachahmung ihrer Bewegungen und Handlungen, Ausbildung durch Pflege und Erziehung ist" (Trüper 1893, S. 18). Insbesondere im Hinblick auf seelische Eigenschaften hält er das Konzept "Vererbung" für problematisch und mehr dazu geeignet, "psychopathisch reizbar schwache Eltern gruselig zu machen und pessimistisch zu stimmen" (ebd., S. 20). Was vererbt wird, ist seiner Meinung nach nur eine Möglichkeit, ein Potential von charakterlicher Fehlentwicklung, aber keineswegs eine Notwendigkeit. Er räumt also der Erziehung selbst bei ungünstigen hereditären Voraussetzungen eine durchaus wichtige Rolle ein. Auch gegenüber der diagnostischen Relevanz der sogenannten "Degenerationszeichen" ist er sehr zurückhaltend. Denn es will ihm nicht einleuchten, warum beispielsweise wegen eines angewachsenen Ohrläppchens "die ganze Persönlichkeit psychopathisch minderwertig sein soll" (ebd., S. 20). Nur dann, wenn schon in frühem Kindesalter sich eine deutliche Auffälligkeit zeigte und wenn bei den Eltern eine ähnliche Störung vorhanden ist, kann seiner Meinung nach von einer erblichen Verursachung dieser Störung gesprochen werden.

Er selbst legt dagegen viel mehr Gewicht auf die erworbenen Formen der "psychopathischen Minderwertigkeit". Hierbei unterscheidet er wiederum somatische und psychische Ursachen. Unter ersteren versteht er entzündliche Krankheiten und traumatische oder toxische Schädigungen des Gehirns, aber auch körperliche Überanstrengung, Fehlernährung und "geschlechtliche Excesse" (ebd., S. 21). Als wichtigste psychische Ursache sieht er dagegen vor allem die "Überanstrengung auf intellektuellem Gebiet" an und er wirft damit die gegen Ende des 19. Jahrhunderts vieldiskutierte "Überbürdungsfrage" neu auf. In diesem Zusammenhang läßt er denn auch seiner umfassenden Schulkritik freien Lauf, wenn er sagt: "Nervosität und andere neuro- und psychopathische Zustände" könnten "direkt als Schulkrankheit bezeichnet werden" (ebd., S. 27). Dabei ist es für ihn nicht so sehr die Stundenzahl als solche, die für diese pathogene Wirkung der Schule verantwortlich ist, als vielmehr die übertriebene Stoffülle, die Heterogenität und Unverbundenheit der Inhalte, der Verbalismus und die Anschauungsleere der gängigen Unterrichtspraxis sowie die Unfähigkeit der meisten Lehrer, die spezifischen individuellen Probleme und Bedürfnisse der einzelnen Schüler hinreichend zu erfassen. Besonders folgenreich wird der zuletztgenannte Mangel im Hinblick auf die spezielle Problemgruppe, der Trüper sein Buch gewidmet hat, d.h., wenn von den Lehrern das, "was ein vom freien Willen unabhängiger, krankhafter aber durchaus nicht immer intellektuell schwachbefähigter Zustand des Nervensystems und des Geistes" ist, als "schwache Begabung", "Trägheit", "Faulheit" oder "Ungezogenheit" mißverstanden wird (ebd., S. 35). Hier gibt er der Lehrerschaft eine gehörige Portion Mitschuld an den zahlreichen gescheiterten Lebensläufen junger Menschen: "Manche belastete Kinder wären nicht so schlimm, wie sie sind, wenn man sie besser verstanden, wenn man sie nicht ganz falsch behandelt, wenn man sie nicht vollends böse gemacht hätte" (ebd., S. 36).

5. Die Verhütung der "psychopathischen Minderwertigkeit"

Die Schule stellt jedoch für Trüper nur einen Faktor dar in einem größeren gesellschaftlichen Zusammenhang, den er kritisiert und für die zunehmende Verbreitung seelischer Störungen verantwortlich macht. Ja, er klassifiziert sogar viele Erscheinungen des sozialen Lebens und des Zeitgeistes des Fin de siécle selbst als "psychopathisch" und meint damit in diesem Zusammenhang "die Nervengesundheit der Menschen gefährdend". Deshalb muß seiner Ansicht nach die Verhütung der "psychopathischen Minderwertigkeit" auch vordringlich hier bei der Behebung sozialer und kultureller Mißstände ansetzen. Der Begriff Verhütung hat dabei einen doppelten Sinn. Zum einen geht es darum, durch entsprechend gesunde Lebensführung der Eltern überhaupt die Entstehung solch problematischer Anlagen zu vermeiden, zum anderen sollte versucht werden, beim Vorhandensein einer solchen Disposition im Kind, diese nicht zur Entfaltung kommen zu lassen. Im ersteren Verständnis hat Trüper hauptsächlich den Kampf gegen Alkohol- und sonstigen Genußmittelmißbrauch sowie gegen die Prostitution im Sinn. Diesen beiden Lastern schreibt er nämlich 50% aller "psychopathischen Minderwertigkeiten" und Geisteskrankheiten der Großstädte zu (ebd., S. 47).

Im Hinblick auf die Verhütung der Entfaltung einer einmal vorhandenen ungünstigen Disposition geht es ihm zum einen darum, alles dasjenige von solch gefährdeten Kindern und Jugendlichen fernzuhalten, was die Phantasie anregt und damit das "geschwächte Nervensystem" übermäßig reizen könnte. Insgesamt fordert er eine einfachere, naturgemäßere Lebensweise sowohl was Unterhaltung und Geselligkeit als auch was Nahrung, Kleidung und Lebensrhythmus anbelangt. Gemäß Pestalozzi'schem Vorbild sieht er in der intakten Familie mit klarer Rollenstruktur und einem reichen, harmonischen Binnenleben den Schlüssel für die individuelle Prophylaxe der "psychopathischen Minderwertigkeit" und zugleich für die allgemeine "Ethisierung der Gesellschaft". Und so zitiert er denn auch die Losung aus "Lienhardt und Gertrud": "...die Wohnstube muß Rettungsanstalt werden" (ebd., S. 51).

Hinsichtlich der erzieherischen Prinzipien, die in einer solchen Familienatmosphäre die gesunde Entwicklung fördern und die Entfaltung einer problematischen Anlage verhindern sollen, bleibt Trüper sehr den traditionellen Denkmustern seiner Zeit verhaftet. Unter Berufung auf Herbarts "Allgemeine Pädagogik" sieht er die Liebe am besten bei der Mutter und die Autorität am besten beim Vater aufgehoben. Er warnt vor übermäßiger Strenge, aber mehr noch vor der Gefahr, der die "pathologischen Kindesnaturen" durch das "Verziehen und Verwöhnen" ausgesetzt seien (ebd., S. 57). Denn das bedingungslose Sich-Fügen in den launenhaften Willen solcher Kinder führt nach seiner Erfahrung zu einer raschen Verschlimmerung ihres Zustandes. Überfürsorgliche Eltern, die ihrem ungeschickten, entwicklungsrückständigen Kind jedes Hindernis aus dem Weg räumten, machten ihm dadurch auch jede ernsthafte Auseinandersetzung mit den Widerständen und Problemen der Welt unmöglich und verhinderten dadurch den Aufbau jenes grundlegenden Selbstvertrauens, welches sich gerade erst durch die wiederholte Erfahrung der Bemeisterung von Schwierigkeiten entwickelt. Die Tendenz mancher Kinder, eigene Schwächen strategisch einzusetzen, um ihre Interessen durchzusetzen, demonstriert er an verschiedenen Beispielen und er weist auf die Problematik hin, die daraus entsteht, wenn diese Kinder mit solchen Manövern stets Erfolg haben. Trüper warnt zwar ausdrücklich vor erzieherischer Dogmatik, vor Forderungen nach widerspruchslosem Gehorsam und frühestmöglicher und konsequentester Abhärtung der Kinder, aber er plädiert dann doch für den Aufbau eines von Respekt und Liebe zu den Eltern getragenen Gehorsams in dem Sinne, daß das Kind sich denken soll: "was Vater und Mutter mir sagen, das will ich gerne und sofort thun" (ebd., S. 62).

6. Die Behandlung der Kinder mit "psychopathischen Minderwertigkeiten"

Trat der Fall ein, daß eine "psychopathische Disposition" zur Entfaltung kam, in Trüpers Verständnis also die Schädigung des Gehirns oder des Nervensystems manifest wurde und sich in Verhaltensstörungen äußerte, so ergab sich als wichtigste pädagogische Frage die nach den Behandlungsmöglichkeiten eines solchen Problemkindes. Denn wenn Trüper auch auf Grund seiner theoretischen Fixierung auf hirnorganische Degenerationsprozesse eher eine skeptische Einstellung gegenüber allzu optimistischen pädagogischen Erfolgsversprechungen hatte, so hielt er doch "bei rechtzeitiger zweckmäßiger Behandlung" die meisten der angeborenen wie der erworbenen Fehler für "besserungsfähig" (ebd., S. 63). Im Mittelpunkt der pädagogischen Bemühungen stand dabei nicht einmal so sehr der Versuch, das, was man als die Manifestationsformen der "psychopathischen Minderwertigkeit" ansah, zu heilen, als vielmehr das Anliegen, dem Kind trotz dieser konstitutionellen Benachteiligung eine für sein weiteres Leben günstige Entwicklung zu ermöglichen. Dies hieß für Trüper in erster Linie: "alle von der Natur gegebenen, wenn auch noch so schwachen gesunden Kräfte und Anlagen" gezielt zu fördern (ebd., S. 5) und zu verhindern, daß zu der primären konstitutionellen Störung durch unangemessene erzieherische Maßnahmen einer verständnislosen Umgebung noch weitere, sekundäre Störungen hinzukommen.

Weil bei vielen Lehrern das Verständnis für die Problematik noch so unzureichend entwickelt war, weil deshalb auffällige Kinder nur allzuoft zum Prügelknaben oder zum Gespött der Klasse wurden, weil andererseits aber auch die Eltern häufig mit der Erziehung dieser Kinder überfordert waren und durch rigide Härte bzw. durch überfürsorgliche Bemutterung alles nur noch schlimmer machten, deshalb hielt Trüper es meist für geboten, daß "ein psychopathisch minderwertiges Kind so früh als möglich längere Zeit in geeignetere Umgebung" kam (ebd., S. 70).

Diese für ein Kind zu finden, war jedoch keine einfache Aufgabe. Die Zwangserziehungseinrichtungen waren geprägt von militärischem Drill und galten dennoch vielfach als "Vorschulen des Verbrechens". Caritative Anstalten gab es nur für geistig oder sinnesbehinderte Kinder. Eine häufig praktizierte Lösung war deshalb die Pflegestelle bei einer Pfarrersfamilie oder bei einem Lehrer auf dem Lande. Doch auch diese Alternative hatte ihre problematischen Seiten. Deshalb ist das, was Trüper letztendlich als die geeignete Umgebung darstellt, genau das Abbild des von ihm für diese spezielle Problemgruppe gegründeten heilpädagogischen Heimes, und man merkt dem Text den werbenden Charakter durchaus an: "die Erzieher, Lehrer, Pfleger" dieser Anstalt "haben ihre Berufsarbeit in der erziehlichen Behandlung solcher Kinder. Alle Einrichtungen und Maßnahmen werden für sie getroffen. Was ihnen nicht heilsam ist, wird fern gehalten. In der Anstalt ist das Kind nie Anhängsel oder Stiefkind. Es ist vollwertiges Mitglied einer größeren Familie" (ebd., S. 72).

Diagnostik

Großer Wert wurde in Trüpers Heim auf eine sorgfältige Diagnostik und Anamnese gelegt. Das von ihm entwickelte "Schema zur Feststellung des leiblichen und seelischen Zustandes eines Kindes" dürfte wohl zu den ersten standardisierten Versuchen im Bereich der Kinderpsychologie und -psychiatrie gehören, die Entwicklungsgeschichte und die Persönlichkeitsstruktur eines Kindes systematisch zu erforschen. Trüper selbst jedenfalls schreibt, daß ihm für seinen Entwurf damals "noch keinerlei Muster vorlagen" (Trüper 1911, S. XIV).

Die erste Fassung eines solchen Schemas findet sich schon in dem Buch "Psychopathische Minderwertigkeiten im Kindesalter" von 1893. Hier ist der Fragebogen, der von den Eltern zu beantworten war, aufgeteilt in die Bereiche "leibliche Entwicklung", "Geistesleben", "Gefühlsleben und sittlicher Charakter", "Thätigkeitsäußerungen" und "besondere Ursachen für abnorme seelische Zustände". Es wird dann jeweils in erster Linie nach den Auffälligkeiten und Besonderheiten in all diesen Bereichen gefragt. Die zweite Fassung, das "Individualheft", wurde 1897 in der Zeitschrift "Die Kinderfehler" veröffentlicht. Sie ist gegenüber der ersten schon wesentlich erweitert und noch stärker genetisch orientiert, d.h. es wird noch viel genauer versucht, einzelne Ereignisse und Entwicklungsschritte zeitlich einzuordnen. In seinem Begleittext schreibt Trüper denn auch: "genetische Psychologie nur kann eine gesicherte Grundlage für die Pädagogik geben" und: "wir werden die gesunden und die krankhaften Seelenzustände erst zu genüge verstehen lernen, wenn wir dem Werden derselben mehr Aufmerksamkeit schenken; die genetische Analyse ist überall die lehrreichste" (Trüper 1897, S. 145).

Entsprechend ist die Gliederung des Fragebogens nun auch eine chronologische. In der ersten Gruppe wird nach Indizien gefragt, die für eine anlagebedingte Störung sprechen könnten; in der zweiten Gruppe geht es um Belastungsfaktoren während der Schwangerschaft und um perinatale Komplikationen. Die Fragen nach der Entwicklung im Vorschulalter und nach den möglichen Störungen in dieser Phase bilden dann die dritte Gruppe, die umfangmäßig am größten ist. Möglichst genau und differenziert sollen hier alle Entwicklungsfortschritte und -auffälligkeiten benannt und zeitlich eingeordnet werden.

Eine dritte Fassung wurde schließlich 1911 als "Personalienbuch" in den "Beiträgen zur Kinderforschung und Heilerziehung" veröffentlicht, nachdem sie zuvor mehrere Jahre in der "Sophienhöhe" erprobt worden war. Dieses "Personalienbuch" war nun nicht mehr als eine bloß einmalige Datenerhebung konzipiert, sondern als eine ständig zu ergänzende und zu erweiternde, den ganzen Erziehungsverlauf begleitende und dokumentierende Personalakte über den einzelnen Schüler. Auf insgesamt über dreißig Seiten sollten mit Hilfe dieser strukturierten Vorlage nach und nach folgende zwölf Bereiche erfaßt und immer wieder ergänzt werden: 1. Erblichkeit, 2. häusliche Verhältnisse, 3. Lebenslauf und Krankengeschichte, 4. besondere Wünsche der Eltern in Bezug auf die Erziehung, 5. körperlicher Zustand bei der erstem Untersuchung nach der Aufnahme, 6. Art und Weise der vorgeschlagenen (voraussichtlichen) Behandlung, 7. psychischer Zustand im ersten Halbjahr nach der Aufnahme, 8. fortgesetzte Beobachtung im körperlichen und seelischen Bereich, 9. Ratschläge und Mitteilungen an die Eltern, 10. Halbjahreszeugnisse über die geistigen und sittlichen Fortschritte, 11. Entlassungszeugnis, 12. nach der Entlassung.

Man mag einer solch ausführlichen und differenzierten Erfassung und Beurteilung von Schülern heute, im Zeitalter des gewachsenen Bewußtseins über die Gefahren des Datenmißbrauchs, eher skeptisch gegenüberstehen. Aber man sollte dabei nicht verkennen, daß sich in diesem ausgeprägten Interesse für die Entwicklungsgeschichte des einzelnen Kindes auch eine pädagogische Haltung manifestiert, die die individuelle Besonderheit eines Problemkindes auf eine ganz neue Art und Weise ernst nimmt und zum Ausgangspunkt der Erziehungsbemühungen macht. Trüper selbst betrachtete dieses "Personalienbuch" als "einen notwendigen Bestandteil bei der Erziehung anormaler Kinder" (Trüper 1911, S. XVI) und bot es deshalb Hilfsschulen und anderen Heimen als Sonderdruck an. Es sollte nach seinen Vorstellungen zugleich die Funktion eines "Schutzbriefes" für das jeweilige Kind erfüllen, d.h. künftige Lehrer und Lehrherren würden dadurch wissen, was sie von dem betroffenen Kind verlangen können und was nicht, wo seine Probleme liegen und wie sie konstitutionell und lebensgeschichtlich bedingt sind. Daß solche Informationen u.U. auch zum Nachteil des Betroffenen gereichen können, dies war für Trüper noch kein Thema.

Diätische, physiotherapeutische und gymnastische Maßnahmen

Da Trüper von der Auffassung ausging, "daß die meisten Schwächen und Fehler, mit welchen die Erziehung zu kämpfen hat, pathologische, im Körperlichen und insbesondere im Nervensystem liegende Ursachen haben" (Trüper 1911, S. 5), war es naheliegend, daß er im Rahmen der Behandlung dieser Kinder der körperlichen Erholung und Kräftigung hohen Stellenwert beimaß. So trug die "Sophienhöhe" in den späteren Prospekten nicht zu unrecht den Doppeltitel "Erziehungsheim und Jugendsanatorium". Auf gesunde Ernährung wurde großer Wert gelegt, z.T. wurden auch besondere Diäten verabreicht. Ausgedehnte Spaziergänge und Beschäftigungen an der frischen Luft standen an der Tagesordnung, Massage und Heilgymnastik, medizinische Bäder und Heilbehandlungen wurden angeboten. Besonders stolz war man auf das heimeigene Schwimmbad, die Turnhalle und die Tennisplätze.

Eine Einsicht, die erst in den letzten Jahren von der sogenannten "Motopädagogik" (vgl. Kiphard 1979) ausführlich theoretisch begründet wurde, nämlich die große Bedeutung der Förderung der körperlichen Geschicklichkeit und des körperlichen Wohlbefindens für alle anderen Entwicklungsbereiche, wurde von Trüper intuitiv vorweggenommen. Immer wieder konnte er die auffallende motorische Ungeschicklichkeit der Kinder beobachten, die als Problemkinder zu ihm auf die "Sophienhöhe" gebracht wurden. Es war für ihn deshalb auch skandalös, daß an den deutschen Schulen die schwächlichen Schüler gewohnheitsmäßig von den Turnstunden dispensiert wurden, denn er ging von dem Grundsatz aus: "Nicht die Starken, sondern die körperlich Schwächlichen bedürfen der meisten Leibesübungen" (Trüper 1893, S. 33). Alle diese diätischen, physiotherapeutischen und gymnastischen Maßnahmen, so war Trüper überzeugt, "verbessern ... die Blutbeschaffenheit" der Zöglinge, "verstärken die Lungenkapazität, vermehren die Muskelkraft, vermindern die Nervosität und steigern auch die seelischen Kräfte" (Trüper 1909[8], S. 12).

Pädagogische Konzeption

Als überzeugter Vertreter des Familienprinzips in der Erziehung war Trüper natürlich bemüht, auch durch die Organisationsstruktur seines Heimes eine familienähnliche Atmosphäre für die Kinder zu schaffen. Denn für ihn stand fest, daß ein Internat sein Vorbild nicht in "Klöstern und Kasernen und Fabriken, sondern in der Familie ... diesem Ur-organismus aller menschlichen und sittlichen Gemeinschaft" suchen müsse (Trüper 1904, S. 9). So wurde von ihm stets das Ideal des ganzen Heimes als einer "großen Familie" durch entsprechende Reden, Feste und Rituale gepflegt und hochgehalten. Da das ganze Unternehmen mit zunehmender Schülerzahl aber immer komplexer wurde, bildete Trüper kleine überschaubare Gruppen, denen bestimmte Erzieher und Erzieherinnen fest zugeordnet waren. In jeder Gruppe sollte möglichst das väterliche und das mütterliche Element vertreten sein, z.T. waren die Gruppen auch direkt den Familien der Mitarbeiter angegliedert. Es wurde viel Wert auf die Pflege einer harmonischen, vertrauensvollen familiären Atmosphäre gelegt, auf die Förderung einer Gemeinschaft, der sich die einzelnen Kinder wirklich zugehörig fühlen konnten.

Eng im Zusammenhang mit diesen Bemühungen um die Realisation einer familienähnlichen Anstaltserziehung stand ein zweites Prinzip von Trüpers Erziehungsheim, nämlich das der Koedukation. Dies war für ein Internat vor der Jahrhundertwende ein fast revolutionäres Unterfangen. Sicherlich ging die gemeinschaftliche Erziehung von Jungen und Mädchen auf der "Sophienhöhe" nicht so weit wie in heutigen sozialpädagogischen Einrichtungen, dennoch war allein die Idee, daß die Mädchengruppen in den gleichen Gebäuden untergebracht waren wie die Jungen, für die damalige Zeit - also noch zehn Jahre vor Gründung der ersten Landerziehungsheime, die diese Forderung dann rasch populär machten - höchst anstößig, und Trüper mußte zahlreiche Widerstände und Anfeindungen deswegen in Kauf nehmen.

Nur der frühe und selbstverständliche Kontakt zwischen Jungen und Mädchen indes konnte Trüpers Meinung nach zu einer natürlichen sexuellen Entwicklung und zu einer angemessenen Vorbereitung auf die spätere Rolle als Mutter, Vater und Ehepartner führen. Nicht im ungezwungenen Umgang mit dem anderen Geschlecht, sondern gerade in der unnatürlichen, erzwungenen Seperation sah er die Hauptquelle für die sittliche und psychische Gefährdung der Jugend. Mit deutlichem Seitenhieb gegen konservative katholische Kreise, von denen wohl die schärfsten Widerstände gegen seine koedukative pädagogische Konzeption ausgingen, hat er schon 1893 formuliert: "Für Nonnenklöster mag die Trennung der Geschlechter in der Jugend, wie die Pflege der Sentimentalität, Nervosität und Hysterie bei Kindern erwünscht sein - die heilige Jungfrau und ähnliche Hallucinationen werden dann um so häufiger erscheinen". Im Hinblick auf alle anderen Berufs- und Lebensziele hält er die gemeinsame Erziehung dagegen für "dringend geboten" (Trüper 1893, S. 44).

Diese Bemerkung darf jedoch nicht so aufgefaßt werden, als sei Trüper ein grundsätzlicher Feind religiöser Momente in der Erziehung gewesen. Wenn er auch als Protestant mit der heiligen Jungfrau wenig im Sinn hatte, so war er doch ein gläubiger Christ und er hat wiederholt Jesus als den größten Pädagogen der Menschheit bezeichnet. Gerade bei der Erziehung schwieriger Kinder stellte die "Pflege des religiös-sittlichen Lebens" (ebd., S. 89) einen unentbehrlichen Bestandteil für ihn dar. So gab es denn auch auf der "Sophienhöhe" eine Hauskapelle, Andachten, Kindergottesdienste etc.. Jedoch war es Trüper ein wichtiges Anliegen, daß dieses religiöse Leben echt und ursprünglich war, daß es nicht durch Zwang und Gleichgültigkeit, wie in vielen kirchlichen Erziehungseinrichtungen üblich, zum lästigen Ritual verkam und damit in seiner eigentlichen Bedeutung zerstört wurde. Deshalb mußte seiner Meinung nach dieser Bereich von Freiwilligkeit, Toleranz und Einfühlungsvermögen geprägt sein.

Bei der Beschreibung der pädagogischen Grundsätze der "Sophienhöhe" orientiert sich Trüper an der von Herbart eingeführten Unterscheidung von "Regierung", "Unterricht" und "Zucht". Die "Regierung", also die ordnungsschaffenden und -erhaltenden Maßnahmen, spielten, wie in jeder größeren pädagogischen Einrichtung, so natürlich auch auf der "Sophienhöhe", eine wichtige Rolle. Dabei ist zu beobachten, daß Trüper in seinen früheren Texten einen wesentlich schärferen Ton anschlägt als in seinen späteren Veröffentlichungen. So heißt es 1893 zum Beispiel noch: "Fehlerhafte Kinder wollen vor allem konsequent regiert werden", Ruhe sollte ihre "erste Pflicht" sein, und man müsse gerade gegenüber Kindern mit "psychopathischen Minderwertigkeiten" auf "unbedingten Gehorsam" achten, sie unter ständiger Aufsicht halten und größtes Augenmerk auf Ordnung, Pünktlichkeit und Reinlichkeit legen (ebd., S. 74f). Der Durchsetzung dieser sekundären Tugenden wird hier noch ein sehr großer erzieherischer Wert zugemessen.

Elf Jahre später meint Trüper zwar nach wie vor, die Einhaltung einer äußeren Ordnung, die Gewöhnung an bestimmte Sitten, sei unerläßlich, aber er mißt ihr nicht mehr jene unmittelbar persönlichkeitsbildende und sittlichkeitsfördernde Kraft zu. Die "ethische Hygiene des Internats" verlange mehr und anderes als solche äußeren Maßnahmen (Trüper 1904, S. 12). Das wichtigste sei die liebevolle Zuwendung und das Verständnis für die Bedürfnisse der Kinder. Sie müßten in den Erziehern "ein Stück Vater- und Mutterherzens" wiederfinden können: "Nur Vertrauen erweckt Vertrauen, und nur Liebe erzeugt Gegenliebe. Und je unentwickelter und verdorbener das Gemütsleben eines Kindes ist, desto mehr bedarf es der Fürsorge in dieser Beziehung" (ebd., S. 13). Auch gegenüber den Verfehlungen und Regelverletzungen der Kinder nimmt Trüper nun eine sehr viel weichere Haltung ein. So "sollen die Fehler der Zöglinge in Liebe getragen und in Liebe geahndet werden. Die Betrübnis der Erzieher über den Fehler muß die empfindlichste Strafe für den Zögling sein" (ebd., S. 15). Es ist nun viel mehr die mütterliche, Pestalozzi'sche Ader, die hier bei Trüper anklingt, als die väterliche, prinzipienstrenge Herbart'sche. Aber in einer Atmosphäre, in der der Erzieher eher Freund denn Unteroffizier oder Polizist ist, sind auch die Chancen, daß er Einfluß auf die Vorsätze und Einstellung des Zöglings nehmen kann, günstiger, und dieses Bemühen, die Arbeit des Zöglings an sich selbst zu unterstützen, ist ja der eigentliche Kern des Herbart'schen Begriffs der "Zucht".

Trüper sieht sehr klar, daß diese Arbeit auch beim "psychopathisch minderwertigen Kind", mit seinem eingeschränkten Freiheitsspielraum, letztlich immer nur von ihm selbst geleistet werden kann: "Auch in ethischer Hinsicht muß die Selbständigkeit und Selbsttätigkeit besonders gepflegt werden, der Zögling muß an sich selbst erziehen, an sich selbst arbeiten, auf sein besseres Ich sich selbst besinnen, selbst edle Ziele fassen, mit eigener Kraft sie zu verwirklichen streben" (ebd., S. 15). Denn gerade das war ja das eigentliche Ziel seiner Pädagogik: auch die Kinder und Jugendlichen, die, wie er es sah, auf Grund ihrer "psychopathischen Minderwertigkeit" viel größeren Schwierigkeiten und Risiken im Leben ausgesetzt waren, soweit körperlich, geistig und ethisch zu stärken, daß sie später einmal zu einer selbstverantwortlichen und unabhängigen Lebensführung fähig sein würden.

Auch hinsichtlich der Gestaltung des Unterrichts für solche Problemkinder hat Trüper vor fast einhundert Jahren schon Prinzipien vertreten, die heute noch unverändert Gültigkeit haben. Auf seine vehemente Schulkritik, darauf, daß er dem gängigen Schulbetrieb einen guten Teil Mitschuld an der Entstehung vieler psychischer Störungen gab, wurde bereits hingewiesen. Was er am schärfsten geißelte, war der einseitige Intellektualismus und Verbalismus der Regelschule, die den ganzen Wert der kindlichen Persönlichkeit einzig an ihrer Fähigkeit maß, vorgegebene Lernstoffe zu memorieren und zu reproduzieren. Er forderte dagegen mit Pestalozzi die "harmonische Ausbildung aller Kräfte und Anlagen" (ebd., S. 6), und dies bedeutete neben der Bildung des Kopfes eben auch die Bildung von "Herz und Hand". Deshalb wurde auf die sozialerzieherische Bedeutung des Schullebens, auf "gemeinsame Freude und gemeinsames Leid, gemeinsame Arbeit und gemeinsame Erholung" (Trüper 1893, S. 88), großer Wert gelegt, und deshalb auch hatten regelmäßige praktische Tätigkeiten in der Werkstatt und in der internatseigenen Gärtnerei ihren festen Platz. Denn, so war Trüper überzeugt, "die Handhabung eines Gartengerätes klärt z.B. bei manchem die Gedanken mehr als eine grammatische Arbeit" (ebd., S. 87).

Er wußte, welches Maß an Frustration gerade Kinder mit weniger auffälligen Störungen, mit motorischen Ungeschicklichkeiten, mit Wahrnehmungs-, Konzentrations- und Lernproblemen oder mit emotionalen Auffälligkeiten während ihrer Schulzeit durchmachten. Nur allzuoft wurden ihre Schwierigkeiten verkannt und als Ausdruck von Faulheit oder Ungezogenheit angesehen. Deshalb war ein Grundprinzip bei allen Tätigkeiten auf der "Sophienhöhe" das der Ermutigung und der Kräftigung des Selbstvertrauens:

> *"Jedes gelungene Handeln bildet die Quelle für weiteres Wollen und Thun. Die gelungene That ist zugleich eine Schule des Mutes ... jedes praktische Ziel muß erreichbar sein auch für die schwächste Kraft und mit dem Gefühl des Wohlbehagens erreicht werden, damit ein neues Ziel freudig angestrebt werde"* (ebd., S. 86f).

Es ging also in allererster Linie darum, Erfolgserlebnisse zu vermitteln und die durch langjährige negative Erfahrung gewonnene Überzeugung von der eigenen Unfähigkeit und Untauglichkeit und die damit angestaute Lernunlust aufzubrechen. Trüper formulierte deshalb folgenden wichtigen Grundsatz:

"Solchen Kindern gegenüber handelt man darum stets am zweckmäßigsten, wenn man mit den unterrichtlichen Ansprüchen soweit herab geht, bis sie dem Stoffe volles Interesse und Verständnis entgegenbringen und denselben verdauen können" (ebd., S. 82).

Auch die Forderung, daß die Unterrichtsstoffe inhaltlich den Interessen und Bedürfnissen der Schüler entgegenkommen müssen, daß sie ihnen Nahrung für Geist und Seele bieten sollen, wurde von Trüper nachdrücklich vertreten. Dabei war seiner Ansicht nach jedoch zugleich auf eine strenge geistige Diät zu achten. Stoffe, die das Phantasieleben "nervenschwacher Kinder" über Gebühr reizen könnten, waren dringend zu vermeiden. Aber Trüper kannte auch die positive Funktion der Phantasie. So schildert er an einer Stelle, wie die innere Persönlichkeit eines Schülers durch das Erzählen von Märchen angeregt wurde, sich erneut dem Lesen und Lernen zuzuwenden. Wenngleich er die psychische Wirkung der Märchen noch nicht auf ihren symbolischen Gehalt zurückführt - er faßt sie einfach als "geistige Milch", also als besonders leicht verdauliche geistige Kost auf -, so ist dies doch ein schönes Beispiel dafür, wie durch ein entsprechendes Angebot der Umgebung die eingekapselte Persönlichkeit eines Schülers sich regt:

"Ein Tertianer, dem der Verbalismus zum Ekel geworden war, und der keinerlei Interesse mehr am Lernen hatte, gewann es wieder, als er in einem Nebenzimmer seine Aufgaben unberührt ließ und durch die Türe lauschte, wie ich kleinen Kindern Märchen erzählte. Bald griff er dann auch selbst wieder zur Lektüre eines Buches, er fing an, diese Märchen zu lesen. An demselben wuchsen weitere geistige Interessen empor und nach einem Jahr arbeitete er in vielen Fächern wieder mit Lust und Liebe, allerdings nur, wenn sie ihm in genießbarer Form geboten wurden" (ebd., S. 82).

Auf "verdaubare Inhalte" und auf eine "genießbare" Form ihrer unterrichtlichen Darbietung kam es also an. Von daher war klar, daß Trüper nicht einfach die üblichen Lehrpläne der Regelschule für seine Schule übernehmen konnte, zumal er die Hälfte der darin enthaltenen Stoffe für "überflüssig" und die andere Hälfte für "minderwertig" hielt. Er hat sich früh schon selbst mit dem Problem der Lehrplangestaltung und der Stoffauswahl auseinandergesetzt (vgl. Trüper 1890) und auch später immer das Prinzip vertreten, daß eine gründliche und anschauliche Behandlung begrenzter Inhalte dem oberflächlichen Abhaken möglichst vieler Themen vorzuziehen sei. Gerade im Hinblick auf die Heterogenität der Lernvoraussetzungen, mit der er bei den Kindern seiner Schule rechnen mußte, war ihm außerdem das Prinzip der Flexibilität von großer Wichtigkeit. Ein guter pädagogischer Plan dürfe sich nicht einfach stur am statistischen Durchschnittsleistungsvermögen orientieren, sondern müsse "geschmeidig genug" sein, "um sich den verschiedenen Fähigkeiten anzupassen" (Trüper 1893, S. 80). D.h. es war bei jedem einzelnen Thema zu unterscheiden zwischen den unerläßlichen, für alle Schüler verbindlichen "Hauptideen" und den Erweiterungen und Spezifizierungen, die dann je nach Interesse, Verständnis und individuellem Lerntempo hinzugenommen werden konnten. Es sollte also bei der Gestaltung des Unterrichts ein möglichst hohes Maß an Individualisierung und Differenzierung berücksichtigt werden. Unterrichtsinhalte und Unterrichtsmethoden hatten für das Kind da zu sein und nicht umgekehrt.

7. Die Stellung der "Sophienhöhe" in der schulpolitischen Landschaft ihrer Zeit

Wenn man die vielfältigen pädagogischen und therapeutischen Angebote betrachtet, wenn man sich die außergewöhnlich gute räumliche und personelle Ausstattung dieses Internates vergegenwärtigt - der Personalschlüssel wird von Trüper für das Jahr 1904 mit 1 : 2 angegeben - und wenn man sich dann weiterhin klar macht, daß diese Einrichtung zu Trüpers Lebzeiten nie irgendwelche öffentlichen Zuschüsse erhalten hat, dann wird verständlich, daß die "Sophienhöhe" nur für eine ganz bestimmte Klientel, nämlich für die Problemkinder begüteter Familien, überhaupt in Frage kam. Es war eine für damalige Verhältnisse ausgesprochen teure Einrichtung, ein Nobelinstitut für Kinder von Fabrikanten, Akademikern, Offizieren und höheren Beamten. Die Eltern hatten 1904 pro Vierteljahr 500 Reichsmark als Grundgebühr für den Aufenthalt ihrer Kinder auf der "Sophienhöhe" zu bezahlen, diverse Kosten für Sonderleistungen kamen hinzu. Zwar konnten in Ausnahmefällen bestimmte Ermäßigungen vereinbart werden, dennoch blieb die von den Eltern aufzuwendende Summe beträchtlich. Aber dafür wußten die Eltern ihr Kind, mit dem sie selbst nicht mehr zurecht kamen, in einem renommierten Erziehungsheim untergebracht, dem weder der negative, anrüchige Ruf der "Besserungsanstalt" anhaftete noch der resignative, verwahrende Charakter der "Behindertenanstalt", sondern das den vornehmen und optimistischen Titel eines "Jugendsanatoriums" trug.

Daß sein Heim nur einem begrenzten, privilegierten Schülerkreis offen stand, war Trüper als Problem wohl bewußt. Allein, es war auf Grund der Privatschulsituation nicht anders möglich. Die Beiträge der Eltern stellten die finanzielle Grundlage des ganzen Unternehmens dar. Diese Einschränkung des praktischen Wirkungskreises bedeutete jedoch nicht, daß Trüper der Situation der Problemkinder aus minderbemittelten Familien einfach gleichgültig gegenübergestanden hätte. Ausdrücklich hat er öffentliche "Landerziehungsheime für Unbemittelte" gefordert (Trüper 1906, S. 304f). Daneben hat er von Anfang an der sozialen und der pädagogisch-wissenschaftlichen Aufgabe seines Heilerziehungsheimes große Bedeutung beigemessen. Es ging zum einen darum, überhaupt erst einmal ein tieferes Verständnis für die verschiedenen Formen der Störung des Geistes-, Willens- und Gemütslebens zu entwickeln und gangbare pädagogische und therapeutische Wege aufzuzeigen, zum anderen darum, Aufklärungsarbeit zu betreiben, die Öffentlichkeit und speziell die Schulwelt auf die vielfach verkannten Probleme der "psychopathisch minderwertigen Kinder" hinzuweisen. Das Erziehungsheim auf der "Sophienhöhe" fand als privilegierte Modelleinrichtung das rege Interesse des pädagogisch und heilpädagogisch aufgeschlossenen Publikums, ja sie genoß laut "Enzyklopädischem Handbuch der Heilpädagogik" sogar "geradezu Weltruhm" (Henze 1934, Sp. 2947). Die Jenaer Professoren Binswanger, Ziehen und Rein hatten das Projekt von Anfang an beraterisch unterstützt, Trüper war durch die Herausgabe der "Zeitschrift für Kinderforschung" im Zentrum der heilpädagogischen Fachdiskussion, und er selbst hatte in ihr ein wirksames Organ, um seine Ideen zu publizieren.

1895 gründete Trüper einen "Allgemeinen Deutschen Verein für Kinderforschung". Aufgaben und Ziele dieses Vereins wurden in dem ersten Paragraphen der Satzung folgendermaßen beschrieben: Er diene dem Zweck, *"bei allen, welchen leibliches oder seelisches Wohl der Jugend anvertraut ist, ein größeres Interesse und Verständnis für die Kindheit und mehr Teilnahme für das Wohl und Wehe der Jugend zu erwecken, zu richtigem Beobachten des Kindes und seiner Entwicklung anzuleiten sowie auch für Pflege, Unterricht und Erziehung die Methoden wissenschaftlich zu begründen und zu vervollkommnen"* (Trüper 1904, S. 62).

1906 fand, wesentlich durch Trüpers Initiative zustandegekommen, ein großer internationaler "Kongreß für Kinderforschung und Jugendfürsorge" statt. 700 Teilnehmer diskutierten vier Tage lang über allgemeine und spezielle Probleme der Kinderpsychologie, der Pädagogik und der Fürsorge wie z.B.: "Grundfragen der Psychogenesis", "Psychasthenische Kinder", "Jugendliche Verbrecher", "Über die Möglichkeit der Beeinflussung abnormer Ideenassoziationen durch Erziehung und Unterricht", "Wohnungsnot und Kinderelend", "Die Beziehung der Sozialhygiene zu den Problemen socialer Erziehung" usw. Viele Wissenschaftler, die zu jener Zeit in Europa Rang und Namen hatten, traten als Referenten auf. So etwa Meumann, Baginsky, Ziehen, Stern, Gutzmann, Binswanger, Ach und Heller. Es handelte sich um den ersten großen wissenschaftlichen Kongreß auf dem damals noch ganz jungen Gebiet der Kinderforschung. In dem von Schaefer herausgegebenen Sammelband wird er ausführlich dokumentiert (Schaefer 1907).

Durch seine Mitwirkung an den Ferienkursen der Jenaer Universität konnte Trüper seine Vorstellungen von der erzieherischen Behandlung der "psychopathischen Minderwertigkeit" sowie die praktischen Erfahrungen seiner Schul- und Heimkonzeption zahlreichen fortbildungswilligen deutschen Lehrern vermitteln. Viele kamen auch, um auf der "Sophienhöhe" zu hospitieren. Schließlich kamen dort sogar einjährige Kurse für die Arbeit in der Pychopathen- und Fürsorgeerziehung zustande.

Manche später bekannt gewordenen Pädagogen waren für gewisse Zeit Mitarbeiter des Trüper'schen Heimes. So z.B. Herman Lietz, der 1898 die Landerziehungsheimbewegung initiierte, und Paul Geheeb, der 1910 die Odenwaldschule gründete. Andere Vertreter der Reformpädagogik, wie z.B. Berthold Otto, Adolf Reichwein, Georg Kerschensteiner und Hugo Gaudig, standen in persönlichem Austausch mit Trüper. Auch Regierungs- und Schulkommissionen aus dem Ausland kamen, um die pädagogischen und organisatorischen Prinzipien der "Sophienhöhe" kennenzulernen. In Holland und in Japan wurden heilpädagogische Einrichtungen getreu dem Trüper'schen Muster geschaffen (vgl. Trüper/Trüper 1978, S. 168).

8. Trüpers Engagement auf außerschulischen Gebieten

Trüpers Engagement und Wirkung blieb nicht allein auf Schule und Heim beschränkt. In allen Bereichen des öffentlichen Lebens, in denen er die Belange von Problemkindern und -jugenlichen betroffen sah, hat er sich zu Wort gemeldet. So etwa "Zur Frage der Erziehung unserer sittlich gefährdeten Jugend" (Trüper 1900), wo er zu einem Gesetzentwurf über die Zwangserziehung Minderjähriger ausführlich Stellung nimmt, oder "Zur Frage der Behandlung unserer jugendlichen Missetäter" (Trüper 1906), wo er das pädagogische

Versagen der Fürsorgeerziehungseinrichtungen seiner Zeit anklagt und Reformansätze aus den Vereinigten Staaten und aus Norwegen zur Diskussion stellt. Ebenso wie in diesen beiden Beiträgen geht es ihm ganz besonders auch in der Abhandlung "Psychopathische Minderwertigkeiten als Ursache von Gesetzesverletzungen Jugendlicher" (Trüper 1904) darum, die Einsicht in die "psychopathische Bedingtheit" vieler Vergehen Jugendlicher zu fördern und die Verantwortung der Pädagogik für diesen ganzen Bereich zu unterstreichen. Denn, so ist er überzeugt, "durch Gefängnis- und Zuchthausstrafen werden selten Jugendliche gebessert und viele nur noch mehr verdorben. Gebessert wird der Sünder nur durch eine positive Seelenpflege und Erziehung" (Trüper 1900, S. 6). Deshalb war sein Grundsatz der, daß die "strafende Nachsorge" durch eine "erziehende Fürsorge" ersetzt werden müsse (Trüper 1904, o.S.).

Mit Nachdruck forderte er auch die Schaffung eigener Jugendgerichte, weil er dem durchschnittlichen Juristen die psychologische und pädagogische Kompetenz, solche Fälle angemessen zu beurteilen, weitgehend absprach. Es ist wahrscheinlich übertrieben, wenn seine Kinder in ihrem Buch schreiben, er hätte 1908 diese Idee, den ersten deutschen Jugendgerichtshof, "im Alleingang ... nach dreijährigem Kampf gegen die obersten juristischen Instanzen durchgesetzt" (Trüper/Trüper 1978, S. 74). Denn Trüper selbst weist darauf hin, daß diese Forderung schon seit mehr als einem halben Jahrhundert von deutschen Pädagogen wie Mager, Dörpfeld oder Ziller erhoben worden sei, und er diskutiert verschiedene zeitgenössische Entwürfe für eine solche Einrichtung. Auch reichte seine Vorstellung von einem solchen "Jugendgericht" viel weiter als das, was dann 1908 realisiert wurde. Dieses Jugendgericht sollte nämlich nach seinem Konzept aus dem Lehrer des betroffenen Jugendlichen, dem Schulleiter, dem Schularzt, dem Geistlichen und dem Vormundschaftsrichter bestehen. Es sollte also eine vorgeschaltete, primär pädagogische Instanz sein, die in erster Linie über die günstigste heilerzieherische Betreuung und Unterbringung befinden sollte (vgl. Trüper 1904, S. 41f).

Trüper war sicher ein Wegbereiter und Vorkämpfer für eine bessere Jugendfürsorge und einer an pädagogischen Kriterien orientierten Jugendgerichtsbarkeit. Den eigentlichen Durchbruch auf diesen Gebieten, das Reichsjugendwohlfahrtsgesetz von 1922 sowie das Jugendgerichtsgesetz von 1923, das die Behandlung des delinquenten Jugendlichen aus dem allgemeinen Strafrecht herauslöste, hat er indes nicht mehr persönlich miterlebt.

Angesichts dieser weitgespannten theoretischen und praktischen Unternehmungen muß Johannes Trüper sicherlich als eine wichtige Gründergestalt der Heilpädagogik in Deutschland angesehen werden. Sein Mitarbeiter und erster Nachfolger auf der "Sophienhöhe", W. Stukenberg, spricht in seinem Nachruf von der "fast dämonischen Arbeitslust" dieses Mannes (Stukenberg 1922, S. I). Seine vielfältigen Aktivitäten und Initiativen hatten im wesentlichen vier Zielrichtungen: Er setzte sich als Heilpädagoge ein für die Belange der Kinder und Jugendlichen, die zu seiner Zeit als "psychopathisch minderwertig" eingestuft wurden und die heute wohl als "verhaltensgestört" bezeichnet würden. Er kämpfte im Sinne eines echten "Socialpädagogen" gegen soziale Mißstände und für eine "Ethisierug der Gesellschaft". Er stritt während seines ganzen Lebens für die Rechte und die freien Entfaltungsmöglichkeiten der privaten Schulen und Erziehungsheime, denen er eine wichtige innovative Funktion auch für das öffentliche Schulwesen zuschrieb. Und er engagierte sich immer wieder für das öffentliche Ansehen der Pädagogik als einer ernstzunehmenden und für das Volkswohl hochbedeutsamen Wissenschaft, die in seinen Augen sträflich vernachlässigt und benachteiligt war.

Trüper ging dabei immer sehr stark von praktischen Fragen und Problemen aus. Allgemeine spekulative und prinzipientheoretische Erwägungen interessierten ihn indes kaum. Stets wollte er mit dem, was er schrieb, etwas anregen, verändern, verbessern. Seine Hauptschrift stellt im wesentlichen eine Aufarbeitung des Koch'schen Ansatzes für die Pädagogik dar, denn in diesem psychiatrischen Konzept lag für ihn der Schlüssel zum Verständnis des schwierigen Kindes. Daß dieser Ansatz, der diagnostisch eigentlich nur zwischen angeborenen und erworbenen Formen der "psychopathischen Minderwertigkeit" unterscheidet, in seiner Pauschalität heute längst überholt ist, steht außer Frage. Dennoch stellte er damals die Voraussetzung für einen grundlegenden Wandel in der Sicht und in der Behandlung des erziehungsschwierigen Kindes dar. Leider sind von Trüper keine detaillierten und lebensnahen Schilderungen vom Alltag und von den erzieherischen Konflikten und Sternstunden auf der "Sophienhöhe" überliefert, die mit denen anderer großer Sozialerzieher wie Makarenko oder Aichhorn verglichen werden könnten. Vielleicht wäre dann das, was Stukenberg als das wertvollste seines Vermächtnisses bezeichnet hat, nämlich sein "Sinn für Menschlichkeit" (Stukenberg 1922, S. VIII) auch in dem direkten pädagogischen Umgang mit Kindern und Jugendlichen noch deutlicher zu zeigen gewesen.

VI. Die weitere Entwicklung des Psychopathie-Konzeptes in der Heilpädagogik

Das Konzept von den "psychopathischen Minderwertigkeiten" bot eine Art Generalerklärung für alle möglichen Formen abweichenden Verhaltens; weil aber ein direkter Nachweis der behaupteten organischen Störungen nicht möglich war, sondern nur auf Grund bestimmter Indizien darauf geschlossen werden konnte, blieb die Diagnose "psychopathische Minderwertigkeit" immer mit gewissen Unsicherheiten behaftet.

Anders als bei der heutigen Diskussion dieses Problems war die Frage damals nicht die, ob abweichendes, nonkonformes Verhalten, welches in Wirklichkeit als Ausdruck mehr oder minder legitimen Protests gegen unerträgliche familiäre, institutionelle oder gesellschaftliche Verhältnisse begriffen werden müßte oder welches einfach eine gruppen- oder milieuspezifische Verhaltensweise darstellt, ungerechtfertigterweise pathologisiert werden könnte. Die Sorge war vielmehr die, daß die ethisch-moralische Sicht der Dinge - welche dabei meist auch gleichzeitig als spezifisch pädagogische Sicht der Dinge dargestellt wurde - durch die neue, alles erklärende und damit alles entschuldigende Tendenz verwässert werden könnte. So versichert selbst Trüper, vielleicht der praktisch bedeutsamste Protagonist dieser neuen Sichtweise im Bereich der Pädagogik, in seiner Programmschrift zur Gründung der Zeitschrift "Die Kinderfehler" im Jahr 1896:

"Wir sind ferne davon, jede Sünde, jede Fehlerhaftigkeit als Krankheit zu betrachten und sie damit der Verantwortung des Einzelnen wie der menschlichen Gemeinschaft zu entziehen. Doch gilt weit mehr, als bisher geschehen, zu untersuchen - und das ist zugleich auch ein Gebot der christlichen Moral, der Humanität, der Idee des Wohlwollens wie der Gerechtigkeit und Billigkeit -, inwieweit eine ethische Regelwidrigkeit Sünde oder Krankheit ist. Wie so mancher Psychologe, stets mit einer Musterseele, bewußt oder unbewußt rechnete, so arbeitete auch mancher Moralist mit einer zu großen Willensfreiheit, mit einer fast unbedingten "Musterfähigkeit" von Wollen und Handeln" (Trüper 1886, S. 4f).

Er fordert deshalb eine Ergänzung der die Pädagogik begründenden Ethik "...nach der Seite des Abnormen, des Pathologischen" (ebd.). Mit vollem Recht weist er auf den humanitären Fortschritt und auf die Gerechtigkeit und Billigkeit hin, welche diese neue Sicht den Betroffenen widerfahren läßt.

1. Das Drei-Stufen-Konzept

In der weiteren Entwicklung der heilpädagogischen Bewegung, für welche die neugegründete Zeitschrift das zentrale Publikations- und Diskussionsforum darstellte, kristallisierte sich zunächst ein Drei-Stufen-Modell heraus.

Da waren zum einen die "psychischen Fehler", d.h. Normabweichungen, die zwar im Strümpell'schen Sinn den idealen pädagogischen Zielvorstellungen und Wertmaßstäben zuwiderliefen, aber doch noch ganz innerhalb der Gesundheitsbreite lagen. Hier wurde der organische Träger des Verhaltens und Erlebens als gesund und voll funktionsfähig vorausgesetzt. Die Verantwortung für diese "Fehler" wurde entweder einer unzureichenden oder verkehrten Erziehung oder aber dem freien, selbstverantwortlichen Willen des Zöglings zugeschrieben. Dieser Bereich wurde entsprechend als die Grunddomäne der Pädagogik verstanden, für die es noch keinen Bedarf an außerpädagogischer, sprich medizinischer, Behandlungshilfe gab. Auch diese "Fehler" wollten zwar erst einmal psychologisch verstanden sein, sie wurden aber prinzipiell als allein mit pädagogischen Mitteln der Gegenwirkung "korrigierbar" angesehen.

Dies war auch das Gebiet, welches Strümpell zunächst mit seiner "pädagogischen Pathologie" im Auge hatte, betonte er doch gleich am Anfang, daß von ihm das Wort Pathos in einer neuen Bedeutung gebraucht wird, die mit der Vorstellung der Krankheit nicht mehr zusammenfällt (Strümpell 1890, S. 6). In der späteren Literatur wird Strümpell dann meist auch als derjenige zitiert, der die wissenschaftliche Bearbeitung dieses Gebietes begründet hat. Diese Fehler auf der ersten Stufe sind somit gewissermaßen die "Strümpell'schen Fehler".

Dem gegenüber könnten die Fehler der zweiten Stufe, die "psychopathischen Minderwertigkeiten" entsprechend den in der Literatur der damaligen Zeit immer wieder auftauchenden Zuordnung gewissermaßen als die "Koch'schen Fehler" bezeichnet werden. Sie beruhen, so Kochs These, auf einer "Minderwertigkeit" des Gehirns bzw. des gesamten Nervensystems. Qua definitionem sind sie aber auch noch keine richtige Geisteskrankheit, d.h. progressive Vorgänge, die die gesamte Persönlichkeitsstruktur angreifen und die Realitätswahrnehmung verzerren. Vielmehr wird alles das, was zwischen voller geistiger Gesundheit und manifester Geisteskrankheit liegt, darunter subsumiert. Entsprechend vage und unscharf sind die allgemeinen Beschreibungsversuche: "Die hier in Betracht kommenden Personen verhalten sich psychisch nicht wie andere Leute" (Koch 1891, S. 1) oder: "Psychopathische Minderwertigkeiten ... sind Psychopathien, die die damit behafteten Personen nur beschweren, nicht aber das ganze Personenleben beherrschen. Die Psychose raubt dem Kranken den Besitz der seelischen Normalität, die psychopathische Minderwertigkeit stellt nur den Vollbesitz derselben in Frage". Sie ist "nur eine pathologische Fehlerhaftigkeit..., nicht aber eine Krankheit" (Trüper 1908[2], S. 128). Als einheitliche Ursache und somit als verbindendes Band für all die Phänomene, die unter diese weite Beschreibung fallen, wurde die hirnorganische Störung postuliert. Der hypothetische Charakter dieses Postulats wurde dabei leicht aus dem Auge verloren.

Dieses Gebiet der "psychopathischen Minderwertigkeiten" wurde als das eigentliche Gebiet der Überschneidung pädagogischer und medizinischer Aufgabenstellung angesehen. Hier galt es, Brücken zwischen beiden Disziplinen zu bauen, und die Zeitschrift "Die Kinderfehler", die gemeinsam herausgegeben wurde von Trüper, dem Leiter eines Erziehungsheimes, Koch, dem Leiter einer "Staatsirrenanstalt", Ufer, dem Leiter einer Bürgerschule, und Zimmer, dem Leiter eines evangelischen Prediger-Seminars, verstand sich selbst ausdrücklich als eine solche Brücke. "Nirgends", so Koch in seinem ersten Beitrag, "...muß aber die Medizin so sehr durchdrungen sein von der Pädagogik, nirgends muß auch wieder die Pädagogik so sehr durchdrungen sein von der Medizin, nirgends müssen sich also beide so sehr miteinander verbünden und verbinden, wie bei der Behandlung gewisser Kinder, die an psychopathischer Minderwertigkeit leiden" (Koch 1896, S. 33).

Der dritten Stufe schließlich wurden die eigentlichen Geisteskrankheiten, vor allem die kindlichen Psychosen, zugerechnet, und für diesen Bereich wurde die Medizin als alleinig zuständig betrachtet. Die Lehrer und Erzieher sollten lediglich um die Anzeichen einer beginnenden Geisteskrankheit Bescheid wissen, damit sie im entsprechenden Fall sofort ärztliche Hilfe zu Rate ziehen könnten.

2. Von der "psychopathischen Minderwertigkeit" zur "psychopathischen Konstitution"

Ins Zentrum der heilpädagogischen und jugendfürsorgerischen Aufmerksamkeit rückte im Laufe der Jahre immer deutlicher die zweite Stufe dieser Einteilung. Dabei wurde der Koch'sche Begriff der "psychopathischen Minderwertigkeit" jedoch wegen einer massiv abwertenden Formulierung mehr und mehr verdrängt und durch neutralere Wendungen wie "psychopathische Konstitution", "psychopathische Belastung" oder "psychopathische Anlage" ersetzt. Statt der adjektivischen tauchte auch immer häufiger eine substantivische Verwendung des Begriffs auf. Man sprach einfach von "den Psychopathen".

Gleichzeitig fand auch ein deutlicher Wandel im Problemverständnis statt. Das bis dahin postulierte Spezifikum der hirnorganischen Störungen rückte, da nicht nachweisbar, zunehmend in den Hintergrund, und charakterologische Merkmale gewannen im Zuge der aufkommenden Persönlichkeitspsychologie mehr und mehr an Bedeutung. Die Vorstellung des grundsätzlichen Unterschieds zwischen "normalen Menschen" und "Psychopathen" blieb aber bestehen. Man verzichtete lediglich darauf, ein materiell-organisches Substrat für diesen Unterschied benennen zu wollen, und begnügte sich mit der Feststellung eines "abnormen Charakters". Auch die von Koch, Strümpell und Trüper noch für grundlegend gehaltene Unterscheidung in angeborene und erworbene Formen der "psychopathischen Minderwertigkeit" entfiel nun zusehends, und es herrschte ein durchgängiger Konsens darüber, als das spezifisch "Psychopathische" nur die angeborene charakterliche "Abnormität" zu verstehen.

Eine unübersehbare Anzahl von Versuchen wurde nun unternommen, eine Definition für jene Personengruppe und für die spezifische Besonderheit, die sie angeblich auszeichnet, zu finden. All diese Definitionsversuche lassen sich grob in drei Richtungen einteilen:

- Definitionen, die auf den Zwischenstatus abheben, den die psychopathischen Erscheinungen zwischen eigentlichen Geisteskrankheiten und völliger psychischer Gesundheit einnehmen.
- Definitionen, die versuchen, die Besonderheiten inhaltlich zu benennen und die sie dann zumeist als "Minderwertigkeit des Gefühls oder Willenslebens" qualifizieren. Hier lag also die Vorstellung angeborener psychischer Vermögen zu Grunde, die als von Geburt an beeinträchtigt angesehen wurden.
- Definitionen, die mehr auf die sozialpsychologischen und erzieherischen Folgen der

"Psychopathie" abheben, die also das abweichende Verhalten und die Konsequenzen, die daraus für die Betroffenen selbst und für ihre Umgebung entstehen, in den Mittelpunkt rücken.

Manche der Definitionen bestehen auch aus einer Kombination dieser drei Bestimmungsstücke, so etwa die von Ziehen aus dem Jahre 1912:

"Es handelt sich um jene Kinder, die keine ausgeprägte Geisteskrankheit, vor allem aber auch keinen Schwachsinn (Idiotie, Imbezillität, Debilität) leichteren und schwereren Grades zeigen, bei denen aber doch zahlreiche krankhafte seelische Erscheinungen, namentlich auf dem Gebiete des Gefühlslebens, vorliegen. Willensschwäche, heftige Stimmungswechsel, starke unbeherrschte Affekte lassen in ihnen gesellschaftsfeindliche Neigungen zur Entwicklung gelangen, die sie ohne rechtzeitiges Eingreifen fast ausnahmslos dem Verbrechen, dem Landstreichertum, der Prostitution in die Arme treiben oder dem Irrsinn anheim fallen lassen. Wissenschaftlich bezeichnet man diese Zustände als psychopathische Konstitutionen" (Ziehen 1912, S. 1).

Dieser Begriff der "psychopathischen Konstitution", den Ziehen schon 1906 geprägt hatte, löste den Koch'schen Begriff nun weitgehend ab.

3. Von der "psychopathischen Konstitution" zur "psychopathischen Persönlichkeit"

Ihre endgültige und für die folgenden Jahrzehnte weithin bestimmende Form erhielt die Psychopathielehre durch das Werk "Die Psychopathischen Persönlichkeiten" von Schneider, das erstmals 1923 erschienen war und das bis 1950 insgesamt 9 Auflagen erlebte. Kallwass, der noch 1969 eine Monographie mit dem Titel "Der Psychopath" verfaßt hat, urteilt wohl mit Recht: "Der Einfluß des Schneider'schen Buches im In- und Ausland läßt sich kaum überschätzen" (Kallwass 1969, S. 4). In der Tat, wenn immer der Psychopathiebegriff heute noch zitiert wird, dann mit Hinweis auf Schneider. Meist wird dabei sogar der Eindruck erweckt, als handle es sich um eine originäre Erfindung Schneiders (so z.B. bei Herriger 1979, Harbauer 1976[3], Hehlmann 1974). Daß das Konzept aber in seinen Grundzügen schon eine Generation früher von Koch entworfen wurde und daß Schneider sein Buch inmitten einer heftigen Psychopathie-Diskussion veröffentlicht hat, scheint dabei vollkommen in Vergessenheit geraten zu sein (obwohl Schneider ausdrücklich Kochs Verdienst, das ganze Gebiet erschlossen zu haben, würdigt und seinem eigenen Werk sogar ein Zitat Kochs als Motto voranstellt).

Die besondere Leistung Schneiders bestand darin, daß er seine Psychopathielehre auf einem neuen, charakterologischen Fundament aufbaute. Während frühere Autoren, wie Koch, Birnbaum, Ziehen, Stier, Hermann und andere, mehr von einer allgemeinen psychopathologischen Betrachtungsweise ausgingen und versuchten, das Spezifische der Psychopathie, das bei aller Verschiedenheit der Erscheinungsbilder Einheitliche und Verbindende herauszuarbeiten, ging Schneider von Anfang an von der Pluralität der Psychopathien aus, da sie ihm nur mehr als Ausdruck der Vielgestaltigkeit der menschlichen Charakterformen schlechthin galten: "Es ist ja nicht so, als ob man die Psychopathie als eine Krankheit neben andere Krankheiten stellen dürfte, sondern man steht vor der Unendlichkeit der Variationen menschlichen Wesens" (Schneider 1923, S. 5). Die Psychopathien stellen für ihn einfach besonders extreme Charaktervarianten dar und haben nichts mehr mit einer hirnorganischen Störung zu tun. Damit ging nun aber paradoxerweise gerade mit der einflußreichsten Fassung des Begriffs der Psychopathie (der ja wörtlich übersetzt "seelisches Leiden" bedeutet) der Krankheitswert, der den Psychopathien bis dahin zugesprochen wurde, verloren. Schneider macht ganz klar, "daß von der Auffassung aus, daß psychopathische Persönlichkeiten keine kranken Menschen, sondern charakterologische Spielarten sind, eine Exkulpierung grundsätzlich nicht stattfinden kann" (ebd., S. 7). Eine recht verhängnisvolle Auffassung, denn einerseits wurde die charakterliche Beschaffenheit als angeboren und somit als unverfügbar und unentrinnbar angenommen, andererseits wurde die volle Schuldfähigkeit und Veranwortlichkeit für Taten, die dieser besonderen Charaktereigentümlichkeit zuzuschreiben sind, postuliert.

Die Frage "gesund oder pathologisch?" wandelte sich dadurch in die Frage "normale oder abnorme Persönlichkeit?" Wobei Schneider sich als naturwissenschaftlich denkender Mensch ausdrücklich auf einen rein quantitativen Normbegriff bezieht, auf eine "Durchschnittsbreite menschlicher Persönlichkeiten", die zwar nicht exakt bestimmt werden könne, aber dennoch als "Leitgedanke" festgehalten werden müsse (ebd., S. 12f).

Der Begriff der "abnormen Persönlichkeit" ist somit für Schneider der eigentlich exakte wissenschaftliche Oberbegriff. Die berühmte, vielzitierte Definition der psychopathischen Persönlichkeiten als "solche abnorme Persönlichkeiten, die an ihrer Abnormität leiden, oder unter deren Abnormität die Gesellschaft leidet" (ebd., S. 16), wird von ihm selbst dagegen als "willkürlich" bezeichnet und nur aus praktischen Gründen eingeführt, da diese "Konfliktpersönlichkeiten" eben diejenigen seien, mit denen es die klinische Psychiatrie in der Praxis meist zu tun bekommt. Schon 1924 hatte Schneider Gelegenheit, auf der 3. Tagung über Psychopathenfürsorge sein neues Konzept vorzutragen und es auf das Phänomen der jugendlichen Verwahrlosung anzuwenden. Für ihn ist es dabei "keine Frage, daß viele der jugendlichen Verwahrlosten abnorme Persönlichkeiten sind, und, da sie stören, auch Psychopathen in dem Sinne der gegebenen Definition" (Schneider 1925, S. 5).

4. Versuche der Typenbildung

Neben den Versuchen, das "Wesen" der Psychopathie zu erfassen, sei es in der hirnorganischen Störung, in der "Minderwertigkeit des Gefühls- und Willens-Lebens", in dem "Überwiegen unfreier Willensbestandteile", in der "inneren Disharmonie" oder einfach in der Abweichung von der Durchschnittsnorm, setzte schon bald auch ein deutliches Bemühen ein, verschiedene Formen der Psychopathie voneinander zu unterscheiden. Schon Koch selbst hatte 1891 mit der Abstufung in psychopathische "Disposition", "Belastung" und "Degeneration" nicht nur drei Schweregrade unterschieden, sondern damit auch jeweils typische Formen der Auffälligkeit verknüpft. So umfaßt die "psychopathische Dispostition" alle Auffälligkeiten, die auf eine allgemeine Kraftlosigkeit, nervliche Schwächlichkeit und übergroße Empfindsamkeit hindeuten. Unter "psychopathischer Belastung" dagegen wurde mehr das gefaßt, was in Richtung Zwanghaftigkeit und Verschrobenheit ging. Die "psychopathische Degeneration" als schwerste "Entartungsform" war eine Sammelbezeichnung für alle Formen offensiv störenden, provozierenden, ausagierenden Verhaltens.

Ausgehend von der klassischen Dreiteilung der Seelenvermögen in Fühlen, Vorstellen und Wollen hat F. Scholz schon 1896 in dem Buch "Die Charakterfehler des Kindes" insgesamt 35 verschiedene Typen von Kindern unterschieden. Die Liste reicht vom "traurigen", "empfindlichen", "launenhaften" Kind bis hin zum "boshaften", "grausamen", "unkeuschen", "zerstörungssüchtigen", "lügenden" und "jähzornigen" Kind.

Ein ebenfalls speziell auf Kinder und Jugendliche bezogener und damit für die Pädagogik bedeutsamer Versuch der Differenzierung wurde 1912 von L. Scholz unternommen. Die Darstellung von 12 verschiedenen Typen von "Psychopathen" macht bei ihm das Kernstück seines Lehrbuches aus. Im einzelnen unterscheidet er darin zwischen "Indolenten", "Depressiven", "Manischen", "Periodikern", "Affektmenschen", "Triebhaften", "Haltlosen", "Verschrobenen", "Phantasten und Lügnern", "Zwangskranken", "sittlich Minderwertigen" und "geschlechtlich Anomalen". Scholz selbst betont, daß er mit diesen 12 Formen "aus der Überfülle von Psychopathien" nur einige herausgegriffen habe. Die Darstellung dieser Charaktertypen ist sehr bildhaft und lebensnah. Allgemeine Beschreibungen werden veranschaulicht durch Schilderungen konkreter Beispiele aus Scholz' Praxis. Schiller-, Goethe- und Cicero-Zitate werden ebenso zur Illustration des Gemeinten bemüht wie Sprichwörter und Redensarten. Das Buch wendet sich nicht an ein begrenztes psychiatrisches Fachpublikum, sondern ist bestimmt "für Eltern und Erzieher, für Leiter und Lehrer an Heilpädagogien, an Fürsorgeinstituten, Hilfsschulen und Anstalten für geistesschwache Kinder" (Scholz 1912, o.S.). Dabei wird ein deutliches Bemühen spürbar, um Verständnis für die Nöte und inneren Kämpfe der betroffenen Kinder zu werben. Die einzelnen Formen der "Psychopathie" werden deshalb keineswegs als exotische Besonderheiten behandelt, die mit dem psychischen Erleben des Durchschnittsmenschen gar nichts zu tun hätten, vielmehr weist Scholz immer wieder auf die normalen Äquivalente dieser Extremformen hin und betont, "daß in jeder Seele, in der kranken wie in der gesunden, Kontrasteigenschaften dicht beieinander wohnen, - vom Erhabenen zum Gemeinen ist es nur ein Schritt!" (ebd., S. 271).

Ganz anders dagegen Schneider. Hier erscheinen die verschiedenen "psychopathischen Persönlichkeiten" als Wesen mit grundsätzlich anderer, abnormer Charakterstruktur. Gerade von seinem charakterologischen Ansatz her war es naheliegend, eine Typologie verschiedener psychopathischer Persönlichkeiten zu entwickeln. War doch das Bilden von Typologien ein zentrales Anliegen der Psychologie und der Psychiatrie jener Zeit. Kretschmer, Klages, Spranger, Jaspers, Jung u.a. hatten Systeme entworfen, um die Vielfalt menschlicher Persönlichkeiten zu ordnen. Diese waren entweder mehr phänomenologisch beschreibend, wie etwa Sprangers "Grundtypen der Individualität" und Jaspers "weltanschauliche Typen", oder aber es wurde versucht, von abstrakten Persönlichkeitsdimensionen aus, wie etwa Extrovertiertheit - Introvertiertheit (Jung), Reagibilität, Affizierbarkeit, Äußerungsdrang (Klages), Eindrucksfähigkeit, Retentionsfähigkeit, intrapsychische Aktivität und Leistungsfähigkeit (Kretschmer), psychologische Typologien deduktiv abzuleiten.

Schneider diskutiert diese, in seinen Augen wissenschaftlich anspruchsvolleren deduktiven Systeme, kommt aber zu dem Schluß, daß zum gegenwärtigen Zeitpunkt keines davon geeignet sei, eine umfassende Typologie der Psychopathien zu begründen. Deshalb geht er bei seiner Einteilung klinisch-phänomenologisch vor, d.h. er ordnet nach auffälligen, äußeren Merkmalen und versucht lediglich, diese dann zum Teil mit Hilfe abstrakter Persönlichkeitsdimension weiter aufzuhellen. So kommt er zu zehn verschiedenen Bildern psychopathischer Persönlichkeiten, die er mit ausführlichem Bezug auf verwandte psychiatrische Beschreibungen darstellt. Es sind dies im einzelnen: "hyperthymische", "depressive", "selbstunsichere", "fanatische", "stimmungslabile", "geltungsbedürftige", "gemütlose", "willenlose", "asthenische" und "explosible" Psychopathen. Bei den Ausführungen zu den einzelnen Psychopathieformen handelt es sich hauptsächlich um Explikationen zum Oberbegriff, d.h. um eine Anhäufung verwandter negativer Merkmale, um die Differenzierung in verschiedene Untergruppen und um die Feststellung von Gemeinsamkeiten und Unterschieden zu den Einteilungen anderer Autoren.

Der mit dem Koch'schen Motto, welches dem Buch vorangestellt ist, erhobene Anspruch, "...manche ungeahnte Einblicke in das Leben der Menschen und die in denselben wirksamen Motive" zu gewinnen, wird so gut wie überhaupt nicht eingelöst. Es bleibt alles auf der deskriptiven Ebene der Auflistung negativer Charaktermerkmale. Die für das Verstehen zentrale genetische Dimension, d.h. die Frage, wie etwas gekommen ist, wodurch es verursacht wurde und wie es sich entwickelt hat, stellt sich nicht und kann sich nicht stellen, da grundsätzlich von dem Postulat angeborener Charaktermängel ausgegangen wird. Und auch die andere Dimension, die das tiefere Verstehen menschlicher Phänomene begründet, die Aufdeckung unbewußter psychischer Motive, Konflikte und Mechanismen, fehlt vollständig. Man erfährt aus den Abhandlungen lediglich, wie man sich die einzelnen "Psychopathen" vorzustellen hat, worin sie sich von ihren "Nachbarn" unterscheiden, wie sich die betroffenen Personen typischerweise verhalten und was die besonderen Probleme im Umgang mit ihnen sind.

Selbst eine nicht im Sinne der beiden oben genannten Dimensionen biographisch oder tiefenpsychologisch erklärende, sondern bloß empathisch die innere Erlebniswelt des Betroffenen nachzeichnende Verstehensleistung kommt in Schneiders Ausführungen nicht zustande. Es ist kein Bemühen spürbar, herauszufinden, was die zentralen Probleme, Konflikte und Beweggründe z.B. des "gemütlosen Psychopathen" sind. Dafür werden eine Vielzahl ähnlicher Konzepte zitiert: Kraepelins "Gesellschaftsfeinde" und "Antisoziale", Scholz' "moralische Anästhesie", Liepmanns "sittliche Farbenblindheit", Näckes "moralisch Tote" und "moralisch Verkümmerte" etc. Es erfolgt also in erster Linie eine Art Pseudoerklärung durch Verweis auf Ähnliches. Als Charaktermerkmale des "gemütlosen Psychopathen" werden die "gemütliche Stumpfheit", das "fehlende Mitleid", die "Skrupellosigkeit" und die "Unverbesserlichkeit" besonders hervorgehoben. Als theoretisches Problem interessiert einzig die Frage, ob der moralische Defekt notwendig mit einem intellektuellen Defekt gekoppelt sein müsse oder ob er auch isoliert vorkommen könne.

Pädagogisch relevant ist dabei schließlich die Tatsache, daß die angeborene "moralische Abartung" sich nach Schneiders Meinung schon im frühen Kindesalter manifestiert und somit der Erziehung "jeder Boden" fehlt, "auf dem sie bauen könnte" (Schneider 1950, S. 125f). Es handelt sich also für ihn um vollkommen hoffnungslose Fälle. In der ursprünglichen Fassung ging Schneider sogar soweit, daß er "in Anbetracht der Neigung zu familiärem Auftreten dieser Charaktere die Anwendung der ... Kastration" für "wünschenswert" erklärte (Schneider 1923, S. 79). In der 9. Auflage fordert er nur noch, "diese Menschen" zu "verwahren, soweit es nötig und gesetzlich möglich ist". Von einer Verminderung der Schuld- und Zurechnungsfähigkeit will er jedoch auch 1950 nichts wissen (Schneider 1950[9], S. 126).

Auch in August Homburgers berühmten "Vorlesungen über Psychopathologie des Kindesalters" von 1926 spielt die Psychopathie als Oberbegriff über ganz verschiedene Formen vermeintlicher "Anlageanomalien" eine zentrale Rolle. In insgesamt 10 Vorlesungen behandelt er folgende "Typen psychopathischer Konstitutionen": "die Nervösen", "die Ängstlichen", "die Willensschwachen und Haltlosen", "die Gemütlosen und Gemütsarmen", "die Reizbaren", "die Disharmonischen", "die Hysterie", "die Zwangsvorstellungskranken", "die Sensitiven" und "die Infantilen".

Er geht dabei allgemein von dem Kriterium der "Reaktivität" als der für eine Persönlichkeit typischen Reaktionsform auf psychische bedeutsame Geschehnisse aus. Die "pathologischen Reaktionen der Psychopathen" sind ihm in diesem Sinne Reaktionen von "abnormer Richtung" und von "abnormer Stärke und Dauer". Sie stehen im Mißverhältnis zur auslösenden Ursache und sind nach Homburger zweifelsfrei "Äußerungen einer abnormen Anlage". Er räumt jedoch ein, daß eine solche Ordnung nach den Hauptrichtungen der "Reaktivität" wie jede Typologie Mängel habe und der Mannigfaltigkeit der Erscheinungen nicht voll gerecht werden könne. Auch ließen sich die einzelnen "Reaktivitätsrichtungen" nicht so fein säuberlich trennen. Vielmehr gäbe es gerade bei den "Trägern psychopathischer Konstitutionen" häufig so etwas wie eine "polymorph pathologische Reaktivität" (Homburger 1926, S. 265). Der ganze Versuch der Typenbildung rechtfertigt sich für ihn allein aus der Notwendigkeit einer Übersichtsbildung.

Obwohl Homburger über weite Teile seines umfangreichen Werkes durchaus bemüht ist, kindliche Fehlentwicklungen vor dem Hintergrund einer allgemeinen Entwicklungspsychologie zu verstehen, obwohl er die Bedeutung der Milieufaktoren keineswegs gering schätzt und obwohl er sogar eine Theorie kindlicher Konflikte vorlegt - bei der Schilderung der Psychopathien ist er ganz und gar befangen in der Vorstellung der erblich bedingten Charakteranomalie. Besonders deutlich wird dies bei seiner Beschreibung der "Gemütslosen und Gemütsarmen", jener Form der Psychopathie, die allgemein als die schwerwiegendste und gefährlichste galt. Plastisch schildert Homburger die typischen Verhaltensweisen eines solchen Kindes:

"Die Entwicklung der Kräfte und später die Vermehrung des Wissens macht den Gemütslosen in wachsendem Maße gefährlich. Nun wird mit Steinen geworfen, mit eisernen Werkzeugen draufgeschlagen, auch auf die Eltern mit Messer und Schere, mit Beil und Holzscheit losgegangen, in Häuser eingestiegen und gestohlen, Mauern werden erklettert, Vogelnester ausgehoben, Schränke und Behältnisse erbrochen; in der Wohnung wird in Abwesenheit der Eltern alles durcheinandergeworfen, Schmutzereien werden angerichtet, Speisen, die nicht sofort verschlungen werden können, weggeschüttet oder ungenießbar

gemacht, die guten Kleider der Angehörigen verdorben oder zerschnitten. Das Nachdenken dient dem Planen neuer Untaten und dem Ersinnen von Lügen und Betrügereien. In der Schule sind diese Kinder nicht nur wie Unruhige, störend, sondern einfach unerträglich in jeglichem Sinne" (ebd., S. 328).

Als allgemeine Charaktermerkmale, die hinter all diesen "Untaten" stecken, nennt er die Unfähigkeit zum moralischen Empfinden, zur Sympathie und zum Mitleid. Diese "gemütslosen Psychopathen" betrachtet er als "seelische Mißbildungen schwerer Art". Entsprechend düster ist seine Prognose: Der Konflikt mit der Gesellschaft ist unvermeidlich, und die Verwahrung in der Fürsorgeerziehungsanstalt, im Zuchthaus oder in der Irrenanstalt mehr oder weniger vorprogrammiert. Das ganze Verhalten der "gemütslosen Psychopathen" - selbst die Tatsache einzelner positiver Züge, die aus der "Wüste der gemütlichen Leere" herausragen - ist für ihn ausdrücklich "keine Angelegenheit der verstehenden Psychologie", sondern Ausdruck einer "anlagemäßig gegebenen Verknüpfung, die hinzunehmen ist wie das Vorkommen schwarzen Haupthaares, roten Bartes und blauer Augen" (ebd., S. 329).

5. Abstufung nach Schweregraden: "Schwererziehbare", "Schwersterziehbare", "Unerziehbare".

Eine andere Form der Differenzierung, die in jener Zeit ebenfalls recht ausgiebig diskutiert wurde und die gewissermaßen quer lief zu den Versuchen der Typenbildung, war die nach Schweregraden der Resistenz gegen erzieherische Maßnahmen. Das Faktum der mehr oder weniger vollständigen Erfolglosigkeit der erzieherischen Bemühungen wurde mittels der Begriffskonstruktionen "schwersterziehbar" und "unerziehbar" in Eigenschaften der betroffenen Kinder und Jugendlichen umgewandelt. Gregor etwa, der die neuaufgenommenen Zöglinge der Erziehungsanstalt Flehingen gleich im ersten Jahr des Aufenthaltes ganz unbefangen in solche Kategorien einteilte (vgl. Gregor 1926), gibt die folgende Definition:

"Ganz praktisch genommen sprechen wir von Schwersterziehbarkeit dann, wenn die zur Verfügung stehenden Mittel nicht in der gewohnten Zeit zum Ziele führen - von Unerziehbarkeit dann, wenn ein Erziehungserfolg trotz aller Bemühungen überhaupt ausbleibt" (Gregor 1930, S. 153).

Dabei stand jedoch nicht die Gesamtheit der möglichen Erziehungsziele zur Debatte, sondern ganz zentral das der Anpassung, das der Fügung in bestehende Autoritätsverhältnisse und Anstaltsordnungen. Wer sich diesen auf Dauer widersetzte, galt als "schwerst-" bzw. schließlich als "unerziehbar". Es handelte sich in Wirklichkeit bei dieser ganzen Diskussion also weitgehend um das anstaltsinterne Problem der "Undisziplinierbarkeit" von Zöglingen. So spricht Mönkemöller offen von den "Schreckenskindern der Anstaltserziehung" und führt dann weiter aus:

"Was aber so gut wie jeder Erzieher aus seinem Reiche ausgeschieden haben will, das sind die unruhigen Geister, die sich selbst und ihrer Umgebung zur Last sind, die den Frieden der Anstalt dauernd stören und die Erziehung ihrer Mitzöglinge hemmen und selbst von jeder erzieherischen Beeinflussung unberührt bleiben" (Mönkemöller 1926, S. 376).

Daß es Kinder und Jugendliche gibt, die außerordentliche Probleme machen und deshalb innerhalb einer bestimmten Gruppen- oder Heimsituation nicht mehr tragbar sind, ist kaum zu bestreiten. Auch daß Erzieher gelegentlich solche Wünsche nach Entlastung verspüren, ist verständlich. Daß aber Heilpädagogen als Autoren wissenschaftlicher Beiträge solche Begriffsungeheuer prägten und sich damit eine bequeme Entschuldigung für das Scheitern der Fürsorgeerziehung in vielen Fällen und eine Rechtfertigung für die Aufgabe aller weiteren erzieherischen Bemühungen schufen, ist sicher ein düsteres Kapitel dieser pädagogischen Epoche. Denn prinzipiell wäre aus der Tatsache, daß die zur Verfügung stehenden Mittel nicht in der Lage waren, "in der gewohnten Zeit" die entsprechenden Resultate zu liefern, ja auch der entgegengesetzte Schluß zu ziehen: Daß nämlich diese für den individuellen Fall nicht ausreichend oder nicht adäquat, oder aber, daß die Ziele einfach zu hoch gesteckt waren. Das grundsätzliche Recht auf Erziehung jedoch von der Erreichung bestimmter Sollziele in einer bestimmten Zeit abhängig zu machen, ist eine sehr problematische Angelegenheit. Genau solche Rentabilitätsüberlegungen wurden aber damals ganz offen angestellt:

"Wir müssen ja bedacht sein, daß auf schlechte und unerziehbare Elemente nicht unnötig Arbeit und Geldmittel verwendet werden, daß sie in Erziehungsheimen unnötig Platz für sich beanspruchen und ihn geeigneteren und aussichtsvolleren Kindern entziehen" (Kramer 1930, S. 132).

Zwar wurden nicht alle Psychopathen grundsätzlich als "unerziehbar" eingestuft, doch stellen sie für Kramer ganz eindeutig das "hauptsächlichste und praktisch bedeutsamste Kontingent" jener Gruppe dar (ebd., S. 135). Weil nun aber die Psychopathien als anlagebedingte Charakterdefekte betrachtet wurden, deshalb hieß "unerziehbar" eben nicht nur hier zu dieser Zeit und unter diesen Bedingungen nicht erziehbar, sondern überhaupt und prinzipiell unerziehbar. Das Urteil schloß also immer auch eine Prognose hinsichtlich des weiteren Werdegangs des Betroffenen ein. Es ist leicht vorstellbar, welch unheilvollen Einfluß eine solche Diagnose auf die Einstellung künftiger Betreuer und damit auch auf die weitere Entwicklungsgeschichte der betroffenen Jugendlichen haben konnte. Dabei mußten aber alle Autoren zugestehen, daß diese Prognose nicht mit letzter Sicherheit zu treffen sei. Deshalb fordert z.B. Hahn in seinem Beitrag "Grundsätzliches zur Frage der Unerziehbarkeit vom psychiatrischen Standpunkte aus", man dürfe sie, wenn überhaupt, nur im Jugendalter stellen und müsse Kinder "grundsätzlich als erziehbar behandeln" (Hahn 1925, S. 221).

"Schwersterziehbare" und "Unerziehbare" galten innerhalb der Fürsorgeerziehungsanstalten als "Infektionsstoffe, unter deren Einfluß es zu Revolten usw. kommen kann"

(Gregor 1930, S. 154). Deshalb wurde gefordert, sie in speziellen Einrichtungen zusammenzufassen. Schon das Jugendwohlfahrtsgesetz sah im § 73 vor, daß die Fürsorgeerziehung für Zöglinge aufgehoben werden konnte, bei denen sie aus "Gründen, die in der Person des Minderjährigen liegen", undurchführbar erschien. Der gleiche Paragraph stellte dafür aber die Bedingung, daß "eine anderweitige gesetzlich geregelte Bewahrung des Minderjährigen sichergestellt" sein müsse. Diese Regelung erlangte jedoch während der Weimarer Zeit keine praktische Bedeutung, da ein "Bewahrungsgesetz" trotz häufiger Forderungen und heftiger Diskussionen nicht zustande kam.

Die Einrichtung der Fürsorgeerziehung versuchte indes, in eigener Regie eine interne Differenzierung zu organisieren. Schon 1926 wurde die Forderung nach einem "Konzentrationslager der Schwersterziehbarkeit" (Mönkemöller 1926, S. 392) erhoben. (Wobei man allerdings berücksichtigen muß, daß der Begriff damals noch nicht die Konnotationen hatte, die er heute, nach Dachau und Auschwitz, hat). Ein Streitpunkt war dabei, ob diese Sonderanstalten an die Erziehungseinrichtungen angegliedert werden sollten oder ob sie an psychiatrischen Heil- und Pflegeanstalten besser untergebracht wären. Auf dem Fürsorgeerziehungstag von 1925 plädierten die Fachausschüsse II (für männliche Anstaltserziehung) und IV (für Psychopathenfürsorge) für erstere Lösung, während der Fachausschuß III (für weibliche Anstaltserziehung) sich einstimmig für einen Anschluß an die Irrenanstalten aussprach (vgl. ebd., S. 384f).

6. Die Krise der Psychopathielehre

Die Möglichkeit des Umgangs mit psychiatrischen Diagnosestellungen - die bei der Pauschalität und Unschärfe des Konzepts "Psychopathie" auch keine besonderen klinischen Qualifikationen erforderte -, hat das Selbstbewußtsein mancher Heilpädagogen offensichtlich mächtig befördert. Der Jenaer Psychiater Strohmayer wandte sich in seinen Vorlesungen über "Die Psychopathologie des Kindesalters" (Strohmayer 1923[2]) kritisch gegen die "enthusiastische Verwendung", die der Terminus in der Heilpädagogik gefunden habe. Mit Recht stellt er fest, daß es sich dabei um ein recht "unklares Schlagwort" handle, das vielfach einfach "der Lückenbüßer für eine exakte Diagnose" sei. Er steht der von Strümpell, Trüper u.a. geförderten Tendenz der Grenzüberschreitung zwischen Pädagogik und Psychiatrie skeptisch gegenüber und fordert die Pädagogen auf, bei ihren Leisten, d.h. bei ihren "Kinderfehlern", zu bleiben:

> *"Darum erscheint es mir gefährlich, wenn in der pädagogischen Pathologie die psychiatrische Diagnosestellung Gewohnheit werden soll. Die bequeme 'psychopathische Minderwertigkeit' soll nicht in der Hand des Pädagogen alles laienhaft vereinen, was die Psychiatrie mühsam in klinischer Erfahrung wissenschaftlich sonderte. Einstweilen wird die Pädagogik noch vollauf zu schaffen haben, die Kinderpsychologie und die Lehre von den Kinderfehlern auszubauen und gut daran tun, sich in der Erkennung psychopathischer Zustände und bei dem Ausmaße der Breite geistiger Gesundheit im Kindesalter von der Psychiatrie leiten zu lassen"* (ebd., S. 4).

Strohmayers Kritik zielt in erster Linie gegen die vermeintliche Kompetenzüberschreitung der Pädagogen und gegen die allzu leichtfertige Anwendung der Psychopathiediagnose. Aber auch innerhalb der Psychiatrie und der Heilpädagogik gab es zunehmend kritische Stimmen gegen dieses Konzept.

1930 sprach Moses in einem Überblicksartikel über die "Gestaltungen und Wandlungen der Psychopathielehre in ihrer Bedeutung für die Heilpädagogik" von einer "Vertrauenskrise in der Psychopathielehre" (Moses 1930, S. 139). Neben der Tendenz zur Differenzierung, zur immer feineren Unterscheidung verschiedener Arten und Schweregrade von Psychopathien, gab es auch eine zweite, gegenläufige Tendenz. Klages hat in seinen "Bemerkungen zur sogenannten Psychopathie" in Anspielung auf Schneiders 10 Typen mit Recht festgestellt, daß man "ebenso gut 20, 30 usw. Typen ersinnen" könne und daß es zudem im konkreten Fall kaum möglich sei, eine Person einem bestimmten Typus zuzuordnen (Klages 1928, S. 14). Er selbst hält dagegen an einem einheitlichen, zentralen Wesenskern der Psychopathie fest. Diesen sieht er in der "lebensnotwendigen Selbsttäuschung", an welcher alle Psychopathen litten. So kann er sagen: "Es gibt nicht Psychopathien, sondern es gibt nur die Psychopathie" (ebd.). Die vielen verschiedenen real vorkommenden Spielarten erklärt er sich einfach dadurch, daß es jeweils unterschiedliche Charaktere seien, die von diesem zentralen Leiden der "unaufheblichen Selbsttäuschungsanlage" betroffen seien. Klages' Kritik, d.h. sein Hinweis auf die Beliebigkeit aller typologischen Systeme, fand breite Beachtung, sein eigenwilliger Vorschlag zur allgemeinen Wesensbestimmung der Psychopathie jedoch kaum.

Als zweite kritische Stimme sei Schröder genannt. Er hat in seinem Vortrag auf dem 4. Kongreß für Heilpädagogik 1928 auf die Abgrenzungs- und Unterteilungsprobleme hingewiesen, die mit dem Begriff der Psychopathie zusammenhängen. Er kommt zu dem Urteil, daß in der heilpädagogischen Diskussion seiner Zeit der Begriff Psychopathie "ein Sammelbegriff von unscharfer Umgrenzung für sehr verschiedene, vorwiegend leichte seelische Abweichungen" sei und daß er im wesentlichen auf die Kinder und Jugendlichen angewendet würde, die trotz normaler intellektueller Leistungfähigkeit "wegen ihrer Eigenart zu Erziehungsschwierigkeiten und Konflikten Veranlassung geben" (Schröder 1928, S. 216). Hält er trotz dieser kritisierten Unschärfe und dem medizinischen Beigeschmack hier noch am Psychopathiebegriff fest, so fordert er ein Jahr später, die Subsumierung der schwer erziehbaren Kinder "unter den ärztlichen Begriff der Psychopathie" am besten wieder ganz aufzugeben (Schröder 1929, S. 412).

Statt dessen schlägt er nun eine rein charakterologische Betrachtungsweise vor, die all das, was bisher als Symptome der Psychopathie angesehen wurde, einfach als besonders intensive Ausprägung bestimmter charakterlicher Qualitäten auffaßt, welche prinzipiell allen Menschen eigen sind. Die Persönlichkeit wird also als die Summe der einzelnen Charakterzüge verstanden. Diese könnten in einer Art Persönlichkeitsprofil dargestellt und zum jeweiligen Durchschnittswert in Beziehung gesetzt werden. Von daher ergibt sich für Schröder eine neue, nichtmedizinische Bestimmung des bisher mit dem Begriff "psychopathische Kinder" belegten Personenkreises: "Charakterologische Plus- oder Minusvarianten in erheblichem oder sehr erheblichem Grade sind es, die die Hauptmasse der uns Schwierigkeiten machenden Kinder ausmachen". Natürlich fällt damit auch die Vorstellung einer scharfen Abgrenzung weg, und es versteht sich von dieser charakterologischen Betrachtungsweise von selbst, daß es unendlich viele Abstufungen und Kombinationen gibt. Schröders Kritik geht damit genau in die entgegengesetzte Richtung wie die von Klages. Es gibt für ihn weder "die Psychopathie" noch "die Psychopathien", sondern nur charakterliche Merkmale in ihren mannigfaltigen Verbindungen und Ausprägungen.

Auch Allers geht in seinem umfangreichen Werk "Heilerziehung bei Abwegigkeit des Charakters" von einer solchen charakterologischen Betrachtungsweise aus. Der Charakter ist ihm dabei "die Art und Weise des Sich-verhaltens eines Menschen zur 'Welt'" bzw. das "individuelle Wertvorzugsgesetz" (Allers o.J., S. 9). Unter dem Oberbegriff "Charakterabwegigkeiten" faßt er nun all jene Fälle zusammen, "welche als Schwererziehbare, Verwahrloste, Dissoziale, jugendliche Rechtsbrecher, Sonderlinge, neurotische oder sonst 'abnorme' Charaktere bezeichnet werden" (ebd., S. 135). Ganz zutreffend stellt Allers fest, daß diese Problemfälle gemeinhin unter dem Titel "Die Psychopathen" abgehandelt werden. Er selbst wendet sich jedoch kritisch gegen diese gängige Bezeichnung: "Indes sollte unserer Überzeugung nach dieser Ausdruck überhaupt aufgegeben werden, zumindest aber nicht innerhalb einer Darstellung ausgesprochen erzieherischer Absicht verwendet werden" (ebd.). Trotz dieser Einsicht referiert Allers dann in großer Ausführlichkeit Definitionen und Einteilungsversuche der Psychopathie. Es war offensichtlich zu jener Zeit nicht möglich, dieses Themengebiet ohne die Bezugnahme auf die verschiedenen Variationen der Psychopathielehre überhaupt wissenschaftlich zu bearbeiten.

Einen weiteren bedeutsamen Faktor für diese "Vertrauenskrise" in die bis dahin gültigen Auffassungen stellte neben diesen charakterologischen Theorien wohl auch die ab Mitte der 20er Jahre immer stärker werdende Verbreitung psychoanalytischen Gedankengutes dar. Auf dem Boden einer Krankheitslehre und einer Heilbehandlung erwachsen, war es nur naheliegend, daß die Versuche der Anwendung psychoanalytischer Theorien auf die Entwicklung und Erziehung von Kindern und Jugendlichen sich in erster Linie auf Formen gestörter Entwicklung und erschwerter Erziehung konzentrierten. Zwar wurden die Lehren Freuds und Adlers von den heilpädagogischen Autoren überwiegend mit einer gewissen skeptischen Distanz zitiert - die Vorbehalte galten meist der einseitigen Beschränkung auf das Triebgeschehen und der Vernachlässigung "höherer" seelischer Schichten, zum Teil auch den verwegenen "Deutungskünsteleien". Dennoch bewirkten die psychoanalytischen Thesen eine beträchtliche Verunsicherung der traditionellen Heilpädagogik.

Mit den psychoanalytischen Theorien war ein Erklärungsansatz für die Entstehung von psychischen Störungen gegeben, der quer lag zu den bisher gültigen Ansichten. Weder der hirnorganische Defekt noch die minderwertige charakterliche Anlage spielte darin eine Rolle. Vielmehr rückten die lebensgeschichtlichen Erfahrungen und die aktuellen Beziehungen zu den Personen der unmittelbaren Umgebung nun in den Mittelpunkt des Interesses. Selbst massive Formen der Abweichung von der Durchschnittsnorm waren nun nicht mehr einfach die Folge eines defekten Gehirns oder der Ausdruck einer schicksalshaften Anlageanomalie, sondern Ergebnis eines Entwicklungsprozesses, der bei anderen äußeren Konstellationen auch anders hätte verlaufen können. Zudem war das auffällige äußere Erscheinungsbild nun nurmehr Symptom und nicht mehr der eigentliche Kern der Störung. Dieser lag dahinter verborgen in einem unbewußten psychischen Prozeß, den es zu verstehen galt.

Zwar wurde daran festgehalten, solche Erscheinungen als Ausdruck pathologischen Geschehens, als Krankheit aufzufassen, doch lag hier ein ganz anderer Krankheitsbegriff zugrunde als in den Lehren von den psychopathischen Zuständen. Krankheit bedeutete nun eine Störung im psychischen Funktionsgefüge. Und solche Störungen wurden nicht einfach als schicksalshaft angesehen, sondern als durch konkrete, oft ganz unscheinbare Ereignisse ausgelöst. Sie galten entweder als die Folgen intrapsychischer Konflikte, d.h. als die Versuche, Kompromisse zu finden zwischen unvereinbaren Wünschen und Strebungen, oder aber als die Versuche, überwältigende, "traumatische" Erfahrungen zu verarbeiten. Diese dynamische Auffassung, daß ein bestimmter psychischer Mechanismus hinter den verschiedenen Formen menschlichen Erlebens und Verhaltens steht, ein Mechanismus, in welchem Persönlichkeitsinstanzen, Triebquellen und Energieformen, grundlegende Funktionsprinzipien und typische Reaktionsmuster eine Rolle spielen, eröffnete ganz neue Dimensionen zur Erklärung auffälliger Phänomene. Wo sich die Psychopathielehre in immer neuen Vorschlägen zur Typologie und damit doch immer wieder nur in Symptombeschreibungen erschöpft hatte, war nun plötzlich ein Weg aufgetan zum Verständnis der seelischen Geschehensabläufe.

7. Psychopathie und Verwahrlosung

Die Psychopathielehre war das neue, erst Ende des 19. Jahrhunderts aus psychiatrischen Wurzeln entwickelte Konzept zur Erklärung verschiedenster Auffälligkeiten und sozialer Unangepaßtheiten. Die große Popularität, die sie rasch gewann, bedeutete jedoch nicht, daß dadurch das ältere Konzept der "Verwahrlosung" vollkommen außer Kraft gesetzt worden wäre. Vielmehr wurde im Zuge der in den ersten Jahrzehnten des 20. Jahrhunderts intensiv betriebenen Kinder- und Jugendforschung auch versucht, das immer schon in der Pädagogik vorhandene Erfahrungswissen um die schädlichen Milieueinflüsse wissenschaftlich zu vertiefen und es zu den neuen Vorstellungen über die konstitutionellen Belastungen in Beziehung zu setzen.

Der Begriff der Verwahrlosung umfaßte schon immer einen doppelten Aspekt. Er bezog sich zum einen auf jenen Vorgang, wo ein Kind oder ein Jugendlicher aufgrund der Unfähigkeit oder Gleichgültigkeit der Eltern keine ausreichende erzieherische Bewahrung vor schädlichen Einflüssen erhält und dadurch in seiner sozialen und moralischen Entwicklung von der Norm in negativer Weise abweicht. In diesem Verständnis ist Verwahrlosung also etwas, was dem Betroffenen durch den Mangel an Zuwendung, Fürsorge und Vorbild und durch das Zuviel an schlechten Einflüssen widerfährt. Es ist ein milieuspezifischer Sozialisationsprozeß. Zum anderen meint Verwahrlosung auch das Ergebnis eines solchen Prozesses, also einen durch bestimmte Charaktermerkmale und Verhaltensweisen gekennzeichneten typischen Zustand, der bei solch "verwahrlosten Jugendlichen" angetroffen werden kann. Dieser wird in einem pädagogischen Nachschlagewerk jener Zeit beschrieben als: "faul, arbeitsscheu, verlogen, frech, unbotmäßig, oft roh und gewalttätig" (Stern 1934, Spalte 3151). Schulschwänzen, Herumtreiben, Stehlen, Ausreißen und Vagabundieren werden als die typischen Verhaltensweisen genannt, bei Mädchen kommt "unzüchtiges Verhalten" als wesentliches Merkmal hinzu.

Auf der phänomenologischen Ebene deckte sich manches von dem, was bisher als typische Folge des Verwahrlosungsprozesses beschrieben worden war, mit dem, was nun als typische Ausdrucksform der Psychopathie galt. Von daher entstand ein ganz neues Interesse, das Verhältnis von konstitutionellen und milieubedingten Faktoren in ihrem Einfluß auf die Persönlichkeitsentwicklung zu erforschen.

Gruhles berühmte, groß angelegte empirische Untersuchung über "Die Ursachen der jugendlichen Verwahrlosung und Kriminalität" (1912), die er an den Insassen der Zwangserziehungsanstalt in Flehingen durchgeführt hat, nennt sich denn im Untertitel auch ausdrücklich: "Studien zur Frage: Milieu oder Anlage". Mehr als hundert Fürsorgezöglinge wurden auf morphologische und funktionelle Abnormitäten untersucht, hinsichtlich ihrer charakterlichen Eigenschaften eingeschätzt und nach ihrem Lebenslauf befragt. Durch umfangreiche Aktenstudien wurden weiterhin Hinweise auf eine mögliche erbliche Belastung durch die Eltern sowie Erkenntnisse über das Erziehungsmilieu und über die Art, die Umstände und Reihenfolge der Delikte, die zur Einweisung in die Fürsorgeerziehungseinrichtung geführt hatten, gesammelt.

Die umfangreiche Datensammlung wurde dann statistisch ausgewertet und vor dem Hintergrund der ätiologischen Alternativen: Milieu, Anlage bzw. Interaktion von Milieu und Anlage beurteilt. Im Gesamtergebnis kommt Gruhle dann zu folgender Einteilung des von ihm untersuchten "Materials": Die Ursache der Verwahrlosung sei zu suchen:

"bei 10 = 9,52 % allein im Milieu,
" 9 = 8,57% hauptsächlich im Milieu, aber auch in der Anlage,
" 43 = 40,95% sowohl im Milieu als auch in der Anlage,
" 21 = 20,00% zum Teil im Milieu, aber auch in der Anlage,
" 22 = 20,95% allein in der Anlage" (Gruhle 1912, S. 207).

Es werden dann sogar hypothetische Aussagen darüber gemacht, wieviele der Jugendlichen bei entsprechend günstigerem Milieu und besserer Erziehung vor der Verwahrlosung hätten bewahrt werden können:

"Mit Sicherheit:	*31 = 29,52%*	
wahrscheinlich:	*11 = 10,48%*	*42 = 40%*
vielleicht:	*16 = 15,24%*	
recht schwer:	*33 = 31,43%*	
sicher nicht:	*14 = 13,33%*	*47 = 44,76%"* (ebd., S. 212).

Die wissenschaftliche Exaktheit dieser Aussage, die durch die Angaben von zwei Stellen hinter dem Komma suggeriert wird, steht natürlich in krassem Gegensatz zu der Subjektivität, sowohl was die Einschätzung der Ursache als auch was die potentiellen Verhütungschancen betrifft. Gerade wenn man sich die einzelnen Lebensläufe der Zwangserziehungszöglinge vergegenwärtigt, die im zweiten Teil des Buches geschildert sind und auf die sich Gruhle immer wieder bezieht, wird deutlich, wie leichtfertig die Zuordnungen vorgenommen wurden: Wenn die Familie äußerlich intakt und das finanzielle Auskommen gesichert war und wenn die Eltern zudem weder geisteskrank noch "dem

Trunke ergeben" waren, der Jugendliche aber dennoch Verwahrlosungserscheinungen zeigte, so wurde dies eher dem Faktor "A", also der Anlage, zugeschrieben. Es handelte sich dann eben um den sog. "Verbrechertypus".

Waren die Familienverhältnisse dagegen zerrüttet, Armut, Alkoholmißbrauch und Gesetzesübertretung der Eltern nachgewiesen, so stiegen die Chancen für eine Einordnung in die "M-Gruppe", also die Gruppe der Milieuverwahrlosten. In seiner empirisch-positivistischen Vorgehensweise nimmt Gruhle die weitgehend auf Grund subjektiver Einschätzung getroffenen Zuordnungen zu einer der fünf ätiologischen Gruppen dann einfach als Faktum und stellt eine Unmenge statistischer Korrelationen zwischen dieser Gruppen-Zugehörigkeit und den spezifischen Merkmalen der Persönlichkeit und des Lebensraumes her, nach dem Schema: x% der "A-Kinder" sind "rohe Naturen", y% der "A + M-Kinder" sind unehelich geboren, und z% der "M-Kinder" waren in Eigentumsdelikte verwickelt. Als Beispiel für die exzessive Auswertung der erhobenen Daten und für den wissenschaftlichen Geist dieser ganzen Untersuchung mag das folgende Zitat dienen:

"58,3% der Trinkerkinder sind abnorm, 36,2% der Abnormen sind Trinkerkinder. 69% der Kinder geistig Abnormer sind abnorm, 27,6% der Abnormen sind Kinder geistig Abnormer. 60% der Kinder abnormer oder trunksüchtiger Eltern sind abnorm, 51,8% der Abnormen sind Kinder abnormer oder trunksüchtiger Eltern. 50,9% der Kinder 'normaler' Eltern sind abnorm, davon sind 29,1% pathologisch, 21,8% auffällig; 48,3% der Abnormen sind Kinder 'normaler' Eltern; 57,4% der Normalen sind Kinder 'normaler' Eltern" (ebd., S. 225).

In der Verwahrlosten-Literatur des 19. Jahrhunderts wurde "Verwahrlosung" durchwegs als Milieuverwahrlosung begriffen. Obwohl Gruhle sich nach seinem eigenen Selbstverständis eher auf der Seite der Milieutheorie einordnet und versucht, die ätiologische Bedeutung der Psychopathie für die Verwahrlosung herunterzuspielen, steht er doch mit seiner Feststellung, daß 55% von seinem Flehinger "Jugendlichenmateriale" als psychopathisch eingeschätzt werden müsse (ebd., S. 27), klar in jener neuen Tradition von Verwahrlosungsforschung, die neben den erzieherischen Defiziten die angeborene abweichende charakterliche Konstitution als wesentlichen kausalen Faktor ins Spiel bringt. So stufen z.B. auch Gregor und Voigtländer 1918 in ihrer Untersuchung über verwahrloste Jugendliche 60 %der Knaben und 46% der Mädchen als Psychopathen ein (vgl. Gregor/Voigtländer 1918), und v.Heimann betrachtet ebenfalls etwa die Hälfte der 150 weiblichen Fürsorgezöglinge, die sie 1924 in Hamburg untersucht hat, als psychopathisch (vgl. v.Heimann 1924). 1934 faßt Stern die zu seiner Zeit allgemein geteilte Auffassung über die Verwahrlosung in der folgenden Definition zusammen:

Verwahrlosung "...ist eine sich auf der Grundlage krankhafter Veranlagungen oder unter dem Einfluß ungünstiger Lebensbedingungen oder durch das Zusammenwirken beider Reihen ergebende Störung des Verhaltens, welche die Einordnung des Individuums in die Gesellschaft erschwert oder aufhebt. Unter Verwahrlosung in dem eben angedeuteten Sinn fällt dann auch die Kriminalität" (Stern 1934, Spalte 3150).

VII. August Aichhorn

Einen der ersten und gleichzeitig einen der bedeutsamsten Versuche der Anwendung psychoanalytischer Denkweisen auf die Probleme der Erziehung schwieriger Kinder stellt August Aichhorns Schrift "Verwahrloste Jugend" dar. Sie erschien 1925 und wurde von Freud selbst mit einem Vorwort ausgestattet. In diesem bezeichnet er die Theorie und Praxis der Kindererziehung als dasjenige Feld der Anwendungen der Psychoanalyse, welches die größten Hoffnungen erweckt habe. Wenngleich Freud es für geboten hielt, darauf hinzuweisen, daß Erziehungsarbeit etwas "sui generis" sei und nicht durch "psychoanalytische Beeinflussung" ersetzt werden könne, hat er doch den Versuchen Aichhorns, pädagogische Problemlagen durch psychoanalytische Reflexion aufzuhellen, höchsten Respekt gezollt (Freud GW Bd.XIV, S. 565f).

1. Leben und Werk

August Aichhorn wurde 1878 in Wien geboren. Nach dem Besuch von Volksschule, Bürgerschule und Lehrerbildungsanstalt begann er 1898, also mit 20 Jahren, seine Berufslaufbahn als Volksschullehrer. Neben seiner Lehrertätigkeit betrieb er intensive Weiterbildung. Nachdem er, gewißermaßen auf dem 2. Bildungsweg, die Hochschulzugangsberechtigung erworben hatte, besuchte er von 1901 bis 1905 die Technische Hochschule und studierte Maschinenbau. Sein Ziel war dabei jedoch nicht, als Techniker in der Praxis zu arbeiten, sondern er wollte Lehrer an einer Lehrerbildungsanstalt werden. Aichhorn hat dieses Studium nicht abgeschlossen, seine dort erworbenen technischen Kenntnisse ermöglichten ihm jedoch eine zusätzliche Lehrtätigkeit an der Wiener Gewerblichen Fortbildungsschule. Von 1904 bis 1918 unterrichtete er dort Berufsschüler in Fachzeichnen, Motorenkunde und anderen Fächern.

Als in Wien 1907 militärisch organisierte Knabenhorte entstanden, engagierte Aichhorn sich gemeinsam mit anderen Lehrern gegen diese Auswüchse des Militarismus und für die Einrichtung pädagogisch sinnvoller Betreuungsmaßnahmen. 1908 wurde von dieser Bewegung ein "Zentralverein für die Errichtung und Erhaltung von Knabenhorten" gegründet, und Aichhorn selbst wurde dessen Leiter. Als er 1914 für seine Verdienste um die Jugendfürsorge den Titel "Kaiserlicher Rat" verliehen bekam, betreute der von ihm geleitete

Verein in den verschiedenen Horten Wiens bereits 7.000 Kinder. Ein wichtiges Ziel, welches mit der Gründung von Knabenhorten verfolgt wurde, war die Vorbeugung gegen die zunehmende Verwahrlosung der "Schlüsselkinder".

In diese Zeit fällt auch eine zweijährige Fortbildung an der Heilpädagogischen Abteilung der Wiener Universitätsklinik. Offensichtlich wurde Aichhorn die Notwendigkeit, eine tiefere Einsicht in die Störungen der kindlichen Entwicklung zu gewinnen, immer deutlicher. Doch wurde er insgesamt von dem, was die zeitgenössische Psychiatrie und Psychologie ihm zu bieten hatte, wenig zufrieden gestellt. In einem späteren, autobiographischen Text schreibt er: "Vorgänge im Hirn - so dachte ich damals - spielen in der Verwahrlosung eine bedeutende Rolle. Die erste Enttäuschung stellte sich nach den viel Mühe und beträchtlichen Zeitaufwand erfordernden Studien über Gehirnanatomie ein. Mit gleichem Ergebnis schloß ich das Suchen in Vorlesungen über Psychiatrie und Neurologie, in 'Grundzüge der physiologischen Psychologie' von Wundt, in den Vorlesungen 'Zur Einführung in die experimentelle Pädagogik und ihre psychologischen Grundlagen' von Meumann ab" (Aichhorn 1976, S. 30).

Als Aichhorn 1918 von der Gemeinde Wien eine Stelle im Jugendamt angeboten bekam, nahm er diese an und organisierte noch im Sommer desselben Jahres Ferienerholungsmaßnahmen für über 3.000 Schulkinder in einem ehemaligen Flüchtlingslager bei Oberhollabrunn. Im Herbst erhielt er den Auftrag, in demselben Lager eine Fürsorgeerziehungsanstalt einzurichten. Hier verwirklichte Aichhorn dann jenes revolutionär neue Konzept, das er in seinem Buch "Verwahrloste Jugend" beschreibt und welches Eissler in seiner Würdigung Aichhorns gar als "eines der ergreifendsten Experimente der Menschheit" bezeichnet hat (Eissler 1977^9, S. 202).

Schon von der äußeren Anlage her war die Fürsorgeerziehungseinrichtung in Oberhollabrunn nicht mit den Großbauten traditioneller Fürsorgeerziehungsheime vergleichbar: zahlreiche kleine Einzelgebäude, verstreut über das Gelände ehemaliger Weingärten, bildeten "eine Art kleine Gartenanstalt" (Aichhorn 1976, S. 34). Diese äußeren Bedingungen stellten für Aichhorn gleichzeitig eine notwendige Voraussetzung für sein Konzept der Fürsorgeerziehung dar: "Das Grundprinzip der Erziehung in Oberhollabrunn: die ihm anvertraute Jugend in voller Freiheit sich entwickeln zu lassen, und die psychischen Individualitäten erzieherisch besonders zu beeinflußen, ist nur möglich, wenn die einzelnen Zöglingsgruppen räumlich so getrennt untergebracht sind, wie dies die Baracken ermöglichen, niemals aber in einem kasernenartigen Bau" (ebd.).

Dabei war Oberhollabrunn keineswegs eine Schrebergartenidylle, sondern durchaus ein pädagogisches Großunternehmen. Bei seinen Planungen für das Betriebsjahr 1920/21 etwa ging Aichhorn von 400 Zöglingen aus. Bei voller Belegung sollten es einmal über 1.000 werden - diese Zahl wurde jedoch nie erreicht. Für die Erziehung in den Gruppen, für die Ausbildung in der Schule und in den Werkstätten, für die Verwaltungsarbeit und den Wirtschaftsbetrieb waren über 120 Personalstellen veranschlagt (vgl. ebd., S. 36).

Trotz ihres offensichtlichen Erfolges war dieser Einrichtung nur eine sehr kurze Dauer beschieden. Jugendamtsinternes Kompetenzgerangel (Aichhorn sollte die Direktorenstelle einem Juristen überlassen und sich mit der Stellung eines "Pädagogischen Leiters" begnügen) sowie die Finanznot der Stadt Wien, die nicht, wie ursprünglich beabsichtigt, das ganze Gelände aufkaufte, führten dazu, daß Oberhollabrunn schon im Frühjahr 1921 wieder aufgelöst wurde. Aichhorn zog mit einem Teil der Jugendlichen noch für ein knappes Jahr in das bisherige Versorgungshaus nach St. Andrä, bevor auch dieses Rumpfheim aufgelöst und die Kinder und Jugendlichen in andere Einrichtungen überwiesen wurden. Dennoch war für Aichhorn mit diesem knapp dreijährigen Erziehungsexperiment der Nachweis erbracht, daß eine andere, bessere, nicht nur auf Drill und Gehorsam basierende Fürsorgeerziehung möglich ist.

Die Worte, mit denen Aichhorn einen Vortrag aus jener Zeit beendet, erinnern deutlich an die Anfangssätze von Pestalozzis Stanser Brief: "Und, wenn auch die Ungunst der Verhältnisse mich nun zwingt, in Oberhollabrunn Schluß zu machen, die Idee, davon bin ich felsenfest überzeugt, kann nicht mehr verloren gehen - und es war für mich auch ein Traum. Die Zeit wird kommen, die günstigere Bedingungen für die Entwicklung bringt" (ebd., S. 49). Auch Pestalozzi fühlte sich ja nach Stans aus einem Traum erwacht und hoffte, daß eine glücklichere Nachwelt den Faden seiner Wünsche wieder dort anknüpfen wurde, wo er ihn hatte liegenlassen müssen.

Nach seiner Rückkehr an das Wiener Jugendamt begann Aichhorn mit dem Aufbau von Erziehungsberatungsstellen in den verschiedenen Wiener Stadtbezirken. Diese sollten zum einen durch Vorträge und Elternabende ganz allgemein für eine größere Aufgeschlossenheit der Bevölkerung in Erziehungsfragen sorgen. In erster Linie aber sollten sie Anlaufstellen bei konkreten Erziehungsnotständen sein. Durch die Analyse der Ursachen und Hintergründe von Konflikten sollten in diesen Beratungsstellen neue Perspektiven in festgefahrenen Erziehungssituationen eröffnet werden.

Ausdrücklich fordert Aichhorn dabei eine klare Parteinahme für das betroffene Kind: "Der Erziehungsberater ... wertet die Situation nur im Interesse des Kindes. Er vertritt nicht die Öffentlichkeit, die Gesellschaft, dem Schwererziehbaren gegenüber, sondern einen Teil des eigenen Ichs des Kindes. Er ist daher nicht fremd, kein Feind, sondern Helfer, um aus einer unangenehmen Situation herauszukommen" (ebd., S. 57).

1930 schied Aichhorn aus seiner Tätigkeit im Städtischen Jugendamt aus. Nachdem mehrere Versuche, eine angemessene Gehaltserhöhung durchzusetzen (er erhielt noch immer nur die Bezüge eines Volksschullehrers), gescheitert waren, reichte er sichtlich verärgert und enttäuscht seine Pensionierung ein. Offensichtlich war seine Art der Erziehungsberatung manchen Leuten am Jugendamt ein Dorn im Auge. Zunächst hatte Aichhorn nämlich seine Beratungstätigkeit in zwei Wiener Bezirken ehrenamtlich fortgeführt. Als er jedoch von einem Obermagistratsrat schriftlich mit dem Vorwurf konfrontiert wurde, daß sich die Klagen über seine Erziehungsberatung häufen würden, daß es sich dabei überhaupt "weniger um eine fürsorgerische Maßnahme, sondern um einen psychoanalytischen Klinikbetrieb handle" (ebd., S. 64), sah sich der Begründer der öffentlichen Wiener Erziehungsberatung genötigt, seine Tätigkeit in diesem Bereich ganz einzustellen.

Doch war damit Aichhorns Engagement für die Sache der Verwahrlostenerziehung und für die Psychoanalyse nicht beendet. Er begann in privater Praxis als Psychotherapeut zu arbeiten, leitete in den Schuljahren 1931 bis 1933 die von Dorothy Burlingham gegründete Privatschule, entfaltete eine rege Vortragstätigkeit, war ab 1932 Mitherausgeber der "Zeitschrift für Psychoanalytische Pädagogik" und führte schließlich in einer privaten Erziehungsberatungsstelle der "Wiener Psychoanalytischen Vereinigung" weiterhin sowohl Beratung als auch Ausbildung von Beratern durch.

Während der Zeit des Faschismus und des damit verbundenen Exodus der Führungsriege der psychoanalytischen Bewegung sicherte Aichhorn im kleinen Rahmen den Fortgang der psychoanalytischen Ausbildung in Wien. Nach dem zweiten Weltkrieg wurde er Obmann der "Wiener Psychoanalytischen Vereinigung", erlebte noch zahlreiche Ehrungen, u.a. sogar eine Ernennung zum Professor und eine Festschrift zum 70. Geburtstag. Am 13. Oktober 1949 starb er im Alter von 71 Jahren.

2. Der Weg zur Psychoanalyse

Schon während seiner Zeit als Leiter des "Zentralvereins zur Errichtung und Erhaltung von Knabenhorten" war Aichhorn auf der Suche nach einer Theorie, die ihm die Verhaltensweisen und Einstellungen der verwahrlosten Jugendlichen verständlich machen konnte. Intuitiv hatte er sehr früh ein Gefühl dafür entwickelt, was die Bedürfnisse dieser Jugendlichen waren und wie er ihnen hilfreich sein konnte. Doch er hatte für seine erzieherischen Erfolge zunächst keine recht brauchbaren und vor allem keine theoretisch vermittelbaren Erklärungen. Den "Schlüssel zum Labyrinth seiner rätselhaften Beobachtungen" (Eissler 1977[9], S. 203) fand er schließlich in der Psychoanalyse. Wann der erste Kontakt mit dieser Gedankenwelt zustande kam, geht aus dem biographischen Material nicht eindeutig hervor, doch schreibt Aichhorn: "Die dynamische Betrachtungsweise der Psychoanalyse, die Einblick gibt in das psychische Kräftespiel und in die Wirkung unbewußter seelischer Vorgänge auf bewußte, zog mich sofort an. Schon beim ersten Bekanntwerden mit der Psychoanalyse klärte sich manches" (Aichhorn 1976, S. 30f).

Im Winter 1918/19 machte er sich mit einer Gruppe junger, engagierter Mitarbeiter auf, um die Fürsorgeerziehungsanstalt in Oberhollabrunn einzurichten. Im Rückblick auf diese Zeit schreibt er 1947: "... für uns war Freuds Lehre maßgebend" (ebd., S. 31). Inwieweit die pädagogische Konzeption von Oberhollabrunn tatsächlich schon von Anfang an von psychoanalytischen Ideen geprägt war bzw. inwieweit es sich bei den Schilderungen aus dem Buch "Verwahrloste Jugend" um eine erst im nachhinein psychoanalytisch interpretierte Erziehungspraxis handelt, ist umstritten. Jedenfalls hat Aichhorn noch während der Oberhollabrunner Zeit seine persönliche Analyse bei Paul Federn begonnen.

Ende des Jahres 1921 bemühte sich Aichhorn um eine Aufnahme in die "Wiener Psychoanalytische Vereinigung", welche ihm auch sogleich gewährt wurde. Noch im Dezember desselben Jahres erhielt er eine private Einladung von Freud. Dieser hatte wohl erkannt, daß sich der Psychoananlyse mit dem Arbeitsgebiet, auf dem Aichhorn schon so große Erfahrungen gesammelt hatte, ganz neue Herausforderungen und Bewährungsproben eröffneten. Zwischen beiden Männern entstand ein freundschaftlicher Kontakt. Somit wurde Aichhorn in den zwanziger Jahren zu einem festen Bestandteil der Wiener psychoanalytischen Szene. Meist als "der Vorstand" tituliert, war er der allgemein anerkannte Experte auf dem Gebiet der Behandlung erziehungsschwieriger Jugendlicher.

3. Eine neue Betrachtungsweise des Problems der Verwahrlosung

Aichhorn hat immer wieder darauf hingewiesen, daß es nicht ausreiche, die "Verwahrlosungsäusserungen", die "Verfehlungen" und "Schlimmheiten" von Kindern und Jugendlichen nur beschreibend zu konstatieren, um sich dann darüber zu empören und sie als Beleg für die Verdorbenheit oder die potentielle Gemeingefährlichkeit der Betroffenen sowie als Rechtfertigung für schärfere Erziehungsmaßnahmen herzunehmen. Das Grundaxiom seiner ganzen praktischen und theoretischen Tätigkeit auf dem Gebiet der Verwahrlostenerziehung war das, daß es sich bei all diesen Erscheinungen um verstehbare menschliche Lebensäußerungen handelt. Um Äußerungen allerdings, deren Sinn nicht offensichtlich zutage liegt, sondern der erst entschlüsselt werden muß.

In der Tat lesen sich die meisten der von Aichhorn geschilderten Fallbeispiele wie Rätsel und deren Auflösung. Auch sind diese Beispiele allein vom Umfang her sehr viel ausführlicher als die, welche in der heilpädagogischen Psychopathieliteratur jener Zeit zu finden sind. Beschränken sich diese meist auf eine Aufzählung der Charaktermängel, der Vergehen und der gescheiterten erzieherischen Versuche, so rückt bei Aichhorn nun sehr ausführlich die Lebensgeschichte des Jugendlichen, seine früheren und gegenwärtigen Beziehungen zu Eltern und Geschwistern, seine Stimmungslage und seine subjektive Weltsicht in den Mittelpunkt. Diese Angaben werden dann mit Hilfe psychoananlytischer Theoriestücke in einen verständlichen Zusammenhang mit den aktuellen Erziehungsschwierigkeiten gebracht, die Störungen somit durch die Rekonstruktion ihrer Genese und die Aufdeckung ihrer unbewußten Determinanten zu erklären versucht. Aichhorns Ansatz besteht also in einer "konsequenten Anwendung ... der Psychoananlyse als einer neuen Betrachtungsweise seelischer Vorgänge" auf die Probleme der Erziehung der Verwahrlosten (Aichhorn 1977[9], S. 9). Den Begriff "verwahrloste Jugend" faßt er dabei ausdrücklich sehr weit, d.h. er meint damit nicht nur dissoziale oder delinquente Jugendliche, sondern auch "schwer erziehbare und neurotische Kinder und Jugendliche verschiedener Art" (ebd.).

Aichhorn geht davon aus, daß prosoziales Verhalten als Grundlage der "Kulturfähigkeit" nicht einfach selbstverständlich gegeben ist, der Mangel desselben deshalb auch nicht einfach als menschlicher Defekt betrachtet werden darf. Er betont vielmehr, daß diese Kompetenz immer erst das Resultat eines komplizierten Entwicklungsprozesses sein kann. "Jedes Kind beginnt sein Leben als asoziales Wesen". Aufgabe der Erziehung ist es, "das Kind aus dem Zustand der Asozialität in den der sozialen Anpassung hinüberzuführen" (ebd., S. 10). Damit ist das allgemeine Ziel formuliert, welches bei Aichhorn sowohl für die normale als auch für die erschwerte Erziehung gilt. Dieser von der Erziehung zu fördernde Entwicklungsprozeß beruht nun aber auf einem komplizierten "psychischen Kräftespiel" (ebd., S. 28) und ist als solcher natürlich störanfällig. Somit kommt Aichhorn zu der "gesuchten Formel": "Die Verwahrlosungsäusserungen sind die Anzeichen, dass in einem Individuum die das soziale Handeln bedingenden Mechanismen nicht mehr normal ablaufen" (ebd., S. 36). In diesem "einfachen Satze" sind drei wichtige Momente enthalten:

- Die Verwahrlosung ist Folge eines gestörten, fehlgelaufenen Erziehungsprozesses und nicht naturwüchsige Entfaltung einer gestörten Anlage.

- Die "Verwahrlosungsäusserung" ist nicht mit der Verwahrlosung selbst identisch. Sie ist lediglich "Anzeichen", Symptom für das eigentliche Problem, nämlich für die dahinterliegende Störung des "intrapsychischen Mechanismus".

- Es sind "Mechanismen" im Spiel, die das Verhalten steuern, die dem Subjekt selbst aber nicht frei verfügbar sind. In diesen "Mechanismen" ist jedoch eine Dynamik "psychischer Kräftewirkungen" vorhanden, die der Beeinflussung durch geeignete erzieherische Impulse zugänglich ist.

Die Konsequenz, die Aichhorn aus diesem Verständnis der Verwahrlosung für das erzieherische Handeln ableitet, lautet: "In der Erziehung der Verwahrlosten kommt es ... nicht auf die Beseitigung der Verwahrlosungserscheinungen, sondern auf die Behebung der Verwahrlosung an" (ebd.). Daß letztere die erste zur Folge hat, nicht aber umgekehrt aus dem Verschwinden der Verwahrlosungserscheinungen schon sicher auf die dauerhafte Behebung der Verwahrlosung geschlossen werden kann, wird noch deutlicher, wenn man sich Aichhorns Differenzierung zwischen "latenter" und "manifester" Verwahrlosung vergegenwärtigt. Die "latente Verwahrlosung" ist für ihn eine in früher Kindheit durch "Störungen in der Libidoentwicklung" (ebd., S. 109) erworbene Disposition. Diese kann zwar durch eine rein äußerliche Anpassung überlagert werden und somit lange Zeit unauffällig bleiben, die Fähigkeiten zur Triebkontrolle und zum sozialen Verhalten sind dabei jedoch nicht fest in die Persönlichkeitsstruktur integriert, und somit kann es bei jeder psychischen Erschütterung zum Durchbruch der "manifesten Verwahrlosung" in Form massiver Erziehungsschwierigkeiten kommen. "Es bedarf dann nur mehr des entsprechenden Anlasses, um die latente in die manifeste überzuführen, die psychischen Mechanismen zum Ablauf zu bringen" (ebd., S. 38).

Von daher ist für Aichhorn auch jede rigide Form der Verwahrlostenerziehung, die zwar die Verwahrlosungsäußerungen manchmal durch entsprechende Strenge zu unterdrücken vermag, die den eigentlichen Kern des Problems, die psychische Disposition, aber unbearbeitet läßt, vollkommen inakzeptabel. Sobald der äußere Druck entfällt, besteht auch die Gefahr des Durchbruchs der manifesten Verwahrlosung erneut. Fürsorgeerziehung, die etwas wert ist, muß seiner Meinung nach in einer "wirklichen Charakterveränderung" bestehen, "...das heisst im Nachholen jenes Stückes der individuellen Entwicklung, das dem Verwahrlosten zur vollen Kulturfähigkeit gemangelt hat" (ebd., S. 200).

4. Verwahrlosung - eine Krankheit?

Mit dieser Unterscheidung zwischen "Verwahrlosungsdisposition" und "Verwahrlosungssymptom" sowie zwischen Ursachenbehandlung und Symptombekämpfung stellt Aichhorn die Verwahrlostenerziehung in Beziehung zur medizinischen Sichtweise. Ganz explizit etwa in der folgenden Stelle: "Trennen wir die Verwahrlosungsäusserung oder das Verwahrlosungssymptom so von der Verwahrlosung, dann haben wir zwischen beiden dieselbe Beziehung hergestellt, wie sie zwischen Krankheitssymptom und Krankheit auch besteht. An dieser Parallele erkennen wir zum Beispiel, dass Schulstürzen und Vagieren, Stehlen und Einbrechen nur Verwahrlosungssymptome sind, wie etwa Fieber, Entzündungen, Rasselgeräusche, empfindliche Druckstellen Krankheitssymptome sind" (ebd. S. 36). Von daher gewinnen die "Symptome", also all die einzelnen Erscheinungen wie Lügen, Stehlen, Prügeln, Weglaufen etc., einen ganz anderen Stellenwert. Sie sind nämlich unter dieser Perspektive nicht - wie allgemein üblich - von ihrer Sozialverträglichkeit her zu beurteilen, sondern gewissermaßen von ihrem "Krankheitswert", von dem, was sie über die innere Problemlage der Betroffenen aussagen können.

Aichhorns Verwendung des Begriffs "Krankheit" im Zusammenhang mit erziehungsschwierigen Kindern ist indes nicht ganz einheitlich. Einerseits spricht er ganz deutlich davon, daß er, als Fürsorgeerzieher, den Verwahrlosten als "krank" auffasse, und meint sogar, daß schon "der Grad der Schwererziehbarkeit ... ein Maßstab für die Schwere der seelischen Erkrankung" sei (Aichhorn 1972, S. 56). Auch die immer wieder gebrauchte Wendung von der "Ausheilung" der Verwahrlosung verweist in diese Richtung. Auf der anderen Seite stellt er aber bei manchen Fallbeispielen, die er schildert, gleich zu Anfang klar, daß "krankhafte psychische Störungen" nicht vorliegen (Aichhorn 1977[9], S. 59). Und bezogen auf die Zöglinge von Oberhollabrunn stellt er fest, daß es sich selbst bei den schwierigsten Jugendlichen keineswegs um "pathologische Fälle" gehandelt habe.

Dieser Widerspruch läßt sich jedoch auflösen, wenn man sich klar macht, daß Aichhorn hier zwei verschiedene Krankheitsbegriffe gebraucht. Im ersten, weiteren, Sinn meint er damit die Störung in den "psychischen Mechanismen", welche für das realitätsangepaßte und sozialverträgliche Handeln verantwortlich sind, oder einfach auch die Tatsache des seelischen Leidens und der Behandlungsbedürftigkeit eines Jugendlichen. Im zweiten, engeren, Verständnis meint er damit die echte Geisteskrankheit bzw. die durch organische Prozesse ausgelösten Persönlichkeitsveränderungen. Im ersteren Sinne hielt Aichhorn den Verwahrlosten nun tatsächlich für "krank", seine ganze Theorie der Entstehung der Verwahrlosung hat er in sehr deutlicher Analogie zu Freuds Konzept der Ätiologie der Neurosen konstruiert.

Dies wird besonders in dem ersten ausführlichen Fallbeispiel deutlich, welches Aichhorn als Anschauungsmuster an den Beginn seines Buches "Verwahrloste Jugend" stellt. Dort wird der Fall eines Jungen präsentiert, der seiner Mutter Geld entwendete, von daheim für mehrere Tage ausriß und wegen dieser und anderer "Schlechtigkeiten" nach dem Wunsch seiner Mutter in die Besserungsanstalt kommen sollte.

Aichhorn geht es in seiner "Symptomanalyse" nun darum, den Impuls für das Weglaufen des Jungen zu verstehen, und er rekonstruiert die Entstehung dieses Impulses nach klassisch neurosenpsychologischem Muster als eine Symptombildung, d.h. als einen Kompromiß zwischen zwei widerstreitenden Tendenzen: Einerseits das moralische Gebot, die Mutter zu lieben und ein braver Junge zu sein, andererseits der Rachegedanke, sie wegen der häufigen Zurücksetzungen zu verlassen und sie dadurch in Angst und Sorge zu versetzen. Erst die Idee, zu einem Ort namens Tulln zu fahren und in dem dortigen Garten Kirschen für die Mutter zu pflücken, ermöglicht es ihm, beide Strebungen (die ihm als solche im Bewußtsein nicht präsent sind) miteinander zu verbinden: "Tulln mit seinen reifen Kirschbäumen ist das geeignete Ziel. Die Fahrt nach Tulln ermöglicht ihm, beide widerstreitenden Tendenzen zu vereinigen, das Symptom zu bilden" (ebd., S. 33). Aichhorn beschließt seine umfangreiche Interpretationsarbeit mit dem folgenden Kommentar, der sehr deutlich den didaktischen Sinn der ganzen Bemühungen offenbart: "Wir haben nun in recht mühevoller Arbeit eine dissoziale Handlung auf einen Mechanismus zurückgeführt, wie er ähnlich beim neurotischen Symptom regelmässig zu erkennen ist" (ebd., S. 34).

Freilich war auch Aichhorn klar, daß dieser Versuch, das Geschehen bei der Entstehung der Verwahrlosungserscheinung nach dem Muster der Genese neurotischer Symptome zu begreifen, seine Grenzen hatte. Zu offensichtlich sind die Gegensätze zwischen dem gehemmten, durch Zwänge innerlich gefesselten und an sich selbst leidenden Neurotiker und dem ausagierenden, soziale Ordnungen und Regeln verachtenden Verwahrlosten, an welchem in erster Linie die Umgebung leidet. Aichhorn hat sich zunächst mit der Aufstellung verschiedener Verwahrlosungsformen beholfen.

So unterschied er einerseits die "neurotischen Grenzfälle mit Verwahrlosungserscheinungen", die, wie in dem oben dargestellten Beispiel, in erster Linie im Konflikt mit sich selber stehen und deren Verwahrlosungserscheinungen mehr als ein Sekundärphänomen jener inneren Spannungen zu verstehen sind. Diesen stellte er die "im offenen Konflikt befindlichen Verwahrlosten" gegenüber, Jugendliche also, die ohne ausgeprägte innere Abwehrkämpfe versuchen, ihre Bedürfnisse möglichst direkt zu befriedigen, sich dabei um soziale Normen und Regeln nicht kümmern und deshalb mit der Gesellschaft immer wieder in Konflikt geraten. Den idealtypischen Grenzfall auf dieser Seite stellte für Aichhorn der "rein Verwahrloste" dar, also jener, in der Wirklichkeit kaum vorfindbare, Mensch, der heiter und frei von Skrupeln und Schuldgefühlen alle seine Bedürfnisse auslebt und dem es dabei auch noch gelingt, negative gesellschaftliche Sanktionen, die dieses Luststreben zwangsläufig beschränken müßten, zu vermeiden.

In weiteren Arbeiten hat Aichhorn seine Typologie verfeinert und diverse "Mischtypen" zwischen den beiden Polen "Neurose und Verwahrlosung" beschrieben. Dabei spielte das Instanzenmodell später eine immer wichtigere Rolle zur theoretischen Klärung der Unterschiede. In einem Vortrag mit dem Titel "Wie der Erzieher abwegige seelische Erscheinungen sieht" (Aichhorn 1972) ist er noch einmal ausführlich auf das Verhältnis von Gesundheit und Krankheit, Neurose und Verwahrlosung eingegangen. Dort stellt er der psychischen Gesundheit (die für ihn durch eine hinreichende Anpassung an die äußere Realität bei angemessener Befriedigung der Ich-Interessen gekennzeichnet ist) die "abwegige seelische Entwicklung" oder einfach die "seelische Erkrankung" als Oberbegriff gegenüber. Die beiden grundlegenden Varianten der seelischen Erkrankung sind ihm wiederum Neurose und Verwahrlosung, und er bringt die Differenz zwischen beiden auf die handliche Formel: "Wie der Neurotiker sich auf Kosten seines eigenen Ich realitätsangepaßt zu verhalten versucht, versucht der Verwahrloste, sich auf Kosten der Realität ichgerecht auszuleben" (ebd., S. 49). Neurose und Verwahrlosung sind die in diesem Verständnis nun geradezu komplementäre Störungsformen.

Später bringt Aichhorn dann diese unterschiedlichen seelischen Erkrankungen auch noch mit den Instanzen Es, Ich und Über-Ich und deren Entwicklungsgeschichte in Zusammenhang. So entwickelt er z.B. in Bezug auf das Schicksal der Es-Regungen das folgende Gleichnis: Durch den Triebdruck einerseits und den Druck einer stark einschränkenden Erziehung andererseits könne sich ein so großes Potential aufstauen, daß es wie bei einem Dampfkessel schließlich zur "Explosion" komme. Hierbei unterscheidet er nun wieder die beiden grundlegenden Möglichkeiten. Der innerseelische Druckkessel "explo–

diert in das eigene Ich: in die Affektivität, in die Neurose, oder in die Außenwelt: in die Motilität, in die Verwahrlosung" (ebd., S. 57).

Ähnliche Versuche der Differenzierung macht er dann auch bei der Beschreibung der Wirkungen, die vom "Über-Ich" auf das Ich als wahrnehmende und verhaltenssteuernde Instanz ausgehen: das "zu höfliche Über-Ich" führe in die Verwahrlosung und das "zu brutale Über-Ich", welches das Ich "knechtet," in die Neurose (ebd., S. 59).

Als Aichhorn begann, sich mit der Psychoanalyse zu befassen, war diese auf dem Gebiet der Theorie und Praxis der Neurosenbehandlung, aus der sie ja hervorgegangen war, schon sehr weit entwickelt. Somit war der Bezugspunkt Neurose vorgegeben. Aichhorns Leistung bestand nun darin, die einzelnen Theoriestücke der Psychoanalyse daraufhin zu mustern, was sie zum tieferen Verständnis der Probleme seines speziellen Arbeitsfeldes, der Erziehung verwahrloster Jugendlicher, beitragen konnten. Dabei bleibt Aichhorn ganz auf dem Boden einer sehr deterministischen, mechanistischen Libidoökonomie, wie sie für die frühe Psychoanalyse eben typisch ist. Weil für Aichhorn theoretisch kein Zweifel daran bestand, daß "alles Psychische determiniert ist" (Aichhorn 1977[9], S. 64), war es für ihn nur logisch und konsequent, auch im "Wesen der Verwahrlosungsäusserungen das wohldeterminierte Ergebnis psychischer Abläufe zu erkennen". "Erregungsgrössen", "Affektbeträge", dies sind die materiellen Einheiten, "Verschiebungen, Verdichtungen, Aufstauungen und Entladungen psychischer Energiemengen" dagegen die dynamischen Vorgänge, die diese Entwicklung bestimmen (ebd., S. 58). Der lehrbuchtreue, trocken erklärende Metatheoretiker Aichhorn steht dabei durchaus manchmal im Gegensatz zu dem genialen, intuitiv-verstehenden Psychologen und Pädagogen Aichhorn.

5. Einzelne psychoanalytische Theoriestücke in ihrer Bedeutung für die Verwahrlostenpädagogik

Das psychische Trauma

Mit Aichhorns Bestimmung der "Verwahrlosungsdisposition" kommt ein ganz neuer Dispositionsbegriff in die Diskussion. Bisher wurde unter "Disposition" nur die anlagebedingte Komponente aufgefaßt. Daneben wurde zwar immer auch dem Milieu als verstärkendem oder abschwächendem Faktor, der zu dieser Disposition hinzutritt, eine Rolle zugestanden, denn daß die aktuelle Umgebung einen Einfluß ausübt, daran konnte auch der überzeugteste Erblichkeitstheoretiker nicht vorbeisehen. Durch den Rückgriff auf die psychoanalytische Entwicklungspsychologie kommt nun aber eine bedeutsame weitere Komponente hinzu, nämlich "die Gefühlsbeziehungen, in die es (das Kind) durch seine erste Umgebung gedrängt wird, also erste Kindheitserlebnisse" (ebd., S. 38). Diese legen das bei der Geburt Mitgebrachte erst im Sinne einer "Verwahrlosungsdisposition" endgültig fest. Diese Bedeutung der frühen Erfahrungen, speziell der frühen Mutter-Kind-Beziehung, hatten Pestalozzi und Fröbel zwar schon intuitiv erfaßt, das Wissen darum war aber trotz aller "Kinderforschung", die in den ersten Jahrzehnten des 20. Jahrhunderts so eifrig betrieben wurde, verschüttet und wurde erst von der Psychoanalyse vor einem neuen theoretischen Horizont reaktiviert.

Einzelne spezifische Ereignisse, die in der Kindheit eine Erschütterung des psychischen Gefüges bewirken, bezeichnete Aichhorn in klassisch psychoanalytischer Terminologie als Traumata. Ein solches Trauma "schädigt psychische Mechanismen derart, daß sie dauernd gestört bleiben" (ebd., S. 44), und steht somit häufig am Anfang einer psychischen Fehlentwicklung. Am Beispiel eines Jungen, dessen Mutter bei einem Fabrikunfall gräßlich verstümmelt und getötet wurde, und eines Mädchens, das den letzten tödlichen Hustenanfall der tuberkulösen Mutter miterlebt hatte, versucht Aichhorn deutlich zu machen, wie solche Erfahrungen die spätere Entwicklung beeinflussen können.

Objektbeziehungen und unbewußte Fixierungen

Auch Erfahrungen, die weniger den Charakter schockhafter, plötzlicher Ereignisse haben, können nach Aichhorn die Quelle für Entwicklungsstörungen und Erziehungsschwierigkeiten sein. So vor allem problematische Objektbeziehungen, d.h. Beziehungen zu den Eltern oder Geschwistern, die in hohem Maße konfliktbelastet sind und eine Bewältigung der notwendigen Entwicklungsaufgaben erschweren. Besonders kritisch wird dies dann, wenn solche Konflikte keine Lösung auf der Ebene des Bewußtseins erfahren, sondern verdrängt werden und es dadurch zu sogenannten "Fixierungen", also zu unbewußten Entwicklungsblockaden, kommt.

Als Beispiel für einen solchen Vorgang schildert Aichhorn den Fall eines Jugendlichen, der ihm wegen "Arbeitsscheu" und massiver Aggressionen von dessen entnervter Mutter vorgeführt wurde. Die "argen Exzesse des Jugendlichen zu Hause" (ebd., S. 59), die eher im Widerspruch zu dem "stark femininen Habitus" und dem ängstlich-schüchternen Benehmen des Jungen in der Beratungssituation standen, richteten sich in erster Linie gegen seine älteste Schwester. Ausgehend von dem Grundsatz, "es müssen Gründe für sein Tun vorhanden sein" (ebd., S. 64), fordert Aichhorn, man habe sich bei der Untersuchung eines solchen Falles vor aller moralischen Entrüstung und Parteinahme freizumachen und müsse sich ganz auf die Aufdeckung der Ursachen, die zur Verwahrlosung geführt haben, konzentrieren. Daß diese nicht nur in der Gegenwart, sondern hauptsächlich in der Vergangenheit, in der Entwicklungsgeschichte des Jugendlichen gesucht werden müssen, ist eine weitere Grundüberzeugung Aichhorns. So sieht er in der Brutalität gegen die Schwester nur ein "Anzeichen, dass ein latent längst vorgebildeter Zustand sich jeweils manifestiert" (ebd., S. 65). Die "Ursachen der Verwahrlosung aufdecken", heißt für ihn aber "auffinden, was in die latente Verwahrlosung geführt hat" (ebd., S. 43).

In ausführlichen Gesprächen mit der Mutter und mit dem Jungen, in welchen er die Kindheitsgeschichte und die familiären Beziehungsstrukturen erforscht, fördert er dann das Material, die Bausteine, zu seiner Rekonstruktion des psychischen Geschehens zutage. Unabhängig davon, ob man dieser Rekonstruktion in allen Punkten zustimmen mag oder nicht, sie ist ein schönes Beispiel für die neue Art tiefenpsychologischer Betrachtung in der Pädagogik.

Gewissermaßen von der Oberfläche her nähert sich die Untersuchung dem eigentlichen Kern des Problems. So werden für die Unzuverlässigkeit des Jungen im Arbeitsbereich zunächst die Frustrationserlebnisse bei unsoliden, ausbeuterischen Lehrherren ins Feld geführt. Für die Haßgefühle gegenüber der Schwester werden Geschwisterrivalität und die Zurücksetzung durch den früh verstorbenen Vater, der die Töchter bevorzugte, genannt.

Diese zunächst plausible Erklärung steht aber im Widerspruch zu der Tatsache, daß der Junge während der ganzen Kindheit gerade zu dieser Schwester ein besonders inniges Verhältnis gehabt hatte. Aichhorn geht deshalb von einer ambivalenten Gefühlseinstellung des Jugendlichen zu seiner Schwester aus und kommt schließlich durch einige weitere Indizien zu dem Schluß, "dass der Hass gegen die Schwester sich aus einer unbewussten erotischen Bindung an diese determiniert". Diese zunächst "ungeheuerlich" erscheinende Behauptung versucht er, seinem Publikum dann auf der Grundlage psychoanalytischer Vorstellungen über das emotionale Geschehen in der Pubertät plausibel zu machen: Das sexuell getönte, lustvolle Spiel dieser beiden Geschwister habe zu einer starken gefühlsmäßigen Bindung untereinander geführt. Unter dem Druck des Inzesttabus seien diese Regungen der Verdrängung anheim gefallen, aber im Unbewußten wirksam geblieben. Die manifesten Haßgefühle seien lediglich eine Form der Abwehr gegen den erneuten Durchbruch dieser nun verbotenen Strebungen: "Die Gefahr, dass diese Bindung wieder bewusst wird, vermindert sich, wenn die Gefühlsbeziehungen mit dem negativen Vorzeichen versehen werden, das heisst, wenn im Bewusstsein sich die Liebe als Hass äussert" (ebd., S. 69). Diese unbewußte "Fixierung" habe dem Jungen auch die Entwicklungsaufgabe der Pubertät erschwert, nämlich, "Libido" aus dem unmittelbaren familiären Bereich abzuziehen und dem außerfamiliären Bereich zuzuwenden.

Schließlich geht Aichhorn noch eine Stufe tiefer und fragt nach den möglichen Ursachen für die ausgeprägt femininen Charakterzüge des Jungen. Er kommt auf die Ödipussituation zu sprechen und meint, in der Entwicklung des Knaben eine starke Mutterdominanz und eine unzureichende Identifizierung mit dem Vater feststellen zu müssen. So habe sich in dem Jungen "ein gut Stück Weib" gebildet. Nun würde der Junge, der seit dem Tode des Vaters das einzige männliche Familienmitglied ist, aber von der Mutter immer stärker mit der Forderung nach männlichem Auftreten konfrontiert. Gerade dann aber, "wenn er ganz Mann sein soll" (ebd., S. 74), gerät er mit seiner eigenen weiblichen Seite in Konflikt. Hinzu kommt, daß die Schwestern ihn in der Rolle des starken Mannes auch nicht ernst nehmen, worauf er wiederum mit mehr oder weniger hilfloser Aggression reagiert. "Die Unfähigkeit, als Mann aufzutreten bringt ihn in Konflikt, über den er durch brutales Auftreten hinwegzukommen trachtet" (ebd., S. 76).

Durch Aichhorns Rekonstruktion des psychischen Geschehens wurden sinnvolle Zusammenhänge zwischen früheren Ereignissen und Entwicklungsbedingungen und aktuellen Reaktionsmustern gestiftet. Dadurch wurde das Verhalten des Jungen als Ausdruck eines unbewußten Konflikts verstehbar. Der Gedanke, daß ein aggressives Verhalten unter Umständen der verdeckte Ausdruck einer entgegengesetzten Gefühlsregung sein kann, war erst auf der theoretischen Grundlage der Psychoanalyse und ihrem Axiom möglich, hinter dem problematischen Verhalten des Menschen grundsätzlich komplizierte Prozesse und Mechanismen anzunehmen, die ihre Wurzeln in der Biographie des Betroffenen haben.

Somit sind die einzelnen auffälligen Erscheinungen, die "Schlimmheitsäusserungen" weder einfach Ausfluß eines bösen Willens oder eines angeborenen Charakterschadens, noch sind sie einfach milieutypische Sozialisationsprodukte. Vielmehr sind sie "die Folge wohlbegründeter, determinierter psychischer Vorgänge, und jeder Schlimmheitsäusserung liegt eine Absicht oder Tendenz, also ein ganz bestimmter Sinn zugrunde" (Aichhorn 1972, S. 122). Deshalb besteht die Aufgabe für Aichhorn eben auch nicht in der bloßen Beschreibung der "Schlimmheitsäusserungen", sondern in der Aufdeckung ihres Sinnes. Der Ausdrucks- und Symbolcharakter, der damit den Verhaltensauffälligkeiten zugeschrieben wird, ist neben dem Gedanken der psychischen Determination ein weiterer neuer Aspekt der psychoanalytischen Betrachtungsweise.

Übertragung

Auch die "Übertragung", als ein weiteres für Aichhorns Psychologie und Pädagogik zentrales Theoriestück, ist ein solcher "Mechanismus", der in der Gegenwart abläuft, seine Wurzeln aber in weit früheren Ereignissen hat. Der aus der analytischen Therapiesituation gewonnene Begriff der "Übertragung", der dort eine spezifische Gefühlsbeziehung meint, die zwischen dem Analysanden und dem Analytiker als Voraussetzung des therapeutischen Prozesses zustande kommen muß, wird von Aichhorn auf die Erzieher-Zögling-Konstellation angewendet und zur Voraussetzung des pädagogischen Erfolges gemacht. Dabei handelt es sich um die Reaktivierung derjenigen Gefühlsqualitäten und Beziehungsmuster, die in früher Kindheit im Kontakt mit den Eltern, als den ersten Liebesobjekten, aufgebaut wurden. Freud, so meint Aichhorn, habe nachgewiesen, "dass wir im späteren Leben in unseren Gefühlsbeziehungen zum anderen im wesentlichen nichts anderes machen, als immer wieder das eine oder das andere in der Kinderstube gewonnene und bereit gehaltene Klischee abdrucken. Somit wird die Art, wie sich das Liebesleben unserer Kindheit gestaltet, zur Schicksalsfrage; denn sie bleibt für das ganze Leben bestehen" (Aichhorn 1977[9], S. 103). In dieser Formulierung kommt noch einmal in voller Klarheit die Bedeutung jenes neuen Elementes "Erfahrung in früher Kindheit" zum Ausdruck, welches durch die Psychoanalyse zwischen die bis dahin allein berücksichtigten Determinanten Erbanlage und Milieu eingeführt wurde.

Mit der Anwendung des Übertragungskonzepts auf das Erzieher-Zögling-Verhältnis bekommt der vielbeschriebene und -beschworene "pädagogische Bezug" eine ganz neue theoretische Grundlage. Es wird nun nämlich davon ausgegangen, daß die Eltern als die prägende Bezugspersonen der Kindheit in diesem späteren Verhältnis quasi als "unsichtbare Dritte" immer irgendwie anwesend sind, daß vieles von dem, was an positiven und negativen Gefühlen an den Erzieher herangetragen wird, nicht eigentlich diesem, sondern den Elternfiguren gilt. Gleichzeitig wird gerade in dieser Situation die Chance gesehen, Entwicklungsprozesse, die an ihrem primären Ort fehlgelaufen sind oder überhaupt nicht stattgefunden haben, aufzuarbeiten bzw. nachzuholen.

Jedoch stimmt Aichhorns weitere Verwendung des Übertragungsbegriffs nicht ganz mit seiner zunächst gegebenen theoretischen Explikation zusammen. Er stellt fest, daß man bei den Verwahrlosten regelmäßig ein "gestörtes Liebesleben" in "erster Kindheit" bemerken könne, und setzt somit die "ersten Verwahrlosungsursachen in der frühen Kindheit" an, "dort, wo sich die von der Norm abweichenden ersten objektlibidinösen Bindungen hergestellt haben" (ebd., S. 105). Von der Grundidee der Übertragung, als Wiederbelebung des früh Geprägten in den späteren Beziehungen, wäre somit auch nur eine entsprechend gestörte pädagogische Beziehung möglich. Die Übertragung wäre dann etwas, das sich mehr oder weniger zwangsläufig einstellt, und hätte eher neurotischen Charakter.

Für Aichhorn indes ist die Übertragung das zentrale pädagogisch-praktische Instrument. Der Erzieher muß den Verwahrlosten "in die Übertragung bringen", ja sogar "drängen" (ebd., S. 106), um überhaupt erzieherischen Einfluß auf ihn ausüben zu können. Und es darf auch nicht einfach "die Übertragung" schlechthin, sondern es muß die "positive Übertragung" sein. Diese ist dadurch charakterisiert, daß eine sehr intensive vertrauensvolle Gefühlsbindung zum Erzieher entsteht. Durch diese erst werden seine Forderungen und Beurteilungen dem Jugendlichen subjektiv bedeutsam. Und in dieser Gefühlsbindung erst kann die Verwahrlosung "aushcilen", d.h. durch eine Veränderung in der Persönlichkeitsstruktur dauerhaft überwunden werden.

Die Frage, wo nun diese "positive Übertragung" beim Verwahrlosten, bei dem ja nach Aichhorns Sicht von einer fehlgelaufenen frühkindlichen Beziehungsstruktur ausgegangen werden muß, ihre Wurzeln hat, wird von Aichhorn nicht gestellt und somit auch nicht beantwortet. Aus seinen zahlreichen Schilderungen der "pädagogischen Evokation" (vgl. Bittner 1972, S. 159) dieser Gefühlsbindungen läßt sich aber unschwer der Schluß ziehen, daß es die kindlichen Wünsche und Bedürfnisse sind - die gerade bei den Verwahrlosten meist so unzureichend erfüllt wurden, die hinter der rauhen Fassade aber dennoch weiter fortbestehen -, denen Aichhorn durch seine "Bemutterung" eine späte Befriedigung zu verschaffen sucht. Und somit sind es wohl die natürlichen behaglichen und liebevollen Impulse des umsorgten Kindes gegen die "gute Mutter" (welche selbst unter ungünstigen Bedingungen gelegentlich vorkommen), die die Wurzeln der "positiven Übertragung" ausmachen. Aichhorn selbst nennt einmal das "Stück Kind..., das jeder von ihnen noch unüberwunden mit sich herumträgt", als Grund für das "grosse Lustbedürfnis" der Verwahrlosten (Aichhorn 1977[9], S. 170).

Ein eindrucksvolles Beispiel dafür, wie es Aichhorn gelingt, selbst in einem sehr schwierigen Fall eine solche Gefühlsbindung anzubahnen, ist die Geschichte von dem "siebzehnjährigen Lebemann und Spieler", der "innerlich verkommen, äusserlich aalglatt ... keine Angriffsfläche zu erzieherischen Einwirkungen" bot (ebd., S. 120). Als dieser sich nach einigen Monaten Aufenthalt in Oberhollabrunn noch immer jeder Einflußnahme entzog, eine Übertragung also nicht zustande kam, entschloß sich Aichhorn zu einem gewagten Schritt: Er provozierte den Jungen durch "entsprechende(r) Stimmungsbeeinflussung" zum "Durchgehen", d.h. zur Flucht aus der Anstalt. Der Abend der Rückkehr, der so ganz und gar anders ausfällt, als es der Jugendliche erwartet hatte, wurde zum Wendepunkt in dieser Erziehungsgeschichte:

"Am zehnten Tage um halb zehn Uhr abends klopfte es an meiner Wohnungstüre. Franz (nennen wir ihn so) war da. Er war körperlich ermattet und seelisch derart in Spannung, dass ich vermutete, nun erzieherisch viel mehr leisten zu können, als ich bei der Provokation seines Durchgehens beabsichtigt hatte. Ich machte ihm keinerlei Vorwürfe wegen

seines Durchgehens, die er allem Anscheine nach erwartet hatte, sah ihn einen Augenblick ernst an und fragte ihn dann sofort: 'Wann hast du zum letztenmal gegessen?' - 'Gestern abends'. Ich nahm ihn in meine Wohnung, setzte ihn an meinen Tisch, wo die Familie gerade beim Abendessen war und liess auch ihm anrichten. Franz, der auf alles andere eher gefasst war, kam dadurch so aus dem Gleichgewicht, dass er nicht essen konnte. Trotzdem ich das sah, fragte ich: warum isst du nicht?' - 'Ich kann nicht, darf ich draussen essen?' 'Ja, geh' in die Küche'. Er bekam seinen Teller so lange nachgefüllt bis er satt war. Es war mittlerweile zehn Uhr geworden, ich ging zu ihm in die Küche und wandte mich an ihn mit den Worten: 'Es ist schon spät, du kannst heute nicht mehr in deine Gruppe gehen, du wirst bei mir schlafen'. Ich bereitete ihm im Vorzimmer ein Lager, Franz legte sich schlafen, ich strich ihm über den Kopf und wünschte ihm eine gute Nacht. Am nächsten Morgen war die Übertragung da, so dass es erzieherisch recht gut mit ihm vorwärts ging" (ebd., S. 121f).

"Am nächsten Morgen war die Übertragung da" - hier, wie in vielen anderen Beispielen Aichhorns, kann man förmlich hören, wie dieser "psychische Mechanismus" der Übertragung "einrastet". Die "Herstellung der Übertragung" ist für Aichhorn die erste und grundlegende Aufgabe des Fürsorgeerziehers, denn sie erst schafft die Voraussetzung für erfolgreiche erzieherische Tätigkeit. Deshalb entwickelte er auch Strategien, wie dies bei unterschiedlichen Verwahrlosungsformen zu erzielen sei. Dabei geht er wiederum von der Zweiteilung der Verwahrlosungsformen aus, die zwischen den "neurotischen Kindern mit Verwahrlosungserscheinungen" und "den im offenen Konflikt befindlichen Verwahrlosten" unterscheidet.

Bei der ersten Gruppe empfiehlt er, eher zurückhaltend vorzugehen und besonders darauf zu achten, daß man als Fürsorgeerzieher oder Erziehungsberater nicht in die Rolle der Eltern und damit in die neurotischen Konflikte hineingerät. "Je neurotischer der Verwahrloste ist, desto vorsichtiger und langsamer zieht der Erziehungsberater die Zuneigung durch ein passives und zurückhaltendes Benehmen auf sich" (Aichhorn 1974, S. 106). Bei der zweiten Gruppe geht es zunächst darum, zu vermeiden, daß der Haß, den der offensiv Verwahrloste auf die Gesellschaft angesammelt hat, sich gleich auch auf den Erzieher als einen ihrer Repräsentanten überträgt. Aichhorn fordert deshalb, der Erzieher müsse sich mit dem so Verwahrlosten "zuerst verbünden, begreifen, dass er recht hat, mit seinem Verhalten einverstanden sein und in schwierigsten Fällen ihm gelegentlich sogar auch zu verstehen geben, dass er, der Erzieher, es auch nicht anders machen würde" (Aichhorn 1977[9], S. 106). D.h., der Erzieher muß es selbst bei schwerwiegenden Verfehlungen des Jugendlichen vermeiden, als Vertreter von Recht und Moral aufzutreten. Deshalb hält Aichhorn eine starke "libidinöse Beziehung... zum Gesetz", welche seiner Meinung nach eh meist auf einer "Reaktionsbildung" beruht, auch für eine problematische Voraussetzung für den Erzieherberuf (vgl. Aichhorn 1926/27, S. 25f).

Über Aichhorn selbst berichtet Eissler, er habe sich stets die Fähigkeit bewahrt, "die Abenteuerlichkeit des Verbrechens zu geniessen und das Verständnis für den Genuss, den der Kriminelle empfindet, wenn er jene Gesetze übertritt, vor denen die übrige Gesellschaft sich beugt" (Eissler 1977[9], S. 206). Zu Beginn seiner Beratungsgespräche versicherte Aichhorn den Jugendlichen gelegentlich, daß sie es weder mit einem Untersuchungsrichter noch mit einem Polizeiagenten zu tun hätten (vgl. Aichhorn 1977[9], S. 110). In seiner Schilderung der "unordentlichen Zustände" in Oberhollabrunn, der Vorkommnisse in und um das Heim sowie der empörten Reaktion mancher Bewohner darauf, schwingt ebenfalls sehr deutlich eine augenzwinkernde Lausbubenhaftigkeit mit, etwas von dieser Fähigkeit, das Lustmoment nachzuempfinden, das mit solchen Normüberschreitungen verbunden ist.

Dies ist bei Aichhorn jedoch keineswegs eine naive, sozialromantische Identifizierung mit seinen "delinquenten Helden", vielmehr kommt darin eine ganz eindeutige Positionsbestimmung des Fürsorgeerziehers in dem Spannungsverhältnis von gesellschaftlichem Interesse und individueller Problemlage zum Ausdruck. Auch wenn das Endziel und die allgemeine Aufgabe der Verwahrlostenerziehung von ihm klar bestimmt ist als soziale Eingliederung der Verwahrlosten in die Gesellschaft, im laufenden Erziehungsprozess muß sich der Erzieher "ganz einseitig und eindeutig auf die Seite des Zöglings stellen", d.h. es geht darum, "von ihm selbst zu erfahren, wie er dem Leben gegenübersteht, wie es sich in ihm spiegelt" (ebd., S. 147). Der Fürsorgeerzieher muß versuchen, sich so in den Jugendlichen "hineinzuleben, daß des anderen Erleben zum eigenen wird" (Aichhorn 1976, S. 41). Dieses bedingungslose Annehmen der Subjektperspektive ist ein weiterer qualitativ neuer Schritt in der Verwahrlostenerziehung, der gegenüber der äußerlich beschreibenden und beurteilenden psychiatrischen Perspektive sowohl einen hermeneutischen als auch einen humanitären Fortschritt bedeutet. Zu welch revolutionären Konsequenzen diese radikale Parteinahme für die Jugendlichen im praktischen Heimerziehungsalltag führte, beschreibt Aichhorn in dem Kapitel "Von der Fürsorgeerziehungsanstalt":

> *"Es war uns von allem Anfange an rein gefühlsmässig klar, dass wir Knaben und Mädchen und jungen Menschen im Alter von vierzehn bis achtzehn Jahren vor allem Freude zu bereiten hatten. Keinem von uns war je eingefallen, in ihnen Verwahrloste oder gar Verbrecher zu sehen, vor denen die Gesellschaft geschützt werden müsse; für uns waren es Menschen, denen das Leben eine zu starke Belastung gebracht hatte, deren negative Einstellung und deren Hass gegen die Gesellschaft berechtigt war; für die daher ein Milieu geschaffen werden musste, in dem sie sich wohl fühlen konnten"* (ebd., S. 130).

Schon durch die Schaffung eines entsprechenden Milieus, das durch "Freundschaft, Milde und Güte" charakterisiert war, versuchte Aichhorn, eine "praktische Psychologie der Versöhnung" zu verwirklichen. Die Begriffe "Zucht" und "Ordnung", die in den Reglements der zeitgenössischen Fürsorge- und Besserungsanstalten eine so große Rolle spielten, kommen bei Aichhorn überhaupt nicht vor. Er hat dafür in Kauf genommen, daß es "im Anfang ein wenig wüst zugeht" (ebd.), aber sein Ziel war, in jedem Fall zu vermeiden, daß sich die typische zwei-Fronten-Situation zwischen Erziehern und Jugendlichen einstellt, welche durch das Wechselspiel von Provokation und Restriktion stets Gefahr läuft, die persönlichen Beziehungen auf ein "sadomasochistisches Niveau" herabzudrücken.

Die "psychischen Instanzen" und das "Ichideal"

Die oben zitierte Unterscheidung zwischen den beiden Formen von Verwahrlosung wird von Aichhorn später noch mit einem anderen Theoriestück in Verbindung gebracht, der psychoanalytischen Instanzenlehre. Ausgehend von der inneren Differenzierung der Persönlichkeit, die Freud vorgenommen hatte, benennt Aichhorn das "Ichideal" (der Begriff ist für ihn weitgehend synonym mit dem, was als "Über-Ich" von vielen psychoanalytischen Autoren noch einmal davon abgehoben wird) als diejenige Instanz, die für die kritische Beurteilung des Ich und somit für die Überwachung der Sozialverträglichkeit des Handelns zuständig ist. Genetisch betrachtet stellt diese Instanz den Niederschlag der frühen Objektbeziehungen, speziell der väterlichen Ge- und Verbote, im Individuum dar. Auf dem Weg der Identifizierung mit den Elternfiguren nämlich verinnerliche das Kind die Forderungen der Gesellschaft. Von dieser Vorstellung her ist es naheliegend, beim Verwahrlosten in erster Linie eine Störung in jener Teilstruktur der Persönlichkeit zu vermuten, die für die Kontrolle des Handelns zuständig ist.

Beim "neurotischen Grenzfall mit Verwahrlosungserscheinungen" ist es nun gerade das zu strenge Ichideal, das über einen komplizierten Umweg zum Auslöser des Fehlverhaltens wird: Wenn das "Ich" den rigiden Ansprüchen seiner Kontrollinstanz nicht genügen kann, kommt es zu Schuldgefühlen. Wird die Spannung zwischen "Getanem" und "Gesolltem" zu groß, so wird u.U. das Schuldgefühl aus dem Bewußtsein verdrängt, es verliert aber dadurch nicht seine Wirkung auf das Handeln. Vielmehr werden nun paradoxerweise weitere dissoziale Handlungen produziert, die dem unbewußten Schuldgefühl einen realen und aktuellen Anknüpfungspunkt bieten und deren unangenehme Konsequenzen dann das mit dem unbewußten Schuldgefühl einhergehende unbewußte Strafbedürfnis befriedigen sollen (vgl. ebd., S. 195f). Diese ungewöhnliche Vorstellung, daß das Schuldgefühl nicht die Folge, sondern das Motiv einer dissozialen Handlung darstellt, ist ein weiteres Beispiel dafür, wie ein Phänomen sich durch die psychoananlytische Untersuchung als etwas ganz anderes entpuppen konnte, als was es zunächst schien.

Bei der anderen, der "reinen Form" der Verwahrlosung, verläuft Aichhorns Anwendung des Instanzenmodells dagegen einfacher und geradliniger. So könne es entweder sein, daß die Bildung des Ichideals mangels eines geeigneten Identifikationsobjektes in der Kindheit überhaupt nicht recht zustande kommt - diese Gefahr sieht Aichhorn besonders bei Kleinkindern, die in Heimen oder in ständig wechselnden Pflegestellen aufwachsen - oder aber das Entwicklungsmilieu ist so geartet, daß gerade die Identifizierung mit den bedeutsamen Bezugspersonen zur Bildung eines dissozialen Ichideals führt:

"Ein Kind braucht nur in einer Umgebung heranzuwachsen, die selbst durch unsoziales Tun ausgezeichnet ist, verwahrloste oder verbrecherische Eltern zu haben und sich mit diesen zu identifizieren, so wird sein Ichideal es ebenso kategorisch zum gesellschaftswidrigen Handeln treiben, wie das sozialgerichtete den anderen ausgeglichen innerhalb der Sozietät hält" (ebd., S. 190). Von dieser Vorstellung her ergibt sich für Aichhorn eine begründete Kritik an dem, von Lombroso stammenden Konzept des "geborenen Verbrechers". Dieser hatte seine Kernthese der Erblichkeit der Disposition zum Verbrechen ja überwiegend mit der Tatsache der Häufung von delinquenten Karrieren in bestimmten Familien gerechtfertigt. Das psychoanalytische Modell der Ichideal-Bildung bot eine neue, nichtbiologische Erklärung für das Phänomen der Übertragung delinquenter Einstellungen und Verhaltensweisen von Generation zu Generation.

Bei seiner Diskussion der psychischen Instanzen stellt Aichhorn hier noch überwiegend die Bedeutung der kontrollierenden Komponente in den Mittelpunkt. Dagegen spielt die Bedeutung der drängenden, triebhaften Komponente, also des "Es" im Instanzenmodell, in Aichhorns Ausführungen - ganz entgegen der zeitgenössischen Pädagogenkritik an der Psychoanalyse, die sich immer auf die Überbetonung des Triebhaften und Sexuellen richtete - kaum eine Rolle. Auch die wahrnehmende und ausführende Instanz des "Ich" wird kaum untersucht. In Aichhorns "Verwahrloste Jugend" sind es viel weniger, als später etwa bei A. Freud, bei F. Redl oder bei B. Bettelheim, die "Triebdurchbrüche", die das "Ich" überwältigen, oder die "Abwehrmechanismen des Ich", die dies zu verhindern suchen, welche zu problematischen Handlungsformen führen, als vielmehr die übermäßige Strenge, die Schwäche oder die falsche Programmierung des "Ichideals".

6. Aichhorns Stellung zur Frage der Psychopathie

Obwohl der Einfluß der Psychoanalyse im allgemeinen und Aichhorns Werk im speziellen sehr viel zur Überwindung des Psychopathiekonzeptes beigetragen hat, bleibt Aichhorns Stellung in diesem Punkt zwiespältig. Es wurde bereits erwähnt, daß Aichhorn sich zunächst der um die Jahrhundertwende sehr hoch im Kurs stehenden Neurologie und Gehirnanatomie zugewandt hatte, um zu Verständnishilfen für das Problem der Verwahrlosung zu gelangen. Er hat jedoch bald feststellen müssen, daß die Erkenntnisse, die dort zu gewinnen waren, ihm wenig Hilfe für seine praktischen Probleme bieten konnten. So hat er sich enttäuscht von diesen Studien wieder abgewandt.

Wohl setzt er sich in seinem Hauptwerk sehr kritisch mit der bisherigen Praxis der Fürsorgeerziehung auseinander und entwirft einen neuen Verständnisrahmen für das Problem der Verwahrlosung. Eine ebenso gründliche Auseinandersetzung mit den bisher gültigen theoretischen Ansichten über Entstehung und Wesen der Verwahrlosung sucht man dort jedoch vergebens. So muß Aichhorns Position in diesem Punkt aus einigen kleineren, mehr randständigen Bemerkungen und aus späteren Veröffentlichungen rekonstruiert werden. An mehreren Stellen räumt Aichhorn dem Gedanken der Erblichkeit ein gewisses Recht ein, so z.B. wenn er nicht bestreiten will, "daß sich ab und zu aus Gründen der Erbanlage ein Ichideal mit solch strukturellen Mängeln bilden könne, dass Verwahrlosung entsteht". Handelt es sich um solche "Verwahrloste aus angeborenen Defekten", so ist seine pädagogische Prognose sehr pessimistisch, "weil ja Konstitutionelles erzieherischen Einwirkungen unzugänglich ist" (ebd., S. 191).

In einem späteren Aufsatz mit dem Titel "Die Verwahrlosung und die Wissenschaft" (Aichhhorn 1972) geht Aichhorn explizit auf verschiedene sozialwissenschaftliche Ansätze ein, die sich mit dem Problem der Verwahrlosung befaßt haben. So insbesondere auf die Psychiatrie und auf Kriminalanthropologie, -psychologie und -biologie. Er zitiert eine Menge einschlägiger Literatur, von Griesinger über Lombroso bis hin zu Gruhle und Gregor/Voigtländer. Jedoch handelt es sich dabei lediglich um knappe Positionsbeschreibungen. Eine theoretische Auseinandersetzung, eine Kritik dieser referierten Positionen findet nicht statt, obwohl die letzte Richtung, die Aichhorn darstellt, nämlich die Psychoanalyse, sich wahrlich in vielem von den erstgenannten unterscheidet. Aichhorn übernimmt sogar ganz unbefangen eine Definition des Psychopathie-Begriffs, welche die "Psychopathen" bestimmt als "solche anlagemäßig abnorme Persönlichkeiten, bei denen die emotionale Seite des Seelenlebens der Gemüts- und Willenstätigkeit und die Triebe (das Temperament und der Charakter) in subjektiv und objektiv störender Weise unausgeglichen, reizbar oder unzulänglich sind, ohne daß eine organische Erkrankung des Zentralnervensystems oder eine Geisteskrankheit im engeren Sinn vorliegt" (ebd., S. 153). Die Psychopathie wird hier also im Schneider'schen Sinne lediglich als eine abnorme Anlage und somit als eine Erscheinung ohne Krankheitswert und ohne Heilungsaussicht verstanden. Zwar hat der Begriff "Psychopathie" in Aichhorns Werk keinerlei systematische Bedeutung, dennoch erstaunt schon die bloß kommentarlose Wiedergabe einer solchen Definition durch den Verfasser der "Verwahrlosten Jugend".

Vom theoretischen Standpunkt zeigt Aichhorn an manchen Stellen ein ganz ungebrochenes Verhältnis zu den zeitgenössischen Vorstellungen von der Erblichkeit negativer Charaktermerkmale. In den Darstellungen der konkreten praktischen Arbeit mit Kindern und Jugendlichen wird man bei ihm jedoch nirgends den Fall finden, daß er die Erziehungsschwierigkeiten, die diese bereiten, einfach auf anlagebedingte Abnormitäten oder auf eine psychopathische Konstitution zurückführt. Hier ist er durchweg intuitiver Psychologe und psychoanalytischer Rekonstrukteur der Entstehungsgeschichte von psychischen Problemen.

So gibt sich zum Beispiel Aichhorn, als ihm ein sechsjähriger Knabe vorgestellt wird, "dessen Schlimmheit die Mutter so schildert, daß wir in ihm ohne besondere Schwierigkeiten den typischen Fall eines Kindes mit 'psychopathischer' Reaktion erkennen" (Aichhorn 1974, S. 22), keineswegs mit dieser vermeintlichen Erkenntnis zufrieden, vielmehr forscht er nach den Hintergründen der "argen Schlimmheitsanfälle" und kommt im Verlauf des Beratungsgesprächs schließlich zu folgendem überraschenden Ergebnis: "Die Schwererziehbarkeit des Jungen ist die Abwehr-Reaktion eines gesunden Kindes auf die Neurose der Mutter" (ebd., S. 23).

Auch der Bericht eines Zeitgenossen macht sehr klar deutlich, daß Aichhorn in seiner praktischen Erziehertätigkeit nicht von dem Konzept der anlagebedingten Unerziehbarkeit, welches die damalige Psychiatrie zur Verfügung stellte, Gebrauch gemacht hat:

> *"Ich fragte ihn, was er in Fällen von moralischer Unzulänglichkeit, moral insanity, macht. Darauf antwortete Aichhorn ganz einfach und kurz: "So etwas kenne ich nicht". Als er meine bestürzte Miene sah, fügte er lächelnd hinzu: 'Ja, ich weiß, was sie meinen, ich habe auch davon gehört und gelesen, aber ich habe noch kein Kind getroffen - und ich habe ja mit allen Arten zu tun gehabt - dem nicht moralisch zu helfen war"* (Tidevaret in: Aichhorn 1976, S. 57).

7. Aichhorn als "Familiendynamiker"

Die Einsicht in die enge Verquickung von kindlichen Störungen und gestörter familiärer Beziehungsstruktur führte bei Aichhorns Tätigkeit als Erziehungsberater in vielen Fällen zu unkonventionellen pädagogischen Interventionen, die fast als eine Art Vorform von Familientherapie gelten können. Eindringlich weist er auf die Notwendigkeit einer "systemischen" Betrachtungsweise hin: Wird nämlich in der Erziehungsberatung der "libidinöse Einbau des Verwahrlosten in seine Familie nicht berücksichtigt und er als defektes Objekt für sich allein gesehen, so kann die restlose Aufdeckung der Verwahrlosungsursachen niemals gelingen. Erst die volle Erfassung der Wirkungen dieser wechselseitigen Beziehungen läßt auf die unterirdischen Wege schließen, die in die Verwahrlosung führen" (Aichhorn 1972, S. 58).

Neben dem Systemgedanken ist in der Wendung von der "libidinösen Einbindung" auch der Homöostasegedanke angesprochen. An anderer Stelle ist sogar noch deutlicher von dem "sehr schwankend gewordenen innerfamiliären libidinösen Gleichgewicht" die Rede, welches in manchen Familien auf Kosten der psychischen Störungen eines Familienmitgliedes wiederhergestellt wird (vgl. ebd., S. 59). Das Libidokonzept, von Freud für den intrapsychischen Bereich entwickelt, wird hier also auf den interpsychischen Bereich der Familie übertragen. Mit der Vorstellung, daß die Störung eines einzelnen Familienmitgliedes für andere Familienmitglieder oder sogar für die Stabilität des ganzen Familiengefüges auch manchmal eine positive Funktion erfüllt, daß es deshalb trotz heftiger Klagen der Eltern über ein Kind sogar einen unbewußten Widerstand gegen seine Heilung geben kann, ist ein weiteres wichtiges familiendynamisches Theoriestück von Aichhorn vorweggenommen. So stellt er in einem Beispiel etwa dar, wie eine Mutter "im Bestreben, ihre eigene Neurose symptomlos zu halten, die Verwahrlosung ihres Kindes verursacht" (ebd., S. 63).

Auch hat er sehr klar erkannt, daß der Erziehungsberater stets der Gefahr ausgesetzt ist, in die familiäre Konfliktsituation hineingezogen, von der einen Partei bewußt oder unbewußt im Kampf gegen die anderen benützt zu werden. Da die Eltern meist erst dann die Erziehungsberatung aufsuchen, wenn sie mit ihrem eigenen pädagogischen Latein am Ende sind, im "Kampf" mit den ungebärdigen Kindern somit in die Defensive zu geraten drohen, erwarten sie oft vom Berater "jene Verstärkung, die zur Überwältigung des Gegners erforderlich geworden ist" (ebd., S. 59f).

Aichhorn mahnt nicht nur zur Wachsamkeit gegenüber solchen Vereinnahmungen, sondern er fordert vom Berater sogar, den Spieß umzudrehen. Nicht etwa in dem Sinne, daß er sich nun einfach auf die andere Seite schlagen und stur Partei für die Jugendlichen ergreifen soll, sondern in dem Sinne, daß er zu den Eltern eine Übertragungsbeziehung aufbaut und diese nutzt, um das Verhalten der Eltern zu beeinflussen. Nicht er soll sich also von den Eltern für deren Zwecke einspannen lassen, sondern umgekehrt soll er die Eltern mittels der Übertragungsbeziehung für seine (d.h. für die seiner Meinung nach pädagogisch gebotenen) Zwecke einspannen. Der manipulatorische Aspekt dieser Forderung kommt in Formulierungen wie "er (der Berater) muß sich unmerklich ... in das Über-Ich der Mutter einschleichen", und diese werde dann "unter dem Druck der Übertragung zu einem Agieren gezwungen, das von uns nicht nur gewollt, sondern auch ... gelenkt wird" (ebd., S. 64), deutlich zum Ausdruck und soll später als ein allgemeiner Zug von Aichhorns Pädagogik problematisiert werden.

Manch andere, recht modern anmutende, Gedanken tauchen in Aichhorns Konzept der Erziehungsberatung auf. So fühlt man sich bei der Schilderung bestimmter Rollen, in die Kinder von ihren Eltern gedrängt werden, an Richters bekanntes Buch "Eltern, Kind und Neurose" (1963) erinnert. Etwa, wenn beschrieben wird, wie Kinder als Partnerersatz herhalten müssen, oder wenn festgestellt wird, daß ein Vater seinen Sohn nur als "die Fortsetzung seines eigenen Willens" wahrnehmen kann und versucht, "nicht realisierbare Jugendwünsche im eigenen Kinde auszuleben" und es zum "Träger unerfüllter Hoffnungen" macht (ebd., S. 76). Wenn er dagegen in anderen Beispielen die zielsichere, komplementäre Partnerwahl von Menschen mit bestimmten problematischen Charakterzügen feststellt und zudem beschreibt, was diese gegensätzlichen Persönlichkeiten in solchen Verbindungen jeweils unbewußt suchen, dann liegt natürlich die Assoziation zum Kollusionskonzept nahe (vgl. Willi 1975). All dies zeigt, mit welcher Ausführlichkeit und mit welch psychologischer Begabung Aichhorn den Faktor "Familie" in die Reflektion über die Entstehung von Erziehungsschwierigkeiten einbezogen hat.

8. Aichhorn als "Erlebnispädagoge"

"Erzogen wird aber nicht durch Worte, Reden, Ermahnen, Tadel oder Strafen, sondern durch Erlebnisse" (Aichhorn 1977[9], S. 141). Dieser Satz scheint mir sehr zentral für das Verständnis von Aichhorns Pädagogik. Wenngleich er selbst sicherlich ein Meister des erzieherischen Gesprächs war, so hat er doch die pädagogische Bedeutung des Wortes nie überschätzt. Wenngleich er selbst gewissermaßen als Erfinder des "therapeutischen Milieus" gelten kann, so war ihm die Wirkung einer dauerhaften, verläßlichen, freundlichen, ja sogar verwöhnenden Heimatmosphäre doch nicht das letztlich pädagogisch Entscheidende. Dies sah er vielmehr in jenen Situationen, in denen die Persönlichkeit des Verwahrlosten eine tiefgreifende Erschütterung erfährt, in denen sein bisheriges Weltbild ins Wanken gerät und das Gefüge aus Mißtrauen, Abwehr, Trotz und delinquenter Idealisierung zusammenbricht.

Es gibt von Aichhorn eine ganze Reihe von Beispielen dafür, wie in solchen, zum Teil hochdramatischen Situationen Wendepunkte in der pädagogischen Beziehung zu bestimmten Jugendlichen eintraten, die gleichzeitig zu Wendepunkten in deren ganzer, weiterer Entwicklung wurden. Nicht also einfach Dauer, Kontinuität und Gewöhnung sind die entscheidenden Faktoren für die Veränderung der Persönlichkeit, sondern jene affektiv brisanten Situationen, in denen in einer Verdichtung und Zuspitzung der emotionalen Spannung ein Sprung auf eine neue qualitative Stufe erfolgt. Es sind dies die kritischsten, aber zugleich auch die potentiell fruchtbarsten Momente im Erziehungsprozeß.

Das markanteste Beispiel für diesen "dramatischen" Aspekt von Aichhorns Pädagogik ist vielleicht jenes, in dem die Angst und die Schuldgefühle eines Jugendlichen, der die Tabakkasse des Heimes veruntreut hatte, von Aichhorn zunächst bewußt bis an die äußerste Grenze gesteigert werden, um sie dann in einer befreienden und versöhnenden Geste von ihm zu nehmen: Aichhorn gibt ihm ohne ein Wort des Vorwurfs oder der Belehrung den Fehlbetrag (vgl. ebd., S. 140). Diese, für den Jugendlichen vollkommen überraschende, Reaktion Aichhorns löst zunächst Fassungslosigkeit und dann ein heftiges Schluchzen aus und leitet schließlich eine intensive persönliche Aussprache ein. Die ganze Episode wird von Aichhorn als so bedeutungsvoll eingeschätzt, daß er den Erziehungsfall damit für praktisch "erledigt" ansieht (ebd., S. 140). Und in der Tat kann Aichhorn berichten, daß der Junge sich in den mehr als zweieinhalb Jahren, die seit dem Vorfall und der Niederschrift vergangen sind, "sehr brav" gehalten habe.

Bittner hat in seiner Interpretation dieser Geschichte Pfister widersprochen, welcher gemeint hat, Aichhorn habe "feurige Kohlen auf des Sünders Haupt gesammelt" (Pfister, zit. nach Bittner 1972, S. 163). Genau das Gegenteil sei der Fall: "Er hat die feurigen Kohlen vom Haupt des Sünders fortgenommen und die Flamme gelöscht" (ebd.). Ich denke, beide Aspekte sind wahr. Die gezielte Steigerung der Spannung durch die scheinbar beiläufige Erkundigung nach dem Stand der Kasse und die Ankündigung einer "Besichtigung" können sicher im Pfister'schen Sinne gedeutet werden. Die großzügig verzeihende Geste dagegen entspricht Bittners Darstellung. Aichhorn selbst gibt eine allgemeine theoretische Erläuterung seiner Konzeption des "dramatischen Erziehungsprozesses", die in erster Linie auf der Katharsis-Hypothese beruht, die aber zugleich die beiden oben genannten gegensätzlichen Aspekte in ihrer Zusammengehörigkeit deutlich zum Ausdruck bringt:

"Es musste versucht werden, eine Handlung zu gestalten, in deren Mittelpunkt er selbst steht und die sich so zu entwickeln hat, dass sein ausgelöster Angstaffekt bis zur Unerträglichkeit gesteigert wird; im Augenblick der unvermeidlich scheinenden Katastrophe dieser eine so entgegengesetzte Wendung zu geben, dass die Angst plötzlich in Rührung umschlagen muss. Die durch diesen Affektkontrast hervorgerufene Erregung hat die Ausheilung zu bringen oder einzuleiten" (Aichhorn 1977[9], S. 139).

Mir scheint jedoch ein weiterer Aspekt für die außerordentliche pädagogische Wirksamkeit dieses Erlebnisses bedeutsam. Aichhorn erscheint darin, wie auch in anderen Situationen, weniger als eine Personifikation der Gesellschaft (wie Bittner meint), sondern mehr als allwissender, allmächtiger und allgütiger Vater. Es ist wohl in vielen Fällen dieses überwältigende Väterlichkeitserlebnis, welches zur raschen Herstellung einer starken Übertragungsbeziehung führte.

Ein gemeinsames Strukturmoment dieser und vieler anderer "dramatischer" Erziehungssituationen bei Aichhorn ist das, daß die Erwartungen der beteiligten Jugendlichen unterlaufen werden, daß Aichhorn sich ganz anders verhält, als diese es antizipiert hatten. Damit läuft natürlich auch deren eigene, mental geprobte Abwehrstrategie ins Leere. Die Masken kommen ins Rutschen, und der wahre, verletzliche und bedürftige Persönlichkeitskern kommt zum Vorschein.

Das ganze Konzept einer Verwahrlostenerziehung durch "absolute Milde und Güte" ist ja als ausdrückliches Kontrastprogramm zu der bisherigen Behandlung dieser Jugendlichen gedacht. Daß dies natürlich nicht sofort und automatisch einen Umschwung bringt, hat Aichhorn wohl erkannt: "Der Dissoziale gibt sich... nicht zufrieden, wenn die in Frage Kommenden anfänglich milde und verzeihend sind, er reizt sie durch ärgere Verwahrlosungsäusserungen" (ebd., S. 91). Gerade deshalb, weil die Jugendlichen durch diese Herausforderungen ihre eigenen Erwartungen, daß nämlich hinter der freundlichen Fassade doch nur die gleiche alte Unterdrückung lauert, bestätigt sehen wollen, fordert Aichhorn, diese pädagogische Maxime durchzuhalten: "Erst wenn alle Provokation vergeblich bleibt, bricht der Aufbau, der die Verwahrlosung hält, zusammen, und nach und nach kommt es zu einem wellenförmigen Ablaufen der Verwahrlosungserscheinungen" (ebd., S. 92).

Von diesem Strukturmoment des Kontrasts, der unterlaufenen Erwartungen her, kann natürlich die Frage nach der Zeitabhängigkeit von Aichhorns Konzept gestellt werden. Wegner hat wohl mit Recht darauf verwiesen, daß die Erwartungshorizonte heutiger Fürsorgezöglinge, die gegenüber den sozialpädagogisch verstehenden, achtenden, einfühlenden, nichtwertenden Annäherungsversuchen ihrer Betreuer zum Teil reichlich abgebrüht sind, die ihre Erzieher "Beziehungsheinis" oder "Sozialbimbos" nennen, anders aussehen als die der Jugendlichen, mit denen Aichhorn es zu tun hatte (vgl. Wegner 1987).

Auch für Aichhorns Art der Gesprächsführung gilt oft dieses Prinzip der Enttäuschung von Erwartungen, der Unterlaufung angetragener Konflikte: "Ich werde passiv und um so passiver, je mehr der Verwahrloste den Angriff von mir erwartet" (Aichhorn 1977[9], S. 112). Der Verzicht auf jede Gegenaggression stellt für ihn ein zentrales Kriterium pädagogischer Kompetenz im Bereich der Verwahrlostenerziehung dar.

Bittner hat in seinem Entwurf zur Begründung der Sozialpädagogik Aichhorn als einen "Vertragspädagogen" dargestellt. Es ist sicher richtig, daß es das Ziel Aichhorns war, "Kinder und Jugendliche zur Teilnahme am Sozialvertrag tauglich zu machen" (Bittner 1985, S. 615). Keineswegs aber versuchte er, dies durch eine "Unterwerfung unter das gesellschaftliche Meisterrecht", durch Regeln und entsprechende Sanktionen zu erzwingen. Vielmehr vertraute er darauf, daß das Angebot eines einseitigen und quasi bedingungslosen Vertrages seinerseits - in dem Sinne: Was immer ihr anstellt, ihr könnt euch darauf verlassen, daß ich nicht wie eure bisherigen Erzieher mit Gewalt und Strafe darauf reagieren werde - früher oder später eine Übertragungsbeziehung und dadurch sekundär auch eine Akzeptanz sozialer Regeln und Normen ermöglichen würde.

9. Problematische Aspekte

An vielen Stellen in Aichhorns Schriften tauchen Schilderungen auf, die den Eindruck eines recht manipulativen Umgangs mit psychologischem Wissen, mit pädagogischen Situationen und mit persönlichen Beziehungen erwecken. Durch Aichhorns eigene Darstellung entsteht oft ein wenig der Eindruck, als könne der psychoanalytisch geschulte Berater und Erzieher nach Belieben die "Puppen" an den unsichtbaren Fäden der Übertragungsbeziehung "tanzen lassen". Sicherlich erfolgt dies dort immer im Dienste des guten, d.h. pädagogisch legitimierten, Zweckes, und dennoch bleibt ein gewisses Unbehagen zurück.

So hat Aichhorn z.B. einmal ganz ungeschminkt den Erziehungsberater mit einem Staubsaugervertreter verglichen. So wie dieser es schafft, einer Hausfrau einen neuen Staubsauger zu verkaufen, obwohl sie gar keinen braucht, so müsse der Erziehungsberater

Macht über die Mutter gewinnen und sie nach seinem Plan "agieren lassen". Sogar handfeste Omnipotenzvorstellungen tauchen in diesem Zusammenhang auf: "Was der Magier durch Zauber bewirkt, erreicht der psychologisch geschulte Erziehungsberater durch sein auf wissenschaftlicher Einsicht aufgebautes Handeln" (Aichhorn 1960, S. 11).

Auch hat Aichhorn nicht nur gefordert, affektiv brisante Situationen pädagogisch zu nutzen, sondern er hielt es darüber hinaus für geboten, solche Situationen durch entsprechende "Kunstgriffe" zu erzeugen. Er meint, der "Ausheilungsvorgang" der Verwahrlosten ließe sich wesentlich beschleunigen, wenn es gelänge, "die richtigen Affekterlebnisse für die Zöglinge zu schaffen und in den Dienst der Erziehung zu stellen" (Aichhorn 1977[9], S. 152).

Ein eindringliches Beispiel für die gezielte Inszenierung eines solchen "Affekterlebnisses" ist die provozierte Flucht und die Rückkehr des jugendlichen "Lebemanns und Spielers". So ergreifend diese Geschichte ist, es läßt sich trotz des Erfolges nicht die Frage nach den Risiken und nach der Legitimation solch "besonderer Kunstgriffe" (ebd., S. 122), wie der einer Provokation zum Abhauen, vermeiden. Vom Standpunkt einer durchschnittlichen, ordnungsliebenden und risikoscheuen Heimleitung ist so etwas von vornherein kaum diskutabel. Aber auch vom Standpunkt einer personalistisch oder dialogisch orientierten Pädagogik müßten gegen solche Maßnahmen - die fast ein wenig an die kunstvollen Arrangements erinnern, die Rousseau hinter dem Rücken seines Emile vollzog - wohl Einwände erhoben werden. Und auch die divinatorischen Verstehensleistungen Aichhorns, so beeindruckend sie manchmal sind, haben ihre Kehrseiten und wurden deshalb nicht ganz zu unrecht von Scarbath problematisiert (vgl. Scarbath 1983). Was ist, wenn solch gewagte Versuche, die Hintergründe eines Problems zu erraten und sie dem Betroffenen auf den Kopf zuzusagen, daneben gehen?

Doch dieser Fall des Mißlingens, des Scheiterns der Erziehungsbemühungen kommt bei Aichhorn so gut wie gar nicht vor. Sein Werk ist durchzogen von einer sehr optimistischen Grundstimmung hinsichtlich der Behebbarkeit der Verwahrlosung. In dem Begriff "Ausheilung", den er dabei meist verwendet, kommt dies sehr deutlich zum Ausdruck. Überhaupt: alle psychologischen Rätsel lassen sich bei ihm auflösen, alle pädagogischen Konfliktsituationen entschärfen und alle Beratungsfälle zu einem guten Ende führen.

Eine im Zusammenhang mit der Erziehung schwieriger Kinder immer virulente praktische Frage ist die nach den Möglichkeiten der Regelbildung und der Grenzziehung in Fällen, in denen Kinder sich selbst oder andere mit ihrem Verhalten gefährden. Bei Aichhorn scheint es manchmal, als sei dies gar kein Thema, als sei der Grundsatz des Gewährenlassens ein absoluter und als könne man getrost darauf vertrauen, daß die Einhaltung von Regeln und Grenzen sich gerade durch das Gewährenlassen, durch absolute Milde und Güte nach und nach ganz von selbst einstellt. Dies klingt verlockend, aber es wird selbst unter dem Einfluß der Ausnahmepersönlichkeit Aichhorns nicht ganz realistisch gewesen sein.

Bei seinen allgemeinen Überlegungen zum Realitätsprinzip hat Aichhorn zwar die prinzipielle Notwendigkeit der Anpassung an die Realität und die Rolle der "Versagung" in der Erziehung unterstrichen und betont, daß es "durchaus nicht richtig" sei, daß Erziehung nur ein "Gewährenlassen" bedeute (Aichhorn 1977[9], S. 167). Dennoch vermißt man bei den Schilderungen aus der Heimerziehungspraxis eine Auseinandersetzung mit diesem so zentralen Komplex. Hier steht bei Aichhorn ganz das Bemühen im Vordergrund, das "Lustdefizit" auszugleichen, welches der typische Verwahrloste seiner Meinung nach mitbringt. Redl und Wineman haben später genau zu dieser Frage, wie das psychoanalytische Gebot des weitgehenden Gewährenlassens mit der vom Realitätsprinzip diktierten Notwendigkeit der Grenzziehung und des Eingreifens in bestimmten Fällen vereinbart werden kann, Überlegungen angestellt (vgl. Redl/Wineman 1976).

Diese Anmerkung soll keineswegs die Leistung und Originalität Aichhorns als eines echten Meisters der Erziehungskunst schmälern, sondern nur vor der Illusion einer grenzenlosen pädagogischen Machbarkeit warnen, die u.U. aus Aichhorns Buch entnommen werden könnte. Einer der größten Verdienste Aichhorns und der psychoanalytischen Pädagogik bleibt indes ohne Zweifel der, daß sie einen Weg gewiesen haben von den verhängnisvoll fatalistischen Auffassungen des Psychopathiekonzepts hin zu einer möglichen Behandelbarkeit psychischer Störungen. Wie groß die Pionierleistung Aichhorns hier war, läßt sich auch an dem Respekt sehen, den andere bedeutsame psychoanalytische Pädagogen ihm zollen. So beginnt etwa das bekannte Buch "Kinder, die hassen", in welchem Redl und Wineman ihre Erziehungsbemühungen mit hyperaggressiven Kindern schildern, mit dem Satz: "Die Anregung zu der Arbeit, von der wir hier berichten, stammt natürlich von August Aichhorn" (Redl/Wineman 1984, S. 11). Und auch Bettelheim stellt gleich im Vorwort zu seinem Buch "Liebe allein genügt nicht", in welchem er den Alltag an der von ihm geleiteten Schule für emotional gestörte Kinder darstellt, klar, wo seine theoretischen Wurzeln liegen.: "In Kürze kann man sagen, unsere Art des Vorgehens ist hauptsächlich psychoanalytisch. Genauer gesagt, sie verfolgt die Richtung, die Aichhorn erstmals in der Behandlung Jugendlicher eingeschlagen hat..." (Bettelheim 1985^5, S. 31).

VIII. Alfred Adler

Neben der Psychoanalyse hat in den ersten Jahrzehnten dieses Jahrhunderts auch die Individualpsychologie sehr nachdrücklich versucht, Einfluß auf die Pädagogik, speziell auf die Heilpädagogik, zu gewinnen und das herrschende, psychiatrisch dominierte Bild vom "schwierigen Kind" zu verändern. Anders als bei Freud, der sich eher beiläufig mit pädagogischen Fragen beschäftigt hat und der die Übertragungsarbeit psychoanalytischer Erkenntnisse auf das Feld der Erziehung mehr seinen Schülern überließ, standen Fragen der Erziehung für Adler von Anfang an im Mittelpunkt des Interesses. Zahlreiche Titel belegen, daß es durchaus berechtigt ist, Adler nicht nur als Begründer einer tiefenpsychologischen Schule, sondern auch als originären Heilpädagogen zu würdigen: "Heilen und Bilden - Ein Buch der Erziehungskunst für Ärzte und Pädagogen" (1913), "Individualpsychologie in der Schule - Vorlesungen für Lehrer und Erzieher" (1929), "Die Seele des schwererziehbaren Kindes" (1930), "Das Leben gestalten. Vom Umgang mit Sorgenkindern" (1930), "Kindererziehung" (1930). Diese und andere in den letzten Jahren als Taschenbücher neu aufgelegte Schriften Adlers zählen zu den wenigen heilpädagogischen Werken aus jener Zeit, die auch heute noch von einem relativ breiten Publikum gelesen werden. Die Gesamtauflage geht in die Hunderttausende. Dabei steht bei der Lektüre Adlers meist nicht das historische, sondern durchaus das aktuell psychologische, menschenkundliche Interesse im Vordergrund. In schlichter Alltagssprache geschrieben und durch viele Fallbeispiele anschaulich gemacht, werden alle psychischen Phänomene auf einige wenige, griffige Erklärungsmuster zurückgeführt. Dieser, im Gegensatz zu den theoretisch zweifellos anspruchsvolleren und differenzierteren Schriften Freuds sehr eingängige, "populärwissenschaftliche" Stil Adlers, der dennoch mit dem Anspruch einhergeht, letzte psychologische, ja überhaupt letzte Sinn- und Wertfragen zu beantworten, hat ihm schon in den zwanziger Jahren große Erfolge, besonders beim pädagogischen Publikum, eingetragen.

So schreibt Moses 1930 in seinem Überblick über die Entwicklung der Heilpädagogik: "Die Heilpädagogik wird in unseren Tagen stürmisch umworben von Richtungen, die sich von der klinischen Methode abgewandt haben, von der Psychoanalyse und von der Individualpsychologie. Die Adlersche Schule zeigt sich in ihrer Werbekraft der Freudschen überlegen, wohl schon deshalb, weil ihre Gedankengänge dem Nichtmediziner leichter faßbar sind..." (Moses 1930, S. 146). Und auch Eyferth kommt zu einer ähnlichen Bewertung: Die Individualpsychologie sei der Psychoanalyse an "direktem Einfluß" auf die Heilpädagogik "zweifellos überlegen" (Eyferth 1927, S. 557).

1. Leben und Werk

Adlers Interpreten haben vielfach darauf hingewiesen, daß manche Erfahrungen, die er während seiner Kindheit machte, später theoretisch überformt und verallgemeinert in seiner psychologischen Lehre wieder auftauchen. Alfred Adler wurde 1870 als das zweite von sechs Kindern einer jüdischen Kleinhändlerfamilie geboren. Er selbst hat in autobiographischen Texten geschildert, daß er in seiner Kindheit an einem rachitisch bedingten Stimmritzenkrampf - also einer "Organminderwertigkeit" - litt. Dieses Handicap hätte ihn in eine rivalisierende Position gegenüber seinem älteren Bruder gebracht. Indem er jedoch all seine kindlichen Kräfte mobilisierte sei es ihm gelungen, seine Schwäche zu überwinden (vgl. Rattner 1972, S. 9f). Deutlich findet sich hier also das Schema von der Kompensation der organisch bedingten "Minderwertigkeit". In seiner Theorie der Geschwisterreihe hat er dann das zweite Kind als ehrgeizig, aufstrebend, stets bemüht, das ältere Geschwister zu übertrumpfen, charakterisiert. Dieses Konkurrenz- und Spannungsverhältnis zum "großen Bruder" sollte sich später in seiner Beziehung zu dem 14 Jahre älteren Sigmund Freud wiederholen.

Der Wunsch, von Beruf einmal Arzt zu werden, stand nach Adlers eigenen Erinnerungen schon in sehr frühen Jahren fest. Er sieht diese Berufswahl in einem deutlichen Zusammenhang mit der Erfahrung des Gefährdetseins durch Kranktheit und Tod, welche für seine Kindheit offensichtlich sehr bedeutsam war. Den Höhepunkt erreichte diese Erfahrung im Alter von fünf Jahren, als er bei einer schweren Lungenentzündung vom Arzt schon aufgegeben worden war: "...seit dieser Zeit erinnere ich mich, daß ich mir stet meine Zukunft als Arzt vorgestellt habe. D.h., ich habe ein Ziel festgesetzt, von dem ich erwarten durfte, daß es meiner kindlichen Not, meiner Furcht vor dem Tode, ein Ende machen konnte" (Adler 1974, S. 183f).

Weitere Erfahrungen aus seiner Schul- und Studienzeit bestätigten ihn in der Überzeugung, daß die gelungene Überwindung von Schwierigkeiten das beste Mittel sei, Selbstvertrauen und Zuversicht in die eigene Leistungsfähigkeit aufzubauen. Nach dem Abschluß seines Medizinstudiums arbeitete Adler zunächst für zwei Jahre im Krankenhaus und eröffnete dann eine eigene Praxis; erst als Augenarzt in einem Arbeiterviertel, später dann als Nervenarzt in einer nobleren Wohngegend.

Etwa um die Jahrhundertwende lernte Adler Freud persönlich kennen. Er besuchte einen Vortrag, den Freud vor dem Wiener Ärzteverein über die Psychologie der Neurosen hielt, und er hat bei der Diskussion dort offensichtlich Freuds Anschauungen unterstützt. Ab 1902 wurde er von Freud zur "Mittwochsgesellschaft" in die Berggasse eingeladen. Die "Mittwochsgesellschaft" war die Keimzelle der psychoanalytischen Bewegung. Adler wurde in den folgenden Jahren zu einem ihrer führenden Köpfe. Zeitweise fungierte er als Obmann dieser Gesellschaft und gemeisam mit Stekel übernahm er die Schriftleitung für das "Zentralblatt für Psychoanalyse". Bald wurden jedoch interne Spannungen zwischen dem auf Einheit der Lehre und treuer Gefolgschaft bedachten Freud und dem doch sehr eigenständigen Denker und ehrgeizigen Wissenschaftler Adler deutlich. Schon mit der Schrift aus dem Jahr 1907 "Studie über die Minderwertigkeit der Organe", die noch Freuds Zuspruch fand, hatte Adler eigene Akzente gesetzt, ja einen ganz neuen, von Freud kaum beachteten Faktor in das Zentrum der Erklärung für psychische Fehlentwicklung gestellt.

Den eigentlichen Höhepunkt erreichte die Auseinandersetzung jedoch erst im Winter 1910/11. Da die theoretischen Gegensätze immer offensichtlicher wurden, bekam Adler die Gelegenheit, seine Ansichten auf drei Versammlungsabenden zusammenfassend darzulegen. Der dort vorgetragene Text wurde später in dem Sammelwerk "Heilen und Bilden" unter dem Bezeichnenden Titel "Zur Kritik der Freudschen Sexualtheorie des Seelenlebens" veröffentlicht.

Im Mittelpunkt der Auseinandersetzung stand also die Einschätzung der Sexualität für die Ätiologie der Neurose. Während Freud ihr die zentrale Rolle zusprach, sah Adler sie nur mehr als einen Faktor unter mehreren an - zudem als einen abgeleiteten. "Wie kommt die Sexualität in die Neurose und welche Rolle spielt sie also?", fragt er provokativ und gibt dann seine Antwort: die Sexualregungen seien "...niemals Ursachen, sondern bearbeitetes Material und Mittel des persönlichen Strebens" (Adler 1983, S. 101). Auch den Ödipuskomplex als ein weiteres mit der Sexualtheorie zusammenhängendes Kernstück psychoanalytischer Lehre spielt Adler in seiner Bedeutung herunter. Er spricht vom "scheinbaren Öipuskomplex" und deutet ihn als "an sich belangloses, im Zusammenhang allerdings lehrreiches Stadium des männlichen Protestes" (ebd., S. 113), als eine Situation also, bei der das sexuelle Interesse an der Mutter und die Rivalität mit dem Vater nur symbolisch steht für das allgemeine Streben nach Größe und Überlegenheit.

Allerdings waren es nicht nur bestimmte Inhalte der Freud'schen Lehre, die Adler nicht mehr mittragen konnte, sondern der ganze Forschungsstil, die Vorstellung, die Probleme des menschlichen Seelenlebens mit mechanistischen, physikalistischen und kausalistischen Denkweisen erfassen zu können, schien ihm unhaltbar. Er kritisierte diejenigen, "die (in plattester Weise) eine Analogie aus der Physik oder Chemie zu Hilfe nehmen, von 'Stauung' und 'erhöhtem Druck', von 'Fixierung', vom 'Zurückströmen in infantile Bahnen', von 'Projektionen' und 'Regression' reden" (ebd., S. 102f). Damit war der Bruch mit Freud vollzogen. Adler legte alle Ämter, die er in dem psychoanalytischen Kreis inne hatte, nieder und gründete einen eigenen "Verein für freie Psychoanalyse", der dann bald in "Individualpsychologischer Verein" umbenannt wurde.

1912, also schon ein Jahr nach der Trennung von Freud, legte Adler sein theoretisches Hauptwerk "Über den neurotischen Charakter" vor. Später versuchte er, sich mit dieser Arbeit an der Universität Wien zu habilitieren. Dies gelang ihm jedoch nicht, da das ablehnende Gutachten des berühmten Psychiaters Wagner von Jauregg die Arbeit als zu intuitiv und Adler selbst als einen "Jünger Freuds" einstufte (vgl. Bruder-Bezzel 1987, S. 40). Im Vorwort zur dritten Auflage bekennt Adler seinen Lesern diesen Makel, der ihn daran hinderte, öffentliche Vorlesungen an der Universität abzuhalten.

Mit dem Titel des Buches "Heilen und Bilden", das 1914 erschien, war die Stoßrichtung, die die Individualpsychologie dann nehmen sollte, auf den Begriff gebracht. Beide Aspekte der Arbeit mit Menschen rückten für Adler in einen ganz engen Zusammenhang. Die Heilung seelischer Störungen war für ihn immer ein Prozeß der Umerziehung, der

Umstrukturierung eines falschen Lebensplanes. Erziehung und Bildung hingegen hatten immer neurosenprophylaktische Funktion, sollten dafür sorgen, daß in der Kindheit die Weichen für ein gelingendes, d.h. gemeinschaftsbezogenes, Leben gestellt wurden. Gleichzeitig dokumentiert dieser Sammelband, daß Adler sehr bald eine Schar engagierter Mitarbeiter um sich versammelt und auf seine Sicht der psychologischen und pädagogischen Dinge eingeschworen hatte.

Nach dem ersten Weltkrieg, den er als Militärarzt erlebt hatte, verlegte Adler den Schwerpunkt der Arbeit immer mehr darauf, seine bis dahin weitgehend ausformulierten Ideen unter das Volk zu bringen und ihnen so praktische Wirkung zu verschaffen. Er verzichtete bei seinen weiteren Schriften (die meist aus der Niederschrift von mündlichen Vorträgen entstanden) auf wissenschaftliche Diktion, auf fußnotenreiche Gelehrsamkeit und auf akademische Anerkennung und setzte ganz auf Allgemeinverständlichkeit und Anschaulichkeit.

Voraussetzung für Psychotherapie, für Erziehung, ja für sozialen Fortschritt schlechthin, war für ihn die Kunst der "Menschenkenntnis". Und als den Schlüssel zu dieser Kunst sah er seine Individualpsychologie an. Deshalb bemühte er sich in unzähligen Vorträgen, möglichst vielen Menschen diesen Schlüssel an die Hand zu geben. Die politische Atmosphäre des "roten Wiens" der zwanziger Jahre kam seinen volkserzieherischen Absichten dabei durchaus entgegen, denn die sozialistische Verwaltung zeigte sich seinen Ideen und Plänen gegenüber sehr aufgeschlossen: Adler erhielt eine Dozentur am Pädagogischen Institut der Stadt Wien. Aus seinen dortigen Vorlesungen über schwererziehbare Kinder ist das Buch "Individualspsychologie in der Schule" (1929) hervorgegangen. Auch an der Wiener Volkshochschule hielt Adler Vortragsreihen mit großem Publikumserfolg. Sie wurden dann später unter dem Titel "Menschenkenntnis" (1927) veröffentlicht.

Sein Talent als Redner und sein Charisma haben der Individualpsychologie rasch zu großer Popularität verholfen. Im Vorwort zum "Handbuch der Individualpsychologie", das Wexberg 1926 herausgab, stellt Adler voll Stolz fest: "Die Individualpsychologie ist Massenbewegung geworden" (Adler 1926, o.S.). Bald führte ihn diese Popularität zu Vortragstourneen durch ganz Europa und schließlich auch in die USA, wo er 1926 eine Gastprofessur an der Columbia University in New York erhielt. Adler wurde dabei immer mehr zum Prediger in Sachen psychischer Gesundheit, wahrer Gemeinschaft, verständnisvoller Erziehung und richtiger Lebensführung. Sperber, der zu den frühen Mitarbeitern gehörte, hat in seiner Adler-Biographie die eigentliche Triebfeder dieser rastlosen Vortragstätigkeit wohl zutreffend benannt: "Sein Ziel: die Individualpsychologie zur Erzieherin der Menschheit zu machen, durch sie Politik und Religion - irgendwann einmal - ersetzt zu wissen..." (Sperber 1926, S. 9). Ein deutlich missionarischer, weltverbesserischer Zug ist in Adlers späten Schriften unverkennbar.

Der Tod riß Adler mitten aus dieser Tätigkeit heraus, die seit zwei Jahrzehnten sein zentraler Lebensinhalt geworden war. Am 28. Mai 1937 starb er während einer Vortragsreise in Schottland an Herzversagen.

2. Das individualpsychologische Bild vom "schwierigen Kind"

Vier grundlegende Aspekte bestimmen das individualpsychologische Menschenbild und damit auch die besondere Sicht des erziehungsschwierigen Kindes:

- die explizite Orientierung an Werten,
- die finale Betrachtungsweise,
- der Gedanke der Ganzheit,
- die Annahme einer "schöpferischen Kraft".

In diesen Punkten unterscheidet sich die individualpsychologische Betrachtungsweise deutlich sowohl von der klassisch-psychiatrischen als auch von der psychoanalytischen Auffassung.

Adler hatte eine eindeutige Vorstellung vom "richtigen", d.h. dem Menschen angemessenen Leben und von den Werten, die es darin zu verwirklichen galt. Diese Sollensforderungen waren jedoch nicht religiöse Überzeugungen - Adler war Atheist - oder aus moralphilosophischen Spekulationen abgeleitet, sondern sie hatten für ihn den Status von psychologischen Tatsachen, die sich aus der "Logik des Lebens" und aus der sozialen Natur des Menschen ergaben. Im Zentrum dieser Ethik, die der ganzen Adler'schen Lehre zugrundeliegt, steht das "Gemeinschaftsgefühl". Darunter versteht Adler eine phylogenetisch verwurzelte, dem Menschen eingeborene Tendenz, die sich mit Offenheit, Hilfsbereitschaft, Sympahtie und Anteilnahme für den Mitmenschen umschreiben läßt. Die Entfaltung dieses Grundstrebens muß zwar durch die Erziehung gepflegt und gefördert werden, sie ist aber nach Adler dennoch die ursprüngliche, natürliche Linie der menschlichen Entwicklung.

Neurose - dies ist der umfassende und unscharfe Sammelbegriff Adlers für sehr viele Arten von Abweichungen und Störungen - wird im weitesten Sinne deshalb immer verstanden als ein Verfehlen dieser vorgezeichneten Entwicklungslinie. So wie er im Vorwort zu "Über den nervösen Charakter" das ganze menschliche Seelenleben als "versuchte Stellungnahme zu den Forderungen des sozialen Lebens" interpretiert, so deutet er die Neurose eben als "stark in die Irre" gegangene Stellungnahme (Sperber 1986, S. 28). Die Themen die Adler dann im "praktischen Teil" seines Hauptwerkes als typische Merkmale des nervösen Charakters behandelt, könnten in Analogie zu Strümpells Buch fast mit "Lehre von den Fehlern der Menschen" überschrieben sein, so buntscheckig werden hier sämtliche Abweichungen vom Ideal des gesunden, sprich gemeinschaftsbezogenen Individuums aneinandergereiht. Die Liste reicht von "Geiz - Mißtrauen, Neid - Grausamkeit" bis hin zu "Trotz und Gehorsam - Schweigsamkeit und Geschwätzigkeit". Alles seelische Unglück hat nach Adler seinen Ursprung in einem mangelhaft entwickelten Gemeinschaftsgefühl, und alle seelischen Störungen sind letztlich Beziehungsstörungen. Entsprechend haben auch alle Erziehungsschwierigkeiten hier ihren gemeinsamen Bezugspunkt: "Die Kinder, die wir als schwer erziehbar bezeichnen, sind nicht interessiert an dem Wohlergehen des anderen. Diese Kinder haben einen Mangel an Gemeinschaftsgefühl, Mangel an Optimismus und Courage" (Adler 1981, S. 30).

Adler hat zur Darstellung der Grundstruktur seiner Lehre eine "Individualpsychologische Skizze der Norm und der Fehlschläge" entworfen. Mitten durch dieses komplexe Schaubild läuft eine Trennungslinie, die eine "allgemein nützliche Seite" menschlicher

Lebensgestaltung von einer "allgemein unnützlichen Seite" abgrenzt. Auf der letzteren finden sich dann "Neurose", "Psychose", "Trunksucht", "Perversion", "Kriminelle", "Selbstmörder" und "schwererziehbare Kinder" (ebd., S. 122).

Sicher ist dieses Konzept der Gemeinschaftsbezogenheit als letzte und höchste Wertkategorie problematisch und nach den historischen Erfahrungen des Mißbrauchs von Gemeinschaftsidealen heute kaum mehr haltbar. Jedoch darf Adler nicht mißverstanden werden. Er hat dieses Ideal der Gemeinschaft nie in einem engen Sinn verstanden, es nie auf Klassen, Rassen, Nationen oder Konfessionen bezogen. Vielmehr ging es ihm durchaus um ein universalistisches, allgemein menschliches Ideal. Ausdrücklich betont er: "Es handelt sich niemals um eine gegenwärtige Gemeinschaft oder Gesellschaft, auch nicht um politische oder religiöse Formen, sondern das Ziel, das zur Vervollkommenheit am besten geeignet ist, müßte ein Ziel sein, das die ideale Gemeinschaft der ganzen Menschheit bedeutet, die letzte Erfüllung der Evolution" (Adler 1980, S. 166). Adler kann deshalb durchaus als Vertreter eines sozialistischen Humanismus gelten.

In diesem Sinn sind auch die oben zitierten Vertreter der "allgemein unnützlichen Seite" nicht im ökonomischen oder gar "volkshygienischen" Sinn "unnütz" für die Gesellschaft. Vielmehr sind die von ihnen eingeschlagenen Wege erfolglos, "unnütz", um die Aufgaben des Lebens angemessen zu lösen, da sie nie zum eigentlichen Ziel, sondern höchstens zur "Fiktion des Heldentums und der Gottähnlichkeit" (Adler 1981, S. 122) führen können.

Neben dieser bewußt wertenden Haltung gegenüber den Erscheinungen des menschlichen Seelenlebens ist die finale Betrachtungsweise ein weiteres Merkmal, das Adlers Lehre deutlich von der Freuds unterscheidet. Dessen streng kausaldeterministische Auffassung des Psychischen hat er scharf zurückgewiesen: "Alle scheinbare Kausalität im Seelenleben stammt aus der Neigung vieler Psychologen, ihre Dogmen in einer mechanistischen oder phsysikalischen Verkleidung zu produzieren" (Adler 1980, S. 23). Dem stellt er, kaum weniger dogmatisch, als "Grundsatz der Individualpsychologie" entgegen: "...alle Erscheinungen des Seelenlebens sind als Vorbereitungen für ein vorschwebendes Ziel aufzufassen" (Adler 1976, S. 89).

Das heißt jedoch nicht, daß dieses Ziel dem Bewußtsein jederzeit verfügbar und somit ohne weiteres benennbar wäre. Es muß durchaus hermeneutisch erschlossen werden, aber gerade dies macht den Kernpunkt individualpsychologischen Verstehens aus: die unbewußten - Adler spricht meist von "fiktiven" - Zwecke und Ziele aufzudecken, die ein Mensch mit seinem Handeln, aber auch mit seinen Symptomen, also mit dem, was er vordergründig bloß passiv erleidet, verfolgt. Die Frage: "wozu dient das?" hat deshalb für die individualpsychologische Persönlichkeitsforschung ein sehr viel größeres Gewicht als die Frage: "woher kommt das?". Dreikurs hat von daher nicht zu unrecht gemeint, man könne Adlers Psychologie als eine "Teleoanalyse" ansehen (vgl. Dreikurs 1969, S. 13).

Dabei ist für Adler diese Finalität mehr als nur ein heuristisches Prinzip, d.h. eine Aufforderung an den Pädagogen und Psychologen, sämtliche Phänomene so zu deuten, als ob ihnen ein verborgenes Ziel zugrunde läge, sondern er faßt sie durchaus als ein psychologisches Faktum auf: "Die Zielstrebigkeit der Psyche ist demnach nicht bloß unsere Anschauungsform, sondern auch eine Grundtatsache" (Adler 1976, S. 75).

Somit stellt sich natürlich die theoretische Frage nach der Herkunft eines solchen fiktiven Ziels. Es war für Adler keineswegs Ausdruck einer eingeborenen Entwicklungstendenz oder einer ererbten Charakterstruktur. Vielmehr sah er diese Zielsetzung als die schöpferische Leistung des Subjekts an, als das Ergebnis der Auseinandersetzung mit den Erfahrungen von Unzulänglichkeit und Mangelhaftigkeit, die es während seiner ersten Lebensjahre unvermeidbar macht.

Eng mit dem Gedanken der Zielstrebigkeit ist der der Ganzheitlichkeit im Psychischen verbunden. Auch er ist wiederum in bewußter Gegenposition zu Freud entwickelt. Adler lehnte es ab, die Psyche in Teilstrukturen aufzuspalten, in psychische Instanzen, die miteinander interagieren und miteinader in Konflikt geraten können. Nicht aus dem Widerstreit antagonistischer Kräfte erklärt sich für ihn die Dynamik des Seelenlebens, sondern aus den zentralen Leitmotiven, die in unterschiedlichen konkreten Symptomen und Verhaltensweisen ihren jeweiligen Ausdruck finden: "Die vergleichende Individualpsychologie erblickt in jedem psychischen Geschehen den Ausdruck, sozusagen ein Symbol des einheitlich gerichteten Lebensplanes" (Adler 1986, S. 25). Dieser Lebensplan ist dem Betroffenen selbst zwar meist vollkommen undurchschaubar, derjenige aber, der die Kunst der Menschenkenntnis wirklich beherrscht, kann ihn nach Adlers Überzeugung intuitiv erfassen. Sein methodischer Zugriff ist also ein ganz anderer als der Freuds. Nicht um das mühsame Rekonstruieren psychischer Ereignisse, nicht um psychologische Puzzles geht es Adler, sondern darum, quasi mit einem Blick das Zentralmotiv, den Lebensplan, die Leitlinie, intuitiv zu erfassen und dann von daher alle einzelnen Erscheinungen zu deuten. Sicherlich kein unproblematischer Anspruch, und in vielen von Adlers Fallinterpretationen ist man tatsächlich recht erstaunt, mit welcher Sicherheit er schon nach wenigen Sätzen aus dem schriftlich vorliegenden Fallbericht ganz genau anzugeben weiß, was das Kernproblem und das Leitmotiv des Betroffenen ist.

Dieser Lebensplan ist nun freilich nicht nur eine fixe Schablone, die einfach abläuft, sondern mehr ein Grundmuster, eine Zielorientierung, die unter je verschiedenen Lebensbedingungen zu je konkreten Handlungen ausgestaltet wird. Sowohl den Entwurf dieses Lebensplanes als auch seine Umsetzung in alltägliche Lebensvollzüge sieht Adler als kreative Leistungen des Subjekts an. Ihm schreibt er eine prinzipiell unverfügbare und wissenschaftlich nicht weiter rückführbare "schöpferische Kraft" zu. Schon das Kind ist für ihn also aktiver Gestalter seines Lebens, Schöpfer seiner eigenen Entwicklung:

> *"Jedes Individuum repräsentiert gleichermaßen die Einheit und Ganzheit der Persönlichkeit, wie die individuelle Ausformung dieser Einheit. Das Individuum ist mithin sowohl Bild wie Künstler. Es ist der Künstler seiner eigenen Persönlichkeit. Doch als Künstler ist es weder ein vollkommener Handwerker noch ein Mensch mit untrüglichem Verständnis für Seele und Körper. Das Individuum ist vielmehr ein äußerst fehlbares und unvollkommenes Wesen"* (Adler 1976, S. 7).

Diese Betonung der "schöpferischen Kraft" heißt jedoch nicht, daß Adler die Bedeutung angeborener organischer Defekte oder den Einfluß der Umwelt, in der ein Kind aufwächst, gering geschätzt hätte. Sie waren ihm aber keine determinierenden Kräfte, die die Entwicklung eindeutig auf bestimmte Linien festlegen, sondern sie stellten für ihn Probleme dar, mit denen sich das Kind auseinandersetzen muß, bisweilen auch "Verführungen", die ihm eine bestimmte Reaktionsweise nahelegen. Immer bleibt aber letztlich entscheidend, was das Kind als aktiver Gestalter aus dem, was es vorfindet, macht.

Dieses Grundprinzip gilt ebenso für "normale" wie für "schwierige" Kinder. Erziehungsschwierigkeiten sind somit für Adler - ebenso wie die Neurosen des Erwachsenen - keine Krankheiten, wenn man unter "Krankheit" versteht, daß sich quasi hinter dem Rücken des Betroffenen und ohne sein Zutun eine Funktionsstörung des somatischen oder aber des psychischen "Mechanismus" konstelliert. Es sind vielmehr Folgen von Entwicklungsrichtungen, die Kinder gewählt haben, um die Schwierigkeiten, mit denen sie sich konfrontiert sahen, zu überwinden. Problematische Folgen zwar, aber dennoch durchaus sinnhafte, zielgerichtete und somit verstehbare Schöpfungen.

3. Die Genese seelischer Störungen in der frühen Kindheit

Adler hat den Ursprung seelischer Probleme in der frühen Kindheit gesehen. Die ersten fünf Jahre waren für ihn maßgebend für die Entstehung der menschlichen Charakterstruktur, und ein Großteil seiner theoretischen Anstrengungen bezieht sich folglich darauf, die in dieser Zeit typischerweise ablaufenden Prozesse zu beschreiben. Diese Betonung der entscheidenden Bedeutung der frühen Kindheit verbindet ihn mit Freud. Gleichzeitig steht sie natürlich in einem Spannungsverhältnis zu dem von Adler immer wieder betonten Prinzip der Finalität und der Nichtdeterminiertheit des Psychischen. Denn wenn in den ersten Lebensjahren die grundlegenden Weichen gestellt werden, dann bedeutet dies ja doch immer ein Stück Determination, Fixierung durch die Vergangenheit. Was für Adler dort festgelegt wird, ist jedoch nicht eine konkrete Störung, sondern eine grundsätzliche Haltung zu sich und zur Welt, eine Streberichtung, die die künftige Orientierung im Leben bestimmt. Nicht einzelne konkrete traumatische Ereignisse oder bestimmte Triebregungen, die verdrängt werden mußten, stehen für Adler am Anfang der seelischen Störungen, sondern allgemeinere Verhältnisse der Kinderzeit: die schlechte gesundheitliche Konstitution, die falsche erzieherische Haltung der Eltern, die ungünstige Position in der Geschwisterreihe - Merkmale also, die die Selbstwahrnehmung und Selbstwertschätzung des Kindes beeinflussen.

Im Zentrum der Adler'schen Theorie der psychischen Entwicklung steht das Begriffspaar Minderwertigkeitsgefühl und Kompensation. Das Gefühl der Minderwertigkeit ist für ihn ein ubiquitärer Erlebensmodus des Kindes, der aus seiner realen Kleinheit, Hilflosigkeit und Abhängigkeit erwächst. Es stellt somit nicht grundsätzlich den Ausgangspunkt einer Störung dar, sondern bildet im Gegenteil sogar den Motor der psychischen Entwicklung, weil von ihm der Impuls nach Überwindung, Kompetenz und Selbständigkeit ausgeht. Adler nennt seine Existenz deshalb sogar einmal einen "Segen" (Adler 1976, S. 69). Gleichzeitig stellt es für ihn auch die Bedingung der Möglichkeit von Erziehung dar, denn nur aufgrund dieses subjektiv erlebten Kompetenzgefälles sei das Kind bereit, sich für die Normen und Werte, für das Wissen und Können der Erwachsenen, zu interessieren.

Problematisch wird die Situation allerdings dort, wo dieses Minderwertigkeitsgefühl übermäßig wird, wo deshalb auch die Kompensationsbemühungen ins "Fiktive" überschießen, wo Allmachtsphantasien die real erlebte Hilflosigkeit quasi betäuben sollen.

Hier sieht Adler den Ausgangspunkt der Neurose. Die Grenze zwischen der konstruktiven, entwicklungsförderlichen Kompensation und der neurotischen, entwicklungsgefährdenden Kompensation ist dabei freilich fließend.

Adler hat eine Reihe von Faktoren benannt, die das normale Minderwertigkeitsgefühl des Kindes verschärfen und zu solch überschießenden Formen der Kompensation führen können: So z.B. die Erfahrung der Ablehnung, der Lieblosigkeit, der Zurücksetzung gegenüber Geschwistern; noch wichtiger ist für Adler aber die Erfahrung der eigenen körperlichen Unzulänglichkeit, der "Organminderwertigkeit". Die Reflexion über die kindlichen Verarbeitungsweisen von solchen organischen Defekten stand am Anfang der ganzen Kompensationslehre.

Dabei greift Adler den in der Psychiatrie seiner Zeit gängigen Begriff der "Minderwertigkeit" auf, gibt ihm aber eine ganz neue Wendung, indem er ihn nicht mehr auf die hirnliche oder nervliche Ausstattung des Menschen bezieht und geistig-seelische Störungen einfach als direkten Ausfluß derselben auffaßt, sondern ihn auf periphere körperliche Organe anwendet und den Umweg über psychische Verarbeitungsprozesse dieser erlebten Defektivität macht. Störungen und Schwächen im Bereich der Sinnesorgane, des Atmungs-, Verdauungs- und Ausscheidungssystems sind es, deren psychische Folgewirkung Adler zunächst untersucht. Die "Kinderfehler" sind für ihn der "sichtbare Ausdruck einer geänderten Betriebsweise des minderwertigen Organs" (Adler 1983, S. 45f).

Die innerpsychische Auseinandersetzung mit solchen "Organminderwertigkeiten" stellt somit einen bedeutsamen Faktor der Charakterentwicklung dar: "Der organisch erschwerten Einfügung in das Leben entsprechen seelische Schwierigkeiten. Im Kampfe mit diesen und in ihrer Überwindung entstehen seelische Haltungen, auffallende Charakterzüge besonderer Art..." (ebd., S. 46). Allerdings muß die "Organminderwertigkeit" nicht notwendig zur Neurose führen, sondern sie kann durch "Überkompensation" auch zur Quelle für herausragende schöpferische Leistungen werden, indem gewissermaßen ein "Nun-erst-recht-Effekt" eintritt. Adler war fasziniert von der Idee des "challenge and response". Jede Schwierigkeit, jedes Hindernis im Lebensweg barg für ihn sowohl Risiken als auch Chancen für die psychische Entwicklung. Befragt nach den günstigsten Entwicklungsbedingungen für ein Kind, soll er einmal geantwortet haben: "Das Beste, was eine gute Fee einem Kind in die Wiege legen kann, sind Schwierigkeiten, die es überwinden soll" (zit. n. Rattner 1972, S. 137).

Eine Konstellation war jedoch auch für Adler mit großer Sicherheit dazu geeignet, das kindliche Selbstwertgefühl dauerhaft zu stören und somit die Entwicklung eines angemessenen Gemeinschaftsgefühls unmöglich zu machen: die Vernachlässigung des kindlichen Bedürfnisses nach Zärtlichkeit. Er hat sehr klar gesehen, daß die Fähigkeit zu befriedigenden zwischenmenschlichen Beziehungen in der frühen Interaktion zwischen Mutter und Kind grundgelegt wird. Die Mutter steht für ihn "an der Schwelle der Entwicklung des Gemeinschaftsgefühls. Das biologische Erbe des Gemeinschaftsgefühls wartet auf ihre Pflege" (Adler 1980, S. 134). Ist diese Pflege unzureichend, wird das Zärtlichkeitsbedürfnis des Kindes nicht durch einfühlsame Zuwendung der Mutter beantwortet, so sind die Folgen verhängnisvoll. "Von allen Objekten der Zärtlichkeit abgeschnitten, besitzt das Kind nur die eigene Person als Ziel seiner Sehnsucht, die Sozialgefühle bleiben rudimentär" (Adler 1983, S. 65). Von Adlers anthropologischem Grundaxiom her, nämlich der sozialen Bezogenheit des Menschen, ist natürlich klar, daß eine solche egozentrische Einstellung niemals zu einem geglückten Leben führen kann. Das Kind gerät entweder in die Isolation oder aber in die "Angriffsstellung":

"Die rauhen Charaktere, die zügellosen, unerziehbaren Kinder können uns darüber belehren, wie der dauernd unbefriedigte Zärtlichkeitstrieb die Aggressionsbahnen in Erregung bringt. Das Verständnis für den jugendlichen Verbrecher wird, meinen wir durch diese Betrachtung wesentlich gefördert..." (ebd., S. 65).

Die andere, gewissermaßen entgegengesetzte Weise der Deformation des Gemeinschaftsgefühls und somit der Erzeugung von Erziehungsschwierigkeiten stellt für Adler die "Verzärtelung" dar. Besonders in seinen späteren Schriften hat er diesem Faktor immer größeres Gewicht beigemessen. Er meint damit eine erzieherische Haltung, die sich den kindlichen Launen ständig unterwirft, keinerlei Forderungen stellt, dem Kind alle Schwierigkeiten aus dem Weg räumt und alle Rücksichtslosigkeiten nachsieht. Auf diese Art und Weise wird seiner Meinung nach eine Einstellung gefördert, die die Fähigkeit zur Kooperation in der Gemeinschaft ernsthaft gefährdet, denn diese setzt ja die Achtung der Interessen anderer sowie Selbstbegrenzung und Hilfsbereitschaft voraus.

Weil der Mensch in Adlers Augen aber unvermeidbar auf die menschliche Gemeinschaft verwiesen ist, werden diese Defizite den Kindern, sobald sie den engen häuslichen Umkreis, der sich ihren Ansprüchlichkeiten angepaßt hatte, verlassen, zum ernsthaften Problem. Sie fühlen sich zurückgesetzt, unverstanden, und spüren quälend ihre Hilflosigkeit, Schwierigkeiten aus eigener Kraft zu überwinden.

"Meist unbefriedigt sehen sie mit verzehrendem Neid auf die Erfolge der anderen, ohne sich aufzuraffen. Immer bannt sie die Furcht vor der Niederlage, vor der Aufdeckung ihrer Wertlosigkeit, meist sieht man sie auf dem Rückzug vor den Aufgaben des Lebens, für den sie um Ausreden nie verlegen sind" (Adler 1976, S. 57).

Sowohl die Vernachlässigung als auch die "Verzärtelung" führen nach Adler zu einem verstärkten Minderwertigkeitsgefühl. Im ersteren Fall deshalb, weil die bestätigende Rückmeldung des "Gut-seins", der Werthaftigkeit von Anfang an ausbleibt, im zweiten Fall deshalb, weil die Grundlage, die dieses Gefühl dauerhaft erst ermöglicht und sichert, nämlich die Erfahrung der selbständigen Bemeisterung von Aufgaben und Schwierigkeiten, nicht entwickelt wird. Sicher hat Adler diese Polarität der Verfehlungsmöglichkeit der erzieherischen Aufgaben durch Vernachlässigung und Verzärtelung nicht erfunden, sondern damit pädagogisches Allgemeingut aufgegriffen. Aber er hat doch dadurch, daß er diese Begriffe zu seinem Konzept von Minderwertigkeitsgefühl und Kompensation in Beziehung setzte, einen wichtigen Erklärungsaspekt hinzugefügt. Natürlich ist eine Verständigung über die problematische Wirkung sowohl einer vernachlässigenden als auch einer verzärtelnden Erziehung in solcher Allgemeinheit leicht möglich, sind beide Varianten doch schon von vornherein durch ein "Zu-viel" bzw. ein "Zu-wenig" definiert. Wesentlich schwieriger wird es dagegen, im konkreten Einzelfall zu entscheiden, ob eine erzieherische Haltung oder gar eine einzelne Handlung als "vernachlässigend", "verzärtelnd" oder eben als "angemessen" einzustufen ist.

Einen weiteren Faktor, der zu einer Verschärfung des Minderwertigkeitsgefühls beitragen kann, stellt für Adler eine ungünstige Position innerhalb der Geschwisterreihe dar. Hier hat er wohl als erster klar gesehen, daß innerhalb einer Familie aufzuwachsen durchaus nicht heißen muß, die gleiche erzieherische Situation vorzufinden. Die Familie war ihm ein dynamisches Feld, in der die verschiedenen Positionen mit jeweils typischen Problemen verknüpft sind, die die Charakterentwicklung beeinflussen. Für die Perspektive, in der ein Kind sich selbst und die anderen Familienmitglieder wahrnimmt, ist es ein großer Unterschied, ob es z.B. das einzige, das erst- oder zweitgeborene oder das jüngste Kind ist. Die Erfahrung der "Entthronung" kann ebenso zu einem verstärkten Gefühl der Minderwertigkeit führen und damit zum Ausgangspunkt von Entwicklungsstörungen werden wie die Konkurrenz mit einem älteren Geschwister, bei dem man immer den kürzeren zieht.

Auch auf die spezifische Problematik von Mädchen in einer gesellschaftlichen und familiären Atmosphäre, in der Männer deutlich bevorzugt werden, in der Männlichkeit idealisiert und mit Stärke, Überlegenheit und Selbstherrlichkeit gleichgesetzt wird, hat Adler hingewiesen. Die in der heutigen Frauenbewegung geläufige Parole "Nieder mit dem Männlichkeitswahn" könnte durchaus auch von ihm stammen, denn die gesellschaftliche Idealisierung des maskulinen Machtstrebens stellte für ihn eine bedeutsame Quelle der Neurose dar.

4. Prinzipien individualpsychologischer Pädagogik und Heilpädagogik

Das Ziel individualpsychologisch geleiteter Erziehung ist der gemeinschaftsbezogene, verantwortungsvolle, sich selbst in seiner Beziehung zu anderen realistisch einschätzende und die Lebensaufgabe mutig anpackende Mensch. Es ist somit eine ausgesprochen säkulare, nichttranszendente Ethik, die sich in dieser Zielbestimmung ausdrückt. Das "höchste Gut" ist ihr die ideale mitmenschliche Gemeinschaft.

Die Aufgabe der Erziehung besteht nach Adler, allgemein gesprochen, darin, die natürliche, eingeborene Tendenz hin zu diesem Ziel zu unterstützen, das Gemeinschaftsgefühl zu pflegen und beim Aufbau eines realistischen, der "Logik des Lebens" angemessenen Lebensplanes behilflich zu sein. Durch welche Formen erzieherischen Fehlverhaltens die Erreichung dieses Ziels für Adler am stärksten gefährdet schien, wurde bereits dargestellt. Positiv gewendet war der Erziehungsstil, den Adler in seinen Schriften immer wieder propagierte, dadurch gekennzeichnet, daß die Eltern, die natürlich selbst erzogen, sprich im obengenannten Sinn psychisch gereift sein sollten, sich dem Kind als liebe- und verständnisvolle Entwicklungshelfer zur Verfügung stellen. Von besonderer Bedeutung war dabei die "Ermutigung", d.h. die Förderung des Zutrauens in die Fähigkeit, Aufgaben selbst zu lösen und Hindernisse aus eigener Kraft zu überwinden. Das aus solchen Erfahrungen gewonnene Gefühl von Kompetenz und Leistungsfähigkeit war für Adler der beste Schutz gegen das verschärfte Minderwertigkeitsgefühl und seine Folgen.

Die von der Individualpsychologie geforderte Erziehungshaltung war jedoch keine antiautoritäre, stets gewährende. Es war für Adler eine durchaus wichtige Aufgabe der Erziehung, gegenüber den kindlichen Wünschen und Bedürfnissen die Logik der Gemeinschaft, d.h. die Notwendigkeit von Rücksichtsnahme, Gerechtigkeit, Verantwortlichkeit und Hilfsbereitschaft, zur Geltung zu bringen.

Diese allgemeinen erzieherischen Richtlinien bilden den Hintergrund für den speziellen Fall der "heilenden", "gegenwirkenden" Erziehung, d.h. für die Aufgabe der Erziehung, die dann einsetzt, wenn das Kind sich, aus welchen Gründen auch immer, von der Linie der rechten Gemeinschaftsbezogenheit und der realistischen Selbsteinschätzung fortentwickelt hat und zum "schwer erziehbaren Kind" bzw. zum "Sorgenkind" geworden ist. Dieser heilpädagogische oder therapeutische Aspekt der Erziehung wird bei Adler im weitesten Sinne immer als Korrekturarbeit an einem unangemessenen Lebensplan verstanden: "...durch Aufhellung des unerkannten Lebensplanes und Revision desselben den Sinn für die Wirklichkeit zu schärfen, krankhafte, unsoziale Ausartungen durch Änderungen des selbstgeschaffenen Systems zu beseitigen und eine Versöhnung anzubahnen" (Adler 1983, S. 382), dies ist die Aufgabe, die für Adler mit dem Begriffspaar "Heilen und Bilden" ausgedrückt sein soll und die gleichermaßen für die Therapie des erwachsenen Neurotikers wie für die Behandlung des erziehungsschwierigen Kindes gilt.

Nicht um das Nachholen von unzureichend gelösten Entwicklungsaufgaben, nicht um die Rekonstruktion frühkindlicher Traumatisierungen und nicht um die Auflösung unbewußter Fixierungen ging es Adler, sondern um die Korrektur von Irrtümern, von falschen Meinungen über sich selbst und die Welt und um die Berichtigung unangemessener Zielsetzungen. Wie stark normativ seine therapeutische Haltung war, geht auch aus einem der Leitsätze, mit denen er seine Neurosenlehre zusammengefaßt hat, deutlich hervor: "Die Heilung der Neurose und Psychose erfordert die erzieherische Umwandlung des Patienten, die Korrektur seiner Irrtümer und seine endgültige Rückkehr in die menschliche Gemeinschaft ohne Phrase" (Adler 1974, S. 41).

Die ganze Auffassung vom therapeutischen Prozeß hat bei Adler einen ausgesprochenen kognitivistischen Zug. Es geht in allererster Linie darum, dem Betroffenen klar zu machen, daß er mit seiner Einstellung zum Leben falsch liegt, daß er mit seinem Lebensplan illusionäre Ziele verfolgt. Dem Prinzip der "Ermutigung" kommt in diesem therapeutischen Zusammenhang vornehmlich die Funktion zu, den angestrebten Orientierungswechsel motivational zu unterstützen. Der Patient bzw. das Problemkind sollte "ermutigt" werden, die alten, eingefahrenen Einstellungen, Zielsetzungen und Handlungsweisen aufzugeben und sich statt dessen auf der "allgemein nützlichen Seite" des Lebens zu bewähren, d.h. seinen Beitrag zur Gemeinschaft zu leisten.

5. Die Behandlung erziehungsschwieriger Kinder - Adlers Praxis der Erziehungsberatung

Adler war nicht, wie Aichhorn, Leiter einer Fürsorgeerziehungsanstalt, und er hat somit auch kein Konzept für eine solche Heimerziehung entwickelt. Seine Art der "Behandlung" von erziehungsschwierigen Kindern fand als öffentliche Erziehungsberatung statt und stellte für das Publikum gleichzeitig eine Einführung in Theorie und Praxis der Individualpsychologie dar. In den Büchern "Die Seele des schwererziehbaren Schulkindes" und

"Das Leben gestalten - vom Umgang mit Sorgenkindern" ist dieses Verfahren in zahlreichen Beispielen anschaulich dokumentiert.

Der typische Ablauf solcher Demonstrationsveranstaltungen war der, daß Adler zunächst den schriftlichen Fallbericht, wie er von Eltern, Lehrern oder Hausärzten erstellt worden war, vorlas und mit Kommentaren versah. Dann erfolgte ein Geprăch mit den Eltern. Schließlich wurde das betroffene Kind hinzugezogen, und es wurden ihm die Ergebnisse der Analyse seines Falles sowie die für möglich und notwendig erachteten Änderungen seiner Einstellungen und Verhaltensweisen mitgeteilt. Eine Ermunterung oder, besser, "Ermutigung", es damit doch einmal zu versuchen, bildete meist den Abschluß der Sitzung.

Zur "Aufhellung des unbekannten Lebensplanes" und zur Erfassung der Gesamtsituation des Kindes hat Adler mehreren seiner Schriften einen "Fragebogen zum Verstehen und zur Behandlung schwererziehbarer Kinder" beigefügt. Er war gedacht als Leitfaden für die Explorationsgespräche mit Eltern und Kindern und er lag als Schema auch den schriftlichen Falldarstellungen zugrunde, die den Ausgangspunkt bei den öffentlichen Beratungsveranstaltungen bildeten. In 15 Punkten, die jeweils in sehr viele Einzelfragen aufgegliedert sind, wird darin nach den Symptomen, nach dem Entwicklungsverlauf, nach den charakterlichen Besonderheiten, nach dem Sozialverhalten, nach der Schulsituation, nach dem Familienhintergrund sowie nach Neigungen, Einstellungen und Ängsten des Kindes gefragt. Interessanter als diese durchaus herkömmlichen Orientierungspunkte sind die Hinweise, die die Aufmerksamkeitsrichtung des Gesprächsleiters näher bestimmen sollen. So ist etwa dem Punkt 2, den Fragen zur Entwicklungsgeschichte, die Bemerkung beigefügt: "Zu achten ist auf die Feststellung einer feindlichen Einstellung zum Leben, auf Ursachen zur Erweckung von Minderwertigkeiten, auf Tendenzen zur Ausschaltung von Schwierigkeiten und Personen und auf Züge von Egoismus, Empfindlichkeit, Ungeduld, Affektsteigerung, Aktivität, Gier, Vorsicht" (Adler 1980, S. 186).

Die erläuternden Kommentare, mit denen Adler den Vortrag dieser Fallberichte dann immer wieder unterbricht, sind eher impressionistische Bemerkungen, die das Material als Illustration zu individualpsychologischen Grundüberzeugungen verwenden. Bei den Gesprächen mit den Eltern handelt es sich meist um Belehrungen darüber, was in der Erziehung der Kinder falsch gelaufen ist und worin ihre zukünftige Aufgabe besteht, um die Besserung zu unterstützen. Etwa nach dem Schema: "Sehen Sie, er hat den Mut verloren und will nichts anderes mehr als ein leichtes Leben, es wird ihre Pflicht sein, ihn dazu zu ermutigen, dem Leben mit mehr Zuversicht entgegen zu treten" (Adler 1979, S. 91). Die abschließenden Gespräche mit den betroffenen Kindern schließlich bestehen in der Regel aus einer Mischung von unterschwelligem Vorwurf über das, was an Klagen vorliegt, und gutem Zureden, daß sie auch anders könnten, wenn sie sich nur richtig anstrengten. Sie gleichen darin durchaus den Erziehungsreden, die entsprechend instruierte Nikoläuse in vorweihnachtlichen Wohnstuben halten. Exemplarisch sei auch hier ein kurzer Auszug wiedergegeben:

"Dr. Adler: ...meinst du nicht, es wäre viel netter, wenn jemand sagte: 'John ist ein feiner Kerl'? Leute zu ärgern, nur um sich in den Mittelpunkt zu spielen, ist eigentlich recht feige. Es gehört seht viel mehr dazu, anderen Leuten zu helfen. Bist du mutig genug,

es zu versuchen? Wie lange glaubst du, wirst du dazu brauchen, bis du zu den Schülern in deiner Klasse gehörst, die sich am besten benehmen? Ich bin überzeugt, bei deiner Klugheit wirst du es in zwei Wochen schaffen. Willst du mich in zwei Wochen besuchen und mir erzählen, wie du vorankommst?

John: Ja" (Adler 1979, S. 67).

Die ganze Beratung läuft bei Adler auf einer kognitiven Ebene des Belehrens und des Zuredens ab. In diesen Gesprächsprotokollen ist nichts zu spüren von der detektivischen Neugier, von der genialen Intuition und von der Lust an der psychologischen Duellsituation, welche die Schilderungen aus Aichhorns Erziehungsberatung so spannend machen. Es geht bei Adler nicht um die Auflösung psychologischer Rätsel und die Aufdeckung unbewußter Determinanten des Verhaltens. Auch auf die Herstellung einer besonderen Beziehungskonstellation zwischen dem Berater und dem Jugendlichen, welcher Aichhorn so große Bedeutung zugesprochen hatte, wurde in dem individualpsychologischen Arrangement der Erziehungsberatung sehr viel weniger Gewicht gelegt. Vielmehr ging es um die Aufklärung über die Struktur des Lebensplanes und der darin enthaltenen Ziele. Während Aichhorn in durchaus manipulativer Art Väter, Mütter und Jugendliche an den Fäden der unsichtbaren Übertragungsbeziehung tanzen ließ, sie gegebenenfalls auch gegeneinander ausspielte, war Adler sehr viel mehr der rational erklärende Psychologe, der Herr Doktor, der sagt, was falsch läuft und was besser gemacht werden muß. Im Augenblick des ersten direkten Kontaktes mit dem Jugendlichen war Adler immer schon in der Rolle dessen, der bereits alles weiß, der nur mehr mitteilt, wo die Probleme und wo die Lösungsmöglichkeiten liegen. Adler hat das von ihm praktizierte Verfahren der Behandlung eines Jugendlichen einmal folgendermaßen zusammengefaßt:

"Wir gehen so vor, daß wir seiner Seele einen Spiegel vorhalten; wir zeigen ihm seine Haltung und vergleichen sie mit anderen Bildern, die wir entwerfen. Wenn wir erreichen können, daß der Junge sich so sieht, wie er tatsächlich ist, wird eine Zeit kommen, wo er daran denkt, wenn er sich schlecht benimmt, und seine Sicherheit wird erschüttert. Und sobald er die Gründe für sein Verhalten völlig durchschaut hat, ist er ein anderer Junge" (Adler 1979, S. 64).

6. Adlers Wirkung

Die große Popularität, die Adler in den zwanziger und dreißiger Jahren erreichte, kann wohl weniger auf die spektakulären Erfolge dieser Art von Erziehungsberatung zurückgeführt werden, sondern die Gründe dafür müssen weit mehr in dem suggestiven Stil seiner Vorträge und Bücher gesehen werden. Er war wohl der erste große Populärpsychologe. Alle seine späteren Bücher stellen eine eigenartige Mischung von lebenspraktischer, erfahrungsnaher Psychologie (in der jeder an der einen oder anderen Stelle eigene Probleme und Verhaltensmuster gespiegelt sehen kann), idealistischer Sozialphilosophie und pädagogischer Elternberatung dar. Buchtitel wie "Menschenkenntnis" oder "Der Sinn des Lebens" machen diese Tendenz besonders deutlich. Für manchen seiner Anhänger hatte die

Individualpsychologie wohl durchaus die Funktion eines Religionsersatzes. Adler trat mit dem Anspruch auf, die Bewegungsprinzipien der individuellen seelischen Entwicklung, die natürliche Zielbestimmung der menschlichen Existenz und die pädagogischen und therapeutischen Möglichkeiten, dieselbe zur Entfaltung zu bringen, erkannt zu haben. Zugleich war er aber auch der Prophet eines neuen, besseren Zeitalters, in dem die wahre Gemeinschaft zwischen den Menschen verwirklicht sein würde, in dem die Menschen "Gemeinschaftsgefühle äußern wie Atem" (Adler 1980, S. 172) - mit ebensolcher Natürlichkeit und Selbstverständlichkeit.

Über Adlers persönliche Ausstrahlung schreibt Sperber, der ihm als Sechzehnjähriger in einem Volkshochschulkurs erstmals begegnete:

"Adler wirkte damals auf alle, die mit ihm zu tun hatten - besonders aber auf die jungen Leute, die von ihm lernen wollten -, so ermutigend, daß jeder selbst nach einem ganz kurzen Gespräch mit ihm gleichsam einen neuen Glauben an sich selbst davontrug, eine zwar unformulierte, doch äußerst bestärkte Hoffnung auf die eigene nahe oder ferne Zukunft ... Man dachte, wußte auf einmal, daß man von sich selbst ungleich mehr fordern, mehr aus sich 'herausholen' könnte, als man es vorher je für möglich gehalten hatte. Gar mancher fühlte sich wie verwandelt, in einen anderen, besseren, klügeren, aktiveren Mitmenschen verwandelt" (Sperber 1983, S. 13f).

Was Adlers Lehre für die Pädagogik so attraktiv machte, war wohl besonders der darin enthaltene erzieherische Optimismus:

"Der Mensch ist von Natur aus nicht böse. Was auch ein Mensch an Verfehlungen begangen haben mag, verführt durch seine irrtümliche Meinung vom Leben, es brausht ihn nicht zu bedrücken; er kann sich ändern. Die Vergangenheit ist tot. Er ist frei, glücklich zu sein und andere zu erfreuen" (Adler 1976, S. 112).

Dies war eine Botschaft, die in der pädagogischen Aufbruchstimmung der Weimarer Zeit von vielen Erziehern mit großer Begeisterung aufgenommen wurde, und es ist sicher der bleibende Verdienst der Individualpsychologie, daß sie am entschiedensten gegen die fatalistischen psychiatrischen Lehrmeinungen von der "psychopathischen Persönlichkeit" Front bezogen hat. Alle seelischen Störungen, alle Verhaltensauffälligkeiten, waren für Adler psychologisch erklärbar, waren reaktiv, selbst wenn sie sich als "Überbau" über eine anlagebedingte "Organminderwertigkeit" entpuppten. An verschiedenen Stellen hat Adler den "Vererbungswahn" der Schulpsychiatrie heftig kritisiert. Dabei war er dennoch kein reiner Milieutheoretiker. Alle psychische Entwicklung - und dies stellt vielleicht seine wichtigste und auch heute noch aktuellste Einsicht dar - war für ihn die kreative Verarbeitungsleistung eines schöpferischen Subjektes. Deutlich kommt dies in der folgenden Mahnung zum Ausdruck:

"Vergessen Sie nicht die wichtigste Tatsache, daß nämlich nicht Vererbung und nicht das Milieu die entscheidenden Faktoren sind. - Beide bilden lediglich den Rahmen und

die Einflüsse, auf die das Individuum je nach seiner ihm eigenen schöpferischen Kraft reagiert" (handschriftliche Notiz Adlers, zit. n. Rattner 1972, S. 96).

Wenn es gelang, die fehlgelaufenen, sozial problematischen Reaktionsformen aufzuklären, die "Irrtümer" zu korrigieren, so konnten nach dieser Auffassung auch das schwersterziehbare Kind, das bisher als "psychopathisch" galt, wieder auf den natürlichen Entwicklungsgang zurückgeführt und zu einem nützlichen Mitglied der Gesellschaft werden. Die Individualpsychologie wurde von Adler selbst und von seinen Schülern als der Schlüssel für diese pädagogische Aufgabe verstanden. Darüber hinaus sollte durch eine umfassende Bewußtseinsbildung der Bevölkerung, durch intensive Schulung von Eltern und Lehrern auch das pädagogische Gesamtklima verbessert und somit die Voraussetzung für ein störungsfreies Aufwachsen der Jugendlichen geschaffen werden. In diesem Sinne formulierte Freudenberg im "Handbuch der Individualpsychologie": "Die Individualpsychologie ist also auf Erziehung der ganzen Menschheit zu höherer Menschlichkeit gerichtet und will diese Ziele durch Beseitigung der sozialen und pädagogischen Quellen der Nervosität, Verwahrlosung, Gesellschaftsfeidlichkeit erreichen" Freudenberg 1926, S. 369).

Es bildete sich in den zwanziger Jahren ein immer größer werdender Kreis von Mitarbeitern, der sich darum bemühte, die Adler'sche Lehre für die praktische Erziehungsarbeit fruchtbar zu machen. Schon 1920 wurde in Wien die erste individualpsychologische Erziehungsberatungsstelle eingerichtet. 1934 waren es bereits über 30. Die Erziehungsberater leisteten ihre Arbeit dabei nicht gegen Bezahlung, sondern aus Engagement für die Sache der Erziehung und der Individualpsychologie, also gewissermaßen als freiwilligen Beitrag zur "Gemeinschaft". 1931 wurde in Wien sogar eine individualpsychologische Versuchsschule" eingerichtet. Ihr Leiter war Oskar Spiel. (vgl. Spiel 1947).

Erwin Wexberg, Fritz Künkel, Ferdinand Birnbaum, Kurt Seelmann, Alfons Simon, Alice Friedmann, Leonhard Seif, Sophie Freudenberg, Ida Löwy, Sophie Lazarsfeld... - dies sind nur einige Namen aus der ersten Schüler- und Mitarbeitergeneration, die durch praktische individualpsychologisch geleitete Erziehungs- und Bildungsarbeit, sowie durch theoretische Beiträge in der "Internationalen Zeitschrift für Individualpsychologie" und im "Handbuch der Individualpsychologie" für die Verbreitung von Adlers Lehre wirkten. Durch Rudolf Allers erhielt sie eine katholisch-wertorientierte Interpretation und durch Otto Rühle und Manés Sperber eine Ausprägung, die deutlich vom Marxismus beeinflußt war. Fritz Künkel entwickelte auf der Grundlage von Adlers Lehre seine spezielle Charakterpsychologie.

Ab 1933 wurden im deutschen Raum Adlers Bücher ebenso wie die Freuds öffentlich verbrannt. Nach dem Zweiten Weltkrieg konnte die Individualpsychologie jedoch nicht mehr in ähnlicher Weise Fuß fassen wie die Psychoanalyse, die bald zur dominanten tiefenpsychologischen Schule wurde und eine stetige Fortentwicklung der Theorie erlebte. Zu sehr an das Charisma ihres Begründers gebunden und zu wenig systematisch ausgearbeitet war Adlers Lehre, als daß sich nach seinem Tod an einzelnen Problemkomplexen eine weiterführende Fachdiskussion hätte entzünden können; dabei zugleich zu sehr getragen vom Pathos der Gemeinschaft und der Menschheitsverbesserung, als daß man sie nach dem Mißbrauch dieser Kategorien im Faschismus hätte unbefangen weiterverwenden können.

1959 hat Bleidick in seiner Dissertation eine kritische Würdigung der Individualpsychologie unter pädagogischen und heilpädagogischen Gesichtspunkten versucht und damit eine Aktualisierung angestrebt (vgl. Bleidick 1959). Dennoch behielt Adlers Lehre in gewissem Sinn den Ruf des Antiquierten. Auch die Studentenbewegung, die manchen psychoanalytischen Klassiker ausgrub und neu entdeckte, änderte daran nichts. Sie ließ Adler weitgehend links oder, besser gesagt, rechts liegen. Erst in jüngerer Zeit scheint es eine gewisse Neubelebung des Interesses für die Individualpsychologie gerade auch im Bereich der Lern- und Verhaltensgestörtenpädagogik zu geben (vgl. Antoch 1981, Bleidick 1986, 1987, Vernooij 1987, 1988). Ich denke mit Recht, denn in der Tat sind ja bei Adler schon manche Erkenntnisse über die psychische Entwicklung grundgelegt - wie etwa Ganzheitlichkeit, Zielstrebigkeit, Subjekthaftigkeit - denen sich andere psychologische Richtungen erst heute allmählich annähern.

IX. Institutionelle Maßnahmen

1. Gesetzgebung

Die ersten Jahrzehnte des 20. Jahrhunderts brachten mit dem gewandelten Problemverständnis und mit dem zunehmenden öffentlichen Interesse für pädagogische, psychopathologische und fürsorgerische Probleme auch eine ganze Reihe neuer institutioneller Maßnahmen für gefährdete Kinder und Jugendliche hervor. Schon 1876 hatte sich der Staat erstmals unmittelbar per Gesetzgebung in das Gebiet der Fürsorge und Verwahrung für diese Problemgruppe eingeschaltet. Der § 55 des Reichsstrafgesetzbuches, welcher dann die Grundlage für die Landeszwangserziehungsgesetze bildete, lautete:

"Wer bei Begehung einer Handlung das zwölfte Lebensjahr nicht vollendet hat, kann wegen derselben nicht strafrechtlich verfolgt werden. Gegen denselben können jedoch nach Maßgaben der landesgesetzlichen Vorschriften die zur Besserung und Beaufsichtigung geeigneten Maßregeln getroffen werden. Insbesondere kann die Unterbringung in einer Erziehungs- und Rettungsanstalt erfolgen, nachdem durch Beschluß der Vormundschaftsbehörde die Begehung der Handlung festgestellt und die Unterbringung für zulässig erklärt worden ist"

Der § 56 bestimmte dann, daß auch Delinquenten im Alter von 12 - 18 Jahren freizusprechen und einer Pflegefamilie oder einer Rettungsanstalt zu überweisen seien, wenn sie bei Begehung der Straftat die "zur Erkenntnis ihrer Strafbarkeit erforderliche Einsicht" noch nicht besessen hätten. Damit war zumindest die gemeinsame Unterbringung jugendlicher, ja kindlicher Delinquenten mit erwachsenen Verbrechern in Strafanstalten, die schon von Johannes Falk als "Pflanzschulen des Lasters und Vorhöfe künftiger größerer Verbrecher" kritisiert worden waren, überwunden.

Die Öffentliche Hand konnte nach dieser Rechtslage aber erst dann eingreifen, wenn strafbare Delikte bereits vorlagen. Daran änderten auch die landesgesetzlichen Vorschriften, die in Preußen mit dem "Zwangserziehungsgesetz" vom 13. März 1878 erlassen wurden, nichts. Erst die Zwangserziehungsgesetze der kleineren Länder Baden (1886) und Hamburg (1887) gingen einen Schritt weiter. Dort wurde nämlich festgelegt, daß schon die Gefährdung des sittlichen Wohles, die drohende Verwahrlosung aufgrund der Vernachlässigung oder des Mißbrauchs der elterlichen Rechte und Pflichten, ausreichte, um Jugendliche bis 16 Jahre der Zwangserziehung zu überweisen. Hier kam zum ersten Mal das prophylaktische Moment in der Gesetzgebung zur Geltung.

Das Bürgerliche Gesetzbuch, das mit der Jahrhundertwende in Kraft trat, hat zwar einerseits das Elternrecht ausdrücklich bestätigt, hat aber in dem § 1666 auch das Recht des Kindes auf den Schutz seines leiblichen und geistigen Wohles gegenüber Vernachlässigung und Mißbrauch durch die Eltern (im Gesetzestext ist eigentümlicherweise nur vom Vater die Rede) hervorgehoben. Es bestimmte, daß das Vormundschaftsgericht "die zur Abwendung der Gefahr erforderlichen Maßregeln" zu treffen hätte. Als solche werden die

Unterbringung in einer geeigneten Pflegefamilie bzw. in einer Erziehungs- oder Besserungsanstalt genannt.

Das Gesetz, das die Durchführung dieser Maßnahmen regeln und das preußische Landesgesetz von 1878 ablösen sollte, wurde heftig diskutiert. Die alte Regelung hatte sich nämlich nach der Einschätzung des zuständigen Ministers als wenig erfolgreich erwiesen hinsichtlich seines Ziels, "die Verwilderung und Zuchtlosigkeit der heranwachsenden Jugend" in den Griff zu bekommen. In der Begründung der neuen Gesetzesvorlage wird auf die Jugendkriminalität hingewiesen, welche laut amtlicher Statistik von 1882 bis 1897 um 47% gestiegen war. Im Jahr 1899 befanden sich insgesamt 10.759 jugendliche Personen in Zwangserziehung. Drei mögliche Gründe werden in dem neuen Gesetz für die Überweisung von Minderjährigen in die Fürsorgeerziehung genannt: Das Vorliegen von Vernachlässigung oder sittlicher Gefährdung durch die Eltern, das Vorliegen einer strafbaren Handlung, die aufgrund des jugendlichen Alters strafrechtlich nicht verfolgt werden kann, und die Gefahr "völligen sittlichen Verderbens" wegen "Unzulänglichkeit der erziehlichen Einwirkung der Eltern oder sonstigen Erzieher oder der Schule". Der Beschluß auf Fürsorgeerziehung mußte grundsätzlich vom Vormundschaftsgericht ausgesprochen werden, und sie war als öffentliche Erziehung auch Erziehung auf öffentliche Kosten.

Damit hatte der Staat endgültig die "Verwaltung" dieser gesellschaftlichen Problemlage und dieses Gefahrenpotentials übernommen. Der unterzeichnende Innenminister machte in seiner Begründung die Grundintention des neuen Gesetzentwurfes deutlich: Es gehe darum, "die Bestrafung der Jugendlichen durch planmäßige, länger andauernde Erziehung unter öffentlicher Aufsicht (Zwangserziehung) zu ersetzen und damit nicht zu warten, bis den Jugendlichen eine Straftat vor den Strafrichter bringt, sondern sie schon dann anzuordnen, wenn die Spuren der Verwahrlosung, der Vorstufe zum Verbrechen, sich zeigen" (zit. n. Trüper 1900, S. 7). Tragendes Motiv dieser Gesetzgebung ist also die Verbrechensprophylaxe und somit der Schutz der gesellschaftlichen Ordnung. Bezeichnend ist die Tatsache, daß der Entwurf für dieses Gesetz, das am 2. Juni 1902 als "Gesetz über die Fürsorgeerziehung Minderjähriger" in Kraft trat, noch den alten Begriff "Zwangserziehung" im Titel führte. Die Umbenennung in der Endfassung war jedoch keineswegs mit einer entsprechenden inhaltlichen Umgestaltung verbunden.

Die in der Pädagogik und Psychiatrie jener Zeit schon recht verbreitete Auffassung, "daß in der Mehrzahl der Fälle jugendlicher Verwahrlosung oder Entartung das Pathologische im Leibes- oder Seelenleben ... eine Hauptursache bildet" (ebd., S. 21), hat in dieser Gesetzgebung noch keinerlei Berücksichtigung gefunden. Trüper hat deshalb bei seiner ausführlichen Besprechung dieses Gesetzentwurfes in den "Beiträgen zur Kinderforschung und Heilerziehung" den Standpunkt vertreten, daß dieses Gesetz zwar eine Verbesserung gegenüber der alten Regelung bedeute, aber dennoch noch weit hinter den eigentlichen Erfordernissen zurückbleibe. Insbesondere vermißt er die Einführung eines "pädagogisch-psychiatrischen Dienstes" (ebd., S. 21). Als Leiter einer privaten Erziehungsanstalt für schwer erziehbare Kinder und als grundsätzlicher Skeptiker gegenüber staatlich-bürokratischen Verfügungen fürchtete er zudem, daß in den staatlichen Zwangserziehungsanstalten recht bald der "Polizeigeist" seinen Einzug halten und den Erziehungsgeist der ehemals privaten Rettungshäuser verdrängen würde.

Das Reichsjugendwohlfahrtsgesetz aus dem Jahr 1922 brachte dann eine für das ganze Reich einheitliche Regelung und war zugleich Ausdruck eines neuen sozialen und pädagogischen Zeitgeistes. Es ging davon aus, daß die Fürsorgeerziehung allein am Wohle des Kindes orientiert sein und keinerlei Strafcharakter tragen solle. In dem programmatischen § 1 des RJWG wird ganz allgemein das Recht jedes deutschen Kindes "auf Erziehung zur leiblichen, seelischen und gesellschaftlichen Tüchtigkeit" postuliert. Die öffentliche Jugendfürsorge wird darin verstanden als der Versuch des Staates, dieses Recht des Kindes auch in den Fällen einzulösen, in denen die Eltern gegenüber diesen Ansprüchen versagen. Nicht der Schutz der staatlichen Ordnung vor eventuellen Störenfrieden, sondern die Hilfe in individuellen Notsituationen sollte durch dieses Gesetz verbessert werden. Auch das heilpädagogisch-psychiatrische Denken fand in diesem Gesetz erstmals seinen Niederschlag. Ausdrücklich wurde nun eine ärztliche Mitwirkung bei der Unterbringung in Fürsorgeerziehung gefordert, und es war im § 70 sogar gesetzlich vorgesehen, "psychopathische Kinder", soweit dies pädagogisch geboten erschien, in heilpädagogische Sonderanstalten und Sonderabteilungen einzuweisen. Aus Finanzmangel wurde dieser Paragraph dann allerdings per Notverordnung vom 14. Februar 1924 wieder aufgehoben.

Das Jugendgerichtsgesetz von 1923 setzte das Strafmündigkeitsalter auf 14 Jahre herauf und löste das Jugendstrafrecht ganz aus dem allgemeinen Strafrecht heraus. Auch in diesem Bereich sollte durch die Einführung von Jugendrichtern und Jugendschöffen und durch die Mitwirkung der in freier Trägerschaft entstandenen Jugendgerichtshilfe das erzieherische Moment stärker zur Geltung gebracht werden.

2. "Psychopathenfürsorge"

Die pädagogische Fürsorge für die spezielle Problemgruppe, die zu Ende des 19. Jahrhunderts durch die Werke von Koch, Strümpell, Trüper u.a. quasi erst "entdeckt" wurde, hatte seit 1892 in dem privaten Heilerziehungsheim auf der "Sophienhöhe" eine erste, wichtige Modelleinrichtung. Die Ausbreitung von weiteren Einrichtungen des gleichen Typs erfolgte jedoch nicht in gleicher Weise schwunghaft, wie das bei den Rettungshäusern und bei den Hilfsschulen der Fall war. Obwohl es seit 1896 eine eigene Zeitschrift gab, die es sich in erster Linie zum Ziel gesetzt hatte, die Aufmerksamkeit der pädagogischen Welt auf die Probleme der "psychopathischen Kinder" zu lenken, setzte die eigentliche Welle von speziellen heilpädagogischen Heimgründungen erst nach dem I. Weltkrieg ein. Im Mittelpunkt dieser Bewegung stand der "Deutsche Verein zur Fürsorge für jugendliche Psychopathen e.V.", der 1918 aus der "Deutschen Zentrale für Jugendfürsorge", dem Dachverband für die Vielzahl von privaten Jugendfürsorgeorganisationen, hervorgegangen war.

Schon 1907 wies Frieda Duensing, die Initiatorin und Leiterin der Zentrale für Jugendfürsorge, auf die Lücke im Spektrum der verschiedenen heilpädagogischen und fürsorgerischen Einrichtungen hin:

"Wohin mit diesen Wesen, die man zu den Schwachsinnigen nicht zählen kann, die so klaren Verstandes sind, ja oft hervorragende geistige Talente zeigen, die aber auch nicht normal sind, die in ihrem Gefühlsleben krankhaft gestört sind und deren Verhalten in ethischer Beziehung sie zu einer Qual für ihre Angehörigen, zu einer Gefahr für die anderen macht?" (zit. n. v.d.Leyen 1931, S. 631).

Sie berief eine Konferenz zur Behandlung dieses Problems ein und gewann als Referenten den Psychiatrieprofessor Ziehen, der ein Jahr zuvor in seiner Schrift "Die Geisteskrankheiten des Kindesalters" (Ziehen 1906) den Koch'schen Begriff der "psychopathischen Minderwertigkeit" durch den der "psychopathischen Konstitution" ersetzt hatte. In seinem Vortrag beklagt Ziehen, Ärzte und Pädagogen müßten oft mit "sehenden Augen aber gebundenen Händen ... die ihnen zugeführten oder von ihnen entdeckten jugendlichen Kranken dem sicheren Verderben preisgeben, weil bis jetzt in Deutschland keine Anstalten vorhanden sind, in denen unbemittelte psychopathische Kinder Aufnahme und Pflege finden, wie sie die ärztliche Wissenschaft fordert" (vgl. Ziehen 1912, S. 4). Die Berliner Zentrale für Jugendfürsorge faßte die Gründung eines solchen Heimes in eigener Trägerschaft ins Auge. Es dauerte jedoch weitere sechs Jahre, bis am 6. April 1913 das "Heilerziehungsheim Templin" als erstes "Heim für unbemittelte psychopathische schulpflichtige Jungen" eröffnet werden konnte. Die vorgesehene Gründung weiterer Heime wurde durch den I. Weltkrieg erst einmal verhindert.

Im Oktober 1918 wurde von der Berliner Zentrale für Jugendfürsorge die erste "Tagung über Psychopathenfürsorge" veranstaltet. Die dort vorgetragenen Referate sind im 25. Jahrgang der "Zeitschrift für Kinderforschung" dokumentiert, und ihr Herausgeber Trüper bemerkt mit Genugtuung und zugleich mit einer gewissen Verbitterung des ungehörten Mahners in der Wüste: "Was dort in Berlin verhandelt wurde, ist im wesentlichen eine Zusammenfassung alles dessen, was wir in den 25 Jahren gebracht und verfochten haben" (Trüper 1920, S. 1). Neben allgemeinen Vorträgen, in denen in immer neuen Wendungen versucht wird, das Wesen der Psychopathie zu bestimmen, die Ursachen anzugeben und die Behandlungsmöglichkeiten aufzuzeigen, finden sich auch speziellere Abhandlungen, in denen etwa Beobachtungsheime für "jugendliche Psychopathen" gefordert, in denen die Möglichkeit einer "Schutzaufsicht" diskutiert oder in denen die Probleme der rechten Berufswahl für diese Problemgruppe besprochen werden (vgl. Moeli, Stier, Kramer, Sigmund-Schulze, Anton, Dietrich, v.d.Leyen, Böttcher 1920). Bei der Lektüre dieser Referate und der ebenfalls dokumentierten Diskussionsbeiträge erstaunt die Selbstverständlichkeit und Einhelligkeit, mit der alle Teilnehmer von der Existenz eines bestimmten, von der Norm abweichenden menschlichen Typus, eben des "Psychopathen", ausgehen. Dieser wird nach dem Vorbild der großen, klassischen Krankheitsbilder der Psychiatrie immer wieder umkreist und umschrieben und bleibt doch stets unscharf. Er ist dort genau wie heute der Begriff "Verhaltensstörung" eine Sammeltopfbezeichnung, unter der alle Arten von Auffälligkeiten, Schwierigkeiten und Merkwürdigkeiten subsumiert werden. So werden als typische Symptome immer wieder genannt: "Nervosität", "Erregbarkeit", "Reizbarkeit", "Triebhaftigkeit", "Haltlosigkeit", "antisoziale Neigungen", "geschlechtliche Verirrungen", "Grausamkeiten gegen Mensch und Tier", "Lügen und Schwindeln". (Oft wird hier auf das von Delbrück erstmals beschriebene "Krankheitsbild" der "Pseudologia Phantastica" hingewiesen. Insgesamt erfährt die kindliche Phantasie in vielen Darstellungen jener Zeit eine eigentümlich negative Bewertung.)

Konsens besteht bei allen Beiträgen weiterhin darüber, daß es sich bei den Psychopathien um Grenzzustände zwischen Gesundheit und Krankheit handelt, daß diese Störungen grundsätzlich von den Formen des Schwachsinns zu unterscheiden und als Störungen des Gemüts- und Willenlebens anzusehen und daß sowohl Anlagefaktoren als auch Umwelteinflüsse für das Zustandekommen dieser "mißglückten Menschenkinder" (Anton 1920, S. 12) verantwortlich zu machen seien. Dabei liegt das Schwergewicht bei den meisten Beiträgen deutlich auf dem ersten Faktor, und dem zweiten, dem Milieu, wird mehr die Rolle einer als fördernd oder hemmend hinzutretenden Variablen eingeräumt. Durchgängig ist weiterhin das fast vollkommen statische Verständnis (bzw. Unverständnis) dieser Phänomene. Alles, was an einem Kind problematisch erscheint, wird als Indiz für seine "psychopathische Konstitution" gewertet. Ein einfühlsames Verstehen der inneren Konfliktlage, ein Nachzeichnen seelischer Geschehensprozesse findet kaum irgendwo statt.

Trotz dieser Kritik darf nicht übersehen werden, daß diese Konferenz durchaus von einem humanitären Anspruch geprägt war. Es ging den Teilnehmern ernsthaft darum, die Situation für diese Problemkinder zu verbessern, die mit ihrem Verhalten nur allzu oft den Zorn und die Strafe unverständiger Eltern, Lehrer und Heimerzieher auf sich zogen und die in besonderer Weise als gefährdet angesehen wurden, in ihrem Leben zu scheitern. Um diese Aufgabe der praktischen Hilfe voranzutreiben, konstituierte sich auf dieser Tagung der "Deutsche Verein zur Fürsorge für jugendliche Psychopathen e.V." In dem ersten Arbeitsprogramm werden die Aufgabengebiete des neuen Vereins folgendermaßen beschrieben:

"1. Sammlung und Bearbeitung des Materials über die Erkennung der psychopathischen Konstitution, sowie des Materials über die Behandlung (ärztlich), Beeinflussung (pädagogisch) psychopathischer Kinder und ihre Unterbringung in Anstalten.

2. Einberufung von Fachausschüssen (pädagogisch, medizinisch, fürsorgerisch), sowie Sammlung allen für diesen Zweig der Fürsorgeerziehung in Frage kommenden Materials.

3. Gründung von Anstalten innerhalb Deutschlands auf Grund der also gesammelten Erfahrungen.

4. Besuch der in Deutschland befindlichen Anstalten, Einberufung von Versammlungen der Anstaltsleiter zu einem Erfahrungsaustausch" (zit. n. v.d.Leyen, 1931, S. 637).

Die "Psychopathenfürsorge" rückte dann in den zwanziger Jahren immer stärker in den Mittelpunkt sozialpolitischer und sozialpädagogischer Interessen. Die Abgeordnete Hedwig Dransfeld forderte 1921 im Reichstag die Politiker auf, sich mit dem Problem der psychopathischen Persönlichkeiten zu befassen. Das Innenministerium führte eine Umfrage über die bisherigen Möglichkeiten der Unterbringung für "jugendliche Psychopathen" in Deutschland durch und berief eine Sachverständigenkonferenz in das Reichsgesundheitsamt ein. Der "Deutsche Verein zur Fürsorge für jugendliche Psychopathen" rief eine Vielzahl von praktischen Maßnahmen ins Leben und entfaltete eine rege publizistische Aktivität: Ab 1919 wurden heilpädagogische Sprechstunden in der neugeschaffenen Beratungsstelle abgehalten. Für die Problemkinder gab es dort außerdem diagnostisch-therapeutische Spielnachmittage, und für die schulpflichtigen Jungen wurden Jugendgruppen unter pädagogischer Leitung eingerichtet. Erschöpfte, verstimmte und emotional überlastete Kinder wurden zu Kuren in eigene heilpädagogische Erholungsheime verschickt (vgl. v.d.Leyen 1926). Von der Beratungsstelle aus wurden auch die nach dem RJWG vorgesehenen Maßnahmen der "Schutzaufsicht" koordiniert, d.h. individueller "Betreuungspatenschaften" für gefährdete Kinder durch sozialpädagogisch engagierte Bürger (vgl. v.d.Leyen 1920). 1921 wurde an der Berliner Universitätsklinik eine "Beobachtungsstation für psychopathische Kinder" eingerichtet. Außerdem wurden nun nach dem Templiner Heim, das schon seit 1913 für schulpflichtige Jungen bestand, auch Heime für Mädchen und für schulentlassene Jugendliche eingerichtet.

Der Verein kümmerte sich auch intensiv um die Öffentlichkeitsarbeit und um die Ausbildung von Mitarbeitern in diesem Bereich der Fürsorge. Bei den "Helferversammlungen", den offenen Vortragsabenden, die der Verein veranstaltete, waren nach den Angaben der damaligen Schriftführerin, Ruth von der Leyen, "Vertreter von Ministerien, Rektoren, Vertreter von Jugend- und Gesundheitsämtern, Mitarbeiter der JGH, Richter, Geistliche und Ärzte" vertreten und demonstrierten damit, "wie sehr die Psychopathenfürsorge als ein dringendes Bedürfnis von pädagogischer, medizinischer, juristischer, theologischer, fürsorgerischer Seite empfunden wurde" (v.d.Leyen 1931, S. 665). In zahlreichen "Lehrgängen über Psychopathenfürsorge", die der Verein organisierte, wurden hunderte von Erzieherinnen und Fürsorgerinnen mit den speziellen Problemen dieses Zweiges der Heilpädagogik vertraut gemacht.

1921, 1924, 1925, 1926, 1928 und 1930 fanden weitere Tagungen bzw. Sachverständigenkonferenzen über Psychopathenfürsorge statt, auf denen bedeutende wissenschaftliche Vertreter aus den Bereichen der Pädagogik, der Psychiatrie und der Psychologie als Referenten auftraten, so z.B. H. Nohl, C. Bondy, K. Levin, A. Gregor, A. Homburger, Th. Heller, W. Villinger, K. Schneider u.a. Die Themen, die dort diskutiert wurden, reichten von allgemeinen Versuchen einer "Typenbildung in der Psychopathie" (Homburger 1928) über Praxisberichte aus speziellen Einrichtungen für diese Problemgruppe bis hin zu der Frage: "Wie erziehen wir die Öffentlichkeit zur Förderung der Psychopathenfürsorge"? (Villinger 1928).

Nach dem Tod von Johannes Trüper ging 1923 die von ihm begründete "Zeitschrift für Kinderforschung" von dem traditionellen Pädagogikverlag Hermann Beyer & Söhne in Langensalza in den großen Berliner Medizinverlag Springer über. Auch der bisherige Untertitel "mit besonderer Berücksichtigung der pädagogischen Pathologie" entfiel von nun an. Und tatsächlich läßt sich seit diesem Jahrgang eine sehr viel deutlichere medizinisch-psychiatrische Ausrichtung der "Zeitschrift für Kinderforschung" erkennen. Hatte Trüper stets für die gleichberechtigte, partnerschaftliche Zusammenarbeit von Pädagogen und Medizinern bei der Aufgabe der Betreuung "psychopathischer Kinder" plädiert und für die Pädagogik bei der Heilbehandlung keineswegs die Rolle des bloßen "Masseurs" akzeptiert, so stellte Isserlin, einer der neuen Herausgeber, in seinem Geleitwort zur neuen "Zeitschrift für Kinderforschung" unmißverständlich klar, die Zeitschrift solle "Psychiatrie pflegen als das Fundament, auf welchem jeder, der einer abwegigen, gefährdeten oder abnormen Jugend dienen will, sicheren Halt gewinnen soll" (Isserlin 1923, S. 1).

Seit 1923 war die "Zeitschrift für Kinderforschung" offizielles Organ sowohl der "Gesellschaft für Heilpädagogik" als auch des "Deutschen Vereins zur Fürsorge für jugendliche Psychopathen". Zwei Vorstandsmitglieder des letzteren, nämlich v.d.Leyen und Kramer, waren Mitherausgeber der Zeitschrift, und somit hatte die Bewegung um die Psychopathenfürsorge ein bedeutsames Publikationsorgan in Händen, in welchem sie laufend über die Probleme und die Fortschritte auf dem Gebiet der "Psychopathenfürsorge" berichten konnte. In Ruth v.d.Leyen hatte der Verein außerdem eine äußerst aktive Schriftführerin, die nicht nur regelmäßig ausführliche Jahresberichte über die Arbeit des Vereins verfaßte, sondern die zudem die großen pädagogischen, heilpädagogischen und jugendfürsorgerischen Sammelwerke, die zu jener Zeit entstanden, mit ausführlichen Stichwortartikeln zum Thema "Psychopathenerziehung" versorgte (vgl. v.d.Leyen 1930, 1933, 1934).

Die Berliner Zentrale stellte sicher das Herz der Psychopathenfürsorge-Bewegung dar, die Aktivitäten waren jedoch keineswegs nur auf Berlin beschränkt. 1927 veröffentlichte v.d.Leyen ein Verzeichnis der "Stätten für Beratung, Beobachtung und Unterbringung psychopathischer Kinder und Jugendlicher" (v.d.Leyen 1927), in dem alle bis dahin existierenden Einrichtungen kurz beschrieben und sogar in einer Übersichtskarte in ihrer Verteilung über das Reichsgebiet dargestellt sind. Obwohl die Autorin hervorhebt, daß sie nur die Unterbringungsstätten aufgeführt hat, "die speziell für psychopathische Kinder und Jugendliche geeignet sind", kommt sie auf insgesamt 83 Einrichtungen. Bei den meisten davon handelt es sich um Neugründungen aus den zwanziger Jahren, bei manchen auch um spezielle Erweiterungen bereits früher existierender Erziehungsheime. Sie tragen Titel wie z. B.: "Heilpädagogium" (Eisenach), "Tag- und Nachtheim für psychopathische Kinder" (Görlitz), "Sonderanstalt für nervöse Kinder" (Kleinschwerdnitz), "Heilanstalt für männliche schulpflichtige Psychopathen" (Rastenburg) oder "Staatliches Psychopathenheim" (Sinsheim). Wenn man sich die Gründungszusammenhänge und die Leitung dieser Einrichtungen ansieht, dann wird deutlich, welch enormen Einfluß die Psychiatrie auf diesen Zweig der Erziehung hatte. Interessanterweise ist bei einem einzigen Heim die psychoanalytische Orientierung ausdrücklich vermerkt, und zwar bei dem von Frieda Reichmann geleiteten "Sanatorium und Heilerziehungsheim" in Heidelberg-Neuenheim. Bei fast allen anderen ist, wenn nicht der Leiter selbst ein Psychiater ist, eine medizinisch-psychiatrische "Beratung", "Mitarbeit" oder "Betreuung" ausdrücklich erwähnt.

Trotz des großen jugendfürsorgerischen und heilpädagogischen Engagements, das zweifellos hinter der ganzen Bewegung stand, hatte sie doch auch ihre problematische Kehrseite, nämlich die Tendenz, im großen Stil Kinder und Jugendliche nach ihren vermeintlich anlagemäßigen Unterschieden und damit letztlich auch nach dem Wert ihrer Persönlichkeit zu sortieren und dabei große Teile mit einer Diagnose zu belegen, die für viele erzieherische Aussichtslosigkeit, ja potentielle Gemeingefährlichkeit signalisierte. Ruth v.d.Leyen hat dieses Problem deutlich gesehen. In einer Rückschau auf die Entwicklung bis zum Jahr 1931 schreibt sie:

"Die Fürsorge für psychopathische Kinder hat ihrem innersten Wesen nach die Aufgabe, Einzelarbeit an dem Kind zu leisten, das Schwierigkeiten hat oder macht. Ihr Fluch - in bezug auf Anerkennung ihrer Bedeutung für Jugendwohlfahrtspflege und Erziehung

ist ihr Name: Psychopathenfürsorge. Durch diesen Namen richten alle die, die mit dem Begriff fälschlicherweise lediglich Geisteskrankheit oder Schwachsinn einerseits, 'Anlage zum Kapitalverbrecher' andererseits verknüpfen, eine trennende Mauer zwischen Psychopathenfürsorge einerseits - Sozialpädagogik und allgemeiner Pädagogik andererseits auf" (v.d.Leyen 1931, S. 40f).

Obwohl sie den problematischen Begriff auch weiterhin gebraucht, formuliert sie in demselben Artikel eine Einsicht, die auf eine deutliche Verschiebung hinsichtlich der Einschätzung der Ursachen für die Entstehung von Erziehungsschwierigkeiten schließen läßt. Es sei ihr nämlich immer mehr aufgefallen, daß sich unter den vom "Verein für Psychopathenfürsorge" betreuten Kindern eine außerordentlich hohe Zahl von Kindern "mit gestörten Familienbeziehungen" befänden, "Kindern also, denen es von früher Kindheit an an den natürlichen Liebesbeziehungen gefehlt hat. Je länger die Kinder diesen Mangel - der außerordentlich differenziert und zart, zunächst kaum sichtbar vorhanden sein kann - sei es bewußt, sei es unwillkürlich, empfinden, um so mehr bildet sich bei dem Kind ein Loch der Liebe Leerheit" (ebd.), welches dann später zu einem kaum wieder gutzumachenden Lebensproblem wird. Diese Rede von einem "Loch der Liebe Leerheit" verweist auf ein deutlich anderes Problemverständnis als die sonst übliche Rede von der "psychopathischen Konstitution". Diese Wandlung in der Auffassung kam indes nicht mehr recht zum Tragen, denn schon 1935 mußte der Verein seine Aktivitäten einstellen, da sie vom NS-Regime als bevölkerungspolitisch schädlich eingestuft wurden.

3. "Jugendsichtung"

Besonders deutlich läßt sich der problematische Aspekt der ganzen Bewegung um die "Psychopathenfürsorge" an einer weiteren Institution zeigen, die zu jener Zeit großes Ansehen genoß und wegen ihrer finanziellen und personellen Ausstattung oft als musterhaft galt, der von Fürstenheim geleiteten Frankfurter "Jugendsichtungsstelle". Fürstenheim wird oft neben Homburger als ein Pionier auf dem Gebiet der Erziehungsberatung genannt (vgl. Freudenberg 1928, Möckel 1988). Schon 1906 hatte er in Berlin eine "medico-pädagogische Kinderklinik für Kinderforschung, Erziehungsberatung und ärztlich-erziehliche Behandlung" gegründet. Ab 1916 leitete er die "Jugendsichtungsstelle" in Frankfurt am Main. In der Selbstdarstellung dieser Einrichtung durch Fürstenheim wird aber deutlich, daß es sich dabei weniger um ein Hilfsangebot für Eltern und Kinder in erzieherischen Notlagen handelte als vielmehr um eine groß angelegte Erfassungs-, Begutachtungs- und Zuteilungsstelle, ja sie war nach dem Urteil ihres Leiters "ein richtiges, auf zwei Stockwerke verteiltes ärztlich-psychologisches Institut für Personforschung" (Fürstenheim 1930, S. 10).

Mehr als 1000 Jugendliche wurden dort jährlich auf Veranlassung des Jugendamtes, der Schulen oder des Jugendgerichts "gesichtet", und so kann sich Fürstenheim denn auch rühmen, man habe hier "ein ungeheuer großes und für die Darstellung der Problematik des Gebietes überaus lehrreiches, sehr eingehend untersuchtes Material von jugendlichen Psychopathen gewonnen". Denn von den 15000 Jugendlichen, die er im Laufe der Jahre zu Gesicht bekommen hat, schätzt er rund 40% als "jugendliche Psychopathen aller Art" ein (ebd., S. 11). Daß es keiner besonders gravierender Auffälligkeiten bedurfte, um in der Frankfurter "Sichtungsstelle" dieser Kategorie zugeteilt zu werden, zeigt sich u.a. daran, daß Fürstenheim die Figuren aus Heinrich Hoffmanns "Struwwelpeter" für die "instruktivste Schilderung kleiner Psychopathen" hält (ebd.).

Zwar lagen der "Sichtungsstelle" vom Fürsorgeamt erstellte, schriftliche Berichte über Entwicklungsgeschichte und Erziehungsmilieu der betroffenen Kinder und Jugendlichen vor, doch hatten die dortigen Mitarbeiter die Eltern selbst wohl gar nie zu Gesicht bekommen. Bei ihrer Diagnostik setzten sie vielmehr auf eine "gründliche ärztlich-körperliche Untersuchung", auf eine nicht näher beschriebene "psychologisch-experimentelle Prüfung" sowie auf ein "analytiformes Untersuchungsgespräch", bei dem die Betroffenen sich über Stimmungen, Einstellungen und Motive äußern sollten. War die Diagnose "Psychopathie" einmal gefällt, so bedeutete dies, daß der erzieherischen Veränderbarkeit und der Heilbarkeit so gut wie keine Chancen eingeräumt wurden, da es sich ja per Definition um eine konstitutionell bedingte Charakteranomalie handelte. So läßt Fürstenheim den Begriff der Heilpädagogik denn auch nur in der Bedeutung einer "artgemäßen Erziehung des abgearteten Kindes" gelten (ebd., S. 21).

Obwohl man auch Fürstenheim und den Mitarbeitern seiner Frankfurter "Jugendsichtungsstelle" unterstellen muß, daß sie ihre Arbeit durchaus mit der subjektiven Überzeugung ausübten, wichtige sozialmedizinische Funktionen auszufüllen und ganz im Dienste der Psychopathenfürsorge zu stehen, wird doch an dieser Einrichtung, die sich mehr der Erfassung und "Erforschung des Psychopathentums" (ebd., S. 12) als der individuellen Hilfestellung in Problemlagen widmete, der problematische Aspekt solch objektivierender, klassifizierender Forschung besonders deutlich. Man kann sich gut vorstellen, daß für viele Jugendliche die Erfassung in der Frankfurter Kartei wenige Jahre später, im Dritten Reich, verhängnisvolle Konsequenzen hatte. Identifizierte sie doch eine entsprechende Diagnose dort als "Träger minderwertigen Erbgutes". In der Tat war auch schon Fürstenheim selber rassenhygienischen Erwägungen gegenüber durchaus aufgeschlossen. Wenn er als Vorbeugungsmaßnahme zur Verhinderung der Fortpflanzung "bei schweren Fällen der Psychopathie" der Asylierung den Vorrang vor der Sterilisation gab, so geschah dies nicht etwa aus ethischen Bedenken, sondern deshalb, weil er die Gefahr sah, daß Unfruchtbarkeit auf die Betroffenen verlockend und enthemmend wirken und sie so zu einem um so größeren Risiko im Hinblick auf die Verbreitung von Geschlechtskrankheiten machen könnte (ebd., S. 27).

4. Schulische Maßnahmen

Schon auf dem Kongreß für Kinderforschung von 1906 beschreibt Theodor Heller die Äußerungsformen der psychopathischen Erscheinungen im Hinblick auf die Anforderungen des Schulalltages folgendermaßen:

"Die jungen Psychopathen fügen sich nicht mehr der Schuldisziplin, tragen ein freches, obstinates Betragen zur Schau, zeigen sich unempfindlich gegen Ermahnung und Strafe. Bisweilen bringen es die Kinder nicht über sich, die verhasste Schule zu betreten, treiben sich während der Schulstunden herum, tief beunruhigt und derart zerstreut, daß sie oft gar nicht wissen, welche Wege sie eingeschlagen haben. Nicht selten löst die Dysphorie antisoziale Handlungen aus" (Heller 1906, S. 151)

Die "Entdeckung" der "psychopathischen Kinder" als einer speziellen pädagogischen Problemgruppe gegen Ende des 19. Jahrhunderts fällt zeitlich etwa zusammen mit der "Entdeckung" anderer pädagogischer Problemfälle, denen weder die Normalschule noch die bis dahin existierenden heilpädagogischen Anstalten gerecht werden konnten: schwerhörige, sehschwache, stotternde und verstandesschwache Kinder. Während jedoch zur angemessenen Förderung dieser Kinder recht schnell spezifische Methoden entwickelt und spezialisierte Schulformen gegründet wurden (vgl. Möckel 1988, S. 162f), fand das Problem der "psychopathischen Kinder" keinen entsprechenden schulorganisatorischen Niederschlag. Zwar wurde vielfach die Zahl der Kinder mit "Abnormitäten im Gefühls- und Willensbereich" als ebensogroß eingestuft wie die der Kinder mit Defiziten im intellektuellen Leistungsbereich, dennoch waren die Hilfsschulen, die seit der ersten Gründung in Elbersfeld 1879 eine rasante Verbreitung erlebten, ganz eindeutig auf die "Minderbegabten" zugeschnitten. Das Ausbleiben einer schulorganisatorischen Reaktion auf das Problem der erziehungsschwierigen Kinder, welches als das Problem der "psychopathischen Kinder" im öffentlichen pädagogischen Diskurs jener Zeit durchaus hohe Beachtung fand, dürfte im wesentlichen auf folgende Faktoren zurückzuführen sein:

- Die mangelnde Möglichkeit, dem Problem mit methodisch-didaktischen Differenzierungen und Verfeinerungen, also mit den spezifisch schulischen Mitteln, zu begenen.
- Das Bewußsein, daß eine Veränderung, die nur die Schulumwelt betrifft, gegenüber den Problemen dieser Kinder zu kurz greift.
- Die Tatsache, daß Kinder mit Erziehungsschwierigkeiten, die sich größere Verfehlungen zuschulden kommen ließen, in "Besserungs-" bzw. Fürsorgeerziehungsanstalten abgeschoben werden konnten und sich die Schulen oft auf diese Art und Weise des Problems entledigten. So berichtet etwa Moses aus seiner 30-jährigen Erfahrung in der Jugendfürsorgearbeit der Stadt Mannheim: "Unter allen Instanzen, die bei einem Antrag auf Fürsorgeerziehung gehört werden, tritt die Schule am häufigsten für F.E. ein, ein Beweis dafür, daß durch die Anwesenheit psychopathischer Kinder in der Klasse der Lehrer sich in seiner Unterrichtsarbeit schwer belastet fühlt. Die Störer sollen ausgeschieden werden, die Versager bleiben sitzen oder werden Förderklassen, unter Umständen auch Hilfsklassen, überwiesen" (Moses 1932, S. 285).
- Die oft ausgesprochene Befürchtung, daß durch die "Zusammenballung psychopathischer Elemente" (ebd.) in einer Schulklasse, oder gar in einer eigenen Schulform, eine wechselseitige Verstärkung der negativen Einflüsse und somit eine Potenzierung der Erziehungsprobleme stattfinde. Anders als bei den Hilfsschulklassen konnte die Zusammenfassung erziehungsschwieriger Kinder ja nicht mit dem Argument der Schaffung homogener Lerngruppen begründet werden. Dieses Argument der "Zusammenballung" konnte zwar auch auf die "Besserungsanstalt" angewendet werden. Diese war aber ihrem ganzen

Charakter nach sowieso eine repressive Einrichtung, die ultima ratio, wenn Eltern und Lehrer mit ihrem erzieherischen Latein am Ende waren.

Wenn Kinder oder Jugendliche auf Grund von Erziehungsschwierigkeiten die Schule verließen, dann war dies meist verknüpft mit einem Wechsel des Gesamtmilieus. Sei es, daß sie als Kinder wohlhabender Eltern auf Internate verschickt wurden - Möckel hat deshalb die Landerziehungsheime nicht zu Unrecht als "Rettungshäuser der Oberschicht" bezeichnet (Möckel 1988, S. 211) - oder sei es, daß sie als Kinder mittelloser Eltern in die öffentliche Fürsorgeerziehung kamen. Die Drohung mit der "Besserungsanstalt" jedenfalls war ein geläufiges Erziehungsmittel jener Zeit (vgl. Wagner 1928, S. 19). Die Internate und Landerziehungsheime haben sich zwar gegen diesen Ruf gewehrt und häufig in ihren Werbeschriften sogar ausdrücklich betont, daß "Psychopathen" keine Aufnahme fänden, trotzdem war es ein offenes Geheimnis, daß ihnen vor allem schwierige Zöglinge zugewiesen wurden.

Der Aufbau eigenständiger schulischer Organisationsformen für erziehungsschwierige Kinder stand bis Ende der zwanziger Jahre kaum zur Debatte. Was jedoch immer wieder für die Normalschule gefordert wurde, war, daß sich die Lehrer mit dem Problem der "psychopathischen Konstitution" vertraut machen und den betroffenen Kindern in verständnisvoller Weise begegnen sollten. So stellt etwa A. Baur in seinem "Lehrbuch der Schulhygiene" ausdrücklich die Frage nach der Aufgabe, die Lehrer und Erzieher bei der Behandlung der "psychopathisch minderwertigen Kinder" zu erfüllen hätten. Die Antwort, die er darauf gibt, zielt in erster Linie auf Verständnis, Schonung und Nachsicht. Am wichtigsten sei die rechte Einstellung gegenüber den Schwierigkeiten, die ein solches Kind macht: "Wer psychopathisch minderwertige Kinder als krank ansieht und als solche behandelt, der wird stets von der Milde und Güte geleitet sein, die man kranken Menschen entgegenbringen soll. Auch da, wo durch die Krankheit moralisch schlimme Züge in ein Krankenbild gekommen sind, wird man immer die Milde vor die Strenge setzen" (Baur 1910, S. 136). Freilich, fügt er dann hinzu, sei damit nicht gesagt, "daß solchen Kindern niemals der Ernst gezeigt werden dürfe" (ebd.). Insgesamt ginge es eben um eine besonders feinfühlige, einfühlsame Erziehung, welche dem Kind einerseits die Anforderungen stellt, die geeignet sind, es in seiner Entwicklung voranzubringen, welche es aber andererseits vor Überforderung, Zurücksetzung und Verächtlichmachung schützt. Inwiefern solche Ermahnungen tatsächlich in der Lage waren, das reale Verhalten von Lehrern in Konfliktsituationen zu verändern, sei dahingestellt. Bedeutsam ist jedoch die Tatsache, daß in einem, für die Ausbildung am Lehrerseminar bestimmten Kompendium die milde Behandlung erziehungsschwieriger Kinder explizit mit dem Hinweis auf den pathologischen Charakter dieses Phänomens begründet wird. Eine ganz ähnliche Argumentation findet sich in dem "Lehrbuch der Schulgesundheitspflege" von Graßl und Reindl (1913[3]).

Die Züricher "Beobachtungsklassen für psychopathische Kinder"

Erst in den zwanziger Jahren gab es lokal begrenzte Vorstöße zur Schaffung eigenständiger schulischer Betreuungsmaßnahmen für solche Kinder. 1926 wurde in Zürich unter Leitung von Moos und Sidler eine "Beobachtungsklasse für psychopathische Kinder" eingerichtet. Diese war primär als eine zeitlich begrenzte Durchgangsstation für auffällige Kinder gedacht. Sie sollte vornehmlich diagnostischen Zwecken dienen und die weitere Schul- bzw. Heimunterbringung in die Wege leiten. Sie war, wie schon in der Namensgebung zum Ausdruck kommt, stark psychiatrisch ausgerichtet. Nach ihrem Vorbild entstanden innerhalb weniger Jahre auch in Basel, Genf, St. Gallen und Lausanne solche Beobachtungsklassen.

1928 auf der 4. Sachverständigenkonferenz des "Deutschen Vereins zur Fürsorge für jugendliche Psychopathen" stellte Moos diese Einrichtung dem Fachpublikum vor. An den Anfang seiner Ausführungen setzte er dabei ein eindrucksvolles Zitat aus Kellers "Grünem Heinrich", mit welchem er das Recht eines jeden Kindes auf eine ihm angemessene Erziehung unterstreicht und die übliche Praxis der Schulen, "'störende' Elemente einfach abzuschütteln und abzustoßen", kritisiert: "Denn ein Kind von der allgemeinen Erziehung ausschließen heißt, seine innere Entwicklung, sein geistiges Leben köpfen". Die Beobachtungsklassen seien nun dazu geschaffen worden, sich dieser Problemschüler helfend anzunehmen. Moos bezeichnet sie als "Ort der Persönlichkeitsanalyse" und als "Bestandteil der offenen Psychopathenfürsorge" (ebd., S. 94).

Bei den meisten der gemeldeten Kinder bestand ein sehr konflikt- und spannungsreiches Verhältnis zu ihren bisherigen Lehrern. So wurde ein elfjähriger Junge etwa mit der folgenden, knappen Bemerkung von seinem Lehrer überwiesen: "Knabe lügt, stiehlt, beißt, kratzt, spinnt, Plagegeist, Biedermeiermiene" (Moos/Sidler 1930, S. 316). Die Beobachtungsklassen sollten für solche Schüler, die in ihren Klassen nicht mehr tragbar waren, einen begrenzten Milieuwechsel darstellen. Sie blieben während der Beobachtungszeit bei ihren Eltern, kamen aber in eine neue Schulsituation, in der durch die kleine Klassengröße, durch die kinderpsychiatrische Beratung und durch die heilpädagogische Einstellung der Lehrer eine differenzierte Beobachtung und ein individuelles Eingehen auf die jeweilige Problemlage möglich war. Gleichzeitig sollte durch intensive Kontakte mit den Eltern auch die familiäre Situation der Kinder verbessert bzw. die eventuelle Notwendigkeit einer Fremdunterbringung abgeklärt werden.

Rund zwei Drittel der Schüler wurden schon nach einem viertel bis einem halben Jahr wieder in die Normalschule oder u.U. in die Hilfsschule zurückversetzt. Der Aufenthalt in dieser Einrichtung diente hier also in erster Linie der Beobachtung, "um gestützt auf diese den Schulbehörden, Lehrern und Eltern pädagogische und heilpädagogische Winke und Ratschläge, die Wegrichtung für das weitere fürsorgliche Vorgehen geben zu können" (Moos 1929, S. 94f). Für die restlichen Kinder, die länger, z.T. bis zur Schulentlassung, in den Beobachtungsklassen blieben, stellten diese eine heilpädagogische Einrichtung auf Dauer dar.

Schon Moos sieht sich genötigt, auf das "Zusammenballungs-Argument" einzugehen. Häufig wurde er nämlich mit dem folgenden grundsätzlichen Einwand gegen die Konzeption der Erziehungsklassen konfrontiert:

"Ist es eigentlich angebracht, schwer erziehbare, erziehungsgeschädigte, charakterlich abartige, 'nervöse', 'psychopathische', allgemein gesprochen: disharmonische Kinder in einer Sonderklasse zu vereinigen? Ist es nicht die verkehrte Maßnahme? Wird das

schlechte Beispiel und die Verführung von ausgesprochen triebhaften, hemmungsarmen Kindern nicht geradezu gezüchtet"? (ebd., S. 95).

Moos kann jedoch aus der praktischen Erfahrung berichten, daß die "psychische Ansteckungsgefahr" weit weniger groß sei als allgemein befürchtet, und er führt dies in erster Linie auf die besondere pädagogische Atmosphäre in den Beobachtungsklassen und auf den intensiven Lehrer-Schüler-Bezug zurück. Deshalb, weil er das Gelingen dieses Bezugs für so grundlegend für die ganze Arbeit in den Beobachtungsklassen ansieht, erhebt er höchste Ansprüche bezüglich der Qualifikation der dort tätigen Lehrer. Denn, so seine Überzeugung: "Mit der persönlichen Eignung steht und fällt die Sonderschulung" (ebd. S. 97).

In der Tat weisen die ausführlichen Personalbögen über die Entwicklungsverläufe von fünf Schülern der Züricher Beobachtungsklassen, die als Anhang seinem Artikel beigefügt sind, die dort tätigen Lehrer als sehr differenziert beobachtende, einfühlsame und engagierte Pädagogen aus. Auch die streiflichtartigen Schilderungen aus dem Schulalltag, die Moos gibt, vermitteln das Bild eines vielfältigen, sehr sorgfältig individualisierten und rhythmisierten Unterrichts.

Die Berliner "Erziehungsklassen"

Die deutsche Variante eines solchen Versuchs, eigene schulische Betreuungsmaßnahmen für Problemkinder zu entwickeln, stand mehr unter pädagogischen als unter psychiatrischen Vorzeichen. Initiator war hier der Berliner Magistratsschulrat Arno Fuchs. Vom 15. bis zum 22. Mai 1927 wurde in Berlin die "Heilpädagogische Woche" abgehalten, auf welcher die städtischen Schulbehörden dem heilpädagogisch interessierten Publikum stolz ihr vorbildlich ausgebautes und reich differenziertes Sonderschulwesen präsentierte. Dieses Ereignis nahm Fuchs zum Anlaß, auf das noch ungelöste Problem hinzuweisen, welches "Schwererziehbare Kinder in der Normalschule" - so der Titel seines Vortrages - darstellten (Fuchs 1927). Der Schulbetrieb setze ein bestimmtes Maß an Beeinflußbarkeit und Einordnungsfähigkeit voraus. Wo dieses fehle, wo Schüler nicht willens oder nicht fähig sind, diese Anpassungsleistungen zu erbringen, da sei die schulische Unterrichts- und Erziehungsarbeit schwer belastet. Fuchs identifiziert nun eine Problemgruppe von Schülern, die nicht im eigentlichen Sinn "psychopathisch" sei, also keine psychiatrisch festgestellte "krankhafte Veranlagung des Gefühls- oder Willenlebens" vorzuweisen habe, die aber dennoch durch Vorkommnisse wie "...abgefeimte Lüge, Unverträglichkeit, Widersetzlichkeit, Rücksichtslosigkeit, Bosheit, Niedertracht, Fälschung, Diebstahl, Einbruch, Umhertreiben, unästhetisches, sexual unsauberes, sittlich gemeines Tun" (ebd., S. 30) Entrüstung bei den Erziehern hervorrufe. Für diese Gruppe gelte es nun, so Fuchs' Anliegen, geeignete schulische Maßnahmen zu entwickeln. Die hier von Fuchs eingeführte Unterscheidung macht deutlich, daß er den Begriff der "Psychopathie" enger faßt als viele andere Autoren seiner Zeit, denen der von Fuchs so wortreich beschriebene phänomenologische Tatbestand der Schwererziehbarkeit meist zur positiven Diagnose einer entsprechend gestörten Veranlagung ausreichte. Fuchs dagegen fordert, man müsse mit dem Gebrauch der Bezeichnung "Psychopathen" maßhalten, und er wendet ihn deshalb nur auf jene sehr schweren Fälle an, welche eine Anstaltsunterbringung offensichtlich erforderlich machen.

Aus den Ausführungen Fuchs', die in der Forderung nach der Einrichtung eigenständiger Schulklassen für solche Problemkinder münden, wird der Doppelaspekt dieser dann tatsächlich in Berlin verwirklichten schulischen Maßnahme recht deutlich. Einerseits geht es ihm um die Entlastung der anderen Schüler und der überforderten Lehrer von solch widersetzlichen, störenden, den ganzen Unterrichtsbetrieb in Frage stellenden Problemfällen, andererseits geht es ihm tatsächlich mit großem pädagogischen Ernst um die Schaffung angemessener Formen der schulischen Erziehung für diese Kinder, die mit den Gegebenheiten und Anforderungen der normalen Schulklassen nicht zurechtkommen: "...die Schulverwaltung hat alle Veranlassung, Maßnahmen zu erwägen, die geeignet wären, den schwer erziehbaren Kindern in ihrem Kampfe zwischen Schicksal, Schuld und Umwelt ein wirklicher Helfer zu sein und andererseits die Mitschüler und Lehrer vor nutzlosen Zeit- und Kraftverlusten zu bewahren" (ebd., S. 34).

Wie sah nun Fuchs' Konzeption für eine solche "Erziehungsklasse" aus? Sie sollte sich als kleine Spezialklasse mit maximal 12 Schülern "unauffällig dem Organismus der großen Normalschule einpassen und den Mitschülern und der Öffentlichkeit nicht ohne weiteres als solche kenntlich sein" (ebd., S. 37). Es sollte also gewissermaßen ein getarntes Unternehmen sein, das den für soziale Demütigungen besonders empfindlichen Problemschülern nicht das Bewußtsein geben durfte, sich in einer Abschiebe- oder gar Strafeinrichtung zu befinden. Praktische Tätigkeiten müßten dort gegenüber der bloß verbalen Vermittlung von Wissensstoff den Vorrang haben, und dem Bewegungsdrang der Schüler sei zudem durch entsprechende handwerkliche und sportliche Aktivitäten ein breiter Raum zu geben. Insgesamt sollte die Gestaltung des Unterrichts in den Erziehungsklassen, sowohl was die Lerninhalte als auch was die Lernformen anbelangt, in hohem Maß flexibel sein, um den individuellen Problemen der Schüler gerecht werden zu können.

Fuchs ist sich dabei wohl bewußt, daß es sich bei einer solchen "Erziehungsklasse", welche für ihn "eine Zwischeneinrichtung zwischen Normalschule und Fürsorgeerziehungsanstalt und Psychopathenheim" darstellt und welche der Einweisung in letztere gerade vorbeugen soll, um ein "gewagtes Unternehmen" handelt (ebd., S. 38). Denn alles hängt seiner Meinung nach letztlich von der geeigneten Lehrerpersönlichkeit ab. Die Ansprüche, die er an diese stellt, sind hoch: "Nicht nur muß diese Persönlichkeit von der Liebe, dem Geist und der Tatkraft eines Pestalozzi erfüllt, sie muß auch durch ein feines psychologisches Verständnis, überlegenes Wissen und Können und einen hohen Grad von Takt ausgezeichnet sein" (ebd.). Offensichtlich hat Fuchs Lehrer gefunden, die er für geeignet hielt, denn 1928 wurden in Berlin die ersten drei "Erziehungsklassen" eingerichtet.

Fuchs' Konzept war jedoch schon zu seiner Entstehungszeit nicht unumstritten. Von pädagogischer Seite wurde gegen die Zusammenfassung von erziehungsschwierigen Kindern zu separaten Klassen wiederum das Argument der "Gemeinschaft Gleichfehlerhafter" und das des Risikos der gegenseitigen "Ansteckung" und somit der Verstärkung der Fehler angeführt. Außerdem wurde befürchtet, daß das pädagogische Geschick der Regelschullehrer nachlassen könnte, wenn sie mit diesen besonderen Herausforderungen nicht mehr konfrontiert wären. Von psychiatrischer Seite wurde der Mangel einer psychiatrischen Mitarbeit an diesem Projekt kritisiert. Die Pädagogen allein, so ein prominenter im Bereich der Psychopathenfürsorge tätiger Arzt, könnten die von Fuchs geforderte Auswahl der "nichtpsychopathischen Schwererziehbaren" gar nicht vornehmen. "Der Arzt, ausgestattet mit dem Rüstzeug der Biologie und der Pathologie, wird sich nicht so leichthin mit der Ansicht abfinden, daß die Mehrzahl der schwererziehbaren Kinder nur milieugeschädigt und gesund sind" (Moses 1932, S. 284).

Indes hielt Fuchs an seinen Auffassungen fest, und er kann als einer der wenigen Heilpädagogen jener Zeit gelten, die den dominanten psychiatrischen Sichtweisen selbstbewußt und kritisch gegenüberstanden. 1930 veröffentlichte er eine zweite Abhandlung zu diesem Thema: "Erziehungsklassen (E-Klassen) für schwererziehbare Kinder der Volksschule", in welcher er das ganze Unternehmen noch einmal ausführlich erläutert und begründet und in der er auch bereits die Bilanz aus zweijähriger Erfahrung mit diesen Erziehungsklassen zieht. Schon im Vorwort weist er die psychiatrisch vorgebildeten Leser darauf hin, daß sie über die mangelnde Berücksichtigung der "Psychopathen" in seinen Ausführungen enttäuscht sein und ihn deshalb als "überstark normalpädagogisch" beurteilen werden (Fuchs 1930, S. 6). Er selbst bleibt bei dem einheimischen pädagogischen Begriff der "Schwererziehbarkeit", wenn er dann, neben dem folgenden, noch zahlreiche andere Beispiele für die Gruppe von Kindern und Jugendlichen bringt, für welche die Erziehungsklassen geschaffen wurden:

"Paul U. 9 jährig, Klasse V, begabt;

unsauber, beschuldigt sofort andere für die Unsauberkeit seines Platzes, lässig und liederlich in seinen Arbeiten;

Im Unterricht absichtlich unbeteiligt, starrt vor sich hin, steckt den Finger in den Mund, beschmiert den Tisch, kramt in seinen Sachen, geht vom Platz, ißt mitten in der Stunde, sucht die Nachbarn abzulenken, tritt die Nachbarn, sticht sie mit der Feder, schießt eine Kinderpistole ab, schlägt einen Mitschüler, geht aus der Reihe, sucht die Klasse durch Faxen und andere Mittel auf sich aufmerksam zu machen; allein in der Klasse, z.B. morgens jagt er unter lautem Spektakel umher, antwortet dem Lehrer frech auf Zurechtweisungen, hat immer recht und stets Freude über den Erfolg seiner Ungehörigkeiten, ohne Ehrgefühl, ohne Anschluß in der Klasse, lauert seinen Mitschülern auf der Straße auf, schlägt sie; nur bei Turnspielen in gewissem Maße interessiert und pfiffig dabei; lügt; bedient sich unflätiger Reden in Gegenwart Erwachsener; steht feindlich zur Schule, stört jede Zusammenarbeit der Klasse, muß allein sitzen und bedarf ständiger Aufsicht, ist nach dem übereinstimmenden Urteil von fünf Lehrern in der Klasse ohne Gefährdung der übrigen Schüler und jeden Unterrichtserfolgs nicht zu ertragen, ist Gegenstand der häufigen Beschwerden der Eltern anderer Kinder" (ebd. S. 23f).

Diese, wie die weiteren Fallschilderungen Fuchs', könnten in anderen zeitgenössischen Schriften ohne weiteres die Diagnose "Psychopathie" rechtfertigen. Seine allgemeine Beschreibung der betroffenen Schüler als "Kinder, die in andauernden Vergehen und mit ihrer ganzen Person der Erziehung widerstreben" (ebd., S. 41), deckt sich sogar weitgehend mit der allgemeinen Kennzeichnung psychopathischer Kinder, wie sie etwa von Schröder oder Kramer gegeben wird (vgl. Schröder 1928, S. 216, Kramer 1930, S. 578). Fuchs ist jedoch überzeugt davon, "daß es sich in der übergroßen Mehrzahl der Fälle von Schwererziehbarkeit um an sich gesunde und normale, nur ungezogene, verzogene, irregeleitete und verhetzte Kinder handelt", und er wendet sich erneut gegen den "bedenkenlosen Gebrauch des Begriffs 'Psychopath'" (Fuchs 1930, S. 37f). Durch eine einfache statistische Erhebung kann er außerdem belegen, daß bei der Mehrzahl der Schüler, die für die Erziehungsklassen gemeldet wurden, sehr ungünstige häusliche Verhältnisse bestanden.

Auch die deutlich positiven Ergebnisse, von denen er nach zweijähriger Erfahrung mit den Erziehungsklassen berichten kann, bestätigen seine Auffassung. Bei den meisten Schülern sei eine deutliche "Besserung" ihres Verhaltens festzustellen. Noch wichtiger und für die pädagogische Qualität dieser Einrichtung sprechend ist die folgende Beobachtung Fuchs', die etwas über die subjektive Befindlichkeit der Schüler in ihrer neuen Klassensituation aussagt. "In allen E-Klassen wurde übereinstimmend festgestellt, daß die Kinder, denen die Schule bisher verhaßt, mindestens gleichgültig war, regelmäßig und trotz der weiten Schulwege auch pünktlich und gern erscheinen. Sie empfinden durchweg ihre Zugehörigkeit zu der Klasse als etwas für sie Erfreuliches" (ebd., S. 58).

Es ging Fuchs mit seinem Konzept in erster Linie darum, für diese Kinder, die bisher nur negative Erfahrungen mit der Institution Schule gemacht hatten und dadurch in eine entsprechende Abwehrhaltung gegen alles, was nach Schule roch, hineingeraten waren, eine Schulsituation zu organisieren, in der sie die schlimmen Erfahrungen hinter sich lassen und sich selbst in neuer Weise als angenommene und leistungsfähige Wesen erleben konnten. Nur auf diesem Weg war seiner Meinung nach ihre "Erziehungsbereitschaft" zurückzugewinnen. In seiner Konzeption der "Erziehungsklassen" hat Fuchs eine ganze Reihe von pädagogischen und schulorganisatorischen Problemen diskutiert, die auch heute, 60 Jahre später, noch unverminderte Aktualität für die schulische Betreuung von erziehungsschwierigen Kindern haben:

Welche Möglichkeiten hat die Schule mit ihren Mitteln, erzieherische Defizite des Elternhauses auszugleichen und dadurch unter Umständen das Abgleiten in Verwahrlosung und Delinquenz zu vermeiden? - Wie kann vermieden werden, daß eine schulische Sondereinrichtung für solche Problemkinder zugleich zur Stigmatisierung und Diskriminierung dieser Kinder beiträgt? Wie ist das Überweisungsverfahren zu gestalten, damit die von der Schule als sinnvoll angesehene Maßnahme auch von den Eltern unterstützt wird? - Wie kann eine heilsame pädagogische Atmosphäre in den neugeschaffenen Klassen aufgebaut werden? - Welche Formen zusätzlicher Betreuung außerhalb der eigentlichen Unterrichtszeit sind notwendig, um den negativen Milieueinflüssen, denen die Kinder und Jugendlichen sonst während ihrer Freizeit ausgesetzt sind, vorzubeugen? - Wie kann die Notwendigkeit, die Stoffülle in den Erziehungsklassen zu reduzieren, vereinbart werden mit dem Gebot, im Hinblick auf die angestrebte Rückschulung den Anschluß an die Normalklassen zu wahren? - Wie ist der Durchgangscharakter dieser Einrichtung sicherzustellen, und welche Probleme sind bei der Rückschulung zu beachten? - Welche Voraussetzungen und Qualifikationen müssen die Lehrkräfte für die Arbeit in diesen Klassen mitbringen, und wie ist mit dem Problem der starken nervlichen Belastung, welcher sie in ihrer Arbeit zwangsläufig ausgesetzt sind, umzugehen?

Die Ausführungen zu diesen Fragen weisen Fuchs einerseits als einen umsichtig und differenziert denkenden Schulmann aus, der über die realen Verhältnisse und Schwierigkeiten des Schulalltags wohl Bescheid weiß, zum anderen aber auch als einen engagierten und innovativen Geist, dem es darum geht, für jene Schüler, die bis dahin durch die Maschen des Netzes heilpädagogischer Maßnahmen gefallen waren und die von den Regelschullehrern meist nur als Ärgernis und Plage wahrgenommen wurden, die bestmögliche Form schulischer Betreuung zu entwickeln. Der Realisierung seiner Idee der "Erziehungsklassen" war trotz des Erfolgs nur recht kurze Dauer beschieden. Schon 1933 mußten sie wieder aufgelöst werden. Dem neuen, nationalsozialistischen, Erziehungsdenken, das von Anfang an ganz auf völkischen Nutzen, auf Förderung von Eliten sowie auf kostengünstige Verwahrung hilfsbedürftiger und auf rigorose Unterdrückung widerspenstiger Minderheiten hin angelegt war, konnten sie nur mehr als überflüssiger humanitärer Luxus einer vergangenen Epoche erscheinen.

5. Erziehungsberatung

In der Zeit der Weimarer Republik entstand eine weitere bedeutsame Gruppe von Einrichtungen, die sich als spezielle Hilfsangebote für pädagogische Problemfälle verstanden: die Erziehungsberatungsstellen. Meist waren es Ärzte oder Jugendfürsorger, von denen die Initiative ausging, solche Einrichtungen zu gründen, um Eltern und Kindern die in erzieherische Notsituationen geraten waren, eine Anlaufstelle für ihre Probleme zu bieten.

Diese Neuerung ist zum einen zu sehen im Zusammenhang mit der Veränderung der deutschen Gesellschaft durch den ersten Weltkrieg, durch die Kriegs- und Nachkriegswirren, welche viele beschädigte Familien zurückließen und welche das traditionelle Gefüge der fraglos gültigen Erziehungsmaximen und den Autoritätsvorschuß der Erwachsenen nachhaltig erschütterten. Dies dürfte zu einem objektiven Anstieg der Fälle konflikthafter Erziehungssituationen geführt haben. Homburger berichtet z.B., daß in jener Zeit Phänomene wie Angstzustände, Schlaflosigkeit, Bettnässen, Gereiztheit, Roheit etc. stark zugenommen hätten und daß das Schulschwänzen gar zu einer "Massenerscheinung" quer durch alle Schülergruppen geworden sei (vgl. Homburger 1924, S. 263). Zum anderen ist speziell das ärztliche Engagement auf diesem Gebiet zu sehen im Zusammenhang mit dem in der deutschen Medizin des beginnenden 20. Jahrhunderts stark ausgeprägten Ideal einer sozial verantwortlichen Gesundheitspflege, welche schon früher zur Einrichtung von Mütter- und Säuglingsberatungsstellen und zur Mitarbeit von Psychiatern in der Jugendfürsorge geführt hatte.

1917 gründete Homburger in Heidelberg die erste "heilpädagogische Beratungsstelle". Schon vorher hatte er an der psychiatrischen Klinik häufig Eltern beraten, die ihn mit ihren Kindern dort aufgesucht hatten. Doch wurde immer deutlicher, daß das dortige Milieu "weder kindgemäß noch erzieherisch geeignet" war und daß bei vielen Eltern große Hemmschwellen bestanden, mit ihrem Problemkind die psychiatrische Klinik, die "Irrenanstalt", zu betreten. Professor Moro von der Heidelberger Kinderklinik stellte Homburger in der dortigen Ambulanz Räume zur Verfügung, und so fanden ab 15. April 1917 einmal pro Woche heilpädagogische Beratungsnachmittage statt. Die Eltern kamen mit ihren Kindern teils aus eigenem Antrieb, teils wurden sie von Ärzten oder von der Schule zum Besuch der Beratungsstelle aufgefordert.

Die Praxis der Erziehungsberatung, wie sie Homburger schildert, ist für die damalige anlage- und individuumszentrierte Sichtweise der Psychiatrie erstaunlich fortschrittlich und familienbezogen. So meint Homburger etwa, die Erhebung der Entwicklungsgeschichte des Kindes müsse ergänzt werden durch die "Ergründung der Wandlungen, welche die innere Stellungnahme der Eltern zu dem Kinde und umgekehrt im Laufe der Zeit unter der Einwirkung seines Verhaltens und der Erkenntnis seiner Mängel" durchmachte. Man müsse sich ferner die "Zeit nehmen zu erfahren, wie eine Mutter mit dem Kind spielt, wie sie es beschäftigt, wieviel oder wiewenig natürliche Lebendigkeit, Erfindungsgabe und Hingabefähigkeit sie besitzt" (ebd., S. 265). Auch nach eventuellen Konflikten oder Zerwürfnissen zwischen den Eltern sowie nach deren Kindheitserfahrungen müsse "bei Vermeidung der üblichen moralisierenden Art" (ebd., S. 267) gefragt werden. Aufgabe der eigentlichen Beratungstätigkeit sei es dann, den Eltern die spezifische Problemlage ihres Kindes zu erklären, sie aber auch für seine verborgenen Fähigkeiten und Talente sensibel zu machen: "Die Eltern sollen lernen, das Kind dort anzupacken, wo es positive Seiten, Leistungsmöglichkeiten aufzuweisen hat" (ebd., S. 267f).

1928 hat Freudenberg in ihrer Dissertation einen ausführlichen Überblick gegeben über den bis dahin erreichten Ausbau der "Erziehungs- und Heilpädagogischen Beratungsstellen" in Deutschland, über ihre organisatorische Einbindungen, ihre methodischen Differenzierungen und ihre theoretischen Grundlagen. In ihrer Übersicht im Anhang listet sie insgesamt 43 solcher Einrichtungen auf, die auf 21 Städte in Deutschland verteilt sind. Die meisten davon stehen unter ärztlicher Leitung, bei manchen ist jedoch auch "Pädagoge" oder "Heilpädagoge" als Berufsbezeichnung des Leiters der Beratungsstelle angegeben. Als Träger fungieren entweder Jugendämter, psychiatrische Kliniken oder aber freie Vereine. In der Regel hatten diese Einrichtungen, die weitgehend unabhängig voneinander entstanden waren, einmal wöchentlich Sprechstunde. Hinsichtlich des Klientenkreises schreibt Freudenberg: "Die heutigen Erziehungsberatungsstellen gehören fast ausnahmslos in das Gebiet der heilenden Fürsorge; sie befassen sich mit der Beratung anormaler oder schwieriger Kinder. Die meisten befassen sich besonders mit den charakterlich anormalen, den psychopathischen Kindern..." (Freudenberg 1928, S. 13).

Freudenberg unterscheidet drei grundsätzlich verschiedene theoretische Orientierungen im Hinblick auf das Verständnis der Phänomene, die in diesen Einrichtungen zur Beratung anstehen: die Schulpsychiatrie, die Individualpsychologie und die Psychoanalyse, und sie unterzieht alle drei Schulen einer ausführlichen Würdigung. Ihr eigener individualpsychologischer Standpunkt hindert sie dabei nicht an einer fairen und sachlichen Darstellung auch der anderen Richtungen. In ihrer abschließenden "Kritik der methodischen Grundlagen" bezieht sie dann jedoch sehr klare Positionen. So stellt ihre Besprechung zugleich eine sehr interessante Diskussion der verschiedenen "Bilder des schwierigen Kindes" dar, wie sie zur Zeit der Weimarer Republik in Deutschland existierten: Auf der einen Seite das damals schon zum "traditionellen Paradigma" gewordene Verständnis der Psychiatrie, das im Psychopathiekonzept seinen Ausdruck fand und das sich sowohl im akademischen Bereich als auch im Bereich der Fürsorgebürokratie fest etabliert hatte. Auf der anderen Seite zwei konkurrierende Ansätze, deren Relevanz im wesentlichen auf der Popularität der Schriften ihrer Gründerväter Freud und Adler beruhte, deren wissen–

schaftlicher Status jedoch umstritten war und deren institutionelle Basis aus privaten Vereinen, Arbeitsgemeinschaften und Ausbildungsinstituten bestand.

Was die beiden neuen Richtungen gemeinsam von der traditionellen Anschauung unterschied, war die dynamische Betrachtungsweise. Der Charakter war ihnen nicht etwas anlagemäßig Festgelegtes, sondern etwas Wandelbares, das Ergebnis der Auseinandersetzung des Menschen mit den Bedingungen seines Aufwachsens, der Niederschlag der je spezifischen Art und Weise, wie die Entwicklungsaufgaben bewältigt wurden. Was sie trennte, waren die unterschiedlichen Auffassungen darüber, worin diese Entwicklungsaufgaben bestehen, was die wirkenden Kräfte und was die leitenden Prinzipien dieses Entwicklungsprozesses des Charakters seien. Für die Psychoanalyse war es ein kausales Geschehen, in dem sich bestimmte psychische Strukturen unter dem Einfluß von Triebregungen einerseits und Realitätsanforderungen andererseits formierten. Für die Individualpsychologie war es mehr ein finales Geschehen, in dem "alle seelischen Phänomene antwortende Stellungnahmen" eines Subjektes darstellten (ebd., S. 79).

Seelische Fehlentwicklungen waren in diesem Verständnis dann mißglückte Lösungen der Entwicklungsaufgaben, Irrwege, die unter dem Druck einer verständnislosen, überfordernden, überbehütenden oder sonst irgendwie fehlgelaufenen Erziehung vom Kind eingeschlagen wurden. Freudenberg kommt von daher zu einer klaren Ablehnung des Psychopathiekonzeptes. Sie vertritt die Meinung, "daß alle Schwererziehbarkeit, einschließlich der Psychopathie, ausnahmslos auf Erziehungsfehler, Umwelteinflüsse und auf falsche Behandlung relativer Erziehungschwierigkeiten (Organminderwertigkeiten) zurückzuführen" sei (ebd., S. 59). Und noch deutlicher: "eine regelwidrige psychische Anlage oder psychopathische Konstitution gibt es demnach nicht" (ebd., S. 71).

Die meisten der 43 Einrichtungen, die im Jahr 1928 in Deutschland existierten, hatten indes noch eine deutliche psychiatrische Orientierung. Sie standen dem "Verein für Psychopathenfürsorge" und der "Zeitschrift für Kinderforschung" nahe. Nach Freudenbergs Recherchen gab es zu jener Zeit noch keine einzige psychoanalytisch orientierte Beratungsstelle in Deutschland. Die Psychoanalyse war zwar bereits eine bedeutsame geistige Strömung, sie hatte sich aber im Bereich der Erziehungsberatung bis dahin nur in Wien selbst institutionell etabliert. Dagegen gab es bereits elf individualpsychologische Beratungsstellen. Zentren dieser Bewegung in Deutschland waren München, Nürnberg, Berlin und Dresden. Die individualpsychologischen Beratungsstellen dienten dabei neben der unmittelbaren Hilfestellung für ratsuchende Eltern auch sehr stark dem Zweck der Verbreitung der Adler'schen Lehre unter denjenigen, die pädagogische Verantwortung trugen. Sie waren deshalb ursprünglich mehr als "Lehrer- und Erzieherschulen" gedacht. Die Besprechung der Problemfälle lief dort häufig vor Publikum ab. Die Zuhörenden sollten am lebendigen Beispiel zu einem Verständnis für die von der Individualpsychologie aufgestellten seelischen Entwicklungsgesetze gelangen. Adler selbst hatte große Hoffnungen auf den Ausbau dieser Einrichtungen gesetzt. Ihm schwebte vor, daß die Hörer dieser Kurse sich über das gemeinsame Interesse an der Individualpsychologie und an der Erziehung zu echten Gemeinschaften zusammenfinden und somit gewissermaßen die Keimzellen einer individualpsychologisch orientierten Gesellschaftserneuerung bilden sollten (vgl. Adler 1983[2], S. 381).

X. Die Rezeption der Psychoanalyse in der heilpädagogischen Bewegung der Weimarer Republik

1. Die heilpädagogische Bewegung der Weimarer Republik

Die deutsche Heilpädagogik erlebte in den zwanziger Jahren eine ausgesprochene Blütephase und galt weltweit als musterhaft. Das differenzierte System pädagogischer Einrichtungen für behinderte Kinder hatte sich zu jener Zeit schon in seinen Grundzügen herausgebildet. Neue Methoden wurden erdacht und bestehende Methoden verfeinert, um Kinder, die aufgrund ihrer sinnesmäßigen, körperlichen oder geistigen Behinderung beeinträchtigt waren, besser fördern zu können. 1922 konstituierte sich auf dem "Ersten Kongreß für Heilpädagogik" in München die "Gesellschaft für Heilpädagogik", die dann in den Jahren bis 1930 vier weitere große Kongresse mit zum Teil mehr als 1000 Teilnehmern abhielt. Die Berichte über diese Kongresse dokumentieren sehr gut die vielfältigen Initiativen und das lebhafte heilpädagogische Forschungsinteresse jener Zeit. Offizielles Organ dieser Gesellschaft wurde die "Zeitschrift für Kinderforschung".

Sowohl in den Kongreßberichten als auch in der "Zeitschrift für Kinderforschung" nimmt die pädagogische Problemgruppe der "psychopathischen Kinder und Jugendlichen" den größten Raum ein. Die Titel solcher Beiträge lauten z.B.: "Psychopathie und jugendliche Verwahrlosung" (Gruhle 1923), "Fürsorge und Heilpädagogik für psychopathische Kinder und Jugendliche" (v.d. Leyen 1923), "Die Bedeutung der Störungen der psychischen Funktionen für den Psychopathen und seine Heilerziehung" (Bartsch 1925), "Heilpädagogische Frühbehandlung des Psychopathen" (Brendel 1929)...; es ließen sich Dutzende weiterer Beiträge aufzählen. Auch in den pädagogischen Nachschlagewerken jener Zeit finden sich ausführliche Stichwortartikel zum Thema "Psychopathenerziehung". So zum Beispiel im "Handbuch der Pädagogik" von Nohl und Pallat (1928-1933), im "Enzyklopädischen Handbuch des Kinderschutzes und der Jugendfürsorge" von Clostermann, Heller und Stephani (1930²) und in der 1934 erschienenen zweiten Auflage des "Enzyklopädischen Handbuchs der Heilpädagogik" von Dannemann u.a..

Dabei hatten weder die Pädagogen noch die Psychiater, deren diagnostische Kompetenz immer wieder beschworen wurde, klare Kriterien für das Vorliegen einer solchen problematischen Anlage. Die Diagnose "Psychopathie" war immer dann naheliegend, wenn Kinder oder Jugendliche, ohne intellektuelle Defizite aufzuweisen, mit ihrem Handeln und Erleben von den Erwartungsnormen pädagogischer Kontrollinstanzen in negativer Weise abwichen. Kramer, ein Berliner Psychiater und ein einflußreicher Vertreter jener Bewegung, die sich der Hilfe für diese Kinder verschrieben hatte, kommt nach der Diskussion verschiedener Definitionsvorschläge zu dem pragmatischen Schluß: "Wir werden darum alle diejenigen Kinder der Psychopathen-Fürsorge zuführen, die ohne, daß sie schwachsinnig sind, Erziehungsschwierigkeiten bereiten und von denen die Erfahrung lehrt, daß die normale Erziehung sich bei ihnen nicht als wirksam erwiesen hat" (Kramer 1930, S. 578). Diesem akademisch und institutionell wohl etablierten Paradigma standen nun mit der Psychoanalyse und der Individualpsychologie zwei konkurrierende Deutungsmuster gegenüber, die zwar noch über keine entsprechende "Infrastruktur" im pädagogischen Bereich verfügten, die aber auf Grund der Popularität der Schriften Freuds und Adlers dennoch die Aufmerksamkeit des "Establishments" erregten und es zur Reaktion zwangen.

2. Die Reaktion der traditionellen Heilpädagogik auf die psychoanalytische Herausforderung.

Auf dem ersten Kongreß für Heilpädagogik 1922 in München hielt Isserlin das einleitende Grundsatzreferat mit dem Titel "Psychiatrie und Heilpädagogik". Er stellt darin das Verhältnis der beiden Disziplinen als ein eindeutiges Abhängigkeitsverhältnis dar. Die Psychiatrie sei "der Erkenntnisboden, auf welchem allein ein zielbewußtes Handeln für die Erziehung der Abnormen erwachsen kann" (Isserlin 1923, S. 10f). Die Heilpädagogik degradiert er dagegen zur "angewandten Psychopathologie", die sich von der Grundwissenschaft Psychiatrie das "Material" zuweisen lassen und sich darüber hinaus auch über die jeweils adäquaten Methoden und die realistischen Ziele der Behandlung belehren lassen müsse, wenn sie nicht blind und naiv an ihre Aufgabe herantreten wolle. Auch und gerade auf dem Gebiet der "Störungen des Gefühls- und des Willenlebens", also dessen, was als die typischen Merkmale der psychopathischen Persönlichkeit angesehen wurde, sei "die Psychiatrie die berufene Führerin des Heilpädagogen" (ebd., S. 18), selbst wenn hier, wie er offen zugibt, auch innerhalb der Psychiatrie große Unsicherheiten und ungelöste diagnostische Probleme bestünden.

In seinem Referat geht Isserlin auch ausführlich auf jene neue Disziplin ein, die in der Heilpädagogik "erheblichen Anklang" gefunden habe, da sie die Erfassung der Persönlichkeit und ihrer Störungen in besonderer Weise zu ihrem Gegenstand gemacht hat: die Psychoanalyse. In deutlichem Bemühen, die Heilpädagogen, die er soeben so eindringlich auf die Psychiatrie als ihre "berufene Führerin" eingeschworen hat, bei der Stange zu halten, kritisiert er die unliebsame Konkurrenz in sehr scharfer Form. Die Grundpfeiler der Psychoanalyse sieht er dabei in zweierlei: zum einen in dem Postulat, daß das Bewußtsein nur einen kleinen Ausschnitt des gesamten Erlebens darstellt und daß die Geschicke des menschlichen Lebens im wesentlichen aus dem Unbewußten gelenkt werden, zum anderen in der methodischen Grundeinstellung, das psychische Geschehen auch in seinen pathologischen Formen prinzipiell als etwas Sinnvolles, als etwas, das einer verborgenen Vernunft folgt, aufzufassen und die Manifestationen entsprechend zu deuten. Diese theoretischen Grundannahmen haben sich nach seinem Urteil jedoch "bisher wenig als wirklich begründet erwiesen", hätten in ihrer Konsequenz aber "in einen abstrusen Aberglauben und in eine lächerliche Vorstellungsgymnastik" geführt. "Ein dauerndes klügelndes Übersetzen und Deuten, welches die vorhandene Literatur mit allerlei Abgeschmacktheiten erfüllt hat", kennzeichne die Versuche der psychoanalytischen Persönlichkeitserfassung (ebd., S. 21).

Ebenso, wie Isserlin die Psychoanalyse als allgemeinen Verständnisrahmen für die Probleme der Heilpädagogik verwirft, lehnt er sie auch als mögliche heilpädagogische Behandlungsmethode grundsätzlich ab. Dabei sind es nicht einmal so sehr die sexualpsychologischen Deutungsmuster, die er in den Mittelpunkt seiner Ablehnung stellt; seine höchste pädagogische Entrüstung ruft vielmehr schon die selbstreflexive Fokussierung der Aufmerksamkeit auf die eigene Person, wie sie in der psychoanalytischen Praxis stattfindet, auf den Plan:

"Allein schon die Einstellung des Jugendlichen auf sich selbst, dieses von der Psychoanalyse so sehr gerühmte angebliche Streben nach Selbsterkenntnis, ist ein sehr künstliches, die Natürlichkeit der jugendlichen Persönlichkeit störendes Verhalten ... Insbesondere bei krankhaft veranlagten Persönlichkeiten kann diese unnatürliche, die Einfalt der Jugend gefährdende Einstellung sehr unerfreulich wirken, nicht selten aber auch stürmische Krankheitserscheiunungen hervorrufen. Wer psychoanalytisch behandelte Kinder zu sehen Gelegenheit hat, wird gewiß manche unerfreuliche Bilder erblickt haben, Fälle, in denen diese jugendlichen Individualitäten mit nichts anderem erfüllt waren, als mit der Sorge um ihre Träume, ihre zwanglos oder zwanghaft sich einstellenden Einfälle, wo diese Kinder und Jugendlichen mit von ihren Erziehern übernommenen langatmigen Reflexionen über ihre Persönlichkeit, deren Wert oder deren Unwert erfüllt waren" (ebd., S. 23).

Zum Schluß ordnet Isserlin die Psychoanalyse schließlich unter der Rubrik "Auswüchse und Irrwege" ein, in deren Ablehnung sich Psychiatrie und Heilpädagogik einig sein müßten.

Isserlins polemische Ablehnung der Psychoanalyse auf dem ersten Kongreß für Heilpädagogik hat zwar durch ein Referat von Weiskopf mit dem Titel "Tiefenpsychologische Richtpunkte zur heilerziehlichen Behandlung der Psychopathie durch Ärzte, Eltern, Lehrer und Fürsorger", in dem sehr nachdrücklich der Nutzen der Psychoanalyse für die Heilpädagogik herausgestrichen wird, eine gewisse Erwiderung erfahren. Die Tatsache jedoch, daß dieses Referat das erste und einzige blieb, das auf den fünf heilpädagogischen Kongressen der Zeit von 1922 - 1930 überhaupt zugunsten der Psychoanalyse gehalten wurde, sowie die Tatsache, daß dieses Referat im Kongreßbericht nur in einer knappen Zusammenfassung wiedergegeben ist, zeigt, daß der Bannspruch Isserlins zumindest bei den Kongreßveranstaltern Wirkung getan hat.

Ein anderes instruktives Beispiel hierfür ist ein Vorfall auf der Tagung der "Deutschen Gesellschaft für Sprach- und Stimmheilkunde", welche im Anschluß an den vierten Kongreß für Heilpädagogik 1928 in Leipzig stattfand. Alfhild Tamm, eine schwedische Schulärztin (die mit verschiedenen Beiträgen in der "Zeitschrift für psychoanalytische Pädagogik" vertreten ist), hielt dort einen Vortrag über die "Psychische Behandlung des Stotterns", in dem sie beschreibt, wie sie durch die psychoanalytische Methode Fälle von schwerem Stottern geheilt habe.

Über die Reaktion des Auditoriums berichtet ein psychoanalysefreundlicher Autor in der "Leipziger Volkszeitung" folgendermaßen:

"... schon die Erwähnung des Wortes 'Psychoanalyse' mußte manchen guten, senilen Sanitätsrat usw. zur Weißglut bringen. Was hier an Undiszipliniertheit und affektbetonter Opposition geleistet wurde, war für eine angebliche wissenschaftliche Vereinigung geradezu unerhört. Zunächst versuchte man die Rednerin, eine sympathische Ärztin, schon nach 15 Minuten abzuwürgen, obgleich sie 20 Minuten Redezeit hatte, wie ihre Vorgänger, die sogar 30 gebraucht hatten. Als das nicht glückte, wurde sie, die als Ausländerin nicht so rasch sprachlich parieren konnte, wie die Angriffe wildgewordener wissenschaftlich gebildeter Laien fielen, mit den dümmsten, einfälligsten, tausendfach schon widerlegten Argumenten bombardiert. Ein Diskussionsredner meinte: Um Himmels willen nicht in diesen Dingen (die sexuellen) herumrühren, die man besser gar nicht erwähnt" (zit. nach Z. f. Psa Päd. 2, S. 393).

Isserlin, der gewissermaßen die Rolle des "Psychoanalysebeauftragten" in der etablierten Heilpädagogik innehatte, war es denn auch, dem die Aufgabe zufiel, für das "Enzyklopädische Handbuch des Kinderschutzes und der Jugendfürsorge" und für das "Enzyklopädische Handbuch der Heilpädagogik" Artikel zum Stichwort Psychoanalyse zu verfassen. Diese sind zwar in der Darstellung der psychoanalytischen Theoriestücke ausführlicher und sachlicher als das oben zitierte Referat, schließen aber, wie nicht anders zu erwarten, jeweils mit einer vernichtenden Kritik, in welcher die Liste der Vorwürfe gegen die Psychoanalyse noch um die Punkte "Pansexualismus", "Intellektualismus" und "Dogmatismus" erweitert ist.

Ein interessanter Aspekt, der in einem weiteren psychoanalysekritischen Beitrag Isserlins auftaucht, ist der, daß er selbst erkennt, daß Freuds Lehre von der infantilen Sexualität geeignet sein könnte, einen Ersatz für das bis dahin unumschränkt gültig erscheinende Dogma der erblichen Konstitution zu liefern: "Polymorphe Perversität des Säuglings und Kindes, primitive Objektwahl, Ödipus- und Kastrationskomplex bilden, der Verdrängung verfallen, den Untergrund für die Weiterentwicklung und könnten in der Tat, wenn die Verhältnisse so lägen, wie die Analyse sie darstellt, eine ähnliche Bedeutung für das Schicksal des Individuums haben, wie eine angeborene Anlage" (Isserlin 1925, S. 268). Allerdings schränkt Isserlin diese grundlegende Erkenntnis, die er vorsichtshalber nur im Konjunktiv formuliert hatte, dann gleich wieder ein, indem er unterstellt, daß für die individuell unterschiedlichen Formen der Verarbeitung der typischen frühkindlichen Konfliktsituationen letztlich doch wieder auf konstitutionelle Momente zurückgegriffen werden müßte.

Auch andere führende Vertreter der Heilpädagogik haben die Psychoanalyse in z.T. recht scharfen Formulierungen abgelehnt. So hat beispielsweise Theodor Heller, der Wiener Altmeister der Heilpädagogik, "die schwersten pädagogischen Bedenken" gegen die Anwendung der Psychoanalyse bei Kindern erhoben. Er warf ihr vor, daß sie vom Pansexualismus beherrscht sei und daß sie mit ihrem, "jedes pädagogischen Taktes entbehrenden Ausfragen der Kinder" oft Gedanken wachgerufen, Gefühle und Affekte aufgerüttelt habe, welche dann die Grundlage pathologischer Erscheinungen wurden. Somit seien durch ihre Anwendung die zu heilenden Übel nicht nur nicht behoben, sondern häufig sogar erheblich verschlimmert worden (Heller 1923, S. 237).

Ebenso deutlich ist die Ablehnung bei Ernst von Dühring, der in seinem Lehrbuch "Grundlagen und Grundsätze der Heilpädagogik" recht ausführlich auf die Psychoanalyse eingeht. Obwohl er selbst sehr nachdrücklich die Bedeutung des Unbewußten im menschlichen Seelenleben hervorhebt, kommt er doch zu einem sehr negativen Gesamturteil über die Freud'sche Lehre, der er eine mechanistische und materialistische Weltanschauung sowie zahlreiche theoretische Unklarheiten und unzulässige Generalisierungen von Einzelbefunden vorwirft. Scharf wendet er sich gegen alle Versuche, die Assoziationsmethode in der pädagogischen Praxis anzuwenden:

"Kinder, und besonders Kinder mit Eigenheiten, mit Erziehungsschwierigkeiten psychoanalytisch irgendwie mit einem auch nur in irgendeiner Hinsicht der Methode des Assoziationsverfahrens ähnelnden Verfahren behandeln zu lassen, halte ich für schlechthin verwerflich. Es ist der sicherste Weg, den Kindern die Unbefangenheit zu rauben - man hysterisiert sie künstlich" (v. Dühring 1925, S. 304).

Eine vorsichtigere, abwägendere Position hat Heinrich Hanselmann, der erste Lehrstuhlinhaber für Heilpädagogik, eingenommen. In seinem 1930 erstmals erschienenen Standardwerk "Einführung in die Heilpädagogik", würdigt er ausdrücklich das Verdienst Freuds, die Menschheit von der einseitigen Überbewertung des Verstandes, von der "Eiszeit der Seele" befreit zu haben. Dabei stuft er die Psychoanalyse jedoch weniger als eine Wissenschaft, sondern eher als eine Weltanschauung oder sogar als eine Art Religionsersatz ein und beklagt, "daß Übertreibungen, Geschmacksverirrungen, erzieherische und menschliche Taktlosigkeiten durch besessene und fanatische Anhänger der Psychoanalyse in weitem Umfang vorgekommen seien (Hanselmann 1958[5], S. 23). Dennoch widmet er dann der "psychoanalytischen Methode" einen eigenen Abschnitt unter den "speziellen Methoden" zur Behandlung der Schwererziehbarkeit. Darin kommt er aber nach etlichen Erwägungen, bei denen er ausführlich auch Vorbehalte zitiert, die von Sigmund und Anna Freud selbst formuliert worden waren, zu dem Schluß, daß bei der überwiegenden Mehrzahl schwererziehbarer Kinder und Jugendlicher die Voraussetzungen zur Anwendung dieser Methode nicht erfüllt seien (ebd., S. 503).

Die positivste und differenzierteste Aufnahme fand die Psychoanalyse vielleicht bei August Homburger, dem Heidelberger Psychiater, der als Begründer der ersten Erziehungsberatungsstelle in Deutschland und als Autor der "Vorlesungen über Psychopathologie des Kindesalters" sicher zu den wichtigsten Vertretern der Heilpädagogik jener Zeit gerechnet werden muß. Er hat in seinem umfangreichen Hauptwerk zwei Vorlesungen auf das Thema: "Die kindliche Sexualität und die Freud'sche Lehre" verwendet. Darin referiert er ausführlich die Theorie der polymorph-perversen kindlichen Sexualität - also jenes besonders heikle Theoriestück, das der Psychoanalyse so viele Anfeindungen eingetragen hat. Obwohl er die sexuelle Bedeutung vieler Phänomene des Kinderlebens nicht in der Allgemeinheit gelten läßt, in der sie Freud behauptet hatte, kommt er zu dem Schluß, daß "die Freud'sche Lehre von der polymorphen Perversität des Kindes nicht aus der Luft gegriffen" sei (Homburger 1926, S. 642). Sie stellt jedoch für ihn nicht die Norm, sondern einen klinischen Sonderfall, dem häufig eine "psychopathische Veranlagung" zugrundeliege, dar. Anhand eines ausführlichen Fallberichts von einem frühsexualisierten, zwanghaft und exzessiv masturbierenden 3 1/2-jährigen Mädchen schildert er dann seine persönlichen Erfahrungen mit der "polymorph-perversen" kindlichen Sexualität.

Mit dieser Eingrenzung und Klinifizierung ist natürlich der eigentlich aufreizende Stachel von Freuds Theorie, der ja gerade in der Behauptung der Allgemeinheit dieser "polymorph-perversen" infantilen Sexualität lag, weitgehend gezogen. Auch bei der Darstellung anderer Theoriestücke, z. B. des Ödipuskomplexes, der Lehre von der Verdrängung und von den Folgen des infantilen Traumas geht Homburger nach dem Muster vor, daß er die grundsätzliche Bedeutsamkeit der Freud'schen Erkenntnisse akzeptiert, aber den Geltungsbereich der Aussagen jeweils deutlich eingrenzt. Es handle sich, nicht wie Freud meint, um den Regel-, sondern immer nur um den Ausnahmefall.

Erstaunlich ist schließlich, daß Homburger am Schluß seiner kritischen Auseinandersetzung mit der Psychoanalyse sogar von eigenen praktischen Behandlungsversuchen berichtet: "So hoch ich ... viele Forschungsergebnisse der Psychoanalyse schätze, zur psychoanalytischen Behandlung entschließe ich mich nur bei schweren Neurosen und unverkennbaren Komplexhäufungen" (ebd., S. 662).

3. Die Rezeption von August Aichhorns Buch "Verwahrloste Jugend" in der "Zeitschrift für Kinderforschung"

August Aichhorns 1925 erschienenes Buch "Verwahrloste Jugend" stellt wohl den eindrucksvollsten Versuch jener Zeit dar, den Nutzen der Psychoanalyse für das Verständnis von Erziehungskonflikten und für den pädagogischen Umgang mit "schwierigen" Kindern und Jugendlichen zu demonstrieren. Das Buch strotzt förmlich vor pädagogischem Optimismus. Die einzelnen Fallgeschichten werden dargestellt wie komplizierte psychologische Puzzles. Der Schlüssel, der all diese erzieherischen Erfolge möglich gemacht hat, ist in Aichhorns Darstellung einzig und allein die Lehre Sigmund Freuds. Diese Schrift mußte somit eine Herausforderung für die Vertreter der traditionellen Heilpädagogik und Fürsorgeerziehung sein, die kaum mit ähnlich spektakulären Schilderungen von den positiven Wandlungen ihrer Zöglinge aufwarten konnten.

1926 bezog Werner Villinger auf dem Allgemeinen Fürsorgeerziehungstag Stellung zu Aichhorns Schrift. Seine Stellungnahme baut auf zwei Argumentationslinien auf. Erstens stellt er das spezifisch Psychoanalytische des Aichhorn'schen Vorgehens in Frage. Es handle sich gar nicht um das typische Freud'sche Verfahren, bei welchem die Analyse seiner Meinung nach immer ausschließlich auf das Sexualleben oder die frühkindliche Sexualität abziele, sondern vielmehr um die eindrucksvolle Demonstration für ein "individualisierendes, einfühlendes und verstehendes Vorgehen in der Fürsorgeerziehung" (Villinger 1927, S. 70). Als solches sei es aber nicht revolutionär neu. Aichhorn bemühe sich einfach "um eine Seelendurchforschung, wie sie die Psychiater seit langem schon anstellen" (ebd.), und habe seine intuitiv gewonnenen Einsichten nur in psychoanalytische Sprache gekleidet. So sei etwa das, was Aichhorn "Übertragung und Gegenübertragung" genannt habe, von Pestalozzi unter dem Namen "Liebe und Glauben" schon lang vorher als entscheidende Voraussetzung für den Erfolg jeglicher pädagogischer Bemühungen dargestellt worden. Dabei zollt Villinger Aichhorns intuitiven erzieherischen Fähigkeiten durchaus höchsten Respekt und bewundert ihn als "die Verkörperung hervorragender Menschenkenntnis und außergewöhnlicher praktischer Erziehungskunst" (ebd.).

Der zweite Einwand Villingers besteht in der Behauptung, daß es sich bei den Jugendlichen, die Aichhorn schildert, um lauter leichte Fälle gehandelt habe, die mit den typischen Fürsorgeerziehungszöglingen wenig zu tun hätten. Allein schon die Tatsache, daß sich die Konfliktsituationen, die in Aichhorns Beispielen zur Verwahrlosung geführt hatten, so leicht analysieren ließen, sowie die Tatsache, daß bei allen Fällen eine Besserung eintrat, daß die Zöglinge also am Ende wieder sozial wurden, legt für Villinger diesen Schluß nahe. Denn nach seiner eigenen Erfahrung waren 50 - 60% der Fürsorgezöglinge "konstitutionell abnorm, psychopathisch oder schwachsinnig" (ebd., S. 71) und damit mehr oder weniger unerziehbar. Daß diese Einschätzung keine einfache Tatsachenfeststellung ist, sondern vom theoretischen Hintergrund des Beurteilenden abhängt, kommt ihm dabei nicht in den Sinn. Er kann jedoch auf einige Stellen in Aichhorns Text verweisen, in denen dieser selbst bemerkt, daß es sich bei den Jugendlichen, die er behandelt hat, nicht um solche mit "defekter Erbanlage" gehandelt habe, und daß die Zöglinge, die seinem Heim zugewiesen worden waren, vorher ärztlich begutachtet worden seien. Villinger kommt deshalb zu der These, es hätte eine entsprechende "Siebung" stattgefunden, und Aichhorn hätte es eben nur mit jenen leichten Fällen zu tun gehabt, "...um die die Erzieher sich reißen, weil sie - auch ohne Psychoanalyse im Freud'schen Sinne - als dankbare Erziehungsobjekte bekannt und geschätzt sind" (ebd.).

Dem ersten Argument Villingers, daß es sich nämlich bei Aichhorns Vorgehen gar nicht wirklich um die Anwendung der Psychoanalyse in der Fürsorgeerziehung gehandelt habe, sondern um das einfühlsam-verstehende Vorgehen eines engagierten und intuitiv hochbegabten Pädagogen, ist einerseits zuzustimmen. Das, was Aichhorn von seinem Umgang mit den Jugendlichen schildert, ist tatsächlich etwas anderes als das, was Freud von den Behandlungen seiner Patienten berichtet. Freud selbst hatte ja in seinem Vorwort schon darauf hingewiesen, daß die Psychoanalyse den Erzieher Aichhorn "praktisch wenig Neues lehren" konnte. Aichhorns berühmtes Buch ist, wie neuere Quellenfunde ergeben haben, wohl wirklich nicht der Bericht über die Durchführung eines vorgängig entworfenen psychoanalytischen Erziehungskonzeptes, sondern stellt die nachträgliche Interpretation der dort gemachten Erfahrungen mit Hilfe psychoanalytischer Denkmuster dar. Dennoch ist Villingers Argument, Aichhorn habe alte pädagogische Weisheiten nur neu sprachlich verpackt, unseriös, denn Aichhorns Praxis des Umgangs mit den verwahrlosten Jugendlichen unterschied sich auch von der Sache her auf das Deutlichste von der traditionellen Anstaltspädagogik. Außerdem entwickelte er einen neuen Verständnisrahmen für die Probleme der Verwahrlostenerziehung, der ihm eine theoretische Begründung und Rechtfertigung seines Handelns erlaubte.

Das zweite Argument, die angebliche "Auswahl der leichten Fälle", ist nicht mehr objektiv überprüfbar, aber es ist recht billig, und wenn man in Aichhorns Buch das 8. Kapitel über die Gruppe der aggressiven Jugendlichen liest, auch nur schwer verständlich. Es ist durchaus anzunehmen, daß Villinger, wenn er sie zu begutachten gehabt hätte, auch 50 - 60% der Oberhollabrunner Fürsorgezöglinge als "konstitutionell abnorm, psychopathisch oder schwachsinnig" eingestuft hätte. Diese Einschätzung sagt also mehr über die theoretische Voreingenommenheit und den pädagogischen Pessimismus des diagnostizierenden Psychiaters aus als über den psychischen Zustand der Kinder und Jugendlichen.

4. Das wachsende Interesse der heilpädagogischen Praktiker

Der weitgehenden Ablehnung der Psychoanalyse durch die maßgeblichen Standesvertreter der Heilpädagogik und der Psychiatrie muß eine sehr viel größere Offenheit vieler Praktiker gegenübergestanden haben. Nur so sind die immer wieder vorgebrachten Warnungen vor einer kritiklosen Aufnahme dieser "Irrlehren" verständlich. Villinger stellt z.B. beunruhigt fest, daß der Name Freud überall gefeiert werde "als der eines Verkünders unerhörter, letzter Wahrheiten auf dem Gebiet der Psychologie" (ebd., S. 67) und daß es gerade bei "den pädagogischen Freud-Studenten fast immer nach kurzem nur noch Freud" gäbe (ebd., S. 74). Er führt diesen Erfolg beim Publikum dann neben der "Kühnheit" von Freuds Theorien vor allem auf den "Hauch des Geheimnisvollen, besonders des Erotischen und Sexuellen" zurück, der dessen Lehre umgäbe (ebd., S. 67).

Nicht nur die Individualpsychologie hat in den zwanziger Jahren einen beträchtlichen missionarischen Eifer auf dem Gebiet der Pädagogik und der Heilpädagogik entwickelt, auch die Psychoanalyse bemühte sich aktiv darum, das seelenkundliche Bewußtsein der Lehrer und Erzieher zu erweitern. Als die Hauptinitiatoren auf dem Sektor Öffenlichkeitsarbeit und psychoanalytische Fortbildung für Lehrer und Erzieher in Deutschland können wohl Heinrich Meng und Ernst Schneider, die Herausgeber der "Zeitschrift für Psychoanalytische Pädagogik", gelten.

Meng und Schneider waren auch die Veranstalter der "Pädagogischen Wochen", die 1927 und 1929 als psychoanalytische Einführungs- und pädagogische Fortbildungsveranstaltungen in Stuttgart stattfanden. Siegfried Bernfeld, Karl Landauer, Oskar Pfister, Hans Zulliger, Gustav Graber und Wilhelm Hoffer wirkten dort als Referenten. Heilpädagogische Themen, wie z.B. die Entstehung und Behandlung von "Kinderfehlern", von Erziehungsschwierigkeiten und Entwicklungskrisen nahmen dort einen ebenso breiten Raum ein wie in den Seminaren, die Ernst Schneider im Rahmen der Jenaer Ferienkurse, jener traditionsreichen Fortbildungsinstitution für Lehrer, gehalten hat.

Trotz dieser Bemühungen war die heilpädagogische Praxis der Weimarer Zeit, speziell die institutionelle Fürsorge für sozial abweichende und psychisch auffällige Kinder, überwiegend von sehr statischen, konstitutionstheoretischen Vorstellungen bestimmt. Bis hin zu Einrichtungen für Kinder und Jugendliche, in denen ein dynamisches Verständnis solcher "Auffälligkeiten" und ein entsprechender pädagogisch-therapeutischer Behandlungsansatz im Konzept festgeschrieben wurde, war es noch ein weiter Weg.

Wie die Begegnung mit der Psychoanalyse die pädagogischen Anschauungen und die erzieherische Praxis des einzelnen Heilpädagogen verändert hat, läßt sich nur individuell-biographisch klären. Ein solches biographisches Streiflicht ist in der "Zeitschrift für Psychoanalytische Pädagogik" enthalten und soll exemplarisch hier vorgestellt werden. Es stammt von Hans Kalischer, einem Mitarbeiter des seinerzeit sehr renommierten "Jugendsanatoriums Dr. Isemann" in Nordhausen. 1927 findet sich Kalischers Name noch auf der Teilnehmerliste der ersten "Pädagogischen Woche" in Stuttgart. 1930 erscheint er selber als Autor in der "Zeitschrift für Psychoanalytische Pädagogik". Sein mehrteiliger Beitrag trägt den Titel "Aus der heilpädagogischen Anstaltspraxis". Nach der Darstellung und Interpretation von vier Fallgeschichten geht er zum Abschluß auf die grundsätzliche Bedeutung der Psychoanalyse für den Heilerzieher und auf seine ganz persönliche Lerngeschichte ein.

Das "unentwirrbare Dickicht von Widersprüchen", dem er sich zu Beginn seiner Arbeit gegenübergestellt sah, habe sich für ihn in dem Maß zu lichten begonnen, wie er sich selbst analysieren ließ. Erst durch das schrittweise Verständnis für das eigene, verdrängte Kind in sich sei er dazu gelangt, die ihm anvertrauten schwierigen Kinder zu begreifen. Die Störungen durch das "Mitspielen unberechenbarer und unerklärlicher persönlicher Erregungen", welche die Arbeit mit diesen Kindern immer wieder gefährdet haben, lernte er nun als "erklärbare Affektreaktionen, die aus der historischen Quelle der eigenen Kindheitserlebnisse ihre Kraft ziehen", verstehen. Zum Schluß faßt er sein Urteil über die Leistungen der Psychoanalyse für die Heilpädagogik folgendermaßen zusammen:

"Auf einem Gebiete, das der Differentialdiagnose des klinischen Psychiaters oft erhebliche Schwierigkeiten in den Weg stellt, einmal wegen der Jugend der erkrankten Individuen und der damit verbundenen dauernden Veränderlichkeit des Krankheitsbildes, dann aber, weil in dem pathologischen Grenztypus des asozialen Jugendlichen neurotische und psychotische Mechanismen in oft undurchdringlicher Weise ineinandergreifen, bedeutet die Grundlage der psychoanalytischen Psychologie für den Heilpädagogen einen unermeßlichen Vorsprung. Man kann geradezu sagen, daß sie ihn in seinem Tun erst wissenschaftlich beglaubigt. Indem sie ihm den Sinn im Sinnlosen aufzeigt, indem sie ihn auf die früher gegenüber der Erbdisposition stark vernachläßigte Bedeutsamkeit der Erlebniseinflüsse hinweist, befreit sie ihn aus den Fesseln einer allzu leicht in die Resignation mündenden einseitigen Konstitutionslehre" (Kalischer 1930, S. 251f).

Dies ist tatsächlich das große Verdienst der Psychoanalyse, das man nur dann entprechend würdigen kann, wenn man sich die trostlos statischen Ansätze vergegenwärtigt, die bis dahin das Feld beherrschten.

5. Die Stellung der psychonalytischen Pädagogen zum Psychopathie-Konzept

So deutlich die Ablehnung der Psychoanalyse durch die meisten etablierten Vertreter der traditionellen Heilpädagogik war, so wenig offensiv haben die Vertreter der psychoanalytischen Pädagogik von sich aus die Auseinandersetzung mit ihr und mit ihren hirnorganischen und charakterologischen Konzepten gesucht. In der "Zeitschrift für Psychoanalytische Pädagogik" taucht der Schlüsselbegriff der "Psychopathie", unter dem die Heilpädagogik die diversen, vermeintlich anlagebedingten Erziehungsschwierigkeiten und Verhaltensstörungen faßte, nur höchst selten und kaum einmal in kritischer Hinsicht auf.

Ein einziger Beitrag beschäftigt sich explizit mit dem Thema. Er stammt aus dem Jahre 1928 von Furrer und trägt den Titel "Wie erziehen wir neurotische und psychopathische Kinder?". Es handelt sich bei dieser Abhandlung jedoch keineswegs um eine Kritik der traditionellen Vorstellungen, vielmehr werden beide Konzepte, das der Psychopathie und das der Neurose, als in einer natürlichen "Ergänzungsreihe" stehend dargestellt. Phänomenologisch seien die beiden Formen der Normabweichung kaum auseinander zu halten, es handle sich also nicht "um zwei scharf unterscheidbare Menschentypen" (Furrer 1928, S. 256). Der Unterschied liege vielmehr in der Ätiologie der Störungen:

"Schätzt man im Einzelfall aufgrund der Untersuchung und Beobachtung das Gewicht der äußeren Ursachen gegenüber den inneren als wesentlich überwiegend ein, und haben sie unbewußte Konflikte herbeigeführt, so nennt man das betreffende Individuum Neurotiker; glaubt man dagegen, daß die Anlage bzw. Erbschaftsmomente gewichtiger seien als die äußeren Ursachen, so redet man von einem Psychopathen" (ebd.).

Psychopathische Kinder seien somit solche, "die eine unglückliche Veranlagung des Trieb- und Gefühlslebens mit auf die Welt gebracht haben und infolgedessen schwer erziehbar, aber nicht schwachsinnig sind" (ebd.). Zwar problematisiert Furrer dann noch die Unschärfe des Anlagebegriffes und die Schwierigkeit, die beiden ätiologischen Kausalfaktoren überhaupt auseinander zu dividieren. Insgesamt ist der Artikel aber so harmlos und unverbindlich, daß ihm wohl auch Leute wie Isserlin, Heller und Villinger ohne weiteres hätten zustimmen können.

Diese Zurückhaltung hängt wohl damit zusammen, daß Freud selbst Zeit seines Lebens dem konstitutionellen Faktor ein hohes Gewicht für die Entstehung seelischer Störungen beigemessen hat. Ein interessantes Beispiel hierfür findet sich in den Protokollen der "Wiener Psychoanalytischen Vereinigung". In der legendären "Mittwochsgesellschaft" wurde immer wieder auch aktuelle Fachliteratur aus den relevanten Nachbargebieten referiert und diskutiert. In einer solchen Sitzung stellte der Kinderarzt Friedjung diesem Kreis das Buch "Vorlesungen über die Psychopathologie des Kindesalters" des Jenaer Psychiatrie-Professors Wilhelm Strohmayer vor, das sich weitgehend in herkömmlichen psychiatrischen Bahnen bewegt und ein ausführliches Kapitel über die "psychopathischen Konstitutionen" enthält. Da Strohmayer jedoch im Zusammenhang mit den Zwangshandlungen Jugendlicher der Sexualität relativ große Bedeutung beimißt und sogar Freud mit seinen Ansichten über die Entstehung der Zwangsneurose zitiert, war die Aufnahme seines Buches in dem Psychoanalytikerkreis relativ günstig. Freud selbst bezeichnet ihn als einen "selbständigen Kopf" und bedauert, daß er durch "persönliche Komplexe gehindert" sei, sich tiefer auf die Psychoanalyse einzulassen (zit. n. Nunberg/Federn 1977, S. 476). Seinerseits jedoch gesteht Freud zu, daß bei der "moral insanity ... zweifellos ... wie überall eine besondere organische Basis vorhanden" sei. Er gesteht also den Einfluß des dispositionellen, organischen Faktors grundsätzlich zu. Dieser interessiert ihn jedoch nicht weiter, sondern er sieht die eigentliche Aufgabe darin, "den akzidentiellen und biographischen Anteil festzustellen" (ebd., S. 478).

Besonders klar hat Freud seine Position zu dieser Frage in einem Brief an Else Voigtländer, die später bekannt gewordene Verwahrlostenforscherin, formuliert:

"Wenn wir in unseren psychoanalytischen Arbeiten mehr von den akzidentellen Einflüssen als von den konstitutionellen Bedingungen handeln, so hat dies zwei Gründe: Erstens, weil die ersteren übersehen werden und jetzt zu beweisen sind, während die letzteren nur zu bereitwillig zugestanden werden, zweitens, weil wir von den ersteren auf Grund unserer Erfahrung etwas zu sagen wissen, von den anderen aber noch so wenig wissen wie die - Nichtanalytiker. Diese Bevorzugung des Akzidentellen will aber keineswegs die Leugnung des Konstitutionellen bedeuten. ... Was nach Durchforschung der Akzidentien als unerklärlich erübrigt, das darf der Konstitution zugeschoben werden" (Brief vom 1.10.1912; Freud 1980[3], S. 300).

Einen sehr viel deutlicheren und schärferen Ton haben hier die Vertreter der Individualpsychologie angeschlagen. So spricht etwa Sophie Freudenberg im "Handbuch der Individualpsychologie" von 1926 von dem "Psychopathenwahn", der geeignet sei, große pädagogische Schäden anzurichten, da er eine "bequeme Entschuldigung für das Scheitern der Erziehung" darstelle (Freudenberg 1926, S. 372).

Psychoanalyse und Individualpsychologie waren also durchaus auf dem Vormarsch und die traditionelle Psychopathielehre eher in die Defensive gedrängt, als 1933, mit der Machtergreifung der Nationalsozialisten, die "jüdischen Irrlehren" offiziell geächtet und die Arbeitsmöglichkeiten tiefenpsychologisch orientierter Pädagogen zerstört wurden. In dieser Zeit feierten dann die Erblichkeitstheoretiker ihre großen Triumphe, und die seit jeher eng damit verquickten eugenischen Bestrebungen entfalteten ihr ganzes unmenschliches Potential.

XI. Die Stellung der geisteswissenschaftlichen Pädagogen zum Problem der Erziehungsschwierigkeiten

An den deutschen Universitäten hatten seit den zwanziger Jahren im Bereich der Pädagogik die Vertreter der Dilthey-Schule eine unbestrittene Vormachtstellung. Eduard Spranger in Berlin, Herman Nohl und Erich Weniger in Göttingen, Theodor Litt in Leipzig und Wilhelm Flitner in Kiel, dies waren die zentralen Figuren der neuen theoretischen Richtung, die den Herbartianismus ablöste. Die geisteswissenschaftlichen Pädagogen erhoben nicht mehr den Anspruch, die Erziehung im Sinne normativer Vorgaben anleiten zu können. Sie gingen vielmehr methodisch von einer prinzipiellen Vorgängigkeit der pädagogischen Praxis aus und sahen die Aufgabe der wissenschaftlichen Pädagogik vor allem darin, diese Erziehungswirklichkeit hermeneutisch aufzuklären. Ihre Interessen waren in erster Linie historischer und kulturphilosophischer Art. Es ging ihnen darum, die Werke pädagogischer Klassiker auf dem Hintergrund von deren geschichtlicher Lebenssituation zu deuten oder aber die aktuellen Strömungen und Tendenzen im Erziehungsbereich in ihrer Verflochtenheit mit der gesamtkulturellen Entwicklung zu verstehen. Daneben fanden aber durchaus auch anthropologische und psychologische Fragen Beachtung. Man denke etwa an Sprangers "Psychologie des Jugendalters" (1924) oder an Nohls "Pädagogische Menschenkunde" (1929).

In dem wichtigsten Publikationsorgan der geisteswissenschaftlichen Pädagogik, in der von Fischer, Flitner, Litt, Nohl und Spranger herausgegebenen Zeitschrift "Die Erziehung", wurde regelmäßig über die "Lage in der Heilerziehung" und über die "Probleme der Fürsorgeerziehung" berichtet (vgl. Eyferth 1927, 1929; Hermann 1926, 1927, 1929; Bondy 1929, Hoffmann 1932). Auch ärztliche Vertreter der Heilpädagogik kamen gelegentlich mit eigenen ausführlichen Beiträgen zu Wort. So etwa Schröder mit einer Betrachtung "Über Erziehbarkeit" (1929) oder Moses mit einer Abhandlung über "Gestaltungen und Wandlungen der Psychopathielehre in ihrer Bedeutung für die Heilpädagogik" (1930).

Der Akademisierung der Heilpädagogik im Sinne eines eigenständigen Faches an den Universitäten, wie sie vielfach zu jener Zeit schon gefordert wurde, standen die Vertreter der geisteswissenschaftlichen Pädagogik indes sehr reserviert gegenüber. So meint Nohl etwa zu dem Gedanken heilpädagogischer Forschungsinstitute und Ordinarien, es würde dafür "nicht bloß das Geld, sondern es würden auch die nötigen Menschen fehlen, um diese Lehrstellen zu besetzen. Die Universitäten sind auf solche Aufgaben nicht vorbereitet, und es ist doch auch nicht jeder tüchtige Praktiker geeignet, Universitätslehrer zu werden" (Nohl 1924, S. 5).

W. Flitner geht in seiner Ablehnung eher von prinzipiellen Erwägungen aus. Er sieht nämlich den "Hauptzusammenhang" der Pädagogik durch diese Forderung gefährdet: Die Heilpädagogik könne an den Hochschulen zwar nicht entbehrt werden, sie müsse aber aus jenem "Hauptzusammenhang" heraus entwickelt werden, und "hier müßte die Aufnahme des Sondergebietes als eines Fachs die gründliche Entfaltung jenes Hauptzusammenhanges verhindern". Die "Forderung, Heilpädagogik gesondert zu berücksichtigen", ist ihm jedoch ein Hinweis darauf, "daß die Erziehungswissenschaft sich noch nicht tief genug von den heilpädagogischen Zusammenhängen hat beeinflussen lassen" (Flitner 1929, S. 408).

Heilpädagogische Themen spielten tatsächlich in den Interessenshorizonten der geisteswissenschaftlichen Pädagogen eine eher untergeordnete Rolle. Einzig bei Herman Nohl ist ein ausgeprägtes Interesse für die Probleme der Jugendfürsorge und der Heilpädagogik feststellbar. Doch auch bei den anderen Hauptvertretern tauchen vereinzelte Stellungnamen auf, die sich auf die Kehrseite der Pädagogik, nämlich auf Probleme der erschwerten, gestörten Erziehung, beziehen. Diese sollen nun kurz vergegenwärtigt werden. Dabei soll insbesondere danach gefragt werden, wie sich die geisteswissenschaftlichen Pädagogen zu dem in der Heilpädagogik so dominanten Konzept der Psychopathie stellen, welche Bedeutung sie der Psychoanalyse und der Individualpsychologie in diesem Zusammenhang einräumen und welche eigenständigen Erklärungsversuche sie für die Phänomene der Verwahrlosung und der Erziehungsschwierigkeit anzubieten haben.

1. Eduard Spranger

In seiner berühmten "Psychologie des Jugendalters" ist Spranger insbesondere in dem Kapitel "Das Rechtsbewußtsein des Jugendlichen" auch den häufig vorkommenden problematischen Tendenzen in diesem Entwicklungsbereich nachgegangen. Er führt statistische Daten über jugendliche Rechtsverletzungen an und stellt sich explizit die Aufgabe, "den psychologischen Wurzeln solcher Entgleisungen nachzuspüren" (Spranger 1979[29], S. 175).

Dabei macht er jedoch gleich zu Beginn die Einschränkung, daß er alle "extremen Fälle" aus der Betrachtung ausscheidet. Als solche sieht er neben den Formen massiver Intelligenzdefekte vor allem die Fälle "psychischer" und "moralischer Degeneration", insbesondere die "Psychopathie", an. Auch Jugendliche, die aus "abnorm krimineller Umgebung" stammen, klammert er aus, denn ihm geht es um die "Entgleisung des bislang normalen und unbescholtenen Jugendlichen" (vgl. ebd., S. 176).

Zur Erhellung dieses Phänomens diskutiert er zunächst zwei zu seiner Zeit offensichtlich beliebte Erklärungsmuster: Einerseits die These der Verführung durch "Schundliteratur" und "Schauerdramen" in Theater und Film, andererseits die These des zwar quantitativ erstarkten, qualitativ aber noch kindlich ungeordneten und ungehemmten Trieblebens des Jugendlichen, welches zu Kurzschlußreaktionen verleite. Beiden Thesen billigt er ein relatives Recht zu, doch sind sie ihm nicht ausreichend. Er will die "Entgleisungen" aus der eigentümlichen Seelenlage des jugendlichen Alters selbst verstehen. Ein typisches Moment dieser Seelenlage stellen für ihn dabei die "Strukturverschlingungen" dar, d.h. die mangelnde Fähigkeit, die Aspekte der eigenen Phantasiewelt und die sittlichen und rechtlichen Forderungen der Erwachsenenwelt klar auseinander zu halten: "Es sind hier zwei Seelenformen und die ihnen zugehörigen Weltformen ineinander verschoben. Der normale Erwachsene zieht sich, sobald er Kollisionen bemerkt, sofort mit klarer Abgrenzung in die eine (z.B. die reale) oder die andere (z.B. die reine Phantasielage) zurück. Der Psychopath tut es nicht. Und der Jugendliche mit der lebhaften Leidenschaftlichkeit seines

Trieblebens, der Plastik seiner Phantasie, versäumt es manchmal, wenigstens auf Augenblicke" (ebd., S. 179f).

Daneben kommen aber für Spranger auch noch eine ganze Reihe anderer Konflikte in Betracht, die sich zum Teil lange angestaut haben können und die dann, in Augenblicken höchster Erregung, nur noch geringfügige Anlässe brauchen, um zur "Entladung" zu kommen. Insgesamt ist es also in erster Linie die innere Zerrissenheit und Widersprüchlichkeit, die er als ein typisches Strukturmerkmal des Jugendalters ansieht, welche die Mehrzahl der Delikte auf dieser Altersstufe verstehbar macht. So spricht er etwa von der "Zweinaturenseele, die in milderen Formen den meisten jugendlichen Verbrechen ... zugrunde liegt" oder gar von dem fortgesetzten "Kampf zwischen den vielen Ichs im eigenen Innern, die erst allmählich zur persönlichen Einheit gebändigt werden" müssen (ebd., S. 181).

In seinem Eröffnungsreferat zur "Heilpädagogischen Woche" 1927 in Berlin ist Spranger auf das grundsätzliche Verhältnis von Pädagogik und Heilpädagogik eingegangen. Er gesteht dabei zwar einerseits einen engen Zusammenhang zwischen Heilen und Bilden zu, fordert dann aber andererseits doch eine klare Unterscheidung in dem Sinne, daß Erziehung auf die Erhaltung der leiblichen und seelischen Gesundheit hin angelegt sei, während die Heilerziehung sich darum bemühe, "bereits Erkranktes wieder gesund zu machen" (Spranger 1927, S. 529).

Weiter fordert er eine sorgfältige Unterscheidung zwischen den Begriffspaaren normal - abnorm und gesund - krank. Während es nämlich viele Erscheinungen bei Kindern und Jugendlichen gäbe, die zwar von der Durchschnittsnorm und erst recht von der, pädagogisch angeblich unverzichtbaren, Idealnorm deutlich abwichen, sich aber doch noch ganz im Bereich des Gesunden bewegten, müsse, um wirklich von Krankheit sprechen zu können, eine Störung im Bereich der "Vitalzone" vorliegen. Was dagegen "nur der Schicht der geistig-kulturellen Einpassung und Leistung zuzurechnen ist, darf nicht als Krankheit bezeichnet werden" (ebd., S. 532).

Hatte er selbst drei Jahre zuvor, in seiner "Psychologie des Jugendalters", die "Psychopathen" noch ganz unbefangen aus seinen Betrachtungen ausgeklammert, so sieht er nun genau hier einen heiklen Punkt im Verhältnis von Pädagogik und Heilpädagogik:

> *"Schwererziehbarkeit ist noch nicht Krankheit. Schwer erziebare Kinder erfordern noch nicht Heilpädagogik. Je stärker die Aufmerksamkeit einer Zeit auf psychopathische Erscheinungen gerichtet ist, um so näher liegt für den Pädagogen die Gefahr, die Diagnose auf eine psychopathische Anlage zu schnell und zu leicht zu stellen. Jedes eigenartige Kind, jeder kleine Sonderling fordert dann die bequeme Reaktion heraus: 'Der Junge ist nicht mehr normal; also ist er krank; er muß einer Sondererziehung überwiesen werden'"* (ebd., S. 533).

Spranger warnt dagegen vor einer solchen Pathologisierung von mangelnder Angepaßtheit und überhaupt vor dem "Kultus einer schablonisierten Mittelmäßigkeit" (ebd.). Denn das, was den Lehrern und Erziehern als Sonderbarkeit und Widerspenstigkeit zwar lästig sein mag, kann seiner Überzeugung nach durchaus auch positive Potentiale enthalten:

"Es gibt schwer erziehbare Kinder, die nicht aus Schwäche, Mangel oder Krankheit schwer erziehbar sind, sondern aus Eigenart und Kraft" (ebd., S. 532).

Nachdem er die Probleme der Diagnostik und Prognostik behandelt hat, kommt er schließlich noch auf die erzieherischen Prinzipien zu sprechen, die in diesem Bereich Beachtung finden müßten. Sie seien zwar "keine anderen, als sie für alle Erziehung gelten", nur müßten sie in besonderer Verfeinerung und mit besonderer Verantwortung zum Einsatz kommen. An dieser Stelle würdigt er auch die Beiträge Freuds und Adlers kurz. Bezüglich der Psychoanalyse betont er, daß sie "nie anders als mit größter Vorsicht und mit dem vollen Verantwortungsbewußtsein der Gefahren" zum Einsatz kommen dürfe. Weniger Risiko scheint ihm dagegen die Individualpsychologie zu enthalten, deren Methode seiner Meinung nach "sehr wertvolle Anregungen" zu entnehmen sind (ebd., S. 537).

In einer seiner letzten Veröffentlichungen ist Spranger der Frage nachgegangen, warum in der Erziehung so oft etwas ganz anderes herauskommt, als Eltern, Lehrer oder Erzieher geplant oder gehofft hatten. Mit fast naivem Staunen konstatiert der 80-jährige Nestor der deutschen Pädagogik: "Der Erfolg, den wir eigentlich 'gewollt' haben, wird nicht genau erreicht, es geht immer in irgendeiner Hinsicht 'schief'" (Spranger 1962, S. 9). Spranger überhöht diese simple Feststellung der Kluft zwischen dem idealistischen pädagogischen Anspruch und der oft weit davon entfernten "schmuddeligen" pädagogischen Wirklichkeit dann gar zum "Gesetz der ungewollten Nebenwirkungen in der Erziehung" und setzt diese Formulierung als Titel über die ganze Abhandlung.

Diese Diskrepanz macht er zum Ausgangspunkt für weitausholende Erörterungen über das Wesen des erzieherischen Verhältnisses. Dadurch, daß Spranger "Erziehung" einerseits faßt als "jede Art von bewußter Tätigkeit, ... die einen Menschen in seinem Wesen und Verhalten formen will" (ebd., S. 21) und andererseits klar erkennt, daß dies niemals im Sinne einer Technologie bewerkstelligt werden kann, daß der "sich entwickelnde Mensch" sich nicht durch "Druck und Stoß", sondern nur "auf Grund eigenen Stellungnehmens" bewegt (ebd., S. 56), wird die festgestellte Diskrepanz als unaufhebbarer Bestandteil des Erziehungsprozesses begriffen. Das von Spranger postulierte "Gesetz der ungewollten Nebenwirkungen" ist deshalb also gerade nicht ein Gesetz im positiven Sinn, d.h. eine Formel, mit deren Hilfe sich aus gegebenen Ausgangsbedingungen bestimmte ungewollte Nebenwirkungen ableiten ließen, sondern es handelt sich mehr um eine Art "Unschärferelation", die besagt, daß sich die Wirkungen bestimmter pädagogischer Intentionen und bestimmter erzieherischer Maßnahmen nie mit Sicherheit voraussagen lassen. Dieses "Nicht-voraus-berechnen-Können" liegt für Spranger "im zentralsten Wesen der Erziehung begründet" (ebd., S. 75).

Mit dieser Feststellung hat er sicherlich recht. Auch seine Deutung der Pädagogik als "Mäeutik" im sokratischen Sinn, ist dem Erziehungsprozeß wohl angemessener als das technologische Machen. Wenn er jedoch den Sinn der ganzen erzieherischen Bemühungen davon abhängig macht, daß sich in angemessener Zeit ein dem Erzieher wohlgefälliges "höheres Selbst" zeigt, dem dieser zur Geburt verhelfen kann, dann wird die problematische Kehrseite dieser idealistischen Position deutlich:

"...ist der junge Mensch hingegen schon von der Anlage her verdorben, dann 'antwortet nichts'. Das ganze Unternehmen bleibt sinnlos, weil der Erzieher nur dem höheren Selbst heraushelfen, es aber nicht machen oder pflanzen kann" (ebd., S. 88).

Möckel hat in der Einleitung zu seiner "Geschichte der Heilpädagogik" ein interessantes allgemeines Kriterium zur Einschätzung pädagogischer Theorien benannt. Jede Theorie müsse heute nämlich daraufhin geprüft werden, "ob ihre Aussagen auch für die Situationen behinderter Kinder gelten oder ob behinderte Kinder und Jugendliche diesen Theorien zustimmen könnten. Jede pädagogische Theorie oder Lehre ist veraltet, wenn sie diese Probe nicht besteht" (Möckel 1988, S. 28). An diesem Anspruch gemessen ist Sprangers Theorie wohl tatsächlich veraltet. Erziehung wird auch den Umgang mit den alltäglichen, normalen, vielleicht manchmal auch banalen Seiten der jugendlichen Persönlichkeit und erst recht die Auseinandersetzung mit den problematischen, konflikthaften und verweigernden Aspekten derselben als sinnhaft ansehen müssen. Sie kann sich nicht allein von den Ausnahmesituationen, den pädagogischen "Sternstunden", her verstehen.

2. Herman Nohl

Herman Nohl ist wohl derjenige unter den großen geisteswissenschaftlichen Pädagogen, der sich am intensivsten mit den Problemen der erzieherischen Notfälle auseinandergesetzt hat und dem das Gebiet der Jugendwohlfahrt in besonderer Weise am Herzen lag. Auch hat er sich um eine differenzierte Auseinandersetzung mit der Psychoanalyse und der Individualpsychologie bemüht. Als einziger "allgemeiner" Pädagoge wirkte er seit 1923 mit bei der Herausgabe der "Zeitschrift für Kinderforschung", die ansonsten klar von Medizinern und Heilpädagogen dominiert wurde.

Mit dem "Verein zur Fürsorge für jugendliche Psychopathen" verband ihn eine ganz persönliche Beziehung. Seine jüngere Schwester Lotte Nohl war seit Juni 1919 pädagogische Referentin und verantwortliche Leiterin der Heilerziehungsheime des Vereins. Ihr und der anderen, ebenfalls sozialpädagogisch engagierten, Schwester Hilde ist denn auch das Buch "Jugendwohlfahrt" gewidmet, in dem Nohls sozialpädaogische Vorträge gesammelt sind. Im Vorwort schreibt Nohl:

"Die Widmung gilt in Dankbarkeit meinen beiden Schwestern, weil sie den viel älteren Bruder mit der brennenden Liebe zu ihrem Beruf, der Fürsorge für jugendliche Psychopathen und der Vorklassenarbeit an noch nicht schulreifen Kindern im Schulkindergarten gezwungen haben, den Blick auch auf diese Seite der Pädagogik zu werfen und so erst ihre ganze Ausdehnung wahrzunehmen, - die einem allerdings dann auch manchmal den Atem verschlagen kann" (Nohl 1927, o.S.)

Weitere bedeutende sozialpädagogische Impulse erhielt Nohl durch Curt Bondy und Walter Herrmann, die 1923 in sein Göttinger Seminar eintraten. Herrmann hatte unter Karl Wilker als Erziehungsgehilfe in der jugendbewegt-revolutionären Berliner Fürsorgeerziehungsanstalt "Lindenhof" gearbeitet (vgl. Wilker 1921). Bondy hatte früh Erfahrung in der proletarischen Jugendbewegung gesammelt. Beide gemeinsam hatten 1921/22 versucht, den Strafvollzug im Hamburgischen Jugendgefängnis Hahnöfersand pädagogisch auszubauen (vgl. Herrmann 1923). Auch sie hatten also die dunkle, manchmal "atemberaubende" Seite der Pädagogik kennengelernt und ihre ganze Energie in den Dienst der Hilfe für die gefährdete Jugend gestellt.

1924 war Nohl als Referent zu der dritten Tagung über Psychopathenfürsorge eingeladen. Sein Vortrag trägt den Titel "Die Pädagogik der Verwahrlosten". Gleich zu Anfang bekennt er darin die Schwierigkeiten, die es ihm als Universitäts-Pädagoge mache, ohne professionelle fürsorgeerzieherische Erfahrungen über dieses Thema zu sprechen. Trotzdem erhebt er den Anspruch, in seinen Ausführungen einen spezifisch pädagogischen und in der einschlägigen Literatur weitgehend vernachlässigten Gesichtspunkt zum Thema beizutragen. Diese Literatur kenne nämlich als einzige Ursache der Verwahrlosung nur Anlage und Milieu. Er hält dagegen diese rein kausale Behandlung der Frage für unzureichend und versucht deshalb, eine Perspektive zu entwickeln, die, ausgehend von dem platonischen Schichtenaufbau der Seele, nach den spezifischen Störungen in diesem Aufbau und nach deren Genese in unzulänglichen pädagogischen Interaktionsprozessen fragt.

Bei der Verwahrlosung handelt es sich in diesem Sinne stets um "eine primitive oder um eine falsche Struktur der Seele" (Nohl 1925, S. 25). Die erste und grundlegende Schicht in Nohls Modell ist die Triebschicht. Zum Verständnis dieser Schicht mißt er den tiefenpsychologischen Schulen, trotz der "Monomanie der Entdecker" und "trotz aller Übertreibung, Willkür der Deutung und 'Dichtung'", die er kritisiert, eine zentrale Rolle bei (ebd., S. 26).

Die zweite Schicht, die Schicht des "Thymos", umfaßt für ihn hauptsächlich die Eigenschaften des aktiven Willens. Kraft, Mut, Entschlossenheit und Ausdauer sind die positiven Erfahrungen, die dieser Schicht entspringen und sie zugleich aufbauen und festigen. Als Musterbeispiel für ihre Kultivierung empfiehlt er den sportlichen Wettkampf, da hier in besonderer Weise die für diese Schicht wichtige Erfahrung des Durchhaltens, der Selbstüberwindung und schließlich der "Steigerung dieser Gefühle gehobenen Lebens durch Teilnahme am Erfolg und Sieg der Gemeinschaft" zu machen sei.

Die dritte Schicht nennt er die Schicht der "höheren geistigen Grundrichtungen". Hier geht es ihm um die je individuellen Interessen und Neigungen, die als "Grundlage allen höheren Daseins" beim Menschen erweckt werden müssen. Zentrales Übungs- und Ausdrucksfeld dieser Seelenschicht ist für Nohl die Berufswelt.

Die vierte Schicht umfaßt schließlich die "zentrale Einheit des Ich". Der mangelhafte Entwicklungsstand dieser inneren, haltgebenden Instanz stellt für Nohl das wichtigste Kriterium für die Verwahrlosung überhaupt dar. Denn hier müsse sich der "feste Punkt" bilden, "von dem aus wir ein geordnetes, geregeltes Leben aufbauen" (ebd., S. 29). Hier liegt für Nohl aber auch zugleich das Paradox der ganzen Verwahrlostenerziehung. Der Aufbau dieser inneren einheits- und ordnungsstiftenden Instanz kann nicht durch äußere Ordnung erzwungen werden, sondern er setzt gerade Freiheit voraus. Von daher kommt Nohl zu einer scharfen Kritik der gängigen Methoden der Verwahrlostenerziehung seiner Zeit, die meinten, es käme in erster Linie auf Drill, Pflicht und Gewohnheit an: "Es ist der psychologische und moralische Widersinn fast der gesamten Fürsorge- und Gefängnispädagogik-Literatur und stammt aus einer mechanischen Sichtweise, daß sie meint, den

Jungen solche Ordnung und Disziplin durch Zwang und unerbittliche Gewohnheit 'aufnötigen' zu können" (ebd.).

Er selbst leitet dagegen von seiner Seelentektonik die folgenden vier Grundsätze ab, die Geltungsanspruch sowohl für die Erziehung des "normalen" als auch für die des verwahrlosten Jugendlichen erheben: "Die richtige Diät des Triebsystems, das Erfahrenlassen der gehobenen Gefühlslagen, in denen ein Wille seine höheren Eigenschaften erlebt, die richtige Erweckung der höheren geistigen Grundrichtungen, eines lebendigen Interesses und die innere Bindung der Person im Menschen, die ihn frei macht" (ebd., S. 30).

Sicherlich sind mit diesen Empfehlungen nicht alle Probleme der Fürsorgeerziehung gelöst, und es fragt sich natürlich, wie solche Ansprüche in der praktischen Arbeit verwirklicht werden können. Es handelt sich letztlich mehr um Maßstäbe, an denen die Erfolge bzw. Mißerfolge von Erziehungsbemühungen gemessen werden können. Daß es individuell günstigere und ungünstigere Voraussetzungen für das Erreichen dieser Ziele gibt, hat auch Nohl anerkannt, und er sah vor allem darin "die große Bedeutung der Pädagogik der Psychopathen für die allgemeine Erziehung wie vor allem für die Erziehung der Verwahrlosten", daß sie den Blick für diese interindividuellen Unterschiede geschärft habe (ebd.).

Später hat Nohl seine Lehre vom Schichtenaufbau der Seele verfeinert und zu einer "pädagogischen Menschenkunde" erweitert (vgl. Nohl 1929). Der Vortrag, in dem er erstmals den Titel "Pädagogische Menschenkunde" verwendet, wurde ebenfalls vor heilpädagogischem Publikum gehalten, und zwar 1927 anläßlich der Eröffnung eines heilpädagogischen Lehrgangs des Zentralinstituts für Erziehung und Unterricht in Berlin. Dort hebt er insbesondere auf die Frage nach der Art des Wissens ab, das für den praktischen Erzieher und Heilpädagogen hilfreich sein könne, und er kommt zu dem Schluß, daß exaktes, gesetzmäßiges, wissenschaftliches Wissen dazu kaum in der Lage sei. Er fordert stattdessen den Ausbau einer anderen, konkreteren, lebensnäheren Wissensform:

"Dies wäre also die Aufgabe: eine Theorie der menschlichen Lebenserfahrung und insbesondere der Menschenkunde, wo das Wort Kunde wieder den Gegensatz zur isolierten Fachwissenschaft bezeichnet, eine Lehre von den Aufbaugesetzen der Lebenswirklichkeit des Menschen" (Nohl 1929, S. 144).

Und gerade in dem Bereich der Heilpädagogik glaubt er nun, eine ganze Reihe von Ansatzpunkten zu seiner solchen lebensnahen, erfahrungsgesättigten Theoriebildung zu sehen. So meint er etwa, daß schon die Schneider'sche Definition der Psychopathie (die er irrtümlich Kramer zuschreibt) als eines Zustandes, bei dem entweder die Umgebung oder der Patient selbst an seiner Persönlichkeit leide, eine "Lebensbestimmung" sei. Er lobt ausdrücklich die Versuche der Typenbildung in diesem Feld, da sie "der empirischen Anschauung entnommen" seien und somit "eine konkrete Fülle von lebendigen Reaktionen" behalten hätten (ebd., S. 142).

Auch die Psychoanalyse und die Individualpsychologie würdigt er im Hinblick auf die von ihm erstrebte "pädagogische Menschenkunde", und wiederum kommt seine ambivalente Haltung gegenüber der Tiefenpsychologie deutlich zum Ausdruck: "Man wird sie überall positiv bewerten, wo sie tiefer in das Leben sehen lehrt, und überall ablehnen, wo sie seiner Lebendigkeit eine starre Form unterschieben will, heiße sie nun Ödipuskomplex oder männlicher Protest" (ebd., S. 143).

In zwei weiteren Vorträgen hat Nohl seine Auseinandersetzung mit dem Problem der Erziehungsschwierigkeiten und mit der Frage, welchen Beitrag die Tiefenpsychologie zur Erhellung dieses Problems leisten kann, fortgesetzt. Der eine, mit dem Titel "Erziehungsgedanken für die Erziehungstätigkeit des Einzelnen mit besonderer Berücksichtigung der Erfahrungen von Freud und Adler", wurde 1926 vor der "Vereinigung für Jugendgerichte und Jugendgerichtshilfen" in Göttingen gehalten, der andere, mit dem Titel "Die Widersprüche im Charakter und ihre pädagogische Bedeutung", 1929 anläßlich der Zehnjahresfeier des "Jugendsanatoriums Dr. Isemann" in Nordhausen. Allein schon vom Kontext dieser Vorträge wird Nohls Engagement in jenem speziellen Bereich der Pädagogik deutlich.

Im ersten der beiden Vorträge stellt Nohl den richtigen pädagogischen Bezug als "das letzte Geheimnis der pädagogischen Arbeit" in den Mittelpunkt seiner Betrachtungen und betont, welch zentrale Bedeutung dieser persönlichen Bindung gerade im Bereich der Verwahrlostenpädagogik zukomme. Ausführlich zitiert er Aichhorns "Verwahrloste Jugend" und lobt die konsequente Subjektperspektive, die in diesem neuen Ansatz der Verwahrlostenpädagogik zum Tragen komme. Er unterstreicht die weitgehende Identität, die zwischen Aichhorns Konzept der "Übertragung" und seinem Konzept des "pädagogischen Bezugs" bestehe, wenngleich er der genetischen Ableitung Aichhorns skeptisch und der libidoökonomischen Deutung ablehnend gegenübersteht. In dem Aufbau einer solchen Übertragungsbeziehung - nicht in den theoretischen und methodischen Besonderheiten der jeweiligen Richtung - sieht er überhaupt den eigentlichen Grund für die Erfolge der tiefenpsychologischen Therapie. Es trete dadurch nämlich ein "neuer personaler Bezug" in das Leben des Betroffenen, der ihn "neu konzentriert" (Nohl 1927, S. 6).

In dem anderen Vortrag holt Nohl zunächst weit in die Literatur- und Geistesgeschichte aus, um seine These von der "wesensmäßigen Polarität unserer Charakterzüge" (Nohl 1931, S. 5) zu unterstreichen. Die innere Vielgestaltigkeit und Widersprüchlichkeit ist für ihn ein Grundbestandteil der Conditio humana. Er zitiert Unamuno mit dem Satz: "Jeder wahrhaft menschliche Mensch trägt in sich selbst die sieben Todsünden" (ebd., S. 7) und formuliert dann die fast jungianisch anmutende Einsicht: "Der Pharisäer ist recht eigentlich der Mensch, dem diese Nachtseite seines Lebens unbekannt ist, er ist der moralische Schlemihl, der meint, ohne Schatten durch die Welt kommen zu können, bis er merkt, daß er mit seinem Schatten auch sein Menschentum verkauft hat" (ebd., S. 11).

In diesem Sinne ist für Nohl der Charakter eines jeden Menschen nicht die bloße Summe einzelner Merkmale, sondern die je individuelle Form der Gestaltung dieser inneren Gegensätze. Hier entwickelt Nohl also eine viel spannungsreichere und dynamischere Vorstellung vom menschlichen Seelenleben als in der Darstellung vom mehrstöckigen Schichtenaufbau der Seele. Aus dieser neuen Einsicht von der fundamentalen Widersprüchlichkeit der menschlichen Charakterstruktur leitet Nohl dann verschiedene pädagogisch relevante Thesen ab: Das Erlebnis der Gegensätze von Licht und Schatten in der eigenen Brust sei die Voraussetzung für das Fremdverstehen, insbesondere für das Verstehen von Handlungen, die aus dem Rahmen des Normalen, des Erlaubten, des moralisch Gebotenen herausfallen. So ist z.B. "Psychopathie jeder Gestalt" für ihn nun verstehbar als ein Verlust der Balance zwischen den widersprüchlichen, sich normalerweise gegenseitig in Schach haltenden Kräften, als eine "Gesteigertheit auf der Basis einer Schwäche" (ebd., S. 9). Andererseits liegt für Nohl gerade in dieser spannungsvollen seelischen Struktur die Bedingung der Möglichkeit erzieherischer Einflußnahme. Sein pädagogischer Optimismus speist sich also nicht, wie bei Rousseau, aus dem Glauben an die ursprüngliche Güte der menschlichen Natur, wohl aber aus dem Glauben an die "ursprüngliche Totalität jedes Menschen, in dem zu jedem Laster auch sein contrarium schlummert" (ebd., S. 12).

3. Theodor Litt, Erich Weniger, Wilhelm Flitner

Theodor Litt war vielleicht der am stärksten historisch, philosophisch und kulturtheoretisch und der am wenigsten psychologisch ausgerichtete Vertreter unter den großen geisteswissenschaftlichen Pädagogen. Ihm ging es wesentlich um die begriffliche und systematische Grundlegung der Pädagogik und um die Klärung ihres Wissenschaftscharakters. Pädagogische Fallstudien oder Interpretationen problematischer Erziehungssituationen sucht man in seinem Werk vergebens.

Selbst in dem Buch "Führen oder Wachsenlassen" (1927), das sich als eine "Erörterung des pädagogischen Grundproblems" versteht, argumentiert Litt nicht, wie das hier vielleicht zu erwarten wäre, von den interindividuellen Unterschieden der Kinder und Jugendlichen her, die in dem einen Fall ein weitgehend unbeschwertes, behutsam begleitetes "Wachsenlassen" ermöglichen und in dem anderen Fall ein stärkeres "Führen", evtentuell sogar ein "Einschränken" oder "Gegenwirken", erforderlich machen. Vielmehr untersucht er die prinzipielle Dialektik dieser beiden Aspkete des pädagogischen Handelns vor dem Hintergrund des Generationsverhältnisses und der Zeitdimensionen Vergangenheit, Gegenwart und Zukunft. Von daher kommt natürlich immer nur "das Kind" als allgemeines und abstraktes Wesen ins Blickfeld, nicht jedoch lebendige Kinder aus Fleisch und Blut mit ihren je spezifischen Problemen und Belastungen.

Auch Weniger hatte seine Interessens- und Arbeitsschwerpunkte mehr auf historischem und didaktischem als auf psychologischem oder gar psychopathologischem Gebiet. Er hat jedoch sehr eindringlich die gesellschaftliche Situation seiner Zeit analysiert und die Faktoren dargestellt, die zu einer zunehmenden Gefährdung der Jugend führen: Zerfall der familiären Bindung, entfremdende Arbeitsbedingungen, Relativierung aller Werte. All dies macht in seinen Augen die Jugendpflege und Jugendführung zu einer besonders dringlichen sozialpädagogischen Aufgabe (vgl. Weniger 1928, S. 148).

Von ihm stammt aber auch eine recht instruktive Abhandlung über "Die Gegensätze der modernen Fürsorgeerziehung" (Weniger 1927), in welcher er die geschichtlichen Wurzeln und die Motive der verschiedenen, in der Fürsorgeerziehung jener Zeit engagierten gesellschaftlichen Teilgruppen und Institutionen untersucht. Dabei kommt er zu einer recht deutlichen Kritik der traditionellen, konfessionell gebundenen Fürsorgeerziehung. Ihr wirft er vor, daß sie nach wie vor, durch ihre religiöse Deutung der Verwahrlosung, den Betroffenen zum Schuldigen erkläre. Gerade dies sei aber aufgrund der neueren Erkenntnisse der Verwahrlosungsforschung, welche das Milieu und die Anlage als die bestimmenden Ursachen nachgewiesen habe, nicht mehr haltbar. Außerdem kritisiert er, daß in den konfessionellen Fürsorgeerziehungseinrichtungen die Religion häufig als bloßes Mittel zum Zweck benutzt würde und daß bei den Zöglingen, die sich den missionarischen Bemühungen verweigerten, oft besonders verständnis- und hilflos agiert werde:

"Die häufig beobachtete Erscheinung, daß in konfessionellen Anstalten neben der sorgfältigen Pflege der religiösen Erziehung zugleich auch die härtesten Disziplinarmittel stehen, findet hier und nicht etwa in der Gefühllosigkeit der Erzieher ihre Erklärung: Scheitert die religiöse Einwirkung, so bleiben nur noch die Mittel der Zucht, die um so härter sein werden, je mehr man von ihnen auch die Erzwingung der Heilsbedürftigkeit und die Brechung des trotzigen Willens erwartet" (ebd., S. 348).

Er fordert dagegen höchste Toleranz in religiösen Dingen. Das Religiöse dürfe niemals "als Zwang unter Forderung des Gehorsams" an die Jugendlichen der Fürsorgeerziehung herantreten, müsse aber doch jederzeit für sie "bereit liegen" (ebd., S. 346).

In W. Flitners umfangreichem Werk finden sich kaum Stellen, die als Beleg für seine spezifische Sicht des "schwierigen Kindes" dienen könnten. Auch ihm geht es in erster Linie um die Aufarbeitung der abendländischen Geistesgeschichte, um die Klärung der pädagogischen Grundbegriffe und um die Systematik und den Wissenschaftscharakter der Pädagogik. Sicherlich hat das meiste von dem, was er in seiner "Allgemeinen Pädagogik" ausführt, Gültigkeit für alle pädagogischen Bereiche und somit auch für die Reflexion über pädagogische Problemfälle. Es bleibt jedoch zumeist so allgemein, daß es kaum etwas zum tieferen Verständnis der besonderen Seelenlage des verwahrlosten, des verängstigten oder des überbehüteten Kindes bzw. zu den Möglichkeiten des förderlichen pädagogischen Umgangs mit solchen Kindern, beiträgt. Indes ist es für Flitner gerade das Scheitern der Erziehung, welches überhaupt erst die "Bildsamkeit" als einen Grundbegriff der Pädagogik ins Bewußtsein bringt:

"Wenn der gute Wille des Erziehers umsonst, wenn der Zögling seinen Bemühungen Widerstand entgegensetzt und lange Mühe vertan ist, so drängt sich die Frage auf, ob der Erzieher versagt hat, oder der Zögling gar nicht in der Weise bildsam war, wie angenommen wurde. Konflikte zwischen Eltern und Kindern, Lehrern und Schülern, Meistern und Lehrlingen führen immer auf diese Frage" (Flitner 1980, S. 86f).

Flitner rechnet also durchaus mit der Möglichkeit des Scheiterns. und er sieht die sowohl bei den Erziehern als auch bei den Kindern und Jugendlichen interindividuell verschiedenen Voraussetzungen für das Gelingen der erzieherischen Aufgabe. Er hat deshalb den Nachbardisziplinen, die sich um die Aufklärung der Voraussetzungen der Erziehungstätigkeit bemühen, speziell der Psychologie, der Kinderheilkunde, der Psychiatrie und der Psychopatholgie, große pädagogische Relevanz zugesprochen (vgl. ebd., S. 17).

Alle pädagogischen Methoden haben für Flitner ein wesentliches Ziel in der "Gelöstheit und innere(n) Gesundheit der Seele" (ebd., S. 153). Weil aber die Wirklichkeit zeigt, daß dieses Ziel sehr häufig mit normalen erzieherischen Mitteln nicht erreicht werden kann, deshalb hat er in seiner "Allgemeinen Pädagogik" sogar ein eigenes kurzes Kapitel mit dem Titel "Heilpädagogische Methoden" aufgenommen. Darin lobt er ausdrücklich das große Verdienst der tiefenpsychologischen Schulen, gezeigt zu haben, daß es sich bei vielen Erscheinungen, die zuvor als Ausdruck einer Psychopathie eingestuft worden waren, in Wirklichkeit um neurotische Fehlentwicklungen des Charakters handle, welche heilpädagogischer Behandlung zugänglich seien. Die heilpädagogischen Methoden versteht er dabei einerseits "als die verfeinerten Methoden der normalen Erziehung", andererseits als "die Hilfe zur nachträglichen Aufarbeitung an sich überfälliger, aber noch ungelöster Lebenskonflikte" (ebd., S. 154).

Obwohl hier durch dieses "Destillat" von Aussagen zum Komplex "Erziehungsschwierigkeiten" vielleicht ein anderer Eindruck entstanden ist, muß festgestellt werden, daß dieses Problem in den Gesamtwerken der geisteswissenschaftlichen Pädagogen eine sehr randständige, fast nebensächliche Position einnimmt. Dabei wäre es gerade unter dem methodischen Anspruch, unter dem die geisteswissenschaftliche Pädagogik angetreten war, nämlich eine vorgängige Praxis hermeneutisch aufzuklären und ihr so zu einem vertieften Verständnis ihrer selbst zu verhelfen, naheliegend gewesen, auch die zahlreichen Fälle gestörter Erziehungsverläufe in den Blick zu nehmen. Dies hätte aber zunächst die Mikroperspektive der Auseinandersetzung mit einzelnen, konkret erlebten und erlittenen Erziehungsgeschichten erfordert, und gerade damit hatten die geisteswissenschaftlichen Pädagogen wenig im Sinn. Ihnen ging es in erster Linie um den "objektiven Geist", um das historische Verständnis gesellschaftlicher und kultureller Entwicklungen. Der "subjektive Geist", d.h. die innere Bedürftigkeit, Konflikthaftigkeit und Widersprüchlichkeit von Kindern und Jugendlichen, kommt lediglich bei Spranger und Nohl ins Blickfeld. Diese beiden waren es auch, die eigene struktur- bzw. schichtenpsychologische Entwürfe zum Verständnis des jugendlichen Seelenlebens entwickelt hatten.

XII. Erziehungsschwierige Kinder und Jugendliche unter "nationalsozialistischer Pädagogik"

Die sozialpädagogischen und heilpädagogischen Bestrebungen der Weimarer Zeit waren sicher zur überwiegenden Mehrheit geprägt von echtem pädagogischen Geist und humanitärem Engagement. Wohl nie zuvor in der Geschichte der Pädagogik gab es innerhalb so kurzer Zeit so viele neue sozialpädagogische Impulse und konkrete praktische Initiativen, so viel Interesse der Öffentlichkeit und so viel begeisterte ehrenamtliche Mitarbeiter auf dem Gebiet der Hilfe für gefährdete und behinderte Kinder und Jugendliche wie in den zwanziger Jahren (vgl. Hermann 1956, Scheibe 1982[8]).

Dennoch kann das Jahr 1933 nicht einfach als vollständiger Bruch mit allen bisher gültigen theoretischen Ansichten und pädagogischen Traditionen verstanden werden. Schon lange vorher hatten sich konstitutionsbiologische Theorien zur Erklärung abweichenden Verhaltens durchgesetzt und schon lange vorher gab es Positionen innerhalb der Heilpädagogik, die mehr auf die Volksgesundheit und die Verbesserung des Erbgutes bedacht waren als auf die bestmögliche Hilfe für das individuelle Problemkind.

Erbbiologische, rassenhygienische und sozialdarwinistische Denkmuster waren schon populär bevor sie dann in der NS-Zeit in den Stand staatstragender Ideologien versetzt wurden. Ellger-Rüttgardt ist der Verbreitung solcher Denkmuster innerhalb der Hilfsschullehrerschaft nachgegangen und sie hat eine Vielzahl von Belegen dafür gefunden, daß diese Berufsgruppe darin keineswegs eine Ausnahme machte. Sie kommt nach der Sichtung umfangreichen Materials zu dem Ergebnis:

"Die in der NS-Zeit erfolgte Charakterisierung des Hilfsschülers als eines in erbbiologischer und ökonomischer Hinsicht 'minderwertigen Menschenmaterials' stellte die traditionelle Heilpädagogik keineswegs 'auf den Kopf', bedeutete nicht den in der Nachkriegsära aus Legitimationsgründen immer wieder beschworenen Einbruch in bewährtes heilpädagogisches Denken, sondern markierte im Sinne eines hohen Maßes an Kontinuität eine Fortentwicklung und Zuspitzung von Ideen, die zu einem früheren Zeitpunkt offen und meist unwidersprochen auch in den Reihen der Heilpädagogik propagiert worden waren" (Ellger-Rüttgardt 1988 S. 150).

Die Einteilung der Kinder und Jugendlichen, ja der Menschen überhaupt, in unterschiedliche Klassen von "Wertigkeit" - dies ist ein Kerngedanke, der schon vor 1933 die heilpädagogische Theorie bestimmte. Nur die Konsequenzen, die unter dem Nationalsozialismus daraus gezogen wurden, waren andere, radikalere. Während es in der Zeit vor 1933 primär darum ging, die vermeintlich psychopathisch oder geistig "Minderwertigen" trotz dieses konstitutionellen Mankos möglichst gut zu erziehen und möglichst vielseitig zu bilden, stand nun primär der Schutz der Gesellschaft, die Pflege des Erbgutes und somit die Isolierung des "Gefahrenpotentials" im Vordergrund.

Schon 1919 hatte Egenberger, der Vorsitzende des Bayerischen Hilfsschulverbandes, die soziale Rolle der Heilpädagogik mit Hilfe eines drastischen Bildes bestimmt: "Heilpädagogik ist Sozialpädagogik. Ist an einer Körperstelle ein Geschwür, so ist unser Gesamtwohlbefinden beeinträchtigt. Die Unterwertigkeit von Volksgenossen ist ein Geschwür am Volkskörper. Die Heilpädagogik will die kranken Teile des Volkskörpers in bessere Verfassung bringen" (ebd., S. 157). In der nationalsozialistischen Praxis des Umgangs mit Minderheiten, mit "Geschwüren am Volkskörper", wurde die Wendung "in bessere Verfassung bringen" dann meist ersetzt durch Begriffe wie "absondern", "unschädlich machen" oder gar "ausmerzen".

Die NS-Pädagogik war allein vom Volksganzen, vom Nutzen des einzelnen für die Gesellschaft her gedacht. Menschen, die dieser Gemeinschaft nicht dienen konnten oder wollten, galten entweder als "Ballastexistenzen" oder als Querulanten, Assoziale und Psychopathen. Die Art ihrer "Behandlung" wurde von volkswirtschaftlichen Kosten-Nutzen-Rechnungen bestimmt. Wie schnell sich auch die maßgeblichen Vertreter der Heilpädagogik dieser gesellschaftsfunktionalen Maxime unterworfen haben, geht aus dem Vorwort zu der zweiten Auflage des "Enzyklopädischen Handbuchs der Heilpädagogik", die 1934 erschienen ist, hervor. Darin vertreten die Herausgeber (Dannemann, Gnerlich, Henze, Meltzer, Schober, Stern) die Auffassung, die Allgemeinheit habe ein Recht zu fordern,

> *"...daß die Kosten für die beklagenswerten Opfer einer mangelhaften Rassen- und Gesundheitspflege auf das denkbar geringste Maß herabgesetzt werden, damit nicht dem hochwertigen und leistungsfähigen Teile der Bevölkerung die Lebensbedingungen erschwert werden. Spartanische Einfachheit wird in allen Fürsorgeeinrichtungen Grundsatz werden müssen, und die Heilpädagogen werden den strengsten Maßstab auch in der Hilfsschule anlegen müssen, ob sich eine schulische Ausbildung noch rechtfertigen läßt oder ob nur handwerkliche in Betracht kommt. Hauptsache bleibt ja, daß der Anomale nicht zu einem Tagedieb, zu einem Schädling wird, sondern mit seinem geringen Leistungsvermögen der Gesellschaft noch möglichst viel nützt. Anstalten und Hilfsschulen werden gerade in einer Zeit gesteigerter Rassenpflege besondere Bedeutung dadurch erlangen, daß sie unentbehrliche Filter sind, durch die man die Anomalen ausscheidet"* (Dannemann u.a. 1934[2] o.S.).

Daß es auch nach 1933 Hilfsschullehrer und Heilpädagogen gab, die sich trotz aller Widerstände mit Leidenschaft und Geschick für ihre Schützlinge einsetzten, steht außer Frage. Was erschreckt und erschüttert, ist diese eilfertige Selbstaufgabe der Heilpädagogik durch ihre maßgeblichen Repräsentanten, diese servile Anbiderung an die neue Staatsideologie und der damit begangene schamlose Verrat an den Kindern und Jugendlichen, die sich in der Obhut heilpädagogischer Institutionen befanden.

Den volkswirtschaftlichen und rassenhygienischen Nützlichkeitserwägungen fielen auch viele der speziellen und pädagogisch anspruchsvollen Einrichtungen zum Opfer, die in den Jahren zuvor für erziehungsschwierige Kinder geschaffen worden waren: Schon im Jahr 1933 wurden die Berliner E-Klassen wieder aufgelöst, und 1935 mußte der "Deutsche Verein zur Fürsorge für jugendliche Psychophaten" seine Arbeit einstellen, da seine Aktivitäten als bevölkerungspolitisch schädlich eingestuft wurden.

Zurück blieb, bzw. forciert wurde ein rigides Zwangssystem für unangepaßte Jugendliche, das von "spartanisch einfachen" Fürsorgeerziehungsanstalten bis hin zu "Arbeitserziehungslagern" und "Jugendschutzlagern", also speziellen KZ's für Jugendliche, reichte. Die Situation in einem solchen "Jugendschutzlager" hat Myschker auf dem Hintergrund der Sichtung von Originaldokumenten folgendermaßen geschildert:

"Die ca. 700 männlichen Jugendlichen im Alter von 16-21 Jahren, die in Moringen untergebracht waren, wurden durch den Kommandanten, einen SS-Sturmbannführer, durch 70 Wachmänner, einen leitenden Erzieher und 12 Erzieher systematisch zu straffer Disziplin, Sauberkeit, Ordnung und zur größtmöglichen Arbeitsleistung gezwungen. Zur Individualisierung der Maßnahmen, die auch harte Strafen einschlossen (straff stehen über 2-6 Stunden, Entziehung des Essens, körperliche Züchtigung, verschärfter Arrest bei Wasser und Brot), wurden Gruppen gebildet und zu "Blöcken" zusammengefaßt. So gab es u.a. den Block der Untauglichen, den Block der Störer, den Block der Dauerversager, den Block der Gelegenheitsversager, den Block der fraglich erziehungsfähigen. Der harte Arbeitstag begann um 5.15 Uhr und endete um 18.15. Von den über 1000 Jugendlichen, die bis Herbst 1943 Moringen durchlaufen hatten, waren 75,6% ungelernte, 9,2% angelernte Arbeiter und 15,2% ohne Beruf; fast 60% kamen aus der Fürsorgeerziehung; 23 wurden unfruchtbar gemacht; 24 starben eines natürlichen Todes, 3 starben an Unfallfolgen, 2 begingen Selbstmord, einer wurde auf der Flucht erschossen" (Myschker 1988, S. 32).

Verständnisvolles Eingehen auf besondere Problemlagen galt unter diesen Prämissen als humanitäre Gefühlsduselei. Nicht die individualisierende Hilfe und Fürsorge für den einzelnen Gefährdeten war das Leitziel dieser Einrichtung, sondern die Absonderung der "Abnormen" und die Kontrolle über potentielle politische Widerstandskräfte. So galten die bürgerlichen "Swing-Jugendlichen", die über ihr Interesse am Jazz und an der amerikanischen Kultur ihr Unbehagen an der verordneten deutschnationalen Volkstümelei ausdrückten, ebenso als "Gemeinschaftsfeinde" wie die "Edelweißpiraten", die Jugendcliquen, in denen sich der heimliche politische Protest der Arbeiterjugend formierte.

Die Diffamierung politischer Gegner als "Psychopathen" hatte schon eine längere Tradition. Insbesondere auf die Akteure der Novemberunruhen von 1918 wurde diese "Diagnose" immer wieder angewandt. Ganze Abhandlungen erschienen zu diesem Thema, so etwa von Brennecke unter dem Titel "Zur Frage der Psychopathologie der Revolution und der Revolutionäre" (1921) und von Anton unter dem Titel "Die Bedeutung des Psychopathen im öffentlichen Leben" (1920). Der Verbandsfunktionär Egenberger eröffnete 1922 einen Vortrag über die Ausbildung der Hilfsschullehrer mit folgender Feststellung:

"Die letzten Jahre beweisen, daß psychopathische Minderwertigkeiten das größte Übel im Staatsleben sein können. Viele unlogische Schreier und Hetzer, die Hemmungs- und Gewissenlosen, die Schiffbrüchigen und Existenzunfähigen, die Bindungslosen, die nicht wollenden Menschen, die Verräter aller Art gehören größtenteils zu der Kategorie der Psychopathen" (zit. nach Ellger-Rüttgardt 1988, S. 152).

Mit HJ und BDM hatte der NS-Staat früh eine umfassende ideologische Beeinflussung und Überwachung der Jugend sichergestellt. Per Gesetz wurde 1936 verfügt, daß "die gesamte deutsche Jugend" in der Hitlerjugend zusammenzufassen sei. Die straff nach dem Führerprinzip organisierte HJ bot zwar einerseits Gruppenleben und Lagerromantik, sie forderte jedoch andererseits auch strikte Disziplin und war mit erheblicher Sanktionsmacht ausgestattet. So konnte durch die HJ-Führung beispielsweise ein "Jugenddienstarrest" von 3-8 Tagen verhängt werden.

Nicht nur am "unteren Ende" der damals gültigen Wertigkeitsskala wurde ausgesondert, auch am "oberen Ende" versuchte man die "Elitejugend" zusammenzufassen und ihr eine besondere Erziehung angedeihen zu lassen. Paradoxerweise entspricht aber das, was Hitler selbst als Idealbild und Erziehungsziel für diese Eliteschulen formuliert hat, in vielem dem, was von der Psychiatrie in den Jahren zuvor als die typischen Kennzeichen "gefühlsarmer" und "fanatischer" Psychopathen beschrieben worden war:

"In meinen Ordensburgen wird eine Jugend heranwachsen, vor der sich die Welt erschrecken wird. Eine gewalttätige, herrische, unerschrockene Jugend will ich. Jugend muß das alles sein. Schmerzen muß sie ertragen. Es darf nichts Schwaches und nichts Zärtliches an ihr sein. Das freie, herrliche Raubtier muß erst wieder aus ihren Augen blitzen" (Hitler zit. n. Hofer 1977, S. 88).

Solange Gewalttätigkeit, Gefühlskälte und Rücksichtslosigkeit im Dienste der herrschenden Ideologie standen, waren sie nun durchaus erwünscht. Den Gipfel erreichte diese perfide Umwertung aller Werte wohl in Himmlers berüchtigter Posener Rede, wo er den Verlust aller menschlicher Regungen, den feigen Massenmord als ein "niemals geschriebenes und niemals zu schreibendes Ruhmesblatt unserer Geschichte" bezeichnet (ebd., S. 114). Die furchtbaren Berichte von dem durchrationalisierten Mordbetrieb der Vernichtungslager und von den Forschungs- und Tötungspraktiken der KZ-Ärzte und Euthanasie-Psychiater legen tatsächlich die Frage nahe, ob es so etwas wie eine "gefühlsarme Psychopathie", also eine tiefgreifende Charakterstörung (sei sie nun angeboren oder erworben), die durch die Unfähigkeit zum mitmenschlichen Empfinden, zur Anteilnahme an fremdem Leid, ja überhaupt zur Wahrnehmung des Grauens gekennzeichnet ist, nicht doch gibt.

Die wissenschaftliche Forschung auf dem Gebiet des "abweichenden Verhaltens" wurde zwar fortgeführt. Sie kann indes nicht mehr als "heilpädagogisch" bezeichnet werden, wenn man unter "heilpädagogischer Forschung" die Suche nach besseren Theorien zum Verständnis und besseren Methoden zur Erziehung und Förderung von Problemkindern verstehen will. Dagegen wurde ganz nach dem Vorbild der medizinischen Seuchenforschung mit viel Aufwand und viel wissenschaftlicher Akribie über die Entstehung, Verbreitung und "Bekämpfung" all der Erscheinungen, die als "Geschwüre am Volkskörper" angesehen wurden, geforscht. Der kaltherzig-objetivierende Sprachstil, der schon viele psychiatrische Schriften der Zeit zuvor charakterisierte, verschärfte sich dabei noch einmal deutlich. Große Mengen "Zöglingsmaterial" wurden empirisch erfaßt, begutachtet und nach Wert- und "Brauchbarkeits"-Kategorien verlesen.

So hat Gregor z.B. 1939 im "Handbuch der Erbbiologie" einen Überblick über den Stand der Verwahrlosungsforschung gegeben. Er kommt in diesem Artikel, der auf der Auswertung vieler Einzelstudien beruht und mit umfangreichem Zahlenmaterial angereichert ist, zu dem Schluß: "Die Hauptmenge der Verwahrlosten liegt nach dem übereinstimmenden Urteil der Autoren bei der Psychopathie. Von dem bisher besprochenen Material waren 60% der schulentlassenen Jungen und 37,9% der schulentlassenen Mädchen psychopathisch" (Gregor 1939, S. 1197).

Entsprechend dieser Diagnose kommt der langjährige Leiter des badischen Fürsorgewesens dann zu folgender Empfehlung bezüglich der "Bekämpfung der Verwahrlosung": Die "ärztlich, speziell psychiatrisch unterbaute Pädagogik" habe "deutlich die Grenzen erkannt, welche ihr durch abnorme Anlagen gegeben sind. Sie mußte daher die Möglichkeit, krankhaftes Erbgut auszumerzen, lebhaft begrüßen. Die Sterilisierung ist somit als allgemeine Prophylaxe in den Vordergrund der Bekämpfung von Verwahrlosung zu stellen" (ebd., S. 1209).

Von Fritz Lenz, dem ersten Lehrstuhlinhaber für Rassenhygiene, wurden die "Psychopathen" schon 1931 zu den Menschen gezählt, "deren Fortpflanzung im sozialen Interesse unerwünscht ist". Er schätzt ihre Zahl auf rund 3,5 Millionen oder 6% der Bevölkerung und damit als um ein vielfaches größer als alle anderen "geistig nicht vollwertigen" Teilgruppen (Lenz 1931 S. 272f).

Zwar wurde im "Gesetz zur Verhütung erbkranken Nachwuchses", das schon im Juli 1933 erlassen wurde, die Gruppe der "Psychopathen" nicht explizit bei der Beschreibung des Personenkreises, der der Zwangssterilisierung zugeführt werden sollte, genannt, dennoch wurden nun (unter einer entsprechend weiten Auslegung der Kategorie "Schwachsinn" auch auf den sog. "moralischen Schwachsinn") auch im Bereich der Fürsorgeerziehung in erheblichem Maß Sterilisationen durchgeführt. Gregor berichtet etwa, daß in den Fürsorgeanstalten seines Beobachtungsfeldes die Quote von Sterilisationsanträgen zwischen 14,78% und 32,07% lag (Gregor 1939 S. 1209).

Schwerwiegend verhaltensgestörte Kinder und Jugendliche, also etwa solche, die von Krankeiten wie Epilepsie, Schizophrenie oder Autismus betroffen und deshalb pflegebedürftig waren, fielen wie geistig behinderte Kinder unter die menschenverachtende Kategorie "lebensunwertes Leben" und wurden somit ab 1939 zu Opfern des rücksichtslosen Massenmordes, der unter der beschönigenden Bezeichnung "Euthanasie" systematisch organisiert wurde. Doch auch schon die Diagnose "gemeinschaftsunfähig" oder "unerziehbar" konnte für einen Fürsorgezögling zum Todesurteil werden. So schreibt etwa Heinze, Leiter der Landesheilanstalt Görden und als Obergutachter für die Kindereuthanasie einer der berüchtigten "Kreuzelschreiber", über die "Notwendigkeit jugendpsychiatrischer Mitarbeit im Fürsorgeerziehungsverfahren":

> *"Aber nicht nur die Erkennung Erbkranker, sondern auch die Früherfassung anlagebedingter Assozialität auf dem Boden erblicher charakterlicher Abartigkeit ist meines Erachtens am besten durch die jugendpsychiatrische Beobachtung in einer fachlich geleiteten Aufnahmeabteilung sichergestellt. Eine so ausgebaute jugendpsychiatrische Mitarbeit im Fürsorgeerziehungswesen wird aber vor allem dazu beitragen helfen, überflüssige Kosten zu ersparen, unnütze erzieherische Versuche am untauglichen Objekt zu vermeiden und damit erzieherische Enttäuschungen zu ersparen, die Anstaltserziehungsbedürftigen auszusondern und Unerziehbare wegen erheblicher geistiger und seelischer Regelwidrigkeiten gemäß § 73 RJWG, rechtzeitig auszumerzen"* (Heinze, zit. n. Klee 1985, S. 380).

Die mehr als 30 "Kinderfachabteilungen", die ab 1939 an neurologischen oder psychiatrischen Kliniken eingerichtet wurden, waren von ihrem wirklichen Zweck her Tötungsabteilungen. Mit Luminaltabletten wurden dort künstlich Lungenentzündungen erzeugt, die dann zum Tode führten. Wenn dies nicht rasch genug ging, wurde mit Morphiumspritzen nachgeholfen. Klee hat in seiner ausführlichen Dokumentation der "Euthanasie im NS-Staat" viele erschütternde Dokumente für diese Form der "Endlösung der Heilpädagogik" wiedergegeben (vgl. Klee 1985, S. 294ff)

XIII. Die Fortentwicklung der Heilpädagogik durch die "Schweizer Schule"

Die radikale Durchsetzung der rassenhygienischen und utilitaristischen Denkweisen hatte dazu geführt, daß das, was im Dritten Reich unter dem Namen "Heilpädagogik" praktiziert wurde, sich zunehmend gegen die Betroffenen wandte und sich damit in eine regelrechte "Unheilpädagogik" verwandelte, deren Aufgabe nicht mehr in der bestmöglichen Betreuung und Förderung der Kinder, sondern in der Aussonderung, Ausnutzung und schließlich sogar "Ausmerzung" des vermeintlich "minderwertigen" Nachwuchses gesehen wurde.

Eine Weiterentwicklung der Heilpädagogik in ihrem eigentlichen Sinn hatte dagegen im Ausland, speziell in der Schweiz, stattgefunden. Hier waren es Heinrich Hanselmann, der erste Inhaber eines Lehrstuhls für Heilpädagogik, und sein Nachfolger Paul Moor, die in umfangreichen Werken versucht hatten, Aufgaben, Ziele und Methoden der Heilpädagogik neu zu beschreiben. Sie knüpften einerseits an die psychiatrisch geprägte Terminologie der Weimarer Zeit an, versuchten dabei aber, die pädagogisch bedeutsamen Aspekte der einzelnen Störungs- und Krankheitsbilder besonders herauszuarbeiten; zum anderen schufen sie ganz neue Oberbegriffe.

1. Heinrich Hanselmann: Erziehungsschwierige Kinder als "entwicklungsgehemmte Kinder"

Der Begriff der "Entwicklungshemmung", der nach dem Urteil von Bleidick jahrzehntelang das heilpädagogische Feld im deutschsprachigen Raum beherrscht hat (vgl. Bleidick 1972, S. 127), geht auf Hanselmann zurück. Unter bewußtem Verzicht auf die Kategorien normal - anormal hat Hanselmann in seiner 1930 erstmals erschienenen und dann bis in die siebziger Jahre neu aufgelegten "Einführung in die Heilpädagogik" den Gegenstandsbereich der Heilpädagogik definiert als "die Lehre vom Unterricht, von der Erziehung und Fürsorge aller jener Kinder, deren körperlich-seelische Entwicklung dauernd durch individuelle und soziale Faktoren gehemmt ist" (1958[5], S. 12). Als solche Faktoren zählt er auf:

"1. Mindersinnigkeit und Sinnesschwäche (blinde, sehschwache, taube, schwerhörige, taubblinde Kinder),
2. Entwicklungshemmungen des Zentralnervensystems (leichter- mittel- und schwergeistesschwache Kinder),
3. Neuropathische und psychopathische Konstitution, körperliche Krankheit, Verkrüppelung, Umweltsfehler (schwererziehbare Kinder)" (ebd.).

Die Darstellung der 3. Gruppe, d.h. der schwererziehbaren Kinder, nimmt in Hanselmanns Lehrbuch zwei Drittel des gesamten Umfanges ein. Dies entspricht durchaus der

Einschätzung des Autors von der quantitativen Bedeutsamkeit dieser Gruppe in der Praxis. Nach seiner Erfahrung handelt es sich nämlich bei der Gruppe der Schwererziehbaren um die "zahlenmäßig weitaus größte" des heilpädagogischen Arbeitsgebietes (ebd., S. 249). Denn für ihn gehört zu dieser Gruppe "das Heer jener Kinder, die dauernd eigenartig, abwegig sind, gemessen an einem Ideal vom Kinde oder aber an einem imaginären Durchschnittsbegriff" (ebd.). Damit hat sich aber unversehens der Normalitätsbegriff, den Hanselmann aus der Bestimmung ausklammern wollte, wieder eingeschlichen.

Um seinen Lesern einen anschaulichen Eindruck von der Häufigkeit und Vielgesichtigkeit dieser Erscheinungen zu vermitteln, hat Hanselmann dann in einer späteren Darstellung folgende Erläuterungen hinzugefügt:

"Es handelt sich um Kinder mit sogenannten schlechten Eigenschaften und ungewöhnlichen Verhaltungsweisen: Lügen, Stehlen, Frechheit, Faulheit, Ablehnung, Auflehnung, Angriffe, Selbstisolierung, Selbstmord-Einstellung, Fortlaufen, Trotz, Rachehaltung, Quälsucht, Wehleidigkeit, Unberechenbarkeit, Unzuverlässigkeit, Spielverderben, dauernde Verdrossenheit, nichts Ernstnehmen, Überspanntheit, Jähzorn, Wutanfälle, Auffälligkeiten und abwegige Äußerungen im Sexualleben usw." (Hanselmann 1954, S. 45).

Die drei Formen der Schwererziehbarkeit

Hanselmann hat das weite Gebiet der Schwererziehbarkeit kausalgenetisch in drei Untergruppen eingeteilt:

- *"Schwererziehbare mit neuropathischer Konstitution"*,
- *"Schwererziehbare mit psychopathischer Konstitution" und*
- *"schwererziehbare Kinder mit Umweltsfehlern"*.

Bei der ersten stehen die körperlichen Ursachen, z.B. die Übersensibilität des Nervensystems und die Störung der endokrinen Sekretion, im Vordergrund; bei der zweiten geht Hanselmann von einer disharmonischen seelischen Anlage aus, und bei der dritten beschreibt er ausführlich all die verschiedenen möglichen Mängel in der erzieherisch bedeutsamen Umwelt.

Dabei ist Hanselmann durchaus kritisch gegenüber der Trennschärfe dieser Unterscheidungen und auch gegenüber der von ihm übernommenen Begrifflichkeit. Er bekennt, "daß die Erforschung der Ursachen der Schwererziehbarkeit heute noch vor viel mehr ungelösten Problemen als vor gelösten steht (Hanselmann 1958[5], S. 254) und daß es sich bei diesen Kategorien nur um Sammelnamen handle, die dem Zweck der schnelleren Verständigung zwischen Arzt und Erzieher dienten. Die Erzieher fordert er sogar ausdrücklich auf, die schlagwortähnlichen Begriffe lieber nicht zu verwenden und sich statt solcher "one-word-Diagnosis" lieber um detaillierte Beschreibungen zu bemühen. Insbesondere das Wort "Psychopath" sei zu einem Schlagwort geworden, das vielmehr ein Werturteil ausdrückt als einen klar bestimmten medizinischen oder psychologischen Sachverhalt. Ernüchtert resümiert er seine eigene Darstellung zu diesem Punkt:

"Wenn wir alles das, was über schwererziehbare Kinder mit psychopathischer Konstitution ausgeführt worden ist, zusammenfassen, so ergibt sich ein außerordentlich wenig befriedigendes Bild vom Stand unserer heutigen Kenntnis dieser Zustände. Eine solche Feststellung steht im umgekehrten Verhältnis zu der oberflächlichen und gedankenlosen Verwendung des Wortes Psychopath gerade in der pädagogischen und heilpädagogischen Diskussion" (ebd., S. 325).

Später hat Hanselmann dann sogar von einer "Krise der Heilpädagogik" gerade auf dem Gebiet der Schwererziehbarkeit gesprochen, da "fast alle bisherigen Begriffe umfänglich und inhaltlich ins Wanken geraten" seien (Hanselmann 1954, S. 11). Dennoch hielt er auch dort noch an der alten Terminologie und an der systematischen Dreiteilung des Gebietes fest.

Hanselmanns Begriff der Entwicklungshemmung

Obwohl Hanselmann bei seiner allgemeinen Bestimmung des Klientenkreises der Heilpädagogik von jenen Kindern ausgegangen war, "deren körperlich-seelische Entwicklung dauernd durch individuale und soziale Faktoren gehemmt ist" (Hanselmann 1958[5], S. 12), bringt er den Gedanken der Entwicklungshemmung, der ja ein dynamisches Verständnis von der Entstehung, der Wirkung und von den Möglichkeiten des Abbaues solcher "Hemmungen" nahelegt, bei der Darstellung der erziehungsschwierigen Kinder gar nicht systematisch in Anschlag. Allenfalls bei der Schilderung der schwererziehbaren Kinder mit Umweltsfehlern ist ein gewisses Interesse für biographische Zusammenhänge spürbar. Ansonsten stehen in den Fallbeispielen die Beschreibungen der typischen Charaktermerkmale der Betroffenen und der aktuellen Erfahrungen, die im Umgang mit ihnen gemacht wurden, im Mittelpunkt. Die Fragen, wann, weshalb und wodurch die Entwicklung eines Kindes "gehemmt" wurde und wie diese "Hemmung" zu überwinden sei, werden kaum gestellt. Der Begriff "Entwicklungshemmung" ist bei Hanselmann weder einfach im Sinne einer Entwicklungsverzögerung noch im Sinne einer Unterbrechung in einem kontinuierlichen, zielgerichteten Prozeß gemeint; er bezieht sich also nicht etwa auf psychische Blockierungen infolge traumatischer Erfahrungen, sondern er bezieht sich in erster Linie auf die konstitutionelle Ausstattung als der Voraussetzung für alle Entwicklung.

Dies wird besonders deutlich bei der theoretischen Explikation des Entwicklungsbegriffs, die Hanselmann in seinen "Grundlinien zu einer Theorie der Sondererziehung" gegeben hat. Er geht dort von einem einfachen psychologischen Reizaufnahme-, Verarbeitungs- und Ausgabemodell aus und sieht die "Hauptursachen der echten Entwicklungshemmung" in "Anlagemängeln in den Aufnahme-, den Verarbeitungs- und den Ausgabeapparaturen" (Hanselmann 1941, S. 134). Für die Folgen einer dauernd mangelhaften Umwelt führt er dort separat den Begriff "Entwicklungsstörungen" ein. Insgesamt aber haben bei Hanselmann die konstitutionellen Faktoren gegenüber den peristatischen ein deutliches Übergewicht bei der Bewertung der Ursachen für die Entstehung der Schwererziehbarkeit.

Innerhalb von Hanselmanns allgemeinem Modell der Entwicklung und der möglichen Entwicklungshemmungen fallen die Ursachen für die Schwererziehbarkeit in erster Linie in den Bereich der "Verarbeitungsapparatur". Diese "Verarbeitungsmängel" führten dann sekundär zu Störungen im Ausgabebereich und somit zu auffälligem Verhalten. Hanselmann kann nun aber die Natur dieser Verarbeitungsprozesse nicht deutlich machen, sondern hier steht für ihn einfach das Gehirn als rätselhafte black-box.

So muß er dann doch wieder auf traditionelle vermögenspsychologische Denkmuster zurückgreifen, um die spezifischen Probleme psychopathischer Kinder zu beschreiben. Er gibt folgende Definition der "psychopathischen Konstitution": "...sie besteht in einer dauernden Disharmonie zwischen gefühlsmäßigem, triebwillensmäßigem und verstandesmäßigem Verhalten auf Grund von Anlagemängeln im Gefühls-Antriebsleben" (Hanselmann 1954, S. 53f), und er betont ausdrücklich, daß sie weder medizinisch noch heilpädagogisch geheilt werden könne, daß es sich also um eine angeborene und lebenslang zu tragende Bürde handle. Die Entwicklung bzw. eben die "Entwicklungshemmung", die sich unter solchen ungünstigen Voraussetzungen ergibt, stellt sich Hanselmann dabei folgendermaßen vor: "Gleichsam auf unebenem Baugrund baut sich das Gesamtseelenleben auf und weist in jedem seelischen Akt Mangelhaftigkeiten und Disharmonien auf" (ebd., S. 52).

Obwohl Hanselmann immer wieder versucht, die pädagogischen Aspekte aller Entwicklungshemmungen zur Geltung zu bringen, bleibt er letztlich doch im Grundsätzlichen der alten medizinischen Konstitutionslehre treu und gelangt nicht zu einer genuin pädagogischen Grundlegung der Heilpädagogik.

2. Paul Moor: Erziehungsschwierige Kinder als "haltschwache Kinder"

Paul Moors Lehre vom "inneren Halt" ist vielleicht der schöpferischste und eigenwilligste Versuch einer Gesamtschau des heilpädagogischen Aufgabengebietes und einer Deutung aller Einzelprobleme aus einer umfassenden anthropologischen Perspektive, der in der Geschichte dieser Disziplin unternommen wurde. Dabei ist Moors Theorie gleichzeitig mehr als eine bloße "heilpädagogische Psychologie" (so der Titel des zweibändigen Hauptwerkes), sondern vielmehr eine Lehre vom menschlichen Leben und seiner Bestimmung, von den Möglichkeiten der Verfehlung dieser Bestimmung und von den pädagogischen Hilfen, die dieser Gefährdung entgegengesetzt werden können. Von diesem grundsätzlichen Anspruch her hat sie somit durchaus eine Verwandtschaft zu Pestalozzis "Nachforschungen" - so sehr sie sich dann auch in der Durchführung davon unterscheidet. Die Frage, die Moor ausdrücklich in den Mittelpunkt des Interesses stellt, nämlich, "...was für Erschwerungen dem Versuch im Wege stehen, ein guter und glücklicher Mensch zu werden, und wie es trotz dieser Erschwerungen möglich ist, dazu zu gelangen" (Moor 1958, S. 7), diese Frage stellt auch das Leitmotiv von Pestalozzis Hauptwerk dar. Damit ist auch schon deutlich, daß Moor weit über eine heilpädagogische Tatsachenforschung, über bloße Nosologie, Symptomatologie und Ätiologie der Behinderungs- und

Störungsformen hinausziell, daß bei ihm immer Probleme der Sinnerfüllung und der Bewältigung von Lebensaufgaben im Mittelpunkt stehen.

Da dies keine Themen der empirischen Wissenschaft sind und sein können, ist auch Moors Werk keineswegs eine Darstellung des aktuellen Forschungsstandes auf dem Gebiet der Heilpädagogik, sondern eine Deutung der verschiedenen Entwicklungshemmungen - diesen Oberbegriff übernimmt Moor von Hanselmann - auf dem Hintergrund einer sehr subjektiven Theorie vom menschlichen Leben und seiner Bestimmung. Sie ist verfaßt in einer sehr persönlichen, bisweilen fast weihevollen Sprache, die mit emotional stark besetzten Schlüsselbegriffen wie "Mitwelt", "Heimat", "Erfülltsein", "Angesprochensein", "Empfänglichkeit", "Ergriffenheit", "Sehnsucht auf das Verheißene" etc. offensichtlich bewußt Distanz zur nüchtern-objektivierenden Fachsprache sucht.

Die Suche nach einer brauchbaren Psychologie

Dabei ist Moors hochkomplexes Modell vom Aufbau der menschlichen Persönlichkeit bei aller Subjektivität durchaus nicht das Ergebnis reiner Intuition oder Introspektion. Am Anfang seines umfangreichen Werkes steht die Analyse von 15 verschiedenen psychologischen Entwürfen - von William Sterns personalistischer Psychologie über Sigmund Freuds Psychoanalyse bis hin zu Ludwig Binswangers Daseinsanalyse. Moor nimmt dabei für sich in Anspruch, zum ersten Mal "die moderne deutschsprachige Psychologie auf ihre pädagogische Brauchbarkeit hin zu untersuchen und das Ergebnis in einem einheitlichen Bilde vom inneren Aufbau des Menschen zusammenzufassen" (Moor 1960[2], S. 7). Unterstellt wird bei diesem Verfahren, daß all diese Theorien in einem sich ergänzenden und nicht in einem konkurrierenden, sich ausschließenden Verhältnis stehen, daß sie alle wertvolle Bausteine zu einem Gesamtbild des Psychischen beitragen und daß es auf diesem eklektischen Wegemöglich sei, "sich dem wirklichen Sein eines Menschen zu nähern" (ebd.). Seinen Umgang mit den vorgefundenen Theorien hat Moor einmal in einem sehr plastischen Bild ausgedrückt:

> *"Dabei ergab sich von selbst, daß ich auswählte, was mir pädagogisch wichtig und bedeutsam erschien. Das übrige ließ ich ohne Bedenken einfach weg und verfuhr mit den Gedankengebäuden der einzelnen Schulen und Autoren etwa so, wie die Türken mit der Akropolis: ich benützte sie nicht nur als Steinbruch, sondern ich schlug mir auch das Herausgebrochene noch so zurecht, daß es meinen pädagogischen Absichten sich einfügte"* (Moor 1971, S. 16).

Nach dem Durchgang durch die verschiedenen Psychologien, nach ihrer Musterung auf pädagogisch Brauchbares entfaltet Moor dann seine eigene Sicht vom Aufbau des inneren Haltes. Mögen diese verschiedenen Entwürfe Moor auch auf vielfältige Art und Weise inspiriert und ihm vor allem die Bandbreite der zu berücksichtigenden Aspekte deutlich gemacht haben, die Theorie des inneren Haltes stellt keinesfalls eine Synthese der zuvor dargestellten Ansätze dar. Vielmehr handelt es sich um einen ganz eigenständigen Versuch Moors, ein umfassendes Persönlichkeitsmodell zu entwickeln. Dieser Versuch ist geprägt von einem starken Bedürfnis nach Systematik, nach Symmetrie sowie nach Überschreitung der Grenzen des positiven "Gegebenen" und nach Einbeziehung des "Aufgegebenen" und des "Verheißenen" - also moralischer und theologischer Gesichtspunkte in die heilpädagogische Theoriebildung.

Die Theorie des inneren Haltes

Im Mittelpunkt von Moors anthropologischem Denken steht der Begriff des "inneren Haltes". Obwohl das damit Gemeinte vielfach umschrieben, in Komponenten zerlegt und wieder zusammengefaßt wird, bleibt dieser Schlüsselbegriff doch stets schillernd und mehrdeutig.

Interessant ist, daß Moor bei der Einführung dieses Begriffs zunächst von der Negativvariante, also von der "Haltlosigkeit", als einem unter diesem Namen in der Heilpädagogik und Psychopathologie schon lange gebräuchlichen Konzept ausgeht und von daher danach fragt, worin eigentlich das spezifische Defizit liegt, das mit der Diagnose "Haltlosigkeit" festgestellt sein soll. Er kommt nach der Analyse verschiedener Beschreibungen zu dem Ergebnis, daß es immer die Gemütsarmut einerseits und die Willensschwäche andererseits sei, die das Charakteristische der als "haltschwach" oder "haltlos" eingestuften Jugendlichen ausmache.

Von daher kommt Moor zu den ersten beiden grundlegenden Bestimmungsstücken seines Begriffs vom "inneren Halt": Willensstärke und Gemütstiefe. Diesen beiden psychischen Qualitäten ordnet er zwei Seiten des menschlichen Lebens zu: dem Willen das "tätige Leben" und dem Gemüt das "empfangende Leben". Beide Seiten werden dann weiter phänomenologisch differenziert. Auf der Seite des "tätigen Lebens" kommt Moor schließlich zu der Trias von "Wollen", "Können" und "Empfänglichkeit" als den seelischen Erscheinungen, die sich zum Aufbau des Haltes gegenseitig ergänzen müßten. Auf der Seite des "empfangenden Lebens" sind es "Angesprochensein", "Erfülltsein" und "Verwirklichung", die diese Abstufungen ausmachen. Diesen Komponenten des inneren Haltes werden dann noch jeweils die Begriffe "Umwelt", "Mitwelt" und "Heimat" als die korrespondierenden Komponenten des "äußeren Haltes" zugeordnet.

Es sind also recht aufwendige und komplizierte Begriffsmatrizen, die Moor hier mit kunstvoll symmetrischen Formulierungen installiert, die aber letztlich mehr über die ästhetischen Ansprüche und das Ordnungsbedürfnis ihres Schöpfers aussagen als über die Frage, wie die Fähigkeit des "Sich-halten-könnens an Verpflichtungen gegenüber der Gemeinschaft, in der man lebt" (Moor 1960², S. 228), zustande kommt und psychologisch erklärt werden kann.

Den Höhepunkt erreicht dieser Begriffsapparat schließlich in jenem berühmten Schaubild, in dem Moor neben den Komponenten des inneren und äußeren Haltes auch noch die pädagogischen Teilziele, die damit jeweils in Verbindung stehen, eingearbeitet hat (vgl. Moor 1958, S. 21).

Während der 1951 erschienene erste Band von Moors Hauptwerk, in dem er die verschiedenen psychologischen Entwürfe mustert und seine Theorie des inneren Haltes entwickelt, den Untertitel "Grundtatsachen einer allgemeinen pädagogischen Psychologie" trägt, ist der 1958 erschienene zweite Band mit "Pädagogische Psychologie der Entwicklungshemmungen" überschrieben. Es handelt sich nun gewissermaßen um die Anwendung der im ersten Band entwickelten allgemeinen Perspektiven auf die speziellen Phänomene, die das Aufgabengebiet der Heilpädagogik ausmachen, oder, nach Moors eigenen Worten, um "Variationen über das Thema vom inneren Halt" (ebd., S. 11).

Im Vorwort zum zweiten Band bekennt sich Moor nun auch offen zu der Subjektivität seiner Lehre. Während er im ersten Band oft den Eindruck erweckte, als glaubte er, durch seine Vorgehensweise die Aspekthaftigkeit und Begrenztheit der von ihm untersuchten psychologischen Ansätze zu überwinden und damit zu einer objektiven pädagogischen Psychologie, frei von Vereinseitigungen und Verzerrungen, gelangen zu können, stellt er nun klar: "Auch wir deuten die Tatsachen; und dieser unserer Deutung liegt ein persönliches Bild davon zugrunde, was der Mensch sei. Insofern ist diese Darstellung ein persönliches pädagogisches Bekenntnis" (ebd., S. 10).

Obwohl er die schematische Übersicht über die Komponenten und Charakteristika des inneren Haltes wieder an den Anfang stellt, tauchen in diesem zweiten Band zahlreiche Formulierungen auf, die auf ein sehr viel dynamischeres Verständnis des Haltbegriffes hindeuten. So betont Moor nun ausdrücklich, "Halt" sei "nicht ein Zustand, sondern ein inneres Werden" (ebd., S. 21).

Formen der "Haltschwäche"

Wie sieht nun unter diesen anthropologischen Vorgaben das Bild des "schwierigen Kindes" aus? Moor leitet das Kapitel über die "Schwererziehbarkeit", welches, wie schon bei Hanselmann, so auch bei ihm, das weitaus umfangreichste Kapitel darstellt, mit folgenden Sätzen ein:

> *"Haltschwächen entstehen auf dem Wege zum Halt. Der Halt, verstanden als Prozeß der Menschwerdung, ist etwas Vielfältiges. Fehlentwicklung, Überspringen notwendiger Stufen, Verirrung, Vereinseitigung, vorzeitiges Abbrechen dieses Werdens sind darum in mannigfacher Weise möglich"* (ebd., S. 85).

Die verschiedenen Formen der "Schwererziehbarkeit" werden also als "Haltschwäche" und somit als mehr oder minder tiefgreifende Verfehlungen jener Entwicklungsziele angesehen, die die Charakteristika des inneren Haltes ausmachen. Nicht einfach der statistische Durchschnitt oder die äußerliche soziale Angepaßtheit bilden somit für Moor den Bezugsmaßstab, sondern die von ihm selbst aufgestellten Merkmale des erfüllten Lebens. Weitgehend synonym zum Begriff "Haltschwäche" verwendet Moor auch noch den Begriff "Entwicklungshemmung". Dieser Begriff, der bei Hanselmann noch eine überwiegend biologisch-kostitutionelle Bedeutung hatte, wird von Moor nun zu einem pädagogischen Begriff erweitert. "Entwicklungshemmung" heißt für ihn "Beeinträchtigung im Werden des inneren Haltes" und bedeutet, daß die "Sinnerfülltheit des Lebens in Gefahr" ist (ebd., S. 96).

Entsprechend der Komplexität der Komponenten des "inneren Haltes" sind auch eine Vielzahl von Fehlentwicklungen denkbar, und in einem ersten Durchgang unternimmt Moor tatsächlich den Versuch, aus seinem Gesamtmodell deduktiv die verschiedenen Arten von Haltschwäche abzuleiten. Dieser endet aber in recht gekünstelten und gespreizten Begriffsinventaren. In einem zweiten Durchgang geht Moor dann von den bestehenden Einteilungen aus und versucht, die dort unterschiedenen Phänomene auf dem Hintergrund seiner Theorie neu zu interpretieren. Er übernimmt dabei von Hanselmann die grundlegende Dreiteilung des Gebietes in neuropathische, psychopathische und milieugeschädigte Kinder.

Neuropathie

Schon die knappe Charakterisierung der ersten dieser drei Problemgruppen unterscheidet sich jedoch gründlich von den bisher gebräuchlichen Definitionen und macht den eigentümlichen Denk- und Sprachstil Moors besonders deutlich. So schreibt er:

"Neuropathie bedeutet Beeinträchtigung des Könnens und des Angesprochenseins, bedeutet also Beeinträchtigung im Bereich des Gegebenen allein. Das Aufgegebene und Verheißene, Lebensführung und Lebenserfüllung werden wohl sekundär in Mitleidenschaft gezogen, behalten aber ihre ungeschmälerten Möglichkeiten" (ebd., S. 87).

Zwar geht auch Moor davon aus, daß den Phänomenen, die unter dem Begriff "Neuropathie" zusammengefaßt werden, eine Störung oder Schwäche des Nervensystems zugrundeliegt, jedoch macht diese medizinische Feststellung für ihn nicht den pädagogisch relevanten Sachverhalt aus: "Wichtig sind für den Erzieher aber nicht diese Störungen oder Schwächen des Nervensystems und deren Symptome als solche, sondern die Art und Weise, wie das Kind diese Störungen erlebt und mit ihnen fertig zu werden versucht" (ebd., S. 105).

Dies ist zweifellos die große Leistung Moors, daß er beharrlich bei allen Phänomenen aus dem weiten Feld des heilpädagogischen Arbeitsgebietes, also bei allen Erkrankungen, Defekten, Störungen und Behinderungen nach den pädagogisch bedeutsamen Aspekten fragt. Denn er hat nicht ganz unrecht mit der Bemerkung, daß das, was von seinen Vorgängern als Heilpädagogik bezeichnet worden war, "auf weite Strecken hin noch nichts weiter als eine Sammlung medizinischer Kuriositäten, aber keine Pädagogik" gewesen sei (ebd., S. 95). Als pädagogisch bedeutsame Aspekte sieht Moor vor allem die subjektiven Erlebnis- und Verarbeitungsweisen des Kindes an sowie die Fragen, wie durch die jeweiligen Beeinträchtigungen das Ziel des "sinnerfüllten Lebens" gefährdet wird und was erzieherisch dafür getan werden kann, daß das einzelne Kind dennoch zu der ihm möglichen "Lebensfülle" gelangt.

Psychopathie

Auch den Begriff der "Psychopathie" als eine der traditionellen Einteilungskategorien der Heilpädagogik hat Moor in diesem Sinne neu zu deuten versucht. Er geht dabei von der Schneider'schen Definition aus, die die "Psychopathen" als "solche abnormen Persönlichkeiten" faßt, "die an ihre Abnormität leiden oder an deren Abnormität die Gesellschaft leidet", und analysiert und problematisiert deren Bestimmungsstücke in aller Ausführlichkeit. Dann versucht er, die 10 Typen der Psychopathie, die Schneider beschrieben hat, einer "pädagogischen Interpretation" zu unterziehen. Dies geschieht im wesentlichen dadurch, daß er diese Typen nicht als exotische Spezies, nicht als charakterliche Kuriositäten vorführt, sondern sie darstellt als Pole der Gefährdung und Verfehlung der menschlichen Lebensaufgabe und immer wieder betont, daß prinzipiell jedes menschliche Leben diesen Gefährdungen ausgesetzt ist.

An vielen Stellen taucht dabei eine deutliche Skepsis gegenüber der Kernthese des klassischen Psychopathie-Konzeptes auf, der Behauptung nämlich, daß es sich dabei um anlagebedingte psychische Abnormitäten und somit um ein unabänderliches Schicksal handle. Psychopathie, verstanden als Anlage, aus der sich mit Zwangsläufigkeit das Scheitern an der Lebensaufgabe ergibt, inneren Halt zu erlangen, dies ist für Moor eine Vorstellung, die an die Grundfesten einer sinnvollen Weltordnung rührt:

"Gibt es tatsächlich Menschen, welchen es durch die Eigenart dessen, was ihnen gegeben ist, verwehrt bleibt, zu einem erfüllten Leben zu kommen? Gibt es das, daß ein Mensch vom Schicksal dazu verurteilt ist, leer auszugehen, dazu prädestiniert, sinnlos zu leiden?" (ebd., S. 201).

Die Frage, ob es die "prädestinierte Psychopathie" in diesem Sinne überhaupt gibt, muß nach Moors Einschätzung des Forschungsstandes offen gelassen werden. Dagegen besteht nach seinen Erfahrungen kein Zweifel darüber, "daß man das, was mit der Definition des Psychopathiebegriffs umschrieben wird, auch werden kann, es erwerben kann" (ebd., S. 12). "Konstitutionell" besagt dann nur mehr so viel, als daß es sich um einen verfestigten Dauerzustand handelt. Moor kommt deshalb zu der folgenden pädagogischen Konsequenz:

"Für uns Erzieher aber muß darum, weil die anlagemäßigen Formen alle fragwürdig und gar nicht sicher gestellt sind, am Anfang unserer Arbeit immer die Arbeitshypothese stehen, es sei das Leiden an sich selber erworben und darum grundsätzlich zu beheben" (ebd., S. 201).

Wie in anderen Fällen nimmt sich Moor auch hier die Freiheit, eingeführte medizinische Begriffe von der heilpädagogischen Aufgabenstellung her neu zu definieren. "Psychopathie" in diesem neuen Sinne meint dann bei Moor nur mehr die Tatsache, daß "eine Diskrepanz besteht zwischen einer durch die innere Verfassung erschwerten Lebensaufgabe und den zu ihrer Lösung gegebenen Kräften und Fähigkeiten" (Moor 1957, S. 211).

Verwahrlosung

Die dritte Art der Schwererziehbarkeit in Moors System stellt die Verwahrlosung dar. Es handelt sich dabei jedoch nicht einfach um eine Entwicklungshemmung unter anderen, sondern sie steht gewissermaßen quer zu diesen bzw. sie kann zu allen anderen Entwicklungshemmungen als erschwerendes Moment hinzukommen. Alle sinnesmäßig, körperlich oder geistig behinderten Kinder, alle mit geschwächter nervlicher Konstitution oder belasteter Anlage haben in dieser Sicht ein erhöhtes Risiko zu verwahrlosen, und doch ist Moors Begriff der Verwahrlosung gerade dadurch bestimmt, daß die Entwicklung auch hätte anders verlaufen können. So definiert Moor:

"Für alle Mängel, Unvollkommenheiten und Verfallserscheinungen, die daraus hervorgehen, daß unterblieb, was an Aufgegebenem und Verheißenem möglich gewesen wäre vom Gegebenen her, brauchen wir die Bezeichnung 'Verwahrlosung'" (Moor 1958, S. 206).

Stets handelt es sich also um ein Zurückbleiben hinter den eigenen Möglichkeiten, und Moor zögert nicht, sogar von Versagen und Schuld zu sprechen, wobei zunächst offen bleibt, wen diese Schuld trifft. Es geht hier also ausdrücklich nicht um das, was natürlich, schicksalshaft und unvermeidlich passiert, sondern um das, was getan und unterlassen wird und was verantwortet werden muß. Moors Begriff der Verwahrlosung ist somit kein empirischer, der an äußeren Symptomen und Verhaltensweisen festgemacht werden könnte und der dazu taugte, eine bestimmte Personengruppe abzugrenzen, sondern ein theoretischer, der auf die Differenz zwischen Realität und Potentialität abzielt. Der Maßstab des "Aufgebenen" und "Verheißenen" ist natürlich ein problematischer, und letztlich könnte nach der obigen Definition nur derjenige für sich in Anspruch nehmen, nicht verwahrlost zu sein, der gleichzeitig für sich beansprucht, alle seine "gegebenen" menschlichen Potentiale vollkommen entfaltet zu haben.

In der Tat sieht Moor die Verwahrlosung als ein Problem an, das in irgendeiner Form jeden Menschen betrifft. Am Ende jenes Kapitels über die Verwahrlosung ruft er sich und den Pädagogen die alltägliche Kleinmütigkeit, Verzagtheit und Wankelmütigkeit in Erinnerung und fragt: "Können wir ... noch immer sagen, wir selber seien nicht verwahrlost?" (ebd., S. 252).

Unter dieser Perspektive der Verwahrlosung als eines Versagens und eines zu verantwortenden Geschehens macht natürlich die Frage nach den "Ursachen", die in der traditionellen Verwahrlosungsforschung im Mittelpunkt stand, keinen Sinn mehr. Moor fragt deshalb auch nicht nach den Ursachen, sondern nach dem "Schuldigen" oder sogar nach dem "Täter" (ebd., S. 209).

Da die Annahme des "Aufgegebenen" und die Beachtung des "Verheißenen", also das Bemühen um den inneren Halt, letztlich immer die Sache der Selbsterziehung des einzelnen bleibt, beginnt für Moor hier, bei der Verantwortung des einzelnen für sich selbst, die Suche nach dem "Schuldigen". Dann allerdings fragt er weiter: "Wovon aber hängt es ab, daß die Möglichkeit der Selbsterziehung überhaupt auftritt und heranreift?" (ebd., S. 210). Damit rückt natürlich die Erziehung ins Blickfeld. Zwar läßt sich das, was als Ziel angestrebt wird, die "Selbsterziehungstendenz", nicht im positiven Sinne herstellen - dies wäre ein Widerspruch in sich selbst - aber sie läßt sich doch fördern und pflegen, ja, sie ist auf diese Unterstützung von außen angewiesen. Im negativen Sinne, in der Verhinderung der Entfaltung dieser Selbsterziehungstendenz schätzt Moor die Erziehung dabei fast wirkmächtiger und -sicherer ein als im positiven Sinn: Erziehung kann sie nicht erzeugen. "Wohl aber kann Erziehung sie lähmen, hintanhalten, fehlleiten und auch brechen" (ebd. S. 210).

Um nun diesen Bezug des einzelnen zu seiner erzieherisch bedeutsamen Umgebung genauer zu untersuchen, um die darin enthaltenen Aufgaben, Chancen und Gefährdungen aufzuspüren, gliedert Moor sie, in der für ihn so typischen triadischen Denkweise, auf in "Umwelt", "Mitwelt" und "Heimat" und kennzeichnet damit drei verschiedene Aspekte dieses Bezuges.

Schon 1947 erschien von Moor unter dem Titel "Umwelt, Mitwelt, Heimat" eine ausführliche "heilpädagogische Studie über die Faktoren der Entwicklungshemmung und über das Wesen der Verwahrlosung". 1963 wurde diese fallorientierte Studie in einer überarbeiteten Fassung neu veröffentlicht, und Moor verstand sie als eine wesentliche Ergänzung zu seiner "Heilpädagogischen Psychologie". Dort hat er die Schlüsselbegriffe folgendermaßen erläutert: "Umwelt", dies sei die Art und Weise, "wie die Umgebung des Kindes ihren Begehren und Bedürfnissen lebt", also die vitale Seite des Lebensraumes. Unter "Mitwelt" will Moor dagegen "die Gesamtheit der moralischen Entscheidungen und gelebten Stellungsnahmen in der Umgegung des Kindes" verstanden wissen (Moor 1963, S. 131). "Heimat" schließlich ist nicht nur ein Aspekt dieses Bezuges, sondern mehr noch eine qualitative Auszeichnung. Moor meint damit das bedingungslose Angenommensein trotz Schwächen und Verfehlungen, die Geborgenheit echter mitmenschlicher Nähe, das Gefühl, dem Gegenüber Freude und Bereicherung zu sein. "Heimat", das ist in Moors eigenen Worten "der 'Ort'..., an dem sich die Sehnsucht meines Herzens erfüllen kann" (ebd., S. 184). Den Kategorien "Umwelt", "Mitwelt" und "Heimat" ordnet Moor dann die Kategorien "Können"; "Wollen" und "Gemüt" als die jeweils zentralen Bildungsaufgaben zu. Dabei bringt er sie auch in eine Rangfolge der Bedeutsamkeit. Ein Defizit im "Können", in der "Lebenstechnik" und auch ein Mangel an Willensstärke, an "Lebensführung" scheint ihm eher kompensierbar als eine Unterentwicklung des Gemüts. Hier sieht er das eigentliche Kernproblem aller Verwahrlosung, und er bezeichnet diesen Zustand, bei dem die Sehnsucht nach Nähe verschüttet ist, deshalb auch als "Heimatlosigkeit". "Völlig verwahrlost" ist demnach für Moor, "wer überhaupt nicht mehr imstande ist, Heimweh zu fühlen, weder im buchstäblichen noch in irgendeinem übertragenen Sinne" (Moor 1958, S. 249).

Bedeutung und Problematik der Moor'schen Lehre

Paul Moor hat mit seinem Denken großen Einfluß auf die Heilpädagogik der fünfziger und sechziger Jahre gehabt. Nach den Verheerungen, die die Heilpädagogik durch die kalt-objektivierende und sortierende Psychiatrie im Dritten Reich erfahren hatte, repräsentierte er so etwas wie das "pädagogische Gewissen", da er beharrlich darauf insistierte, von der pädagogischen Aufgabenstellung auszugehen und alle medizinischen Begriffe und Theoreme nur unter dem Gesichtspunkt der Relevanz für diese Aufgabenstellung zu betrachten. Diese pädagogische Aufgabe sah Moor darin, dem "entwicklungsgehemmten Kind", das in besonderer Gefahr steht, die Bestimmung der menschlichen Existenz zu verfehlen, zu der ihm möglichen Lebenserfüllung zu verhelfen. Er argumentierte somit immer von der existentiellen Gefährdung des Individuums her, nie von der sozialen oder ökonomischen "Brauchbarkeit" für die Gesellschaft.

Seine Theorie vom Aufbau des inneren Haltes und von der Unterstützungsfunktion des äußeren Haltes bot, auch wenn sie von den meisten Erziehern wohl nicht in der ganzen kunstvollen Architektonik, in der Moor sie entwickelt hatte, nachvollzogen wurde, ein griffiges Grundmuster für die Beschreibung der heilpädagogischen Tätigkeit. Zudem hat Moor in sehr eingängigen Formulierungen die wichtigsten Erkenntnisse aus seiner Erfahrung mit entwicklungsgehemmten Kindern auf den Punkt gebracht. Seine vielzitierten Regeln lauten:

- *"Zuerst verstehen, dann erziehen".*
- *"Nicht gegen die Fehler, sondern für das Fehlende".*
- *"Nicht nur das Kind, auch seine Umgebung ist zu erziehen"* (Moor 1965, S. 11ff).

Dabei ist Moors Ansatz keineswegs von der Art, daß sich aus ihm Rezepte, Förderpläne, Übungsprogramme etc. ableiten ließen. Einer solchen direkten Nutzanwendung verschließen sich die psychologischen und philosophischen Reflexionen über Aufbau, Entwicklung und Gefährdung des inneren Haltes. Vielmehr geht es darum, die Erzieher zu sensibilisieren für die inneren Nöte und die existentiellen Bedürfnisse der Kinder, die mit verschiedenen Formen der Benachteiligung den Weg der Lebensbewährung antreten müssen und die deshalb auf besondere Hilfe angewiesen sind.

Eine zentrale Aufgabe besteht für Moor dabei in der Selbsterziehung der Erzieher. Der innere Halt ist ja nicht ein Besitz, den man als Durchschnittserwachsener quasi automatisch in der Tasche hat, sondern er besteht nur in dem dauernden Auf-dem-Weg-Sein und Sich-Bemühen. Erziehung ist für Moor nie eine Anwendung von Methoden und Techniken, sondern immer ein personales, dialogisches Geschehen. Deshalb ist es für ihn von entscheidender Bedeutung, "daß der Erzieher ein innerlich reiches Leben führt, daß er sich freuen und staunen kann, daß er liebt und gläubig vertraut" (Moor 1971, S. 20).

Moors ganze Theorie bleibt, trotz der Anleihen bei der zeitgenössischen Psychologie und trotz des Bemühens um Systematik, ein kunstvolles und höchst persönliches Geflecht von subjektiven Aussagen über das Wesen und die Bestimmung des Menschen. Ohne daß Moor sich dabei explizit auf christliche Positionen bezieht, schwingt doch in seiner Rede vom "Aufgegebenen" und "Verheißenen", vom "gläubigen Vertrauen" und vom "erfüllten Leben" immer ein deutlich religiöses Moment mit.

Nach der Einschätzung Kobis hat Moor "Zeit seines Lebens mit der letztlich wahrscheinlich unlösbaren, jedenfalls nicht abzuschließenden Aufgabe gerungen, existentielle und damit zwangsläufig ver-'einzelte' Erfahrungen in essentielle, d.h. vergesellschaftungsfähige, mit-'teilbare' Aussagen umzusetzen und damit das Paradoxon zu überspringen, personale Existenz zu lehren" (Kobi 1985, S. 291). Es ist kein Wunder, daß ein solches Bemühen nach der "empirischen Wende", die in den siebziger Jahren auch in der "Sonder-" bzw. "Behindertenpädagogik" eingeläutet wurde, der Kritik, ja dem Spott anheim fallen mußte. So spricht etwa Bleidick, der Vorkämpfer für ein neues Wissenschaftsverständnis auf diesem Gebiet, denn auch von den "Fesseln der Schweizer Schule". Aus Respekt vor Moors praktischem Engagement scheut er sich zwar noch, dessen "Auslassungen pauschal als rhetorische Pseudowissenschaft, als aufgebauschtes Wortspiel und hochgestochenen Jargon abzutun" (Bleidick 1972, S. 145), gleichzeitig drückt er damit aber auf das deutlichste aus, was er von Moors theoretische Bemühungen hält. In der Tat, Moors Werk mußte nun anachronistisch wirken. Die von ihm geprägten Begriffe waren nicht operationalisierbar, die von ihm aufgestellten Postulate über den Aufbau des inneren Haltes waren nicht intersubjektiv nachprüfbar, und die von ihm bewußt geforderte Normativität aller pädagogischen Aussagen war mit dem neuen sozialwissenschaftlichen Anspruch nicht vereinbar.

Zwar wird Moor, als dem großen alten Mann der Heilpädagogik, noch gelegentlich respektvolle Referenz erwiesen. Die Rezeption seiner Gedanken geht aber in der aktuellen Fachliteratur kaum über die Wiedergabe der "Grundregeln" und über den oft zitierten Satz "Heilpädagogik ist Pädagogik und nichts anderes" hinaus.

3. Teil

"Schwierige Kinder" als "verhaltensgestörte Kinder"

"Verhaltensgestört ist, wer als verhaltensgestört bezeichnet wird"

Aab u.a. 1974

XIV. Tendenzen nach 1945

1. Die Neuregelung des Sprachgebrauchs

In der ersten Hälfte dieses Jahrhunderts war die Diskussion um auffällige Kinder und Jugendliche dominiert vom erbbiologischen Determinismus und vom Begriff der "Psychopathie". Daneben spielten zwar auch die Begriffe der "Schwererziehbarkeit" und der "Verwahrlosung" eine gewisse Rolle. Sie dienten dazu, die pädagogische Problemlage bzw. einen bestimmten phänomenologischen Sachverhalt zu bezeichnen. Insgesamt läßt sich aber rückblickend feststellen, daß der Begriff "Psychopathie", der ja einen ganz bestimmten ätiologischen Zusammenhang implizierte, für zwei Generationen "im Sinne eines Oberbegriffs nahezu gleichbedeutend mit Schwererziehbarkeit oder Verhaltensstörungen im Kindes- und Jugendalter war" (Speck 1979, S. 18).

Bald nach 1945 begann eine lebhafte Diskussion um die angemessene Bezeichnung des Problemgebietes und seiner Klienten, die sich über Jahrzehnte fortsetzte und die schon allein dadurch etwas über die Komplexität und "Vieldeutbarkeit" des Gegenstandes aussagt.

Der Begriff der "Psychopathie" taucht zwar in der Literatur nach 1945 noch gelegentlich auf, jedoch stets in problematisierenden Wendungen. Entweder wurde er umdefiniert wie bei Moor, oder aber die ehemals dominante Kategorie wurde nun zu einer unbedeutenden Restkategorie, in der die wenigen Fälle untergebracht wurden, bei denen die organischen, milieutheoretischen oder psychogenetischen Erklärungsmuster nicht griffen. Die Kinder- und Jugendpsychiatrie war bemüht, sich von den monokausalen, erbbiologischen Erklärungsmustern der Vergangenheit zu distanzieren, und bekannte sich nun ausdrücklich zu einer "vieldimensionalen polyätiologischen Betrachtungsweise" (Stutte 1963, S. 51).

1963 berichtet Stutte, daß die "Psychopathiediagnose" äußerst selten geworden, aber noch keineswegs ganz aus der psychiatrischen Begriffslehre verschwunden sei (ebd.). 1976 meint Lempp schließlich, daß diese Diagnose im Jugendalter "tunlichst vermieden wird, da sie meist Ausdruck ungenügender diagnostischer Erfassung" sei (Lempp 1976, S. 436), und er hält ihre Erörterung deshalb für überflüssig. Auch Harbauer begnügt sich im selben Lehrbuch mit einer kurzen historischen Erwähnung und der Feststellung, daß die Diagnose "Psychopathie" im Kindesalter praktisch nicht mehr gestellt würde (Harbauer 1976, S. 62).

Im "Handbuch der Heilpädagogik in Schule und Jugendhilfe" von 1967 findet sich zwar noch ein Artikel zum Stichwort "psychopathische Kinder", er beginnt aber gleich mit dem Satz: "Es gibt wohl kaum einen Begriff im Grenzbereich von Medizin, Psychologie, Pädagogik und Pastoral, der so umstritten und dem Wechsel der Meinungen unterworfen ist wie der Begriff der 'Psychopathie'", und er endet mit der Schlußbemerkung, die Psychopathiediagnose sei die "ultima ratio", die erst nach dem Scheitern optimaler heilpädagogischer Betreuung und intensiver therapeutischer Bemühungen gestellt werden dürfe (Vogel 1967, S. 475).

Aschoff hat 1967 mit Hilfe eines Polaritätenprofils untersucht, was von deutschsprachigen Heilpädagogen unter dem Begriff "Psychopathie" verstanden wird und inwiefern sich das damit bezeichnete typische Persönlichkeitsprofil von dem unterscheidet, was mit den Begriffen "Neurose" oder "Verwahrlosung" gemeint ist. Während sich für die letzten beiden Begriffe eine deutliche Trennschärfe ergab, überschnitt sich die Vorstellung von den typischen Eigenschaften des "Psychopathen" sowohl mit der von denen des Neurotikers als auch mit der von denen des Verwahrlosten. Eine deutliche Unterscheidung ergab sich lediglich bezüglich der Pole "ererbt - erworben". Aschoff kommt auf Grund dieser Ergebnisse zu der Empfehlung, "in der Heilpädagogik die Verwendung der Bezeichnung 'Psychopathie' möglichst zu vermeiden" (Aschoff 1967, S. 503).

Dafür tauchten nun neben den von Aschoff untersuchten Hauptbegriffen "Psychopathie", "Neurose" und "Verwahrlosung" und neben dem ebenfalls traditionellen Oberbegriff der "Schwererziehbarkeit" (vgl. z.B. Ebermeier 1956, Hochheimer 1960, Kluge 1969, Röhrs 1969) eine Vielzahl neuer Begriffe in der pädagogischen und heilpädagogischen Literatur auf: "Gemeinschaftsschwierige" (Bernart 1956, Lesemann 1956, Dohrmann 1957, Mücke/Steinbrecher 1957, Lauckert 1957), "Seelisch Heimatlose" (Lesemann 1959); "Entwicklungsgestörte" (Metzker 1960), "Entwicklungsgehemmte" (Hanselmann 19585, Moor 1957); "Haltschwache" (Moor 1958), "Sozialschwierige" (Engelmayer 1956); "Verhaltensgestörte" (Harnack 1953, Stern 1953, Graefe 1956, Wiesenhütter 1964, Denk 1967).

Insbesondere der letztgenannte Begriff setzte sich zunehmend durch. 1974 hat Schultheis die Häufigkeit der verschiedenen Termini in der einschlägigen Fachliteratur ausgezählt. Er kam dabei für die Zeit von 1951-1970 auf insgesamt 130 neue Bezeichnungen sowie zu der Trendmeldung, daß der Begriff "verhaltensgestört hochsignifikant 'im Kommen'" sei. Er befürwortete ihn deshalb für die künftige Benennung des Fachbereichs (Schultheis 1974, S. 25). Tatsächlich hat sich der Begriff "Verhaltensstörung" dort seit Anfang der siebziger Jahre fest etabliert.

Der Begriff "Verhaltensstörung" (behavior disorder) wurde auf dem ersten Weltkongreß für Psychiatrie 1950 als Oberbegriff empfohlen, da die alten Begriffe Neurose, Neuropathie und Psychopathie als zu eng und zu sehr mit speziellen Theorien beladen angesehen wurden. Die "Verhaltensstörungen" umfassen nach diesem Vorschlag alle Auffälligkeiten von den einfachsten "Ungezogenheiten", dem Ungehorsam, dem Jähzorn, den Tics, den Eß- und Schlafstörungen bis hin zu den schwersten Formen der Verwahrlosung und Kriminalität (vgl. Stern 1959, S. 1).

Die Karriere dieses Begriffs muß sicher im Zusammenhang mit den behavioristischen Strömungen in der Psychologie gesehen werden, für die der Gegenstand der Psychologie nicht mehr "die Seele" oder "das Bewußtsein" war, sondern einzig das menschliche Verhalten. J.B. Watson, der Stammvater dieser Psychologie, hat den neuen Standpunkt klar formuliert: "Der Behaviorist fragt: Warum machen wir nicht das, was wir beobachten können, zum eigentlichen Gegenstand der Psychologie? Wir wollen uns auf Dinge beschränken, die beobachtbar sind, und Gesetze formulieren, die sich nur auf solche Dinge beziehen. Was aber können wir beobachten? Wir können Verhalten beobachten - das, was der Organismus tut oder sagt" (Watson 1976, S. 39).

Auch wenn mit dem Begriff "Verhaltensstörung" keineswegs notwendigerweise das Reiz-Reaktions-Schema des Behaviorismus als exklusiv gültiges psychologisches Erklärungsprinzip unterstellt war, das einzige, was bei den Kindern, die hier in Frage standen, unmittelbar beobachtet werden konnte und was am Ausgangspunkt einer jeden Diagnose, sei sie nun als "psychopathisch", "neurotisch" oder "entwicklungsgestört" stand, war ja tatsächlich stets irgendeine Form von "Verhalten". Gerade diese Allgemeinheit und die Neutralität bezüglich einer theoretischen Deutung der Ätiologie der Störung machte den Begriff "verhaltensgestört" nach der Meinung seiner Befürworter als Oberbegriff für die sonderpädagogische Fachrichtung geeignet. Weiterhin wurde das Argument der besseren interdisziplinären und internationalen Verständigung ins Feld geführt sowie die Erwartung, daß die Etikette "verhaltensgestört" für die Betroffenen weniger diskriminierend sei als die schon stark mit Vorurteilen beladene Bezeichnung "schwererziehbar" (vgl. Myschker 1971).

Dagegen wurden auch schon früh Einwände gegen den Begriff "Verhaltensstörung" erhoben. So befürchtete etwa Klink, daß mit diesem Begriff einer oberflächlichen Betrachtungsweise, die am pädagogischen Kern des Problems, welches er in der gestörten Selbstverwirklichung des Kindes sieht, vorbeizielt, Vorschub geleistet würde. Auch zeigt er sich skeptisch gegenüber der Erwartung, daß allein durch eine geänderte Begrifflichkeit das negative Image von Problemkindern abgebaut werden könnte, und er sagt richtig voraus, daß der Begriff "Verhaltensstörung" bald die negativen Konnotationen des Begriffs "Schwererziehbarkeit" übernehmen würde. Schließlich deckt er die innere Widersprüchlichkeit des Begriffs auf. "Verhalten" als ein neutraler Universalbegriff kann nämlich als solches gar nie gestört, es kann höchstens störend oder unangepaßt sein. Der Begriff "Verhaltensstörung" impliziert die Vorstellung, es gäbe eine innere, situationsunabhängige Norm für richtiges und falsches Verhalten; dabei sind es doch immer die äußeren situationsspezifischen Erwartungen, die darüber entscheiden, ob ein bestimmtes Verhalten als "gestört" bewertet wird. Klink favorisiert deshalb die einheimischen pädagogischen Begriffe "Erziehungsschwierigkeit" und "Schwererziehbarkeit" (vgl. Klink 1962, S. 5ff).

Bittner, Ertle und Schmid sind in ihren Gutachten für den Deutschen Bildungsrat ebenfalls auf die Problematik der Begriffsvielfalt und auf die Schwierigkeit, einen allseits befriedigenden Oberbegriff zu finden, eingegangen. Sie führen dieses Problem mit Recht auf "sachimmanente Unverträglichkeiten" zurück: auf die extrem verschiedenen Formen von Problemverhalten, die unter diesen Oberbegriff subsumiert werden müßten, und auf die Tatsache, daß jede vorgeschlagene Bezeichnung stillschweigend unterstellt, daß es sich bei den Betroffenen um eine besondere, durch bestimmte Merkmale abgrenzbare Personengruppe handelt. Nur widerstrebend übernehmen sie den nunmehr bereits weitgehend etablierten Begriff, weisen aber darauf hin, daß zur Benennung des kindlichen Adressatenkreises eigentlich Bezeichnungen wie "Problemkinder", "schwierige Kinder" oder "Kinder in besonderen Lebenslagen" vorzuziehen seien, da diese mehr auf die pädagogische Problemsituation und auf die situativen Bedingungen abheben (Bittner/Ertle/Schmid 1974, S. 18). Bewußt vermeiden sie eine Definition nach dem Schema: "verhaltensgestörte Kinder sind Kinder, die....", und gehen statt dessen bei der Beschreibung des Aufgabengebietes von Kindern in besonders "belastenden pädagogischen Situationen" und von der Notwendigkeit spezifischer pädagogischer Hilfen aus (ebd.).

Weniger zurückhaltend waren hier viele andere Vertreter der neuen Fachrichtung, die in immer neuen und immer komplizierteren Wendungen nach endgültigen Definitionen für den Begriff "Verhaltensstörung" suchten. Sie kamen dabei jedoch nicht umhin, sich auf eine fragwürdige Norm des "durchschnittlichen" oder des "zu erwartenden" Verhaltens zu beziehen (vgl. Schumacher 1971, S. 29; Myschker 1977, S. 91; Bach 1977, S. 140; Speck 1979, S. 8; Havers 19812, S. 24). Myschker sieht in seiner Sammelrezension zu neueren Werken der Verhaltensgestörtenpädagogik schließlich in folgender Definition einen "konsensfähigen Vorschlag":

"Verhaltensstörung ist ein von der Erwartungsnorm abweichendes Fehlverhalten, das organogen und/oder milieureaktiv bedingt ist, wegen der Mehrdimensionalität, der Häufigkeit und des Schweregrades die Entwicklungs-, Lern- und Arbeitsfähigkeit sowie das Interaktionsgeschehen in der Umwelt beeinträchtigt und ohne besondere pädagogisch-therapeutische Hilfe nicht oder nur unzureichend überwunden werden kann" (Myschker 1981, S. 414).

In diese Definition sind alle Aspekte eingebaut, die in den anderen Vorschlägen auftauchen: die Erwartungsnorm, die "Polyätiologie", die Vielgestaltigkeit, die negativen Folgen und die Hilfsbedürftigkeit. Dennoch bleibt diese Definition auf eigentümliche Weise leer. Verhaltensstörung, das ist ein "komplexes Etwas" am Kind, ein Defekt, der überwunden werden soll.

Das Dilemma dieser und anderer Definitionsversuche besteht darin, daß sie ein Maß an Präzision und Trennschärfe vortäuschen, das in Wirklichkeit nicht existiert. Das Spektrum möglichen "Problemverhaltens", vom Daumenlutschen bis zur schweren Verwahrlosung, ist einerseits kontinuierlich (was die Abstufung nach Schweregraden betrifft), andererseits jedoch keineswegs linear (was die qualitative Besonderung betrifft). Daumenlutschen, Schulangst und Verwahrlosung können nicht auf einer Linie aufgetragen und als unterschiedlich starke Ausprägungen eines einheitlichen Grundphänomens "Verhaltensstörung" betrachtet werden.

"Verhaltensstörung" ist, obwohl der Begriff oft so gebraucht wird, keine beschreibende Kategorie. Dies gilt trotz der oben erwähnten behavioristischen Tendenz zur Beschränkung auf beobachtbares Verhalten, die für die Durchsetzung des Begriffs mitverantwortlich zu machen ist. Es kann nämlich immer nur ein Verhalten direkt beobachtet werden, nie eine "Verhaltensstörung". Die Feststellung der letzteren schließt immer eine Bewertung und Beurteilung des Beobachteten ein.

Verhaltensstörung ist aber auch keine sinnvolle diagnostische Kategorie. Mit der Feststellung, ein Kind sei "verhaltensgestört", ist keinerlei zusätzliche Information über Genese, Verlauf und Prognose eines vorliegenden Problems gewonnen und keinerlei Hinweis auf die adäquate pädagogische oder therapeutische Behandlung gegeben.

"Verhaltensstörung" ist ferner ein Begriff, der die situativen und kommunikativen Zusammenhänge von Erziehungsproblemen ausklammert und der das, was meist Ausdruck "gestörter Verhältnisse" ist, einseitig dem Kind als Eigenschaft zuschreibt. Er ist somit auch ein Begriff, der die Innenansicht und die Situationsinterpretation der Betroffenen ignoriert. (Welcher Schüler einer Schule zur Erziehungshilfe würde sich selbst als "verhaltensgestört" bezeichnen?)

All die Anstrengungen, die unternommen wurden, um dem Schlüsselbegriff dieser sonderpädagogischen Fachrichtung durch eine kunstvolle Definition wissenschaftliche Würde zu verleihen, können nicht darüber hinwegtäuschen, daß es sich bei diesem Begriff nach wie vor und unvermeidbar um einen "Sammeltopf für alle Arten von Unangepaßtheit, Auffälligkeit, von Normabweichung bei Kindern und Jugendlichen" handelt (Lempp 1984, S. 1208).

2. Das "verhaltensgestörte Kind" - ein sonderschulbedürftiges Kind?

Schon Wichern hat über die besonderen Erfordernisse des Schulunterrichts im Rettungshaus nachgedacht, und auch Trüper hat den Unterricht in das therapeutische Gesamtkonzept seines Heimes einbezogen. Fuchs initiierte Ende der zwanziger Jahre in Berlin eigene Klassen für erziehungsschwierige Schüler, und in der Schweiz gab es seit jener Zeit die "Beobachtungsklassen für psychopathische Kinder". Dennoch wurde die institutionelle Betreuung von Problemkindern bis dahin in erster Linie als ein Fürsorgeproblem betrachtet und nicht als ein Problem schulischer Bildung. Erst beim Wiederaufbau des Sonderschulwesens nach dem 2. Weltkrieg wurde die Forderung nach der Schaffung einer eigenen Schulsparte für Kinder, die für die Regelschule zu schwierig, aber für die "Hilfsschule" zu begabt waren, wirklich aktuell.

Eine vom Verband Deutscher Hilfsschulen ausgearbeitete Denkschrift zum "Ausbau des heilpädagogischen Sonderschulwesens" wurde 1954 dem Deutschen Städtetag übergeben. Darin wird unter anderem gefordert, daß "durch die Errichtung von Schulen für gemeinschaftsschwierige Kinder... eine sich immer fühlbarer machende Lücke in unserer Schulorganisation geschlossen werden" müsse (Verband Deutscher Hilfsschulen 1954, S. 37). Das Problem, das mit dieser organisatorischen Neuschöpfung gelöst werden sollte, wird ebenfalls benannt: die Tatsache nämlich, daß es "eine nicht unbeträchtliche Zahl von Kindern" gibt, die zwar normal begabt sind, die aber durch ihr störendes Verhalten den ganzen Unterrichtsbetrieb gefährden. Wieder wird die typische doppelseitige Argumentation deutlich, die schon in Fuchs' Begründung der E-Klassen zu finden war: Einerseits sei es verständlich, "daß die Volksschule den dringenden Wunsch hat, sich von diesen Kindern zu entlasten", andererseits hätten diese Kinder selbst geradezu einen Anspruch darauf, durch spezielle Maßnahmen vor dem "weiteren Absinken" bewahrt zu werden (ebd., S. 38). Die "Gemeinschaftsschwierigen" werden in den weiteren Ausführungen dann differenziert in "Gemeinschaftsbedrängte" und "Gemeinschaftsbedrängende". Als Ursache für beide Formen wird eine "Fehlentwicklung" angenommen. Die Denkschrift geht davon aus, daß etwa 2% aller schulpflichtigen Kinder "gemeinschaftsschwierig" seien, und fordert daher, daß alle Gemeinden mit mehr als 30.000 Einwohnern spezielle Schulen für diese Kinder einrichten sollen.

Mit dieser Forderung und mit der Einschätzung des (gemeinschafts-) "schwierigen" Kindes als einem sonderschulbedürftigen Kind war eine neue Stufe in der pädagogischen Beschäftigung mit Erziehungsschwierigkeiten erreicht. Die Schule stellt die zentrale differenzierende und statuszuweisende Instanz im Kindes- und Jugendalter dar. Sie ist eine öffentliche und alltäglich zu besuchende Institution. Der Besuch einer Sonderschule hat damit einen ganz anderen Stellenwert als etwa der Besuch einer Erziehungsberatungsstelle. Er dokumentiert die "Andersartigkeit" des Betroffenen und schreibt sie auf Dauer fest.

Gleichzeitig bedeutet der Ausbau eines neuen Schulzweiges die Entstehung einer "Expertokratie", eines Heers von Fachleuten, vom spezialisierten Sonderschullehrer über den Seminarleiter bis hin zum Hochschullehrer. In diesem Sinne ist die "Verhaltensgestörtenpädagogik", als eigene Lehre von der schulischen Erziehung und Bildung "schwieriger Kinder", tatsächlich eine recht junge Wissenschaft. Auch wenn sich die Pädagogen aller Zeiten mit dem Problem der Erziehungsschwierigkeiten beschäftigt haben, tauchen eigenständige Konzepte zur Gestaltung von Schule und Unterricht bei solchen Kindern, erst im Zusammenhang mit der Forderung nach einem entsprechenden Ausbau des Sonderschulwesens auf (vgl. Kluge 1969[2], Müller 1969, Ertle 1971, Reiser 1972, Bittner/Ertle/Schmid 1974, Schuhmacher 1975, Hußlein 1983).

1960 legte der Schulausschuß der ständigen Konferenz der Kultusminister der Länder in der Bundesrepublik Deutschland ein "Gutachten zur Ordnung des Sonderschulwesens" vor. Darin wird sowohl die Schaffung eigener Sonderschulen für Erziehungsschwierige gefordert als auch die Einrichtung von Kleinklassen, die organisatorisch der Volksschule zugeordnet bleiben sollten.

Die Frage, inwieweit solche Einrichtungen pädagogisch zu rechtfertigen seien, war dabei von Anfang an umstritten. Die einen sahen darin ein dringendes Erfordernis zur Entlastung der Regelschule und zur individuellen Unterstützung des Problemkindes, die anderen die pädagogische Bankrotterklärung der Volksschule und die Abschiebung der unbequemen Schüler (vgl. die Diskussion bei Klink 1962, S. 91f).

Auch über den Umfang des Problems, d.h. über die Bedarfszahlen, die dem Ausbau dieses Zweiges der Sonderschule zugrunde gelegt werden sollten, gab es keine Einigkeit. Sander hat 1971 im Auftrag des Deutschen Bildungsrates die diversen empirischen Untersuchungen und Expertenschätzungen über die Verbreitung von Verhaltensstörungen zusammengefaßt. Dabei zeigt sich sehr deutlich die Unschärfe des Konstrukts "Verhaltensstörung". Die Zahlenangaben schwanken je nach Erhebungsmethode und Definition des Begriffes zwischen 1% und 20%. Insbesondere die methodisch aufwendigen Erhebungen kommen auf sehr hohe Werte. So werden in der Untersuchung von Harnack 20% der Kinder als "verhaltensgestört" klassifiziert (Harnack 1958, S. 22). Bei Thalmann werden gar nur 22% der untersuchten Kinder als vollkommen symptomfrei eingestuft, 20% gelten dagegen als so schwer symptombelastet, daß therapeutische Hilfe, bei 1,3% von ihnen sogar Anstaltsunterbringung, für notwendig gehalten wird (Thalmann 1971, S. 74). Diese beiden empirischen Untersuchungen machen jedoch keine Angaben über die "Sonderschulbedürftigkeit" der als "verhaltensgestört" eingestuften Kinder.

Andere Erhebungen, die direkt auf diese Frage der Sonderschulbedürftigkeit abzielten, nannten Werte zwischen 0,02 % und 3,7%. Sander kommt deshalb am Ende seiner Zusammenfassung, ganz nach dem Motto: "in der Mitte liegt die Wahrheit", zu dem Schluß, daß "derzeit mit etwa 2% sonderschulbedürftiger Verhaltensgestörter zu rechnen" sei (Sander 1971, S. 49). Dies hätte bedeutet, daß die "Verhaltensgestörten" nach den "Lernbehinderten", deren Häufigkeit mit ca 4% angegeben wurde, die zweitgrößte sonderschulbedürftige Untergruppe dargestellt hätten. Von daher wäre der flächendeckende Ausbau eines entsprechenden Schulzweiges durchaus naheliegend gewesen.

Dieser Ausbau erfolgte jedoch nicht in dem Maße, wie ursprünglich geplant. Nur in den größeren Städten und meist in privater Trägerschaft entstanden neue spezielle Schulen für "Verhaltensgestörte". Die bestehenden Schulen, die den Fürsorgeerziehungsheimen angegliedert waren, erhielten ebenfalls den Status einer "Sonderschule V" und profitierten damit von der günstigeren Personalausstattung der Sonderschulen.

Eine wichtige Rolle für diese Zurückhaltung bei der Einrichtung neuer Sonderschulen für Verhaltensgestörte dürfte wohl das Gutachten gespielt haben, das Bittner, Ertle und Schmid 1974 für den Deutschen Bildungsrat erstellt hatten. Darin weisen sie nachdrücklich die Vorstellung einer generellen Sonderschulbedürftigkeit "verhaltensgestörter" Kinder und Jugendlicher zurück und plädieren statt dessen für ein System abgestufter Hilfs- und Unterstützungsmaßnahmen im Rahmen der Regelschule. Die ganze Tendenz der Angleichung der "Verhaltensgestörtenpädagogik" an die Denkmuster und an die institutionellen Formen der anderen sonderpädagogischen Fachrichtungen wird dabei in Frage gestellt. Die Bildungsratgutachter plädieren nämlich dafür, die Verhaltensgestörtenpädagogik nicht von einem besonderen "Behindertentypus" her zu verstehen, sondern als "pädagogische Reflexion über und Praxis mit 'Problemkindern', d.h. in verschiedener Hinsicht sozial auffälligen Kindern" (Bittner/Ertle/Schmid 1974, S. 15). Sie wollen die ganze Fachrichtung also eher an die Allgemeine Pädagogik und die Sozialpädagogik als an die Sonderpädagogik angebunden sehen.

Obwohl einerseits diese Anbindung an die Sonderpädagogik im akademischen Bereich stattgefunden hat - bei keiner Auflistung der sonderpädagogischen Fachrichtungen fehlt die "Verhaltensgestörtenpädagogik", an sonderpädagogischen Instituten gibt es spezielle Lehrstühle, und dort werden spezielle Sonderschullehrer der Fachrichtung "Verhaltensgestörtenpädagogik" ausgebildet - die Sonderschule für Verhaltensgestörte ist nie zum festen, allgemein anerkannten Bestandteil des Sonderschulwesens geworden (vgl. Speck 1987, S. 20). Somit blieb auch die Frage der "Sonderschulbedürftigkeit" hier stets besonders prekär (vgl. Wegner 1980). Diese Verlegenheit wird offensichtlich bei den schamhaften "Tarnungsversuchen", die solche Schulen im Zusammenhang mit Schulnamen, -stempeln und -zeugnissen häufig unternehmen.

In den "Empfehlungen für den Unterricht in der Schule für Verhaltensgestörte", die die Kultusministerkonferenz 1977 verabschiedet hat, wird die Frage nach der Sonderschulbedürftigkeit verhaltensgestörter Kinder und Jugendlicher folgendermaßen beantwortet:

> *"Sonderpädagogische Hilfen in der Schule für Verhaltensgestörte sind notwendig, wenn die Symptome der Verhaltensstörung wegen ihrer Vielfalt, ihrer Dauer, der Häufigkeit ihres Auftretens oder wegen ihrer Intensität mit allgemeinen erzieherischen und unterrichtlichen Mitteln oder durch ambulante Hilfen nicht abgebaut werden können". Für "Kinder und Jugendliche, bei denen entwicklungs- und situationsbedingte Auffälligkeiten erkennbar werden, ohne daß schon von verfestigten und übergreifenden Verhaltensstörungen gesprochen werden kann", seien dagegen "schulische und außerschulische Hilfen" im Rahmen der Regelschule anzubieten* (KMK 1978, S. 4).

Doch hat der Ausbau gestufter Maßnahmen pädagogischer Hilfen an den Regelschulen nicht in dem Maße stattgefunden, wie er hier und im Bildungsratgutachten gefordert wurde. Obwohl die Zunahme von Verhaltensstörungen bei Schülern aller Schularten immer wieder beklagt wurde und sogar Statistiken über die Verteilung des Problems auf die einzelnen Schularten veröffentlicht wurden, die durchwegs von zweistelligen Zahlen ausgehen (vgl. Bach u.a. 1984, Hurrelmann/Wolf 1986), blieb die Regelschule vom Imperativ der effizienten Stoffvermittlung beherrscht und an der Vorstellung des normal leistungsfähigen und -willigen Schülers orientiert. Das Modell einer "sozialpädagogischen Schule", die die individuellen Probleme der Schüler nicht nur als Störfaktoren für einen reibungslosen Unterricht, sondern als Aufgabe und Herausforderung begreift, konnte sich kaum durchsetzen. Zwar gab es diverse Projekte mit Sonderschullehrern an Regelschulen (vgl. Speck u.a. 1978, Bach 1984, Reiser u.a 1984), diese hatten aber durchwegs Versuchscharakter und erreichten nur einen kleinen Teil der Schulen. Erst in jüngster Zeit zeichnet sich in Bayern mit dem Ausbau der "Mobilen schulischen Erziehungshilfe" ein Modell ab, das den Bedarf nach zusätzlicher diagnostischer und beratender Unterstützung der Regelschule ernst nimmt (vgl. Hippler 1985).

3. Das "verhaltensgestörte Kind" - ein seelisch belastetes Kind?

Als Reaktion auf die Verheerung des heilpädagogischen Denkens durch die erb- und rassenhygienischen Theorien des Dritten Reiches, die Kinder mit auffälligen psychischen Störungen als "konstitutionell minderwertig", "abartig" oder "psychopathisch" eingestuft hatten, etablierte sich nach 1945 bald ein Bild des schwierigen Kindes, in dem tiefenpsychologische und entwicklungspsychologische Aspekte vorherrschten. Damit verbunden war eine Wende hin zu einem allgemeinen milieutheoretischen Optimismus. Erziehungsschwierigkeiten wurden nun überwiegend reaktiv, d.h. als Ausdruck von psychischen Fehlentwicklungen, die ihre Ursachen in Erziehungsfehlern und Milieumängeln hatten, interpretiert.

Dabei wurde einerseits an den psychoanalytischen und individualpsychologischen Ansätzen der zwanziger und dreißiger Jahre angeknüpft, andererseits wurden tiefenpsychologische Theorien, die in der Zwischenzeit in den USA und in England (u.a. durch die Tätigkeit vieler aus Deutschland und Österreich emigrierter Forscher) eine Weiterentwicklung und eine große Popularität erreicht hatten, nun von dort reimportiert.

Frühe Vernachlässigung

Eine besondere Rolle spielten hier die Forschungen über frühkindliche Pflegeschäden. Die herausragende Bedeutung der ersten Lebensphase für das spätere seelische Gleichgewicht war zwar von Freud schon zu Beginn des Jahrhunderts betont worden, der Gedanke drang aber erst jetzt in das allgemeine pädagogische Bewußtsein ein. Säuglings- und Kleinkinderheime, in denen die Kinder zwar körperlich versorgt, aber emotional vernachlässigt wurden, galten nun als Brutstätten emotionaler Störungen und sozialer

Fehlanpassung. Die Begriffe "Hospitalismus" und "frühkindliche Deprivation" waren die Schlüsselbegriffe, mit denen die Situation beschrieben wurde. Vor allem die Psychoanalytiker Spitz und Bowlby haben der Deprivationstheorie internationale Geltung verschafft. Sie haben sich auch um eine empirische Überprüfung ihrer Thesen bemüht und ausführliche systematische Beobachtungen an Säuglingen angestellt (Spitz 1985[7], Bowlby 1951).

Bei ihren Forschungen stand nicht mehr, wie bei Freud, das konkrete, individuelle traumatische Ereignis im Vordergrund, sondern die Gesamtqualität der Mutter-Kind-Beziehung in der frühen Lebensphase. Sie war nach der Einschätzung dieser Autoren weitgehend verantwortlich für die spätere seelische Gesundheit und soziale Anpasssungsfähigkeit des Menschen. Obwohl die empirisch gesicherten Befunde über die Folgen der frühkindlichen Deprivation sich weitgehend auf die unmittelbaren Auswirkungen beschränkten, wurde diese Theorie doch mit dem Anspruch der Lebenslaufperspektive vertreten und rezipiert. Nach Ernst, die alle Forschungsbeiträge auf diesem Gebiet einer kritischen Überprüfung unterzogen hat, "ließe sich eine Geschichte der Rezeption der Deprivationstheorie schreiben, welche zeigen würde, wie Ideen, welche Zeitströmungen entgegenkommen, auch in den empirischen Wissenschaften unabhängig von ihrem Erfahrungsgrund eine unangezweifelte Geltung erhalten können, die an die Geltung von Dogmen erinnert" (Ernst 1987, S. 89).

Insbesonders im Zusammenhang mit Verhaltensstörungen und Erziehungsschwierigkeiten im Kindes- und Jugendalter wurde nun der gestörten Mutter-Kind-Beziehung in den ersten Lebenjahren eine ganz andere Aufmerksamkeit zuteil. So schreibt etwa Mücke 1957, der nach 1945 die Berliner Beobachtungsklassen wieder aufgebaut hat, im Anschluß an die Fallschilderung eines 12-jährigen "gemeinschaftsschwierigen Schülers":

> *"Vor zwei oder drei Jahrzehnten wäre man auch in Fachkreisen sehr geneigt gewesen, hinter Günters 'Schwererziehbarkeit' eine Psychopathie zu sehen, eine krankhafte Anlage des Seelengefüges also. Diese Erklärung kann aber nach den heutigen Erkenntnissen von Medizin, Pädagogik und Psychologie im allgemeinen etwas in den Hintergrund treten. Wir wissen heute, daß auch äußere Einwirkungen ein bedeutendes Gewicht haben und daß es entscheidend von den äußeren Entwicklungsbedingungen in den ersten sechs Lebensjahren abhängt, welchen Verlauf eine Kindheitsentwicklung nimmt"* (Mücke 1957, S. 7).

"Notzustände der kindlichen Seele"

In den fünfziger und sechziger Jahren erschienen eine ganze Reihe anschaulicher und lebensnaher Veröffentlichungen zum Thema "schwierige Kinder". Gemeinsamer Hintergrund der Autoren ist dabei meist eine tiefenpsychologische Orientierung und eine praktische Tätigkeit in der Erziehungsberatung bzw. in der Kinderpsychotherapie. Die Bücher: "Das schwierige Kind" (Zarncke 1950), "Schwierige Kinder" (Zulliger 1951), "Erziehungsschwierigkeiten und ihre Überwindung" (Berna 1954) sind Beispiele für dieses Genre pädagogisch-psychologischer Literatur, in der sich ein wiedererwachtes Interesse am Einzelfall und eine neue Sensibilität für die Leiden von Kindern ausdrückt.

Deutlich ist bei diesen Büchern das Bemühen der Autoren spürbar, die "schwierigen Kinder" als "normale Kinder" darzustellen, die in "schwierige Lebenslagen" geraten sind und deshalb sich selbst und anderen zum Problem werden. So schreibt etwa Zarncke in der Einleitung zu ihrem Buch: "Das 'schwierige Kind', dem die folgenden Darlegungen gelten, ist also weder Träger einer Geisteskrankheit noch auch einer ererbten kriminellen Veranlagung. Es leidet auch nicht an einer 'psychogenen Erkrankung', sondern es befindet sich in seelischen Entwicklungsschwierigkeiten, bei denen Hilfe notwendig und möglich ist" (Zarncke 1950, S. 14). Die Verhaltensauffälligkeiten haben für sie nicht den Charakter von Eigenschaften - deshalb lehnt sie auch den Ausdruck "Schwererziehbarkeit" ab -, sondern von Aussagen, mit denen das Kind etwas über sich und seine Situation mitteilt.

Auch Berna versucht in seinem Buch, sich in die Erlebniswelt solcher Problemkinder einzufühlen: "Wie lebt das Kind, wie denkt es, warum verhält es sich in bestimmten Situationen so und nicht anders? Warum hat es Schwierigkeiten, wo liegen die Motive?" (Berna 1954, S. 13f). Dies sind die Fragen, auf die er im Zusammenhang mit seinen Fallschilderungen Antwort zu geben versucht. Dabei sieht er die Schwierigkeiten der Kinder eng verknüpft mit den Schwierigkeiten, die die Eltern selbst damit haben, sich in einer zunehmend komplexer und undurchsichtiger werdenden Welt zurechtzufinden.

Der populärste "Fachmann" für "schwierige Kinder" war zu jener Zeit wohl der Schweizer Volksschullehrer und Kinderanalytiker Hans Zulliger. Seine Schriften nehmen unter den Arbeiten, die sich mit Erziehungsproblemen beschäftigen, eine besondere Stellung ein. Es gibt wenige Veröffentlichungen, die so klar und schlicht geschrieben sind, die ein so tiefes Verständnis für die Probleme des Kindes und eine so menschliche Haltung erkennen lassen, wie Zulligers Bücher. Ihm bedeutet die Schwererziehbarkeit "einen besonderen Notzustand der kindlichen Seele" (Zulliger 1951, S. 20). In zahlreichen Beispielen hat er geschildert, wie sich solche Notzustände in Symptomen wie symbolischen Diebstählen, Brandstiftungen, Schulschwänzen, Eßstörungen, Schlafstörungen etc. verlarvten Ausdruck verschaffen können (vgl. Zulliger 1951, 1956, 1959). Die oft erstaunlichen Erfolge, die Zulliger bei seinen Interventionen mit z.T. ganz einfachen Mitteln erzielt, beruhen dabei nicht auf einer verallgemeinerbaren, anwendbaren "Methode", sondern auf seiner überragenden Fähigkeit, sich in das Seelenleben des jeweiligen Kindes einzufühlen und ihm mit kreativer Phantasie auf der Ebene seines eigenen Denkens zu begegnen.

Da er die Existenz von anlagebedingten oder organisch verursachten Erziehungsschwierigkeiten nicht in Frage stellt, hat auch er sich in seinen Schriften weitgehend auf die leichteren, passageren Formen von Erziehungsproblemen und Entwicklungskrisen bezogen. Unter "schwierigen Kindern" versteht er jene Kinder, "deren Erziehungsschwierigkeiten nicht auf Grund von Mindersinnigkeit oder gehirnlichen Veränderungen entstanden, und denen nicht Hormondrüsen ausfielen oder unrichtig funktionieren". Vielmehr denkt er an "körperlich gesunde Kinder, die meist eine Zeitlang auch geistig und seelisch gut gediehen, dann jedoch, entweder plötzlich oder aber allmählich, allen Erziehungsmitteln trotzten" (Zulliger 1951, S. 20). Da solche Krisen bei mangelhaftem Einfühlungsvermögen der Umgebung und entsprechend untauglichen erzieherischen Maßnahmen leicht in schwerwiegende Fehlentwicklungen, in Verwahrlosung, Kriminalität und Asozialität einmünden können, bemüht sich Zulliger in seinen Schriften darum, ein tieferes Verständnis für diese Phänomene zu vermitteln.

"Psychogene Erkrankungen"

Einen weiteren wichtigen Beleg für die Tendenz, Phänomene, die bisher als Ausdruck "neuropathischer" oder "psychopathischer" Konstitution betrachtet wurden, nun als erworbene Störungen des Seelenlebens zu verstehen, stellt das 1954 erstmals erschienene Buch "Psychogene Erkrankungen bei Kindern und Jugendlichen" von A. Dührssen dar. Aufgebaut als ein systematisches Lehrbuch, mit einer Einführung in die Entwicklungspsychologie des Kleinkindes, einer allgemeinen und einer speziellen Neurosenlehre, stellt es den bis dahin umfassendsten Versuch dar, eine Psychopathologie des Kindes- und Jugendalters ganz auf tiefenpsychologischer Grundlage darzustellen. Weitgehend orientiert an der neo-analytischen Begrifflichkeit ihres Lehrers Schultz-Hencke, ist es von der Sache her doch in erster Linie Freud'sches Gedankengut, das Dührssen zur Erklärung solcher Fehlentwicklungen heranzieht. So etwa, wenn sie davon ausgeht, daß die verdrängten Impulse, die zu "Hemmungen" geführt haben, "eine dynamische Wirksamkeit behalten und daß die abgeschalteten vitalen Bedürfnisansprüche amorphe innere Unruhezustände schaffen, die evtl. zu krankhaften Symptomen führen können" (Dührssen 1954, S. 58).

Das weite Feld auffälliger Erscheinungen im Kindes- und Jugendalter, das Dührssen im speziellen Teil ihrer Neurosenlehre behandelt, reicht vom Daumenlutschen über Spielhemmung, Leistungsminderung, neurotische Verwahrlosung und sexuelle Perversion bis hin zu psychosomatischen Erkrankungen wie Pubertätsmagersucht und Bronchialasthma. Sie nimmt dabei eine Grobgliederung in "Manifestationen im charakterologischen Bereich", "spezielle neurotische Verhaltensweisen" und "neurotische Krankheitszustände" vor und impliziert damit eine Abstufung nach der Eindeutigkeit des Krankheitswertes, der den jeweiligen Erscheinungen zuzurechnen ist. Die Fallbeispiele, die sie zur Veranschaulichung der einzelnen Störungen schildert, gehen ausführlich auf die Entwicklungsgeschichte der Kinder und Jugendlichen ein und versuchen, die Entstehung der psychischen Störung aus den jeweiligen familiären und biographischen Konstellationen heraus verständlich zu machen.

Familiäre Verstrickungen

Noch deutlicher ist der Versuch, kindliche Entwicklungsstörung in ihrer Verwobenheit mit den seelischen Problemen der Herkunftsfamilie darzustellen bei dem Buch "Eltern, Kind und Neurose" von H.E. Richter, das seit 1963 zu den Klassikern diesen Genres der pädagogisch-psychologischen Literatur über die Entstehung von psychischen Fehlentwicklungen gehört. Auf dem Hintergrund eines psychoanalytisch interpretierten Rollenkonzeptes beschreibt Richter, wie Eltern, die aufgrund ihrer eigenen Konflikthaftigkeit dazu neigen, ihre Kinder mit irrealen Ansprüchen und Erwartungen zu konfrontieren, diese förmlich in die Neurose drängen. Ausgehend von der These, daß alle Eltern mehr oder weniger bewußte Phantasien darüber entwickeln, wie ihr Kind sein soll, definiert Richter die kindliche Rolle als das "strukturierte Gesamt der unbewußten elterlichen Erwartungsphantasien ... insofern diese dem Kind die Erfüllung einer bestimmten Funktion zuweisen" (Richter 1963, S. 73).

Die besondere Leistung von Richters Buch besteht nun darin, daß er eine ganze Reihe pathogener Rollenmuster analysiert hat, Situationen, in denen Kinder mit Erwartungen konfrontiert werden, denen sie nicht oder wenn, dann nur um den Preis seelischer Fehlentwicklung entsprechen können. So etwa, wenn das Kind als Substitut für eine Eltern- oder Geschwisterfigur oder für den Gatten herhalten muß bzw. wenn in ihm eine Möglichkeit gesehen wird, ungelebte Aspekte des eigenen Selbst zu verwirklichen. Die Auffälligkeiten eines Kindes, das als "schwieriges Kind" in der Erziehungsberatungsstelle vorgestellt wird, sind somit für Richter Ausdruck eines insgesamt gestörten Beziehungsgefüges. In der Weiterentwicklung dieses "systemischen" Gedankens hat Richter einem späteren Buch dann auch den bezeichnenden Titel "Patient Famile" gegeben (Richter 1970).

Diese Konzentration auf familiäre Zusammenhänge ist sicherlich eine der deutlichsten Tendenzen, die in der Verschiebung des allgemeinen Problemverständnisses von psychischen Fehlentwicklungen in den letzten Jahrzehnten zu beobachten ist. Zwar wurde auch früher schon nach den "Ursachen im häuslichen Milieu" gefragt, doch handelte es sich dabei meist um ein Interesse an relativ äußerlichen Faktoren: Wohnsituation, finanzielle Situation, Erziehungsstil, Einstellung zum Kind. Nun tauchten elaborierte Konzepte auf, die auch bei scheinbar intakten, wohlgeordneten Familienverhältnissen nach den subtilen, unterschwelligen Formen der Produktion von seelischen Leiden fragten und die gleichzeitig auch die verborgene Funktionalität der Störung des einzelnen für das Gesamtsystem der Familie in den Blick nahmen.

4. Das "verhaltensgestörte Kind" - ein Kind mit frühkindlicher Hirnschädigung?

Neben der psychogenetischen Interpretation der Entstehung von auffälligem Verhalten, welche in der Zeit nach 1945 die hereditären und konstitutionsbiologischen Deutungen und damit die Psychopathiediagnose weitgehend verdrängte, gewann bald auch ein neues psychiatrisches Konzept großen Einfluß auf die Diskussion über die Ursachen kindlicher Verhaltensstörungen: die Theorie der frühkindlichen Hirnschädigung. In seinen Grundzügen stellt es fast so etwas wie eine Neuauflage der von Koch 1892 aufgestellten Lehre von den "psychopathischen Minderwertigkeiten" dar. Koch hatte damals postuliert, daß sämtliche psychische Auffälligkeiten und Störungen im Vorfeld der eigentlichen Geisteskrankheiten durch hirnorganische Defekte bedingt seien. Wegen der unzureichenden Möglichkeit, solche Defekte nachzuweisen, wurde diese These allerdings bald wieder fallengelassen und durch die einer anlagebedingten Charakteranomalie ersetzt.

Die verfeinerten diagnostischen Möglichkeiten und das erweiterte Wissen um die frühkindliche Gehirnentwicklung ermöglichten nun aber eine differenziertere Theorie über die Bedeutung der Hirnfunktionsstörungen für die Persönlichkeitsentfaltung des Menschen.

Für die moderne Medizin bestand nie Zweifel daran, daß das Gehirn der materielle Träger sämtlicher kognitiver, emotionaler und voluntativer Leistungen des Menschen ist. Da bei den massiven Ausfallerscheinungen und Störungen, wie etwa bei Lähmungen, Krämpfen und Intelligenzdefekten, der neurologische Nachweis einer partiell veränderten Gehirnstruktur immer wieder möglich war und da auch ein gesichertes Erfahrungswissen über die Zusammenhänge solcher Ausfallerscheinungen mit prä-, peri- und postnatalen Komplikationen vorlag, war es naheliegend, danach zu fragen, ob auch weniger auffällige Störungen des Verhaltens und Erlebens ihre Wurzeln in frühkindlichen Schädigungen des Gehirns haben können.

Obwohl Strauss und Lehtinen schon 1947 das Syndrom der "minimal brain dys-function" beschrieben haben, wurde das Konzept der frühkindlichen Hirnschädigung im deutschen Sprachraum zunächst unabhängig von diesen amerikanischen Forschungen von Göllnitz, Enke und dann vor allem von Lempp eingeführt und vertreten. Göllnitz berichtete 1954 über eine Untersuchung an 300 schwererziehbaren Kindern. Bei 279 von ihnen glaubte er, aufgrund motorischer und neurologischer Befunde eine frühkindliche Hirnschädigung diagnostizieren zu können (Göllnitz 1954). Er prägte den Begriff des "kindlichen hirnorganischen Achsensyndroms" und faßte darunter typische Symtome wie erhöhte Reizbarkeit, Stimmungslabilität, Störungen in der Triebstruktur und im Willenleben sowie eine rasche Ermüdung der Aufmerksamkeit zusammen. Auch Enke vertrat 1955 die Auffassung, daß die entscheidende Ursache für die Entstehung von Erziehungsschwierigkeiten in solchen frühkindlichen Hirnschädigungen zu sehen sei (Enke 1955).

Hirnschädigung und Wahrnehmung

Während hier das Problemverhalten, das den Anlaß für die kinderpsychiatrische Untersuchung gab, noch mehr oder weniger als direkter Ausfluß der hirnorganischen Störung betrachtet wurde, hat das Konzept von den frühkindichen Hirnschäden durch die Einbeziehung wahrnehmungs- und entwicklungspsychologischer Aspekte bald eine bedeutsame Fortentwicklung erfahren. Es wurde nämlich immer wieder festgestellt, daß Kinder mit dem Verdacht auf eine solche frühkindliche Hirnschädigung auch bei durchschnittlicher Gesamtintelligenz auffällige Probleme bei den Teilbereichen der Intelligenztests hatten, bei denen es um Gestaltwahrnehmung sowie um Figur-Hintergrund-Differenzierung ging. Wewetzer konnte diesen Befund, daß die frühkindliche Hirnschädigung mit spezifischen Problemen bei der Verarbeitung der optischen Wahrnehmung einhergeht, anhand einer Reihe von Testuntersuchungen bestätigen. So hatten die betroffenen Kinder z.B. größere Schwierigkeiten, optische Eindrücke zu einer "guten Gestalt" zusammenzufassen, vorgegebene Muster nachzulegen, zerschnittene Figuren zusammenzufügen und abstrakte Formen wiederzuerkennen (Wewetzer 1959).

Ähnliche Erschwernisse konnten auch bei der Verarbeitung von sensorischen Reizen aus anderen Sinneskanälen, also bei den auditiven und taktil-kinästhetischen Wahrnehmungen, beobachtet werden. Da die Verarbeitung der sensorischen Reize aber eine zentrale Grundlage darstellt für die Art und Weise, wie das Kind sich selbst und die Welt erlebt, ist klar, daß die Veränderungen und Einschränkungen in diesem Bereich sich auf die gesamte psychische Entwicklung auswirken müssen.

Diesem Zusammenhang zwischen frühkindlicher Hirnschädigung, veränderter Reizverarbeitung und gefährdeter psychischer Entwicklung ist Lempp in seinem 1964 erschienenen Buch "Frühkindliche Hirnschädigung und Neurose" nachgegangen. Er spricht vom "frühkindlichen exogenen Psychosyndrom" als einer typischen psychischen Struktur, die diejenigen Kinder aufweisen, welche während der Zeit der Markscheidenreifung - also zwischen dem 6. Schwangerschaftsmonat und dem Beginn des 2. Lebensjahres - eine solche Hirnschädigung durchgemacht haben. Lempp hat die einzelnen, charakteristischen Symptome dieses Syndroms folgendermaßen beschrieben:

"...eine erhöhte Reizempfindlichkeit, eine Störung der sensorischen Erfassung und Verarbeitung, die sich auch in der intellektuellen Leistungsfähigkeit als Teilleistungsstörung oder Teilleistungsschwäche ausdrücken kann, persistierende unwillkürliche Aufmerksamkeit, gestörtes Distanzgefühl, verminderte Kommunikationsfähigkeit, unter Umständen verbunden mit erhöhter Kontaktfähigkeit, sowie vermindertes Sozialgefühl" (Lempp 1964, S. 65).

Wichtiger als diese deskriptive Auflistung von Symptomen ist jedoch, daß Lempp versucht, die besonderen Entwicklungsprobleme dieser Kinder zu verstehen. Ihre Ausgangssituation stellt sich für ihn dabei folgendermaßen dar:

"Durch eine umschriebene Schwäche der Reizaufnahme und -verarbeitung im Bereich einer sensorischen Modalität, sei es die visuelle, die auditive oder die taktil-kinästhetische oder auch im Bereich der Verknüpfung dieser in unterschiedlicher Modalität noch korrekt aufgenommenen Außenreize, erlebt das kleine Kind in der entscheidend prägsamen Phase der ersten Lebensmonate und -jahre die Umwelt in einer unter Umständen geringfügig, aber konstant veränderten Weise im Vergleich zu seiner menschlichen Umgebung. Es handelt sich dabei nicht um totale Ausfälle wie bei den blinden oder tauben Kindern, sondern um eine Verlagerung des jeweiligen Erfahrungsschwerpunktes und damit um eine in der Regel von den Erziehungs- und Betreuungspersonen nicht registrierte Erlebnisveränderung" (Lempp 1978[3] S. 131).

Hirnschädigung und Verhaltensstörung

Lempp hat nun versucht, eine theoretische Brücke zwischen diesem Konzept der frühkindlichen Hirnschädigung und dem psychoanalytischen Konzept der kindlichen Neurose bzw. allgemein der "milieureaktiven Verhaltensstörung" herzustellen. Ihm geht es also keineswegs darum, mit der Betonung der Häufigkeit hirnorganischer Störungen die Bedeutung der prägenden Wirkung des Milieus in Frage zu stellen, sondern vielmehr soll durch seinen Ansatz "gerade die organische Basis für die Milieuwirkung sichtbar gemacht werden" (Lempp 1964, S. 13). In der frühkindlichen Hirnschädigung und der dadurch bedingten Reizverarbeitungsstörung und Erlebnisveränderung sieht er nämlich die konstitutionelle Komponente, das "missing link", das erklären kann, warum das eine Kind unter relativ günstigen Bedingungen eine Verhaltensstörung entwickelt, während das andere unter sehr viel schlechteren Bedingungen gesund bleibt. Lempp geht durchaus von einer hohen Kompensationsfähigkeit und Plastizität des kindlichen Gehirns aus, und so bedeutet ihm eine frühkindliche Hirnschädigung auch nicht automatisch und mit Notwendigkeit eine spätere Verhaltensstörung. Sie stellt vielmehr eine erhöhte seelische Verletzbarkeit dar und erfordert deshalb eine besonders aufgeklärte und verständnisvolle Erziehung. "Das frühkindlich hirngeschädigte Kind reagiert auf Unausgeglichenheiten des Milieus bereits bei Graden, die von seelisch gesunden Kindern seelisch noch lange bewältigt werden können" (ebd., S. 111f). Die Reizschwelle gegen schädliche Einflüsse ist also verändert, und nach Lempp kann es nun schon "bei scheinbar banalen Milieustörungen, Frustrationen und Konflikten zu einer primären Neurotisierung des Kindes" kommen (ebd., S. 114).

Andererseits sind die Eltern mit einem Kind konfrontiert, das in mancher Hinsicht "anders", "schwieriger", "nerviger" ist als andere Kinder - ohne daß aber eine offensichtliche Krankheit oder Behinderung erkennbar ist. Dies führt zu Verunsicherungen und Frustrationen auf Seiten der Eltern und erschwert die Entwicklung eines stabilen und harmonischen Eltern-Kind-Verhältnisses. "Das geschädigte Kind schafft somit sich selbst eine gegenüber der Norm veränderte Reaktion der Umwelt, die ihrerseits wieder pathogen wirksam werden kann" (ebd., S. 116). Lempp spricht in diesem Zusammenhang auch von einer "sekundären Neurotisierung". Es entsteht ein Teufelskreis, der eine beachtliche Eigendynamik entwickeln und zu den verschiedensten Manifestationen kindlicher Verhaltensstörungen führen kann. Lempp sieht deshalb in solchen Phänomenen wie Schwererziehbarkeit, Verwahrlosung, Weglaufen, Kriminalität, Einkoten und Einnässen "nicht primär Symptome einer hirnorganisch geschädigten Persönlichkeit ..., sondern ... echte Neurosen, das heißt milieureaktive Verhaltensstörungen und Anpassungsschwierigkeiten" (ebd., S. 118). Diese können jedoch nicht einfach der Unfähigkeit oder dem mangelnden Bemühen der Eltern zugeschrieben werden, sondern die Verzerrungen und Erschwernisse des gesamten Erziehungsprozesses müssen auf dem Hintergrund der veränderten Reizverarbeitung des Kindes gesehen werden.

Die Verbreitung frühkindlicher Hirnschäden

Lempps Buch hat nicht nur wegen dieser plausiblen Verknüpfung von psychogenen und somatogenen Faktoren für die Entstehung von Verhaltensstörungen große Resonanz gefunden, sondern auch wegen der von ihm genannten Daten über die Häufigkeit solcher frühkindlicher Hirnschäden. Sie legen nämlich den Schluß nahe, daß es sich dabei nicht um klinische Sonderfälle, sondern um ein ausgesprochenes Massenphänomen handelt. So fand Lempp bei einer Untersuchung an 273 unausgelesenen Erstklässlern aus Tübinger Volksschulen bei 63,6% einen Hinweis auf das Vorliegen einer solchen Hirnschädigung, und bei 17,9% glaubte er, diese Diagnose mit relativer Sicherheit stellen zu können. Auf Grund seiner sonstigen Erfahrungen verallgemeinert er diese Ergebnisse und nimmt an, "daß etwa jeder 6. bis 7. Mensch eine, wenn auch leichte, unter Umständen verdünnte, aber doch noch aus Symptomen zu registrierende, frühkindliche Hirnschädigung durchgemacht hat" (ebd., S. 97).

Da nach Lempps Theorie die hiervon betroffenen Kinder ein wesentlich erhöhtes Risiko haben, Verhaltensstörungen zu entwickeln, war zu erwarten, daß die entsprechenden Prozentsätze bei der Gruppe von 505 Kindern, die wegen neurotischer oder milieureaktiver Verhaltensstörungen im klinischen Jugendheim der Universitätsnervenklinik Tübingen behandelt wurden, deutlich höher waren. Tatsächlich fand Lempp hier, daß bei 40% der Probanden "mit hinreichender Wahrscheinlichkeit eine frühkindiche Hirnschädigung angenommen werden muß" (ebd., S. 104).

Eine so großzügige Diagnostizierung von Defekten am menschlichen Zentralorgan wirft natürlich die Frage nach der Sicherheit derartiger Diagnosen auf. Lempp stützt sich dabei neben Anamneseerhebungen, bei denen der Schwerpunkt auf Schwangerschaftsverlauf, Geburt und früher Kindheit liegt, und neben neuropsychiatrischen Untersuchungsverfahren (Elektroenzephalographie, Liquoruntersuchung, Pneumoenzephalograpie...), die hier aber meist nur wenig spezifische Ergebnisse liefern, auch auf psychodiagnostische Verfahren wie projektive Tests. Bis auf das sogenannte "Bajonettfingersymptom", eine bestimmte Fingeranomalie, gibt es aber für ihn kein einziges spezifisches Symptom oder Testergebnis, das mit Sicherheit auf das Vorhandensein einer solchen hirnorganischen oder hirnfunktionellen Störung schließen läßt. Vielmehr bleibt die Diagnose für ihn immer eine "Summationsdiagnose" bzw. eine "Eindrucksdiagnose", die sich auf die klinische Erfahrung und das "geschulte Auge" des Kinderpsychiaters - und damit natürlich auch auf sein theoretisches Vorverständnis - stützt. Sie bleibt somit, da die behauptete Hirnschädigung ja nicht direkt nachgewiesen werden kann, letztlich immer eine Verdachtsdiagnose.

Sicherlich spielt bei dieser Diagnose neben dem Erkenntnisaspekt auch der pragmatische Aspekt eine Rolle. Dabei ist aber schwer abzuschätzen, ob eine solche Diagnose durch die Wegnahme von Schuldzuweisungen und die Einführung einer "handfesten" organischen Ursache eher eine Entlastung für alle Betroffenen mit sich bringt und sie sich somit positiv auswirkt, oder ob durch das Stigma des hirnorganischen Defekts die Zukunft des betroffenen Kindes in unabsehbarer Weise negativ beeinflußt wird.

Pädagogische Bedeutung

Mit dem Konzept von der frühkindlichen Hirnschädigung ist durch die Einbeziehung wahrnehmungspsychologischer Aspekte ein ganz neues Element in die Theorie zur Erklärung der Entstehung abweichenden Verhaltens eingegangen, das bisher noch nirgendwo berücksichtigt wurde.

Es handelt sich bei der "frühkindlichen Hirnschädigung" nicht um ein neues, eng umschreibbares psychiatrisches Krankheitsbild - es gibt in diesem Sinne überhaupt nicht "das hirngeschädigte Kind" mit seiner ganz typischen Symptomatik - ‚sondern es handelt sich vielmehr um ein Konzept, das auf den labilen Hintergrund, den störungsanfälligen Ausgangspunkt für die gesamte psychische Entwicklung, abhebt. Die Fallbeispiele, die Lempp bei seiner Kasuistik im Anhang des Buches anführt, reichen denn auch von aggressiven, ausagierenden Kindern über ängstlich gehemmte Kinder mit Kopfschmerzen und Pavor nocturnus, über Kinder mit hypermotorischem Bewegungsdrang und Distanzstörungen hin bis zu Kindern mit Verwahrlosungserscheinungen (ebd., S. 140 ff).

In dieser großzügigen Diagnosestellung, durch die die frühkindliche Hirnschädigung zur Generalerklärung für alle möglichen Formen von Verhaltensauffälligkeiten wird, liegt das eigentliche Problem dieses Ansatzes. Daß es solche Kinder mit spezifischen Erschwernissen der sensorischen Integration gibt und daß diese Probleme der Wahrnehmungsverarbeitung sich auf die gesamte psychische Entwicklung auswirken, ist inzwischen hinlänglich belegt (vgl. Ayres 1984, Affolter 1987). Daß es auch Formen der Hyperaktivität bei Kindern gibt, die psychogen kaum zu erklären sind und die deshalb eine organische Deutung nahelegen, ist ebenfalls kaum zu bestreiten. Nur stellen diese Kinder wohl bei weitem nicht den Regelfall der Kinder dar, die wegen ihres Verhaltens als "erziehungsschwierig" gelten.

Auch wenn der Begriff "Hirnschädigung" einen pessimistischen Beigeschmack hat und nach "unentrinnbarem Schicksal" klingt, wollen die Vertreter dieses Konzeptes damit keineswegs einem pädagogischen Fatalismus das Wort reden. Vielmehr betonen sie die eminente Wichtigkeit einer sorgfältigen und verständnisvollen Erziehung gerade bei diesen Kindern. Denn sie entscheidet in vielen Fällen darüber, ob aus dem erhöhten Risiko eine dauerhafte Verhaltensstörung wird oder ob es gelingt, die ursprüngliche Reizverarbeitungsstörung im Laufe der Zeit zu kompensieren: "Das hirnorganisch gesunde Kind erträgt viel an falscher Erziehung, das auch nur leichtgradig geschädigte aber bedarf unbedingt der guten Erziehung, sollen Fehlentwicklungen vermieden werden" (Lempp 1982, S. 75).

Durch die Einbeziehung und Erforschung der wahrnehmungspsychologischen Besonderheiten kann diese Theorie auch ein Stück weit dazu verhelfen, die Erlebniswelt solcher Kinder besser zu verstehen. Denn obwohl wir wissen, daß schon jede einzelne Sinneswahrnehmung ein hochkomplizierter Vorgang ist und daß die fortlaufende Integration aller Wahrnehmungen zu einem kohärenten Welterleben erst recht eine ungeheuer komplexe Verarbeitungsleistung darstellt, gehen wir doch im allgemeinen ganz selbstverständlich davon aus, daß unser Gegenüber bei Vorgabe gleicher äußerer Reizkonstellationen auch die gleichen inneren Wahrnehmungserlebnisse macht. Daß dies bei manchen Kindern nicht so selbstverständlich ist, daß sie in gewissem Sinne anders wahrnehmen, anders in der Welt sind als gesunde, darauf hat vor allem die Theorie der cerebral bedingten Teilleistungsstörungen aufmerksam gemacht. Lempp hat in einem anschaulichen Beispiel versucht, die Situation eines solchen Kindes zu beschreiben:

"Das Kind erlebt selbst diese veränderte Erlebnisweise nicht bewußt, sondern unmerklich da und dort in der für ihn nicht ganz verständlichen und einfühlbaren Reaktion der Umwelt auf ein gemeinsames Erlebnis oder eine gemeinsame Erfahrung. Es kann entweder nicht so rasch erfassen und den spezifischen Erlebnisgehalt eines Eindruckes nicht in dieser Intensität empfinden oder es kann die Reaktion seiner Altersgenossen oder der Erwachsenen nicht in vollem Umfang nachempfinden. Es befindet sich in etwa in der Situation eines Menschen, der eine fremde Sprache, in der sich seine Umgebung unterhält, nicht völlig beherrscht. Er kann zwar dem alltäglichen Umgangsgespräch gut folgen, ver-

steht aber im Dialog feine Nuancen nicht ganz, und vor allem versteht er an der entscheidenden Stelle den spezifischen Witz nicht, über den alle anderen sofort lachen. Das Ergebnis ist eine gewisse Unischerheit und auch eine Neigung zur Kontaktstörung" (Lempp 1978[3], S. 132).

Wenn die erzieherische Umgebung hinreichend geduldig, sensibel und verständnisvoll ist, hat ein solches Kind nach Lempps Erfahrung durchaus die Möglichkeit, diese "Sprache" noch vollständig zu erlernen. Dabei geht es hier weniger um die Grammatik und das Vokabular als vielmehr um die subtilen Unter- und Zwischentöne der menschlichen Kommunikation, das Gefühl dafür, was in einer Situation zu tun und zu lassen ist und wie das eigene Handeln auf die anderen wirkt. Fehlt diese einfühlsame Haltung der Umgebung, so werden Mißverständnisse und neurotische "Sprachzerstörung" immer wahrscheinlicher.

Die Theorie der frühkindlichen Hirnschäden wurde hier exemplarisch am Beispiel von Lempp, ihrem wohl einflußreichsten Verfechter im deutschsprachigen Raum, dargestellt. Sie taucht aber unter sehr vielen Namen und Kürzeln und mit recht unterschiedlichen symptomatischen Akzentuierungen in der Diskussion um erziehungsschwierige Kinder auf: MCD (minimale cerebrale Dysfunktion), HKS (hyperkynetisches Syndrom), POS (psycho-organisches Syndrom), frühkindliches exogenes Psychosyndrom etc. Auch wenn von "teilleistungsgestörten", "wahrnehmungsgestörten", "hyperaktiven" oder "hyperkinetischen" Kindern die Rede ist, ist damit meist nicht nur der phänomenologische Tatbestand, sondern auch die hirnorganische Ursache der Störung mitgemeint.

Auf diesem Weg hat der organische Faktor wieder deutliches Gewicht in der Beurteilung der Ursachen für Verhaltensstörungen bekommen. Anders jedoch als in den herrschenden Erklärungsansätzen aus der ersten Hälfte dieses Jahrhunderts, spielen die Thesen der Heredität und der "Degeneration" dabei keine Rolle mehr, sondern die Ursache der Abweichung wird übereinstimmend in exogenen Schädigungen während der frühesten Entwicklungsphasen gesehen. Anders auch als damals werden heute die manifesten Auffälligkeiten und Verhaltensstörungen nicht als direkter Ausfluß einer "abnormen Anlage" und auch nicht als unmittelbare Folge der hirnorganischen Schädigung gesehen, sondern als das Ergebnis einer durch diese Schädigung von Anfang an erschwerten Entwicklung, in der sich primär organisch bedingte und sekundär milieureaktive Störungen unentwirrbar verflechten.

5. Das "verhaltensgestörte Kind" - ein fehlangepaßtes Kind?

Anfang der siebziger Jahre tauchte in der deutschsprachigen Diskussion über Entstehung und Behandlung kindlicher Verhaltensstörungen ein neuer Ansatz auf, der sich rasch einen festen Platz in diesem Feld sichern konnte und der es bisweilen fast zu dominieren schien: Die Verhaltenstherapie.

Obwohl die lerntheoretischen Grundlagen, auf denen die Verhaltenstherapie beruht, schon älter waren, mit Pawlow, Thorndike und Watson sogar z.T. auf Zeitgenossen Freuds zurückgehen, kam es in den englischsprachigen Ländern erst in den fünfziger und sechziger Jahren und in Deutschland erst Anfang der siebziger Jahre zur Entwicklung und Verbreitung dieser anwendungsbezogenen Konzepte. Eine zentrale Rolle spielte hierbei F.B. Skinner. Dieser hatte bei seinen Grundlagenforschungen die Lerngesetzlichkeiten untersucht, nach denen sich bei Tauben und Ratten bestimmte Verhaltensweisen aufbauen, modifizieren und löschen lassen, und er hatte diesen Prinzipien, speziell dem des "operanten Konditionierens", d.h. der Möglichkeit der Beeinflussung von Verhalten durch die systematische Regulierung der Konsequenzen, die auf es folgen, universelle Gültigkeit zugesprochen. Nach diesen behavioristischen Vorstellungen war alles Verhalten - somit auch das Verhalten von Kindern und Jugendlichen, das von der Erwartungsnorm abwich, Eltern, Lehrer und Erzieher störte und deshalb als "Verhaltensstörung" klasssifiziert wurde - Ergebnis von Lern- bzw. von Konditionierungsprozessen.

Frühe behavioristische Ansätze "pädagogischer Verhaltensmodifikation"

Da die Wissenschaftsphilosophie darin bestand, sich ganz auf das beobachtbare Verhalten und die meßbaren Verhaltensänderungen zu beschränken, da die Rede von der Innenwelt des Subjekts, von Wille, Gefühl, Konflikt, von Bewußtsein und Unbewußtem nun als unwissenschaftlich und damit als belanglos galt, konnten die auffälligen Verhaltensweisen auch nicht mehr als Ausdruck seelischer Konflikte gesehen werden, die mit Empathie und Intuition zu erschließen und im Verlauf einer Therapie zu lösen waren. Vielmehr erschienen sie nun einfach als Formen "unerwünschten" oder "unangepaßten" Verhaltens, die erlernt waren und die durch bewußte und zielgerichtete Anwendung der Lerngesetzlichkeiten auch wieder verlernt werden konnten. Diese streng behavioristische Form der Verhaltenstherapie, die glaubte, auch bei der Modifikation menschlichen Verhaltens ohne den Bezug auf kognitive Momente auskommen zu können, spielte jedoch nur ganz am Anfang der Rezeption eine Rolle.

Ein exemplarisches Beispiel hierfür ist das Buch "Behandlung kindlicher Verhaltensstörungen" von Florin und Tunner, das in den Jahren 1970 - 1973 immerhin fünf Auflagen erlebte. Es nennt sich im Untertitel ein "Verhaltenstherapeutisches Übungsbuch für psychologisch und pädagogisch interessierte Eltern" und ist nach dem Vorbild von Hollands und Skinners "Analyse des Verhaltens" (1971) als programmierte Unterweisung aufgebaut. Der erzieherische oder, besser, behandlungstechnische Geist, der in diesem Werk steckt, geht gleich aus der Einleitung deutlich hervor:

> *"Das Buch wird Ihnen zeigen, wie man bestimmte Verhaltensweisen bei Kindern planmäßig ausbilden und andere rasch beseitigen kann. Sie werden erfahren, daß das Wissen um die Regeln, nach denen sich Lernprozesse vollziehen, die erste Voraussetzung für eine gezielte und sichere Veränderung von Verhaltensweisen ist"* (Florin /Tunner 1973[5], S. 11).

Und an anderer Stelle:

"Das Anliegen des Buches besteht... darin, dem Leser ein Präzisionstraining zu geben, mit dessen Hilfe er kindliche Verhaltensstörungen rasch und sicher beseitigen kann" (ebd., S. 49).

In der Tat werden die Eltern dann anhand konkreter Beispiele mit den Grundprinzipien der Lerntheorie vertraut gemacht. Die Kapitelüberschriften sind wie Merksätze formuliert, die sich die Eltern tunlichst einzuprägen haben: "Verhaltensweisen, die häufiger auftreten sollen, müssen verstärkt werden", "Verhaltensweisen, die seltener auftreten sollen, dürfen nicht verstärkt werden", "Verstärker müssen sofort auf das erwünschte Verhalten folgen". Schließlich werden die Eltern dazu angeleitet, das Verhalten ihrer Kinder systematisch zu beobachten, die Häufigkeit bestimmter Verhaltensweisen auszuzählen und Beobachtungskurven anzulegen, die "veranschaulichen, mit welcher Häufigkeit ein Verhalten vor, während und nach der gezielten Verhaltensänderung auftritt" (ebd., S. 43).

Im zweiten Teil des Buches werden diese allgemeinen Prinzipien dann auf spezielle Erziehungsprobleme angewandt. Es folgen Anweisungen zur "Behandlung von Wut- und Trotzanfällen" und zur Behandlung "unfolgsamer", "unselbständiger", "unsicherer" und "ängstlicher" Kinder. Dabei gestehen die Autoren durchaus zu, daß die von ihnen empfohlenen Maßnahmen nicht grundsätzlich neu seien, daß Verstärkungen und Bestrafungen seit jeher schon als Mittel der Erziehung Verwendung gefunden hätten. Richtig stellen sie aber fest: "Das Neuartige der Verhaltenstherapie liegt lediglich in der Präzision ihres Vorgehens" (ebd., S. 49). Gerade aber diese Anweisungen zum mechanisch präzisen Umgang mit Kindern, durch den diese zu Objekten wissenschaftlich gesicherter Verfahrenstechnik werden, macht den abschreckenden Charakter dieses Buches aus.

Somit trifft auf dieses Buch uneingeschränkt Bittners Kritik zu, die Lernpsychologie habe sich "zu einem der gefährlichsten Vehikel einer gleichsam technischen Erzeugung von Gehorsam entwickelt". Denn: "Der Lernpsychologe weiß ganz genau, wie man Ratten, Kinder oder neurotische Patienten durch Belohnung oder Bestrafungen - ganz pragmatisch selbstverständlich, ohne allzuviel über das Wie und Warum zu spekulieren - dazu bringen kann, das Verlangte zu tun, und das heißt: zu gehorchen" (Bittner 1979, S. 62).

"Wissenschaftlichkeit", "Wirksamkeit" und "Wirtschaftlichkeit" als Anspruch

Den ersten Versuch, dem deutschen Publikum einen umfassenden Überblick über die lerntheoretischen Grundlagen und über die verschiedenen Methoden der Verhaltenstherapie sowie über die vorliegenden Ergebnisse der experimentellen und klinischen Untersuchungen zur Verhaltensmodifikation bei Kindern zu geben, stellt das Buch "Verhaltenstherapie im Kindesalter" von Vera Kuhlen dar (Kuhlen 1972). Während Hornstein in seinem Vorwort zu dieser am Deutschen Jugendinstitut erarbeiteten Studie noch vorsichtig formuliert, sie verstünde sich "nicht als ein Plädoyer für die generelle Ablösung der bisherigen Methoden in der pädagogischen und klinischen Behandlung von Verhaltensstörungen bei Kindern durch die Verhaltenstherapie" (Hornstein 1972, S. 10), hält Kuhlen selbst dann auf der nächsten Seite angesichts der zunehmenden Verbreitung von Verhaltensstörungen bei Kindern und im Hinblick auf die erwiesene Wirtschaftlichkeit und Effektivität der Verhaltenstherapie "eine Revision der derzeitigen Methoden zur Behandlung verhaltensgestörter Kinder" für dringend erforderlich (Kuhlen 1972, S. 11).

Dabei ist Kuhlens Stellung zu dem von ihr behandelten Gegenstand keineswegs so naiv-enthusiastisch wie bei Florin/Tunner. Sie ist durchaus problembewußt und diskutiert die Einwände und Schwierigkeiten, die sich aus der pragmatischen Anwendung von Techniken, welche im psychologischen Labor gewonnen wurden, für die Pädagogik und für die Heilpädagogik ergeben. So beschließt sie etwa ihr umfangreiches Werk mit der Bemerkung: "Im Grunde genommen ist Verhaltensmodifikation immer nur eine Technologie, ihre Methoden der Verhaltenskontrolle können sowohl positiv (z.B. zu therapeutischen Zwecken) als auch zur Manipulation in negativem Sinn angewandt werden" (ebd., S. 244).

Mit Recht stellt sie aber fest, daß in der Pädagogik im Bereich des Umgangs mit Problemverhalten eine weitgehende theoretische Hilflosigkeit bestehe und daß hier meist nur ein Rekurs auf individuelle Erfahrungen und erzieherische Alltagsweisheiten stattfinde, wenn es um die Frage nach der sinnvollen Behandlung erziehungsschwieriger Kinder und Jugendlicher geht. Wenn man etwa den von Röhrs herausgegebenen Sammelband "Das schwererziehbare Kind" (Röhrs 1969), der einen guten Überblick über die Diskussion dieses Problemfeldes in den fünfziger und sechziger Jahren gibt, durchliest, so wird man kaum bestreiten können, daß sich die Heilpädagogik hier auf einer "vorwissenschaftlichen Entwicklungsstufe" befand.

Unter den 22 dort versammelten Aufsätzen ist kein einziger der von der Durchführung einer bestimmten Behandlungsmethode und von den Ergebnissen, die damit erzielt wurden, berichtet. Genau diese experimentelle Durchführung von Behandlungen nach spezifischen Methoden aus dem Repertoire der Verhaltenstherapie sowie die empirische Auswertung der Erfolge war nun aber von Anfang an auf das engste mit der neuen Bewegung verbunden und trug sicher viel zu ihrer raschen Durchsetzung bei. Kuhlen kann im Anhang ihres Buches bereits 84 empirische Untersuchungen zur Behandlung von schwererziehbaren und gemeinschaftsschwierigen Kindern aus dem angelsächsischen Sprachraum auflisten. Sie tut dies in einer schlichten Spalteneinteilung nach Autor, Fallzahl, Symptomkennzeichnung, Ziel/Gegenstand, Methode und Ergebnis. Insbesondere die letzte Spalte liest sich dabei recht eindrucksvoll. Gleich ob als Symptom "extrem aggressiv", "delinquent", "hyperaktiv" oder "gehemmt" genannt war, in der Spalte "Ergebnisse" tauchen fast durchwegs Formulierungen auf wie: "signifikante Besserung", "sehr schnelle und anhaltende Erfolge", "deutliche Reduktion" etc. (vgl. Kuhlen 1972, S. 288ff).

Kuhlen kann sogar von einer Reihe von Vergleichsstudien berichten, bei denen Kinder mit ähnlichen Störungen nach verschiedenen Therapiemethoden behandelt und von neutralen Untersuchern anschließend die Effekte dieser Behandlung eingeschätzt wurden. Sie weisen nach Kuhlen bei erheblich kürzeren Behandlungszeiten allesamt einen deutlichen Vorsprung der Verhaltenstherapie gegenüber den traditionellen psychodynamischen Vorgehensweisen auf (ebd., S. 227ff).

Der Streit zwischen diesen beiden Therapieschulen wurde mit viel Leidenschaft und nicht ohne ein ordenliches Maß Polemik geführt. "Auf das Banner der Verhaltenstherapie waren als Kennzeichen Wissenschaftlichkeit, Wirksamkeit und Wirtschaftlichkeit gestickt" (Belschner 1979, S. 729), und genau in diesen Punkten wurden der Psychoanalyse Defizite vorgeworfen. Die Psychoanalytiker ihrerseits warfen der Verhaltenstherapie eine manipulative, der Komplexität psychischer Leiden und der Würde des Menschen unangemessene Technologie vor, die nur oberflächlich an den Symptomen kratze und deshalb keine dauerhafte Heilung der seelischen Grundstörungen bewirken könne. Beide Seiten argumentierten dabei nicht selten gegen Zerrbilder von der jeweiligen Gegenseite an und berücksichtigten Fortentwicklungen und Differenzierungen kaum.

Die "kognitive Wende" in der Verhaltenstherapie

Der blanke behavioristische Ansatz, der die Verhaltensänderungen als quasi automatische Folge des Verstärkereinsatzes betrachtete und der zur Erklärung der Lernprozesse ohne den Rekurs auf die Vorstellungen, Wünsche und Antizipationen des handelnden Subjekts auszukommen meinte, war schon bald wieder aus der Diskussion um die pädagogische Anwendung der Verhaltensmodifikationen verschwunden.

Schon Kuhlen referiert neben den Theorien und Methoden der instrumentellen Konditionierung auch Banduras Theorie vom "Lernen am Modell", die ja von einem beobachtenden, kombinierenden, "innere Modelle" aufbauenden Individuum ausgeht. Diese "kognitive Wende" innerhalb der Lerntheorie führte auch zu einem neuen Verständnis des Problems der Verhaltensstörung. Das "schwierige Kind" wurde nicht mehr bloß als ein "fehlkonditioniertes Verhaltensbündel", sondern mehr und mehr als ein aktives, informationsverarbeitendes Wesen betrachtet, das bei der Auseinandersetzung mit den Gegebenheiten seiner Umwelt zu Problemlösungen kam, die von dieser nicht akzeptiert werden.

Stand in den Anfängen der Verhaltenstherapie das isolierte Symptom des isolierten Klienten im Mittelpunkt der Behandlung, so hat sich auch hier durch die Einbeziehung interaktionistischer und kompetenztheoretischer Perspektiven eine deutliche "Horizonterweiterung" vollzogen. So geht etwa Belschner in dem Buch "Verhaltenstherapie in Erziehung und Unterricht" bei dem Problem "Verhaltensstörung" ausdrücklich von einer gestörten Lehrer-Schüler-Beziehung aus und stellt fest: "Gegenstand von Diagnose und Therapie kann nicht eine aus ihrem sozialen Kontext isolierte Person sein, sondern stets die Interaktion zwischen Beurteiler und Beurteiltem" (Belschner 1973, S. 56). Neben dieser unmittelbaren Lehrer-Schüler-Beziehung berücksichtigt er auch das weitere Umfeld, das jede Seite in ihren Erwartungen, Einstellungen und Verhaltensmustern prägt (vgl. ebd., S. 14).

Eine weitere Verschiebung, die in der pädagogischen Anwendung der Verhaltenstherapie stattgefunden hat, läßt sich mit dem Moor'schen Satz: "Nicht gegen die Fehler, sondern für das Fehlende" umschreiben. Ausgehend von dem Verständnis, daß es sich bei den meisten Problemen, die als "Verhaltensstörung" klassifiziert werden, um Diskrepanzen zwischen den Verhaltenserwartungen der sozialen Umgebung bzw. der Erziehungsinstanzen und den jeweils individuell verfügbaren Handlungskompetenzen des Kindes handelt, ging das Bemühen immer mehr dahin, Methoden, Trainingsprogramme für den Aufbau solcher Fertigkeiten zu entwickeln. In diesem Sinne steht nach Lauth "...nicht die Behandlung von Neurosen, Geltungsbedürftigkeit, Dissozialität oder psychotischem Verhalten im Vordergrund; vielmehr beabsichtigt die Therapie oder das Training, dem Kind solche Fähigkeiten und Wissensanteile zu vermitteln, die es nicht oder nur unzureichend beherrscht" (Lauth 1983, S. 24).

Daß dies nicht zwangsläufig gegen den Willen oder hinter dem Rücken der Betroffenen passieren muß - wie bei der Anwendung der Verhaltenstherapie im pädagogischen Bereich von den Kritikern oft unterstellt wird -, zeigt vielleicht am besten der von Redlich und Schley entwickelte Ansatz einer "kooperativen Verhaltensmodifikation" (Redlich/Schley 1978). Diese beiden Autoren haben ein komplexes Modell zur Lösung schulischer Probleme und zur Verbesserung der Lehrer-Schüler-Interaktion entwickelt. Innerhalb dieses Modells spielen verhaltenstherapeutische "Techniken", das "Üben" bestimmter Handlungen und das "Verstärken" bestimmter Verhaltensweisen zwar eine wichtige Rolle - es sind hier jedoch nicht einfach manipulatorische Verfahren, die an den Kindern vollzogen werden, sondern Stützen, Krücken, die nur so lange nötig sind, bis bestimmte Interaktionen und Umgangsformen, die von allen Beteiligten als wünschenswerte Ziele akzeptiert wurden, selbst tragen (vgl. Schley 1987, S. 42). So wurde in diesem Konzept die klassische Verhaltensmodifikation dahingehend modifiziert, daß nicht der Lehrer derjenige ist, der die Verstärker zuteilt, sondern daß die Schüler selbst darüber verfügen. Überhaupt wird den äußeren Verstärkern eine recht unbedeutende Rolle zugeschrieben. Sie haben mehr symbolischen Wert. Viel wichtiger sind in diesem Konzept dagegen die internen Selbstbewertungsprozesse. Weil die Fähigkeit zur realitätsgerechten Selbstbewertung aber ebenfalls gelernt werden muß, deshalb wird im Rahmen der "kooperativen Verhaltensmodifikation" gezielt trainiert, die eigenen Verhaltensweisen im Hinblick auf vorher gesteckte Ziele auszuwerten.

Ein weiteres Merkmal, das diesen Ansatz von den früheren Programmen zur Verhaltensmodifikation in der Schule (vgl. den Überblick von Eisert und Barkey 1975) unterscheidet, ist die kooperative Komponente. D.h. Lehrer und Schüler müssen sich (u.U. mit Hilfe eines externen Beraters) gemeinsam über die Diagnose des Problems verständigen, müssen sich auf eine, von allen getragene Vorgehensweise zur Lösung des Problems einigen und diese differenziert planen, und sie müssen schließlich den Erfolg dieser Intervention gemeinsam bewerten.

Daß dabei stets von dem optimal guten Willen aller Beteiligten und von der bewußten Verfügbarkeit über alle Aspekte des Konfliktes ausgegangen wird, ist sicherlich ein Problem, das dieses Konzept mit anderen pädagogischen Konzepten zur rationalen Konfliktlösung (vgl. etwa Gordon 1977) gemeinsam hat, und ein Grund dafür, daß es dann in der Praxis meist doch nicht so reibungslos klappt, wie nach den Anleitungen vorgesehen. Die Schüler, auch die Problemschüler, erscheinen hier nämlich nicht als Personen, die quasi in einem "natürlichen Dissens" zur Institution Schule stehen und sich über Störungen und Spannungen, die den grauen Alltag erst unterhaltsam machen, freuen, sondern als rundum vernünftige Vertragspartner, die stets auf Harmonie bedacht sind und sich deshalb anstrengen, systematisch an ihrem eigenen Verhalten zu arbeiten.

Kuhlen hat 1972 noch die Rückständigkeit der deutschen Heilpädagogik bezüglich der Rezeption der Verhaltenstherapie beklagt. Sie hat jedoch die Erwartung ausgesprochen, daß für die nächsten Jahre mit einem sprunghaften Anstieg deutschsprachiger Fachpublikationen zur Verhaltensmodifikation zu rechnen" sei (Kuhlen 1972, S. 11), und sie sollte damit recht behalten. In den folgenden Jahren erschienen in rascher Folge eine Vielzahl von Einführungs-, Übersichts- und Übungsbücher zur "pädagogischen Verhaltensmodifikation" (vgl. Belschner u.a. 1973, Homme 1974, Kern 1974, Rost u.a. 1975, Blackham/Silberman 1975, Gräff u.a. 1976, Mees/Selg 1977).

Die rasche Verbreitung verhaltenstherapeutischer Behandlungsformen in pädagogischen und heilpädagogischen Zusammenhängen dürfte neben den "drei W's" (Wissenschaftlichkeit, Wirksamkeit, Wirtschaftlichkeit), die ja - wenn auch in einem etwas anderen Sinn - durchaus auch die Vertreter der psychoanalytischen Therapie für sich in Anspruch nahmen, vor allem auf folgende Faktoren zurückzuführen sein:

- Die relativ leichte und schnelle Erlernbarkeit: Es geht bei der Verhaltenstherapie mehr um den Erwerb klarer, allgemeiner Regeln als um die Auseinandersetzung mit der eigenen Persönlichkeit und Lebensgeschichte und um die Aneignung eines komplexen Theorierahmens. Und es geht mehr um die Vermittlung demonstrierbarer Techniken als um die letztlich nie schematisierbare Kunst, verborgene Sinnzusammenhänge in menschlichen Lebensäußerungen zu deuten.

- Auf der Grundlage der Verhaltenstherapie konnten regelrechte Handlungsanleitungen, Programme, Trainingskurse zum Abbau bestimmter Verhaltensmuster und zum Aufbau bestimmter Fertigkeiten entwickelt werden. Beispiele dafür sind das "Selbstsicherheitstraining" (Wendland/Hoefert 1976), das "Aufmerksamkeitstraining mit impulsiven Kindern" (Wagner 1976), das "Münchner Trainingsmodell" (Innerhofer 1977), das "Training mit aggressiven Kindern" (Petermann/Petermann 1988[3]), das "Training mit sozial unsicheren Kindern" (Petermann 1986[2]) und das "Training mit Jugendlichen. Förderung von Arbeits- und Sozialverhalten" (Petermann/Petermann 1988). Diese und andere Trainingsprogramme bieten kunstvoll aufbereitete Übungssequenzen, z.T. mit vorgefertigten Übungsmaterialien, Anleitungen zum Rollenspiel, Anregungen zum Video-feedback, etc. Also direkt anwendbare Konzepte. Sie kommmen damit dem Bedürfnis nach Vorgaben, nach Anleitungen, nach Curricula, an die man sich halten kann, entgegen. Die psychoanalytische Literatur konnte den Lehrern und Erziehern dagegen "nur" allgemeine psychoanalytische Theorie und Metatheorie oder aber individuelle Fallberichte bieten. Diese mochten zwar wohl geeignet sein, den generellen Verständnisrahmen zu erweitern und die erzieherische Sensibilität zu erhöhen, sie ließen den Pädagogen aber doch meist mit dem Geführl zurück, aufgrund der unzureichenden Bedingungen seines "settings" und ohne eine eigene Lehranalyse gar nicht in der Lage zu sein, therapeutisch wirklich wirksam zu werden. Handfeste "Methoden" konnte sie nicht bieten. Die traditionelle heilpädagogische Literatur zum Umgang mit Erziehungsschwierigkeiten war noch wenig methodenbewußt. Sie beschränkte sich weitgehend auf die Beschwörung der überragenden Persönlichkeitsmerkmale des wahren Heilpädagogen und deren Modellwirkung sowie auf die Hervorhebung der Bedeutung der gesamten pädagogischen Atmosphäre.

- Die Verhaltenstherapie hat von Anfang an auch Konzepte entwickelt, die auf die in pädagogischen Einrichtungen vorherrschende Gruppensituation zugeschnitten waren. Die token-Systeme stellten gewissermaßen die leicht zu installierende Gruppenvariante der Primitivform der Verhaltensmodifikation dar, die das ganze Augenmerk auf die systematische Verstärkung des erwünschten Verhaltens legte. Aber auch die von den sozialkognitiven Lerntheorien abgeleiteten Interventionsformen wie Rollenspiel, Selbstbeobachtung, -instruktion und -verstärkung, Verhaltenskontrakte etc. waren leicht in Gruppensituationen anzuwenden (vgl. z.B. Wendland 1979). Die Psychoanalyse war dagegen weitgehend auf das klassische Zweipersonensetting fixiert, und auch die psychoanalytische Pädagogik hat die von Zulliger konstatierte "Lücke" - daß nämlich die für pädagogische Zusammenhänge typische Gruppensituation dort weitgehend ignoriert würde (vgl. Zulliger 1936) - nie wirklich geschlossen.

Mit dem von Schuhmacher in Deutschland bekannt gemachten Konzept des "strukturierten Klassenraumes" (Schuhmacher 1975) lag ein komplexes Modell für die Anwendung verhaltensmodifikatorischer Techniken im Unterricht mit verhaltensgestörten Schülern vor, das von der Gestaltung des Klassenraumes nach lerntheoretischen Prinzipien über eine Hierarchie von Verhaltenszielen und zugehörigen Verstärkungstechniken bis hin zu einer Diskussion des umfassenden institutionellen Rahmens reichte. Grabski u.a. berichteten ebenfalls über die Erprobung eines kunstvoll strukturierten Unterrichtskonzeptes, bei dem allerdings mehr das "Motivationsmanagement" als das "Konsequenzmanagement" im Mittelpunkt stand (Grabski u.a. 1978). Diese Modelle waren planbar, organisierbar und perfektionierten gewissermaßen die der Schule als Institution seit jeher innewohnende Tendenz nach Struktur, Ordnung und Verhaltenskontrolle. Sie erforderten allerdings einen beträchtlichen Planungsaufwand, und die Frage, inwieweit sie sich auch im normalen Schulalltag, also außerhalb der mehr oder weniger experimentellen Situationen, auf die sich die Erfolgsmeldungen beziehen, tatsächlich praktizieren lassen, steht noch weitgehend dahin. Die psychoanalytische Therapie mit Kindern war dagegen eher auf den Abbau von Hemmungen und auf die Freisetzung von unterdrückten Impulsen ausgerichtet und lag somit von vornherein quer zu den institutionellen Anforderungen des traditionellen schulischen Rahmens.

Wenn auch viele der Argumente, die von Pädagogen und von Vertretern anderer Therapierichtungen gegen die Verhaltenstherapie vorgebracht wurden, sich eher gegen die einfache Form des instrumentellen Konditionierens richten ("Rattenpsychologie", "Bonbonpädagogik", Manipulation und Außensteuerung etc.) und die komplexeren, von sozial-kognitiven Lerntheorien abgeleiteten Ansätze kaum treffen, so bleibt doch als zentrale Quelle des Unbehagens und Mißtrauens die Frage, ob soziale Interaktionsprozesse systematisch geplant und verändert werden sollen oder ob die Einführung solcher systematischer Veränderungsstrategien in den Bereich des zwischenmenschlichen Umgangs jede Natürlichkeit, Unmittelbarkeit und Spontaneität notwendigerweise zerstört.

6. Das "schwierige Kind" - ein Opfer von Zuschreibungen?

Etwa zu der gleichen Zeit, zu der mit dem Aufkommen verhaltensmodifikatorischer Konzepte in Deutschland ein mächtiger "Innovationsschub" und ein optimistisches Machbarkeitsdenken auf dem Gebiet der Behandlung erziehungsschwieriger Kinder einsetzte, fand mit der Rezeption neuer soziologischer Ansätze zur Erklärung abweichenden Verhaltens eine grundlegende Relativierung des ganzen Problemverständnisses und eine tiefgreifende Verunsicherung und Infragestellung der Institutionen, die sich praktisch und theoretisch damit befaßten, statt. Während die von der Lernpsychologie abgeleiteten verhaltensmodifikatorischen Konzepte in erster Linie pragmatisch auf die unmittelbare Wirkung, auf die "Synthese" erwünschten Verhaltens, hin orientiert waren, waren die soziologischen Ansätze ohne solche direkte Anwendungsperspektive. Sie zielten auf die Analyse komplexer sozialer Prozesse ab und enthielten einen kritischen Impuls selbst gegenüber jenen Einrichtungen, die in bester Absicht zur Hilfe, aber damit eben auch zur "Sonderbehandlung" von Problemkindern und -jugendlichen, geschaffen worden waren. Die beunruhigende Grundaussage dieser neuen, ebenfalls aus den USA importierten Theorien war die, daß es sich bei der Klassifikation eines Kindes als "deviant", "verhaltensgestört" oder "verwahrlost" nicht um die Feststellung objektiver Tatbestände, nicht um die Benennung von Qualitäten, die dem Verhalten inhärent sind, oder gar um die Diagnose feststehender Persönlichkeitsmerkmale handelt, sondern um soziale Definitionsprozesse, durch welche die Betroffenen "stigmatisiert" und damit in ihren weiteren Entwicklungsmöglichkeiten unter Umständen schwerwiegend beeinträchtigt werden.

Die radikale Wandlung der Fragestellung

Die Fragestellungen, die nun auftauchten, waren ganz neu. Bis dahin waren sich alle Autoren, gleichgültig ob sie einen traditionell psychiatrischen, einen psychoanalytischen oder einen behavioristischen Standpunkt vertraten, darüber einig, daß es darum ging, zu klären, welche Bedingungen (im Organismus, in der Entwicklung, in der aktuellen Umwelt) für die Genese und die Aufrechterhaltung der Verhaltensstörung verantwortlich zu machen sind und wie dieser Störung durch therapeutische und pädagogische Maßnahmen zu begegnen sei. Während die Aufmerksamkeit bisher also auf den vermeintlichen "Träger der Störung" und seine Entwicklungsgeschichte konzentriert war, rückte nun die Rolle der definierenden, Abweichung offiziell feststellenden, Instanzen in den Mittelpunkt. Die Frage lautete also nicht mehr: "Wie kommt es, daß dieses Kind verhaltensgestört ist?", sondern sie wurde ersetzt durch Fragen der folgenden Art: "Wie kommt es zu der Feststellung, dieses Kind sei verhaltensgestört?". "Wer setzt diese Definition wie durch?". "Welche Konsequenzen hat diese Definition für das weitere Verhalten des Kindes und für das Verhalten seiner Umwelt ihm gegenüber?".

Das "schwierige Kind" wird also unter dieser Perspektive zum Opfer definitonsmächtiger Instanzen, welche es mit Etiketten wie "verhaltensgestört", "deviant" "verwahrlost" etc. versehen. Die Frage, welche Merkmale und Verhaltensweisen des Kindes die Kontrollinstanzen zu solchen "Stigmatisierungsprozessen" veranlassen, spielte dagegen eine untergeordnete Rolle. Bei radikalen Vertretern des neuen Ansatzes schien es bisweilen so, als ob die Auswahl der "Opfer" gewissermaßen zufällig erfolgte und als ob die Lebensprobleme der Betroffenen überhaupt erst durch die Intervention von Fürsorge-, Beratungs-, und Kontrollinstanzen geschaffen würden (vgl. Asmus/Peuckert 1979, S. 24).

Die Rezeption des "Labeling approach" setzte in Deutschland erst Anfang der siebziger Jahre ein. 1969 stellt Thiersch noch fest, daß der Aspekt der Stigmatisierung und Verfestigung des abweichenden Verhaltens durch die Reaktion der "Normalen", der in den USA intensiv diskutiert werde, in der deutschen Pädagogik bisher kaum Beachtung gefunden habe, und er referiert deshalb ausführlich die Positionen der wichtigsten Vertreter dieses Ansatzes (Thiersch 1969). Anfang der siebziger Jahre erschienen in rascher Folge einige Veröffentlichungen, die den "Labeling approach" als Paradigmawechsel in der wissenschaftlichen Erklärung abweichenden Verhaltens feierten (Keupp 1972, Keckeisen 1974, Opp 1974, Rüther 1975). Daneben erschienen deutsche Übersetzungen der amerikanischen Grundlagentexte (Goffmann 1967, Becker 1973, Matza 1973, Lemert 1974, Schur 1974) sowie Anwendungen des neuen Ansatzes auf das Problemfeld Schule (Brusten und Hurrelmann 1973, Homfeld 1974, Lösel 1975) und auf die Sonderpädagogik (Thimm 1975, Antor 1976). Heute kann man in den meisten einschlägigen Übersichtswerken lesen, daß es zwei grundsätzlich verschiedene Modelle zur Erklärung abweichenden Verhaltens gibt. Unter wechselnden Benennungen werden diese Modelle einander gegenübergestellt: "alter" versus "neuer" Ansatz (Opp 1974), "ätiologisches Paradigma" versus "Kontrollparadigma" (Keckeisen 1974), "täterorientierte" versus, "normzentrierte" Theorie, "personenorientiertes" versus "sozialorientiertes Erklärungsmodell" (Hußlein 1983).

Wenngleich es bisweilen auch Kritik an dem neuen Ansatz gab, so beschränkte sich diese doch weitgehend auf die z.T. erhobenen Absolutheitsansprüche und zielte auf eine Eingrenzung des Geltungsbereiches ab (vgl. z.B Antor 1976), oder aber sie bemängelte das allzu passive, ausgelieferte Menschenbild, das den Erklärungen für die Genese devianter Lebensläufe zugrunde lag (vgl. z.B. Plewig/Wegner 1984). Niemand stellte aber den grundsätzlichen Erkenntnisgewinn, der durch die Einbeziehung der Mechanismen sozialer Kontrollen stattgefunden hatte, in Frage. So kann der Etikettierungsansatz heute als ein allgemein anerkannter Beitrag zur Erklärung abweichenden Verhaltens gelten. Er kann zwar die älteren, ätiologischen Theorien nicht einfach ersetzen - da diese ganz andere Fragestellungen und damit einen ganz anderen Gegenstand haben -, aber umgekehrt kann auch kein Vertreter der ätiologischen Theorien die Bedeutung von sozialen Definitions- und Kontrollprozessen, die eine wie auch immer bedingte primäre Abweichung erst zum "öffentlichen Ereignis" machen, einfach übersehen.

Grundgedanken des Etikettierungsansatzes

Der grundlegende Unterschied des "Labeling approach" zu den traditionellen Ansätzen besteht darin, daß das zu untersuchende abweichende Verhalten nicht mehr auf ursächliche und bedingende Faktoren in der Lebensgeschichte des Betroffenen zurückgeführt wird, sondern daß nun der Prozeß des Definierens, Interagierens und Reagierens in den Mittelpunkt der Analyse rückt. Bewußt verzichten die Vertreter dieses Ansatzes auf jede nähere Differenzierung oder inhaltliche Qualifizierung des Problemverhaltens, wie es z.B. durch Begriffe wie "verwahrlost", "neurotisch", "entwicklungsgehemmt" oder "fehlangepaßt" zum Ausdruck kommt, und sprechen dagegen möglichst neutral von "Devianz" oder von "abweichendem Verhalten". Schon damit wird deutlich, daß es nicht um psychologische Sachverhalte, nicht um Persönlichkeitsmerkmale und ihre Genese geht, sondern um soziologische Sachverhalte, um das Problem der Anwendung von Regeln und Normen auf das Verhalten des einzelnen. Nach einer klassischen Formulierung von Becker erzeugen gesellschaftliche Gruppen abweichendes Verhalten dadurch,

"*...daß sie Regeln aufstellen, deren Verletzung abweichendes Verhalten konstituiert und daß sie diese Regeln auf bestimmte Menschen anwenden, die sie zu Außenseitern abstempeln Von diesem Standpunkt aus ist abweichendes Verhalten keine Qualität der Handlung, die eine Person begeht, sondern vielmehr eine Konsequenz der Anwendung von Regeln durch andere und der Sanktion gegenüber einem 'Missetäter'. Der Mensch mit abweichendem Verhalten ist ein Mensch, auf den diese Bezeichnung erfolgreich angewandt worden ist; abweichendes Verhalten ist Verhalten, das Menschen so bezeichnen*" (Becker 1973, S. 8).

Von dieser grundlegenden soziologischen Fassung des Problems her ergaben sich dann zwei mehr psychologisch orientierte Fragerichtungen: Zum einen: Was geht in den Köpfen der "Definierer" vor? Welche Wahrnehmungsmuster und Kategoriensysteme, welche Vorurteile und welche pragmatischen Alltagstheorien bestimmen ihr Zuschreibungsverhalten? Zum anderen: Was geht in den Köpfen der als "abweichend Definierten" vor? Wie beeinflußt diese Definition ihre Selbstwahrnehmung, ihr Selbstwertgefühl und ihr weiteres Verhalten? Beide Aspekte werden verknüpft durch die interaktionistisch-sozialpsychologische Fragerichtung: Wie geht der Prozeß der Etikettierung konkret vonstatten? Welche Faktoren entscheiden über die Wirksamkeit einer Zuschreibung? Welche Möglichkeiten bestehen für den Etikettierten, sich zu wehren? Welche Veränderungen erfährt der weitere Interaktionsprozeß unter dem Einfluß der getroffenen Definitionen?

In Auseinandersetzung mit diesen Fragen hat die Etikettierungstheorie ein Prozeßmodell entwickelt, das die typischen Stufen einer abweichenden Karriere beschreibt. Wobei der hier mit Bedacht gewählte Begriff der "Karriere" sehr deutlich den Aspekt der Wechselwirkung zwischen dem individuellen Verhalten und der Reaktion des "Publikums" zum Ausdruck bringt. Damit liefert dieser Ansatz trotz der gängigen Entgegensetzung zum "ätiologischen Paradigma" natürlich auch ein Stück Ursachenlehre. Allerdings in einem etwas anderen Sinn als die traditionellen Theorien. Es geht mehr um ein "Verfestigungs-" oder "Verschlimmerungsmodell", das erklären soll, wie aus relativ harmlosen, episodenhaften Verfehlungen unter dem Druck der definierenden Instanzen schließlich deviante Einstellungen und Lebenshaltungen werden. Es geht um die Explikation des Prozesses, durch den Personen schließlich "das werden, als das sie bezeichnet werden" (Keupp 1976, S. 32). Die Bezeichnung wird hier also als das vorgängige Moment angesehen, dem sich die Realität erst nach und nach anpaßt. Überspitzt ausgedrückt: Jugendliche werden nicht deshalb als "deviant" bezeichnet, weil sie so sind, sondern sie werden so, weil sie so bezeichnet wurden.

Brusten und Hurrelmann haben eine anschauliche idealtypische Beschreibung einer solchen "delinquenten Karriere" gegeben:

"Sie beginnt sehr häufig damit, daß Kinder und Erwachsene unterschiedliche Definitionen an ein und dieselbe Handlung herantragen. Was Kinder als Spiel, Abenteuer und Spaß definieren oder aber als eine spezifische Lösung ihrer Probleme betrachten, erscheint in den Augen ihrer erwachsenen Interaktionspartner als 'schlecht', 'kriminell', oder 'lästig'. Sie bestehen darauf, daß das so definierte Verhalten eingestellt wird und drohen mit Sanktionen. Der Versuch der Erwachsenen, bestimmte unerwünschte Verhaltensweisen zu unterdrücken, führt nach und nach zu einer Generalisierung, bei der nun nach und nach nicht nur ein bestimmtes Verhalten als 'schlecht', 'kriminell' oder 'lästig' definiert wird, sondern auch die Person, die dieses Verhalten zeigt. War es zunächst nur das Verhalten, das Anstoß erregte, so ist es nun das Kind selbst, das dieses Verhalten zeigt.

Auch von Seiten des Kindes findet mit der Zeit ein allmählicher Wandel der Situationsdefinition statt. Fühlte es sich zuerst nur mißverstanden und ungerecht behandelt, so beginnt es nun, sich selbst als 'anders' zu definieren. Es übernimmt die ihm vorgehaltene Definition des 'auffälligen Kindes', lockert die Kontakte zu den 'Nichtauffälligen' und schließt sich mehr und mehr denjenigen an, die ebenfalls als 'auffällig' definiert werden. Der entscheidende Schritt der Selbst-Typisierung und Selbst-Identifikation als 'Auffälliger' hat begonnen. Der Zusammenschluß mit gleichaltrigen 'Auffälligen' verstärkt bereits bestehende Verhaltensdispositionen, verstärkt vor allem die Selbst-Definition. Nicht nur das einzelne Kind gilt nun als 'auffällig', sondern eine ganze Gruppe; als 'delinquente Bande' wird sie in zunehmendem Maße Gegenstand sozialer Kontrolle. Dies verstärkt jedoch den Zusammenhalt der Gruppe. Abgestempelt als 'Delinquente' lernen die Mitglieder der Gruppe mit diesem Etikett zu leben; es gehört quasi zu ihrer Reputation" (Brusten/Hurrelmann 1973, S. 32).

Grundlegend für dieses Prozeßmodell ist die von Lemert eingeführte Unterscheidung zwischen "primärer" und "sekundärer Devianz" (Lemert 1974). Die "primäre Devianz" wird dabei als Abweichung von gesellschaftlichen Regelerwartungen verstanden, die verschiedenste Ursachen haben kann, die aber beim Betroffenen selbst noch nicht mit dem subjektiven Gefühl einhergeht, anders zu sein als die anderen, da sie durch Verharmlosungen und Entschuldigungen weitgehend neutralisiert werden kann.

Die "sekundäre Devianz" stellt dagegen die Reaktion auf die Reaktion der Umwelt dar, d.h. die Theorie nimmt an, daß durch die einsetzende Kritik, Bestrafung, Stigmatisierung und Sonderbehandlung der Druck auf den Betroffenen irgendwann so groß wird, daß er sich auf dessen Selbstwahrnehmung und Selbstachtung auswirkt, daß er schließlich selbst davon überzeugt ist, anders zu sein als die anderen, ein Versager, ein Außenseiter, ein Gauner oder ein Schläger. D.h. es wird angenommen, daß irgendwann ein Umschlag von der bis dahin aufrechterhaltenen Selbstdefinition als "normal" hin zur Übernahme der Fremddefinition als "abweichend" stattfindet, daß sich also früher oder später die Identität unter dem Einfluß der Beurteilung durch die Umwelt verändert.

Mit dieser Übernahme der Fremddefinition und der entsprechenden devianten Rolle verfestigt und verstärkt sich natürlich das Problemverhalten, und dies wiederum bestärkt die definierenden Instanzen von der Richtigkeit ihres Urteils, so daß es in einem komplizierten Wechselspiel von Reaktion und Gegenreaktion allmählich zu einer Eskalation von dissozialem Verhalten einerseits und Verurteilung und Ablehnung andererseits kommen kann. Unter dieser Perspektive wird also eine Person, die sich bestimmte Regelverstöße zuschulden kommen läßt (die für sich alleine keine weitere biographische Bedeutung hätten), erst durch die Reaktion der Umwelt nach und nach in eine deviante Rolle hineingedrängt. Sie ist somit weitgehend Opfer der Klassifizierung durch definitionsmächtige Instanzen.

Plewig und Wegner haben darauf hingewiesen, daß hier zwischen dem symbolischen Interaktionismus, der ja gewissermaßen den "Mutterboden" für die Theorie des "Labeling approach" darstellt, und diesem Konzept der sekundären Devianz tiefgreifende Veränderungen im zugrundeliegenden Menschenbild stattgefunden haben. Während der symbolische Interaktionismus angetreten war, um das freie, schöpferisch handelnde Subjekt in die sozialwissenschaftliche Theorie einzuführen, wird es nun zugunsten eines weitgehenden sozialen Determinismus wieder aufgegeben. "Das Konzept der sekundären Devianz schafft die Vorstellung von der Gestaltungsfreiheit des Subjekts ab. Nach dieser Version ist es fremden Mächten ausgeliefert. Interaktion ist nunmehr zu verstehen als ein mehr oder weniger einseitiger Prozeß, in dem der Betroffene die ihm zugeschriebene Rolle übernehmen muß. Individuen werden zu Objekten, ihr Handeln gilt als determiniert" (Plewig/Wegner 1984, S. 666). Die beiden Autoren versuchen dagegen, in ihren ausführlichen Fallbeispielen zu zeigen, auf welch vielfältige Art Jugendliche mit den ihnen angesonnenen Stigmatisierungen umzugehen vermögen.

Eine solche Variabilität der Reaktionsformen auf die Zuweisung devianter Rollen hat allerdings auch schon Goffmann beschrieben. Er geht zwar ebenfalls von einer prekären Identitätsproblematik der Betroffenen aus, weist aber mit dem Begriff des "Stigmamanagements" bereits deutlich auf den aktiven und individuell verschiedenen Umgang mit dem Stigma hin. Es kann vom negativen Versinken in Scham und Selbstverachtung bis zur offensiven Solidarisierung mit gleichermaßen "Geächteten" und zur trotzigen Ablehnung der "Normalwelt" und ihrer Werte und Normen reichen (vgl. Goffmann 1967).

"Abweichende Verhalten" in der Schule

Bei der Rezeption des Etikettierungsansatzes in der Pädagogik fanden aus naheliegenden Gründen die Prozesse der Stigmatisierung in der Schule eine besondere Beachtung. Der Schule als der Institution, mit der alle Kinder über Jahre hinweg fast täglich konfrontiert sind, als der zentralen Regelverhalten und Ordnung fordernden und Status und Chancen verteilenden Instanz, war auch schon früher der Vorwurf gemacht worden, daß sie Schulversagen und Schülerelend z.T. selbst produziere. Mit der "Labeling-Theorie" war nun ein besonders geeignetes Werkzeug gegeben, die Prozesse der Entstehung abweichenden Verhaltens im Interaktionszusammenhang der Schule detaillierter zu erforschen. Auch hier wurde nun deutlich, daß Phänomene wie Schulversagen und "schulische Verhaltensstörungen" nicht einfach objektive Gegebenheiten sind, die isoliert festgestellt und allein durch das Verhalten der Schüler erklärt werden könnten. Vielmehr rückten nun auch hier diejenigen Personen, die dies Verhalten wahrnehmen, interpretieren und klassifizieren, also die Lehrer, die Mitschüler und die Schulverwaltung, mit in das Blickfeld.

Einen wichtigen Beitrag in dieser Richtung und zugleich einen Versuch, den Etikettierungsansatz empirisch zu belegen, stellt die von Brusten und Hurrelmann durchgeführte Untersuchung zu Prozessen der Stigmatisierung in der Schule dar (Brusten/Hurrelmann 1973). Mit Hilfe eines interessanten Untersuchungsdesigns, das Selbstberichte der Schüler mit Einschätzungen durch die Lehrer und Mitschüler verglich, versuchten diese Forscher herauszufinden, "unter welchen Bedingungen und in welcher Art solche Definitionsprozesse in der Form von Typisierungen und Stigmatisierungen bestimmter Gruppen von Schülern auftreten und welche sozialen Merkmale diese Schüler kennzeichnen" (ebd., S. 8). Dabei gingen sie insbesondere auch auf den internen Zusammenhang zwischen dem schulischen Leistungsverhalten, der Regelbefolgung und dem Beliebtheitsstatus bei Lehrern und Mitschülern ein und prüften, inwieweit sich das zentrale Theorem des "labeling approach", die behauptete Übernahme der Fremddefiniton in die Selbstdefinition, empirisch belegen ließ.

Sie kamen zu aufschlußreichen Ergebnissen, die in der pädagogischen und schulpolitischen Diskussion relativ große Beachtung fanden. So konnten sie nachweisen, daß in den pragmatischen Alltagstheorien, die das Definitionsverhalten der Lehrer bestimmen, das Leistungsverhalten der Schüler sehr eng mit dem generellen Regelbefolgungsverhalten verknüpft ist. "Wer den vordefinierten schulspezifischen Leistungsstandards nicht entspricht, läuft bereits Gefahr, in die Rolle des 'Abweichlers' gedrängt zu werden" (ebd., S. 157). Da sie ihre Daten auch schichtspezifisch analysierten, konnten sie einen weiteren bedeutungsvollen Zusammenhang aufweisen: Die Schüler, die den (mittelschichtorientierten) schulischen Leistungs- und Verhaltensanforderungen nur ungenügend nachkommen können und damit in erhöhter Gefahr stehen, über entsprechende Generalisierungs- und Typisierungsprozesse in Außenseiterrollen zu geraten, stammen überdurchschnittlich häufig aus der Unterschicht.

Auch die "grundlegende interaktionistische Prämisse, ... wonach sich die Selbstdefinition eines Individuums im Zuge sozialer Interaktionen tendenziell an den Fremddefinitionen orientiert und diese weitgehend übernimmt" (ebd., S. 159), fanden sie bestätigt. Nach ihren Ergebnissen konnten sich nur wenige Schüler auf Dauer dem Einfluß der Fremddefinition entziehen. Brusten und Hurrelmann folgerten dies aus der weitgehenden Übereinstimmung zwischen der negativen Einschätzung durch Mitschüler und Lehrer bezüglich der Dimensionen Leistung, Sympathie, Konformität und Delinquenzdisposition und der negativen Selbstcharakterisierung der Betroffenen. Natürlich ist allein durch diese Korrelation noch nicht die Richtung der kausalen Wirkung nachgewiesen, sondern diese war mit dem theoretischen Bezugsrahmen schon vorgegeben.

Nicht nur die Regelschulen, auf die sich die Untersuchung von Brusten und Hurrelmann bezog, war dem Vorwurf ausgesetzt, sie produziere abweichendes Verhalten und stigmatisiere bestimmte Schülergruppen. Erst recht die Sonderschulen erschienen unter dieser theoretischen Perspektive als "Stigmatisierungsinstanzen" par excellence. Insbesondere galt dies für die Lernbehinderten- und die Verhaltensgestörtenschulen, da ihre Schüler ja kein offensichtliches, schicksalhaftes Stigma trugen, sondern die "Abweichung" nach außen hin meist erst durch den Sonderschulbesuch überhaupt manifest wurde. Natürlich ließ sich leicht nachweisen, daß es für die Überweisung keine hieb- und stichfesten objektiven Kriterien gab, sondern daß hier Prozesse der Regelanwendung und der Durchsetzung von Definitionen im Spiel waren, die nie frei sein konnten von subjektiven Anteilen. Natürlich konnte man auch davon ausgehen, daß die Tatsache des Sonderschulbesuchs problematisch für die Identitätsentwicklung der Betroffenen sein würde, und natürlich ließ sich leicht belegen, daß damit oft mannigfaltige Schwierigkeiten für die weitere berufliche und soziale Laufbahn verbunden waren.

Der Etikettierungsansatz führte zu einer deutlich erhöhten Aufmerksamkeit gegenüber all diesen Problemen. Die Bewertung, inwiefern die Verunsicherung, die dieser Ansatz für die ganze Sonderpädagogik brachte, eine produktive, sensibilisierende oder eine potentiell destruktive, lähmende ist, ist schwer zu geben. Sie hängt auch weitgehend davon ab, wie radikal konstruktivistisch bzw. wie "gemäßigt" die Auslegung erfolgt. Im ersten Fall, d.h. unter der Annahme, daß "Abweichung", "Verhaltensstörung" und "Lernbehinderung" allein das Produkt von Definitionsprozessen ist, wäre der Vorwurf berechtigt, daß die Sonderpädagogik selbst erst die Probleme schafft, die sie zu behandeln vorgibt, und die einzig vernünftige Konsequenz wäre demnach ihre Abschaffung. Im zweiten Fall, d.h. unter der Annahme, daß es eine real existierende Basis für die Verhaltensprobleme gibt, die außerhalb der Definitionswillkür von sozialen Instanzen liegt, wäre danach zu fragen, wie die sonderpädagogischen Maßnahmen zu gestalten sind, um einerseits eine möglichst effektive Hilfe zu gewährleisten und andererseits möglichst wenig zusätzliche Belastung zu schaffen.

XV. Aktuelle Trends in der Verhaltensgestörtenpädagogik

1. Verhaltensstörungen als "mißlungene Versuche zu einem beglückenden Leben"

1985 ist von P. Schmid ein Buch erschienen, das den anspruchsvollen Titel trägt "Verhaltensstörungen aus anthropologischer Sicht" und das sich deutlich von den sonstigen Darstellungen der Fachrichtung unterscheidet (Schmid 1985). Hervorgegangen aus Vorlesungen zur Psychologie und Pädagogik der Verhaltensstörungen am traditionsreichen heilpädagogischen Seminar in Zürich, wird darin der Versuch unternommen, Verhaltensstörungen als defiziente Modi grundlegender menschlicher Teilbereiche zu interpretieren. Als solche werden im einzelnen der "Antriebsbereich", der "Stimmungsbereich", der "affektive Bereich", der "Erlebnisbereich", der "Beziehungsbereich", der "Willensbereich" und der "Wertbereich" untersucht.

Anknüpfend an die idealanthropologischen Vorstellungen Moors und die phänomenologische Betrachtungsweise Bollnows wird zunächst dargestellt, welche Aufgabe dem jeweiligen Teilbereich für die menschliche Lebensgestaltung zukommt, welche internen Differenzierungen zu beachten sind, welche Störungen vorkommen können und welche pädagogische Konsequenzen im Hinblick auf die Pflege, Förderung und Vertiefung der positiven Aspekte sich jeweils ergeben.

Im Gegensatz zu den meisten anderen Vertretern der Verhaltensgestörtenpädagogik, die sich um möglichst objektive formale Definitionen bemühen und sich an der fiktiven Norm des "durchschnittlichen Verhaltens" orientieren, bekennt sich Schmid offen zu seinem normativen Verständnis. Zwar erkennt er durchaus an, daß es zur Freiheit eines jeden Menschen gehört, "vom Wünschbaren abzuweichen ... zu verweigern, was wir Erzieher für wichtig und erstrebenswert halten". Ja er gesteht an dieser Stelle sogar zu, daß der Betroffene "vielleicht sogar besser weiß, was für ihn gut ist" (ebd., S. 37f). - Im weiteren wird dieses Zugeständnis dann aber faktisch immer wieder zurückgenommen, so etwa, wenn er meint, "verhaltensgestörte Menschen können nicht finden, was dem Leben Gehalt und Tiefe gibt" (ebd., S. 39).

Von der Pädagogik, und speziell von der Heilpädagogik, fordert er jedoch eine intensive Reflexion auf diese Fragen, da von ihrer Beantwortung die ganze Zielrichtung der praktischen Arbeit abhänge. Er selbst kommt schließlich zu der folgenden Definition:

> *"Wir betrachten Verhaltensstörungen als mißlungene Versuche zu einem beglückenden Leben. Sie sind daher Kümmerformen eines wünschbaren, reifen Lebensvollzugs. Nur in dem Vergleich zwischen dem Eigentlichen und dem Dürftigen, zwischen dem Echten und dem Vorgetäuschten wird die Störung verständlich, und nicht 'an sich'. Erst in der Gegenüberstellung zum vollen Leben werden verarmte und einseitige Daseinsformen als solche erkannt. Das ist freilich mit einer Wertung verbunden, was nicht gleichzusetzen ist mit einer moralischen Verurteilung"* (ebd., S. 42).

Wenngleich die Orientierung am guten, geglückten Leben pädagogisch wohl sinnvoller ist als die an der bloßen statistischen Durchschnittsnorm, so ist es doch problematisch, wenn verhaltensgestörte Kinder nach diesem Konzept nur mehr als "Minusvarianten" oder als "Kümmerformen", die dem pädagogisch "Wünschbaren" nicht entsprechen, ins Blickfeld geraten.

2. Verhaltensstörungen als "problematische Problemlösungen"

Ganz anders als Schmid haben Vertreter der interaktionstheoretischen Sozialisationsforschung in jüngerer Zeit versucht, Verhaltensstörungen nicht von der äußeren Perspektive des "pädagogisch Wünschbaren" her zu betrachten, sondern von der inneren Perspektive des Kindes, das mit bestimmten Verhaltensanforderungen und -erwartungen konfrontiert wird und dabei nur über ungenügende Mittel verfügt, diesen zu entsprechen.

Ausgehend von einem theoretischen Modell, das jeden Menschen als ein "produktiv realitätsverarbeitendes Subjekt" auffaßt (Hurrelmann 1983) und sich von allen monolinearen, mechanisch-deterministischen Prägungstheorien der früheren Sozialisationsforschung distanziert, versuchen die Vertreter dieser Position herauszuarbeiten, wie Kinder und Jugendliche in der Auseinandersetzung mit den Forderungen und Gegebenheiten ihrer Lebenswelt und in der Verarbeitung unterschiedlicher Problemkonstellationen und Entwicklungskrisen zu je verschiedenen Selbsteinschätzungen und Handlungsmustern gelangen.

Dabei wird forschungsmethodisch großer Wert gelegt auf die Interpretation, welche die Handelnden selbst ihrem Handeln beimessen. Problemverhalten wird also nicht, wie bei Schmid, nur als Ausdruck gestörter oder defizienter Entwicklung in verschiedenen Teilbereichen der menschlichen Entwicklung betrachtet, sondern als mehr oder minder mißglückter Versuch, die Wünsche und Bedürfnisse des eigenen Selbst mit den Ansprüchen und Erwartungen der Umwelt zu vermitteln:

"Jede Störung oder Behinderung wird im Prinzip als Manifestation eines Verhaltens angesehen, mit dem ein Kind/ein Jugendlicher die Probleme, die durch die Normen und Sanktionen der Umwelt entstanden sind, produktiv auf seine Weise zu bewältigen sucht. Die Störung oder Behinderung wird als Manifestation einer "Problemlösung" interpretiert - einer Problemlösung, die für die Bezugsgruppe inakzeptabel ist" (Hurrelmann/Jaumann 1985, S. 299).

In ihrem Buch über die "Lebensphase Jugend" haben Hurrelmann, Rosewitz und Wolf unter der Kapitelüberschrift "Nonkonforme und deviante Formen der Problemverarbeitung Jugendlicher" versucht, die drei verbreitetsten Formen des Auffälligwerdens im Jugendalter, Delinquenz, Drogenkonsum und psychosomatische Störungen, als je unterschiedliche Varianten der Verarbeitung von Problemkonstellationen im Individuationsprozeß darzustellen (Hurrelmann u.a. 1985, S. 111ff). In ähnlicher Weise hat Lauth im Zusammenhang mit Verhaltensstörungen von "'Überlebensstrategien', die von der Umwelt als pathogen oder abweichend definiert werden", gesprochen (Lauth 1983, S. 18).

Wolff hat schon 1978 gefordert, die "sogenannten kindlichen Verhaltensstörungen" besser als "sinnvolles Signalverhalten" zu begreifen (Wolff 1978, S. 145).

So neu ist diese Forderung indes nicht, denn die ganze psychoanalytische Betrachtungsweise von auffälligem Verhalten und Erleben zielt darauf ab, dieses als verkappte Problemlösungsversuche, als Kompromißbildungen zwischen unvereinbaren Strebungen, zu deuten, und sie geht seit jeher davon aus, daß es sich bei den Symptomen um decodierbare Signale handelt. Die Anerkennung der kreativen subjektiven Leistungen bei der Produktion von Störungen wurde eben nur allzuoft durch die mechanistischen und deterministischen Denkmuster der orthodoxen Psychoanalyse verschüttet.

Besonders plausibel erscheint die These von der "Diskrepanz zwischen den jeweils individuell verfügbaren Handlungskompetenzen und den sozial (normativ, institutionell, organisatorisch) verankerten Handlungsangeboten und -anforderungen der wichtigsten sozialen Bezugsgruppen und Erziehungsinstanzen" (Hurrelmann/Jaumann 1985, S. 295) im Hinblick auf schulische Lern- und Verhaltensstörungen. Die Schule konfrontiert Kinder unterschiedlicher familiärer Herkunft mit einem einheitlichen, relativ rigiden Rahmen von Verhaltens- und Leistungsanforderungen. Gerade Kinder aus benachteiligten Familien können diesen Anforderungen auf Grund ihrer bisherigen Erfahrungen oft nur sehr schwer gerecht werden und erleben die Schule als fremd, bedrohlich und überfordernd. Die Diskrepanzen, die zwischen Schule und Elternhaus bestehen, können für ein solches Kind zu einem "permanenten Verhaltensdilemma" führen: "Es muß in der Schule diejenigen Verhaltensweisen teilweise ablegen, die in der familialen Umgebung angemessen und anerkannt sind, und es muß im familialen Bereich eben die Verhaltensweisen phasenweise ausblenden, die im schulischen Verhaltensbereich als angemessen gelten" (ebd., S. 305).

Freilich müssen die Vertreter des "Problemverarbeitungsansatzes" dabei eingestehen, daß sie noch kaum etwas darüber wissen, welche Faktoren dafür verantwortlich sind, daß diese Verarbeitung einmal in sozial akzeptabler Weise gelingt und ein anderes Mal in verschiedener Weise entgleist. Gerade unter der Prämisse des freien, produktiv realitätsverarbeitenden Subjektes ergibt sich hier wohl auch eine prinzipielle Erklärungsgrenze, denn erklären heißt ja letztlich immer, "auf Determinanten zurückführen".

3. Verhaltensstörung - ein "moderner Mythos"?

Die Relativierung, die der ganze Problemkomplex des "abweichenden Verhaltens" durch die Labeling-Theorie und durch die Deutung von Verhaltensstörung als "Problemlösungsverhalten" bzw. als "sinnvolles Signalverhalten" erhalten hat, fand eine Zuspitzung in der These, daß es sich bei dem vieldiskutierten Konstrukt "Verhaltensstörung" um einen "modernen Mythos" handle. Mit dem Buchtitel "Geisteskrankheit ein moderner Mythos" (Szasz 1972) hatte Szasz schon früher die etablierte Psychiatrie provoziert und ihr vorgeworfen, daß sie sich mit solch medizinischem Entitätendenken selbst den Zugang zum Verständnis ihrer Patienten verstelle.

1974 hatten Aab, Pfeifer, Reiser und Rockemer in ihrem Buch "Sonderschule zwischen Ideologie und Wirklichkeit" versucht, "Behinderung als gesellschaftlich vermitteltes Phänomen zu begreifen" (Aab u.a. 1974, S. 7). Dem Kapitel über verhaltensgestörte Schüler stellten sie den programmatischen Satz voraus: "Verhaltensgestört ist, wer als verhaltensgestört bezeichnet wird" (ebd., S. 61). Und im selben Jahr versuchte Jantzen, in einem kritischen Artikel über die Verhaltensgestörtenpädagogik nachzuweisen, daß die dort gängigen Definitionen und die ihnen zugrundeliegenden Normalitätsvorstellungen von gesellschaftlichen und ökonomischen Kategorien abhängig seien (Jantzen 1974). Solche Spekulationen über die gesellschaftliche Funktion der Diagnose "Verhaltensstörung" bestimmen auch die kritische Abrechnung mit der ganzen wissenschaftlichen Diskussion zu diesem Thema, welche Voß in seinem Buch "Anpassung auf Rezept - Die fortschreitende Medizinisierung auffälligen Verhaltens von Kindern und Jugendlichen" unternimmt (Voß 1987). Sein Ausgangspunkt ist dabei die Kritik an der zunehmenden Tendenz, auffällige Kinder und Jugendliche mit Psychopharmaka zu behandeln. Dann fragt er aber weiter, welche etablierten Denkmuster hinter der Bereitschaft zur Verabreichung solcher Medikamente stehen. Als solche sieht er vor allem das technokratische Menschenbild und das damit zusammenhängende Ideal des reibungslosen menschlichen "Funktionierens".

"Verhaltensstörung" als Entität, als krankheitsähnliches Phänomen oder gar als Betriebsstörung im Gehirn gefaßt, ergibt dann die Legitimation für eine entsprechend technologische bzw. pharmakologische Problemlösung. Wie andere Mythen über das Kind, so habe auch der "Mythos der kindlichen 'Verhaltensstörungen'" den Sinn, die Herrschaft der Erwachsenen über die Heranwachsenden zu sichern und die verantwortlichen Institutionen von selbstkritischen Fragen zu entlasten:

"Die allgemeine gesellschaftliche Funktion des Mythos besteht darin, das Verhalten der Kinder im Sinne der Erwachsenen zu kontrollieren und zu regulieren. Mit immer neuen Mythen bzw. mit alten Mythen in neuen Kleidern wird über eine stetig expandierende Aussonderung von Kindern ... die Anpassung, die Normierung der Heranwachsenden ermöglicht. Das Kind soll ein beliebig zu steuerndes Wesen sein, das auf Anordnungen der Erwachsenen in berechenbarer Weise (!) zu reagieren hat" (Voß 1987, S. 64f).

So sehr Voß' Bemühen zu begrüßen ist, das weithin unterschätzte Problem der pharmakologischen Verhaltenssteuerung in das Bewußtsein der Pädagogik zu bringen, so ist das Problem des abweichenden Verhaltens und die Not von Eltern, Lehrern und Kindern natürlich nicht dadurch aus der Welt geschafft, daß "Verhaltensstörung" einfach zum "Mythos" erklärt wird. Im weiteren Verlauf der Abhandlung besinnt sich Voß denn auch auf ein "signitives Modell" von "Verhaltensstörungen", d.h. ein Modell, das die "Verhaltensauffälligkeiten" (dieser Begriff wird nun favorisiert) als Problemlösungsversuche und als verschlüsselte Mitteilungen zu deuten versucht. Allerdings wird auch für dieses Modell kein Absolutheitsanspruch erhoben, und zum Schluß erkennt Voß sogar die prinzipielle Relevanz der anderen Paradigmen einschließlich des medizinischen, welches er zuvor so entschlossen vom Tisch gefegt hatte, wieder an (ebd., S. 142). Er trägt damit letztlich der Tatsache Rechnung, daß es eben sehr viele verschiedene Formen von "Verhaltensauffälligkeit" und sehr viele mögliche Ursachen und Gründe dafür gibt.

4. "Verhaltensstörungen" - ein neuer Markt für den Psycho-Boom?

Ein weiterer aktueller Trend in der Verhaltensgestörtenpädagogik besteht darin, daß in den letzten Jahren immer mehr therapeutische Verfahren Eingang in dieses pädagogische Feld gefunden haben. Neben den klassischen Ansätzen der Tiefenpsychologie, die schon in den zwanziger Jahren ihre Anwendung auf Kinder und Jugendliche fanden, und neben den verhaltensmodifikatorischen Konzepten, die seit Beginn der siebziger Jahre eine gezielte methodisch kontrollierte "Behebung" von Verhaltensproblemen versprachen, sind es in den letzten 10 Jahren vor allem die Therapieformen aus dem Umkreis der "Humanistischen Psychologie", die sich pädagogische Ableger zugelegt haben.

Die nicht-direktive Spieltherapie, die von Axline auf dem Hintergrund des Persönlichkeitsmodells von Rogers speziell für die Arbeit mit seelisch belasteten Kindern entwickelt wurde, ist wohl das älteste aus dieser Tradition stammende Konzept (Axline 1980[5]). A. und R. Tausch haben ihre wissenschaftlichen Anstrengungen über Jahrzehnte hinweg fast ausschließlich dem Ziel gewidmet, dem Rogers'schen Ansatz in der deutschsprachigen pädagogischen Psychologie zu Ansehen und Geltung zu verhelfen. Sie haben auch schon 1956 ein Buch über "Kinderpsychotherapie im nicht-direktiven Verfahren" veröffentlicht (Tausch/Tausch 1956). Goetze hat in seiner Adaption des Rogers'schen Ansatzes für die Verhaltensgestörtenpädagogik die Trennung von Unterricht und Therapie aufgehoben, und er setzt in seinem Entwurf einer "personorientierten Spieltherapie" ganz auf die positive Wirkung der von Rogers beschriebenen therapeutischen Persönlichkeitsvariablen (Goetze 1981).

Das "Teacher-Effectivness-Training", das von Gordon als Modell zur konstruktiven Konfliktlösung in der Schule entwickelt wurde und das seit 1977 als "Lehrer-Schüler-Konferenz" auch in Deutschland auf dem Markt ist, wurde rasch zum Bestseller. Gordons Leistung besteht in erster Linie darin, daß er die Anwendung des klientenzentrierten Ansatzes auf die Verhältnisse der Schule, die Rogers selbst eher allgemein philosophierend und exemplarisch beschreibend versucht hatte (vgl. Rogers 1974), in einen handfesten Kanon von Verhaltensregeln und Methoden umformte. "Aktives Zuhören", "Ich-Botschaften senden", "Problembesitz" analysieren sowie die magische "Methode III: Konfliktlösung ohne Niederlage" (ein rationales Konfliktlösungsmodell in sechs Stufen) - das sind die Kernstücke von Gordons Konzept. Die positiven Wirkungen, die diesem Ansatz im Hinblick auf die Verbesserung der Situation im Klassenzimmer zugetraut werden, sind alles andere als bescheiden. Eine wahre Revolution der Denkungs- und Handlungsart bei Lehrern und Schülern wird versprochen. Worte wie "kontrollieren", "anordnen", "bestrafen", "drohen", "begrenzen", "überwachen", "bestimmem", "hart sein", "schelten", "mahnen", "befehlen" und "verlangen" würden nach erfolgreicher Absolvierung des Trainings aus dem Wortschatz des Lehrers verschwinden, da sie abgelöst würden durch Worte wie "Problemlösen", "Konflikte bewältigen", "beeinflussen", "konfrontieren", "zusammenarbeiten", "mitarbeiten", "gemeinsam Beschlüsse fassen", "Vereinbarungen mit Schülern ausarbeiten", "gegenseitiges Einvernehmen erreichen", "verhandeln", "Bedürfnissen gerecht werden", "die Dinge besprechen". - Überhaupt würde das Verhältnis zwischen den Schülern und dem Lehrer durch das Training eher die Qualität einer Beziehung, wie sie "zwischen guten Freunden und Kollegen" herrscht, annehmen (Gordon 1977, S. 29). Das klingt verlockend, ist aber wohl, wie so manches aus dem Bereich der Humanistischen Psychologie, allzu optimistisch und harmonistisch gedacht und wird den realen Rollen- und Interessengegensätzen derjenigen, die in der Institution "Schule" miteinander umgehen, nicht gerecht.

Ein weiteres Konzept aus dem Umkreis der Humanistischen Psychologie, das sich in der Schulpädagogik und speziell im Hinblick auf die Unterrichtsgestaltung mit Problemkindern großer Resonanz erfreut, ist die "Themenzentrierte Interaktion" von Ruth Cohn. Das optimistische Persönlichkeitsmodell der Humanistischen Psychologie ist hier verknüpft mit gruppendynamischen und didaktischen Aspekten. Kernstück ist dabei ein Strukturmodell für die Gruppensituation, das eine Balance zwischen den Polen "Ich", "Es" (das Thema) und "Wir" (die Gruppe) fordert, sowie ein Katalog von einfachen Regeln bzw. Merksätzen für die Interaktion in der Gruppe (vgl. Cohn 1975). Gerade weil es sich hier einerseits nicht primär um ein selbsterfahrungsbezogenes, sondern um ein themenbezogenes Gruppenkonzept handelt und weil andererseits mit der "Störungs-prioritätenregel" das Unvorhergesehene, das Emotionale und Konflikthafte dennoch ausdrücklich in seiner Bedeutung ernst genommen wird, ist es für den Unterricht mit Problemkindern besonders attraktiv. So gibt es inzwischen einige Erfahrungsberichte über den Einsatz der "TZI" in diesem Bereich (vgl. Reiser 1983, Stollberg 1982, Schneider/Suttner 1988).

Sicherlich ist das "Strukturmodell", das, wie Bittner mit Recht bemerkt hat, lediglich eine Variation des altehrwürdigen "didaktischen Dreiecks" darstellt (Bittner 1980, S. 53), nicht so originell, wie manche TZI-Enthusiasten glauben. Dennoch kann die Idee der Balance zwischen den drei Polen durchaus eine Orientierungshilfe für den Gruppenleiter bzw. den Lehrer sein. Auch Regelkataloge für Gruppengespräche gab es natürlich in Klassenzimmern schon lange vor Cohn. Die Regeln der TZI stellen jedoch weniger konkrete Verhaltensanweisungen dar als vielmehr Aufforderungen, die eigenen Stimmungen und Bedürfnisse sensibel wahrzunehmen und offen auszusprechen, dabei aber das Thema und die Interessen der anderen nicht aus dem Auge zu verlieren. Der Wert der TZI für die Pädagogik bestimmt sich letztlich dadurch, inwieweit es dem einzelnen Lehrer mit Hilfe dieser "Krücken" gelingt, eine offene, förderliche Gesprächsatmosphäre zu schaffen, die von Authenzität und Direktheit im Ausdruck eigener Bedürfnisse und von Toleranz und Verständnis in der Aufnahme fremder Standpunkte geprägt ist.

Schließlich hat auch die von Fritz Perls begründete Gestalt-Therapie inzwischen ihre kindertherapeutischen und pädagogischen Ableger ausgebildet, in denen versucht wird, die Gestalt-Prinzipien und Techniken der Unmittelbarkeit, des Hier-und-Jetzt, des körperlich-agierenden Ausdrucks von Gefühlen, des inneren Dialogs etc. in Vorschläge für die Arbeit mit Kindern umzusetzen (vgl. Petzold/Brown 1977, Oaklander 1981, Burrow/Scherpp 1981, Prengel 1983). Dabei bleibt allerdings das, was unter dem Begriff "Gestaltpädagogik" von den verschiedenen Autoren präsentiert wird, höchst diffus. So schreibt selbst Krauß am Ende ihrer Darstellung zur "Entstehungsgeschichte der Gestaltpädagogik": "Aus den bisherigen Darstellungen der Gestaltpädagogik geht hervor, daß dieser Begriff eher als Sammelbegriff für die unterschiedlichen Anwendungsformen von Gestaltkonzepten im Unterricht gesehen werden muß, als ein einheitliches, klar formuliertes Konzept" (Krauß 1983, S. 61). Gemeinsam ist den Entwürfen allenfalls die

Emphase auf Ganzheitlichkeit, Emotionalität, Spontaneität, Bedürfnisorientierung und Selbstbestimmung sowie eine Kritik am herkömmlichen Unterrichtsgeschehen. Identität, Kompetenz, Integrität, Kontakt, Wachstum, Dialog, Bewußtheit etc. sind weitere Vokabeln, die immer wieder in den Zielformulierungen auftauchen.

Schaut man sich die konkret vorgeschlagenen Methoden und Techniken an, so geht es in erster Linie um Bewußtheitsübungen für die einzelnen Sinneskanäle, um Körpererfahrungs- und Bewegungsspiele, um Imaginationstechniken und Phantasiereisen sowie um Identifikationsübungen und Rollenspiele, mit denen ein möglichst lebendiger, bedürfnisorientierter Unterricht angereichert werden soll. Verhaltensprobleme werden auf dem Hintergrund der Gestalttherapie als Ausdruck unvollständiger Erfahrungen, also als nicht geschlossene "Gestalten", interpretiert, welche den Betroffenen bis zur Komplettierung in einer Art Wiederholungszwang gefangen halten (Larson 1983, S. 219). Introjektion, Projektion, Retroflexion, Deflexion und Konfluenz werden als spezifische Mechanismen der "Kontaktvermeidung" und damit der Vermeidung förderlichen Austausches beschrieben. Vom Lehrer im therapeutischen Klassenzimmer wird in erster Linie Authentizität, Selbstbewußtheit und Glauben an die inneren Kräfte des Schülers gefordert. Besonders spezifisch für den "Gestalt"-orientierten Umgang mit Problemkindern dürfte wohl die folgende Forderung sein: "Der Lehrer hilft dem Schüler bei der Ausweitung seiner Selbstwahrnehmung, indem er ihm durch gezielte Aktivitäten Bewußtheit über seine Gefühle, seinen Körper, seine Widersprüche, Wünsche, Gedanken und über sein Verhalten vermittelt" (ebd., S. 226).

Während musik-, spiel- und kunsttherapeutische Ansätze sowieso eine lange und positive Tradition innerhalb der Heilpädagogik haben und während die Verwirklichung der Rogers'schen Variablen von Echtheit, Wärme, nicht wertendem, einfühlsamen Verstehen sicher hilfreich sind und die Berücksichtigung der Cohn'schen Regeln zumindest nicht schädlich sein kann, tummeln sich hier doch bereits auch Ableger anderer moderner The rapierichtungen, deren Sinn und Nutzen für die Verhaltensgestörtenpädagogik noch keineswegs klar erwiesen ist. Es besteht durchaus die Gefahr, daß dieses Feld der Pädagogik unkritisch zur Spielwiese für alle möglichen therapeutischen und pseudotherapeutischen Experimente wird. Wenn man sich die Themen der Vorträge und Workshops auf den beiden Fachtagungen über Verhaltensgestörtenpädagogik ansieht, die 1987 und 1988 in Hamburg stattfanden - und dies dürfte wohl den aktuellsten Trend widerspiegeln - dann hat man durchaus den Eindruck des "anything goes". Die Palette der "therapieorientierten Verfahren in der Verhaltensgestörtenpädagogik", die dort vorgestellt wurde, reichte von den tiefenpsychologischen Ansätzen über kognitive Verhaltensmodifikation, Psychodrama, "Gestaltpädagogik", "meditative Verfahren", "systemische Ansätze", "Autosuggestion" und "Hypnotherapie" bis hin zur "Lerntherapie mit computerunterstützter Förderung". Dabei war die Art der Präsentation weder eine kritisch vergleichende (welches Verfahren ist das bessere?) noch eine sorgfältig differenzierende (welches Verfahren ist für welches Kind in welcher Situation sinnvoll?), sondern es handelte sich eher um einen bunten Markt, auf dem jeder seine "Therapieware" feilbot.

Wenn die Häufigkeit der Zitation bestimmter Autoren ein gültiger Indikator für bestimmte Trends in der Wissenschaft ist, dann ist der Dokumentationsband über die Fachtagung von 1988, dem ein Namensregister beigegeben ist, besonders aufschlußreich.

Darin finden sich weder die Namen Freud noch Aichhorn noch Zulliger. Dagegen gibt es unter den Stichworten Ellis, Gordon, Maslow, Moreno, Perls und Rogers eine Vielzahl von Nennungen (vgl. Goetze/Neukäter 1988). Schneider und Suttner schätzen den aktuellen Trend ähnlich ein, beurteilen ihn aber durchweg positiv:

"Gegen Ende der siebziger Jahre erlebte die Verhaltenstherapie unter dem Etikett 'Pädagogische Verhaltensmodifikation' ... in der Schule einen regelrechten Boom, doch nun schlägt das Pendel in die andere Richtung aus: Immer mehr Verfahren, die aus der humanistischen Psychologie ... kommen, finden neben der Klientzentrierten Therapie in der Schule Verwendung. Ausgehend vom Einsatz bei unterrichtsbegleitenden therapeutischen Angeboten ... werden sie im Unterricht in Form von isolierten Einzelübungen und -interventionen oder als Strukturmodelle übernommen, und zwar in der Sonderschule stärker als in der Regelschule.... Wie weit dieser Prozeß in der Sonderpädagogik bereits fortgeschritten ist, läßt sich aus der Durchsicht des Berichts der vds-Bundesfachtagung 1985 ("Bewegen-Erleben-Lernen") ersehen: Viele der Autoren beziehen sich explizit auf meditative Verfahren oder auf die Körpertherapien (z.B. Zen; Alexander-Technik; Bioenergetik; Eutonie; Feldenkrais-Methode; Sensory Awareness; Tanztherapie; Yoga).

Viele Lehrkräfte setzen also bereits Elemente dieser Verfahren im Unterricht mit ein. Bei den Verfahren, die von den Psychotherapien abgeleitet sind, werden Übungen aus der Gestalttherapie ... und die Methoden der Themenzentrierten Interaktion ... in der Regelschule immer häufiger eingesetzt. Für den Bereich der Verhaltensgestörtenpädagogik gewinnen diese Verfahren ebenfalls Bedeutung, nachdem bisher die psychoanalytische und die lerntheoretische Sichtweise ... vorherrschten" (Schneider/Suttner 1988, S. 661f).

Die Bedeutungszunahme dieser Verfahren in der Pädagogik hängt sicher auch damit zusammen, daß Schul-, Sozial- und Sonderpädagogen selbst einen nicht unbeträchtlichen Teil der Klientel der neuen Therapieformen darstellen. In der Tätigkeit mit Menschen, speziell in der Arbeit mit besonders konflikthaften und anstrengenden Kindern und Jugendlichen, ist eine größere Bereitschaft zu persönlicher Reflexion, Fortbildung und Selbsterfahrung ja auch durchaus sinnvoll und wichtig.

Ebenso muß man natürlich, wenn man die Pluralität der Therapieformen als Faktum akzeptiert und keiner einzelnen Richtung von vornherein einen Absolutheitsanspruch zubilligt, anerkennen, daß alle Konzepte, die zum Verständnis und zur Hilfe bei psychischen Konflikten im Erwachsenenalter entwickelt wurden, prinzipiell auch eine Relevanz für seelische Problemlagen im Kindesalter - und damit für die Verhaltensgestörtenpädagogik - beanspruchen können. Problematisch wird die Sache jedoch dann, wenn Übungen und Regeln, die man in der Selbsterfahrungsgruppe kennengelernt hat, ohne viel Bedacht aus diesem therapeutischen Setting ins Klassenzimmer übernommen werden. Hier besteht sicher eine Grauzone, in der die Gefahr des dilettierenden Umgangs mit Versatzstücken aus therapeutischen Methodeninventaren nicht unerheblich ist.

Schlußbetrachtung:

Die Sonderstellung des "schwierigen Kindes" innerhalb der Geschichte der Heilpädagogik

Die "Ergebnisse" dieser Arbeit in einem Schlußkapitel zu resümieren, ist insofern ein schwieriges Unterfangen, als die "Ergebnisse" einer solchen historischen Arbeit eben in erster Linie im Detail liegen, d.h. in der Vergegenwärtigung historischer Positionen und Kontroversen, in der Analyse zeittypischer Denkmuster und Erklärungsansätze und im Nachzeichnen bestimmter Fortschritte und Entwicklungslinien. Selbst die ausführlichste Geschichte der Pädagogik stellt immer schon eine Zusammenfassung sehr vielfältigen Materials dar und enthält unvermeidlich zahlreiche Verkürzungen. Sie läßt sich somit kaum noch einmal in eine Schlußzusammenfassung komprimieren. Vielleicht brechen aus diesem Grund manche geschichtlichen Darstellungen einfach mit dem Erreichen der Gegenwart ab (vgl. Blättner 1951, Reble 1981[12], Scheuerl 1985), oder aber sie enden mit kurzen allgemeinen Reflexionen zum Sinn der Geschichte der Pädagogik bzw. zur Unabschließbarkeit pädagogischer Geschichtsschreibung (Blankertz 1982).

Als die vorliegende Arbeit schon zum großen Teil niedergeschrieben war, erschien von Andreas Möckel eine "Geschichte der Heilpädagogik" (Möckel 1988), in welcher der Autor erstmals im deutschen Sprachraum den Versuch unternimmt, das Gesamtgebiet der Heilpädagogik in seiner historischen Entwicklung darzustellen. Natürlich behandelt Möckel in diesem Zusammenhang auch die Entwicklungslinie hin zu dem, was sich in der heutigen Sonderpädagogik als "Verhaltensgestörtenpädagogik" etabliert hat. Bezeichnenderweise nimmt auch er im Zusammenhang mit der geschichtlichen Reflexion über den pädagogischen Umgang mit erziehungsschwierigen Kindern Bezug auf Heinrich Hoffmann und die Figuren aus dem "Struwwelpeter" (vgl. ebd., S. 172). Ich möchte deshalb zum Schluß in Auseinandersetzung mit Möckels Buch die Besonderheiten, die meiner Meinung nach diesen Strang heilpädagogischer Ideen und Initiativen kennzeichnen und ihn von den Entwicklungslinien, die zu den anderen Fachrichtungen hinführen, unterscheiden, noch einmal hervorheben.

Möckel geht es in erster Linie darum, die Einheit der heilpädagogischen Bestrebungen deutlich zu machen. Sein Ausgangspunkt ist das Unbehagen daran, daß die Fachgeschichten in ihren bisherigen vereinzelten Darstellungen den Scherben eines zerbrochenen Spiegels glichen, die den systematischen Zusammenhang aller heilpädagogischen Initiativen mit dem Ganzen der Erziehung nicht mehr in den Blick kommen ließen (vgl. ebd., S. 18). Deshalb sucht er nach einem Deutungsmuster, das es erlaubt, die Scherben zusammenzubringen, um in dem so gekitteten Spiegel ein Muster sichtbar zu machen, das alle Fachrichtungen untereinander verbindet und das zugleich den systematischen Ort der Heilpädagogik innerhalb der Pädagogik deutlich macht. Ein solches Deutungsmuster sieht Möckel in den von Bollnow entwickelten Kategorien vom "Scheitern" und vom "Neuanfang" in der Erziehung. Heilpädagogik in all ihren speziellen Ausprägungen ist in diesem

Eindrucksvoll schildert Möckel die historischen Ursprungssituationen der Heilpädagogik, die Situationen, in denen Pioniere wie Abbé de l'Epée, Valentin Haüy, Johann Jakob Guggenbühl u.a. die Grenzen der Pädagogik verschoben, indem sie Erziehungs- und Unterrichtsversuche dort wagten, wo sie nach den bisher geltenden Anschauungen als unmöglich bzw. hoffnungslos erschienen: bei tauben, blinden, geistigbehinderten und körperbehinderten Kindern. Was diese Grenzverschiebungen erst ermöglichte, das waren die spezifischen Methoden, die diese Pioniere entwickelten, um trotz der jeweiligen Behinderung, Kommunikation mit dem Kind herzustellen und eine Lernsituation aufzubauen. Die weitere Geschichte der einzelnen Richtungen der Heilpädagogik besteht dann jeweils im wesentlichen im Ausbau und in der Verfeinerung dieses speziellen Methodenrepertoires und in der institutionellen Absicherung dieser Errungenschaften. Der einmal gelieferte Nachweis des Erfolgs sorgte meist sehr schnell für die Ausbreitung der Methoden. Den ersten Modelleinrichtungen folgten oft innerhalb weniger Jahre ganze Reihen ähnlicher Einrichtungen nach.

So wertvoll Möckels Herausarbeitung des gemeinsamen, einheitsstiftenden Grundmusters aller heilpädagogischen Bestrebungen ist, so kann und will er doch damit keineswegs die Unterschiede und Besonderheiten in der Entwicklung der verschiedenen Zweige leugnen. Und gerade die Vorgeschichte dessen, was sich heute "Verhaltensgestörtenpädagogik" nennt, nimmt auch in Möckels Darstellung eine gewisse Sonderstellung ein. Einerseits ist sie geradezu das Musterbeispiel für die These vom "Scheitern" und vom "Neuanfang" in der Pädagogik, denn hier ist ja keine objektive, offensichtliche Behinderung im Spiel, die der Taubheit, der Blindheit oder der körperlichen oder geistigen Behinderung vergleichbar wäre und die als Ursache für das Scheitern pädagogischer Bemühungen dingfest gemacht werden könnte. Hier findet die Ausgliederung des betroffenen Kindes als eines besonderen erst durch das Scheitern der Erziehung selbst statt. Es handelt sich quasi um die autochthone Form des Scheiterns in der Erziehung. Es ist auch der Bereich, in dem die oft postulierte Einheit von Allgemeiner Pädagogik und Heilpädagogik wohl am deutlichsten ist. Die Übergänge von normalen, in jeder Erziehung vorkommenden Konflikten, Krisen und Verfehlungen bis hin zu den massiven Formen von abweichendem Verhalten und psychischen Erkrankungen sind fließend. Entsprechend geht auch die Literatur, die sich mit diesem Thema befaßt, mehr oder weniger fließend über von allgemeiner pädagogisch-psychologischer Ratgeber-Literatur zum Umgang mit Erziehungsschwierigkeiten bis hin zur kinderpsychiatrischen Fachliteratur.

Andererseits läßt sich das, was Möckel allgemein als das bewegende Moment in der Entwicklung der Heilpädagogik ausgemacht hat, nämlich die Ausbildung und Verfeinerung spezifischer Methoden zur Kompensation der eingeschränkten Bildsamkeit, in der Geschichte der pädagogischen Bemühungen um das erziehungsschwierige Kind kaum feststellen. Hier gab es nie, wie z.B. in der Geschichte des Taubstummen-Unterrichts, kunstvolle Methoden, die ihre Erfinder als "Berufsgeheimnis" hätten hüten können Vielmehr handelte es sich immer um allgemeinpädagogische Empfehlungen, die in ihrer Vielfalt und in ihrer Widersprüchlichkeit oft an Bernfelds ironisch-kritische Vorbehalte gegenüber der "idealverwirklichenden Kraft" einzelner Erziehungsmethoden denken lassen:

"Alle erzieherischen Maßnahmen, die als geeignet gelehrt werden, das Kind mit seiner naiv und intuitiv erfaßten Struktur zu jenem hohen Ziel zu verändern, sind verdächtig einfach und banal. Ihre Banalität erweist sich schon darin, daß sie alle samt und sonders und jede einzelne für sich nicht neu sind. Wahrscheinlich ist es gar nicht möglich, ein wirklich neues Mittel der Erziehung zu erdenken. Gewiß ist es den großen Pädagogen nicht gelungen. Ob sie nun Liebeskraft oder harte Zucht vorschlagen, Belehrung durch Worte, durch Beispiel oder Rute empfehlen, ob sie für aktives Verhalten des Erziehers sind oder für geduldiges Zuwarten, ablenkendes Ausleben der kindlichen Impulse oder deren Unterdrückung verlangen - seit es Eltern, seit es Erzieher gibt, ist diese uralte Skala vom strengen Blick bis zur Gefängnisstrafe, von dem milden Wort bis zur bänderei-chen Predigt allüberall geübt worden" (Bernfeld 1967, S. 40).

Die Rettungshaus-Bewegung hat keine eigentliche neue pädagogische Methode hervorgebracht, sondern sie hat den verwahrlosten Kindern, die sie aufgenommen hat, eine neue, strukturierte, von religiösem Eifer, Arbeitsernst und Gemeinschaft durchdrungene Lebenswelt geboten. Wichern selbst hat ausdrücklich betont, daß "im Rettungshaus keine besondere Erziehungsmethode gelten soll" (Wichern AS Bd.2, S. 301), und auch die Vertreter der Psychopathen-Fürsorge mußten bezüglich der Frage der Behandlungsmethoden zugestehen, daß sie nur "pädagogische und fürsorgerische Binsenwahrheiten" zu bieten hätten (Jacobi 1928, S. 33). Für die gegenwärtige Schule für Verhaltensgestörte räumt Möckel selbst ein, daß die "Frage der Methode ... schwer zu beantworten sei", da diese Schulform "nicht mit einer klar umschriebenen Erziehungsmethode entstanden" ist (Möckel 1988, S. 206). Er spricht wohl aus der Erkenntnis dieser (vielleicht notwendig und unvermeidbar) unzulänglichen Methodik der Pädagogik auf dem Gebiet der Erziehungsschwierigkeiten von der "Metamethode der Erziehungsberatung".

Noch eine andere Besonderheit fällt ins Auge, wenn man die Entwicklungslinie, die zur heutigen Verhaltensgestörtenpädagogik hinführt, mit den Entwicklungslinien der anderen Fachrichtungen vergleicht. Bei allen anderen Sparten stellten die schulischen Einrichtungen die eigentlichen Träger des Fortschritts in dem jeweiligen Gebiet dar: Taubstummen-Schule, Blinden-Schule, Krüppel-Schule, Hilfsschule, Schwerhörigen-Schule, Sprachheil-Schule, Sehgeschädigten-Schule. Die Geschichte der Heilpädagogik ist in diesen Feldern zu einem großen Teil die Geschichte der Erweiterung und der Verfeinerung der Didaktik. In der Geschichte der Bemühungen um Kinder, die, ohne offensichtlich behindert zu sein, mit ihrem Verhalten aus dem Rahmen fallen, die vorgegebene Ordnungen verletzen und sich gegen die üblichen erzieherischen Maßnahmen sperren, spielt dagegen die Schule nur eine sehr untergeordnete Rolle. Sie hat diese Erscheinungen weniger als Aufgabe und Herausforderung begriffen, sondern eher als lästiges und zu unterdrückendes Übel. Die Geschichte des schulischen Umgangs mit Erziehungsschwierigkeit ist zu einem großen Teil die Geschichte des Prügelstocks (vgl. Flissikowski u.a. 1980). Und selbst über die heutige Schule für Verhaltensgestörte fällt Möckel das harte Urteil, daß es sich dabei mehr um "ein Symptom pädagogisch-gesellschaftlicher Hilflosigkeit" handle, als um eine, durch wirksame Methoden legitimierte, therapeutische Einrichtung (Möckel 1988, S. 204).

In der Geschichte der Verhaltensgestörtenpädagogik spielen andere Institutionen eine viel wichtigere Rolle als die Schule: Rettungshäuser, Zwangserziehungseinrichtungen, Besserungsanstalten, Verwahrlostenfürsorge, Psychopathenheime, Beobachtungsstationen, Jugendgerichtsbarkeit, Erziehungsberatung u.a.. Es handelt sich um ein Feld, in dem sich die Interessen und Bemühungen ganz verschiedener Disziplinen überschneiden: Pädagogik, Sozialpädagogik, Heilpädagogik, Psychologie, Soziologie, Psychiatrie, Kriminologie etc. Die Aufzählung der Institutionen und der Fachdisziplinen macht deutlich, daß in der Tradition des Umgangs mit "schwierigen Kindern" immer auch das repressive Moment eine bedeutende Rolle gespielt hat. Es galt nicht nur, das einzelne Kind oder den Jugendlichen zu "bessern", sondern es ging meist auch darum, die anderen vor den verderblichen Einflüssen "verwahrloster", "verkommener" oder aber "psychopathischer", "moralisch schwachsinniger" bzw. "devianter", "delinquenter" oder "verhaltensgestörter" Kinder zu schützen. Meist stand hier nicht der kompensatorische Aspekt, im Sinne der Anpassung der erzieherischen Mittel an die Gegebenheiten des behinderten Kindes, um die je speziellen organischen Funktionseinschränkungen auszugleichen, im Vordergrund, sondern der modifikatorische Aspekt, d.h. der Versuch, durch "Gegenwirkung" und Schaffung geeigneter Erziehungssituationen das Verhalten der Kinder und Jugendlichen den allgemeinen Verhaltensnormen anzupassen.

Nun finden sich aber auch in der Geschichte der pädagogischen Bemühungen um erziehungsschwierige Kinder grundlegende Wandlungen. Wenn es nicht die Fortentwicklung des methodisch-didaktischen Geschicks und auch nicht der Ausbau der schulischen Einrichtungen ist, der als Motor dieser Veränderungen angesehen werden kann, was ist es dann? Die Antwort, die diese Arbeit belegen wollte, geht dahin, daß es in erster Linie die grundlegenden Wandlungen in der Wahrnehmung und Deutung des "abweichenden Verhaltens" (um es möglichst neutral auszudrücken) waren, die die Geschichte der Verhaltensgestörtenpädagogik bestimmen. Die Deutung auffälliger Verhaltensweisen hängt natürlich immer sehr eng zusammen mit der Deutung und der Erklärung menschlichen Verhaltens schlechthin, also mit den psychologischen und anthropologischen Vorstellungen der jeweiligen Zeit. Ob ich ein und dieselbe Verhaltensweise - z.B. die Widerspenstigkeit und die äußere Verwahrlosung des "Struwwelpeter" oder das Wüten des "bösen Friederich" - als "sittliche Verfehlung", als Wirkung eines "cholerischen Temperaments", als "Überwältigung durch die Macht des Bösen", als Ausdruck "moralischen Schwachsinns" oder "psychopathischer Minderwertigkeit", als "neurotische Handlung aus unbewußtem Strafbedürfnis", als Form "männlichen Protests", als Zeichen mangelnden "inneren Haltes", als Folge "frühkindlicher Hirnschädigung", als "milieuspezifisches, sozialisationsbedingtes Verhaltensmuster", als Zeichen "sekundärer Devianz" oder gar als "sinnvolles Signalverhalten" auffasse, ja, schon ob ich von einem "Verhalten" oder von einer "Handlung" spreche, macht einen deutlichen Unterschied. Diese Pluralität der Deutungsmöglichkeiten menschlichen Handelns ist verantwortlich für die verwirrende Vielfalt der Konzepte in der heutigen Verhaltensgestörtenpädagogik, und sie steht wohl auch hinter der immer wieder geführten Diskussion um die rechte Bezeichnung dieses Bereichs der Pädagogik und ihrer Klienten.

Insofern trifft Möckels These, die Veränderungen in der Heilpädagogik könnten auch als Veränderung von Sprache aufgefaßt werden, hier sicherlich in besonders hohem Maße zu. "Rettung Verwahrloster", "Psychopathenfürsorge" und "Verhaltensgestörtenpädagogik" sind drei Namen für pädagogische Antworten auf ein und dasselbe Problem: das Scheitern von Erziehungsprozessen, ohne daß eine offensichtliche Behinderung dabei im Spiel ist. Und diese Namen bezeichnen deutlich das vorherrschende Problemverständnis der jeweiligen Epoche. Dabei lassen sich diese verschiedenen Auffassungen kaum im Sinne eines linearen, geschichtlichen Fortschritts, einer graduellen Annäherung an die "Wahrheit" interpretieren. Vielmehr wird deutlich, wie sehr sich die jeweils kollektiven, zeittypischen Deutungen der menschlichen Natur gerade im Bereich der Erklärung desjenigen Verhaltens, das von der Durchschnittsnorm abweicht, niederschlagen. Daß diese Bestimmungen der menschlichen Natur und die Erklärungen für die Normabweichungen einzelner immer auch etwas mit Macht, mit der Aufrechterhaltung sozialer Ungerechtigkeit und mit der Legitimation von institutionellen Maßnahmen zur Kontrolle, Veränderung und Anpassung von Minderheiten zu tun haben, dies ist die andere Seite der Medaille.

Literatur

AAB, J. / PFEIFER, T. / REISER, H. / ROCKEMER, H.G.: Sonderschule zwischen Ideologie und Wirklichkeit. München 1974.

ADLER, A.: Vorrede zu WEXBERG, E. (Hrsg.): Handbuch der Individualpsychologie. München 1926.

ADLER, A.: Praxis und Theorie der Individualpsychologie. Vorträge zur Einführung in die Psychotherapie für Ärzte, Psychologen und Lehrer (1920). Frankfurt 1974a.

ADLER, A.: Die Seele des schwererziehbaren Kindes (1930). Frankfurt 1974b.

ADLER, A.: Menschenkenntnis (1927). Frankfurt 1976a.

ADLER, A.: Kindererziehung (engl. Orig.: The education of children, 1930). Frankfurt 1976b.

ADLER, A.: Das Leben gestalten. Vom Umgang mit Sorgenkindern (engl. Orig.: The pattern of life, 1930). Frankfurt 1979.

ADLER, A.: Der Sinn des Lebens (1933). Frankfurt 1980.

ADLER, A.: Individualpsychologie in der Schule. Vorlesungen für Lehrer und Erzieher (1929). Frankfurt 1981.

ADLER, A.: Über den nervösen Charakter. Grundzüge einer vergleichenden Individual-Psychologie und Psychotherapie (1912). Frankfurt 1986.

ADLER, A. mit FURTMÜLLER, C. und WEXBERG, E.: Heilen und Bilden. Ein Buch der Erziehungskunst für Ärzte und Pädagogen (1914). Frankfurt 1983.

AFFOLTER, F.: Wahrnehmung, Wirklichkeit und Sprache. Villingen-Schwenningen 1987.

AHLHEIM, R. u.a.: Gefesselte Jugend. Fürsorgeerziehung im Kapitalismus. Frankfurt 1971.

AICHHORN, A.: Zum Verwahrlosten-Problem. In: Zeitschrift für Psychoanalytische Pädagogik, 1. Jg. 1926/27.

AICHHORN, A.: Ein häufig vorkommender, eigenartiger Erziehungsnotstand und dessen Behebung. In: BOLTERAUER, L. (Hrsg.): Aus der Werkstatt des Erziehungsberaters. Wien 1960.

AICHHORN, A.: Erziehungsberatung und Lebenshilfe. Zwölf Vorträge über Psychoanalytische Pädagogik. Reinbek 1972.

AICHHORN, A.: Psychoanalyse und Erziehungsberatung. Frankfurt 1974.

AICHHORN, A.: Verwahrloste Jugend. Die Psychoanalyse in der Fürsorgeerziehung. Bern, Stuttgart, Wien 1977[9].

AICHHORN, T.: Wer war August Aichhorn? Briefe, Dokumente, unveröffenlichte Arbeiten. Wien 1976.

ALLERS, R.: Heilerziehung bei Abwegigkeiten des Charakters. Köln o.J..

ANSBACHER, H. L. / ANSBACHER, R.: Alfred Adlers Individualpsychologie. München, Basel 1972.

ANTOCH, R.: Von der Kommunikation zur Kooperation. Studien zur individualpsychologischen Theorie und Praxis. München 1981.

ANTON, G.: Über die Formen der krankhaften moralischen Abartung. Langensalza 1912.

ANTON, G.: Die Bedeutung der Psychopathen im öffentlichen Leben. Langensalza 1920.

ANTOR, G.: "Labeling approach" und Behindertenpädagogik. In: Zeitschrift für Heilpädagogik, 27. Jg. 1976.

ASCHOFF, G.: Zur Problematik des Psychopathie-Begriffs in der Heilpädagogischen Psychologie. In: Zeitschrift für Heilpädagogik, 18. Jg. 1967.

ASMUS, H.-J. / PEUCKERT, R.: Der Erkenntniswert der "alten" und der "neuen" Kriminalsoziologie für die Erklärung abweichenden Verhaltens in der Schule. In: ASMUS, H.-J / PEUKERT, R.: Abweichendes Schülerverhalten, Heidelberg 1979.

ASMUS, W.: Johann Friedrich Herbart, Pädagogische Schriften, Bd.1-3, Düsseldorf, München 1964-1965.

ASMUS, W.: Johann Friedrich Herbart. Eine pädagogische Biographie. Bd.I: Der Denker 1776-1809. Heidelberg 1968. Bd.II: Der Lehrer 1809-1841. Heidelberg 1970.

ASMUS, W.: Die Autonomie der Pädagogik Herbarts. In: Zeitschrift für Pädagogik, 21. Jg. 1975.

ATZESBERGER, M. / FREY, M.: Verhaltensstörungen in der Schule. Erscheinungsformen, Diagnostik, Behandlung. Stuttgart 1978.

AXLINE, V.M.: Kinderspieltherapie im nicht-direktiven Verfahren (1947). München, Basel 1980[5].

AYRES, A.J.: Bausteine der kindlichen Entwicklung. Berlin, Heidelberg, New York, Tokyo 1984.

BACH, H.: Sonderpädagogik im Grundriß. Berlin 1977.

BACH, H.: Schulintegrierte Förderung bei Verhaltensauffälligkeiten. Konzepte und Praxis. Mainz 1984.

BACH, H. / KNÖBEL, R. / ARENZ-MORCH, A. / ROSNER, A.: Verhaltensauffälligkeiten in der Schule. Statistik, Hintergründe, Folgerungen. Mainz 1984.

BARTSCH, K.: Die Bedeutung der Störungen der psychischen Funktionen für den Psychopathen und seine Heilerziehung. In: GOEPFERT, H. (Hrsg.): Bericht über den ersten Kongress für Heilpädagogik in München 2. - 5. August 1922, Berlin 1923.

BAUR, A.: Moderne Schulhygiene. Lehrbuch der Schulgesundheitspflege. Horb 1910.

BECKER, H.S.: Außenseiter. Frankfurt 1973.

BELSCHNER, W. u.a.: Verhaltenstherapie in Erziehung und Unterricht. Stuttgart, Berlin, Köln, Mainz 1973.

BELSCHNER, W.: Der Beitrag der Verhaltenstherapie zur Sonderpädagogik. In: Zeitschrift für Heilpädagogik, 30. Jg. 1979.

BENNER, D.: Die Pädagogik Herbarts. Eine problemgeschichtliche Einführung in die Systematik neuzeitlicher Pädagogik. Weinheim und München 1968.

BERNA, J.: Erziehungsschwierigkeiten und ihre Überwindung. Bern 1954.

BERNART, E.: Das pädagogische Problem der gemeinschaftsschwierigen Kinder im Spiegel einer Erhebung. In: Zeitschrift für Heilpädagogik, 7. Jg. 1956.

BERNFELD, S.: Sisyphos oder die Grenzen der Erziehung. Frankfurt 1967.

BESCHEL, E.: Der Eigencharakter der Hilfsschule, Weinheim 1960.

BETTELHEIM, B.: Liebe allein genügt nicht. Die Erziehung emotional gestörter Kinder. Stuttgart 1985[5].

BITTNER, G.: August Aichhorn - Erzieher der Verwahrlosten. In: Psychoanalyse und soziale Erziehung. München 1972[3].

BITTNER, G.: Tiefenpsychologie und Kleinkinderziehung. Paderborn 1979.

BITTNER, G.: Gruppendynamik - ein ziemlich sicherer Weg, sich selbst zu verfehlen. In: Psychosozial 1/1980.

BITTNER, G.: Überflüssige Pädagogik. In: Neue Sammlung, 22. Jg. 1982.

BITTNER, G.: Der Mensch - ein "Geschöpf des Vertrages". In: Zeitschrift für Pädagogik, 31. Jg. 1985.

BITTNER, G.: Die Entzweiung und die "Wiederkehr der Kraft" - Über Pestalozzis "schöpferische Krankheit". In: BITTNER, G.: Das Unbewußte - ein Mensch im Menschen? Würzburg 1988.

BITTNER, G. / ERTLE, Ch. / SCHMID, V.: Schule und Unterricht bei verhaltensgestörten Kindern. In: DEUTSCHER BILDUNGSRAT (Hrsg.): Gutachten und Studien der Bildungskommission. Sonderpädagogik 4. Stuttgart 1974.

BLACKHAM, G.J. / SILBERMANN, A.: Grundlagen und Methoden der Verhaltensmodifikation. Weinheim 1975.

BLÄTTNER, F.: Geschichte der Pädagogik. Heidelberg 1951.

BLANKERTZ, H.: Die Geschichte der Pädagogik von der Aufklärung bis zur Gegenwart. Wetzlar 1982.

BLEIDICK, U.: Die Individualpsychologie in ihrer Bedeutung für die Pädagogik der Gegenwart. Mülheim/Ruhr 1959.

BLEIDICK, U.: Pädagogik der Behinderten. Berlin 1972.

BLEIDICK, U.: Individualpsychologie, Lernbehinderungen und Verhaltensstörung. Hilfen für Erziehung und Unterricht. Berlin 1985.

BLEIDICK, U.: Individualpsychologische Betrachtungen zu Verhaltensstörungen. In: GOETZE, H. (Hrsg.): Fördern von Schülern mit Verhaltensstörungen. Bericht über die Fachtagung in Hamburg vom 17. - 19. November 1986. Nienburg 1987.

BÖHM, W.: Nachträgliche Rechtfertigung einer noch zu schreibenden Geschichte der Pädagogik. In: Vierteljahresschrift für wissenschaftliche Pädagogik, 58. Jg. 1982.

BÖHM, W.: Theorie und Praxis. Eine Erörterung des pädagogischen Grundproblems. Würzburg 1985.

BÖHM, W.: Was lehrt uns die Geschichte der Pädagogik über die Pädagogik? In: Vierteljahrsschrift für wissenschaftliche Pädagogik, 62. Jg. 1986.

BOLLNOW, O.F.: Über den Wert einer Beschäftigung mit der Geschichte der Pädagogik für die systematische Pädagogik. In: RÖHRS, H.(Hrsg.): Die Erziehungswissenschaft und die Pluralität ihrer Konzepte. Festschrift für W. Flitner zum 90. Geburtstag. Wiesbaden 1979.

BONDY, C.: Erziehungsarbeit an verwahrlosten männlichen Jugendlichen. In: Bericht über die dritte Tagung über Psychopathenfürsorge. Heidelberg 17. - 19. September 1924. Berlin 1925.

BONDY, C.: Probleme der Fürsorgeerziehung. In: Die Erziehung, 4. Jg. 1929.

BOWLBY, J.: Maternal care and mental health, Genf, WHO 1951.

BÖTTCHER, L.: Berufsberatung für psychopathische Jugendliche. In: Zeitschrift für Kinderforschung, 25. Jg. 1920.

BRENDEL, F: Heilpädagogische Frühbehandlung des Psychopathen. In: LESCH, E. (Hrsg.): Bericht über den vierten Kongress für Heilpädagogik in Leipzig 11. -15. April 1928, Berlin 1929.

BRENNECKE, H.: Zur Frage der Psychopathologie der Revolution und der Revolutionäre. Langensalza 1922.

BRUDER-BEZZEL, A.: Alfred Adler: Ein sozialer Psychologe. In: Psychologie Heute, Oktober 1987.

BRUSTEN, M. / HURRELMANN, K.: Abweichendes Verhalten in der Schule. München 1973.

BUCK, G.: Über die dunkle Seite in Herbarts Padagogik. In: Zeitschrift fur Padagogik, 20. Jg. 1974.

BUCK, G.: Herbarts Grundlegung der Pädagogik. Heidelberg 1985.

BURKHARD, PH.: Die Fehler der Kinder. Eine Einführung in das Studium der pädagogischen Pathologie mit besonderer Berücksichtigung der Lehre von den psychopathischen Minderwertigkeiten. Karlsruhe 1898.

BURROW, O.A. / SCHEPP, K.: Lernziel Menschlichkeit. Gestaltpädagogik - eine Chance für Schule und Erziehung. München 1981.

BUSS, A.: Herbarts Beitrag zur Entwicklung der Heilpädagogik. Weinheim 1962.

CLOSTERMANN, L. / HELLER, TH. / STEPHANI. P.: Enzyklopädisches Handbuch des Kinderschutzes und der Jugendfürsorge. Leipzig 1930[2].

COHN, R.: Von der Psychoanalyse zur themenzentrierten Interaktion. Stuttgart 1975.

DAHMER, I. / KLAFKI, W.: Geisteswissenschaftliche Pädagogik im Ausgang ihrer Epoche. Weinheim, Berlin 1968.

DANNEMANN, A. u.a.(Hrsg.): Enzyklopädisches Handbuch der Heilpädagogik. Erste Auflage: Halle 1911. Zweite, völlig neu bearbeitete Auflage: Halle 1934.

DELEKAT, F.: Johann Heinrich Pestalozzi. Der Mensch, der Philosoph und der Erzieher. Leipzig 1926.

DENK, K.: Pädagogik bei verhaltensgestörten Kindern. In JUSSEN, H. (Hrsg.): Handbuch der Heilpädagogik in Schule und Jugendhilfe, München 1967.

DEUTSCHER VEREIN ZUR FÜRSORGE FÜR JUGENDLICHE PSYCHOPATHEN (Hrsg.): Bericht über die erste Tagung über Psychopathenfürsorge. Langensalza 1919.

DEUTSCHER VEREIN ZUR FÜRSORGE FÜR JUGENDLICHE PSYCHOPATHEN (Hrsg.): Bericht über die zweite Tagung über Psychopathenfürsorge, Köln a. Rh. 17. u. 18. Mai 1921. Berlin 1921.

DEUTSCHER VEREIN ZUR FÜRSORGE FÜR JUGENDLICHE PSYCHOPATHEN (Hrsg.): Bericht über die dritte Tagung über Psychopathenfürsorge, Heidelberg 17. - 19. September 1924. Berlin 1925.

DEUTSCHER VEREIN ZUR FÜRSORGE FÜR JUGENDLICHE PSYCHOPATHEN (Hrsg.): Bericht über die vierte Tagung über Psychopathenfürsorge, Düsseldorf 24. und 25. September 1926. Berlin 1927.

DIETRICH, H.: Beobachtungsheime für jugendliche Psychopathen. Beiträge zur Kinderforschung und Heilerziehung. Beihefte zur "Zeitschrift für Kinderforschung", Heft 165, Langensalza 1920.

DOHRMANN, P.: Das gemeinschaftsschwierige Kind. In: Zeitschrift für Heilpädagogik, 8. Jg. 1957.

DREIKURS, R.: Grundbegriffe der Individualpsychologie, Stuttgart 1969.

DÜHRING, E.v.: Grundlagen und Grundsätze der Heilpädagogik, Vorlesungen für Lehrer, Erzieher und Studierende aller Fakultäten. Zürich 1925.

DÜHRSSEN, A.: Psychogene Erkrankungen bei Kindern und Jugendlichen. Göttingen 1954.

EBERMEIER, C. (Hrsg.): Das schwererziehbare Kind. Düsseldorf 1956.

EISERT, H.G. / BARKEY, P.: Verhaltensmodifikation in der Schule. Frankfurt 1972.

EISSLER, K.R.: Abriss einer Biographie August Aichhorns. Anhang in: AICHHORN, A.: Verwahrloste Jugend, Bern, Stuttgart, Wien 1977[9].

ELIASBERG, W.: Das schwierige Kind. München 1931.

ELLGER-RÜTTGARDT, S.: Historiographie der Behindertenpädagogik. In: Handbuch der Sonderpädagogik, Bd.I: Theorien der Behindertenpädagogik. Berlin 1985.

ELLGER-RÜTTGARDT, S.: Hilfschulpädagogik und Nationalsozialismus - Traditionen, Kontinuitäten, Einbrüche. In: HERRMANN, U. / OELKERS, J. (Hrsg.): Pädagogik und Nationalsozialismus. (Beiheft 22 der Zeitschrift für Pädagogik). Weinheim, Basel 1988.

EMMINGHAUS, H.: Die psychischen Störungen des Kindesalters . In: GERHARDT, C. (Hrsg.): Handbuch der Kinderkrankheiten. Tübingen 1987.

ENGELMAYER, O.: Pädagogische Entwicklungs- und Lebenshilfe. München 1956.

ENKE, W.: Mehrdimensionale Diagnostik erziehungsschwieriger Kinder. In: Zeitschrift für Psychotherapie und medizinische Psychologie, 5. Jg. 1955.

ERIKSON, E.H.: Identität und Lebenszyklus. Frankfurt 1966.

ERNST, C.: Frühdeprivation und spätere Entwicklung. Ergebnisse katamnestischer Untersuchungen. In: NISSEN, G. (Hrsg.): Prognose psychischer Erkrankungen im Kindes- und Jugendalter. Bern, Stuttgart, Toronto 1987.

ERTLE, CH.: Sozialpädagogische Sonderschule - Zum Konzept einer Schule für erziehungsschwierige Kinder und Jugendliche. In: MÖCKEL, A. (Hrsg.): Sonderschule im Wandel. Neuburgsweiher 1971.

EYFERTH, H:. Zur Lage in der Heilpädagogik. In: Die Erziehung, 2. Jg. 1927.

EYFERTH, H.: Zur Lage der Heilerziehung. In: Die Erziehung, 4. Jg. 1929.

FALK, J.: Pädagogische Schriften. Weinheim, Berlin 1967.

FLISSIKOWSKI, R. / KLUGE, K.J. / SCHAUERHAMMER, K.: Vom Prügelstock zur Erziehungsklasse für 'schwierige' Kinder. Zur Sozialgeschichte des abweichenden Verhaltens in der Schule. München 1980.

FLITNER, A.: Verständnis und Erforschung Pestalozzis in der Gegenwart. In: Zeitschrift für Pädagogik, 4. Jg. 1957.

FLITNER, A.: Konrad sprach die Frau Mama.... Berlin 1982.

FLITNER, W.: Zur Frage der Heilpädagogik in der deutschen Lehrerbildung. In: Zeitschrift für Kinderforschung, 35. Jg. 1929.

FLITNER, W.: Pestalozzis Leben. Anhang in: JOHANN HEINRICH PESTALOZZI, Ausgewählte Schriften, hrsg. von W. FLITNER, Düsseldorf, München 1961[3].

FLITNER, W.: Allgemeine Pädagogik (1933). Frankfurt, Berlin, Wien 1980.

FLORIN, I. / TUNNER, W.: Behandlung kindlicher Verhaltensstörungen, München 1973[5].

FLÜGEL, O.: Herbart und Strümpell. In: Zeitschrift für Philosophie und Pädagogik, 11. Jg. 1904.

FREUD, A.: Das Ich und die Abwehrmechanismen (1936). Frankfurt 1984.

FREUD, S.: Geleitwort zu August Aichhorn, Verwahrloste Jugend (1925), GW Bd.XIV.

FREUD, S.: Neue Folge der Vorlesungen zur Einführung in die Psychoanalyse (1933), GW Bd.XV.

FREUDENBERG, S.: Individualpsychologie und Jugendwohlfahrtspflege. In: WEXBERG, E. (Hrsg.): Handbuch der Individualpsychologie. München 1926.

FREUDENBERG, S.: Erziehungs- und heilpädagogische Beratungsstellen. Leipzig 1928.

FRIEDMANN, A.: Individualpsychologische Heilpädagogik. In: WEXBERG, E. (Hrsg.): Handbuch der Individualpsychologie. München 1926.

FRIEDRICH, L.: Die Kategorie der Selbstüberwindung in Pestalozzis Pädagogik. In: Pädagogische Rundschau, 34. Jg. 1980.

FRIEDRICH, L.: Ansätze zu empirischen Verfahren bei Pestalozzi. In: Zeitschrift für Pädagogik, 13. Jg. 1967.

FROESE, L. u.a.: Zur Diskussion: Der politische Pestalozzi. Weinheim 1972.

FUCHS, A.: Schwererziehbare Kinder in der Normalschule. In: Die Heilpädagogische Woche in Berlin. Vom 15. - 22. Mai 1927. Ausführlicher Bericht, erstattet von ARNO FUCHS, Berlin 1927.

FUCHS, A.: Das Sondersschulwesen in Berlin. Berlin 1927.

FUCHS, A.: Erziehungsklassen (E-Klassen) für schwererziehbare Kinder der Volksschule. Halle 1930.

FURRER, A.: Wie erziehen wir neurotische und psychopathische Kinder? In: Zeitschrift für Psychoanalytische Pädagogik 1928.

FÜRSTENHEIM, W.: Heime für psychopathische Kinder. In: Bericht über die 4. Sachverständigenkonferenz des Deutschen Vereins zur Fürsorge für jugendliche Psychopathen e.V.. Hamburg 13. - 15. September 1928. Berlin 1929.

FÜRSTENHEIM, W.: Junge Psychopathen. Ein Rückblick und Ausblick auf ihre Erfassung, Erforschung und Betreuung. Leipzig 1930.

GEISSLER, E.E.: Herbarts Lehre vom erziehenden Unterricht. Heidelberg 1970.

GEISSLER, E.E.: Johann Friedrich Herbart. In: SCHEUERL, H.(Hrsg.): Klassiker der Pädagogik, Bd.I. München 1979.

GEORGENS, J.D. / DEINHARDT, H.M.: Die Heilpädagogik. Mit besonderer Berücksichtigung der Idiotie und der Idiotenanstalten. 2 Bde. Leipzig 1861.

GÖLLNITZ, G.: Die Bedeutung der frühkindlichen Hirnschädigung für die Kinderpsychiatrie. Leipzig 1954.

GOEPFERT, H. (Hrsg.): Bericht über den Ersten Kongress für Heilpädagogik in München 2. - 5. August 1922. Berlin 1923.

GOETZE, H. (Hrsg.): Personzentrierte Spieltherapie. Göttingen, Toronto, Zürich 1981.

GOETZE, H. (Hrsg.): Fördern von Schülern mit Verhaltensstörungen. Bericht über die Fachtagung in Hamburg vom 17. - 19. November 1986. Nienburg 1987.

GOETZE, H. / NEUKÄTER, H.(Hrsg.): Disziplinkonflikte und Verhaltensstörungen in der Schule. Bericht über die Fachtagung in Hamburg vom 12. - 14. Mai 1988. Oldenburg 1988.

GOFFMAN, E.: Stigma. Über Techniken der Bewältigung beschädigter Identität. Frankfurt 1967.

GORDON, TH.: Lehrer - Schüler - Konferenz. Hamburg 1977.

GRABSKI, S. / KISSING, G. / NEUKÄTER, H. / BENKMANN, K.-H.: Strukturierter Unterricht mit verhaltensgestörten Schülern. Rheinstetten 1978.

GRÄFF, P. u.a.: Praxis der Verhaltensmodifikation in Sonder-, Grund- und Hauptschulen. Berlin 1976.

GRAEFE, O.: Zur Klassifizierung kindlicher Verhaltensstörungen. In: Psychologische Rundschau, 7. Jg. 1956.

GRASSL, J. / REINDL, F.: Lehrbuch der Schulgesundheitspflege. Nürnberg 1917[3].

GREGOR, A.: Zur Psychologie und Pädagogik der Fürsorgezöglinge. Die Neuaufnahmen des Jahres 1925 in Flehingen. In: Zeitschrift für Kinderforschung, 32. Bd. 1926.

GREGOR, A.: Wie ist die Erziehung Schwersterziehbarer zu gestalten in Bezug auf die Fürsorgeerziehungsanstalt? In: Zeitschrift für Kinderforschung, 37. Bd. 1930.

GREGOR, A.: Verwahrlosung und Vererbung. In: G. JUST (Hrsg.): Handbuch der Erbbiologie des Menschen, Bd. V/2: Erbbiologie und Erbpathologie nervöser und psychischer Zustände und Funktionen, Berlin 1939.

GREGOR, A. / VOIGTLÄNDER, E.: Die Verwahrlosung. Ihre klinisch-psychologische Bewertung und ihre Bekämpfung. Berlin 1918.

GRUHLE, W.: Die Ursachen der jugendlichen Verwahrlosung und Kriminalität. Studien zur Frage: Milieu oder Anlage. Berlin 1912.

GRUHLE, H.: Psychopathie und jugendliche Verwahrlosung. In: GOEPFERT, H.: Bericht über den Ersten Kongress für Heilpädagogik in München 2. - 5. August 1922. Berlin 1923.

GUDJONS, H.: Gesellschaft und Erziehung in Pestalozzis Roman "Lienhard und Gertrud". Weinheim 1971.

HAASE, O.: Johannes Trüper zum 100. Geburtstag. In: Zeitschrift für Heilpädagogik, 6. Jg. 1955.

HAHN, R.: Grundsätzliches zur Frage der Unerziehbarkeit vom psychiatrischen Standpunkte aus. In: Bericht über die dritte Tagung über Psychopathenfürsorge. Heidelberg 17. - 19. September 1924. Berlin 1925.

HAMBURGER, F.: Neuere Entwicklungen in der erziehungswissenschaftlichen Geschichtsschreibung. In: LENHARD, V. (Hrsg.): Historische Pädagogik. Wiesbaden 1977.

HANSELMANN, H.: Schwererziehbare Kinder. Bern 1928.

HANSELMANN, H.: Einführung in die Heilpädagogik. Praktischer Teil. 1. Auflage Zürich 1930; 5. Auflage Zürich 1958[5].

HANSELMANN, H.: Grundlinien zu einer Theorie der Sondererziehung (Heilpädagogik) Zürich 1941.

HANSELMANN, H.: Sorgenkinder daheim, in der Schule , in der Anstalt, in der menschlichen Gesellschaft. Zürich 1954.

HARBAUER, H.: Neuropathie, psychopathische Entwicklung, vegetative Syndrome, Migräne. In: HARBAUER, H. / LEMPP, R. / NISSEN, G. / STRUNK, P.: Lehrbuch der speziellen Kinder- und Jugendpsychiatrie. Berlin, Heidelberg, New York 1976[3].

HARMS, E.: Die Entwicklung der Kinderpsychiatrie. In: Praxis der Kinderpsychologie und Kinderpsychiatrie II, 1962.

HARNACK, G.A.v.: Wesen und soziale Bedingtheit frühkindlicher Verhaltensstörungen. Basel, New York, 1953.

HARNACK, G.A.v.: Nervöse Verhaltensstörungen beim Schulkind. Stuttgart 1958.

HAVERS, N.: Erziehungsschwierigkeiten in der Schule. Weinheim 1981[2].

HAYMANN : Stichwort "Psychopathie". In: DANNEMANN, A. u.a. (Hrsg.): Enzyklopädisches Handbuch der Heilpädagogik. Zweite, völlig neu bearbeitete Auflage. Halle 1934.

HEHLMANN, W.: Wörterbuch der Psychologie. Stuttgart 1974[12].

HELLER, TH.: Grundriss der Heilpädagogik. Leipzig 1904.

HELLER, TH.: Psychasthenische Kinder. In: Bericht über den Kongress für Kinderforschung und Jugendfürsorge in Berlin (1. - 4. Oktober 1906), hrsg. v. K.L. SCHAEFER, Langensalza 1907.

HELLER, TH.: Psychopathische Mittelschüler. Beiträge zur Kinderforschung und Heilerziehung. Beihefte zur "Zeitschrift für Kinderforschung", Heft 54, Langensalza 1910.

HELLER, TH.: Über Willensstörungen bei Kindern. In: Zeitschrift für Kinderforschung, 28. Bd. 1923.

HELLER, TH.: Über Psychologie und Psychopathologie des Jugendlichen. Wien 1927.

HELLER, TH.: Psychopathische Schüler in höheren Schulen. In: Bericht über die 4. Sachverständigenkonferenz des Deutschen Vereins zur Fürsorge für jugendliche Psychopathen e.V.. Hamburg, 13. - 15. September 1928. Berlin 1929.

HENTIG, H.v.: Johann Heinrich Pestalozzi. Meine Nachforschungen über den Gang der Natur in der Entwicklung des Menschengeschlechts. In: Die ZEIT-Bibliothek der 100 Sachbücher, hrsg. v. F. RADDATZ, Frankfurt 1984.

HENZE, A.: Stichwortartikel: Johannes Trüper. In: DANNEMANN, A. u.a. (Hrsg.): Enzyklopädisches Handbuch der Heilpädagogik. Zweite, völlig neu bearbeitete Auflage. Halle 1934.

HERBART, J.F.: Fünf Berichte an Herrn von Steiger (1797 - 1798). SW Bd.I.

HERBART, J.F.: Über Pestalozzis Idee eines ABC der Anschauung (1802). SW Bd.I.

HERBART, J.F.: Über Pestalozzis neueste Schrift: Wie Gertrud ihre Kinder lehrte (1802). SW Bd.I.

HERBART, J.F.: Zwei Vorlesungen über Pädagogik (1802). SW Bd.I.

HERBART, J.F.: Allgemeine Pädagogik aus dem Zweck der Erziehung abgeleitet (1806). SW Bd.II.

HERBART, J.F.: Über Erziehung unter öffentlicher Mitwirkung (1810). SW Bd.III.

HERBART, J.F.: Über die dunkle Seite der Pädagogik (1812). SW Bd.III.

HERBART, J.F.: Entwurf zu einem Seminar (1813). SW Bd.XIV.

HERBART, J.F.: Lehrbuch zur Psychologie (1816). SW Bd.IV.

HERBART, J.F.: Jahresbericht über das pädagogische Seminar zu Königsberg (1818). SW Bd.XIV.

HERBART, J.F.: Jahresbericht über das pädagogische Seminar zu Königsberg vom Jahre 1820. SW. Bd.XVI.

HERBART, J.F.: Briefe über die Anwendung der Psychologie auf die Pädagogik (1831). SW Bd.IX.

HERBART, J.F.: Rezension von Schwarz F.H.Ch. Erziehungslehre (1832). SW Bd.XIII.

HERBART, J.F.: Umriss pädagogischer Vorlesungen (1835). SW Bd.X.

HERBART, J.F.: Aphorismen zur Pädagogik. SW Bd. XI, hrsg. v. HARTENSTEIN

HERMANN, A.: "Gefühlsbetonte Komplexe" im Seelenleben des Kindes, im Alltagsseelenleben und im Wahnsinn" In: Zeitschrift für Kinderforschung, 13. Jg. 1908.

HERMANN, A.: Krankhafte Seelenzustände beim Kinde. Grundlagen für das Verständnis intellektueller und sittlicher Regelwidrigkeiten. Langensalza 1930[3].

HERMANN, G.: Die sozialpädagogische Bewegung der zwanziger Jahre. Weinheim, Berlin 1956.

HERRIGER, N.: Verwahrlosung. Eine Einführung in die Theorie sozialer Auffälligkeit. München 1979.

HERRMANN, U.: Schule und Gesellschaft im 19. Jahrhundert. Sozialgeschichte der Schule im Übergang zur Industriegesellschaft. Weinheim 1977.

HERRMANN, U.: Armut - Armenversorgung - Armenerziehung an der Wende zum 19. Jahrhundert. In: HERRMANN, U. (Hrsg.): Das "pädagogische Jahrhundert". Volksaufklärung und Erziehung zur Armut im 18. Jahrhundert in Deutschland. Weinheim 1981.

HERRMANN, W.: Das Hamburgische Jugendgefängnis Hahnöfersand. Ein Bericht über Erziehung im Strafvollzug. Hamburg 1923.

HERRMANN, W.: Probleme der Fürsorgeerziehung. In: Die Erziehung, 1. Jg. 1926.

HERRMANN, W.: Probleme der Fürsorgeerziehung (Zur Frage des Kulturniveaus in unseren Anstalten). In: Die Erziehung, 2. Jg. 1927.

HERRMANN, W.: Probleme der Fürsorgeerziehung. In: Die Erziehung, 4. Jg. 1929.

HIRSCHER, J.B.: Die Sorge für sittlich verwahrloste Kinder. Freiburg 1856.

HINTZ, O.: Die Erziehung abnormer Kinder in Normalschulen. In: Neue Bahnen, 8. Jg. 1897.

HIPPLER, B.: Mobile schulische Erziehungshilfe. Birkach/Bamberg 1985.

HOCHHEIMER, W.: Über Schwererziehbarkeit in unserer Zeit. In: Zeitschrift für Heilpädagogik, 11. Jg. 1960.

HOFER, W.: Der Nationalsozialismus. Dokumente 1933 - 1945. Frankfurt 1977.

HOFFMANN, H.: Der Struwwelpeter. Frankfurt o.J..

HOFFMANN, W.: Probleme der Fürsorgeerziehung. In: Die Erziehung, 7. Jg. 1932.

HOLLAND, J.G. / SKINNER, B.F.: Analyse des Verhaltens. München 1971.

HOMBURGER, A.: Die heilpädagogische Beratungsstelle in Heidelberg. In: Zeitschrift für Kinderforschung, 29. Bd. 1924.

HOMBURGER, A.: Über Typenbildung in der Psychopathie. In: Bericht über die 4. Sachverständigenkonferenz des Deutschen Vereins zur Fürsorge für jugendliche Psychopathen e.V.. Hamburg 13. - 15. September 1928. Berlin 1929.

HOMBURGER, A.: Vorlesungen über Psychopathologie (1926). Darmstadt 1967.

HOMFELD, H.G.: Stigma und Schule. Abweichendes Verhalten bei Lehrern und Schülern. Düsseldorf 1974.

HOMME, L. u.a.: Verhaltensmodifikation in der Schulklasse. Weinheim 1974.

HORNSTEIN, H.: Bildsamkeit und Freiheit. Ein Grundproblem des Erziehungsdenkens bei Kant und Herbart. Düsseldorf 1959.

HORNSTEIN, W.: Vorwort zu KUHLEN, V.: Verhaltenstherapie im Kindesalter. München 1972.

HURRELMANN, K.: Das Modell des produktiv realitätsverarbeitenden Subjekts in der Sozialisationsforschung. In: Zeitschrift für Sozialisationsforschung und Erziehungssoziologie. 1.Jg. 1983

HURRELMANN, K. / JAUMANN, O.: Sozialisations- und interaktionstheoretische Konzepte in der Behindertenpädagogik. In: Handbuch der Sonderpädagogik Bd.I: Theorien der Behindertenpädagogik. Berlin 1985.

HURRELMANN, K. / ROSEWITZ, B. / WOLF, H.: Lebensphase Jugend - Eine Einführung in die sozialwissenschaftliche Jugendforschung. Weinheim, München 1985.

HURRELMANN, K. / WOLF, H.K.: Schulerfolg und Schulversagen im Jugendalter. Weinheim 1986.

HUSSLEIN, E.: Schule und Unterricht bei Kindern und Jugendlichen mit Verhaltensstörungen. Würzburg 1983.

HUSSLEIN, E.: Zugänge zur Verhaltensgestörtenpädagogik. In: Zeitschrift für Heilpädagogik, 35. Jg. 1984.

INNERHOFER, P.: Das Münchner Trainingsmodell. Beobachtung, Interaktionsanalyse, Verhaltensänderung. Heidelberg 1977.

ISSERLIN, M.: Zum Geleit. In: Zeitschrift für Kinderforschung, 28. Bd. 1923.

ISSERLIN, M.: Psychiatrie und Heilpädagogik. In: GOEPFERT, H.: Bericht über den Ersten Kongress für Heilpädagogik in München 2. - 5. August 1922. Berlin 1923.

ISSERLIN, M.: Stichwortartikel "Psychoanalyse" In: CLOSTERMANN, L. / HELLER, TH. / STEPHANI. P.: Enzyklopädisches Handbuch des Kinderschutzes und der Jugendfürsorge. Leipzig 1930[2].

ISSERLIN, M.: Stichwortartikel "Psychoanalyse". In: DANNEMANN, A. u.a. (Hrsg.): Enzyklopädisches Handbuch der Heilpädagogik. Zweite, völlig neu bearbeitete Auflage. Halle 1934.

JACOBI, G.: Was sind Psychopathen und wie ist ihnen zu helfen? Halle 1928.

JAEGER, W.: Über Willensstörungen. In: Die Kinderfehler. 2. Jg. 1897.

JANTZEN, W.: Verhaltensgestörtenpädagogik - praktische Theorie oder Erziehungswissenschaft. In: Heilpädagogische Forschung 1974.

JASPERS, K.: Psychologie der Weltanschauungen. Berlin 1922[2].

JOLLY, K.: Die Ursachen und die ärztliche Behandlung der psychopathischen Konstitution. Beiträge zur Kinderforschung und Heilerziehung. Beihefte zur "Zeitschrift für Kinderforschung", Heft 177, Langensalza 1920.
JUNG, C.G.: Psychologische Typen. Zürich 1921.
KALISCHER, H.: Aus der heilpädagogischen Anstaltspraxis. In: Zeitschrift für Psychoanalytische Pädagogik, 4. Jg. 1930.
KALLWASS, W.: Der Psychopath. Heidelberg, New York 1969.
KECKEISEN, W.: Die gesellschaftliche Definition abweichenden Verhaltens. München 1974.
KERN, H.J.: Verhaltensmodifikation in der Schule. Stuttgart 1974.
KEUPP, H.: Psychische Störungen als abweichendes Verhalten. München 1972.
KEUPP, H.: Abweichung und Alltagsroutine. Hamburg 1976.
KINDT, H.: Vorstufen zur Entwicklung der Kinderpsychiatrie im 19. Jahrhundert. Freiburg 1971.
KIPPHARD, E.J.: Psychomotorische Entwicklungsförderung, Bd.1, Motopädagogik. Dortmund 1979.
KIRMSSE, M.: Stichwortartikel: Strümpell. In: DANNEMANN, A. u.a. (Hrsg.): Enzyclopädisches Handbuch der Heilpädagogik. Erste Auflage, Halle 1911.
KLAFKI, W.: Pestalozzis "Stanser Brief" - Eine Interpretation. Weinheim 1959.
KLAFKI, W. (Hrsg.): J. Fr. Herbart: Hauslehrerberichte und pädagogische Korrespondenz 1797 - 1807. Weinheim 1966.
KLAFKI, W.: Der zwiefache Ansatz Herbarts zur Begründung der Pädagogik als Wissenschaft. In: GERNER, B. (Hrsg.): Herbart - Interpretation und Kritik. München 1971.
KLAGES, L.: Prinzipien der Charakterologie. Leipzig 1910.
KLAGES, L.: Bemerkungen zur sogenannten Psychopathie. In: Der Nervenarzt. 1. Jg. 1928.
KLEE, E.: "Euthanasie" im NS-Staat. Die "Vernichtung lebensunwerten Lebens". Frankfurt 1985.
KLINK, J.-G.: Schwererziehbarkeit und Erziehungsschwierigkeit in der Schule. Hamburg 1962.
KLINK, J.-G. (Hrsg.): Zur Geschichte der Sonderschule. Bad Heilbrunn 1966.
KLUGE, K.-J.: Pädagogik der Schwererziehbaren. Berlin 1969.
KNAUTHE, F.: Die erzieherische Behandlung der psychopathischen Konstitution. Beiträge zur Kinderforschung und Heilerziehung. Beihefte zur "Zeitschrift für Kinderforschung", Heft 176, Langensalza 1920.
KOBI, E.E.: Personorientierte Modelle der Heilpädagogik. In: Handbuch der Sonderpädagogik, Bd. I: Theorien der Behindertenpädagogik. Berlin 1985.
KOCH, J.L.A.: Die Psychopathischen Minderwertigkeiten. 3 Bde. Ravensburg 1881, 1882, 1883.
KOCH, J.L.A.: Pädagogik und Medizin. In: Pädagogisches Magazin, Heft 71, Langensalza 1896.
KOCH, J.L.A.: Abnorme Charaktere. Wiesbaden 1900.
KOHLBERG, L.: Die kognitive Entwicklung des Kindes. Frankfurt 1974.
KÖTZLE, J.F.G.: Die Pädagogische Pathologie in der Erziehungskunst des 19. Jahrhunderts. Preisschrift der Pädagogischen Gesellschaft zu Leipzig. Gütersloh 1893.
KRAMER, F.: Psychopathische Veranlagung und Straffälligkeit im Jugendalter. In: Zeitschrift für Kinderforschung, 25. Bd. 1920.
KRAMER, F.: Die Bedeutung von Milieu und Anlage beim schwererziehbaren Kind. In: Zeitschrift für Kinderforschung, 28. Bd. 1923.
KRAMER, F.: Die Willenskrankheiten und ihre pädagogische Therapie. In: Pädagogisches Magazin, Heft 1003, Langensalza 1924.
KRAMER, F.: Die Ursachen der Schwersterziehbarkeit, beurteilt vom psychopathologischen und charakterologischen Standpunkt. In: Zeitschrift für Kinderforschung, 37. Bd. 1930.

KRAUSS, W.: Entstehungsgeschichte der Gestaltpädagogik. In: PRENGEL, A. (Hrsg.): Gestaltpädagogik - Therapie, Politik und Selbsterkenntnis in der Schule. Weinheim, Basel 1983.

KRETSCHMER, E.: Körperbau und Charakter. Berlin 1922[2].

KUHLEN, V.: Verhaltenstherapie im Kindesalter. München 1972.

KUHN, TH. S.: Die Struktur wissenschaftlicher Revolutionen. Frankfurt 1976[2].

LANDMANN, S.: Über den Kinderfehler der Heftigkeit. In: Die Kinderfehler, 1. Jg. 1896.

LARSON, K.: Verhaltensprobleme in der Schule aus der Sicht einiger Gestaltprinzipien. In: PRENGEL, A. (Hrsg.): Gestaltpädagogik - Therapie, Politik und Selbsterkenntnis in der Schule. Weinheim, Basel 1983.

LAUCKERT, H.: Gemeinschaftsschwierige Kinder, eine heilpädagogische Aufgabe. In: Zeitschrift für Heilpädagogik, 8. Jg. 1957.

LAUTH, G.: Verhaltensstörungen im Kindes- und Jugendalter. Ein Trainingsprogramm zur kognitiven Verhaltensmodifikation. Stuttgart 1983.

LEMERT, E.M.: Der Begriff der sekundären Devianz. In LÜDERSSEN. K. / SACK, F. (Hrsg.): Seminar: Abweichendes Verhalten I, Frankfurt 1974.

LENZ, F.: Menschliche Auslese und Rassenhygiene (Eugenik). München 1931[3].

LEMPP, R.: Frühkindliche Hirnschädigung und Neurose. Bern, Stuttgart, Wien 1964.

LEMPP, R.: Organische Psychosyndrome. In: HARBAUER, H. / LEMPP, R. / NISSEN, G. / STRUNK, P.: Lehrbuch der speziellen Kinder- und Jugendpsychiatrie. Berlin, Heidelberg, New York, 1976[3].

LEMPP, R.: Lernerfolg und Schulversagen. Eine Kinder- und Jugendpsychiatrie für Pädagogen. München 1978[3].

LEMPP, R.: Sonderpädagogik und Psychiatrie. In: Zeitschrift für Heilpädagogik, 33. Jg. 1982.

LEMPP, R.: Verhaltensstörungen. In: EYFERTH, H. / OTTO, H.U. / THIERSCH, H. (Hrsg.): Handbuch zur Sozialarbeit/Sozialpädagogik. Neuwied, Darmstadt 1984.

LESEMANN, G.: Kinder, die seelisch heimatlos sind, in der Schule und Sonderschule, Jugendhilfe und Jugendfürsorge. In: Zeitschrift für Heilpädagogik, 10. Jg. 1959.

LESEMANN, G. (Hrsg.): Beiträge zur Geschichte und Entwicklung des deütschen Sonderschulwesens. Berlin 1966.

LESCH, E. (Hrsg.): Bericht über den Zweiten Kongress für Heilpädagogik in München 29. Juli bis 1. August 1924. Berlin 1925.

LESCH, E. (Hrsg.): Bericht über den Dritten Kongress für Heilpädagogik in München 2. - 4. August 1926. Berlin 1927.

LESCH, E. (Hrsg.): Bericht über den Vierten Kongress für Heilpädagogik in Leipzig 11. - 15. April 1928. Berlin 1929.

LESCH, E. (Hrsg.): Bericht über den Fünften Kongress für Heilpädagogik in Köln 7. - 10. Oktober 1930. Berlin 1931.

LEYEN, R.v.d.: Schutzaufsicht über psychopathische Kinder. Beiträge zur Kinderforschung und Heilerziehung. Beihefte zur "Zeitschrift für Kinderforschung", Heft 166, Langensalza 1920.

LEYEN, R.v.d.: Erziehungsschwierigkeiten, Gefährdung und Verwahrlosung überempfindlicher psychopathischer Kinder und Jugendlicher. In: Zeitschrift für Kinderforschung, 31. Bd. 1925.

LEYEN. R.v.d.: Aus der Arbeit des Deutschen Vereins zur Fürsorge für jugendliche Psychopathen e.V. in den Jahren 1919 - 1924. In: Zeitschrift für Kinderforschung, 32. Bd. 1926.

LEYEN, R.v.d.: Stätten für Beratung, Beobachtung und Unterbringung psychopathischer Kinder und Jugendlicher. In: Zeitschrift für Kinderforschung, 1927.

LEYEN, R.v.d.: Stichwortartikel "Psychopathenfürsorge". In: CLOSTERMANN, L. / HELLER, TH. /

STEPHANI. P.: Enzyklopädisches Handbuch des Kinderschutzes und der Jugendfürsorge. Leipzig 1930[2].

LEYEN, R.v.d.: Die Eingliederung der Fürsorge für jugendliche Psychopathen in Jugendrecht und Erziehung. In: Zeitschrift für Kinderforschung, 38. Bd. 1931.

LEYEN, R.v.d.: Stichwortartikel "Psychopathenerziehung". In: NOHL, H. / PALLAT, L.: Handbuch der Pädagogik, Bd. V, 1933.

LEYEN, R.v.d.: Stichwortartikel: Fürsorge und Erziehung für psychopathische Kinder und Jugendliche. In: DANNEMANN, A. u.a.: Enzyklopädisches Handbuch der Heilpädagogik. Zweite, völlig neu bearbeitete Auflage, Halle 1934.

LIEDKE, M.: Pestalozzi und die Erziehungswissenschaft. In: Zeitschrift für Pädagogik, 13. Jg. 1967.

LIEDKE, M.: Johann Heinrich Pestalozzi, Reinbek 1968.

LIEDKE, M.: Warum hat Pestalozzi keinen exakten Erziehungsbegriff? - Anmerkung über injunktive Begriffe. In: Pädagogische Rundschau, 34. Jg. 1980.

LITT, TH.: Führen oder Wachsenlassen. Eine Erörterung des pädagogischen Grundproblems. Leipzig 1927.

LÖSEL, F.: Prozesse der Stigmatisierung in der Schule. In: BRUSTEN, M. / HOHMEIER, J. (Hrsg.): Stigmati sierung 2, Neuwied und Darmstadt 1975.

MAJOR, G.: Schwer erziehbare Kinder. Ein Ratgeber für alle, die es angeht. Halle 1913.

MARTIKKE, H.J.: Die Rehabilitation der Verhaltensgestörten. München/Basel 1978.

MATZA, D.: Abweichendes Verhalten. Untersuchungen zur Genese abweichender Identität. Heidelberg 1973.

MAU, P.F.: Verhaltensgestörtenpädagogik. In: Zeitschrift für Heilpädagogik, 33. Jg. 1982.

MEES, U. / SELG, H.: Verhaltensbeobachtung und Verhaltensmodifikation. Stuttgart 1977.

METZKER, H.: Klassenbild aus einer Heimsonderschule für entwicklungsgestörte Kinder. In: Zeitschrift für Heilpädagogik, 11. Jg. 1960.

MILDE, V.E.: Lehrbuch der allgemeinen Erziehungskunde. 2 Bde. (1811, 1813), Paderborn 1965.

MILLER, A.: Das Drama des begabten Kindes. Frankfurt 1979.

MÖCKEL, A.: Scheitern und Neuanfang in der Erziehung - Vorbemerkungen zu einer Geschichte der Heilpädagogik. In: Sonderpädagogik, 9. Jg. 1979.

MÖCKEL, A.: Der Aspekt der Grenze in der Erziehung der Rettungshausbewegung und der Heilpädagogischen Bewegung. In: THALHAMMER, M. (Hrsg.): Gefährdung des Behinderten Menschen im Zugriff von Wissenschaft und Praxis - Anfragen an Sondererziehung und Therapie. (Festschrift für O. SPECK). München, Basel 1986.

MÖCKEL, A.: Sonderpädagogik - ein Aspekt der Pädagogik. unveröffentlichtes Manuskript, Würzburg 1985. Später in leicht veränderter Fassung veröffentlicht unter dem Titel: Heilpädagogik - Aspekt der Pädagogik. In: MÖCKEL, A. / THALHAMMER, M. (Hrsg.): Gestörtes Lernen. Würzburg 1986.

MÖCKEL, A.: Geschichte der Heilpädagogik, Stuttgart 1988.

MÖNKEMÖLLER, O.: Die Sonderbehandlung schwersterziehbarer Fürsorgezöglinge. In: Zeitschrift für Kinderforschung, 32. Bd. 1926.

MOELI, L.: Über die Bedeutung der Psychopathenfürsorge. In: Zeitschrift für Kinderforschung, 25. Jg. 1920.

MOLLENHAUER, K.: Die Ursprünge der Sozialpädagogik in der industriellen Gesellschaft. Weinheim, Berlin 1959.

MOOR, P.: Die Erziehung des entwicklungsgehemmten Kindes. In: Zeitschrift für Heilpädagogik, 8. Jg. 1957.

MOOR, P.: Was ist Heilpädagogik? - Grundfragen vom Pädagogen aus gesehen. In: Zeitschrift für Heilpädagogik, 8. Jg. 1957.

MOOR, P.: Heilpädagogische Psychologie. Erster Band: Grundtatsachen einer allgemeinen pädagogischen Psychologie. Bern und Stuttgart (1951) 1960[2].

MOOR, P.: Heilpädagogische Psychologie. Zweiter Band: Pädagogische Psychologie der Entwicklungshemmungen. Bern und Stuttgart 1958.

MOOR, P.: Umwelt, Mitwelt, Heimat. Eine heilpädagogische Studie über die Faktoren der Entwicklungshemmung und über das Wesen der Verwahrlosung. Zürich 1963.

MOOR, P.: Heilpädagogik, ein pädagogisches Lehrbuch. Bern 1965.

MOCR, P.: Selbsterziehung. Bern 1971

MOOS, W.: Sonderschulen inkl. Unterricht für psychopathische Kinder und Jugendliche . In: Bericht über die 4. Sachverständigenkonferenz des Deutschen Vereins zur Fürsorge für jugendliche Psychopathen e.V.. Hamburg, 13. - 15. September 1928. Berlin 1929.

MOOS, W. / SIDLER, M.: Entwicklung zweier Kinder aus einer Zürcher Beobachtungsklasse. In: Zeitschrift für Kinderforschung, 37. Bd. 1930.

MOSES, J.: Zur Pathogenese der Launenhaftigkeit im Kindesalter. In: Die Kinderfehler. 2. Jg. 1897.

MOSES, J.: Zur Pathologie der kindlichen Schüchternheit. In: Die Kinderfehler. 4. Jg. 1899.

MOSES, J.: Jahresbericht der Beratungsstelle für schwer erziehbare Kinder und Jugendliche (Psychopathenfürsorge). In: Zeitschrift für Kinderforschung, 32. Bd. 1926.

MOSES, J.: Gestaltungen und Wandlungen der Psychopathielehre in ihrer Bedeutung für die Heilpädagogik. In: Die Erziehung, 5. Jg. 1930.

MOSES, J.: Die Durchführung des Schulunterrichts an psychopathischen Kindern. In: Zeitschrift für Kinderforschung, 40. Bd. 1932.

MÜCKE, R.: Sonderschuleinrichtungen für gemeinschaftsschwierige Kinder. In: LESEMANN; G. (Hrsg.): Beiträge zur Entwicklung des deutschen Sonderschulwesens. Berlin 1966.

MÜCKE, R. / STEINBRECHER, W.: Das gemeinschaftsschwierige Kind in Schule und Heim. Berlin, Neuwied 1957.

MÜLLER, R.G.E.: Verhaltensstörungen bei Schulkindern. München 1970.

MYSCHKER, N.: Verhaltensgestörtenpädagogik und Kinderpsychotherapie. In: Zeitschrift für Heilpädagogik, 22. Jg. 1971.

MYSCHKER, N.: Verhaltensgestörtenpädagogik. In: BLEIDICK, U. (Hrsg.): Einführung in die Behindertenpädagogik Bd. 2, Stuttgart 1977.

MYSCHKER, N.: Zum Selbstverständnis der Verhaltensgestörtenpädagogik. In: Zeitschrift für Heilpädagogik, 32. Jg. 1981.

MYSCHKER, N.: Isolieren - Normalisieren - Ausmerzen. Zur Geschichte der Pädagogik bei Kindern und Jugendlichen mit Verhaltensstörungen. In: GOETZE, H. (Hrsg.): Fördern von Schülern mit Verhaltensstörungen. Bericht über die Fachtagung in Hamburg vom 17. - 19. November 1986. Nienburg 1987.

MYSCHKER, N.: Disziplin und Disziplinierung in der Nazi-Zeit. In: GOETZE, H. NEUKÄTER, H. (Hrsg.): Disziplinkonflikte und Verhaltensstörungen in der Schule. Bericht über die Fachtagung in Hamburg vom 12. - 14. Mai 1988. Oldenburg 1988.

NATORP, P.: Herbart, Pestalozzi und die heutige Aufgabe der Erziehung. Stuttgart 1899.

NICOLIN, F.: Geschichte der Pädagogik. In: SPECK, J. / WEHLE, G. (Hrsg.): Handbuch der pädagogischen Grundbegriffe, Bd.I. München 1970.

NIEMEYER, A. H.: Grundsätze der Erziehung und des Unterrichts (1796). Paderborn 1970.

NIKOLAY, F.: Ungeratene Kinder. Regensburg 1913[2].

NISSEN, G.: Zur Geschichte der deutschen Kinder- und Jugendpsychiatrie. In: Zeitschrift für Kinder- und Jugendpsychiatrie, 2. Jg. 1974.

NOHL, H.: Die Ausbildung der Sozialpädagogen durch die Universität. In: Zeitschrift für Kinderforschung, 29. Bd. 1924.
NOHL, H.: Die Pädagogik der Verwahrlosten. In: Bericht über die dritte Tagung über Psychopathenfürsorge. Heidelberg 17. - 19. September 1924. Berlin 1925.
NOHL, H.: Jugendwohlfahrt. Leipzig 1927.
NOHL, H.: Erziehungsgedanken für die Erziehungstätigkeit des Einzelnen mit besonderer Berücksichtigung der Erfahrungen von Freud und Adler. In: Die Erziehung, 2. Jg. 1927.
NOHL, H.: Pädagogische Menschenkunde. In: Handbuch der Pädagogik, hrsg. v. NOHL, H. und PALLAT, L. Bd.2: Die biologischen psychologischen und soziologischen Grundlagen der Erziehung. Langensalza 1929.
NOHL, H.: Die Widersprüche im Charakter und ihre pädagogische Bedeutung. In: Die Erziehung, 4. Jg. 1929.
NOHL, H.: Pädagogische Menschenkunde. In: Die Erziehung, 4. Jg. 1929.
NOHL, H.: Der lebendige Herbart. In: Die Sammlung, 3. Jg. 1948.
OAKLANDER, V.: Gestalttherapie mit Kindern und Jugendlichen. Stuttgart 1981.
OELKERS, J.: Tradition und Fortschritt in der Erziehungswissenschaft. In: Zeitschrift für Pädagogik, 25. Jg. 1979.
OPP, K.-D.: Abweichendes Verhalten und Gesellschaftsstruktur. Darmstadt, Neuwied 1974.
PESTALOZZI, J.H.: Tagebuch Pestalozzis über die Erziehung seines Sohnes (1774). SW Bd.1.
PESTALOZZI, J.H.: Eine Bitte an Menschenfreunde und Gönner, zu gütiger Unterstützung einer Anstalt, armen Kindern auf einem Landhause Auferziehung und Arbeit zu geben (1775). SW Bd.1.
PESTALOZZI, J.H.: Briefe an Herrn Niklaus Emannuel Tscharner über die Erziehung der armen Landjugend (1777). SW Bd.1.
PESTALOZZI, J.H.: Bruchstück aus der Geschichte der niedrigsten Menschheit. Aufrufung der Menschlichkeit zum Besten derselben (1777). SW Bd.1.
PESTALOZZI, J.H.: Die Abendstunde eines Einsiedlers (1780). SW Bd.1.
PESTALOZZI, J.H.: Etwas zur Beleuchtung der Erziehungsart meines Knaben (1782). SW Bd.8.
PESTALOZZI, J.H.: Memorial ad "Über Verbrechen und Strafe" (1782). SW Bd.9.
PESTALOZZI, J.H.: Lienhard und Gertrud (1781 - 1787) SW Bd.2 und 3.
PESTALOZZI, J.H.: Meine Nachforschungen über den Gang der Natur in der Entwicklung des Menschengeschlechts (1797). SW Bd.12.
PESTALOZZI, J.H.: Pestalozzis Brief an einen Freund über seinen Aufenthalt in Stanz (1799). SW Bd.13.
PESTALOZZI, J.H.: Wie Gertrud ihre Kinder lehrt (1801). SW Bd.13.
PESTALOZZI, J.H.: Fragment über die Grundlagen der Bildung (1803). SW Bd.16.
PESTALOZZI, J.H.: An die Einzige, Frau Franziska Romana von Hallwil (1808). SW Bd.21.
PESTALOZZI, J.H.: Bild eines Armenhauses (1811). SW Bd.20.
PESTALOZZI, J.H.: Das Wesen der Naturgemäßheit in der Erziehung (1812). SW Bd.23.
PESTALOZZI, J.H.: An die Unschuld, den Ernst und den Edelmut meines Zeitalters und meines Vaterlandes (1815). SW Bd.24A.
PESTALOZZI, J.H.: Rede Pestalozzis an sein Haus, an seinem 74. Geburtstag (1818). SW Bd.25.
PESTALOZZI, J.H.: Schwanengesang (1826). SW Bd.28.
PETERMANN, U.: Training mit sozial unsicheren Kindern. München 1986[2].
PETERMANN, F. / PETERMANN, U.: Training mit Jugendlichen. Förderung von Arbeits- und Sozialverhalten. München 1988.
PETERMANN, F. / PETERMANN, U.: Training mit aggressiven Kindern. München 1988[3].

PETZOLD, H.G. / BROWN G.J. (Hrsg.): Gestalt-Pädagogik - Konzepte der Integrativen Erziehung. München 1977.

PIAGET, J.: Das moralische Urteil beim Kinde. Zürich 1954.

PLEWIG, H.J. / WEGNER, TH.: Zur Genese von Devianz im frühen Jugendalter. Heidelberg 1984.

PONGRATZ, L.J.: Problemgeschichte der Psychologie. Bern, München 1967.

PRENGEL, A.: Gestaltpädagogik. Therapie, Politik und Selbsterkenntnis in der Schule. Weinheim, Basel 1983.

RANG, A.: Der politische Pestalozzi. Frankfurt 1967.

RAFFALOWICH, Erziehung und geschlechtliche Verirrung. In: Die Kinderfehler, 1. Jg. 1896.

RATTNER, J.: Alfred Adler. Reinbek 1972.

REBLE, A.: Pestalozzis Menschenbild und die Gegenwart. Stuttgart 1952.

REBLE, A.: Pestalozzi - Nur "Pädagoge"? Zum 125. Todestag Pestalozzis am 17. Februar 1952. In: Pädagogische Rundschau, 6. Jg. 1952.

REBLE, A.: Geschichte der Pädagogik. Frankfurt, Berlin, Wien 1981[12]

REDL, F. / WINEMAN, D.: Steuerung des aggressiven Verhaltens beim Kind. München 1976.

REDL, F. / WINEMAN, D.: Kinder die hassen. München, Zürich 1984[2].

REDLICH, A. / SCHLEY, W.: Kooperative Verhaltensmodifikation im Unterricht. München, Wien, Baltimore 1978.

REIS, T.: Johannes Falk als Erzieher verwahrloster Jugend. Berlin-Spandau 1931.

REISER, H.: Zur Praxis der psychoanalytischen Erziehung in der Sonderschule. In: LEBER, A. / REISER, H. (Hrsg.): Sozialpädagogik, Psychoanalyse und Sozialkritik. Neuwied 1972.

REISER, H.: Die themenzentrierte Interaktion als pädagogisches System im Vergleich zur Gestaltpädagogik. In: PRENGEL, A. (Hrsg.): Gestaltpädagogik. Therapie, Politik und Selbsterkenntnis in der Schule. Weinheim, Basel 1983.

REISER, H. u.a.: Sonderschullehrer in Grundschulen. Weinheim, Basel 1984.

RENGGLI-GEIGER, G.: Die Berichte Pestalozzis an die Eltern seiner Zöglinge 1808 - 1825. Frauenfeld 1950.

RENNER, K.: Von der Geschichte der Pädagogik zur historischen Sozialisationsforschung? Diskussionsbericht des XVII. "Salzburger Symposions". In: Vierteljahrsschrift für wissenschaftliche Pädagogik, 58. Jg. 1982.

RHODEN, G.v.: Wichern, Johann Hinrich. Stichwortartikel, In: REIN, W. (Hrsg.): Encyklopädisches Handbuch der Pädagogik. Langensalza 1909[2].

RHODEN, G.v.: Rettungsanstalten. Stichwortartikel, In: REIN, W. (Hrsg.): Encyklopädisches Handbuch der Pädagogik. Langensalza 1909[2].

RICHTER, H.E.: Eltern, Kind und Neurose. Stuttgart 1963.

RICHTER, H.E.: Patient Familie. Reinbek 1970.

RÖHRS, H.(Hrsg.): Das schwererziehbare Kind. Frankfurt 1969.

RÖMER, A.: Über psychopathische Minderwertigkeiten des Säuglingsalters. Stuttgart 1892.

ROGERS, C.R.: Lernen in Freiheit. München 1974.

ROTH, H.: Die realistische Wendung in der pädagogischen Wissenschaft. In: Neue Sammlung, 2. Jg. 1962.

RÜTHER, W.: Abweichendes Verhalten und Labeling approach. Köln 1975

RUTH, K.: Die Pädagogik der süddeutschen Rettungshausbewegung. Chr. H. Zeller und der schwäbische Pietismus. Berlin 1927.

RUTSCHKY, K. (Hrsg.): Schwarze Pädagogik. Quellen zur Naturgeschichte der bürgerlichen Erziehung. Frankfurt, Berlin, Wien, 1977.

SANDER, A.: Die statistische Erfassung von Behinderten in der Bundesrepublik Deutschland. In: DEUTSCHER BUNDESRAT (Hrsg.): Gutachten und Studien der Bildungskommission, Sonderpädagogik 1, Stuttgart 1973.

SAUER, M.: Heimerziehung und Familienprinzip. Neuwied und Darmstadt, 1979.

SCARBATH, H.: Was ist pädagogisches Verstehen? Verstehen als Element pädagogischer Handlungskompetenz. In: SCARBATH, H.: Erziehung zum Dialog. Frankfurt 1983.

SEIDENFADEN, F.: Die Pädagogik des jungen Herbart. Weinheim, Berlin 1967.

SEELMANN, K.: Das nervöse und schwererziehbare Kind. In: WEXBERG, E. (Hrsg.): Handbuch der Individualpsychologie. München 1926.

SIDLER, M. / MOOS, W.: Die Beobachtungsklassen in Zürich, eine heilpädagogische Einrichtung. In: Zeitschrift für Kinderforschung, 34. Bd. 1928.

SIEGERT, G.: Problematische Kindesnaturen. Kreuznach und Leipzig 1889.

SIEGMUND-SCHULZE, F.: Wege und Ziele der Fürsorge für psychopathische Kinder und Jugendliche. In: Zeitschrift für Kinderforschung, 25. Jg. 1920.

SOLAROVA, S. (Hrsg.): Geschichte der Sonderpädagogik. Stuttgart 1983.

SOETARD, M.: Johann Heinrich Pestalozzi. Sozialreformer - Erzieher - Schöpfer der modernen Volksschule. Zürich 1987.

SPECK, O. / GOTTWALD, P. / HAVERS, N. / INNERHOFER, P. (Hrsg.): Die schulische Integration lernbehinderter und verhaltensgestörter Kinder und Jugendlicher. München und Basel 1978.

SPECK, O.: Verhaltensstörung, Psychopathologie und Erziehung. Grundlagen zu einer Verhaltensgestörtenpädagogik. Berlin 1979.

SPECK, O.: Organisationsformen sonderpädagogischer Erziehungshilfe. In: GOETZE, H. (Hrsg.): Fördern von Schülern mit Verhaltensstörungen. Bericht über die Fachtagung in Hamburg vom 17. - 19. November 1986. Nienburg 1987.

SPERBER, M.: Alfred Adler. Sein Werk und sein Leben. Wien 1926.

SPERBER, M.: Alfred Adler oder das Elend der Psychologie. Berlin, Wien 1983.

SPIEL, O.: Am Schaltbrett der Erziehung. Wien 1949.

SPIESS, W.: Umgang mit Verhaltensgestörten. In: SPIESS, W. / MOTSCH, H.-J. (Hrsg.): Heilpädagogische Handlungsfelder I. Bern, Stuttgart 1986.

SPITZ, R.: Vom Säugling zum Kleinkind. Stuttgart 1967.

SPITZ, R.: Hospitalismus I, II. In: BITTNER, G. / HARMS, E. (Hrsg.): Erziehung in früher Kindheit. München 1985[7].

SPITZNER, A.: Ludwig von Strümpell. In: Der Deutsche Schulmann, 3. Jg. 1900.

SPITZNER, A.: Stichwortartikel: Verwahrlosung. In: REIN, W. (Hrsg.): Encyklopädisches Handbuch der Padagogik. Langensalza 1909[2].

SPITZNER, A.: Stichwortartikel: Strümpell. In: REIN, W. (Hrsg.): Encyklopädisches Handbuch der Pädagogik. Langensalza 1909[2].

SPRANGER, E.: Lebensformen, Halle 1921[2].

SPRANGER, E.: Die Heilpädagogik im Rahmen der Normalschulpädagogik. In: Die Heilpädagogische Woche in Berlin. Vom 15. - 22. Mai 1927. Ausführlicher Bericht, erstattet von Arno Fuchs. Berlin 1927.

SPRANGER, E.: Pestalozzis Denkformen. Heidelberg 1959[2].

SPRANGER, E.: Das Gesetz der ungewollten Nebenwirkungen in der Erziehung. Heidelberg 1962.

SPRANGER, E.: Psychologie des Jugendalters. Heidelberg 1979[29].

SZASZ, TH.: Geisteskrankheit - ein moderner Mythos? Olten, Freiburg, 1972.

SCHAEFER, K.L. (Hrsg.): Bericht über den Kongress für Kinderforschung und Jugendfürsorge in Berlin 1. - 4. Oktober 1906. Langensalza 1907.

SCHEIBE, W.: Die Strafe als Problem der Erziehung. Eine historische und systematische pädagogische Untersuchung. Weinheim, Berlin 1967.

SCHEIBE, W.: Die Reformpädagogische Bewegung. 1900 - 1932. Weinheim, Basel 1982[8].

SCHERING, E.: Einleitung zu: FALK, J.: Pädagogische Schriften. Weinheim, Berlin 1967.

SCHERPNER, H.: Geschichte der Jugendfürsorge, Göttingen 1979[2].

SCHEUERL, H.: Pädagogische Anthropologie - Eine historische Einführung. Stuttgart, Berlin, Köln, Mainz 1982.

SCHEUERL, H.: Geschichte der Erziehung - Ein Grundriß. Stuttgart, Berlin, Köln, Mainz 1985.

SCHLEY, W.: Kooperative Verhaltensmodifikation als Weg der Diagnose, Planung und Intervention bei Problemen in Schülergruppen, Unterrichtsstörungen und Verhaltensauffälligkeiten. In: GOETZE, H. (Hrsg.): Fördern von Schülern mit Verhaltensstörungen. Bericht über die Fachtagung in Hamburg vom 17. - 19. November 1986. Nienburg 1987.

SCHMID, P.: Verhaltensstörungen aus anthropologischer Sicht. Bern, Stuttgart 1975.

SCHMIDT, H.: Ludwig von Strümpell. In: Zeitschrift für Kinderforschung, 17. Jg. 1912.

SCHNEIDER, K.: Die Psychopathischen Persönlichkeiten. 1. Auflage In: Handbuch der Psychiatrie, hrsg. v. ASCHAFFENBURG, G.. Leipzig und Wien 1923. 9. Auflage: 1950.

SCHNEIDER, K.: Die Verwahrlosung vom Standpunkt des Psychiaters. In: Bericht über die dritte Tagung über Psychopathenfürsorge. Heidelberg 17. - 19. September 1924. Berlin 1925.

SCHNEIDER, K.H. / SUTTNER, K.: Der Einsatz der Methode der Themenzentrierten Interaktion (TZI) in der Schule zur Erziehungshilfe. In: Zeitschrift für Heilpädagogik, 39. Jg. 1988.

SCHÖNEBAUM, H.: Der junge Pestalozzi. Leipzig 1927

SCHÖNEBAUM, H.: Kampf und Klärung. Erfurt 1931.

SCHÖNEBAUM, H.: Kennen, Können, Wollen. Langensalza 1937

SCHÖNEBAUM, H.: Ernte und Ausklang. Langensalza 1942.

SCHÖNEBAUM, H.: Pestalozzis Suche nach dem Wesen des Menschen - Das Kernproblem seines Lebenswerkes. In: Zeitschrift für Pädagogik, 8. Jg. 1962.

SCHÖNEBAUM, H.: Die Erziehungskorrespondenz Pestalozzis mit Petersen 1782 - 1784. In: Beiträge zur Einheit von Bildung und Sprache im geistigen Sein. Festschrift für Ernst Otto. Berlin 1957.

SCHOLZ, F.: Die moralische Anästhesie. Leipzig 1904.

SCHOLZ, F.: Die Charakterfehler des Kindes (1891). Leipzig 1932[4].

SCHOLZ, L.: Anomale Kinder. Berlin 1912.

SCHRÖDER, P.: Der Begriff der Psychopathie bei Kindern. In: Bericht über den vierten Kongress für Heilpädagogik in Leipzig. 11. - 15. April 1928. Berlin 1929.

SCHRÖDER, P.: Über Erziehbarkeit. Eine ärztliche Betrachtung. In: Die Erziehung, 4. Jg. 1929.

SCHUHMACHER, G.: Verhaltensgestörte Schüler. Bonn, Bad Godesberg 1971.

SCHUHMACHER, G.: Neues Lernen mit Verhaltensgestörten und Lernbehinderten. Der durchstrukturierte Klassenraum. Berlin 1965.

SCHULTHEIS, J.R.: Fachtermini in Titeln zur Verhaltensgestörtenpädagogik. In: Zeitschrift für Heilpädagogik, 25. Jg. 1974.

SCHULZE, TH.: Häusliche Szenen und seelische Entwicklung. In: BITTNER, G. / SCHMID-CORDS, E. (Hrsg.): Erziehung in früher Kindheit. München 1968.

SCHUR, E.M.: Abweichendes Verhalten und soziale Kontrolle. Frankfurt, New York 1971.

SCHWARZ, F.H.C.: Lehrbuch der Erziehungs- und Unterrichtslehre (1804). Paderborn 1968.

STÄNDIGE KONFERENZ DER KULTUSMINISTER DER LÄNDER DER BUNDESREPUBLIK DEUTSCHLAND: Gutachten zur Neuordnung des Sonderschulwesens. Bonn 1960.

STÄNDIGE KONFERENZ DER KULTUSMINISTER DER LÄNDER DER BUNDESREPUBLIK DEUTSCHLAND: Empfehlungen für den Unterricht in der Schule für Verhaltensgestörte. Neuwied 1978.

STERN, E.: Stichwortartikel: Verwahrlosung. In: DANNEMANN u.a.: Enzyklopädisches Handbuch der Heilpädagogik, zweite, völlig neu bearbeitete Auflage Halle 1934.

STERN, E.: Über Verhaltensstörungen bei Kindern und Jugendlichen. Zürich. 1953.

STERN, E.: Verhaltensstörungen bei Kindern und Jugendlichen. In: Acta Psychother. 7. Jg. 1959.

STIER: Erkennung und Behandlung der Psychopathie bei Jugendlichen. In: Zeitschrift für Kinderforschung, 25. Jg. 1920.

STOLLBERG, D.: Lernen, weil es Freude macht. München 1978.

STROHMAYER, W.: Die Psychopathologie des Kindesalters. Vorlesungen für Mediziner und Pädagogen. München 1923[2].

STRÜMPELL, L.v.: Psychologische Pädagogik. Leipzig 1880.

STRÜMPELL, L.v.: Grundriß der Psychologie oder der Lehre von der Entwicklung des Seelenlebens im Menschen. Leipzig 1884.

STRÜMPELL, L.v.: Die Verschiedenheit der Kindernaturen (1844). Leipzig 1894

STRÜMPELL, L.v.: Die Pädagogische Pathologie oder die Lehre von den Fehlern der Kinder. Leipzig 1890, 1892[2], 1899[3], 1910[4].

STUKENBERG, W.: Nachruf auf Johann Trüper. In: Zeitschrift für Kinderforschung, 27. Jg. 1922.

STUTTE, H.: Über schulische Sondereinrichtungen für schwierige Kinder. In: Zeitschrift für Heilpädagogik, 6. Jg. 1955.

STUTTE, H.: Zur Geschichte und Gegenwartssituation der deutschen Kinder- und Jugenpsychiatrie. In: Fortschritte der Medizin, 75. Jg. 1957

STUTTE, H.: Welche Hilfe vermag die Kinder- und Jugendpsychiatrie dem Heimpädagogen zu geben? In: Mitgliederrundbrief des Allgemeinen Fürsorgeerziehungstages Nr. 3/4 1963.

STUTTE, H.: Vorwort in TRÜPER, H. / TRÜPER, I.: Ursprünge der Heilpädagogik in Deutschland. Johannes Trüper - Leben und Werk. Stuttgart 1978.

TAUSCH, A. / TAUSCH, R.: Kinderpsychotherapie im nicht-direktiven Verfahren. Göttingen 1956.

TENORTH, H.E.: Geschichte der Erziehung. München 1988.

THALMANN, H.C.: Verhaltensstörungen bei Kindern im Grundschulalter. Stuttgart 1971.

THIERSCH, H.: Stigmatisierung und Verfestigung abweichenden Verhaltens. In: Zeitschrift für Pädagogik, 15. Jg. 1969.

THIMM, W.: Behinderung als Stigma, Überlegungen zu einer Paradigma-Alternative. In: Sonderpädagogik, 5. Jg. 1975.

THIMM, W.: Lernbehinderung als Stigma. In: BRUSTEN, M. /HOHMEIER, J. (Hrsg.): Stigmatisierung 2. Neuwied und Darmstadt 1975.

TRAMER, M.: Zur Entwicklung der Kinderpsychiatrie. Acta Paedopsychiatrica, 27. Jg. 1960.

TRÜPER, J.: Die Familienrechte an der öffentlichen Erziehung. Ein Wort der Verständigung im schulpolitischen Kampfe. Langensalza 18922.

TRÜPER, J.: Psychopathische Minderwertigkeiten im Kindesalter. Gütersloh 1893.

TRÜPER, J.: Ungelöste Aufgaben der Pädagogik. Ein Programm einer neuen Zeitschrift. In: Pädagogisches Magazin Heft 71. Langensalza 1896.

TRÜPER, J.: Schema zur Feststellung des leiblichen und seelischen Zustandes eines Kindes. In: Die Kinderfehler. - Zeitschrift für Pädagogische Pathologie und Therapie, 2. Jg. 1897.

TRÜPER, J.: Zum Gedächtnis von Joh. Heinr. Wichern. In: Die Kinderfehler - Zeitschrift für Pädagogische Pathologie und Therapie, 3. Jg. 1898.

TRÜPER, J.: Zur Frage der Erziehung unserer sittlich gefährdeten Jugend. Beiträge zur Kinderforschung und Heilerziehung. Beihefte zur "Zeitschrift für Kinderforschung", Heft V, Langensalza 1900.

TRÜPER, J.: Die Anfänge der abnormen Erscheinungen im kindlichen Seelenleben. Altenburg 1920.

TRÜPER, J.: Psychopathische Minderwertigkeiten als Ursachen von Gesetzesverletzungen Jugendlicher. Beiträge zur Kinderforschung und Heilerziehung. Beihefte zur "Zeitschrift für Kinderforschung", Heft VIII, Langensalza 1904.

TRÜPER, J.: Zur Frage der ethischen Hygiene unter besonderer Berücksichtigung der Internate. Altenburg 1904.

TRÜPER, J.: Zur Frage der Behandlung unserer jugendlichen Missetäter. Beiträge zur Kinderforschung und Heilerziehung. Beihefte zur "Zeitschrift für Kinderforschung", Heft XX, Langensalza 1906.

TRÜPER, J.: Landerziehungsheime für Unbemittelte. In: Zeitschrift für Kinderforschung, 11. Jg. 1906.

TRÜPER, J.: Die Erziehung psychopathisch minderwertiger Zöglinge. In: Zeitschrift für Kinderforschung, 11. Jg. 1906.

TRÜPER, J.: Zum Gedächtnis unserer Verstorbenen. (Nachruf auf J.L.A. KOCH). In: Zeitschrift für Kinderforschung, 13. Jg. 1908.

TRÜPER, J.: Psychopathisches im Kinderleben. Stichwortartikel, In: Encyklopädisches Handbuch der Pädagogik, hrsg. v. REIN, W.. Langensalza 1908[2].

TRÜPER, J.: Das Erziehungsheim und Jugendsanatorium auf der Sophienhöhe bei Jena. Langensalza 1909[8].

TRÜPER, J.: Unsere "Beiträge" als Encyclopädie für Kinderforschung und Heilerziehung. In: Zeitschrift für Kinderforschung, 14. Jg. 1909.

TRÜPER, J.: Das Personalienbuch. Beiträge zur Kinderforschung und Heilerziehung. Beihefte zur "Zeitschrift für Kinderforschung", Heft 84, Langensalza 1911[2].

TRÜPER, J.: Die Privaten Erziehungs- und Bildungsanstalten in ihrer Bedeutung für unser Volk. In: Zeitschrift für Kinderforschung, 24. Jg. 1919.

TRÜPER, J.: Geleitwort zum Bericht über die erste Tagung über Psychopathenfürsorge. In: Zeitschrift für Kinderforschung, 25. Jg. 1920.

TRÜPER, H. / TRÜPER, I.: Ursprünge der Heilpädagogik in Deutschland. Johannes Trüper - Leben und Werk. Stuttgart 1978.

TUCHBORN; R.: Heimschulen für Verwahrlosungsbedrohte. In: LESEMANN, G. (Hrsg.): Beiträge zur Geschichte des deutschen Sonderschulwesens. Berlin 1966.

TUGGENER, H.: Verwahrlostenpädagogik. In: SOLAROVA, S. (Hrsg.): Geschichte der Sonderpädagogik. Stuttgart 1983.

UFER, CHR.: Geistesstörungen in der Schule. Wiesbaden 1893[2].

UFER, CHR.: Welche Bedeutung hat die pädagogische Pathologie und Therapie für die öffentliche Erziehung? In: Pädagogisches Magazin, Heft 71, Langensalza 1896.

UNGER, R.: Die kinderpsychologischen Bestrebungen Ludwig Strümpells. Strassburg 1912.

VERBAND DEUTSCHER HILFSSCHULEN: Denkschrift zu dem Ausbau des heilpädagogischen Sonderschulwesens. In: Zeitschrift für Heilpädagogik, 6.Jg. 1955.

VERNOOIJ, M.: Workshopbericht zu individualpsychologischen Zugängen. In: GOETZE, H. (Hrsg.): Fördern von Schülern mit Verhaltensstörungen. Bericht über die Fachtagung in Hamburg vom 17. - 19. November 1986. Nienburg 1987.

VERNOOIJ, M.: Disziplinprobleme in individualpsychologischer Sicht. Vortrag auf der Fachtagung "Disziplinprobleme und Verhaltensstörungen in der Schule". 12. -14. Mai 1988 in Hamburg.

VILLINGER, W.: Psychoanalyse und Fürsorgeerziehung. In: Zeitschrift für Kinderforschung, 33. Bd. 1927.

VILLINGER, W.: Wie erziehen wir die Öffentlichkeit zur Förderung der Psychopathenfürsorge? In: Bericht über die 4. Sachverständigenkonferenz des Deutschen Vereins zur Fürsorge für jugendliche Psychopathen e.V.. Hamburg 13. - 15 September 1928. Berlin 1929.

VILLINGER, W.: Abnorme seelische Reaktionen im Kindesalter. In: Monatschrift für Kinderheilkunde 1951.

VOGEL, G.L.: Psychopathische Kinder In: JUSSEN, H. (Hrsg.): Handbuch der Heilpädagogik in Schule und Jugendhilfe. München 1967.

VOSS, R.: Anpassung auf Rezept - die fortschreitende Medizinisierung auffälligen Verhaltens von Kindern und Jugendlichen. Stuttgart 1987.

WAGNER, E.O.: Schwererziehbarkeit. In: Pädagogisches Magazin, Heft 1183, Langensalza 1928.

WAGNER, J.: Aufmerksamkeitstraining mit impulsiven Kindern. Stuttgart 1976.

WALTHER, H.: Pestalozzi, Nach unveröffentlichten Briefen an Eltern und Lehrer. Ratingen 1956.

WATSON, J.B.: Was ist Behaviorismus? In: WATSON, J.B.: Behaviorismus. Frankfurt 1976.

WEGNER, TH.: August Aichhorn. Unveröffentlichtes Manuskript, Würzburg 1987.

WEGNER, TH.: Soll Martin in die Sonderschule? - Das Dilemma eines Beratungslehrers. In: Westermanns Pädagogische Beiträge 9/1980.

WEISKOPF, H.: Tiefenpsychologische Richtpunkte zur heilerziehlichen Behandlung der Psychopathie durch Ärzte, Eltern, Lehrer und Fürsorger. In: GOEPFERT, H.: Bericht über den ersten Kongress für Heilpädagogik in München 2. - 5. August 1922. Berlin 1923.

WENDT, F.M.: Professor Ludwig von Strümpell. In: Die Kinderfehler. Zeitschrift für Pädagogische Pathologie und Therapie, 4. Jg. 1899.

WENIGER, E.: Die Gegensätze der modernen Fürsorgeerziehung. In: Die Erziehung, 2. Jg. 1927.

WENIGER, E.: Jugendpflege und Jugendführung als sozialpädagogische Aufgabe. In: Die Erziehung, 3. Jg. 1928.

WERNER, A.: Wurzeln moderner Kinderpsychotherapie in der Pädagogik der ersten Hälfte des 19. Jahrhunderts. In: BITTNER, G. (Hrsg.): Personale Psychologie. Theorie - Geschichte - Therapie (Festschrift für L.J. PONGRATZ). Göttingen 1983.

WERNER A.: Zur Geschichte der Kinderpsychotherapie im 19. Jahrhundert. Würzburg 1983.

WEWETZER, K.-H.: Das hirngeschädigte Kind. Stuttgart 1959.

WEXBERG, E. (Hrsg.). Handbuch der Individualpsychologie. München 1926.

WEYGANDT, L.: Leicht abnormale Kinder. Halle 1905.

WICHERN, J.H.: Die öffentliche Begründung des Rauhen Hauses am 12. September 1833. In: WICHERN, J.H.: Sämtliche Werke Bd. IV/1, Schriften zur Sozialpädagogik. Berlin 1958.

WICHERN, J.H.: Die innern Angelegenheiten der Rettungsanstalt. Erster Jahresbericht Wicherns über die Arbeit des Rauhen Hauses bis zum Ende des Jahres 1834 (1835). In: WICHERN, J.H.: Sämtliche Werke Bd. IV/1, Schriften zur Sozialpädagogik. Berlin 1958.

WICHERN, J.H.: Bericht über die innern Angelegenheiten des Rauhen Hauses im Jahr 1835. Zweiter Jahresbericht Wicherns über die Arbeit des Rauhen Hauses (1936). In: WICHERN, J.H.: Sämtliche Werke Bd. IV/1, Schriften zur Sozialpädagogik. Berlin 1958.

WICHERN, J.H.: Dritter Jahresbericht des Verwaltungsrates der Rettungs-Anstalt für sittlich verwahrloste Kinder in Hamburg (1837). In: Ausgewählte Schriften, Bd. 2, Pädagogische Schriften, Gütersloh 1958.

WICHERN, J.H.: Die erzieherische Aufsicht. Aus dem 5. Jahresbericht 1839. In: Ausgewählte Schriften, Bd. 2, Pädagogische Schriften, Gütersloh 1958.

WICHERN, J.H.: Die innere Mission der deutschen evangelischen Kirche. Eine Denkschrift an die deutsche Nation (1849). In: WICHERN, J.H.: Sämtliche Werke Bd. I, Die Kirche und ihr soziales Handeln. Berlin und Hamburg 1962.

WICHERN, J.H.: Das Bild eines Jahres im Rauhen Hause. (Aus dem 14. - 17. Jahresbericht) (1853). In: Ausgewählte Schriften, Bd. 2, Pädagogische Schriften, Gütersloh 1958.

WICHERN, J.H.: Die Ursachen der so vielfach erfolglosen Bemühungen in der heutigen Kindererziehung (1863). In: Ausgewählte Schriften, Bd. 2, Pädagogische Schriften, Gütersloh 1958.

WICHERN, J.H.: Rettungsanstalten als Erziehungshäuser in Deutschland (1868). In: Ausgewählte Schriften, Bd. 2, Pädagogische Schriften, Gütersloh 1958.

WIENER PSYCHOANALYTISCHE VEREINIGUNG (Hrsg.): Wer war August Aichhorn? Wien 1976.

WIESENHÜTTER, E.: Erscheinungsweisen und Ursachen der Verhaltensstörungen. In: LÜCKERT, H.R. (Hrsg.): Handbuch der Erziehungsberatung. München, Basel 1964.

WILKER, K.: Der Lindenhof. Heilbronn 1921.

WILLI, J.: Die Zweierbeziehung. Reinbek 1975.

WOLF, A.: Zur Geschichte der Sozialpädagogik. Donauwörth 1977.

WOLFF, G.: Kindliche Verhaltensstörungen als sinnvolles Signalverhalten. In: Zeitschrift für Heilpädagogik, 29. Jg. 1978.

WURST, F.: Heilpädagogik. In: Die Psychologie des 20. Jahrhunderts. Psychologie und Erziehung Bd. 2. Neuauflage Weinheim 1986.

ZARNCKE, L.: Das schwierige Kind. Freiburg 1950.

ZIEHEN, TH.: Die Geisteskrankheiten des Kindesalters mit besonderer Berücksichtigung des schulpflichtigen Alters. Berlin 1906.

ZIEHEN, TH.: Die Erkennung der psychopathischen Konstitutionen (krankhaften seelischen Veranlagungen) und die öffentliche Fürsorge für psychopathisch veranlagte Kinder. Berlin 1912.

ZULLIGER, H.: Über eine Lücke in der psychoanalytischen Pädagogik. In: Zeitschrift für Psychoanalytische Pädagogik, 10. Jg. 1936.

ZULLIGER, H.: Schwierige Kinder. Bern 1951.

ZULLIGER, H.: Helfen statt Strafen auch bei jugendlichen Dieben. Stuttgart 1956.

ZÜBLIN, W.: Das schwierige Kind. Stuttgart 1972[3].